国富論（下）

国民の富の性質と原因に関する研究

アダム・スミス
高　哲男 訳

講談社学術文庫

凡例

1．翻訳の原典は一七八九年に出版された第五版である。第二編第二章までが第一巻、第四編までが第二巻、第五編が第三巻、全三巻として印刷・刊行された。

An Inquiry into the Nature and Causes of the Wealth of Nations. By Adam Smith, LL.D. and F.R.S. of London and Edinburgh : One of the Commissioners of His Majesty's Customs in Scotland; and Formerly Professor of Moral Philosophy in the University of Glasgow. In Three Volumes. The Fifth Edition. London : Printed for A. Strahan; and T. Cadell, in the Strand. MDCCLXXXIX.

参考までに、翻訳に当たって参考にした一七七六年の初版から一七八六年の第四版、さらに一七九一年刊行であるが、スミスが綴りの訂正指示をした可能性があるとされる第六版までの書誌情報を、以下に示しておく。

〔初版〕*An Inquiry into the Nature and Causes of the Wealth of Nations*. By Adam Smith, LL.D. and F.R.S.; Formerly Professor of Moral Philosophy in the University of Glasgow. In Two Volumes. The First Edition. London : Printed for A. Strahan; and T. Cadell, in the Strand. 1776.

〔第二版〕*An Inquiry into the Nature and Causes of the Wealth of Nations*. By Adam Smith, LL.D. and F.R.S.; Formerly Professor of Moral Philosophy in the University of Glasgow. In Two Volumes. The Second Edition. London : Printed for A. Strahan; and T. Cadell, in the Strand. 1778.

〔増補と訂正〕*Additions and Corrections to the First and Second Editions of Dr. Adam Smith's Inquiry into the Nature and Causes of the Wealth of Nations*. (pp.79.) 1784.

〔第三版〕*An Inquiry into the Nature and Causes of the Wealth of Nations*. By Adam Smith, LL.D. and F.R.S. of London and Edinburgh : One of the Commissioners of His Majesty's Customs in Scotland; and Formerly Professor of Moral Philosophy in the University of Glasgow. The Third Edition, with Additions, In Three Volumes. London : Printed for A. Strahan; and T. Cadell, in the Strand. 1784.

〔第四版〕*An Inquiry into the Nature and Causes of the Wealth of Nations*. By Adam Smith, LL.D. and F.R.S. of London and Edinburgh : One of the Commissioners of His Majesty's Customs in Scotland; and Formerly Professor of Moral Philosophy in the University of Glasgow. In Three Volumes. The Fourth Edition. London : Printed for A. Strahan; and T. Cadell, in the Strand. 1786.

〔第六版〕*An Inquiry into the Nature and Causes of the Wealth of Nations*. By Adam Smith, LL.D. and F.R.S. of London and Edinburgh : One of the Commissioners of His Majesty's Customs in Scotland; and Formerly Professor of Moral Philosophy in the University of Glasgow. In Three Volumes. The Sixth Edition. London : Printed for A. Strahan; and T. Cadell, in the Strand. 1791.

2.『国富論』は、初版以降多くの細かな修正・訂正が加えられたが、すべてを示すと煩雑になりすぎるため、大きな修正と増補が施された第三版の出版と同時に、初版と第二版の購入者宛にスミスが印刷・公刊した『増補と訂正』を中心に、理論的に重要と思われる箇所に限り、その内容がわかるように〔　〕で説明を補っている。初版から第五版に至るまでの詳細な修正・変更・増補については、The Glasgow Edition of the Works and Correspondence of Adam Smith : Clarendon Press に納められている二巻本の Wealth of Nations（底本は第三版）に網羅的な脚注が付されているし、また水田洋監訳、杉山忠平訳『国富論』でも、同様に詳細な注記が与えられている。

3．スミスの著作からの引用は、近年国際的にも上記グラスゴー版を用いて WN. I. xi. a. 1. の形式〔『国富論』第一編第一一章第一節パラグラフ1のこと〕で示されることが多い。したがって、本訳書においてもこれを踏襲することにし、偶数頁の柱に「編、章、節」を示す記号番号を付し、パラグラフ番号を、パラグラフの先頭に入れておいた。

4．スミスの文章は、時に数頁にまたがる長いパラグラフから構成されることがあり、とりわけ文庫本の場合には、著しく読みにくくなってしまう。そこで、編集者からの助言も参考に、長いパラグラフの場合〔『国富論』で最長のパラグラフは V. i. e. 26. であり、原典でも本翻訳でも一〇頁超になる〕、原典には存在しない改行を随所に入れて対応することにしている。スミスの思考と論理を厳密に追究する場合には、あくまでもパラグラフ番号を念頭においていただくように、お願いしたい。このような大胆な試みをしたこともあり、「，」や「；」を多用して、緩やかな時間的前後関係や因果関係などを織り交ぜながら考察を進めていくスミスの主張を、長い一文を細かく切り分けて「わかりやすくする」という便宜は、原則として回避している。

5．原注は＊でしめす。

6．訳者註はもっぱら〔　〕で挿入したが、長い場合は、〔訳注〕と表記し、章末にまとめた。

7．作品名や主人公名などは、すべて原作者の生没年をあげて年代を示唆するが、生没年が推定の場合、慣例に従って、?または c. を付している。また、名称のカタカナ表記は、ギリシャ・ローマの人物については、たとえばスミスが Caesar と表記していても、慣例的な表記にしたがって（ラテン文字に翻字）カエサルに、Pliny はプリニウスと表記しているし、スミスが英語表記している場合も、すべて日本語での慣例表記にしている。さらに人名における長音表記は原則回避したため、プラトーンではなくプラトンのように表記しているが、かならずしも厳密に統一したわけではなく、あくまでも我が国における慣例を重視したものである。

8．ラテン語表記やイタリック表記には、すべて傍点を付して示した。

9．ルビで示したカタカナ表記の原語は、複数形の場合も基本的にすべて単数形で表記している。また、「国」「地方」「原則」「彼」など名詞の複数形は、前後関係からして誤解が生じる恐れがないかぎり、表記の上ではすべて「諸」を省略して単数形にした。わずらわしさを回避し、日本語らしさを維持するためである。

10．訳語については、機械的な統一を避け、同一の原語に対してすべての訳語を統一することはせず、あくまでも文脈に即して解釈するように心がけている。スミスの場合、特に『国富論』は時代的に資本主義体制あるいは市場経済体制が確立してくる時期にまとめられたものであり、経済理論的な厳密な考察と、制度的・法律的な考察と、歴史的な分析のすべてが織り合わされているからである。本書は、このようなスミスの分析に、あくまでもスミスの思考に即した理解と解釈を施したうえで、現代的な統一的再構成を目指した翻訳である。そのため、基本的にＯＥＤ第三版に依拠しつつ、研究史の成果に留意しながら、なお現代でも明快に理解できるようにという観点から、訳語の選択・決定を行っている。「あとがき」でもすこし解説しておいたが、『国富論』を理解していくうえで重要な概念でありながら、それぞれが多義的であったり、共通する意味をもつこともあるため混乱しやすい言葉を、あらかじめ数点挙げておくことにしたい。

Fundは「基金」でおおむね統一しているが、「資金」「源泉」の場合もまれにある。

Stockは、第一編では、手許にある実物資本という意味で「元本」、第二編では、文脈に応じて「元本」あるいは稀に「在庫」、第三編以降は「元本」としている。

Capitalは、すべて「資本」としている。

Countryは、文脈に応じて「国」、「地方」あるいは「田舎」としている。

Industryは「産業」「勤労」「努力」「勤勉」など多くの意味をもつが、市場経済における分業の一翼を担う「労働」であることを明瞭にするため、基本的に「産業的な労働」とか「組織的な労働」とした箇所が多い。もっとも、「組織的な労働」とは、社会的分業体系の一環としての「組織的」な労働という意味であり、労働組合組織という意味ではないことに注意されたい。

Tradeは、「職業」、「事業」、「貿易」など、文脈に応じて適宜訳出した。

Britishには、曖昧であることを承知の上で、基本的に、日本で長く用いられ、今なお他分野で用いられている「イギリスの」という訳語を当てることにした。ある意味で原語に忠実に「ブリテンの」としたとしても、若い読者も含め、きっと首をかしげるだけであろうからである。「イングランド」や「グレートブリテン」と重なったり重ならなかったりして、歴史的にも厄介な論点を含みはするが、だからと言って、「ブリティッシュ」とか「ブリテンの」とカタカナ表記すれば、意味内容がそのまま伝わるわけでもないからである。

11．『国富論』は第三版から巻末に索引が設けられている〔スミス自身が作成したものではない、というのが定説である〕が、使い勝手が良いとは言えないし、また本書は電子書籍版も刊行されるので、詳細についての索引は電子版での検索機能に委ねることにした。そこで本書では、同一の原語を文脈に応じてさまざまな日本語に移し替えたこと、数が多すぎると事実上無用の長物になることなども考慮し、大幅に簡略化することにした。事項については、章や節のタイトルに含まれているものについては編、章、節などの記号番号をゴチック体で表記し、それ以外については、定義的な説明が含まれているなど、スミスの主張を理解していく上で特に重要と思われる箇所だけに絞り、地名はすべて省略している。

12. 今日では不適切な表現とされている「未開（savage）」「野蛮（barbarous）」という叙述表現があるが、一八世紀当時のイギリスにおける認識をあらわすものとしてそのままとした。加えて本書の叙述には、執筆された一八世紀のイギリス社会に支配的な思考や認識を反映した部分も含まれており、とくに内外の世相について差別的・侮蔑的と受け取られかねない表現が散見される。もとより差別は許されるものではないが、本書が書かれた歴史的・時代的背景を理解したうえで、そのような差別に立ち向かおうとするスミス自身の視座、人間観や社会観をより正確に理解し、理論的に再構成していく一助とするために、基本的にはあくまでも原文を忠実に訳出している。読者のご理解を乞うものである。

目次

国富論（下）

【上巻　目次】

序と構想

第一編　労働の生産力が改善される原因、および労働の生産物がさまざまな階級の人々に自然に分配される秩序について

第二編　元本の性質、蓄積および利用について

第四編　政治経済学の体系について

国富論（下）

——国民の富の性質と原因に関する研究——

第四編　政治経済学の体系について〔つづき〕

第五章　助成金について

1　輸出に対する助成金《バウンティ》は、グレートブリテンで頻繁に請願され、国内産業の特定部門の生産物に対して時々授けられてきた。我が国の商人や製造業者は、それを手段に用いて、外国の市場で安価に、つまり、競争相手よりもより安価に販売することができるだろう、と主張されている。こうしてより多くの量が輸出され、結果的に貿易収支が我が国により有利に転じる、と言われている。我々は、国内市場で我が国の業者《ワークマン》に与えたような独占を、外国市場で与えることはできない。我々は、我々が国内の地方の人々にするように、外国人に対して、我が国の業者の商品を買うように強制することはできない。したがって、採用しうる次善の策は、買い付けた業者に報酬を与えることだと考えられてきた。国全体を富ませ、貿易収支という手段を用いて、国民すべてに金儲けをさせるために重商主義の体系が提案することとは、このような方法によるものである。

2　助成金は、それなしでは続けることができないような産業分野に限って与えるべきである、と認められている。だが、商人が、元本に対する通常の利潤と一緒に、商品を整えて市場に送るために用いた資本のすべてを取り戻すような価格で、手持ちの商品を売却できるような事業分野は、助成金がなくてもすべて継続可能なものである。そのような分野は、助成金がなくても継続されている他のすべての分野の取引と、同じ水準にあることが明らかであり、それゆえ、他の分野を上回る助成金を請求できるはずがない。助成金を求めるのは、商人が通常の利潤と一緒に自分の資本を取り戻すことが不可能な価格で手持ち商品の販売を余儀なくされるような事業、すなわち、商品を市場に送るために実際にかけた費用よりも低い価格での売却を、余儀なくされるような事業だけである。助成金とは、このような損失を補償し、経費が収益を上回ると予想され、あらゆる活動がそれに用いられた資本の一部を蝕み、もし他のすべての事業がそれに似ていたなら、国内にまったく資本が残らなくなるような性質の事業を継続させたり始めさせたりするように、商人を奨励する目的で与えられるものなのである。

3　注意が必要なことは、助成金という手段を用いて続けられる事業とは、いずれか一方がいつもきまって損を出すか、あるいは商品を市場に送るために実際にかかる経費以下の価格でそれを売り捌くという方法で、かなり長期間にわたって二国間で一緒に続けることが可能な事業に限られる、という点にある。しかし、助成金が、それがなければ商品の価格で損失を出してしまう分だけ商人に補償しなかったら、まもなく彼自身の利害関心が、その資本を別の方法で用いるように、つまり、彼に通常の利潤と一緒に商品を市場に送るために利用した資本を取り戻せるような事業を、見つけ出さざるをえないようにするだろう。助成金の効果は、重商主義の体系がもつ他のすべての方便と同様に、国の事業を、おのずと資本が自然に流入するような水路よりも、ずっと利益が少ないところに流し込むことができるだけなのである。

4　才気に溢れ、よく情報に通じた穀物貿易にかんする論考の著者〔『穀物貿易と穀物法に関する三論考』などで助成金制度を擁護したチャールズ・スミスのこと〕がきわめて明瞭に示してきたことは、穀物の輸出に対する助成金が最初に創設されて以来、輸出された穀物の価格——十分控えめに評価されたもの——は、きわめて高く評価された輸入穀物の価格を上回っており、当該期間に支払われた助成金の全額に較べて、はるかに大きな額であったということである。彼が、重商主義の体系がもつ真実の原理にもとづいて想像するところでは、これは、この強制的な穀物貿易が、国民にとって有益であること、すなわち、輸出の価値、つまりそれを輸出するために国民が負担した特別な経費の全額は、総計すれば、はるかに輸入の価値を大きく上回るものであること、この明確な証拠であるという。彼は、この特別な経費つまり助成金が、穀物輸出が実際に社会に負担させた経費のうちの最小部分である、などとは考えない。穀物栽培のために農業者が利用した資本も、同様に計算に含められなければならない。外国市場で売却された穀物の価格が、たんに助成金だけでなく、元本の通常の利潤と一緒に、栽培に要した資本も取り戻すものでないかぎり、社会はその額だけ損をするわけで、国民の元本は、それに応じて減少することになる。だが、助成金の支給が必要だと考えられてきた本当の理由は、これを実行するための価格が、不適切きわまりない想像上のものであったことにある。

5　穀物の平均価格は、助成金の創設以来相当下落した、と言われてきた。穀物の平均価格が前世紀末にかけて幾分下落し始めたということ、そして、今世紀の最初の六四年が経過するあいだ下落し続けたということ、これはすでに説明に努めてきたことである。だがこれは、私がそうだと信じるように事実だとすれば、助成金がなくても生起したはずのことであり、助成金の結果として生起したものであるはずがない。それは、イングランドだけでなく、フランスでも同様に発生したが、しかしフランスでは、助成金がなかっただけでなく、穀物の輸出は、一七六四年まで全面的に禁止されていた。この穀物の平均価格における漸次的な下落は、それゆえ、究極的にいずれか一方の規制にというわけではなく、銀の実質価値における漸次的で、気付かない程度の上昇に由来している可能性があり、これについては、今世紀の経過をつうじて、ヨーロッパの市場において一般的に生起したことである、と本書の第一編で証明したところである。助成金が、ともかくも穀物価格の引き下げに貢献できたなどということは、まったくありえないことだと思われるのである。〔「それは、イングランドだけでなく」からここまでは、第二版増補と訂正で追加された〕

6 すでに確かめたように、豊作の年には、助成金が並外れた輸出を引き起こすため、国内市場における穀物価格は、自然に下落するはずのものよりもかならず高く維持される。こうすることが、その制度の公然たる目的である。不作の年には、助成金がしばしば停止されるとはいえ、豊作の年にそれが引き起こした膨大な輸出は、ある年の豊作が別の年の不作をある程度救済することをしばしば妨げているはずである。それゆえ、豊作の年にも不作の年にも、必然的に助成金は穀物の貨幣価格を、助成金がなければ国内市場で成立するはずのものよりも、幾分なりとも引き上げる傾向をもつのである。

7 現状の耕作においては、助成金が必然的にこの傾向をもつはずだということ、これが理性的な人によって反論されることはないだろうと私は確信している。だが、多くの人々は、助成金は土地の耕作を進展させる傾向があり、しかも、二つの異なった方法があると思い込んできた。第一にそれは、農業者が生産する穀物にずっと広大な海外市場を開くことにより、穀物に対する需要を増やし、結果的に、その商品の生産を増加させる傾向がある、と多くの人々は想像する。第二に、実際の耕作の状況において、助成金なしで期待しうる価格よりも高い価格を農業者に保障することにより土地の耕作を進展させる、と多くの人々は想像する。この二つの奨励は、長期間にわたって穀物生産の増加を引き起こすから、その期間の終わりに実際の耕作が偶然そうなっているような状態で考えると、それは助成金が引き上げうる価格以上に、国内市場で穀物価格を大幅に引き下げる可能性がある、と彼らは想像を巡らせるのである。〔「だが、多くの人々は」以下ここまでは、第三版で挿入された[訳注]〕

〔訳注〕第二版まで、ここでは次のように主張されていた。「だが、多くの人々が考えてきたことは、耕作の現状において、助成金無しで期待しうるよりも良い価格を農業者に保障してやることにより、それは、耕作を助長する傾向を持っているということ、さらに、その結果としての穀物の増加は、長期的には、その期間の終わりごろにたまたま陥る可能性がある耕作の状態において、助成金が引き上げうるものよりもむしろ、穀物価格を引き下げる可能性があろうということ、これであった」。

8　私の答えは、こうである。助成金によって引き起こされる外国市場の拡大がどのようなものであれ、助成金という手段を用いて輸出される穀物も、助成金がなければ輸出されることがなかったであろう穀物も、それぞれ国内市場に留まって消費を増加させるし、さらに、その商品の価格を引き下げたりすることになるから、どの特定の年をとっても、全体としてみれば国内市場が費用を負担することになる。穀物助成金は、輸出に対する他のすべての助成金と同様に、人々に二つの異なった税金、すなわち第一に、助成金を支払うために拠出せざるをえなくなる税金、第二に、国内市場で高騰した商品の価格から発生し、国民全員が穀物の購入者であるため、この特別な商品において、国民全体によって支払われるほかにない税金を賦課することになる。それゆえ、この特別な商品に対するこの第二の税金が、二つのうちでは、はるかに重いのである。

ある年を別の年と合算して考えた上で、小麦一クォーターの輸出に対する五シリングの助成金は、国内市場における当該商品の価格を、穀物の耕作状態が現状のままで助成金がない場合よりも、わずか一ブッシェル当たり六ペンス、つまり一クォーター当たり四シリングだけ引き上げる、と仮定しよう。このようなきわめて控えめな仮定にもとづいたとしても、国民全員は、輸出されたすべての小麦につき、一クォーター当たり五シリングを支払う税金を拠出するうえ、国民自身が消費するすべての小麦について、さらに一クォーター当たり四シリングを支払わなければならない。だが、穀物貿易にかんしてきわめて豊富な情報をもつ著者〔チャールズ・スミスのこと〕によれば、輸出された穀物と国内で消費された穀物との平均の割合は、せいぜい一対三一でしかないという。それゆえ、第一の税金を支払うために国民が五シリング拠出するたびに、第二の税金支払いとして六ポンド四シリングを拠出しなければならないことになる。

絶対的な生活必需品に対するこれほどの重税は、労働貧民の食料などの生活物資を減少させるか、それが、彼らの生計に占める部分の貨幣価格に比例する分だけ、彼らの貨幣賃金を増大させるように作用するはずである。前者の場合には、労働貧民が自分の子供を養育したり、教育したりする能力を減少させるはずであって、その限り、我が国の人口を抑制する傾向をもつはずである。後者の場合には、その作用は、貧民の雇用者がもつ能力――それがなければ雇用していたのと同じくらい、多数の労働者を雇用する能力――を低下させ、その限りで、我が国の産業を抑制するはずである。それゆえ、助成金によって引き起こされる穀物の並外れた輸出は、たんに、輸出が行なわれる年ごとに、外国市場と消費を拡大する分だけ国内市場と消費を減少させるだけでなく、国内の人口と産業を抑制することによって、国内市場の漸次的な拡大を止めたり、抑制したりする最終的な傾向をもっており、それゆえ、長期的にみれば、それは穀物の市場と消費の全体を、増加するどころか、減少させることになる。

9　しかしながら、穀物の貨幣価格をこのように高めることは、農業者に当該の商品をよりいっそう儲かるようにすることにより、必然的にその生産を助長するはずである〔パラグラフ8と9は、第二版増補と訂正で追加された〕。

10　私の答えは、こうである。助成金の効果が穀物の実質価格を引き上げることになる、つまり農業者が、以前と同量の穀物で、寛大であれ、まあまあであれ、あるいは不足気味であれ、その近隣地域で普通に維持されているのと同じ仕方で、いっそう多数の労働者を維持できるようになるのであれば、確かにそのようなことが起きる可能性はあろう。だが、助成金も、他のいかなる人為的な制度も、けっしてそのような効果をもちえないことは明らかである。助成金によってある程度大きく影響されるのは、穀物の真実価格ではなく、名目価格である。だから、そのような制度がすべての国民に賦課する税金は、それを負担する人々にとってはきわめて重いものでありうるが、それを受けとる人々には、ごくわずかな利益にしかならないだろう〔「だから」に続く最後の文章は、第二版増補と訂正で追加された〕。

11 助成金の実質的な効果は、穀物の真実価値を引き上げるというよりも、銀の真実価値を引き下げること、つまり、たんに穀物だけでなく、穀物の貨幣価格がすべての他の国内産商品の貨幣価格を規制するため、銀の等しい量を他のすべての国内産商品のより少ない量と交換させることにある。

12 穀物の貨幣価格は労働の貨幣価格を規制するが、後者は、発展しつつあるか、静止的であるか、あるいは衰退しつつある社会の状況が、雇用主に労働者を維持させる仕方が、惜しみないものか、並か、あるいは不足気味かのいずれであろうと、つねに労働者に、自分自身とその家族を維持するために、十分な量の穀物を購入できるようにする程度のものであるにちがいない。

13 穀物の貨幣価格は、土地の原生産物の他のすべての部分の貨幣価格を規制するが、それは、改良のすべての時期において、穀物の貨幣価格と一定の比率を保っているはずであるとはいえ、しかし、この比率は時期が違えばさまざまに異なっている。それは、たとえば、牧草やほし草、食肉、馬および馬の維持費、陸上運送費を、そして、結果的に国内の内陸通商の大部分の貨幣価格を規制する。

14 穀物の貨幣価格は、土地の原生産物の他のすべての部分の貨幣価格を規制することにより、ほとんどすべての製造業の原料の貨幣価格を規制する。労働の貨幣価格を規制することにより、穀物の貨幣価格は、製造業の技術と組織的な労働の貨幣価格を規制する。労働の貨幣価格、および、土地や労働の生産物であるすべてのモノの貨幣価格は、必然的に穀物の貨幣価格に比例して、上がったり下がったりするはずである。

15 それゆえ、助成金の結果、農業者は自分の穀物を一ブッシェル当たり三シリング六ペンスではなく、四シリングで売却できるようになり、生産物の貨幣価格におけるこの上昇に釣り合う貨幣地代を地主に支払えるようになるはずだが、しかし、穀物価格におけるこのような上昇の結果、かりに、四シリングが、以前三シリング六ペンスで購入していた量よりも多くの他の種類の国内産品を購入できないようになれば、農業者の境遇も地主の境遇も、この変化によって大きく改善することはないだろう。農業者はずっと良い耕作ができなくなるだろうし、地主は、ずっと良い生活ができなくなるだろう。外国産品を買う場合には、この穀物価格の上昇は、彼らにはごくわずかな利益しか与えない可能性がある。農業者のほとんどすべての支出、さらには、地主の大部分の支出でさえ、国内産の商品なのである。

16 鉱山の多産性の結果であるとともに、商業世界の大部分に、等しく、あるいは、限りなく等しく作用するような銀価値の低下は、特定の国にとってはほとんど意義をもたない出来事である。結果的に生じるすべての貨幣価格の上昇は、それを受け取る人々を実質的に豊かにするわけではないが、実質的に貧しくするわけでもない。実際に金銀製の食器の恩恵はより安価になるが、しかし、他のすべてのモノの実質価値は、正確に以前と同じものに留まる。

17 だが、特異な状況や個々の国の政治制度の結果、当該の国だけに生じる銀価値の低下は、きわめて重大な影響をもつ出来事であって、それは、どのような集団でも豊かにする傾向からはほど遠く、あらゆる集団を実際に貧しくする傾向をもっている。この場合、特定の国だけに生じるすべての商品の貨幣価値における上昇は、その国で続けられているあらゆる種類の産業を、多かれ少なかれ妨げる傾向があり、さらに、当該国の業者が提供可能なものよりも少ない銀量であらゆる商品を提供することにより、たんに外国市場だけでなく、その国内市場においてさえ、外国の国民がより安く販売できるようにする傾向がある。

18 ヨーロッパの他のすべての国に対する金と銀の分配者であることは、鉱山所有者であるスペインとポルトガルが置かれた固有の立場である。それゆえ、このような金属は、ヨーロッパの他のすべての国よりも、スペインとポルトガルで幾分安価であるにちがいない。しかしながら、その違いは、運賃と保険料の総額を超えないはずだし、しかも、このような金属は、大きな価値をもちながらも体積は小さいから、運賃は大きな問題ではなく、さらに、保険も等しい価値の他の商品と同一である。それゆえ、スペインとポルトガルは、もし両者の政治制度によってその不利益を増大させなかったなら、そのような固有の立場から、ほとんど被害を受けるはずはないのである。

19 スペインは金と銀の輸出を課税により、ポルトガルは禁止することによって、それぞれ密輸による損失を貴金属の輸出に負わせ、このような損失の総額分だけ、他の国におけるこのような金属の価値をそれ自体に含まれる価値以上に引き上げる。水の流れを堰止めた時、ダムが一杯になるや否や、ダムがまったく存在しない時と同量の水が、ダムの最上部を超えて溢れ出るはずである。輸出禁止は、スペインやポルトガルに、両国が利用できる量――両国の土地と労働の年々の生産物が、金や銀の鋳貨、金銀製の食器、メッキおよび装飾品に利用できるようにする量――を超える量の金や銀を、引き留めることはできない。両国がこの量を獲得してしまえば、ダムが一杯になり、その後流入するすべての流れが溢れ出すはずである。したがって、スペインとポルトガルからの金と銀の年々の輸出は、誰の話を聞いても、このような抑制にもかかわらず、年々の輸入全体とほぼ等しいのである。

しかしながら、水は、つねにダムの最上部の裏側が以前よりも深いはずであるように、このような規制がスペインやポルトガルに留めておく金や銀の量も、他の国で確認されるようなものよりも大きいはずである。ダムの最上部が高くて、しかも頑丈であればあるほど、頂上部の裏側にある水の深さの違いは、以前よりもより大きくなるはずである。税金が高く、輸出禁止を守らせるための罰金が高ければ高いほど、それに応じて、法の執行を監視する警察がより用心深く、厳しくなり、金や銀がスペインとポルトガルの土地と労働の年々の生産物に対してもつ割合と、他の国々におけるそれとの違いもいっそう大きくなるはずである。したがって、はなはだ注目に値することであるが、他の国では、この種の壮麗さに適合しているとか、一致しているとみなされる類いのものが何もない住宅の内部に、おびただしい数の金銀製の食器があるのをしばしば目にする、と言われている。

金や銀が安価であること、つまり同じことだが、すべての商品が高価であることは、この金属が余計に存在することとの必然的な結果であり、スペインとポルトガルの農業と製造業の両方に水をさし、外国の国民が、自国で自ら栽培したり製造したりした上で、交換することができるよりも少量の金や銀と引き換えに、多くの種類の原生産物やほとんどすべての製造品を両国に供給できるようにする。租税と禁止は、二つの異なった仕方で機能するのである。両方とも、スペインとポルトガルで貴金属の価値をおおいに低下させるだけでなく、そうでなければ、他の国に流れ出したはずの一定量の貴金属をそこに留まらせることにより、二つの方策は、それが実施されない場合よりも、他の国々で貴金属の価値を幾分高く引き上げ、こうして他の国々に、スペインやポルトガルとの交易で二重の利点を与えるわけである。水量調節門を開けよ、そうすればダムの最高部で水位の高いところがただちに下がり、低いところに多くの水が溢れていくから、すぐに二つの場所の水が同じ高さになるだろう。租税と輸出禁止を廃止せよ、そうすれば、金と銀の量はスペインとポルトガルで相当減少するから、他の国で幾分か金と銀の量が増え、このような金属の価値、つまり、土地と労働の年々の生産物に対するその比率は、すぐにすべての国と同水準か、ほぼ同水準になってくるだろう。

スペインとポルトガルがこのような金と銀の輸出によってこうむる損失は、完全に名目的で、想像上のものであろう。両国の商品の名目価値、すなわち、両国の土地と労働の年々の生産物の名目価値は下落するだろうし、以前に較べて、より少量の銀で表示されたり代表されたりするだろうが、両国の商品の実質価値は以前と変わらず、同量の労働を維持し、支配し、雇用するのには十分であろう。両国の商品の名目価値が下落するにつれ、両国に残った金や銀の実質価値が上昇し、より少量の貴金属が、以前より多量の貴金属を用いていた商業と流通の同じ目的をすべて満たすであろう。外国に出ていく金や銀が無駄であるはずはなく、等しい価値をもつ何らかの商品をもち帰るだろう。またこのような財貨のすべては、消費する代わりに生み出すものが何もない怠惰な人々によって消費されるたんなる贅沢や浪費にかかわる内容ではない。この金や銀の並外れた輸出によって怠惰な人々の真実の富と収入が増加することがないように、彼らの消費もまた、並外れた輸出によって大きく増加することはあるまい。このような財貨は、おそらくその大部分が、そして間違いなくその一定部分が、利潤とともに自分たちの消費の全価値を再生産する勤勉な人々を雇用し維持するための原材料、道具および食料から構成されている。社会における不活発な元本《デッド・ストック》部分は、このようにして活動的な元本に転換されるだろうし、以前利用されていたよりも、さらに多量の組織的な労働を起動させるだろう。こうして両国の産業が、労働者が現在担わされているもっとも圧制的な重荷のひとつから救済されれば、両国の土地と労働の年々の生産物は、わずかではあれすぐに増加し、おそらく数年のうちに著しく増加することになろう。

20　穀物の輸出に対する助成金は、必然的に、このスペインとポルトガルの馬鹿げた政策と正確に同じ仕方で機能するのである。実際の耕作の状態がどうであろうと、同じ状態にあって助成金が存在しない場合に較べると、それは、穀物を国内市場で幾分か引き上げ、外国市場で幾分引き下げるように作用する。穀物の平均貨幣価格は、多少とも他のすべての商品の価格を規制するから、助成金は、国内市場における銀の価値を相当程度引き下げ、外国市場における銀の価値をごくわずか引き上げる傾向がある。それは、外国の人々、とくにオランダ人に、それが無ければ実現していたものよりも安価に、我が国産の穀物を食べさせることを可能にするだけでなく、時には、同じ時に我が国の人々が可能である以上に安価に食べられるようにするのであって、サー・マシュウ・デッカー〔Sir Matthew Decker, 1679-1749. オランダから移住した貿易商で、後に東インド会社の重役。『外国貿易の衰退の原因に関する論考』の著者〕という卓越した権威により、確証されている通りである。それは、我が国の業者が彼らの財貨を、助成金がない場合よりも少量の銀量で提供できないようにするだけでなく、オランダの業者が、彼らの財貨をより少量の銀で提供できるようにする。それは、我が国の製造品をどの市場でも幾分高価にし、助成金がない場合に実現されるものに較べて、他国の製造品を幾分安価にする傾向があり、結果的に、他国の産業に対して、我が国の産業を上回る二重の利点を与える傾向がある。

21　助成金は、我が国の国内市場で穀物の貨幣価格を引き上げるほどには、その真実価格を引き上げず、つまり、一定量の穀物が維持し雇用できる労働の量を増加させず、たんにそれと交換される銀の量を増加させるだけであるから、それは、我が国の農業者や地方の紳士に何ら大きな恩恵を与えることなく、我が国の製造業を妨害することになる。実際それは、農業者と紳士の財布にわずかな貨幣をもたらすとはいえ、しかし、彼らの大部分に対して、これが彼らにきわめて大きな恩恵をもたらすわけではないと説得することは、おそらく、かなり困難なことであろう。だが、もしこの貨幣の価値が、その量において増加するのと同じくらい減少する、つまり、それでもって購入可能な労働、食料、およびあらゆるさまざまな種類の国産商品の量が減少すれば、恩恵は名ばかりで、想像上のものをほとんど上回ることはなくなるだろう。

22　助成金が本質的に有用であったり、そうなる可能性があった人々の一団が、国民全体の中におそらく一つだけ存在していた。穀物商人、つまり、穀物の輸出入業者がこれである。豊作の年には、助成金は、そうでなかった場合にくらべて、より多くの輸出をかならず引き起こすし、さらに、豊作の一年が別の不作の一年を救済することを妨げるため、穀物不足の時期には、他の場合に必要になる以上に多くの輸入を引き起こす。それは、二つの時期の両方で、穀物商人の仕事を増加させる。すなわち、穀物不足の時期には、それは、彼にもっと多くの量の輸入を可能にするだけでなく、より高い価格でそれを販売できるように、つまり結果的に、大なり小なり豊作年が他の凶作年を救うことを妨げなかったら、助成金がない場合に達成できるものより、もっと多くの利潤とともに販売できるようにすることになる。したがって、助成金の継続や更新のために最大の熱意を示したように見えるのは、このような人々の一団なのである。

23　地方に住む我が国の紳士は、彼らが外国産穀物の輸入に高率の関税――平年作の時には禁止に相当する――をかけた時、さらには助成金を創設した時、我が国の製造業者の振る舞いを真似したように思われる。彼らは高率関税制度によって、自国市場で独占を確保し、助成金制度によって、国内市場で彼らの商品が在庫過剰になることを回避しようと努力した。彼らは、この二つの方法を用いて、我が国の製造業者が似たような制度を用いて、多くのさまざまな種類の製造品の実質価値を引き上げたのと同じ方法で、穀物商品の実質価値を引き上げようと努力した。多分彼らは、自然が、穀物とほとんどすべての他の財貨の間に定めておいた、偉大で本質的な違いに注目しなかったのである。国内市場の独占、あるいは輸出に対する助成金によって、我が国の毛織物や麻織物の業者が、それがなかった場合に獲得できたであろうよりも幾分か良い価格で自分たちの財貨を販売できるようになれば、このような財貨の名目価格だけでなく、実質価格も引き上げられることになろう。それは彼らに、より多くの量の労働や食料などの生活物資と等しいものを与え、たんにその名目価格だけでなく、実質利潤、つまりこのような製造業者の実質的な富と収入を増加させ、彼らがよりよい生活を過ごせるか、あるいは、このような個々の製造業において、より大きな量の労働を雇用できるようにするわけである。このような製造業を実際に奨励すれば、我が国の産業のより大きな量を、おのずとそこに向かったであろう以上に、このような産業に導くことになろう。

だが、同様の制度によって、穀物の名目価格、つまり貨幣価格を増加させても、その真実価値《リアル・ヴァリュー》は増加しない。それは、実質的な富を増やすわけでも、我が国の農業者や地方に住む紳士の実質的な収入を増やすわけでもない。それは、穀物を育てる労働者をより大量に維持したり、雇用したりできるようにするものではないから、穀物の産出を奨励するわけではない。事物の起源《ザ・ネイチャー・オヴ・ティングズ》からして、穀物には、その貨幣価格のたんなる変更によって変えられるはずがない真実価値《リアル・ヴァリュー》が刻み込まれている〔「その貨幣価格のたんなる変更によって変えられるはずがない」は第二版での修正であり、初版では「いかなる人間の制度も変更することができない」であった〕。輸出に対する助成金も国内市場の独占も、その価値を増加させることは不可能である。この上なく自由な競争でも、それを減少させることはできない。

その価値は、世界中どこでも、それが一般的に維持しうる労働の量に等しく、どの特定の地域をとってみても、そこで普通に維持されている仕方、つまり、寛大であれ、まあまあであれ、あるいは不足気味であるにしても、穀物が維持しうる労働の量に等しい。毛織物や麻織物は、それでもって他のすべての商品の真実価値を最終的にはかったり、決定したりする規制的な商品ではない。それを規制したり決定したりするのは、穀物である。あらゆる他の商品の実質価値は、最終的には、その平均的な貨幣価格が穀物の平均的貨幣価格に対して保っている比率によって決定される。穀物の真実価値は、その平均的貨幣価格に生じる類いのいかなる変化——世紀から世紀にまたがって時に生じる変化——によっても、変わることがない。このような変化によって変化するのは、銀の真実価値である。

24 すべての国産商品の輸出に対する助成金は、第一に、重商主義体制のさまざまなすべての便宜に対して行われる可能性がある一般的な異論——国の一部の産業を、自発的に辿っていたであろう経路よりも、利益が少ない経路に押し込むという異論——を免れることができないし、さらに第二に、国内産業の一部を、いっそう利益が少ない経路に押し込むだけでなく、実際に不利な経路——かならず損失を出す事業であるため、助成金という手段を用いてしか遂行できない事業——に押し込む、という異論も免れることもできない。穀物の輸出に対する助成金は次のような別の異論、つまり、それはいかなる点でも、生産を奨励するつもりである特定の商品の栽培を促進することができない、という異論を免れることができない。それゆえ、我が国の紳士が助成金の創設を要求した時、彼らは、我が国の商人や製造業者を真似して活動したとはいえ、一般的に他の二つの集団に属する人々の振る舞いを導いている商人や製造業者自身の利益を完全に理解した上で、行動したわけではなかった。彼らは、国の歳入にきわめて大きな負担を背負い込ませ、国民全体にきわめて重い税を課したとはいえ、しかし、彼らは自分自身の商品の真実価値を、それとわかる程度に増やしたわけではなく、銀の真実価値をいくらか低下させることによって、国の産業全般にある程度水をさし、こうして、彼ら自身の土地の改良——これは、必然的に我が国の一般的な産業次第で決まる——を推し進めるどころか、大なり小なり妨げることになった。

25 あらゆる商品の生産を奨励するためなら、生産物に対する助成金というものは、輸出に対する助成金にもまして直接的な効果があるだろう、と間違いなく想像する。くわえてそれは、国民に、助成金を支払うために国民が寄付しなければならない、たったひとつの税金を賦課するだけである。それは、当該商品の価格を、国内市場において引き上げる代わりに、引き下げる傾向を持っており、そのために、国民に対して第二の税金を賦課するよりもむしろ、すくなくとも、部分的に国民が第一の税金に寄付したものを払い戻す可能性をもっているだろう。しかしながら、生産物に対する助成金は、ごくまれにしか与えられてこなかった。重商主義体制によって確立された偏見が我々に信じ込むように教えたことは、国民の富は、生産からよりもむしろ輸出から直接生じる、ということである。したがってそれは、国に貨幣をもち込む直接的な手段としておおいに好まれてきたのである。

　生産物に対する助成金は、輸出に対する助成金よりも、経験的には、ずっと詐欺にあいやすいことがわかっているとも言われてきた。どこまでこれが真実なのか、私にはわからない。輸出に対する助成金が、多くの詐欺的な目的のために悪用されてきたということは、きわめてよく知られている。だが、国内市場が、自分たちの財貨によって在庫過剰になるということ——生産物に対する助成金が、時々発生させかねない事態——は、商人や製造業者、つまり、このような便法の偉大な発明者の利益にはならないものである。輸出に対する助成金は、余剰部分を彼らが外国に送り、国内市場に残るものの価格を高く保つことにより、この事態に陥ることを効果的に防ぐ。したがって、重商主義体制のすべての便法のうち、これは彼らがもっとも好むもののひとつである。私は、いくつかの特定の事業に従事するさまざまな企業者が、彼らの間で、彼らが取り扱っている財貨の一定割合の輸出に対して、それぞれ自分自身の財布から助成金を与えるように内密に合意形成していることを知っている。この便法はとてもうまく成功し、生産物の顕著な増加があったにもかかわらず、彼らの財貨の価格を国内市場で倍以上にした。穀物に対する助成金の効力は、もしそれが当該商品の貨幣価格を引き下げたとすれば、驚くほど異なったものになるはずである。

26 しかしながら、生産物に対する助成金などというものは、何か特定の必要品《オケージョンズ》に対して与えられてきたものである。塩漬け用ニシン漁と捕鯨漁に与えられたトン数助成金《トンネッジ・バウンティ》〔たとえばニシン漁の場合、漁船に対しては船のトン数、輸出されたニシンについては樽数を基準に与えられた〕は、多分このような性質のものと考えられよう。このような助成金は、それがなかった場合に較べ、その財貨を、安価に直接国内市場に提供する傾向があると想像される可能性があろう。他の点では、その効果は、輸出に対する助成金のそれと同一である、ということに注意する必要がある。そのような手段を用いれば、国の資本の一部は、その価格が費用を賄いきれない財貨を、元本に対する通常の利潤とともに、市場にもち込むために利用されるからである。

27 だが、漁業に対するこのようなトン数助成金が国の豊かさに寄与しないとしても、船員と船舶の数を増加させるから、それは、国防に寄与すると考えることが、おそらく可能であろう。これは、そのような助成金という手段を用いて、大規模で永続的な海軍を、そういって良ければ、常備軍と同様の仕方で維持するよりも、ずっと少ない支出で実現可能なことが時にありうる、と主張できる可能性があろう。

28 しかしながら、このような好都合な主張にもかかわらず、以下の考察は、すくなくともこのような助成金のひとつを与える際に、立法府は徹底的に付け込まれていた、と信じたい気持ちに私を誘うのである。

29 第一に、ニシン漁用大型帆船助成金《ヘリング・バス・バウンティ》は過大である。

30 ニシン漁用大型帆船助成金は、一七七一年の冬漁の初めから一七八一年の冬漁の終わりまで、一トン当たり三〇シリングであった。この一一年間のスコットランドの大型帆船による水揚げ量は、全体で三七万八三四七樽にのぼった。捕獲後に海上で塩漬け処理されたニシンは、シー・ステッキ〔直訳すれば海の棒〕と呼ばれている。それを市販可能なニシンと呼ばれているものにするためには、塩を追加して詰め直す必要があり、この場合、三樽のシー・ステッキが、販売用ニシン二樽に詰め直されるのが通例である。それゆえ、販売用ニシンの樽数は、この計算に従えば、この一一年間で、二五万二二三一と三分の一にしかならないだろう。この一一年間に支給されたトン数助成金は一五万五四六三ポンド一一シリング、つまり、シー・ステッキ一樽当たり八シリング二ペンスと四分の一、販売用ニシン一樽当たり一二シリング三ペンスと四分の三、支払われたのである。

31 このようなニシンが塩漬けされる時の塩は、スコットランド産の時もあれば、外国産の時もあるが、両方とも、魚の塩漬け業者には、すべての物品税を免除して引き渡されている。スコットランド産の塩に対する物品税は、現在一ブッシェル当たり一シリング六ペンスであり、外国産については一〇シリングである。ニシン一樽は、外国産の塩約一ブッシェルと四分の一を要すると推測されている。スコットランド産の塩だと、平均は推定二ブッシェルである。輸出用に登録されたニシンには、この税金はまったく支払われず、国内消費用に登録されれば、塩漬け用の塩が外国産であろうとスコットランド産であろうと、一樽あたり一シリングしか支払われない。それは、塩一ブッシェルに対する古いスコットランドの税金であり、低めの見積もりであるが、一樽のニシンを塩漬けするのに欠かせないと推測された量目である。スコットランドでは、外国産の塩を魚の塩漬け以外の目的で使用することはほとんどない。実際、一七七一年四月五日から一七八二年四月五日まで、輸入された外国産の塩の量は、一ブッシェル当たり八四ポンドで九三万六九七四ブッシェルに達し、製塩工場から魚の塩漬け業者に引き渡されたスコットランド産の塩は、一ブッシェル当たりわずか五六ポンドで、一六万八二二六ブッシェルを超えることはなかった。それゆえ、漁業において用いられるのは、主として外国産の塩であると思われる。くわえて、輸出されたニシン一樽当たり二シリング八ペンスの助成金があるので、大型帆船で水揚げされたニシンの三分の二以上が輸出される。

以上のすべてをまとめると、この一一年間に、大型帆船で水揚げされたニシン一樽当たり、スコットランド産の塩で塩漬けされて輸出されたものは、一七シリング一一ペンスと四分の三が政府の負担になり、国内消費用に登録された場合には、一四シリング三ペンスと四分の三、外国産の塩で塩漬けされて輸出されると、一樽当たり一ポンド七シリング五ペンスと四分の三を、国内消費用に登録された場合は一ポンド三シリング九ペンスと四分の三が政府の負担になった、ということがわかるだろう。上等の販売用ニシン一樽の価格は、一七～一八シリングから二四～二五シリングにまでまたがっており、平均すれば、おおよそ一ギニ

ーである。＊

＊本巻末尾の収支計算を見よ。〔ただし、本訳書では便宜上の観点から、本章末に配置した〕

32 第二に、塩漬け用ニシン漁に対する助成金は一種のトン数助成金であり、漁業に従事する船舶の努力や成果にではなく、船舶の積載力に比例するものであったから、残念なことに、魚ではなく助成金の捕獲を唯一の目的に、ごく普通に船の装備がなされるようになった。一七五九年に、助成金はトン当たり五〇シリングであったが、スコットランドの大型帆船漁業全体が生み出したのは、わずかシー・ステッキ四樽にすぎなかった。その年、政府の負担は、助成金だけで、シー・ステッキ一樽当たり一一三ポンド一五シリング、販売用のニシン一樽当たり一五九ポンド七シリング六ペンスであった。

33 第三に、生や塩漬け用《ホワイト・ヘリング》ニシン漁でこのトン数助成金が付与されてきた（二〇～八〇トンの大型帆船か、甲板を張った船による）漁業の形態は、オランダのそれほど——その国の慣行から借りてきたように見える——スコットランドの状況によく適合していたとは思われない。オランダは、もっぱらニシンが集まることで知られている海域から遠く離れたところにあり、それゆえ、遠く離れた海域までの航海に十分な水や食料を運搬可能な甲板付きの船でしか、その漁を遂行することができない。だが、ヘブリディーズ諸島や西の島々、つまり、シェトランド諸島、およびスコットランドの北部や北西部沿岸、要するにニシン漁が主として遂行されている場所に近い地方は、陸地に相当入り込んだ入り江によってどこも複雑に入り組んでいて、その地方の言葉で、シー・ロッホ〔細い入り江や潟のこと〕と呼ばれている場所である。ニシンがこのような海域に押し寄せてくる季節——というのは、ニシンや多くの他種の魚の到来は、まったく規則的でも、休みなく続くわけでもないのは確かだから——の間、ニシンが主として集まってくるのは、このようなシー・ロッホである。それゆえ、小舟での漁業にとって、スコットランドの特殊な状況にもっとも適した漁業形態は、捕まえたら、できるだけ早く塩漬けされたり生食されたりするように、漁業者がニシンを海岸まで運ぶことだと思われる。

だが、トン当たり三〇シリングの助成金を大型帆船漁業に与えるという大々的な奨励策は、必然的に小舟での漁業にとって邪魔物であり、そのような助成金がない小型漁業は、大型帆船漁業と同じ条件で、調理済みの魚を市場にもち込むことができない。したがって、大型帆船助成金が創設されるまで、小舟での漁業はおおいに重要なものであったし、現在大型帆船が雇用している数に劣らないほど多数の船員を雇用していたと言われているが、現在では、小舟での漁業はほとんどすべて壊滅している。しかしながら、現代廃れて見捨てられたこの漁業が、以前どの程度であったかについて、かなり正確なことを話せるふりをするわけにいかないことは、認めるほかにない。小型漁業の装備一式に対する助成金が支払われなかったため、税関や塩税の係官による記録も存在しないのである。

34 第四に、スコットランドの多くの所では、年のうち一定の時期、ニシンは、普通の人々の食物の少なからぬ一部になっている。国内市場でその価格を低める傾向をもつ助成金は、我が国の同じ階級に属する大多数の人々——その境遇がけっして豊かとはいえない人々——の救援物資として、おおいに役立つ可能性があろう。だが、大型帆船助成金は、そのような立派な目的に役立つものではない。それは、国内市場に供給するためなら、較べようもないほどよく適合している小舟漁業を破滅させるだけでなく、輸出に際して追加される一樽当たり二シリング八ペンスの助成金が、大型帆船漁業の生産物の三分の二以上という大きな部分を海外にもって行く。三〇年から四〇年前に、つまり、大型帆船漁業助成金が創設される以前に、一樽当たり一六シリングというのが、塩漬けニシンの普通の価格であったと断言できる。一〇年から一五年前、つまり、小舟漁業が完全に破滅する以前には、その価格は一樽当たり一七シリングから二〇シリングの間で推移した、と言われている。最近の五年間では、平均でみると、それは、一樽当たり二五シリングであった。

しかしながら、この高価格は、スコットランド沿岸で、ニシンが実際に不漁であったことに起因するものだろう。さらに、通常ニシンを一杯に詰めて販売される大樽とか樽は、その価格が、ここまで指摘してきた価格のすべてに含まれているのだが、アメリカの戦争が開始されてから、以前の価格の倍にまで、つまり、約三シリングから約六シリングにまで高騰したということも、述べておかなければならない。以前の時期の価格について受け取っている説明が、統一的で首尾一貫したものとはほど遠いということ、さらに、市場向けの高級ニシン一樽の通常価格は五〇年以上前に一ギニーであった、ときわめて的確で経験に富む老人が私に断言したことも同様に述べておかなければならないし、私の想像するところ、今なお、これをその平均価格であるとみなすことができるようである。しかしながら、私が思うに、大型帆船助成金の結果、国内市場でその価格が引き下げられたことはないという点で、すべての説明は意見が一致しているのである。

35 そのような気前の良い助成金が漁業事業者に支給されてきた後、彼らが、その商品を以前から習慣になっている価格と同一か、それよりもさらに高く販売し続けたとすれば、彼らの利潤がきわめて大きくなると期待できるから、相当数の個人の利潤も、同様であった可能性がある。しかしながら、一般的にかなりの数の個人はまったく逆であったと信じるに足る、十分な理由がある。そのような助成金の通常の効果は、向こう見ずな企業者を、ある事業で一か八か冒険するように奨励することであるが、それは、彼らが理解していない事業であり、彼ら自身の怠慢と無知によって失うものの大きさが、政府の最大限の気前の良さによって獲得しうるすべてのもので埋め合わせても、とうてい足りないような事業である。

一七五〇年に、塩漬け用ニシン漁を奨励するために、一トン当たり三〇シリングの助成金を初めて与えた同じ法律（ジョージ二世治世二三年法律第二四号）によって、株式会社〔社名はThe Society of the Free British Fishery〕が設立されたが、それは、五〇万ポンドの資本金をもち、応募者（他の奨励に加え、上で言及したトン数助成金、一樽当たり二シリング八ペンスの輸出助成金、税を免除されたイギリスと外国産の塩の引き渡しがあった）は、一四年間にわたり、彼らが応募し、その団体に払い込んだ一〇〇ポンドにつき、税関の出納長によって等額の半年払いで支払われる一年当たり三ポンドを受け取る権利が与えられた。さらにまた、この大会社は、総裁と重役の住所がロンドンでなければならなかったが、一万ポンドを下回らない額がそれぞれの資本に出資され、自分自身の利益と損失にかんして、自ら責任をもって経営されるという前提を満たしていれば、さまざまな漁獲組織《フィッシング・チェンバー》を王国のさまざまな外港〔ロンドン以外の大きな港〕で設立することは合法である、と宣言された。同じ年金型公債、およびあらゆる種類の同じ奨励策が、大会社の取引に対すると同様に、このような小規模な組織の取引にも与えられた。大会社への応募はまもなく満額に達したし、王国のさまざまな外港で漁獲組織がいくつか設立された。このようなあらゆる奨励策にもかかわらず、ほとんどすべてのこのようなさまざまな会社は、大小を問わず、それぞれの資本金のすべて、または大部分を失ったのであって、今ではその名残さえほとんど残っておらず、しかも、生や塩漬け用ニシン漁は、今では完全に、あるいはほとんどすべて非公開《プライベート》の冒険的事業者によって遂行されている。

36 社会を防衛するために、なにか特定の製造業が不可欠である場合、隣国にその供給を依存するのはかならずしも賢明でないだろうし、もしそのような製造業が他の方法で維持できないというのであれば、その維持のために、他のすべての分野の産業が課税されるようになっても、けっして不合理なことではないだろう。イギリス産の帆布、およびイギリス産の火薬輸出に対する助成金は、両方とも、この原則にもとづいて擁護される可能性がある。

37 だが、何か特定の部類の製造業者を支援するために、大部分の人々が従事する産業に課税することが合理的であることなどほとんどありえないのだが、しかし、それだけの額ならどうするかよく知っているものを上回る収入を国民が享受している時、つまり、大繁栄という享楽の中でなら、お気に入りの製造業者にそのような助成金を与えることは、おそらく、何か別の無駄な支出を招くのと同じほど、ごく自然なことである可能性がある。私的な支出と同様に、公的な支出においても、著しい富裕は、おそらく、大々的で馬鹿げた消費に対する言い訳として、多くの場合許容されるだろう。だが、一般的な困難と窮乏の時期に、そのような無駄遣いを続けることには、間違いなく通常の不条理を超える何かが存在するはずなのである。

〔以上、パラグラフ28から本パラグラフまでは第三版での追加であるが、第二版までは、以下の文章があった。「他のいくつかの助成金は、おそらく同じ原則にもとづいて許容されるだろう。王国にとって重要なことは、その防衛のために必要な製造業を、できるだけ近隣諸国に依存しないようにすることであって、他の方法ではこのような製造業を国内で維持できない場合、それを支援するために他のすべての分野の産業が課税されるようになるのは、理にかなっている。アメリカからの海軍軍需品の輸入、イングランド産の帆布および火薬に対する助成金、この三つはすべて、おそらくこの原則にもとづいて正当化できるだろう。第一のものは、グレートブリテンで利用するための、アメリカの生産物に対する助成金である。他の二つは輸出に対する助成金である。」〕

38　助成金と呼ばれているものは、時には戻し税にすぎないことがあり、結果的に、固有の助成金と同じ異論を免れることは不可能である。たとえば、輸出された精製糖に対する助成金は、その原料になる赤砂糖やマスコバド〔両者とも未精製糖の一種〕に課せられた関税の払い戻し、と考えることができるだろう。輸出された精巧な絹織物に対する助成金は、輸入された生糸や撚りの入った生糸に課せられた関税の払い戻しである。輸出された火薬に対する助成金は、輸入された硫黄や硝石に課せられた関税の払い戻しである。税関の言い方をすれば、輸入される時と同じ形態で輸出された商品に与えられるような支給金だけが、戻し税と呼ばれる。その形態が、何らかの製造業によって、新しい名称をつけられるほど変更された場合、そのようなものが助成金と呼ばれるのである。

39 社会によって、それぞれの職業で秀でている職人や製造業者に与えられる奨励金《プレミアム》は、助成金と同じ異論を免れることができない。特別な器用さと創意を奨励することによって、奨励金は、このような職業に実際に従事している熟練者《ワークマン》の競争心を保つのに役立つし、そのような奨励金がなければ、自発的にそこへ投下されたであろう資本のより大きな部分を、そのような職業のどれかに振り向けさせるほど、十分な大きさをもつものではない。奨励金がもつ作用は、雇用の自然な釣り合いを覆すことではなく、それぞれ遂行されている仕事に、可能なかぎりの完璧さと円熟を与えることにある。おまけに、奨励金の費用はごく限られたものであるのに対して、助成金の費用は莫大である。穀物に対する助成金だけでも、社会が負担する費用が一年に三〇万ポンド以上に達することが時々ある。

40 助成金は、戻し税が時に助成金と呼ばれるように、時々奨励金と呼ばれることがある。だが、我々は何時いかなる場合でも、言葉に関心を寄せるのではなく、事物の性質に注意しなければならない。

穀物取引と穀物法にかんする余論〔タイトルのみ第二版で追加〕

1 穀物輸出に対する助成金を創設する法律、および、それに関連する規制の体系に対して与えられてきた賞賛はまったく分に過ぎたものだと指摘することなく、私としては、助成金にかんする本章を終えるわけにはいかない。穀物取引の性質や、それにかかわるイギリスの主要な法律の立ち入った検討は、私の主張が真実であることを余すところなく証明するだろう。この問題がもつとびぬけた重要性は、この余論が長くなることを許容するはずである。

2　穀物商人の取引は四つの異なった分野から構成されており、時にはこのすべてが同一人物によって遂行されることもあるが、取引自体の性質からして、それは四つの別個の異なった取引である。すなわち、第一に、国内商人の取引、第二に、輸入商人による国内消費用の取引、第三に、国内生産物の輸出商人による外国消費用の取引、そして第四に、貿易運搬商人《マーチャント・キャリアー》、および再輸出するための穀物輸入業者の取引、これである。

3　I．国内取引商人の利益と大多数の国民の利益は、一見のかぎり、これ以上ないほど対立的に見えるとはいえ、これ以上ないほど不作の年でさえ、間違いなく同一である。実際の不作が不可避にする高さに穀物価格を引き上げることは国内取引商人の利益であるから、それをさらに高く引き上げることまで、彼の利益になるはずがない。その価格を引き上げることによって、彼はその消費に水をさし、多かれ少なかれあらゆる人に、しかし、特に身分の低い人々に倹約と上手な管理に励ませることになる。もし価格を引き上げすぎたら、彼は消費に水をさしすぎて、最盛期の供給が季節の消費を超えてしまう傾向が、次の最盛期の収穫物が入ってき始めた後もしばらく続くために、手持ちの穀物の相当大きな部分を自然の原因によって失うだけでなく、手許に残ったものを、数ヵ月以前ならそれを売り捌けた可能性がある価格よりも、ずっと安く売却せざるをえなくなる危険を冒すことになる。もし、穀物の価格を、消費に水をさすほど十分高く引き上げずに、最盛期の供給が最盛期の消費を満たせなくなったりすれば、彼は、そうでなければ獲得した可能性がある利潤の一部を失うだけでなく、最盛期が終わる前に、庶民を困難、つまり、食料不足に由来する苦難よりもむしろ、飢饉という恐ろしい惨事に晒すことになろう。

庶民の利益は、彼らの日々の、週の、そして月々の消費が、最盛期の供給と可能なかぎり正確に釣り合っていることにある。国内の穀物商人の利益は、それと同一である。穀物を、彼が判断しうる限りで、できるだけこの比率に近く供給することにより、彼は最高の価格で、最大の利潤とともに、手持ちの穀物のすべてを売却できるようになろう。つまり、穀物の状態、一日当たり、週当たり、さらに月当たりの売り上げにかんする彼の知識が、実際にどれだけがこのような方法で供給されるか、これについて、彼が多少とも正確に判断できるようにするのである。彼は、庶民の利益を意図することなく、自分自身の利益に注意を払うことにより、不作の年でさえ、賢明な船長が、時々その乗務員を取り扱う必要があるのと同じ方法で、必然的に、庶民をおおいに穏やかに取り扱うように導かれる。食料が不足しそうだと予想すると、船長は船員にわずかな割り当て量を与える。注意のしすぎから、船長は実際の必要性が少しも無いのにこれを実施することがあるが、それによって船員がこうむり得るあらゆる不便は、配慮不足が原因で時々晒されかねない危険、窮乏や破滅に較べると、些細なものである。

同様にして、過度の強欲に駆られて、国内穀物商人は時々手持ちの穀物を、不作の時に求められるよりも幾分高く引き上げてしまうことがあるが、このような振る舞い――最盛期の終わりには、庶民を効果的に救うことになる振る舞い――によって庶民がこうむりうる不便は、はるかに鷹揚な取引が不作の最盛期初めにあれば、晒されかねなかった不便に較べれば、すべて取るに足りないことである。穀物商自身は、このような強欲によって最大の被害を受けやすいのだが、それはたんに、彼に対する反感で、広く荒れ狂う憤りから発するものに留まらない。このような憤りがもつ影響はいつか消失するにしても、最盛期の終わりにかならず彼の手許に残る穀物量から被害を受けるのであって、次の季節がたまたま豊作だと判明した場合、そうでなかった場合の価格に較べ、ずっと安い価格で、つねにそれを売却せざるをえなくなるからである。

4　事実、商人の一大集団が、広大な国の穀物をすべて手に入れることができるなら、おそらく、オランダ人が、モルッカ諸島産のスパイスに関して実行していると言われる商取引――残ったものの価格をつり上げておくため、スパイスのかなりの部分を、破棄したり投げ捨てたりする商取引――をすることが、彼らの利益になるだろう。だが、法律による威嚇をもってしても、穀物にかんして、それほど広範な独占を確立できることはほとんどないし、しかも、法律がその取引を自由に委ねるところではどこでも、すべての商品のうちで、生産物の大部分を買い占める少数の巨大な資本の力によって買い占められたり、独占化されたりされにくいものの筆頭にくるのは、穀物である。穀物の価値は、少数の個人の資本が購入できるものをはるかに超えているだけでなく、そのような人々がそれを購入できるとしても、穀物生産の方法が、このような購入などおよそ不可能にするだろう。

あらゆる文明化された国では、穀物は年々の消費が最大であって、きわめて多数の産業労働者が、他のいかなる商品の生産にもまして穀物生産のために雇用されている商品である。また、穀物が最初に大地から作りだされた時、それは必然的に、他のいかなる商品よりもずっと多数の所有者の間で分け合われたし、さらに、このような所有者は、独立している多数の製造業者のように一ヵ所に集められることが絶対に不可能であり、国中のすべての地方の端から端まで、かならず散在している。このような最初の所有者は、近隣地域の消費者に直接供給するか、あるいは、消費者に供給する国内の他の穀物商人に供給する。それゆえ、穀物の国内取引業者は、農業者やパン屋も含めて、いかなる他の商品を扱う商人よりも必然的にはるかに数が多くなるのであって、彼らがバラバラに離れて居住していることが、いかなる一般的な連合体《コンビネーション》への加入をもまったく不可能なことにする。

それゆえ、もし不作の年に、彼らのうちの誰かが、最盛期が終わる前に処分を済ませると期待できる量を上回る手持ちの穀物を、現行価格でうまく取り引きできるとわかった場合、彼の仲間や競争相手の利益になるだけで、自分自身は損を出すようなこの価格の維持などけっして考えず、新規の収穫が入り始めるまでに彼の手持ちの穀物の処分を済ませるため、すぐさまその価格を引き下げることだろう。このように、誰か一人の取引業者の振る舞いを規制するのと同じ動機、つまり同じ利害が、他のすべての業者のそれを規制するのであって、こうして、彼らの判断の最善のものにしたがって、彼ら全員が著しい不作期や豊作の最盛期に、もっとも適合的な価格で手持ちの穀物を売却するようにせまるのである。

5 ヨーロッパのあらゆる地方を苦しめた、今世紀や二世紀前からの食料不足や飢餓の歴史——そのうちのいくつかについては、我々は相当正確な報告を持っている——を注意深く調査した人なら誰でも、食料不足は、穀物の国内取引商人の結束からでも、戦争による消耗によって時々特定の場所で発生する実際の食料不足以外の他の原因からでもなく、劣悪な季節が原因であったものが圧倒的多数であったことを、さらにまた、飢饉は、食料不足の困難を救済するために、不適切な手段を試みた政府による乱暴な処置以外の原因で発生したことなどまったくなかったことが分かるだろう、と私は信じている。

6　すべての異なった地方の間に、自由な通商と交流が存在する広大な穀物生産国では、もっとも過酷な季節によって引き起こされた食料不足が、飢饉を生み出すほど大きくなるはずはないし、最低の収穫高でも、倹約して経済的に管理されれば、ある程度潤沢な年に、より豊かなやり方で広く食料をあてがわれているのと同数の庶民を、一年をつうじて、維持するだろうからである。だが、穀物は、高地でも低地でも、水が過剰気味の土地でも、さらには乾燥しすぎの気配がある土地でも同様に育つから、国の一部の地方にとっては、有害な干ばつであれ降雨であれ、別の地方には好都合であって、雨が多い季節であろうと乾燥した季節であろうと、収穫高は、より好都合で穏やかな季節のそれよりもかなり減少するとはいえ、しかしなお、いずれの場合でも、国の一部で失われたものが、他の地方で獲得されたものによってかなりの程度まで埋め合わされる。

米作国、つまり、収穫するためにはきわめて湿気が多い土地が不可欠であるばかりか、成長の過程で一定の期間水面下になければならない国の場合、干ばつの影響は、悲惨どころではない。しかしながら、そのような国でさえ、政府が自由な取引を許していたら、干ばつがすべてに影響して、かならず飢饉を発生させるということなど、多分ほとんど生じなかっただろう。数年前にベンガルで起きた干ばつは、多分きわめてひどい飢饉を引き起こした可能性がある。東インド会社の使用人によって課せられたいくつかの不適切な規制、つまり、いくつかの分別を欠いた制限が、おそらく、干ばつの飢饉への転換に寄与したことであろう。

7　干ばつがもたらす不都合を緩和するために、政府がすべての取引業者に対して、手持ちの穀物を公正だと思われる価格で販売するように命令すれば、それは、彼らがそれを市場にもってくるのを妨げ、時には最盛期の当初からさえ飢饉をもたらす可能性をもっているし、たとえ穀物をもち込んだとしても、それは、人々が購買できるようにして、彼らができるだけ早急にそれを消費するように奨励するから、最盛期が終わりを迎える以前に間違いなく飢饉を発生させるはずである。現実の食料不足は正しようがなく、緩和できるだけであるから、無制限で、規制のない穀物取引の自由化が、飢饉の悲惨さの唯一の効果的な予防策であるように、それは、干ばつがもたらす不都合の最善の緩和策なのである。これほどまで大衆の憎悪に晒される取引は存在しないため、法律で完全に保護されるに値する取引も、それほど多くの保護を必要とする取引も、存在するはずがない。

8　食料難の年には、下層階級の人々は、彼らの困苦を穀物商人の貪欲さのせいにするし、商人が庶民の憎悪と憤りの対象になる。それゆえ、そのような時に利潤を上げるどころか、しばしば商人は、完全に破産するとか、彼の倉庫が彼らの暴力で略奪されたり破壊されたりする危険に出くわすことになる。しかしながら、穀物商が最高の利潤を達成すると期待するのは、その価格が高い食料難の年においてのことである。一般的に彼は、数年間にわたって、一定の価格で一定量の穀物を提供するという契約を、幾人かの農業者と結んでいる。このような契約価格は、穏当で、適正な価格、つまり、通常ないし平均価格であると想定されているものに従って取り決められるが、最近の食料難の時代以前には、小麦一クォーター当たりおおよそ二八シリングで、他の種類の穀物についてはそれに準じるというのが、普通であった。それゆえ、食料難の年に、穀物商は彼の穀物の大部分を通常価格で購入し、それをずっと高い価格で販売する。

しかしながら、この並外れた利潤は、この職業を、他の職業とほぼ等しい水準に保つために十分なものを超えるわけではないし、他の出来事、つまり、扱う商品それ自体が腐敗しやすい性質のものであり、その価格が、頻繁で予測不能な変動に晒されているということに由来する多くの損失を補うだけだということは、このような単一の事情にもとづいて、巨額の富が、これとか他の職業で達成されることなどごくまれでしかないことを、十分に証明しているように思われる。しかしながら、大衆の反感は、その職業がきわめて利益にめぐまれる唯一の年である食料難の年に生じるものだが、それは、名声と富をもつ人々がその職業に入っていくことを嫌うようにしてしまう。その職業は、種類としては二流の商売人の手に委ねられてしまい、こうして、粉屋、パン屋、穀物の挽き割り業者、挽き割りの仲買業者が、多くのお粗末な小売商人ともども、国内市場で、生産者と消費者の間に立つ唯一の仲介人になるのである。

9　ヨーロッパの昔の政策は、国民にとってこれほど有益な取引に対する大衆の反感に反対するどころか、逆に、それを正当と認めて、そそのかしたように思われる。

10　エドワード六世治世五年と六年の法律第一四号によって制定されたことは、転売する目的で穀物や穀類を購入しようとする者は、すべて法に違反する買い占め人とみなされるべきであり、初犯の場合には、二ヵ月の投獄と穀物の対価を没収するという刑罰を受け、再犯の場合には、六ヵ月の投獄と価値額の倍の没収、さらに三度目の違反には、晒し台に晒したうえで、国王が希望するだけの期間の投獄、および、所有する一切の動産を残らず没収するという刑罰を受ける、というものであった。ヨーロッパの他のほとんどの地域における昔の政策は、イングランドのそれ以上に好ましいものではなかった。

11 我々の先祖は、庶民は穀物を穀物商からよりも、農業者からより安く購入するし、穀物商とは、農業者に支払った価格に上乗せした挙句、自分自身に法外な利潤を要求する者のことではないかと心配していたように思われる。それゆえ、穀物商の商売を、完全に根絶やしようと努力した。彼らは、あらゆる種類の仲介人が生産者と消費者の間に入ってくる可能性を最大限防ごうと努力さえしたし、さらにこれが、彼らが穀物の行商人《キッダー》とか運び屋と呼んだ人々の取引——高潔で公正な取引をする人間としての適格性を保証する認可状がなければ、誰も遂行できなかった取引——に対して加えられた多くの制限の意味するところであった。この認可状の交付には、エドワード六世の法律によって、三人の治安判事の承認が必要とされた。だが、このような制限でさえ、後には不十分だと考えられたから、エリザベス統治下の制定法により、それを授与する特権が治安判事四季会議《クオーター・セッションズ》に限定されたのである。

12 ヨーロッパの古くからの政策は、地方における最大の生業である農業をこのような方法によって、つまり、都市における最大の生業である製造業に対してつくり上げた行動原則《マキシム》とはまったく異なるものによって、規制しようと試みた。農民に対しては、消費者や消費者の直接の代理人である穀物の行商人や運び屋以外の顧客が残らないようにしておくことにより、その生業を、たんに農民としてだけでなく、穀物商や穀物の小売人を兼ねて営むように強制しようと努力した。これとは逆に、古くからの政策は、製造業者が小売商の生業を遂行すること、つまり、自分の財貨を小売りでさばくことを多くの場合禁止した。一方の法律では、国の一般的な利益を促進すること、つまり、多分それがどのようになされるべきかをよく理解もせず、穀物を安価にすることが計画されたことになる。他方の法律では、特定の階層の人間、つまり小売商人の一般的な利益の促進が意図されており、製造業者がいくらかでも小売りすることを許されたりしたら、彼らは製造業者によって売り負かされることになり、自分たちの生業が破滅すると推測されていたのである。

13　しかしながら、製造業者は店を構え、自分の財貨を小売販売することを許可されていたとはいえ、名の知れた小売商人よりも安価に販売することは、不可能であった。製造業者は、自分の資本のどの部分を店に投下するにしても、その部分を製造過程から引き上げなければならない。自分の事業を他の同業者と同じ水準で遂行するためには、彼は、一方で製造業者の利潤を入手しなければならないように、他方で小売商人の利益も、同様に入手する必要があるからである。

たとえば、彼が居住している特定の町で、製造業者の元本も小売商の元本も、それぞれ一〇パーセントが通常の利潤だと想定すると、この場合彼は、自分の店で販売した自作の財貨のすべてについて、二〇パーセントの利潤を上乗せする必要がある。彼が仕事場から店舗に財貨を運べば、彼は、大規模に財貨を購入する卸業者か小商店主に売却可能な価格で、それを評価する必要がある。もし彼がそれを低く見積もれば、彼は、製造過程の資本に対する利潤の一部を失うだろう。さらに、それを自分の店舗で販売する時、小商店主が販売するのと同じ価格で売らないかぎり、小売業の元本に対する利潤の一部を失うことになる。それゆえ、同一の商品について、二倍の利潤をあげているように見える可能性はあるが、しかし、このような財貨は連続的に二つの異なった資本の一部を構成するため、それについて利用した全資本については、ただひとつだけ獲得したにすぎないから、かりにこの利潤よりも少なくしか獲得しなければ、彼は損失者、つまり、自分の全資本を、大部分の隣人と同じほど有利には利用しなかったことになる。

14 農民は、製造業者が禁止されていたことをある程度まで実行するように、つまり、自分の資本を二つの異なった業務に分けた上で、市場の時折の需要を満たすために自分の穀倉や干し草積み場にその一部を保存しておき、さらに、残りの資本を土地の耕作に利用するように、申し付けられた。だが、彼は、後者を農業元本の通常の利潤以下でしか利用できなかったように、前者を商業元本の通常の利潤以下で利用するのが精一杯であった。穀物商の事業を実際に遂行する元本が農民と呼ばれる人物に属するものであろうと、穀物商と呼ばれる人物に属するものであろうと、このような方法でそれを利用することに対して、その所有者を保証し、彼の事業を他の職業と同じ水準に保ち、可能であれば何か別のものに変更しようとする関心を彼が抱かないようにするためには、いずれの場合でも、等しい利潤が不可欠なのである。それゆえ、このように穀物商人の仕事を遂行するように強制された農民は、自由競争であれば、安売りせざるをえなかった他のすべての穀物商に較べ、自分の穀物をより安価に販売することはできなかったのである。

15 所有するすべての元本をひとつの事業部門で利用できる卸商人は、自分の労働をすべてひとつの作業に用いることができる職人と、同じ種類の利点をもっている。後者が、同じ二本の手で、はるかに大量の労働の遂行を可能にする器用さを習得するように、前者は、同額の資本で、はるかに大量の事業——商品を買い入れたり、処分したりする事業——を処理する方法を、きわめて容易かつ迅速に習得する。前者が、自分の仕事を通常かなり安上がりに遂行できるようにするように、後者は、彼の元本と注意がいっそう多様な対象に利用されれば、取り扱う商品を普通いくらか安く提供できるようにする。大部分の製造業者は、彼らの唯一の仕事が、大規模に買い入れて、改めてそれを小売りする用心深く活発な店主のようには、自分の商品を安価に小売りすることができない。大部分の農民は、大規模に穀物を買い入れて巨大な穀物倉庫に集め、再度小売りする仕事に専念する用心深くて活発な穀物商人のように、ほぼ大部分の地方から四マイルか五マイル離れたところに位置する都市住民に対して、彼らが生産した穀物を売り捌くこと、つまり提供することなど、なおさら不可能なのである。

16　小売商人としての仕事の遂行を製造業者に対して禁止した法律は、法律がなかった場合に較べて、この部門におけるより迅速な元本の利用を強制しようとしたものである。農民に穀物商の仕事を実行させようとした法律は、この分野の元本が、それほど迅速に利用され続けないように、妨げようとしたものである。二つの法律は、自然的自由の明白な侵犯であり、したがって不正であったし、両方とも、不得策であり不公平でもあった。この類いの事柄は、けっして強制されたり妨害されたりすべきではないというのが、あらゆる社会の利益である。自分の労働や自分の元本を、その状況が不可避にするよりもずっと多様な方法で利用する人間が、その隣人を売り負かすことによって、隣人を痛めつけたりするはずがない。彼は、自分自身を痛めつける可能性をもっているのであって、しかも、一般的にそうなっている。何でも屋は、けっして金持ちにならない、という諺がある。だが国民は、置かれた特定の状況の中で、立法者が可能な以上に、自分自身の利益を一般的によく判断できるはずであるから、つねに法律は、国民はいつも自分自身の利益を気遣うものだと信じなければならない。しかしながら、農民に穀物商人の仕事をせざるをえなくした法律は、二つのうちでも、飛びぬけて有害なものであった。

17 それは、あらゆる社会にとってきわめて有益な資本を用いる部門を妨害するだけでなく、土地の改良と耕作をも妨害する。一つではなく二つの職業を農民に遂行させることにより、その資本を強制的に二つの部分に分割させ、一方だけしか耕作に利用できないようにした。だが、農民が脱穀した後、できるだけ迅速に穀物商人に穀物をすべて売却する自由をもっていたら、すぐさま彼の資本はすべて土地に戻され、さらに、土地をいっそうよく改良して耕作するために、より多くの家畜の購入と、より多くの使用人の雇用に用いられただろう。だが、収穫した穀物を、小売りで販売するように強制されたため、農民は、その資本のより大きな部分を、年中彼の穀物倉庫や干し草置き場に保管しておくことを余儀なくされ、それゆえ、そうでなければ同じ資本で遂行できたはずの耕作を、十分に遂行できなかった。それゆえ、この法律は、必然的に土地の改良を妨害し、こうして、穀物をより安価にするのに役立つ代わりに、穀物を不足気味にし、そうでなかったら実現されていたものにくらべ、より高価にするのに役立ったに違いない。

18　農民としての仕事の次に、穀物商人としてのそれは、適切に保護され、奨励されさえすれば、実際には、穀物栽培のためにもっとも役立つ仕事である。それは、大規模な卸商の仕事が製造業者の仕事を支援するのと同じ方法で、農民の仕事を支援するだろう。

19　大規模な卸商人は、製造業者に手近な市場を与え、製造されしだいその商品を製造業者の手許から運び出し、時には、製造業者が商品を完成させる前にその価格を提示することによって、製造業者が彼の全資本を、時には、全資本以上のものさえつねに製造過程で用い続けられるようにするし、こうして結果的に、製造業者が自分自身で直接消費者や小売人に製品を処分せざるをえない場合よりも、はるかに多量の商品を製造できるようにする。また卸売商人の資本は、一般的に多くの製造業者の資本を十分に置き換えるほどであるから、卸商人と製造業者の間の取引は、巨額の資本の所有者に、多勢の小資本所有者を支援すること、さらには、さもなければ彼らにとって破滅的になりかねない損失や、不運な状態にある小資本所有者を支援することに興味を抱かせるのである。

20　農民と穀物商人との間で一般的に築き上げられる同種の取引は、農民にとって利益が多い結果をともなうことだろう。農民は、自らの資本をすべて、あるいは、それを超えるものをつねに耕作に利用するように継続できるだろう。彼らの職業がもっとも直面しやすい災難に襲われた場合、農民は、通常の顧客のなかに、彼らを支援しようとする関心と能力の両方をもち合わせた人物である豊かな穀物商人を発見するだろうし、こうして農業者は、現在のように、地主の辛抱やその執事の情け深さに頼ることがなくなるだろう。おそらく不可能なことではあろうが、どこであれこのような取引を即座に確立することができれば、また王国の全農業用元本を、それ固有の事業、つまり、現在元本の一部が転用されているすべての他の利用から引き上げて、即刻それを本来の業務である土地の耕作に振り向けることができれば、さらにまた、この大きな元本の運用を時々補助したり支援したりするために、ほぼ同じ大きさの他の元本を一斉に提供することができれば、このような付随的な変化だけで、国土全体の改良がいかに大規模で、いかに広大で、いかに急速に実現しうるか、これは想像することさえおそらくけっして容易なことではなかろう。

21 それゆえ、エドワード六世〔在位一五三七～一五五三〕統治下の制定法は、栽培者と消費者の間に立つすべての仲介人を可能なかぎり禁止することにより、その自由な活動が、たんに食料不足がもたらす不都合に対する最良の救済であるだけでなく、そのような苦難の最良の予防策でもある職業――農民の職業に次いで穀物栽培に大きく貢献するのは、穀物商の職業である――を全滅させる試みであったことになる。

22 この法律の厳格な適用は、後にいくつかの後続の法律によって緩和されたが、それによって、小麦価格が一クォーター当たり二〇、二四、三二さらに四〇シリングを超えない場合には、穀物の買い占めがそれぞれ継続的に許可された。最後には、チャールズ二世治世一五年法律第七号によって、転売の目的で穀物を買い占めたり購入したりすることは、小麦の価格が一クォーター当たり四八シリング、その他の穀類の価格も、それと釣り合うものを超えないかぎり、買い占め人でなければ、つまり、三ヵ月以内に同一の市場で再度販売しなければ、誰にとっても合法であると宣言された。今なお国内穀物の取引業者という職業が享受しているすべての自由《フリーダム》は、この制定法によって与えられたものである。現在の国王治世一二年の制定法は、独占人や買い占め人に反対する他の古くからの法律をほとんど取り消したものだが、今とり上げている制定法が定める規制を取り消したわけではなく、したがって、それは今なお効力を持っている。

23 しかしながら、この制定法は、きわめて不合理な通俗的な二つの偏見を、ある程度まで正当と認めたものであった。

24 第一に、それは、小麦の価格が一クォーター当たり四八シリングという高さまで高騰した場合、さらに、それと釣り合った他の穀類の価格も同様に高騰した場合、穀物は、国民を痛めつけるほど大量に買い占められる傾向がある、と想定していた。だが、すでに述べてきたことから明らかなことは、価格がどれだけであろうと、国内卸売商によって国民を傷つけるほど買い占められるはずがないということ、および、一クォーター当たり四八シリングは、きわめて高価格であると考えられる可能性があるとはいえ、しかしそれは、不作の年なら収穫直後の時期に頻繁に生じる価格であって、新収穫物のどの部分も、その時期に売り尽くされる可能性はほとんどないし、たとえ知識がなくても、そのどの部分であれ、その時期に国民を傷つけるほど買い占めできるとは想像できない、ということである。

25 第二に、それは、穀物が買い占められがちな、つまり、国民を傷つけるように、同じ市場ですぐに転売されるために購入されがちな一定の価格がある、と想定している。だが、一商人が、同じ市場ですぐにそれをふたたび売却するために、特定の市場に出かけ、特定の市場で穀物を買い占めたとしても、その理由は、その市場は、その時だけでなく、期間全体を通じて豊富に供給されるはずがなく、それゆえ、穀物価格はまもなく上昇するはずである、と判断したからにちがいない。彼がこの点で間違っていて、しかも、穀物価格が上昇しなかったら、商人は今のやり方で彼が利用している元本の利潤をすべて失うばかりか、穀物を貯蔵したり、保存したりすることに必ず伴っている経費と損失のために、元本自体の一部さえ失うであろう。それゆえ彼は、ある市《いち》の立つ日に、特定の人々が買えないようにして損害を与えるというよりも、後に彼らはどこか別の市の立つ日に安価に入手できるのだから、むしろ不可避的に、自分自身がより大きな損害をこうむることになろう。

もし商人が正しく判断するとすれば、大多数の人々に損害を与える代わりに、彼は国民にもっとも重要な貢献をすることになろう。商人は、そうでない場合よりもいくらか早い時期に、食料不足がもつ不都合を国民に感じさせることによって、国民が価格の安さにつられて、その季節の実際の不作に見合う以上に早く消費してしまったりすると、後に間違いなくひどい目にあって感じることを感じなくて済むように予防する。食料不足が現実になった場合、国民のために商人がなしうる最善のことは、異なった月、週および日々すべてをつうじて、それがもたらす不都合を可能なかぎり均等に分散させることであろう。穀物商人の利害が、できるだけ正確にこれを遂行できるように彼に研究させるのであって、それ以外の人々は、同じ利害や同じ知識、さらには、それをある程度正確に実行する同等の能力をもっていないから、このもっとも重要な商取引の運営はすべて商人に任せるべきであるし、言い換えるなら、すくなくとも国内市場の供給にかかわるかぎり、穀物取引は完全な自由に委ねられるべきだ、ということである。

26　独占や買い占めにかんする通俗的な懸念は、魔術に対する通俗的な恐怖や疑念になぞらえることができるだろう。魔術を使った罪で告発された不運で哀れな人間は、買い占めの罪を告発された人々と同様に、彼らの責任だとされた災害については完全に無罪であった。魔術に対するすべての訴追を終わらせた法律は、隣人が、そのような想像上の犯罪を告発することによって、自分自身の悪意を充足する法的権限をすべての人間から失わせたのだが、それは、恐怖や疑念を助長し、支援した主要な原因を取り除くことによって、効果的にこのような恐怖や疑念を終わらせたように思われる。穀物の国内取引に完全な自由を取り戻させるはずの法律は、独占や買い占めにかんする通俗的な懸念に終わりをもたらす点で、おそらく、同様に効果的であることがわかるであろう。

27　しかしながら、チャールズ二世治世一五年法律第七号は、不完全なところがあったとしても、おそらく、制定法全集に掲載されている他のいかなる法律よりも、国内市場の豊富な供給と耕作地の増加に貢献した。国内の穀物取引が、それ以降ずっと享受してきたすべての自由《リバティ》と保護を得たのは、この法律からであり、こうして、国内市場の供給と耕作の利益は、輸入や輸出取引よりもむしろ、国内取引によってはるかに効果的に促進されることになったのである。

28　グレートブリテンに輸入されたあらゆる種類の穀類の平均量が、消費されたあらゆる種類の穀類に対して占める割合は、穀物取引にかんする小論文を書いた著者〔チャールズ・スミスのこと〕によって計算されてきたが、一対五七〇という比率を超えるものではない。それゆえ、国内市場に供給するために国内取引がもっている価値は、輸入取引のそれに対して五七〇対一程度のものであるにちがいない。

29同じ著者によれば、グレートブリテンから輸出されたあらゆる種類の穀類の平均量は、年々の生産量の三一分の一を超えるものではない。それゆえ、国内生産物のための市場を提供することによって耕作を奨励するために国内取引がもっている価値は、輸出貿易のそれと比べて三〇対一程度であるにちがいない。

30 私は政治算術《ポリティカル・アリスマテイック》に大きな信頼を寄せているわけではないし、このような計算の正確さを請け負うつもりもない。私は、もっとも賢明で経験を積んだ人々の評価をもちいて、穀物の国内取引よりも外国貿易のほうが、価値つまり重要性の点でいかに劣っているか、これを示すために数値に言及しているだけである。助成金の創設に直接先立つ数年間に生じた穀物の著しい低価格は、二五年前に立法され、それゆえ効果を表すには十分な時間があったチャールズ二世統治下におけるこの制定法の作用の結果だとみなしても、おそらく、理にかなっているだろう。

31 私が、穀物取引の他の三部門にかんして言わなければならないことのすべては、ごく短い説明で十分であろう。

32 II. 国内消費用に外国産穀物を輸入する商人の取引は、国内市場に直接供給する点で明らかに効果的であり、大多数の国民に直接貢献するところがきわめて大きいはずである。実際に、それは穀物の平均貨幣価格を幾分か引き下げる傾向をもっているが、その真実価値《リアル・ヴァリュー》、つまり、それが維持しうる労働の量を減少させるわけではない。もし、輸入がつねに自由であるなら、おそらく我が国の農業者も地方の紳士も、実際に輸入がほとんど常時禁止されている現時点に較べ、年ごとにみた場合、彼らの穀物に対していっそう少ない貨幣を入手することになろうが、彼らが手に入れる貨幣はより大きな価値をもっているから、他のすべての種類の商品をより多く購入し、より多くの労働を雇用することになるだろし、それゆえ、彼らの実質的な富《リアル・ウエルス》、つまり実質的な収入こそより少量の銀であらわされる可能性があるとはいえ、彼らによる穀物耕作が、現在よりもいっそう困難になったり、水をさされたりすることもないだろう。逆に、銀の真実価値における上昇は、穀物の貨幣価格を引き下げる結果、他のすべての商品の貨幣価格を幾分引き下げるから、国の産業に、それが行われている所はどこでも、あらゆる外国市場で一定の利点を与え、こうしてその産業を奨励して増大させる傾向をもっている。

だが、穀物の国内市場は、栽培されている国の産業全体と、すなわち、それとは別のものを生産し、それゆえ、穀物と交換に与える何か別のもの、つまり同じことだが、何か別の代価をもっている人々の数と釣り合いが取れているはずである。だがいかなる国でも、国内市場は、もっとも近くてもっとも便利であるため、穀物にとっても同様に最大かつ最重要の市場である。それゆえ、穀物の平均貨幣価格を引き下げる効果をもつ銀の真実価値における上昇は、穀物に対する最大かつ最重要の市場を拡大し、それによって、その生産に水をさすどころか、むしろ奨励する傾向をもっている。

33 チャールズ二世治世二二年法律第一三号により、小麦の輸入は、国内市場の価格が一クォーター当たり五三シリング四ペンスを超えないかぎり一クォーター当たり一六シリング、その価格が四ポンドを超えないかぎり、八シリングの関税を免れないとされた。この二つの価格のうちの前者は、ここ一世紀以上、きわめてひどい食料不足の時にしか生じなかったし、さらに後者は、私の知るかぎり、まったく生じたことがない。しかしなお、小麦がこの後者の価格以上に上昇するまで、この制定法によってきわめて高い関税を免れることはなかったし、しかも、前者の価格に上昇するまでには、禁止にも等しい関税が課されていたのである。他の種類の穀類の輸入は、レートと穀類の価値に応じた関税によって、ほとんど同様に強く抑制された。* その後の法律は、このような関税をさらに引き上げるものであった。

＊現国王〔ジョージ三世〕治世一三年以前、さまざまな穀類の輸入に際して支払うべき関税は以下のとおりであった。

穀類		関税
豆《ビーンズ》	クォーター当たり二八シリングまで	一九シリング一〇ペンス
	以降四〇シリングまで	一六シリング八ペンス
	四〇シリング以上	一六シリング一二ペンス
大麦	クォーター当たり二八シリングまで	一九シリング一〇ペンス
	以降三二シリングまで	一六シリング
	三二シリング以上	一六シリング一二ペンス
モルトはその年のモルト税法案により禁止されている。		
オート麦	クォーター当たり一六シリングまで	五シリング一〇ペンス
	一六シリング以上	五シリング九ペンス半
エンドウ豆《ピーシズ》	クォーター当たり四〇シリングまで	一六シリング
	四〇シリング以上	一六シリング九ペンス四分の三

ライ麦	クォーター当たり三六シリングまで	一九シリング一〇ペンス
	以降四〇シリングまで	一六シリング八ペンス
	四〇シリング以上	一六シリング一二ペンス
小麦	クォーター当たり四四シリングまで	二一シリング九ペンス
	以降五三シリング四ペンスまで	一七シリング
	以降四ポンドまで	八シリング
	四ポンド以上	約一シリング四ペンス
ソバ	クォーター当たり三二シリングまで	一六シリングを支払う

このような様々な関税は、一部はチャールズ二世治世二二年に旧助成金の代わりに、一部は新助成金によって、三分の一および三分の二助成金によって、さらに一七四七年の助成金によって課せられた〔本注は第二版で追加されたものだが、ビーンズとは、くぼみがある楕円形の豆で、そら豆やいんげん豆などを、ピーシズとは丸い豆をさす〕。

34 食料不足の年に、このような法律の厳格な執行がもたらしかねない苦難は、おそらく相当大きかっただろう。だが、そのような場合でも、その執行は、一定期間に限り、外国産穀物の輸入を許可した臨時立法によって、一般的に停止された。このような臨時立法の必要性は、この一般的な制定法の不適切さを十分に例証するものである。

35 このような輸入に対する抑制策は、助成金が創設される以前でも、後にその規制を立法化したときと同じ精神、同じ原動力《プリンシプル》によって指図されていた。それ自体どれほど有害なものであっても、この他さまざまな輸入に対する抑制策は、あのような規制の結果として必要になったものである。小麦が一クォーター当たり四八シリング以下か、あるいは、それを大きく超えない時に、外国産穀物が無関税で、あるいは、ごく少額の関税を支払うだけで輸入可能であったら、助成金の交付をうけて再輸出されることが可能であろうが、これは、公収入にとって大きな出費になるし、しかも制度——その目的が、外国産ではなく、国内産のための市場の拡大にあったはずの制度——の完全な悪用になる。

36 III. 穀物輸出商による外国消費用の取引が、国内市場における潤沢な供給に直接貢献しないことは確かである。しかしながら、間接的な貢献はある。普通このような供給がどのような源泉から引き出されようと、つまり、国内産であろうと外国産であろうと、国内で通常消費される量を超える穀物が、通常生産されるか国内に輸入されるかしないかぎり、国内市場における供給が潤沢になるはずがない。だが、通常の場合ならいつでも、余剰分が輸出可能でないかぎり、生産者は栽培しすぎないように注意するだろうし、さらに輸入業者は、国内市場が求める最低限の消費を上回るものを、けっして輸入しないだろう。ごくまれに国内市場が在庫過剰になることはあるだろうが、しかし、それを供給する人々の事業は、一般的に取り扱う商品が手許に残ることを怖がるものであるから、国内市場は在庫不足になるのが一般的であろう。輸出禁止は、その国の改良と耕作を、国内に住む人々の必需品を供給するために必要な程度に制限する。輸出の自由は、外国に住む人々の必需品を供給するために耕作を拡大することを可能にする。

37 チャールズ二世治世一二年の法律第四号によって、穀物輸出は、小麦価格が一クォーター当たり四〇シリングを超えなければ、さらに、他の穀類もそれと釣り合う価格を超えなければ、いつでも許可された。同じ君主の治世一五年に、この自由は、小麦価格が一クォーター当たり四八シリングを超えるまでに、さらに同二二年には、それ以上の価格にまで、残らず拡大された。事実、ポンド税《パウンディッジ》〔重量または金額一ポンドにつき支払うべき税金〕は、そのような輸出に際して国王に支払うべきものであった。だが、穀類はすべて、レートを記した帳簿のなかでは低く評価されていたので、この一クォーター当たりのポンド税は、小麦については一シリング、オート麦については四ペンス、他のすべての穀類については一クォーター当たり六ペンスの額でしかなかった。ウィリアム＝メアリー治世元年に助成金を創設したこの法律によって、この少額の税金は、小麦価格が一クォーター当たり四八シリングを超えないかぎり事実上免除されたが、ウィリアム三世治世一一年と一二年の法律第二〇号によって、より高い価格のすべてについて、明確に廃止された。

38　輸出商の取引は、このような方法で、たんに助成金によって奨励されるだけでなく、国内業者の取引よりもはるかに多くの規制を免除されていた。このような制定法の最後のものによって、輸出の場合であれば、価格のいかんにかかわらず、穀物を大量に買い占めることができたが、国内販売用の場合には、その価格が一クォーター当たり四八シリングを超えない場合を除き、大量の買い占めは不可能であった。しかしながら、すでに指摘しておいたように、国内業者の利益が、国民の大多数の利益と根本的に異なるはずがない。輸出商の利益は、しかし、実際に時々異なる。輸出商自身の国の労働者が食料不足にあり、隣国の労働者が飢饉で苦しんでいるとすれば、食料不足の苦しみをおおいに悪化させかねない量の穀物を隣国に運ぶことが、彼の利益になる可能性があろう。

国内市場の潤沢な供給は、このような制定法の直接の目的ではなかったが、しかし、農業を奨励するという口実の下、穀物の貨幣価格を可能なかぎり高く引き上げたし、それによって、国内市場で恒常的な食料不足を可能なかぎり大規模に引き起こした。ひどい食料不足の場合でさえ、輸入に水をさすことによって国内市場の供給は国内生産に限定されたし、しかも、穀物価格が一クォーター当たり四八シリングという高さに達すると、輸出の奨励によって、相当な食料不足の時でも、国内市場は国内生産の全量を受け取ることを許されなかった。一定期間穀物の輸出を禁止したり、穀物輸入に対する関税を一定期間免除したりする臨時立法――グレートブリテンが繰り返し頼らざるをえなかった便法――が、この国の一般的な制度《システム》機構の不適合性を余すところなく証明している。その制度機構が良好なものであったなら、グレートブリテンがそれほど頻繁にその制度機構から離脱する必要性など、なかったであろう。

39 すべての国民が、自由な輸出と自由な輸入から成り立つ開かれた体制《リベラル・システム》に従うようになれば、巨大な大陸が小さく分割されたさまざまな国家は、巨大な帝国のさまざまな地域《プロヴィンス》とある程度似たものになるだろう。巨大な帝国のさまざまな地域間の自由な国内取引が、道理と経験の両方からして、食料不足の最良の緩和剤であるだけでなく、飢饉をもっとも効果的に予防するものであることがわかってくればくるほど、巨大な大陸が分割されたさまざまな国家の間で、輸出取引と輸入取引の自由《フリーダム》が生じることだろう。大陸が広大であればあるほど、大陸のすべてのさまざまな部分をつうじて、陸上および水上の手段を用いた交通が容易になればなるほど、一地方の食料不足が、他の地方の潤沢によって救済されやすくなるため、大陸のどこか特定の地域がますますこのような苦難に晒されにくくなるだろう。だが、このような開かれた体制を完全に採用する国はほとんどない。穀物取引の自由というものは、ほとんどどこでも多少なりとも規制されているし、多くの国で、食料不足という回避困難な災難を、しばしば飢饉という恐ろしい惨事にまで悪化させる不条理な規制によって抑制されている。そのような国の穀物需要はしばしばきわめて大きく、しかも緊急のものになる可能性があるから、偶然ある程度の食料不足の下で同時に苦しむことになったその近隣に位置する小国は、似たような恐ろしい惨事に自国を晒すことなく、そのような国に供給する危険を冒すことはできない。一国のひどく間違った政策は、事情が違えば他の国で最善の政策を確立することを、ある程度まで危険で無分別なものにする可能性がある。しかしながら、無条件の輸出の自由は、生産量が著しく大きいため、輸出される穀物の量によって供給が大きな影響を受けることがほとんどない大きな国家の場合には、その危険は著しく小さい。

　スイスの州においては、あるいはイタリアの小国家なら、おそらく時には穀物の輸出を抑制する必要があるかもしれない。フランスやイングランドのような大国の場合、そのようなことはほとんどありえない。くわえて、農業者がその商品を最良の市場にいつも送れないようにすることは、公共の効用という理念、つまりある種の為政者の言い訳《リーズンズ・オヴ・ステート》のために、紛れもなく正義という通常の法《オーディナリー・ローズ・オヴ・ジャスティス》を犠牲にしているが、これは、もっとも緊急な場合に限って許されうるし、そのような場合に限って実行されるべき立法機関の行為である。穀物の輸出が禁止される価格は、そもそも禁止される必要がある場合でも、つねにきわめて高い価格でなければならないのである。

40 穀物にかかわる法律は、どこでも、宗教にかかわる法律と比較できるだろう。国民がとりわけ大きな関心を抱くのは、現世における彼らの食料などの生活物資や、来世の生活の幸福にかかわる事柄であるから、政府は、国民の偏見に譲歩することを余儀なくされるし、国民を平安な状態に保つために、彼らが是認するような制度機構《システム》を設立する必要がある。この二つの主要な目的を考慮して設立された合理的な制度機構を我々がほとんど目にすることがないのは、おそらく、このような理由にもとづいている。

41 IV. 商人運送業者、つまり再輸出するために外国産穀物を輸入する業者の取引は、国内市場に潤沢に供給するために貢献している。彼が行う取引の直接の目的は、事実、輸入した穀物を国内市場で販売することではない。だが、一般的に彼は、このような方法で積み込んだり降ろしたりする費用、および、運賃と保険料の費用を節約するから、外国市場で彼が期待できるよりもかなり少ない額で、喜んで販売しようとするだろう。中継貿易という手段を用いて、他の国に供給する穀物倉庫や貯蔵庫になっている国の国民は、彼ら自身がモノ不足になることがほとんどなくて済むだろう。中継貿易は、このようにして、国内市場の平均穀物価格を引き下げるのに貢献するが、そうすることによって、穀物の真実価値《リアル・ヴァリュー》を引き下げるわけではない。それは、銀の実質価値《リアル・ヴァリュー》をいくらか上昇させるだけであろう。

42 中継貿易は、イングランドでは、戻し税がない大部分の外国産穀物輸入に対して課せられた高い関税によって、通常の事態のもとでは実質的に禁止されていたが、特別な場合、つまり、食料不足が臨時立法によってこのような高率関税の停止を不可欠にした場合には、輸出はいつも禁止された。それゆえ、このような法律の体系によって、いかなる場合でも中継貿易は実質的に禁止されたことになる。

43 それゆえ、助成金の創設に関係をもっているあの法律の体系《システム・オヴ・ローズ》は、それに対して贈られてきた賞賛に値するものではないと思われる。グレートブリテンの改善と繁栄、つまり、従来このような法律のせいだとしばしば言われてきたものは、別の原因からきわめて容易に説明することができるだろう。グレートブリテンの法律が、国民のすべてに対し、自分自身の労働の成果を享受できるように付与した保障《セキュリティ》は、このような商取引に対する二〇以上の不条理な規制にもかかわらず、それだけで、どのような国でも申し分なく繁栄させるものであって、この保障は、助成金が創設されたのと大部分重なる時期、つまり、革命〔一六八八～八九年の名誉革命〕によって完成されたものである。自分自身の境遇を改善しようというあらゆる個人が生まれつきもつ努力は、それが、自由かつ安全に《ウイズ・フリーダム・アンド・セキュリティ》発揮されるように委ねられた場合、きわめて強力な原理であるため、このような妨害の影響が多少なりともつねにその自由《フリーダム》を侵犯し、その安全を低下させるとはいえ、何の援助もなしに、それだけで社会を富と繁栄に向かわせることだけでなく、人間の法律《ヒューマン・ローズ》の愚かさが頻繁にその作用を妨げる数多くの図々しい妨害を克服することも、可能にするのである。グレートブリテンでは、産業的な労働《インダストリー》は完全に安全であるから、完全に自由であるというにはほど遠いとはいえ、それは、ヨーロッパのどこにも劣らず自由《フリー》だし、一段と自由である。

44 グレートブリテンの大きな繁栄と改良の時期は、助成金に関係する法律体系よりも後のことであるとはいえ、我々はこの理由をもって、その繁栄と改良をこのような法律に帰属させてはならない。同様に、繁栄と改良は公債《ナショナル・デッツ》よりも後のことであった。だが、公債がその原因でなかったことは、この上なく確かなことである。

45 助成金と関連している法律の体系は、スペインやポルトガルの政策とまったく同じ傾向をもっており、それが施行される国の内部で貴金属の価値を幾分か引き下げるのだが、しかし、グレートブリテンは、間違いなくヨーロッパのなかではもっとも豊かな国のひとつであるのに対し、スペインとポルトガルは、おそらくもっとも貧しい国のなかに含まれている。しかしながら、置かれた立場のこのような違いは、二つの異なった理由から容易に説明できる可能性があろう。第一に、スペインにおける金や銀の輸出に対する課税、ポルトガルにおける金や銀の輸出禁止、および、このような法律の執行を監視する用心深い行政組織は、両国合わせて輸入が年々正貨六〇〇〇万ポンドを上回る二つのきわめて貧しい国の場合、このような金属の価値を国内で直接引き下げるだけでなく、より強制的に引き下げるように作用する点で、穀物法がグレートブリテンで果たし得る作用に劣るはずがない。そして第二に、この劣悪な政策は、このような国の場合には、国民の一般的な自由《フリー》と安全《リバティ・アンド・セキュリティ》によって、埋め合わせられていない。産業的な労働は、そこでは自由でも安全でもなく、しかも、たとえ政府による通商の規制が、その大部分が不条理で馬鹿げたものであるのに負けないほど賢明なものであったとしても、スペインとポルトガル両国における市民と宗教の統治は、それだけで十分に現在の国民の貧困状態を永続化させることになろう。

46 現国王〔ジョージ三世〕治世一三年の法律第四三号は、穀物法にかんして新しい仕組《システム》みを作りだしたが、これは古くからの法律よりも多くの点で改良されているとはいえ、しかし、おそらく一つか二つの点で、とても立派だとは言えないように思われる。

47　この制定法により、国内消費用の輸入に対する高関税は、並の小麦の価格が一クォーター当たり四八シリングを超えるとすぐに免除されたが、廃止に至る価格は、並のライ麦、エンドウ豆やそら豆、いんげん豆については三二シリング、大麦については二四シリング、オート麦については一六シリングであり、そして、その代わりに、少額の税金が一クォーターの小麦に対して六ペンスだけ、他の穀類に対しては小麦に比例して、課税されている。実際さまざまな種類のすべての穀類、とくに小麦にかんしては、以前に較べれば相当低い価格で、国内市場がこの程度まで外国産の食料に対して開かれているのである。

48　同じ制定法により、小麦の輸出に対する五シリングの旧助成金が即刻停止される価格は、以前の価格一クォーター当たり四八シリングではなく、四四シリングへの上昇であるとされ、大麦の輸出に課せられる二シリング六ペンスの助成金は、以前それが停止されていた二四シリングの代わりに、二二シリングに上昇すれば即刻停止されるし、オートミールの輸出に対する二シリング六ペンスの助成金は、その価格が、以前の停止価格一五シリングではなく、一四シリングに上昇すると即座に停止される。ライ麦に対する助成金は、三シリング六ペンスから三シリングに引き下げられ、以前の停止価格三二シリングではなく、二八シリングまで価格が上昇すれば即刻停止される。もし助成金が、私が証明しようと努力し続けてきたように不適切なものだとすれば、その停止が早ければ早いほど、その額が低ければ低いほど、それだけ良いものになるだろう。

49　同じ制定法が許可したことは、穀物の輸出は、最低の価格で再輸出するために、国王と輸入業者による共同施錠のもとにごく短い期間保管庫に留め置かれるならば、免税になるということであった。このような出入りの自由は、実際、グレートブリテンのさまざまな二五以上の港に広がっている。しかしながら、それは主要な港であって、その他の大部分の港には、おそらくこの目的に適合的な保管庫が存在しない。

50 この法律が、古くからの体制に対するこの程度までの改善であることは明らかである。

51 だが、同じ法律によって、一クォーター当たり二シリングの助成金が、その価格が一四シリングを超えない時には、つねにオート麦の輸出に対して与えられている。以前この種の穀類の輸出に対して助成金が与えられたことがなかった点は、エンドウ豆やそら豆、いんげん豆に対する助成金と同一である〔このパラグラフは第二版で追加〕。

52 また同じ法律によって、小麦の輸出は、その価格が一クォーター当たり四四シリングに上昇し次第禁止されており、ライ麦は二八シリングに上昇し次第、大麦は二二シリングに上昇し次第、オート麦は一四シリングに上昇し次第、いずれも輸出が禁止されている。このようないくつかの価格は、そのすべてが著しく低すぎるように思われるし、くわえて、輸出を強いるために与えられた助成金が取り消されるまさに同じ価格で、完全に輸出を禁止してしまう点で、不適切であるように思われる。助成金がずっと低い価格で停止されるか、あるいは、輸出がずっと高い価格で許可されるか、このいずれかでなければならなかったのである。

53 それゆえ、この点で、この法律は古くからの仕組みよりも劣っているように思われる。しかしながら、このような不完全なところをすべて含めて、それについて我々は、ソロンの法律について言われてきたこと、つまり、それ自体としては最善のものではないが、その時代の利益、偏見および気分が受け入れるものとしては最善のものだ、と言うことができよう。それは、いずれ時が来れば、より良いものへの道を用意する可能性がある〔「しかしながら」以降は、第二版で追加〕。

以下２つの収支計算書は、第四編第五章のなかで塩漬け用ニシン漁に対するトン数助成金にかんして述べたことを例示し、確認するために追加されたものである。読者は２つの計算書について信用できるだろう、と私は確信している。

11 年間にスコットランドで整えられた帆船、搬出された空の樽数、捕獲されたニシンの樽数、さらに、シー・ステッキ〔船で塩漬けされたニシン〕一樽、つまり隙間なく詰め込まれた一樽当たりの助成金の平均値にかんする計算書

年	帆船数	搬出空き樽数	ニシン漁獲樽数	帆船に支払われた助成金		
				£.（ポンド）	s.（シリング）	d.（ペンス）
1771	29	5948	2832	2085	0	0
1772	168	41316	22237	11055	7	6
1773	190	42333	42055	12510	8	6
1774	248	59303	56365	16952	2	6
1775	275	69144	52879	19315	15	0
1776	294	76329	51863	21290	7	6
1777	240	62679	43313	17592	2	6
1778	220	56390	40958	16316	2	6
1779	206	55194	29367	15287	0	0
1780	181	48315	19885	13445	12	6
1781	135	33992	16593	9613	12	6
計	2186	550943	378347	155463	11	0

シー・ステッキ数　378347

シー・ステッキ一樽当たりの助成金の中位数 ……　£.　0　8　2¼

だが、シー・ステッキ一樽は、隙間なく詰め込まれた一樽の３分の２にしかならないので、３分の１差し引いた助成金は

……………………………………………………………　£.　0　12　3¾

３分の１の控除　126115⅔

隙間なく詰め込まれた樽数　252231⅓

またニシンが輸出されると、さらに割増金が加えられる。
…………　0　2　8

結果的に、政府によって支払われる一樽当たりの助成金額は、
…………　£.　0　14　11¾

だが、これに対して、一樽を塩漬けする過程で支出されるものとして通常控除される塩税が、外国産の中位価格で1ブッシェルと4分の1について、1ブッシェル当たり10シリングで追加されるとすれば、すなわち、…………　0　12　6

一樽当たりの助成金は次のようになる　…………　£.　1　7　5¾

イギリス産の塩でニシンが塩漬けされれば、次のようになろう、すなわち、以前通りの助成金　…………　£.　0　14　11¾

——だが、この助成金に、一樽を塩漬けするために用いられる平均量と思われるスコットランド産の塩1ブッシェルに対して1ブッシェル当たり1シリング6ペンスの塩税が追加されるとすると、すなわち、…………　0　3　0

一樽当たりの助成金は以下の額になろう
…………　£.　0　17　11¾

ところで、大型帆船で獲得されたニシンがスコットランドで国内消費用と申告されて、一樽当たり1シリングの賦課金を支払う場合、助成金はこのように、すなわち、前記と同様に、
…………　£.　0　12　3¾

ここから1樽につき1シリングが控除されるはずである
…………　0　1　0

£.　0　11　3¾

だが、これに対して再度追加されるべき、一樽のニシンを塩漬けするために用いられる外国産の塩に対する賦課金　…………　0　12　6

結果的に、国内消費用として申告されたニシン一樽に対して与えられる割増金は、…………　£.　1　3　9¾

もしニシンがイギリス産の塩で塩漬けされるとすると、以下のようになるだろう。

すなわち、上記のような大型帆船によってもち込まれた一樽当たりの助成金　…………　£.　0　12　3¾

ここから、国内消費用と申告された時に支払われた一樽につき1シリングを控除する …………………………………………………… 0 1 0

£. 0 11 3¾

だが、その助成金に、一樽を塩漬けするために用いられる平均値と考えてよい、1ブッシェル当たり1シリング6ペンスで2ブッシェルのスコットランド産の塩に対する賦課金が追加されるとすれば、すなわち、 …………………………………………………… 0 3 0

国内消費用と申告された一樽当たりの割増金は次のようになろう …………………………………………………… £. 0 14 3¾

輸出されたニシンに対する賦課金の損失額を助成金とみなすことは、おそらく、そもそも適切であるはずがないが、国内消費用に申告されるニシンに対する賦課金の損失額は、間違いなくそう言える可能性がある。

1771年4月5日から1782年4月5日まで、スコットランドに輸入された外国産の塩の量と、当地の製塩所から漁業用に無税で届けられたスコットランド産の塩、および1年間の両者の平均値にかんする計算書

期　　間	外国産の塩の輸入量	製塩所から届けられたスコットランド産の塩
1771年4月5日から1782年4月5日まで	ブッシェル 936974	ブッシェル 168226
1年間の平均値	85179⅚₁₁	15293³⁄₁₁

外国産の塩1ブッシェルは84重量ポンドであるのに対し、イギリス産の塩はわずか56重量ポンドであることに注意されたい。

第六章　通商条約について

1　ある国民が、条約によって、それ以外の国には禁じている一定の商品の持ち込みをある外国に許可したり、あるいは、他の国からのものである場合には課している関税を、ある国の商品には免除したりする義務を負う場合、その国——通商がおおいに優遇される国——つまり、すくなくともその国の商人や製造業者は、必然的にその条約から、きわめて大きな利益を引き出すはずである。このような商人や製造業者は、彼らに対しておおいに寛大な国で、それに応じた独占を享受する。恩恵を与える国は、彼らの商品に対するはるかに広大でずっと有利な市場になるわけだが、はるかに広大という意味は、他の国民の商品は排除されていたり高い関税を課されていたりするため、はるかに多量の他の国民の商品を除外するということであり、他方、より有利にという意味は、当地でそれなりの独占を享受する恩恵を与えられた国の商人は、彼らの商品が他のすべての国と自由競争に晒された場合に較べ、しばしばより高い価格で彼らの商品を販売するだろうということである。

2　しかしながら、そのような条約は、優遇された国の商人や製造業者にとって有利なものでありうるとはいえ、優遇を与える国の商人や製造業者にとっては、必然的に不利である。こうして独占が、彼らの利に反して外国人に与えられるから、彼らは、必要が生じた場合に、他の国民による自由競争が認められていた場合よりもより高い価格で、しばしば外国の商品を購入しなければならない。二つのものが交換される場合、かならず一方が安価という結果になるか、同じことだが、かならず他方が高価という結果になるわけであるから、そのような国民が外国商品の購入用に充当する自国の生産物は、結果的に、より安価に販売されるはずである。それゆえ、その国の年々の生産物がもつ交換可能な価値《イクスチェンジアブル・ヴァリュー》は、すべてのこのような条約によって減少させられがちである。しかしながら、この減少が決定的な損失になることはほとんどありえず、それがなければ可能であった利得を減少させるにすぎない。その国民は、そうでなかった場合よりもより安価にその商品を販売するとはいえ、費用として掛かったものよりも安く、つまり、助成金の場合と同様に、元本の通常の利潤とともにそれを市場にもたらすために利用する資本を取り戻せないような価格で、商品を販売することは多分ないであろう。そのようなことをしたら、貿易が長期に継続するはずはない。したがって、優遇を与える国でさえ、自由競争があった場合よりも少ないにしても、なお貿易によって利益を得る可能性があることになろう。

3 しかしながら、いくつかの通商条約は、このようなものとはおおいに異なる原理にもとづいて有利であると想像されてきたし、さらに、国民相互間のすべての通商では、商業的な国は年々購入するよりも多く販売し、その差引残高が年々金や銀で自国にもたらされるだろうと期待するため、外国産の一定の商品に対して、自国に対して不利に作用するこの種の独占を時々与えてきた。一七〇三年にメシュエン氏〔John Methuen, 1650-1706. イングランドの外交官〕によって締結された、イングランドとポルトガルの間の通商条約があれほど賞賛されてきたのは、この原理にもとづいてのことである。以下に引用するのがその条約の逐語訳であり、わずか三条項から構成されている。

第一条

4 ポルトガルの神聖なる皇帝陛下は、自らの御名とその継承者の名において、今後将来にわたり、毛織物、すなわち、イギリスの毛織物製造業者によるその他のものが、法律によって禁止されるまで、ポルトガルで用いられるように受け入れることを許可するが、とはいえしかし、次の条件にもとづくものとする。

第二条

5 すなわち、グレートブリテンの神聖なる女王陛下は、自らの御名とその継承者の名において、今後将来にわたり、ポルトガル産ワインのイングランドへの搬入を許可する義務を負い、それゆえ、グレートブリテン王国とフランス王国の間が平和であるか、戦時であるかにかかわらず、大樽や大桶、あるいは樽によるものであれ、直接または間接に、グレートブリテンに輸入されるこのようなワインに対して、関税や物品税という名称、あるいは他のいかなる題目で要求されるものであろうと、フランス産ワインの同じ量と度量単位に対して要求されるものを、けっして上回ってはならず、関税や物品税の三分の一を控除または減額するものとする。だが、前記のようになさるべきこの関税の控除または減額が、何らかの方法で企てられたり、害されたりした時にはいつでも、ポルトガルの神聖な皇帝陛下が毛織物、つまりイギリスの毛織物業者によるその他のものを再度禁止することは、正当かつ合法である。

6 最高位の長官と全権大使は、上記のそれぞれ君主がこの条約を批准し、二ヵ月以内に批准書が交換される旨、約束し、責めを負うものとする。

第三条

7 この条約によって、ポルトガルの君主は、イングランド産の毛織物を禁止以前の時期と同じ基盤にもとづいて、すなわち、それ以前支払われていた関税を引き上げることなく、受け入れるように許可する義務を負うことになる。だがそれは、たとえばフランスやオランダといった別の国よりも、良い条件でイングランド産毛織物を受け入れざるをえなくするものではない。これとは逆に、グレートブリテンの君主は、フランス産のワイン――もっとも競争相手になりやすいワイン――に課する輸入税のわずか三分の二を支払うという条件で、ポルトガル産ワインを受け入れる許可を与える義務を負うことになる。それゆえ、今までのところ、この条約は明らかにポルトガルにとって有利であり、すなわちグレートブリテンにとって不利である。

8 しかしながら、それは、イングランドの通商政策の最高傑作として賞賛されてきた。ポルトガルは、その国内商業では使い切れない多量の金を、鋳貨あるいは金銀製の食器の形態で、年々ブラジルから受け取る。その余剰分は、遊休したまま金庫のなかに閉じ込めたままにしておくには価値がありすぎるし、国内で有利な市場をまったく見つけることができないため、あらゆる禁止令にもかかわらず、海外に送られ、国内でより有利な市場をもつ何かと交換されるはずである。その大きな部分は、イングランド産の商品か、あるいは、イングランドをつうじて利益を受け取る他のヨーロッパ諸国産の商品と引き換えに、年々イングランドに届く。バレッティ氏〔Giuseppe Marc'Antonio Baretti, 1719-1789. ジョンソン、バーク、ギャリックなどの友人で、一〇年ほどイングランドに滞在したイタリアの文芸評論家〕が告げるところによれば、毎週の小型定期船は、週平均でみると、リスボンからイングランドに五万ポンド以上の金を運んでいるという。その額は、おそらく誇張されているだろう。それでは、一年で二六〇万ポンド以上の額になってしまうことになり、これはブラジルが提供すると推定されるものを超えている。

9 我が国の商人は、数年前ポルトガル国王に不満を抱いていた。彼らに対して与えられた特権のいくつかは、条約によってではなく、国王の無償の恩恵によって与えられた――実際には、はるかに大きな恩顧、防衛や保護の見返りに、グレートブリテンの国王から懇願された可能性がある――ものだが、それが破られたり、取り消されたりしていた。それゆえ、普通ポルトガルとの貿易を賛美することにもっとも関心を寄せていた人々は、むしろその当時、広く想像されてきたものほど利益がない、と抗議する気持ちになっていた。彼らが申し立てたことは、この年々の金の輸入のきわめて大きな部分、つまりほとんどすべては、グレートブリテンの利益ではなく、ヨーロッパの他の国の利益であること、すなわち年々グレートブリテンに輸入されるポルトガル産の果物とワインが、ポルトガルへ送られたイギリス産商品の価値を、ほぼ相殺していたということであった。

10 しかしながら、そのすべてがグレートブリテンの利益であり、それはバレッティ氏が想像したよりもさらに大きな額に達すると仮定したとしても、それを理由に、送り出した同一の価値に対して、同価値の消費財を受け取る他のすべての貿易よりも、この貿易のほうがもっと有利だということにはならないだろう。

11 我が王国の鋳貨や金銀製の食器に追加されるために年々用いられると推定できるのは、この輸入のごく小さな一部である。残りはすべて外国に送られて、何らかの種類の消費財と交換されるはずである。だが、イングランドの産業生産物でこのような消費財を直接購入できるなら、まず初めに、その生産物でポルトガルの金を購入し、後にその金でこのような消費財を購入するよりも、イングランドにとっていっそう有利であろう。消費の直接的な外国貿易は、つねに中継貿易よりも有利であり、同一の価値をもつ外国の商品を国内市場にもち込むために要する資本は、中継貿易でよりも、直接貿易のほうがずっと少なくて済む。それゆえ、イングランドの産業《インダストリー》的な労働のより小さな部分がポルトガルの市場に適した商品の生産に用いられ、グレートブリテンで需要がある消費財が受け入れられそうな他の市場に適したものを生産するために、より多くのイングランドの産業的な労働が用いられれば、それはもっとイングランドの利益になるであろう。このような方法であれば、金――イングランドが、自国で利用するために欲する金――と消費財の両方を入手するために、現在よりもずっと少ない資本しか用いなくてすむだろう。それゆえ、別の目的のために、つまり、追加量の組織的な労働を活性化させ、より多量の年々の生産物を増大させるために利用可能な、予備の資本が存在するようになろう。

12 グレートブリテンは完全にポルトガル貿易から排除されたとはいえ、金銀製の食器用であろうと鋳貨用であろうと、国にとって必要な金の年々の供給のすべてを調達することに、困難などほとんどありえないことがわかった。他の商品と同様に、金は、それを買い取ることができる対価を持っている人々によって、どこか別の所で、いつでもその価値で買い取られるはずである。くわえて、ポルトガルにおける年々の金の余剰は、なお海外に送られるだろうから、グレートブリテンによってもち去られなくても、どこか別の国民によってもち去られるであろうし、彼らはそれを、現在グレートブリテンが行っているのと同じ方法で、ふたたび喜んでその価格で売り渡すだろう。実際、ポルトガルの金を購入する際に、我々は直接それを購入するが、他方、スペインを除くどこか別の国からそれを購入する際には、我々はそれを間接的に購入することになり、したがって、いくらか高く支払う可能性がある。しかしながら、この違いはあまりにも小さいので、社会の関心を引きつけるに値しないことは、確かであろう。

13　我が国の金のほとんどすべてが、ポルトガルから来ると言われている。他の国民との貿易収支は我々にとって不利であるか、有利であるにしても、それほど大きなものではない。だが銘記すべきは、我々がひとつの国から多くの金を輸入すればするほど、他のすべての国からの金の輸入を必然的により少なくしなければならない、ということである。金に対する有効需要《イフェクチュアル・デマンド》は、他のすべての商品のそれと同様に、どの国でも一定の量に限られている。もしこの量の一〇分の九が一つの国から輸入されたとすれば、他のすべての国から輸入されるのは、残りの一〇分の一だけになろう。くわえて、年々より多くの金が、金銀製の食器や鋳貨用に不可欠な量を上回ってどこか特定の国から輸入されればされるほど、必然的に、より多くの金がどこか別の国に輸出されざるをえなくなるし、また、現代の政策のうちもっとも無意味な目標である貿易収支が、どこか特定の国に対して、我が国に有利であると見えてくればくるほど、他の多くの国に対する我が国の貿易収支は、必然的に、ますます不利であるように見えるはずである。

14　しかしながら、ポルトガル貿易なくしてイングランドは存続不可能であるという、この愚かな観念にもとづいて、最近の戦争の終わりごろ、フランスとスペインは、攻撃や侵犯の振りをすることもなく、ポルトガルの国王に対してすべてのイギリス艦船を港から放逐し、この放逐を保証するために、フランスとスペインの守備隊をポルトガルの港に受け入れるように要求した。ポルトガルの国王が、彼の義理の兄弟であるスペイン国王が申し出たこのような不名誉な条件を受け入れていたら、グレートブリテンは、ポルトガル貿易を失うことよりもずっと大きな不都合、つまり、自国を防衛するための備えが何もないため、イングランドのすべての軍事力がその単一の目的に注がれたとしても、おそらく別の戦役でポルトガル王を防衛することなどまず不可能な、きわめて弱い同盟を維持するという重荷から解き放たれたことであろう。ポルトガル貿易を失えば、間違いなく、当時それに従事していた商人に大きな当惑を引き起こしたであろうが、おそらく彼らは、自分たちの資本を同じほど有利に用いる何か別の方法を、一年か二年のうちに見出すことなどまず不可能なことであったから、この注目に値する通商政策のお手本からイングランドがこうむり得た不都合のすべては、多分この点であったことになろう。

15　年々大量に輸入される金と銀は、金銀製の食器や鋳貨といった目的ではなく、外国貿易という目的のためである。消費財の迂回的な外国貿易は、ほとんどすべての他の商品よりも、このような金属を手段にするほうがいっそう有利に遂行できる。そのような金属は取引の普遍的な道具であるため、あらゆる商品に対する返礼として、他のいかなる商品よりもずっと受け取られやすいし、さらに、嵩が小さくて価値が大きいという理由から、ある場所から他の場所へと行き来して運ぶ費用が他のほとんどの商品よりも安いし、このようにもち運んでも、その価値が失われることがほとんどない。それゆえ、まさに他の国で再販売するとか、何かほかの財貨と交換するという目的だけでみると、外国で購入されるすべての商品のうち、金や銀ほど便利なものはないのである。グレートブリテンで遂行されているさまざまなすべての消費財の迂回的な外国貿易を促進することに、ポルトガル貿易の主要な利益があるわけだから、それは、もっとも重要な利益とはいえないが、相当な利益であることは間違いない。

16 王国の金銀製の食器または鋳貨に造り上げられる年々の追加量が、合理的に想定しうることだが、ごく少量の金や銀の輸入量しか必要としないことは十分に明白だと思われるし、我々はポルトガルとまったく直接貿易をしていないとはいえ、この程度の少量なら、いつでも、どこかできわめて容易に入手可能であるだろう。

17 グレートブリテンにおける金匠の取引はかなり大がかりなものであるが、彼らが年々販売する新品の金銀製の食器の大部分は、溶解された古い別の金銀製の食器から作られたものであるから、王国のすべての金銀製の食器に年々追加される量がきわめて大きくなるはずがなく、だから、ごく小さな年々の輸入しか必要でなかっただろう。

18 鋳貨についても事態は変わらない。一〇年間の平均でみると、最近の金貨改鋳以前に、金で八〇万ポンドにのぼっていた年々の鋳造の大部分でさえ、王国でそれまで流通していた貨幣に対する年々の追加であったと想像する人物など誰もいない、と私は信じている。鋳造費が政府によって負担される国では、鋳貨の価値は、たとえそれが完全な標準量の金や銀を含んでいる場合でさえ、鋳造されていないこのような金属の等量の価値よりもずっと大きい、などということになるはずがない。というのは、未鋳造の金や銀の一定量をこのような金属の等量を含む鋳貨の形で入手するためには、鋳造所へ行く手間に加え、せいぜい数週間の待ち時間を要するだけだからである。だが、どの国でも、流通している鋳貨の大部分は、ほとんどつねに多少とも摩滅しているか、そうでない場合は、その標準よりも劣化している。グレートブリテンの場合、最近の改鋳までは大部分がそうであって、金貨は二パーセント以上、銀貨は八パーセント以上その標準重量を下回っていた。

だが、完全な標準重量、つまり重量一ポンドの金を含んでいる四四ギニー半が、鋳造されていない金の重量一ポンドよりもごくわずかだけ多く購入できるとすれば、その重量の一部を欠いている四四ギニー半は、重量一ポンドの金を購入できないから、何かが、その不足分を埋め合わせるために付け加えられる必要があろう。それゆえ、市場における金地金の流通価格は、鋳造価格と同じもの、つまり四六ポンド一四シリング六ペンスである代わりに、その当時、約四七ポンド一四シリング、時には約四八ポンドであった。しかしながら、鋳貨の大部分がこの劣化した状態にある場合、鋳造所から出てきたばかりの四四ギニー半は、それが商人の金庫へ入って他の貨幣と混ぜ合わされてしまうと、新旧鋳貨の差額に値する以上の手間をかけないかぎり、それ以降は識別不可能になるため、他の通常のギニー貨が市場で購入するのと同じ量の商品しか購入できないだろう。他の一ギニー貨と同様に、それは四六ポンド一四シリング六ペンスの価値にすぎないのである。

しかしながら、坩堝《るつぼ》に投入されると、それはわかるほどの損失を出すことなく、重量一ポンドの標準金を作りだすから、金であれ、銀であれ、溶解されたものも同様に、鋳貨のあらゆる用途に適合するものとして、いつでも四七ポンド一四シリングと四八ポンドの間で売却できるだろう。それゆえ、新規に鋳造された貨幣の溶解には明らかな利益があって、間髪を容れず実行されたため、政府によるいかなる予防措置もそれを防ぐことはできなかった。この理由からすると、鋳造所の作業は、幾分かペネロペの織布〔オデッセイの妻ペネロペは、夫がトロイ遠征で不在の二〇年間、布が完成したら求婚を受け入れると言い続けて織り続けた〕、つまり、昼に織られた布が、夜に解かれてしまうという仕事に似たものであった。鋳造所が携わっていたのは、鋳貨を日々追加するということよりも、むしろ日々溶解された貨幣のうちの最良部分を補うことだったのである。

19 手持ちの金や銀を鋳造所に持ち込む民間の人々が自分自身で鋳造費を支払えば、それは、高い技量《ファッション》が金銀製の食器に価値を追加するのと同じ仕方で、このような金属に価値を追加するだろう。鋳造された金や銀は、未鋳造のものよりももっと価値があるだろう。貨幣鋳造税《シーニョリッジ》は、もしそれが法外に高くなければ、税金の価値全部を地金に追加することになろう。というのは、どこでも、政府が鋳造の排他的特権を持っているから、民間の人々が適切だと考えるものよりも低い値打ちで市場に入ってくる鋳貨など、あるはずがないからである。もし税金が実際に法外なものであったら、すなわち、鋳造に必要な労働と経費の実質的な価値を大幅に超過するものであったら、地金の価値と鋳貨の価値の間の大きな格差によって、贋金づくりの仕事が国内でも外国でも助長され、大量の偽貨幣の供給が、政府鋳造貨幣《ガヴァンメント・マネー》の価値を減少させる結果をまねく可能性があろう。しかしながら、フランスでは、貨幣鋳造税は八パーセントであるにもかかわらず、それが原因となって、この種の不便がはっきりわかるほど発生しているようには見えない。贋金づくりが、鋳貨を偽造している国で生活していれば、どこででも晒される危険、さらに、彼が外国に住んでいれば、その代理人や地方代理店が晒される危険は、六パーセントや七パーセントの利潤のためにこうむるにしては、あまりにも大きすぎるだろう。

20　フランスの貨幣鋳造税は、鋳貨の価値を、含んでいる純金の量に応じたもの以上に引き上げる。こうして、一七二六年一月の布告によって、二四カラットの純金の鋳造所価格[*]は、八パリ・オンスに等しい一マークにつき、七四〇リーヴル九スー一ドゥニエ一一分の一と定められた。フランスの金貨は、鋳造所の公差の割引をしたうえで、純金二一カラット四分の三と不純物二カラット四分の一を含んでいる。それゆえ、標準金一マークは、約六七一リーヴル一〇ドゥニエ以上の価値はない。だがフランスでは、この標準金一マークが、一個につき二四リーヴルのルイ金貨三〇個、つまり七二〇リーヴルに鋳造される。それゆえ、鋳造は、標準金の地金一マークの価値を六七一リーヴル一〇ドゥニエと七二〇リーヴルとの差額分、つまり四八リーヴル一九スー二ドゥニエだけ高めるのである。

* Dictionaire des Monnoies, tom. ii. article Seigneurage, p.489. par M. Abot de Bazinghen, Conseiller-

Comissaire en la Cour de Monnoies à Parisを見よ〔正確な書名は*Traité des Monnoies et de la jurisdiction de la Cour des Monnoies en forme de dictionnaire*, 1764〕。

21 貨幣鋳造税は、多くの場合、新鋳貨を溶解する利益をほとんど取り除くし、すべての場合に、溶解する利益を減少させる。この利益は、つねに並の通貨が含んでおくべき地金の量と、それが実際に含んでいる地金の量との間の差異から生じる。もしこの差異が貨幣鋳造税より小さければ、利益ではなく損失が生じるだろう。それが貨幣鋳造税と等しければ、利益も損失も発生しない。それが貨幣鋳造税よりも大きければ、実際いくらかの利益があるだろうが、貨幣鋳造税がなかった場合よりも小さなものだろう。たとえば、金貨の最近の改鋳以前に、鋳造に対する貨幣鋳造税が五パーセントであったとすれば、金貨を溶解した場合には、三パーセントの損失が発生しただろう。貨幣鋳造税が二パーセントであったとすれば、利益も損失もなかったことになろう。貨幣鋳造税が一パーセントであったなら、利益はあっただろうが、二パーセントではなく、わずか一パーセントだったたであろう。それゆえ、貨幣が重量に従ってではなく、個数に従って受領される所であればどこでも、貨幣鋳造税は、鋳貨の溶解に対するもっとも効果的な予防手段であり、同じ理由から、その輸出に対するもっとも効果的な予防手段なのである。一般に溶解されたり輸出されたりするのは、それでもって最大の利益が獲得できるという理由からして、もっとも品質が良く、もっとも重い鋳貨である。

22 非課税扱いすることによって鋳造を奨励しようとする法律が最初に立法されたのは、チャールズ二世が統治している時期のことで、時限立法であったが、永続性が付与される一七六九年まで、さまざまな延長によってその後も持続した。イングランド銀行は、自らの金庫を貨幣で一杯にするために、頻繁に鋳造所へ地金を運ぶことを余儀なくされるから、鋳造は銀行の経費で行うよりも、政府の経費であったほうがもっと銀行の利益になると、おそらく銀行経営者は考えたのである。この法律に対する永続性の付与に政府が同意したのは、多分、この巨大な会社《グレイト・カンパニー》に対する親切心からであった。しかしながら、それが不便であるというのがもっともありえる理由だが、金を秤量する慣習がなくなったら、つまり、イングランドの金貨が、最近の改鋳に先立つ時代のように、個数にもとづいて受領されるようになったりしたら、おそらくこの巨大な会社は、他の場合と同様に、この場合でも銀行自身の利益がかなりのものだと誤解していたことを、理解するだろう。

23 最近の改鋳以前、つまり、イングランドで流通する金貨が標準重量を二パーセント下回っていた時期には、貨幣鋳造税が存在しなかったため、含有すべき標準金地金量の価値に較べ、二パーセントだけ金貨の価値が下回っていた。それゆえ、この巨大な会社がそれを鋳造してもらう目的で金地金を購入すれば、会社の経営者は、鋳貨になった後の価値に較べて、二パーセントだけ余計に支払うことを余儀なくされるだろう。だが、もし鋳造に対して二パーセントの貨幣鋳造税があったとすれば、その標準重量を二パーセント下回っているとはいえ、流通している並の金貨は、それにもかかわらず、含有しておくべき標準金の量と価値としては等しかった——この場合、高い技量のもつ価値が、重量の減少を補う——だろう。実際には、銀行は貨幣鋳造税を支払わなければならないし、それは二パーセントであるから、取引全体に対する銀行の損失は正確に二パーセントに等しいだろうが、しかし、これは実際の損失を超えるものではない。

24 かりに貨幣鋳造税が五パーセントで、流通している金貨がその標準重量を二パーセントだけ下回っているとすると、この場合に銀行は、地金の価格に対して三パーセントの利益を入手していることになるが、しかし、鋳貨に対して五パーセントの貨幣鋳造税を支払うことを銀行は受け入れているので、取引全体における損失は、同様にして、正確に二パーセントであろう。

25 かりに貨幣鋳造税がわずか一パーセントで、流通している金貨がその標準重量を二パーセントだけ下回っているとすると、銀行はこの場合、地金の価格に対してわずか一パーセントだけ損していることになろうが、しかし、銀行は同様に一パーセントの貨幣鋳造税を支払わなければならなかっただろうから、取引全体における損失は、他のすべての場合と同様に、正確に二パーセントであろう。

26 合理的な貨幣鋳造税があり、また同時に、最近の改鋳以降ほとんど維持されてきたように、鋳貨が完全な標準重量を含んでいる場合には、貨幣鋳造税によって銀行が失う可能性があるものはすべて、地金の価格にもとづいて利益を得るだろうし、地金の価格にもとづいて利益を得る可能性があるものはすべて、貨幣鋳造税によって失われるだろう。それゆえ、銀行は取引全体で損することも得することもないだろうから、銀行はこの場合、先に挙げたすべての事例におけるように、あたかも貨幣鋳造税がなかったのと、まったく同じ状況にあることになろう。

27 商品に対する税金が密輸を助長しない程度に穏当なものであれば、それに従事している商人は、前納するとはいえ、商品の価格に含めて税金を取り戻すから、本当にその税金を支払うわけではない。その税は、最後の購入者、つまり消費者によって最終的に支払われる。だが貨幣は、誰もがそれについては商人になる商品である。貨幣を再度売却する目的以外で、それを購入する者はいないし、通常の場合、貨幣については、最終的な購入者つまり消費者は存在しない。それゆえ、貨幣鋳造に対する税金が、贋金鋳造を奨励しない程度に適度なものであれば、誰もがその税を前納するとはいえ、引き上げられた鋳貨価値のなかで誰もがそれを取り戻すわけだから、最終的にそれを支払う者はいないのである。

28 それゆえ、適度な貨幣鋳造税は、どんな場合でも銀行の経費を、つまり、鋳造してもらうために手持ちの地金を鋳造所にもち込むあらゆる私人の経費を増加させることはないし、したがっていかなる場合でも、適度な貨幣鋳造税の欠如が、それを減少させることもない。貨幣鋳造税の有無にかかわらず、流通貨幣がその完全な標準重量を含んでいれば、鋳造費用は誰にとってもごく僅かなものであり、また、流通貨幣がその重量に不足していれば、鋳造に要する費用はいつでも、本来それに含まれているべき地金の量と、実際それに含まれている量との間の差額になるはずである。

29 それゆえ政府は、鋳造費用を自ら負担している場合には、たんに少額の経費だけでなく、軽度の税金によって入手できた可能性をもつわずかな収入を失うし、さらに、銀行や他のすべての私人が、この無益でささやかな政府の気前のよさから得るものも、きわめて微々たるものでしかないのである。

30 しかしながら、銀行の理事は、彼らには何の利益も約束せず、いかなる損失からも彼らを守ると申し立てるにすぎない思惑にもとづく貨幣鋳造税の課税には、おそらく同意したがらないであろう。現在の金貨の状態では、さらに、それが重量にもとづいて受領され続けるかぎり、銀行の理事が、そのような変化によって何の利益も手にしないのは確かであろう。だが、金貨の重さを量るという慣習が踏襲されなくなった場合――実際、おおいにそうなりそうである――には、さらに金貨が、最近の改鋳以前に劣化していたのと同じ状態にまで低落したりした場合には、得るもの、つまりより正確に言えば、銀行の節約額は、貨幣鋳造税を課税した結果おそらく相当大きくなるだろう。イングランド銀行はかなり多量の地金を鋳造所に送る唯一の会社であり、年々鋳造する負担はすべて、あるいはほとんどすべて、ここに降りかかるのである。この年々の鋳造が、鋳貨の不可避的な遺失や不可避的な摩損を修復するだけのものにすぎなければ、それが、五万ポンド、多くても一〇万ポンドを超えることは滅多にないはずである。

だが、鋳貨がその標準重量を下回って劣化している場合、年々の鋳造は、これに加え、輸出と溶解坩堝《るつぼ》が、流通鋳貨のなかに持続的に作りだしている巨大な漏損《ろうそん》を埋め戻す必要がある。先の改鋳直前の一〇年か一二年前の間、年々の改鋳が平均して八五万ポンド超に達したのは、このような理由にもとづいている。だが、金貨に対して四パーセントか五パーセントの貨幣鋳造税があったなら、おそらく、状況がその当時の状態であったとしても、輸出と溶解坩堝という事業の両方を、効果的に停止させることになったであろう。銀行は、八五万ポンドを上回る金貨に鋳造される地金に対して、毎年約二・五パーセントの損失、つまり二万一二五〇ポンド以上の損失をこうむるどころか、おそらくその一〇分の一の損失さえかぶらずに済んだことであろう。

31　鋳造費用を賄うために議会によって配分された収入は、年間わずか一万四〇〇〇ポンドにすぎず、しかも、政府の負担になる実際の経費、つまり鋳造所で働く官吏の報酬は、通常の場合なら、その額の半分を超えないのは確かだと思われる。それほどわずかな額の節約、つまりもっと大きくなるはずがない別の稼ぎでさえ、政府が真剣に注目するには値しない些細な問題である、と考えることができるだろう。だが、起きないわけではない重要な事件、つまり以前頻繁に起きたことがあり、しかも再度起きる傾向がある重要な事件という場合には、年に一万八〇〇〇ポンドとか二万ポンドの節約は、イングランド銀行ほどの巨大会社でさえ、真剣な注意を払う価値が十分にある問題である。

32　ここまでの議論と観察の一部は、貨幣の起源と利用、および、商品の実質価格と名目価格の間の相違について論じた第一編の該当する章に配置したほうが、おそらくもっと適切であった可能性がある。だが、鋳造を奨励するための法律の起源が、重商主義の体系によって導入された類いの通俗的な偏見に由来しているため、私はそれを本章のために留保しておくほうが、より適切だと判断した。すべての国民の富を構成する――と想定されている――正真正銘のもの、つまり、貨幣の生産に対する一種の助成金以上に、その体系がもつ精神と一致するものがあるはずがない。それは、国を豊かにするための多くのすばらしい方策のひとつなのである。

第七章　植民地について

第一節　新しい植民地を建設しようとする動機について

1　そもそもアメリカや西インド諸島に、つまりヨーロッパのさまざまな植民地に定住を引き起こした利害関心は、古代ギリシャやローマの植民地建設を導いたものに較べると、全体として、平明でも明瞭なものでもなかった。

2　古代ギリシャのさまざまな国家は、すべてそれぞれがきわめて狭い領土しかもたず、そのどこかで、自分の領土で容易に維持しうる数以上に国民の人口が増加した場合、国民の一部が、新しい居住地を探すために世界のどこか遠く離れた地域に派遣された。その四方を好戦的な隣人に取り囲まれていたため、どの国家にとっても、自国内で領土を大拡張することなど、著しく困難だったからである。ドーリア人の植民地は、イタリアとシチリアに主として依存していたが、ローマの建設に先立つ時代、そこには野蛮で未開の国民が居住していた。ギリシャ人の他の二つの大部族であるイオニア人とアイオリス人は、小アジアやエーゲ海の島々に頼ったが、当時そこの住民は、シチリアやイタリアの住民とほとんど同じ状態にあったように思われる。母都市の植民地理解は、つねに熱のこもった恩恵と助力を与えられる権利をもち、そのお返しに、深い謝意と敬意を支払う義務を背負っている子供という性質のものであったが、しかしなお、それに対する直接の支配力や司法権は要求しないように装う解放された子供、というものであった。植民地は、それ自身の形式をもつ統治を開始し、それ自身の法律を制定し、それ自身の元首を選び、母都市の承認や同意を求める必要がない独立した国家として、その近隣国と和解したり、戦争したりしたのである。そのようなすべての植民地の設立を誘導した利害関心ほど、平明で明瞭なものはありえない。

3　ローマは、他の大部分の古代共和国と同様に、国家を構成するさまざまな市民の間に一定の比率で公共の領土《パブリック・テリトリー》を分割した土地配分法《アグラリアン・ロー》〔子供や妻を考慮したうえで、土地保有の下限と上限を定めた法律〕を基礎にして、そもそも建設されたものである。結婚、相続および譲渡といった人事の成り行きは、必然的にこの当初の分配を乱し、こうして、多くの異なった家族を維持するために割り当てられてきた土地を、しばしば一人の人間の所有へ陥らせてしまう。この混乱――そうであると想像されていた――を正すために、あらゆる市民が保有しうる土地面積を、五〇〇ユゲラの土地――約三五〇イギリス・エーカーの土地――に制限する法律が作られた。しかしながら、この法律は、一回か二回執行されたように理解されているが、無視されるか回避されるかのいずれかであり、こうして財産の不平等が一貫して増幅し続けた。大部分の市民は土地を持っていなかったし、それ無しでは、当時の生活様式や習慣にしたがって自由人が自分自身の独立性を維持するのは難しかった。現在なら、貧乏人は自分自身の土地をもっていなくても、わずかな元本を持っていれば、他人の土地を耕作したり、ささやかな小売業に従事したりする可能性があるし、さらに、まったく元本をもたない場合には、田舎の労働者や職人として、雇用を見つけられる可能性があるだろう。

だが、古代ローマ人の間では、金持ちの土地は、ことごとく監督の下に働かされる奴隷によって――監督もまた、奴隷であったが――耕作されていたから、結果的に貧乏な自由人は、農民としても労働者としても、雇用される機会がほとんどなかった。また、あらゆる商業や製造業――小売業でさえ――も、金持ちの奴隷によって、主人の利益のために遂行されたのであって、彼らの富、権威および後援が、貧しい自由人が彼らと競争しつづけることを困難にしていた。それゆえ、土地をもたない市民は、毎年の選挙時における候補者からの贈与金《バウンティ》以外、他の食料などの生活物資をほとんどもたなかったのである。護民官は、金持ちやお偉方に反発する大衆を先導しようという気持ちを抱いた時には、彼らに古くからの土地配分を思い出させ、この種の私有財産を制限する法律を共和国の基本法として提示した。大衆は、土地を手にしようと大騒ぎするようになるが、しかし金持ちやお偉方は、彼らが所有するものの一部たりとも彼らに引き渡さないと固く決心していた、と信じても良いだろう。それゆえ、ある程度まで彼らを満足させるために、護民官は、しばしば大衆を新植民地へ送り出すように提案した。だが、勝利を得ているローマは、そのような場合でさえ、ローマ市民を、そう言ってよければ、どこに定住すべきか知らないまま、立身出世を求めさせるために世界中に追放する必要はなかった。

一般的にローマは、イタリアに属する征服地で市民に土地を割り当てたが、そこは共和国の領土内であったから、彼らはいかなる形であれ、独立した国家を形成することは不可能であり、せいぜい一種の自治体、つまり、自分自身を統治するための条例を制定する力をもっていたとはいえ、それはつねに、母都市が保有する懲戒権、裁判権および立法上の権威に服従する義務を負っていた。この種の植民地に送り出すことは、大衆にある程度の満足を与えただけでなく、新しく征服された地域に、しばしば一種の守備隊——それがなければ、被征服地の服従が疑わしかった——を創設することにもなった。それゆえ、ローマの植民地というものは、設立されたもの自体の性質において理解しようと、設立しようとする動機において理解しようと、ギリシャの植民地とはまったく異なっていたのである。したがって、このようなさまざまな権力機構《エスタブリッシュメント》を表示する言葉は、原語では、おおいに異なる意味をもっている。ラテン語（Colonia）は単純に農場を意味している。ギリシャ語（ἀποικία）〔アポイキア〕は、これに反して、居住地の分離、故郷からの出立、家から出ることを意味する。だが、ローマの植民地が多くの側面でギリシャのそれと異なっていたとはいえ、植民地の建設を促進した利害関心は、等しく平明かつ明瞭であった。両方の制度は、抗い難い必要性か、明白かつ明瞭な効用に、その起源をもっていたのである。

4 アメリカと西インド諸島における植民地の設立は、必要性から生じたものではなく、その結果生じた効用がきわめて大きなものであったとはいえ、それは、まったく明白かつ明瞭なものではなかった。それは最初に設立された時に理解されておらず、しかも、その設立の動機や、それを発生させることになった発見の動機でもなかったから、その効用の性質、程度や限界は、おそらく今日でも十分に理解されていないのである。

5 一四世紀から一五世紀にかけて、ヴェネツィア人はきわめて利益があるコショウ、その他の東インドの商品の取引に従事しており、彼らはそれを、他のヨーロッパの国民に販売していた。彼らはそれを主としてエジプトで購入していた。当時そこは、マメリューク族〔一三世紀にエジプトを支配したカフカス語族の奴隷部族で、一九世紀初頭まで統治階級を占めた〕が支配しており、ヴェネツィア人が敵対していたトルコ人の敵であったから、ヴェネツィアの資金に支えられたこの利益の合体は、ヴェネツィア人に、貿易独占に近いものを与えるほどの関係を作り上げた。

6　ヴェネツィア人の莫大な利潤は、ポルトガル人の強欲をそそった。彼らは、一五世紀が経過するなかで、象牙や金を、砂漠の砂ぼこりを横切ってムーア人が彼らに運んできた国まで通じる海路を発見しようと、努力を続けていた。彼らが発見したのは、マデイラ諸島、カナリア諸島、アゾレス諸島、ヴェルデ岬諸島、ギニア海岸、ロアンゴ海岸、コンゴ、アンゴラ、ベンゲラであり、最後に、喜望峰であった。彼らは、利益の大きなヴェネツィア人の取引に参加しようと長い間望んでいたから、この最後の発見が、彼らにそうするための明るい展望を拓くことになった。一四九七年に、ヴァスコ・ダ・ガマ〔Vasco da Gama, c.1469-1524. ポルトガルの航海者、後インド総督〕は四隻の艦隊でリスボンの港から出航し、一一ヵ月に及ぶ航海の後、インドスタン〔現在のインド〕の海岸に到着したのだが、こうして、揺らぐことのない信念にしたがい、ほとんど妨げられることもなく、合わせて一世紀近く続けられた一連の発見を完成させることになった。

7　この数年前、ポルトガル人の企画に対するヨーロッパの予想は、なお成功が疑わしく思われて定まったものはなかったが、ジェノヴァの一人の水先案内人が、西に向かって東インドに航海するという、もっと大胆な企画をまとめた。当時のヨーロッパでは、このような国の状況は、きわめて不十分にしか知られていなかった。そこに行ったことがあるヨーロッパ人はごくわずかしかいなかったが、彼らは、おそらく単純化と無知の結果、実際にきわめて大きなものは、それを計測することができなかった人々には無限大に見えるため、あるいはおそらく、ヨーロッパから果てしなく遠く離れた地域を訪れた際の彼ら自身の冒険を、幾分でもすばらしいものに仕立て上げるために、距離を大げさに言ったのであろう。東回りの海路が長ければ長いほど、それだけ西回りの海路は短くなるだろう、とコロンブス〔Christopher Columbus, c.1446-1506. イタリア生まれの航海家〕はきわめて正しく結論した。それゆえ彼は、もっとも近く、もっとも確実なそのような海路をたどるように提案し、さらに幸運なことに、カスティリャのイザベラ女王〔Isabella I. カスティリャ王在位一四七四～一五〇四〕に、彼の企画の可能性を確信させることができた。彼は、パロスの港を、一四九二年八月――ヴァスコ・ダ・ガマの遠征艦隊がポルトガルから出立する、ほぼ五年前――に出港し、そして、二ヵ月か三ヵ月の航海の後、小バハマあるいはルーカールン諸島のいくつかを、その後、サントドミンゴという大きな島〔現在のハイチとドミニカ共和国〕を発見した。

8　だが、この航海やその後の航海でコロンブスが発見した国は、彼が求め続けた国とはまったく類似点をもっていなかった。中国やインドの富、耕作や多くの人口の代わりに、彼が訪れたサントドミンゴや新世界の他のすべての地域で発見したのは、完全に森で埋め尽くされ、未耕作で、素裸でみすぼらしい野蛮な人々が住んでいるだけの国であった。しかしながら、彼はそこを訪れた、つまり、すくなくともその記録を残した最初のヨーロッパ人であるマルコ・ポーロによって中国や東インドと記述されたいくつかの国と、そこが同一ではないということをほとんど信じようとしなかった。だから、ごくわずかな類似性、たとえばサントドミンゴの山の名前であるシバオと、マルコ・ポーロによって言及されたシパンゴという名前の間の類似性でも、明白な証拠とは逆であったとはいえ、しばしば彼をこのお気に入りの先入観に引き戻すのに十分であった。フェルナンドとイザベラ宛の手紙の中で、彼は自分が発見した国をインド諸島と呼んだ。彼は、そのようなものがマルコ・ポーロによって記述された場所の端っこであること、それがガンジス川から、あるいは、アレクサンドロスによって征服された国から極端に遠く離れていないことを、おそらく受け入れていた。とうとうそれが間違っていると確信した時でさえ、このような豊かな国がそれほど遠くない所にあること、したがって、次の航海では、テラ・フィルマ〔乾いた大地の意味で、南米北部の陸地のこと〕海岸にそってそのような国を探索し、さらにダリエン地峡〔現在のパナマ地峡〕に向かって行く、と自惚れていた。

9　このコロンブスの誤解の結果、インドという名称が、このような不運な地方にそれ以降張り付いてしまい、この新しいインドが、古いインドとはまったく異なることが最終的に発見された時、東インドと呼ばれた後者と区別するために、前者が西インドと呼ばれるようになった。

10　しかしながら、コロンブスにとって重要であったのは、それが何であったにせよ、彼が発見した地方がスペインの王宮にきわめて重要なものとして提示されることであったが、しかし、どの国でも真実の富を構成するもの――動物や、大地の生み出した植物――のなかに、そのような提示を十分に正当化しうるものなど、当時は何も含まれていなかった。

11 コーリは、ネズミとウサギの中間みたいなものだが、サントドミンゴ最大の胎生四足動物であって、ビュフォン氏によってブラジルのアペリアと同じ種だと推定されている。この種は、けっしてその数が多いようには見えず、もっと小さなサイズの他のいくつかの仲間と一緒に、ずいぶん前にスペイン人の犬や猫があらかた絶滅させてしまった、と言われている。しかしながら、かなり大型のトカゲともども、このようなものもイヴァナとかイグアナと呼ばれていて、その土地が提供する動物性食物の主要部分になっている。

12 住民の植物性食物は、彼らに勤勉さが不足しているためにけっして豊富とは言えないが、しかし、まったく不足しているわけでもない。それはトウモロコシ、ヤムイモ、ジャガイモ、バナナその他の植物から成り立っているが、当時これはまだヨーロッパではまったく知られておらず、その後も、食料としておおいに高い評価を受けたことがなかったもの、つまり、大昔から旧大陸側で耕作されてきた普通の種類の穀類や豆類から手に入れるものと等しい栄養をもたらす、と想像されたことがなかったものである。

13 綿という植物は、きわめて重要な製造業の原料を実際に提供するものであったし、当時のヨーロッパ人にとって、このような諸島部が産出する植物性生産物のなかでもっとも価値の高いものであることは間違いなかった。だが、一五世紀の終わりごろ、ヨーロッパのどこでも、東インド産のモスリンや他の綿製品が大人気であったとはいえ、綿工業それ自体は、ヨーロッパのどこでも育成されていなかった。それゆえ、この綿花という産物でさえ、ヨーロッパ人の目に、きわめて大きな重要さをもつように映ったはずがないのである。

14 新しく発見された地方の動物や植物のなかに、それがきわめて有益だという説明を正当化できるものを何も発見できなかったので、コロンブスは視野をこの地方産の鉱物に転じ、そして、この第三の王国〔鉱物界のことで、当時の自然史《ナチュラル・ヒストリ》は自然界を動物界、植物界、鉱物界に大分類した〕に属す豊富な産物のなかに、他の二つの王国に属する無意味なものを十分に補うモノを見出した。住民が着物の飾りにしていたごくわずかな金がそれであり、山から流れてくる小川や急流のなかで彼らが頻繁に見つけるものだと知らされたが、それは、含有度の高い金鉱山がこのような山に溢れている、とコロンブスを満足させるには十分であった。それゆえ、サントドミンゴは金で溢れかえっており、そのゆえに〔現代だけでなく、当時の偏見にもとづいて〕、スペインの王室と王国にとって、無尽蔵の富の源泉である国と描写されることになった。最初の航海からの帰還に際して、一種の戦勝顕彰の前触れにカスティリャとアラゴンの国王にコロンブスが紹介された時、彼が発見した地方の主要な産物が、もったいぶった行列になって国王の前方に運ばれた。その中で唯一価値があった部分は、いくつかの金でできた小さなヘアバンド、ブレスレット、および他の装飾品と、綿花の梱包が数個であった。その残りは、月並みの驚きと好奇心の対象にすぎず、異常に大きなヨシ、きわめて美しい羽毛をもつ鳥、そして、巨大なワニやマナティの剝製《はくせい》などの前方には、その独特な肌の色と外観が見世物の珍しさをおおいに引き立てた、六人か七人の哀れな原住民がいた。コロンブスの説明を受けて、カスティリャの枢密院は、住民が自衛能力を持っていないことが明らかな地域を手に入れると決めた。原住民をキリスト教徒に改宗させるという敬虔な目的が、この企画がもつ不正義を清めた。だが、そこで金という財宝を探し出すという希望が、それに着手することを促した唯一の動機であったから、この動機にいっそうの重みをつけるため、そこで発見される金や銀全体の半分は国王に属するべきだという提案がコロンブスによってなされた。この提案が、枢密院によって承認されたのである。

16 最初の冒険者がヨーロッパにもち込んだ金の全量、あるいはその大部分が、無防備な原住民から強奪するというきわめて安直な方法によって確保できる限り、この酷税さえ、その支払いには何の困難もなかったであろう。だが、サントドミンゴやコロンブスによって発見された他のすべての地域で、六年か八年の間に残らず成し遂げられたことだが、原住民が持っているものすべてが一旦ほとんど剝ぎ取られてしまえば、つまり、それ以上のものを見つけるために、それを求めて鉱山で掘る必要性が発生すると、この税金を支払える見込みはまったくなくなった。したがって、税金の厳格な強制取り立ては、まずサントドミンゴの鉱山の全面的な廃坑を引き起こし、その後それはまったく採掘されなくなった。それゆえ、税金はまもなく三分の一、それから五分の一に、その後で一〇分の一、最後には金鉱山の全生産物の二〇分の一に引き下げられた。銀に対する税金は、長期間にまたがって全生産物の五分の一に維持された。それが一〇分の一に引き下げられたのは、ようやく今世紀になってのことである。だが、初期の冒険家は、銀には大きな関心を示さなかったようである。金より価値が高くなければ、彼らの注目には値しなかったように思われる。

17 新世界におけるコロンブスに続くスペイン人の他のすべての冒険的な企画も、同じ動機によって促されていたように思われる。オヘーダ〔Alonso de Ojeda, 1466-1516. 南米北岸を探索したスペインの探検家〕、ニクエサ〔Diego de Nicuesa, c.1464-1511. コロンビアとパナマに遠征したスペインの探検家〕やヴァスコ・ヌニェス・デ・バルボア〔Vasco Núñez de Balboa, c.1475-

1519. スペインの探検家。ダリエン地峡を横切り、初めて太平洋を眺めたヨーロッパ人〕をダリエン地峡に駆り立てたのは、さらに、コルテス〔Hernán Cortés, 1485-1547. メキシコを征服したスペイン軍人〕をメキシコに、アルマグロ〔Diego de Almagro, 1464-1538. ピサロに協力してペルーを征服後仲たがいし、チリ遠征を試みて失敗した〕とピサロ〔Francisco Pizarro, 1478-1541. スペイン王カルロス一世にペルー総督を命ぜられて征服するも、後にアルマグロの残党に暗殺される〕をチリとペルーに駆り立てたのも、金への聖なる渇望であった。このような探検家が未知の海岸に到着した場合、いつも彼らの最初の質問は、そこで金を見つけられるかどうかであり、受け取った情報にもとづいて、その地方を離れるか、そこに落ち着くか決めたわけである。

18　しかしながら、従事した大部分の人々を破滅に導いた費用がかかって不確実なこのようなプロジェクトのうち、新しい銀山や金山の探索を上回るほど確実に破滅的なものは、おそらく存在しないだろう。多分それは、世界で一番不利な宝くじ、つまり、当たりくじを引き当てた人々の利得が、空くじを引き当てた人々の損失に対してもつ割合がもっとも低い宝くじであって、当たりくじが少なく、空くじが多いとはいえ、一枚のくじ券という共通の犠牲が、きわめて豊かな人の全財産になるものである。鉱山業というプロジェクトは、それに用いた資本を、元本に対する通常の利潤とともに取り戻すとはいえ、資本と利潤の両方を飲み込んでしまうのが普通である。それゆえそれは、他の条件が等しければ、自国民の資本を増加させようと望む賢明な立法者なら、並外れた奨励を行う、つまり、自発的にそこに向かったであろう資本よりも大きな部分を、そこに誘導する対象に選ぶなどということを、まず行わないようなプロジェクトである。それは、実際には、ほとんどすべての人間は、自分自身に幸運が転がり込むという馬鹿げた確信をもっているため、最低限成功する可能性がある所ならどこであれ、資本のきわめて多くの部分が、自発的にそこへ向かうようなプロジェクトなのである。

19 だが、このようなプロジェクトにかんする冷静な理性と体験にもとづく判断は、つねに著しく否定的であるとはいえ、人間の貪欲さにもとづく判断は、普通は真反対になる。多くの人々に、賢者の石《フィロソファーズ・ストーン》〔錬金術師が探し求めた石〕にかんする馬鹿げた着想を抱かせてきた同じ激情《パッション》が、他の人々には、莫大な金や銀の鉱山という等しく馬鹿げた着想を抱かせてきた。彼らは、あらゆる時代と国において、このような金属の価値がもっぱらその稀少性から生じたこと、つまり、その稀少性は、自然がひとつの場所にそれをため込んだ金や銀の量がきわめて少なかったこと、どこでも自然がこのような少量を取り囲んだ物質が固くて処理しにくかったこと、それゆえ結果的に、どこでもそれを破砕して手に入れるためには労働と出費が必要であること、このようなさまざまな原因から生じることを、考えもしなかった。彼らは、このような金属の鉱脈は鉛、銅、錫や鉄にかんして知られているものと同様に、多くの場所で大規模かつ豊富に発見されると自惚れていた。

エルドラドという黄金の都市と国についてサー・ウォルター・ローリー〔Sir Walter Raleigh, 1554-1618. イギリスの軍人、探検家で一時期エリザベス女王の寵臣〕が抱いた夢は、賢明な人間であっても、かならずしもそのような奇妙な妄想から免れていないということを、我々に確信させることができるだろう。その偉大な人物の死後一〇〇年以上後に、イエズス会士グミリャ〔José Gumilla, 1686-1750. コロンビアやヴェネズエラで布教し、自然史の著書がある〕は、そのすばらしい国が現実にあるとなお信じていたから、布教という彼らの敬虔な労働に十分報いることができる人々に、キリスト教の啓示がもつ真理の光をもたらすことになれば、どれだけ幸福なことであるかと、崇高な誠意をもって、あえて言うなら大真面目に、表明したのである。

20　最初にスペイン人によって発見された国で、稼働させる価値があると推定される金や銀の鉱山は、今では知られていない。最初の冒険家がそこで発見したと言われているこのような金属の量は、最初の発見の直後に採掘された鉱山の含有率の高さとともに、おそらく途轍もなく誇張されてきたのであろう。しかしながら、このような冒険家が発見したと報告したものは、彼らの同国人全員の貪欲さを沸騰させるには十分なものであった。アメリカに向けて海を渡ったすべてのスペイン人は、エルドラドを発見するつもりだった。運命の女神もまた、他のごく少数の出来事にかんして行ったことを、これについても行った。運命の女神は、ある程度まで信奉者の過剰な望みを実現してやったし、メキシコとペルーの発見と征服（前者は、コロンブスの最初の遠征から約三〇年後、後者は約四〇年後に生じた）においては、女神は、彼らが捜し求めたおびただしい貴金属と大きな違いがないものを、彼らに贈ったのである。

21　それゆえ、東インドと通商するというプロジェクトは、西インドを最初に発見するきっかけを与えた。征服というプロジェクトは、このように新規に発見された地方に、スペイン人のあらゆる権力機構を生み出すきっかけを与えた。彼らをこの征服に奮い立たせた動機は、金や銀の鉱山というプロジェクトであり、一連の偶然の出来事――人間の英知では予見不可能な出来事――が、期待する合理的な根拠を事業者がまったく持っていなかった華々しい成功のきっかけを、このプロジェクトに与えたのである。

22 アメリカに移住しようと試みたヨーロッパの他のすべての国の最初の冒険家は、似たような空想的な考えによって突き動かされてはいたが、しかし、彼らが同じように成功したわけではなかった。ブラジルに最初の移住がなされてから、銀や金、さらにはダイヤモンドの鉱山がそこで発見されるまで、一〇〇年以上経過した。イギリス人、フランス人、オランダ人やデンマーク人の移住地《コロニー》では、何ら鉱山は発見されなかったし、少なくとも現在、操業に値すると推定される鉱山は存在しない。しかしながら、最初の北アメリカへの移民者は、彼らに対する特許状を与えてもらう目的で、そこで発見されるすべての金や銀の五分の一を国王に捧げると約束した。サー・ウォルター・ローリー、ロンドン会社とプリマス会社、プリマスの評議会《カウンシル》、およびその他に対する特許状のなかでは、したがってこの五分の一が国王のために留保されていた。このような最初の移住者もまた、金鉱山や銀鉱山を発見するという期待と、東インドへの北西航路を発見するという期待を結び合わせた。彼らは今まで、両方において失望を味わってきたのである。

第二節　新植民地の繁栄の原因

1 未開発の地域や、人口密度が希薄なため、原住民が簡単に新規移住者に場所を譲るような地域を占有する文明国の植民地は、他のいかなる人間社会よりも急速に富と偉大さに向かって前進する。

2　そのような植民者が身につけてもち出す農業と他の有益な技術にかんする知識は、未開で野蛮な国民の間なら、数世紀をかけておのずと成長するようなものを上回っている。彼らはまた、服従する習慣、母国で行われている正常《レギュラー》な統治、それを支える法律体系、および、正常な司法の管理にかんするかなりの観念を身につけてもち出すから、同じ種類のものを新しい定住地で自然に確立することになる。だが、未開で野蛮な国民の間では、法と統治の自然な進歩は、法と統治が国民の保護のために必要な程度まで確立された後でなされる技術の自然な進歩よりも、もっと遅々としたものになる。植民者はすべて、自分で耕作可能な広さを上回る土地を入手する。彼には、地代も、支払わなければならない税金もほとんどない。彼と生産物を分け合う地主もいないし、主権者の取り分も、一般的にはごく些細なものにすぎない。彼には、このようにほとんどすべてが自分自身のものになる生産物を、できるだけ大きくしようとする動機が十分にある。

だが、彼の土地は一般に広すぎるため、自分自身の産業的な労働や、彼が雇用可能な他の人々の産業的な労働のすべてをもってしても、土地が生産可能なものの一〇分の一を生産できるようにすることも滅多にできない。それゆえ、彼は労働者を四方八方から必死に集めようとするし、もっとも気前の良い賃金で、彼らに報いようとする。だが、このような気前の良い賃金は、土地の豊富さと安価さが一緒になると、このような労働者は自ら土地所有者になるためにまもなく彼の手許から去って行き、結果的に、彼ら自身が最初の雇い主から離れていったのと同じ理由から、すぐに離れていく他の労働者に同じ気前の良さで報いることになる。気前の良い労働報酬は、結婚を奨励する。子供は、幼少の未熟な間、十分食べさせられて適切に世話をされるものだが、成長を遂げると、彼らの労働の価値はその維持費を大幅に上回るものになる。彼らが熟年に達した時、労働の高価格と土地の低価格が、以前彼らの父親がしたのと同じ方法で、自分で身を立てていけるようにするわけである。

3 他の国では、地代と利潤が賃金を食いつぶしてしまい、二つの上層階級の人々が下層階級の人々を圧迫している。だが、新植民地では、二つの上層階級の利害が、すくなくとも下層階級が奴隷状態にない場合には、下層階級の人々をより寛大に人間愛をもって取り扱わざるをえないようにする。自然の肥沃度がもっとも高い未開拓の土地は、はした金で手に入れることができよう。土地所有者――彼らはつねに企業者である――が土地の改良から期待する収入の増加分は、このような状況下では、一般的にきわめて大きな彼の利潤なのである。だが、この大きな利潤は、他の多くの人々を土地の開拓と耕作に雇用することなく入手できるはずがなかったから、新植民地でよく発生する土地の広大さと人口数の少なさとの間の不均衡によって、入植者は、このような労働の確保が困難になってくる。それゆえ彼は、労働の高賃金に抵抗せず、いかなる価格でも労働者を雇用しようとする。労働の高賃金は、人の居住を助長する。立派な土地が安価で多量にあることが改良を促進し、このような高賃金を土地所有者が支払えるようにする。土地の価格全体を構成するのはこのような賃金であるから、労働の賃金としてみれば、それは高くはあるが、それほどまで価値があるものの価格としてみれば、低いわけである。人口と改良の進展を助長するものが、真実の富と偉大さの進展を助長するのである。

4 富と偉大さに向かう多くの古代ギリシャ植民地の発展は、それゆえきわめて急速であったように思われる。そのうちのいくつかは、一世紀か二世紀経つうちに母都市と肩を並べるようになり、さらに追い抜くほどになった。シチリアのシラクーザとアグリジェント、イタリアのターラントやロクリ、小アジアのエフェソスやミレトスは、どの説明を見ても、すくなくとも古代ギリシャのすべての都市と違いがない。設立の時期が遅いとはいえ、洗練された技法、哲学、詩、および雄弁術のすべてが、母都市のどこにも劣らないほど早期に育成され、高度に改良されたように思われる。二人の最古のギリシャ哲学者、つまり、タレス〔Thales, c.625B.C.-c.547B.C. ギリシャ七賢人の一人で、イオニオ自然哲学の祖〕とピュタゴラス〔Pythagoras, c.582B.C.-497B.C. ギリシャの宗教家、数学者、哲学者〕の学派が確立したのが古代ギリシャではなく、前者はアジアの植民地、後者はイタリアの植民地においてのことであったのは、驚くべきことである。このようなすべての植民地は、気楽に新しい移住者に場所を提供した、未開で野蛮な人民が住んでいた地方で設立された。彼らは広大な良い土地を保有しており、しかも、母都市から完全に独立していたから、自分たちの事柄を、自分たちの利益にもっとも適していると彼らが判断するやり方で自由に処理することができた。

5 ローマの植民地の歴史は、けっして華々しいものではなかった。実際、そのいくつか、たとえばフィレンツェは、多年が経過し、母都市が没落した後で、かなりの規模の国家にまで成長した。だが、どの植民地でも、素晴らしく急速な発展があったようには思われない。それはことごとく征服された地域に設立されたもので、そこは、ほとんどの場合すでに十分に人が居住していた所であった。移住者一人一人に割り当てられた土地の広さが相当な規模になることはほとんどなく、しかも、植民地が独立していたわけではないから、植民者自身の事柄を、自分たちの利益にもっとも適していると彼らが判断するやり方で、いつも自由に処理できるわけではなかった。

6 土地が豊富な場合、アメリカや西インドに設立されたヨーロッパの植民地は、古代ギリシャのそれと似ているばかりか、著しく優れてさえいた。母国に対する従属という点では、ヨーロッパの植民地は古代ローマのそれに類似していたが、しかし、どの植民地でも、ヨーロッパから遠く離れていることが、多少なりともこの従属性がもつ効果を軽減した。そのような立地のおかげで、母国による監視と支配が手薄になった。自分自身のやり方で自分たちの利益を追求するなかで、彼らの振る舞いは、ヨーロッパでは知られもせず、理解されてもいなかったがゆえに多くの場合見過ごされたが、遠く離れていることが彼らの振る舞いを抑制しにくくするため、まずまず辛抱されたり甘受されたりすることも時に生じた。暴力的で専断的なスペイン政府でさえ、その植民地を統治するために発した命令を、全面的な反乱になるのを恐れて、多くの場合、取り消したり弱めたりせざるをえなかった。富、人口及び改良という点でみると、あらゆるヨーロッパの植民地の発展は、したがってきわめて大きなものであったわけである。

7 スペインの国王は、スペイン国民の最初の移住以降、その植民地からの金や銀の分配によってある程度の収入を引き出していた。それは、人間の貪欲のなかに、限りなくもっと金持ちになりたいという途方もない期待を、呼び起こす性質の収入でもあった。それゆえ、スペインの植民地は、母国のきわめて大きな関心を引きつけたが、他のヨーロッパ植民地の大部分は、長期にわたってほとんど無視されていた。おそらく、前者が母国の留意の結果いっそう金持ちになったわけでも、後者が、このような軽視の結果としていっそう貧乏になったわけでもなかったであろう。移住者がある程度まで支配している国の広さとの割合でみると、スペインの植民地は、人口の点でも繁栄の点でも、ヨーロッパの他のすべての国民の植民地よりも劣っていると考えられている。しかしながら、スペイン植民地の発展でさえ、人口と改善の点で見ると、きわめて急速で著しく目覚ましいことは間違いない。都市リマは征服以降建設されたが、ウリョーアによれば、三〇年近く前に五万人の住民を抱えていたという。原住民のみじめな小集落にすぎなかったキト〔エクアドル共和国の首都〕は、同じ著者によって、同時代にほぼ同じくらい多くの人口を擁していたと言われている。自称探検家のジェメリ・カッレリ〔Gemelli Carreri. 生没年不詳だが、論考は一七〇四年刊行の『航海と旅行記集』に収録されている〕は、実際、どこであろうときわめて上質な情報にもとづいて書いたようだと言われており、メキシコ・シティーは一〇万人を擁すると述べているが、この数字は、スペイン人作家のあらゆる誇張にもかかわらず、多分モンテスマ〔Montezuma II, c.1466-1520. コルテスにより人質になり、殺されたアステカ族最後の皇帝〕の時代の居住人口よりも、五倍以上大きい。この数字は、イングランド植民地の三大都市であるボストン、ニューヨークおよびフィラデルフィアの人口をそれぞれ大幅に上回るものである。

スペイン人による征服以前、メキシコやペルーには、荷車を引かせるために適した家畜はいなかった。ラマはその種の唯一の荷物運搬用動物であるが、その力は、通常のロバよりも著しく下回っていたように思われる。彼らの間では、鋤《すき》は知られていなかった。彼らは、鉄の利用についても無知であった。彼らは鋳貨も、他のいかなる種類の確固とした交易手段ももたなかった。彼らの交易は、物々交換で遂行された。木製踏み鍬《くわ》の類いが、農業の主要な道具であった。鋭利な石器が、切断用のナイフや手斧として利用されたし、魚の骨やある種の動物の堅い腱が縫物用の針として用いられ、そしてこのようなものが、彼らの主要な仕事道具であったように思われる。

事態がこのような状態であれば、あらゆる種類のヨーロッパの家畜が住民に提供され、鉄、鋤その他、多くのヨーロッパの技術の利用が彼らの間に導入されたとしても、このような帝国の両方が、現在と同じ程度十分に改良されたり立派に耕作されたりしたに違いないということなど、ありえないように思われる。だが、人口の多さは、どの国でも改良と耕作の程度に応じて決まるはずである。征服に続く原住民《ネイティヴ》の残虐な撲滅にもかかわらず、この二つの帝国は、今では、おそらくかつてないほど人口が増えており、しかも、スペイン系のクレオール人は、私が理解するかぎり、多くの点で古からの原住民《インディアンズ》よりも優れていると同意せざるをえないから、住民は、明らかに以前とはおおいに異なっている。

8　スペイン人が入植した後では、ポルトガル人のブラジル移民が、アメリカにおけるヨーロッパ系国民として最古のものになる。だが、最初の発見から長期間、そこでは金鉱山も銀鉱山も発見されなかったため、さらに、その理由からして国王にもたらした収入はごくわずかか、ほとんど無かったから長い間まったく軽視されていたが、この軽視されつづけた期間に、それは偉大で強力な植民地に成長した。ポルトガルがスペインに支配されていた間、ブラジルはオランダ人に攻撃され、一四に分割された地域のうちの七つを、オランダ人が獲得した。彼らはほどなく他の七つの地域を征服しようと望んだが、その時ポルトガルは、ブラガンザ一族を王位につけることによって、国の独立を回復した。その後オランダ人は、スペイン人に対して敵対したため、同様にスペイン人の敵であったポルトガル人の味方になった。それゆえ彼らは、まだ征服していないブラジルの一部を、論争になりえないほど好都合な同盟にかんする事柄であるため、オランダ人が征服した部分を彼らに託す旨同意したポルトガルの国王に、託すことに同意した。だが、まもなくオランダ政府は、ポルトガル人の植民者に圧力を加え始めたが、植民地人は、泣き言を言って気晴らしする代わりに、彼らの新しい支配者に対して武器を取り、彼ら自身の武勇と覚悟によって、実際には黙認のもととはいえ、母国からの正式な援助を受けることもなく、オランダ人をブラジルから追い出した。それゆえ、オランダ人は、その国の一部たりとも自分たちの手許に留めておくことは不可能だと理解し、それはすべてポルトガル王に委ねられるべきである、ということに同意した。この植民地には、ポルトガル人かその子孫、クレオール、ムラート〔白人と黒人の混血〕、さらにポルトガル人とブラジル人の混血からなる六〇万人以上の人々がいると言われている。アメリカにおける植民地には、それほど多数のヨーロッパ系の人々を擁すると推測される所はない。

9　ヴェネツィアの商業はヨーロッパの隅々にまで広がっていたとはいえ、その艦隊が地中海を超えて航海することはほとんどなかったから、一五世紀の終わりにかけて、さらには一六世紀の大部分をつうじて、スペインとポルトガルが二つの海軍覇権強国であった。スペイン人は、最初に発見したことを理由に、アメリカ全体を彼らのものだと主張した。そして、彼らはポルトガルのような強い海軍力によるブラジルの鎮圧を阻止することはできなかったが、当時においては、その名前を聞いただけで恐れられたから、他のヨーロッパのほとんどの国は、その大きな大陸のどこか別の所で地歩を固めることには恐怖を覚えていた。フロリダに地歩を固めようと試みたフランス人は、スペイン人によってすべて殺害された。だが、彼ら自身が無敵のアルマダと呼んだ艦隊が、敗北ないし不成功——一六世紀の終わりごろに発生した——を迎えた結果、スペイン海軍の衰退が、他のヨーロッパ諸国の人々の植民をさらに阻止し続ける力を消失させることになった。それゆえ、一七世紀の経過とともに、イギリス人、フランス人、オランダ人、デンマーク人およびスウェーデン人といった海に面した港を保有する有力な国民が、いくつかの植民地建設を新世界で試みたのである。

10 スウェーデン人がニュージャージーに移住したため、多数のスウェーデン人家族が今でもそこで目に付くのだが、この事実は、もしそれが母国によって保護されていたら、この植民地はおおいに繁栄した可能性が強かったことを十分に示している。だが、スウェーデンによって無視されたため、それは、まもなくニューヨークのオランダ人植民地に併合され〔その当時は、ニュー・アムステルダムと呼ばれていた〕、この植民地もまた、一六七四年にイギリス人の支配するところとなった。

11 セントトマス島とサンタクルーズ諸島〔ともに現在はアメリカ領〕は、デンマーク人によって保有されていた新世界で唯一の地域である。このような小さな島もまた、独占的《イクスクルーシヴ》な会社の統治下にあって、その会社が、植民者の余剰生産物の購入と彼らが欲する他の地方の商品の彼らへの供給、この両方に対する専一的な権利をもっており、したがってその会社は、購入と販売の両方で、植民者を押さえつける力をもっていただけでなく、そのように振る舞おうとする大きな誘惑もあった。独占的な会社の商人による統治は、おそらく、どの地方にとっても最悪のものである。しかしながら、それは、このような島の発展をずっと緩慢で熱意の欠けるものにしたとはいえ、発展そのものを全面的に止めることはできなかった。デンマークの先の国王がこの会社を解散させたから、それ以降、この植民地の繁栄はきわめて目覚ましいものになった。

12 西インドにおけるオランダ人植民地は、東インドのそれと同様に、当初は独占的な会社の統治下におかれていた。それゆえ、その一部の発展は、長い間植民して出来上がったほとんどの地域の発展に比べると、相当なものだったとはいえ、新植民地の大部分の発展と比べた場合には、熱意に欠け、ゆっくりしたものであった。スリナム植民地は、おおいに際立ってはいるが、他のヨーロッパ諸国の砂糖植民地の大部分に較べると、さらに劣っている。今ではニューヨークとニュージャージーという二つの地域に分割されたノヴァ・ベルジア植民地は、たとえそれがオランダ人の統治下に留まったとしても、おそらく、まもなく相当なものになったであろう。肥沃な土地の豊富さと安価さが繁栄の強力な原因であるから、最悪の統治でさえ、その働きがもつ効力を全面的に阻止できることなど、ほとんどない。母国から遠く離れていることもまた、その会社が彼らに対して享有してきた専売権《モノポリー》を、植民者が密輸によって多少なりとも回避できるようにする。現在その会社は、その積み荷の価値に対して二パーセント半を特許使用料として支払えば、スリナムとの交易をすべてのオランダ船舶に許可しており、会社自身が独占的に留保しているのは、アフリカからアメリカへの直接貿易だけであって、そのほとんどすべてが奴隷貿易である。このような会社の独占的特権の緩和が、おそらく、現在その植民地が享受している程度の繁栄の主要な原因である。オランダに属する二つの主要な島であるキュラソーとユースタシアは、あらゆる国民に開かれた自由港であって、この自由が、港がたったひとつの国民にしか開かない優れた植民地の只中にあって、この不毛な二島に繁栄をもたらした最大の原因である。

13 フランスのカナダ植民地は、前世紀の大部分と今世紀の一部をつうじて、独占的な会社の統治のもとにあった。それほど不都合な管理のもとに置かれたため、その発展は、必然的に他の新植民地のそれよりもずいぶん緩慢なものになったが、しかし、いわゆるミシシッピー計画と呼ばれたものの崩壊後、この会社が解散させられると、発展はずっと急速なものになった。イギリス人がこの地方を確保した時、彼らはそこに、二〇年から三〇年前にシャルルヴォア神父が特定した人数の二倍近くが住んでいることを確かめた。このイエズス会士は、その地域全体を旅行しており、住民の数を実際よりもかなり少なく示そうという気持ちはなかった。

14 サントドミンゴのフランス人植民地は、海賊や略奪者によって設立されたもので、彼らは長い間フランスの保護を求めもせず、その権威を認めようともしなかったが、この種の無法者がフランスの権威を認める程度の市民になってからも、長期間にわたって、権威の行使はおおいに穏やかなものでなければならなかった。この期間、この植民地の人口と改良はきわめて急速に進んだ。当分の間従わざるをえなかったフランスの他のすべての植民地に対する独占的な会社の圧制でさえ、間違いなく発展を遅らせるものであったが、それを完全に止めることはできなかった。その発展の進行は、そのような圧制から解放されるや否や回復した。今ではそれは、西インドにおけるもっとも重要な砂糖植民地であり、その生産物は、イギリスの砂糖植民地全体を合算したものよりも、もっと多いと言われている。一般的にフランスの他の砂糖植民地は、すべておおいに繁栄している。

15　だが、北アメリカにおけるイギリス人植民地ほど、急速な発展を遂げた植民地は存在しない。

16　肥沃な土地の豊富さ、および、自分たちのことを自分たちのやり方で管理する自由、これがあらゆる新植民地発展のための二大原因であると思われる。

17　北アメリカのイギリス人植民地は、肥沃な土地が潤沢にあるという点で間違いなくきわめてふんだんに提供されていたとはいえ、しかしながら、スペイン人やポルトガル人の植民地よりも劣っているし、先の戦争までフランス人に保有されていたいくつかの植民地よりも、優れているわけでもない。だが、イギリス人植民地の政治制度は、他の三国の植民地のそれよりも土地の改良と耕作にとってはるかに好都合なものであった。

18　第一に、未開墾地の買い占めはけっして全面的に阻止されることはなかったが、他の植民地に較べると、イギリス人植民地のほうがいっそう制限されていた。すべての土地保有者に対し、一定の期間内に、土地の一定面積を改良して耕作するという義務を課し、それを履行できなかった場合、他の誰に対してであろうと、放置された土地を授与することができると宣言した植民地法は、おそらくそれほど厳格に執行されなかったとはいえ、しかし、一定の効果をもっていた。

19 第二に、ペンシルヴェニアには長子相続権は存在せず、土地は動産同様に、家族のすべての子供の間で均等に分割される。ニューイングランドの三つの植民地《プロヴィンス》では、モーセの律法のように、長子は二倍の割り当てを受け取るにすぎない。したがって、このような地方では、時には広すぎる土地が特定の個人によって独占されるはずであるが、それは、一世代か二世代経つうちに、ふたたび十分に分割されるように思われる。実際、他のイギリス人植民地では、イングランドの法律におけるように長子相続権が受け入れられている。だが、すべてのイギリス人植民地では、すべてが自由土地保有として保有されている彼らの土地保有権が譲渡を容易にしているし、あらゆる広大な土地を授与された人物は、ささやかな免役地代〔賦役を免除する代わりに支払う地代で、譲渡後も存続する〕だけは取りのけておいたうえで、可能なかぎり迅速にできるだけ多くの部分を譲渡するのが自分の利益だということを、ごく普通に理解している。

スペイン人やポルトガル人の植民地では、長子相続〔Majorazzo〕の権利*と呼ばれているものが、貴族の身分にともなうすべての大所領の相続において、受け入れられている。そのような地所はすべて一人の人間のものになり、基本的には、限嗣相続権が設定されていて、譲渡不可能である。事実、フランス人の植民地はパリの習慣に従っており、土地の相続においては、イングランドの法律に較べて年少の子供にずっと有利になっている。だが、フランス人の植民地では、騎士《シュヴァルリー》の身分や家臣《オマージュ》の身分という貴族に属する階級によって保有されている所領が、その一部でも譲渡される場合、一定の期間、領主の相続人やその家族の相続人による受け戻し権に服するとされており、その国の最大規模の所領がすべてそのような貴族的な財産保有として保持されているため、必然的にそれが譲渡を妨げるのである。だが、新植民地では、広大な未耕の地所が、相続よりもむしろ譲渡によってはるかに迅速に分割される傾向がある。すでに指摘したように、肥沃な土地の豊富さと安価さが、新植民地の急速な発展の主たる原因である。土地の独占《エングロッシング》は、実際、このような豊富さと安価さを破壊する。くわえて、未耕地の独占は、その改良に対する最大の障害物である。だが、土地の改良と耕作に用いられる労働は、もっとも価値がある最大の成果を社会にもたらす。労働の生産物は、この場合、たんにそれ自身の賃金、それに用いられた元本の利潤だけでなく、利用された土地の地代をも支払う。それゆえ、土地の独占によって、他の雇用に向けて大なり小なり方向転換されてしまう他の三国の植民者にくらべ、イギリスの植民者の労働は、土地の改良と耕作により多く利用されればされるほど、より多量で価値のある生産物を産出しやすいのである。

＊ Jus Majoratus.〔長子相続権〕

20　第三に、イギリス植民者の労働は、たんにより大きくて価値が高い生産物を供給するだけでなく、支払う租税が穏当なものである結果、この生産物のより多くの部分が彼ら自身のものになるから、彼らはそれを貯え、さらに多量の労働を始動させるために利用することができるだろう。母国の防衛のためにとか、その国内統治《シヴィル・ガヴァンメント》の維持のために何か貢献するなどということを、イギリスの植民者はまったくしてこなかった。逆に、彼ら自身は、いままで全面的に母国の経費で守られてきた。だが、艦隊や軍隊の経費は、国内統治にどうしても必要な経費よりも、比較にならないほど巨額である。国内統治のために必要な経費は、いつでもごくわずかなものである。それは一般的に、総督、判事その他の行政官吏に対する適度の俸給支払いや、もっとも有用な少数の公共事業を維持するために必要なものに限定されてきた。

現在続いている混乱〔アメリカ独立戦争のこと〕が始まる前まで、マサチューセッツ湾の行政機構《シヴィル・エスタブリッシュメント》の経費は、通常一年にわずか約一万八〇〇〇ポンドであった。ニューハンプシャーとロードアイランドのそれは、それぞれ三五〇〇ポンド。コネティカットは四〇〇〇ポンド。ニューヨークとペンシルヴェニアは、それぞれ四五〇〇ポンド。ニュージャージーのそれは、一二〇〇ポンド。ヴァージニアとサウスカロライナのそれは、それぞれ八〇〇〇ポンド。ノヴァスコシアとジョージアの行政機構は、部分的に議会からの交付金によって毎年維持されている。くわえて、ノヴァスコシアは、植民地の行政経費のために一年に約七〇〇〇ポンドを支払っており、ジョージアの場合は、一年に約二五〇〇ポンドである。要するに、北アメリカにおけるさまざまな統治機構はすべて、正確な説明を入手できなかったメリーランドとノースカロライナを除き、現在続いている混乱が発生するまで、住民にとっての費用は年に六万四七〇〇ポンドを超えることはなかったから、これは、いかに少額の支出で三〇〇万人の人々が統治されるかだけでなく、立派に統治されうるかという、永遠に銘記されるべき事例である。実際、政府支出のもっとも重要な部分である防衛と住民保護の費用は、母国が絶えず負担してきた。新総督の歓迎会、新議会開催その他の植民地における統治機構の儀式もまた、礼儀作法に十分かなってはいても、経費を要する華やかさや行列を伴うものではなかった。植民地の宗教上の体制《エクレシアスティカル・ガヴァンメント》も、同様に、倹約的な流儀にもとづいて管理されている。十分の一税《タイス》は、そこでは馴染みのないものであって、とても数が多いとはいえない聖職者は、まあまあの手当か、人々の自発的な寄付によって維持されている。

これとは逆に、スペインやポルトガルの権力は、その植民地に課した税金から、なにがしかの援助を引き出している。実際フランスは、その植民地から相当な収入を引き出したことはまったく無く、植民地に課した税金は一般的に植民地で支出されている。だが、この三国の植民地統治は、はるかに経費が高くつく流儀で遂行されているから、大きな経費を要する儀式を伴っている。たとえば、ペルーにおける最近の総督歓迎会は、毎度桁外れであった。このような儀式は、富裕な植民地人によってこのような特定の重要な行事に対して支払われる実質的な税金であるだけでなく、他のすべての重要な行事に対する虚栄心と出費の習慣を、彼らの間に植え付けるのに貢献する。それは重くのしかかる臨時の税金《タックス》であるだけでなく、もっと重くのしかかる同種の恒久的な税金——私人の贅沢と浪費という破滅的な重荷《タックス》——をはびこらせるのに貢献する。このような三国の植民地では、宗教上の体制もきわめて圧政的である。そのすべてで十分の一税《タイス》が存在しており、スペインとポルトガルの植民地ではこの上なく厳しく徴収されている。くわえて、三国はすべてさまざまな集団の托鉢修道士に押しつぶされており、許可されているばかりか、宗教によって神聖だと宣言された彼らの物乞いは、托鉢僧に施しを与えることが義務であり、それを拒否することは著しい大罪だと、念入りに教えられた貧しい人々に対するもっとも過酷な重荷である。その上、そのどこでも、聖職者が土地の最大の買い占め人なのである。

21 第四に、自分たちの余剰生産物、つまり自分たちの消費を超えるものを処分するにあたり、イギリス人植民地は、他のヨーロッパの国の植民地のどこよりもずっと有利だったし、ずっと広大な市場を与えられていた。あらゆるヨーロッパの国民は、その植民地の通商を多少なりとも自国で独占するように努力したし、そして、その理由から、外国の船舶が植民地と貿易することを禁止し、ヨーロッパ産の財貨を、外国の船舶ですべての外国から輸入することを禁止していた。だが、このような独占が遂行される方法は、さまざまな国によっておおいに異なっていた。

22 いくつかの国は、植民地との通商のすべてを独占的な会社に引き渡してしまったため、植民地の人々は、必要なヨーロッパ産の財貨をのこらずそこから購入し、自分たちの余剰生産物を、すべてその会社に販売することを余儀なくされた。それゆえ、ヨーロッパ産の財貨をできるだけ高く売り、植民地産のものをできるだけ安く購入することだけでなく、この低価格でさえ、ヨーロッパできわめて高価格で処分できる量以上の購入を控えることもまた、会社の利益になった。新植民地の自然な成長を妨げるためによく目論まれるあらゆる方便のうち、独占的な会社のそれが、間違いなくもっとも効果的なものである。しかしながら、これがオランダの政策であったが、オランダの会社は今世紀が経過するうちに、その排他的特権の行使を多くの点で放棄した。これはまた、先の国王の治世まで、デンマークの政策でもあった。それは時にフランスの政策でもあったが、最近では、一七五五年以降、つまりその不条理さのゆえに他のすべての国民によって放棄された後、すくなくともそのブラジルの二つの主要な地域であるペルナンブーコとマラニョン〔ともにブラジル北東部〕にかんする、ポルトガル の政策になっている。

23 他の国は、独占的な会社を設立せずに、植民地の通商全体を母国の特定の港に限定し、特定の季節に艦隊を組んだものであろうと単独であろうと、ほとんどの場合きわめてよく報われる特別の許可料を支払わないかぎり、いかなる船舶もそこから出航することを許可しなかった。実際この政策は、当を得た港から、当を得た時節に、当を得た船舶でなされるという条件の下で、母国の国民すべてに植民地貿易を開放するものである。だが、このような認可済みの船舶に供給するために自分の元本を合体させるさまざまな商人はすべて、協力して活動することが自分たちの利益だと理解するから、このような方法で遂行される貿易は、必然的に、独占的な会社のそれとほとんど同じ原理にもとづいて遂行されるだろう。このような商人の利潤はほとんど一様に法外に大きく、過酷なものになろう。植民地は不十分にしか供給されず、きわめて高く買い、きわめて安く販売せざるをえなくなるだろう。

数年前まで、これが常時スペインの政策であり、したがって、すべてのヨーロッパ産財貨の価格は、スペインの西インドではとびぬけて高かったと言われている。ウリョーアの言うところでは、キトでは、一重量ポンドの鉄は正貨で約四シリング六ペンス、重量一ポンドの鋼鉄は約六シリング九ペンスであった。だが、植民地が自分たちの生産物を手放すのは、もっぱらヨーロッパの財貨を購入するためである。それゆえ、植民地がヨーロッパの財貨に多く支払えば支払うほど、植民地は、自分たちの生産物で実際に手に入れる量が少なくなるのであって、ヨーロッパ産財貨の高価さは、植民地の生産物の安価さと同じことになる。ポルトガルの政策は、ペルナンブーコとマラニョンを除くすべての植民地について、この点で、スペインの古くからの政策と同一であるが、この二つの地域については、最近もっと劣悪な政策を採用している。

24 他の国では、すべての自国民にその植民地貿易を自由に開放しており、彼らは、母国のさまざまなすべての港からそれを継続することができたし、税関における共通の発送手続き以外には、何の許可も必要ではない。この場合には、さまざまな取引業者が分散していることと、その数の多さが彼らが一般的な連合を組めないようにしており、彼らの競争によって著しく法外な利潤の獲得は十分に妨げられる。このような偏らない《リベラル》政策のもとで、植民地は、適正な価格で自分たちの生産物を売ったり、ヨーロッパ産の財貨を買ったりすることができる。だが、プリマス会社が解散して以降、つまり我が国の植民地がまだ揺籃期にある時、これが一貫してイングランドの政策であった。一般的には、フランスの政策も同様であったが、イングランドで普通フランスのミシシッピー会社と呼ばれている会社の解散以降、一貫してそうなっている。それゆえ、フランスとイングランドが植民地と遂行している貿易の利潤は、他のすべての国民に競争が開放されている場合よりも幾分高いことは確かだが、しかしながら、けっして法外に高いわけではなく、したがって、両国の大部分の植民地において、ヨーロッパ産の財貨の価格は法外な高さにはない。

25 また植民地自身の余剰生産物の輸出において、グレートブリテンの植民地が母国の市場に限定されるのは、一定の商品にかかわる場合だけである。航海法と他のいくつかの後続の法律のなかに列挙されているこのような商品は、そのために列挙商品と呼ばれてきた。残りは非列挙商品と呼ばれており、もしそれが、イギリスまたは植民地の船舶である、つまり、所有者や船員の四分の三がイギリス国民である場合には、他の国に直接輸出することが可能である。

26　非列挙商品のなかには、アメリカや西インドのもっとも重要な生産物、つまり、あらゆる種類の穀類、木材、塩漬けの食品、魚、砂糖やラム酒が含まれている。

27　穀類は、当然のことながら、あらゆる新植民地耕作の最初の主要な対象である。その法律は、植民地にきわめて広大な市場を与えることにより、このような耕作を人口希薄な植民地の消費をはるかに超える規模に拡張し、こうして、持続的に増加する人口のために十分な食料などの生活物資を、あらかじめ用意するように奨励するのである。

28　樹木にすっかり覆われた地方では、結果的に木材がほとんどまったく価値をもたないため、土地を開拓するための費用が、改良の主要な妨げになる。製材済みの木材に対するきわめて広大な市場を植民地に与えることにより、その法律は、そうでない場合にはほとんど価値をもたないような商品の価格を引き上げ、それによって、そうでない場合なら単なる費用でしかなかったものを、いくらか利潤を上げられるものにして、改良の促進に努めるわけである。

29　半分も人が住まず、半分も耕作されていない地方は、当然のことながら家畜が住民の消費を超えて増殖するから、その理由からして、ほとんどまったく価値をもたないことが多い。だが、すでに述べておいたように、家畜の価格が穀物の価格に対して一定の比率をもつようにならないと、どの地方でも、その大部分の土地が耕作されることは不可能である。生死にかかわらず、あらゆる種類のアメリカ産家畜にきわめて広大な市場を与えることにより、その法律は、その高価格が改良にとって絶対に必要な商品の価値を高めようと努めるのである。しかしながら、この自由《リバティ》の好ましい結果は、大型動物や小型動物の獣皮を列挙商品に含め、それによってアメリカ産家畜の価値を結果的に引き下げたジョージ三世治世四年法律第一五号によって、ある程度縮小されるにちがいない。

30 我が国の植民地の漁業を拡大することにより、グレートブリテンの海運力と海軍力を高めることは、立法府がほとんど何時も念頭に置いている目的である。この理由から、このような漁業は、自由《フリーダム》が彼らに提供しうるあらゆる奨励のもとで、それ相当に繁栄してきた。とくにニューイングランドの漁業は、最近の混乱まで、おそらく世界でもっとも重要なもののひとつであった。捕鯨業は、多大な助成金にもかかわらず、グレートブリテンのなかでほとんど成果を上げずに続けられており、多くの人々の意見では（しかしながら、正確だと断言するつもりはない）、漁獲総額が年々それに支払われている助成金の価値を大きく上回るものではないといわれているものだが、ニューイングランドでは、まったく補助金もないのに、きわめて大々的に遂行されている。魚類は、北アメリカの人々がスペイン、ポルトガル、および地中海沿岸の人々と取り引きする重要な品目のひとつである。

31 砂糖は、もともとグレートブリテンだけにしか輸出が許されていない列挙商品であった。しかし、一七三一年に、砂糖農園主の申し入れにもとづいて、その輸出は世界中どこであっても良いとされた。しかしながら、この自由が与えられる際に付与された制限は、グレートブリテンにおける砂糖の高価格と一緒になって、輸出の自由をほとんど効果がないものにしてしまった。グレートブリテンとその植民地は、なお、イギリス植民地で生産されたすべての砂糖のほとんど唯一の市場であり続けている。ジャマイカや割譲された島々〔七年戦争でイングランドは西インド諸島のマルティニク、グレナダ、セントヴィンセントなどを獲得した〕における いっそうの改良の結果にもかかわらず、消費がきわめて急速に増加するため、砂糖の輸入がここ二〇年の間にきわめて大幅に増加し、外国に対するその輸出は、以前よりも大きく伸びていないと言われている。

32 ラム酒は、アメリカの人々がアフリカ沿岸と遂行している貿易におけるきわめて重要な品目であって、彼らはそこからの帰り荷に、黒人を連れ帰っている。

33 アメリカ産のあらゆる種類の穀類、塩漬けの食料や魚類における余剰生産物がすべて列挙商品に加えられ、それによって、グレートブリテンの市場に無理に押し込まれたりしていたら、母国の国民による産業的な労働の生産物とおおいに衝突していたことだろう。このような重要な商品が列挙商品から取り除かれただけでなく、米以外のあらゆる穀類、および塩漬け食料のグレートブリテンへの輸入が、その法律がいう通常の状態の下で禁止されたのは、多分アメリカの利益に対する配慮というよりも、むしろこの衝突を警戒してのことであっただろう。

34 非列挙商品は、もともと世界のすべての所に輸出することが可能だった。列挙商品に加えられていた木材と米は、後日それから除かれる際に、ヨーロッパ市場向けとして、フィニステレ岬〔イベリア半島北西部にあるスペイン西端の岬〕よりも南に位置する地方に限定された。ジョージ三世治世六年法律第五二号によって、すべての非列挙商品が似たような規制に服することになった。フィニステレ岬よりも南に位置するヨーロッパの地方は、製造業の国ではないから、我が国は、そこから母国の製造品と衝突しうる何らかの製造品を運んで帰る植民地の船舶を、あまり警戒しなかったのである。

35 列挙商品には二種類ある。最初のものとしては、アメリカ固有の産物ではあるが、母国では生産不可能であったり、すくなくとも生産されたりしていない商品である。この種類のものとしては、糖蜜、コーヒー、カカオ豆、タバコ、辛子、ショウガ、鯨のヒゲ、生糸、原綿、ビーヴァーの毛皮や他のアメリカ産毛皮、インディゴ藍、オウボク〔黄染料を抽出する原木〕、および他の染色用の原木などがある。第二のものとしては、アメリカ固有の産物ではないが、母国でも生産されたり生産が可能であったりするものであって、母国の需要の大部分を供給するほどの量ではなく、もっぱら外国から供給されている商品である。この種類のものとしては、あらゆる海軍軍需品、マスト、帆桁、船首斜檣《しゃしょう》〔帆船の船首にある斜めの柱〕、タール、ピッチ、およびテレビン油、銑鉄や棒鉄、銅鉱石、大型動物や小型動物の皮、木灰カリ《ポットアッシュ》や真珠灰《パールアッシュ》〔前者は樹木、後者は海産物を焼却して得るカリウム〕などがある。

　第一の種類に属する商品を最大限輸入しても、それが母国の生産物販売の拡大を妨げたり、邪魔したりするはずがない。そのようなものを母国の市場に限定しておけば、植民地でそれをより安く購入できるようになり、結果的に、母国でいっそう高い利潤とともに販売できるだけでなく、さらに、植民地と外国の間の有利な中継貿易――グレートブリテンは、このような商品が最初に輸入されるヨーロッパの国として、必然的に、その中心または商業中心地になるはずである——を確立することができるというのが、我が国の商人の期待であった。また第二の種類の商品の輸入は、適切な輸入税という手段を用いれば、第二の種類の商品はつねに母国で生産されるものよりも幾分高価にできるだろうし、さらに、外国から輸入される商品よりもずっと安価にすることができるから、母国で生産される同種の生産物の販売ではなく、外国から輸入される同じ種類の商品の販売を妨げるように管理できるであろう、と想定されていた。それゆえ、そのような商品を母国市場に限定することにより、グレートブリテンではなく、貿易収支がグレートブリテンにとって不利であると信じられていた外国の生産物を妨害しよう、という提案であった。

36　植民地からのマスト、帆桁、船首斜檣、タール、ピッチ、およびテレビン油の輸出を、グレートブリテン以外の国について禁止することは、当然のことながら、植民地における木材価格を低める傾向があり、結果的に、土地の開拓費用——土地改良の主たる障害——を増加させる傾向をもつ。だが、今世紀の初めごろ、つまり一七〇三年に、スウェーデンのピッチとタールの会社が、彼らの船舶と彼らの言い値で、しかも彼らが適切だと判断する数量である場合を除き、その輸出を禁止することによって、グレートブリテン向けの商品価格を引き上げようと努力した。このひとつの顕著な重商主義政策に対抗するために、たんにスウェーデンだけでなく、他のすべての北部の列強からの自国の独立性を可能なかぎり示すために、グレートブリテンは、アメリカからの海軍軍需品に対して助成金を与えたが、この助成金の効果は、母国市場向けに制限することよりもむしろ、アメリカにおける材木価格を引き上げることであって、しかも二つの規制策が同時に立法されたため、二つが一緒になった効果は、アメリカの土地の開墾を抑えるというよりも、むしろおおいに奨励することになったのである。

37 また銑鉄も棒鉄も列挙商品に含められていたが、しかし、アメリカから輸入された場合には、他の国から輸入された場合に余儀なくされる相当な関税から免除されたため、規制の一部は、別の部分が行う抑制よりも、アメリカにおける溶鉱炉の建設を奨励するのにいっそう貢献した。溶鉱炉ほど大々的な木材の消費を引き起こす製造業、つまり、樹木で覆われた国の開墾を進めるためにそれほど大きく貢献しうる製造業は存在しないからである。

38 アメリカにおける木材の価値を上昇させ、それによって土地の開拓を助長するというこのような規制の一部がもっている傾向は、おそらく、立法府によって意図されたことでも、理解されていたことでもない。しかしながら、そのような規制がもつ有益な効果は、この点で偶然のものではあったとはいえ、それを理由に、真実味が薄れるようなものではない。

39 もっとも完全な貿易の自由開放《フリーダム》は、イギリスのアメリカ植民地と西インド諸島の間で、列挙商品と非列挙商品の両方にかんして許可されているものである。このような植民地は、今ではきわめて人口が増えて繁栄しているため、それぞれが相手の植民地のどこかに、自分たちの生産物のどれかに対する大きくて広範な市場を見出す。そのすべてを総合すれば、植民地は、互いに他の植民地の生産物に対する大きな国内市場《インターナル・マーケット》を生み出すのである。

40 しかしながら、自国の植民地貿易に対するイングランドの寛大さ《リベラルティ》は、始まったばかりの状態にあろうと、あるいは、まさに製造業の初期段階と呼ばれるものであろうと、もっぱら植民地の生産物の販路《マーケット》に影響するものに限定されてきた。ますます発展し、いっそう洗練された製造品は、たとえ植民地のものであっても、グレートブリテンの商人や製造業者は、自分たちのものとして確保しておくように決め、時には高関税により、時には完全な禁止によって、そのような製造業が植民地で確立するのを妨げるために、立法府を説得してきたのである。

41 たとえば、イギリス植民地からくる黒砂糖は、輸入に際して、一ハンドレッド・ウェイトにつき六シリング四ペンスしか税を支払わないが、白砂糖は一ポンド一シリング一ペニーであり、精製回数が一回であれ二回であれ、円錐形の塊《ロウフ》にした精製糖〔シュガーロウフと呼ばれ、シュガーナイフで切り取って利用した〕は、四ポンド二シリング五ペンスと二〇分の八である。このような高い関税が課されると、イギリス植民地の砂糖を輸出できるのは、唯一グレートブリテンに限られるのであって、したがって今なおその主要な市場であり続けている。それゆえ、それは、初めはすべての外国市場向けの砂糖の石灰を用いた一次精製《クレイング》やいっそうの純化《リファイニング》の禁止に等しかったが、現在では、おそらく全生産物の一〇分の九以上をもち去るグレートブリテンの市場に対する、石灰を用いた一次精製やいっそうの純化の禁止に等しい。したがって、砂糖精製業はフランスのすべての砂糖植民地では繁栄していたが、どのイギリスの植民地でも、植民地市場自体に届ける場合を除いて、ほとんど育成されなかった。グレナダがフランス人の手に握られていた間、すくなくとも石灰を用いた砂糖の精製所があらゆる農園に存在していた。それがイギリス人の手に落ちて以降、この種の仕事はそのほとんどが放棄され、現在つまり一七七三年一〇月、その島にせいぜい二つか三つしか残っていない、と私は確信している。しかしながら、今では税関の甘さから、円錐形の塊から粉に戻されると、一次精製された砂糖も二次精製されたものも、一般に黒砂糖として輸入されている。

42 グレートブリテンは、同じ商品がどこか別の国から輸入された場合に課す関税を免除することにより、アメリカにおける銑鉄や棒鉄の製造を奨励する一方で、アメリカのどの定住地であろうと、無条件に製鋼炉や切断機の組み立てを禁止した。グレートブリテンは、自分たちが消費するためであっても、植民地人がこのようなずっと精巧な製造業で働くことを許そうとはせず、植民地の人々が必要とするこの種の財貨は、すべて自国の商人と製造業者から購入するように要求したのである。

43 グレートブリテンは、アメリカ産の帽子、羊毛や毛織物製品を、ある地域から別の地域への水運、あるいは馬の背や馬車を用いて輸出することを禁止するが、この規制は、遠隔地販売用にそのような商品の製造業を設立することを効果的に阻止し、このような方法で、植民地の人々の組織的な労働を、個々の家庭が普通自家用に作ったり、同じ地域に住む隣人の家庭消費用に作ったりする粗末な家内産業に閉じ込めることになる。

44 しかしながら、多数の人々に、自分自身の生産物のいかなる部分であろうと、それを製造することだけでなく、自分自身の元本と労働を、自分がもっとも有利だと判断する方法で用いることを禁止するのは、人間が有するもっとも神聖な権利の明白な侵害である。しかしながら、そのような禁止がそれほど不正義きわまりないにしても、そのようなことが、今日まで植民地にとって著しく有害であったわけではない。土地は今でもきわめて安く、結果的に、労働が彼らの間できわめて高価であるから、彼らは、より精巧でより高度な製造品のほとんどすべてを、自分自身で製造するよりもより安く母国から輸入することができる。それゆえ、そのような製造業では、そうすることを禁止されていなかったとはいえ、しかしなお、改良の現在の状態では、そうすることを妨げたのは、おそらく、自分自身の利益に対する配慮であっただろう。植民地の改良の現状においては、おそらくこのような禁止は、植民地の人々の組織的な労働を麻痺させたり、自発的であれば行ったような職業を制限したりすることはないから、何ら十分な理由もないまま、母国の商人や製造業者のいわれのない警戒心のために、彼らに押し付けた無礼きわまりない隷属の印でしかない。もっと進んだ状態であれば、そのような政策は間違いなく抑圧的で耐えられないものになる可能性がある。

45 またグレートブリテンは、植民地のもっとも重要な生産物のいくつかを母国の市場向けに限定していたように、その償いとして、時に他の国から類似品が輸入された場合には、いっそう高い関税を課すこととか、植民地からの生産物の輸入に対して助成金を与えたりすることによって、その一部が母国の市場で有利になるようにした。最初のやり方でグレートブリテンが母国市場で利点を与えたのは、植民地産の砂糖、タバコ、および鉄であり、第二のやり方では、植民地産の生糸、麻や亜麻、インディゴ、海軍軍需品、建築用木材に対してである。輸入に対する助成金によって植民地の生産を奨励するという二番目の方法は、私が突き止め得たかぎり、グレートブリテンに独自なものである。一番目の方法は、そうではない。ポルトガルは、他のすべての国からのタバコの輸入に対して、いっそう高い関税を課すことに満足していないが、しかし、もっとも厳しい罰金を科してそれを禁止している。

46 ヨーロッパからの財貨の輸入については、イングランドは他のすべての国よりも自国の植民地を、同様にいっそう寛大に取り扱ってきた。

47 グレートブリテンは、外国産財貨の輸入に対して支払われた関税のうち、どの外国に対するものであれその一部を、すなわち、ほとんどつねに半分を、一般的にはより大きな部分を、さらに時にはそのすべてを、その輸出に際して払い戻す許可を与えている。もし商品が、グレートブリテンに輸入される際に、ほとんどすべての外国産財貨に課される重い関税を一杯積み込んだままやって来たら、独立を保っている外国ならどこもそれを受け取らないであろうことは、容易に予見できた。それゆえ、輸出に際してこのような関税の一部が払い戻されないかぎり、中継貿易、つまり、重商主義の体系によってあれほどひどく奨励された貿易は、一巻の終わりを迎えたわけである。

48 しかしながら、我が国の植民地はけっして独立した外国ではないのであって、ヨーロッパのあらゆる財貨を植民地に供給する独占的な権利を持っているグレートブリテンは、母国で外国が支払っているのと同じだけの関税を課したうえで、植民地に(他の国が、その植民地に対して行っているのと同じ方法で)そのような財貨を受け取るように強制できる可能性があった。だが、これとは逆に、一七六三年まで、他のすべての独立国である外国向けと同様に、我が国の植民地向け外国産財貨の大部分の輸出に対して同じ戻し税が支払われていた。実際一七六三年に、ジョージ三世治世四年法律第一五号によって、この恩恵は大幅に減じられ、以下の立法がなされた。「旧特別徴収税と呼ばれている関税のいかなる部分も、ヨーロッパや東インド諸島産の植物、生産物および製造品からなるすべての商品に対して、すなわち、ワイン、白の平織り綿布、モスリンを除き、本王国からすべてのイギリス植民地やアメリカの定住地に輸出されるものに対して、支払われないものとする」。この法律ができるまで、多くのさまざまな種類の外国産商品が、定住地で母国よりも安く購入可能であったし、いくつかのものは今でもそうであろう。

49　植民地貿易にかんする規制の大部分については、それを遂行する商人が主要な助言者であったということが注意されなければならない。それゆえ、その大部分について、植民地の利益や母国の利益よりも商人の利益がはるかに重視されたとしても、驚くべきことではない。植民地がヨーロッパから入手しようとするあらゆる商品をそこに供給し、さらに、商人自身が本国で営んでいるあらゆる取引とぶつかることがないように、植民地の余剰生産物のすべてを買い取るという独占的な特権のために、植民地の利益はこのような商人の利益によって犠牲にされた。大部分のヨーロッパ産や東インド産商品の植民地への再輸出に対し、すべての独立した外国に対する商品の再輸出に対するのと同じ戻し税を許可したため、自国の利益にかんする重商主義の理念に従ったとしても、母国の利益はその分だけ犠牲にされた。彼らが植民地に送る外国産商品にできるだけ少なく支払い、結果的にまた、グレートブリテンへの輸入品に対して前納した関税をできるだけ多く取り戻すことが、商人にとっての利益であった。そうすることによって、彼らはより大きな利潤がある同量の商品や、同じ利潤があるより多量の商品を植民地で販売することができたから、結果的にまた、双方向でなにがしか獲得することが可能であったことになる。

同じように植民地の利益は、そのようなすべての商品をできるだけ安く、しかもできるだけ大量に入手することであった。だがこれは、かならずしもつねに母国の利益にかなっているわけではない。母国は、しばしばそのような財貨の輸入に際して支払った関税の大きな部分を払い戻すことにより、歳入の点で損害をこうむるし、さらに、外国の製造業が、このような戻し税という手段を用いて植民地で経営できるという甘い条件に立脚していた結果、母国の製造業が、植民地市場で売り負けることによって損害をこうむることになる。グレートブリテンにおけるリンネル製造業の発展は、ドイツ産リンネルのアメリカ植民地への再輸出に対する戻し税によって、かなり妨害されたと一般に言われている。

50 だが、自国の植民地の貿易にかんするグレートブリテンの政策は、他の国のそれと同じ重商主義的精神によって導かれてきたとはいえ、しかし、全体としてみると、他のすべての国の政策に較べて、いっそう狭量でも抑圧的でもなかった。

51 外国貿易を除けば、自分たちの事柄を自分たちのやり方で管理するというイングランド植民地の人々がもつ自由《リバティ》は、あらゆる点で徹底的なものである。それは、あらゆる点で母国における同胞市民がもつ自由と等しく、しかも、植民地政府を維持するために課税する唯一の権利の承認を要求する人民の代表によって構成されている議会《アッセンブリー》によって、同じ仕方で保障されている。この議会の権威は行政権力をはるかに上回るものであり、もっとも卑劣で、もっとも不快きわまりない植民地の人間でも、法律に従っているかぎり、総督その他、植民地の何らかの行政官や軍人の憤りを恐れる理由は何もない。植民地議会は、イングランドの下院と同様に、かならずしも人民を完全に平等に代表しているわけではないが、やはりその特徴にずっと接近しているし〔「やはり」以降は第二版で追加〕、行政権は彼らを害する手段をもっておらず、母国から受け取る支援のゆえにそのように振る舞う必要性がないため、おそらく彼らは、一般的に彼らの選挙人の意向により大きく影響されるであろう。総督補佐機関《カウンシル》は、植民地の立法府のなかで、グレートブリテンの貴族院に相当するものであるが、世襲的貴族から構成されているわけではない。

ニューイングランドの三つの政府におけるように、いくつかの植民地では、このような総督補佐機関は国王によって指名されるのではなく、人民の代表によって選出される。どのイングランド植民地にも、世襲的な貴族は存在しない。実際、他のすべての自由な国におけるように、そのすべてにおいて、植民地の古い家系の子孫は、同程度の功績と富をもつ成り上がり者よりもずっと尊敬されるが、しかし、彼はたんにより多く尊敬されているだけであって、その隣人を腹立たしくさせるような特権を保有しているわけではない。現在の混乱が始まるまで、植民地議会は立法府であるだけでなく、行政権の一部であった。コネティカットとロードアイランドでは、議会が総督《ガヴァナー》を選んでいた。そのほかの植民地では、議会は、それぞれの立法府によって課せられた租税を徴収する歳入官を指名し、このような官吏は、議会に対して直接責任を負っていた。それゆえ、イングランドの植民地人の間には、母国の住民の間よりもより多くの平等が存在する。彼らの態度《マナー》はより共和主義的であり、彼らの政治体制《ガヴァンメント》は、とりわけニューイングランドの三つの地域のそれもまた、今までずっと、いっそう共和主義的であった。

52　スペイン、ポルトガルおよびフランスの絶対主義的統治は、これとは逆に、その植民地でも行われており、一般的にそのような統治が下位の官吏に委嘱するあらゆる最終決定権は、遠隔の地であるがゆえに、そこでは自然に普通以上の激しさで実行される。あらゆる絶対主義的統治のもとでは、国内の他のどの地方よりも、首都により多くの自由が存在する。統治者自身が正義の規律《オーダー・オヴ・ジャスティス》を汚すような、つまり、人民の大集団を抑圧するような利害関心や意向を持ったりするはずはない。首都では、統治者の存在が多少とも下位の官吏すべてを威圧するが、人民の苦情が統治者に届きにくい遠く離れた地域《プロヴィンス》に居る下位の官吏は、ずっと安全に権力の乱用を行うことができる。だが、アメリカにあるヨーロッパの植民地は、以前知られてきた最大の帝国のもっとも遠隔地域よりも、さらに遠くにある。おそらくイングランドの植民地統治は、世界が始まって以来、それほど遠く離れた地域の住民に完全な安全を提供しうる唯一のものであろう。しかしながら、フランス人の植民地管理は、スペイン人やポルトガル人のそれに較べ、つねにずっと丁寧に、しかも穏やかに実施されてきた。この管理の卓越性は、フランス国民の気質だけでなく、あらゆる国民の気質を構成するものに適合しており、彼らの統治の本質は、グレートブリテンのそれと較べると専断的で暴力的なものではあるが、スペインやポルトガルのそれと較べた場合には、法律にもとづいていて自主的《フリー》である。

53 しかしながら、主としてイングランドの政策の卓越性が現れたのは、北アメリカ植民地の発展においてのことである。フランスの砂糖植民地の発展は、イングランドの砂糖植民地の大部分と等しいか、おそらくそれを上回っていたであろうが、それでもなおイングランドの砂糖植民地は、北アメリカのイングランド植民地で行われているのとほぼ同じ種類の自主的な統治を享受している。だがフランスの砂糖植民地は、イングランドのそれのように、生産した砂糖の精製を認められていないわけではなく、しかも、もっと重要なことは、統治にかんする彼らの非凡な才能が、黒人奴隷のより上手な管理を自然に導入したことである。

54　すべてのヨーロッパの植民地では、サトウキビ栽培は黒人奴隷によって遂行されている。ヨーロッパの穏やかな気候に生まれた人間の体軀は、西インド諸島の灼熱の太陽の下で大地を掘る労働に耐えられないと想像されているし、さらにサトウキビ栽培は、条播鋤《ドリル・プロー》〔畝を作りながら種をまき、土をかぶせていく農機具〕が導入されれば、きわめて有利であろうというのが多くの意見であるとはいえ、現在の経営ではすべて手労働でなされている。だが、家畜を使って遂行される栽培の利益と成功は、大部分このような家畜の巧みな管理に依存するから、奴隷によって遂行される栽培の利益と成功は、同様にこのような奴隷の上手な管理に依存しているにちがいなく、そして、奴隷の巧みな管理という点では、フランスの農園主はイングランドの農園主よりも卓越していると一般的に認められているように思われる。法律は、主人である保有者《マスター》の奴隷に対する暴力に対し、弱くはあるがなにがしかの保護を与えるかぎり、まったく制限《フリー》がない植民地に較べれば、おおいに専断的な統治がなされている植民地のほうが、より良く施行される傾向がある。奴隷制という痛ましい法律が定められているすべての国では、奴隷を保護する場合、治安判事《マジストレイト》は奴隷保有者の私有財産の管理にまである程度干渉するが、制限がない地方、すなわち、主人がおそらく植民地議会の議員であるか、議員の選挙人であるところでは、最大の慎重さと警戒心をもつことなく、治安判事があえてこれを実行することはない。治安判事が奴隷保有者に対して払わざるをえない敬意が、彼による奴隷の保護をよりいっそう難しくするのである。

だが、統治が著しく専断的である国、つまり、治安判事が個人の私有財産の管理についてさえ干渉し、彼の好みに従って奴隷が管理されていなければ、逮捕令状《レトル・ド・カシエ》を奴隷保有者に送り付けることが日常茶飯であるような国では、奴隷に対して一定の保護を与えることは、彼にとってはるかに容易なことであって、並の人類愛が、自然に彼をしてそのように振る舞わせることになる。治安判事による保護は、主人の側から見た奴隷に対する軽蔑の程度を引き下げ、そうすることによって主人は、ますます思いやりを持って奴隷のことを考え、こうして奴隷をもっと優しく取り扱うように仕向けられる。優しい取り扱いは、奴隷をいっそう忠実にするだけでなく、いっそう理解力に富むようにするから、したがって、二つの理由からますます有益である。奴隷は自由な使用人の境遇にますます近づき、こうして主人の利益に対するある程度の誠実さと傾倒、つまり、自由な使用人のものであることが多い美徳を身につける可能性があるが、しかしこれは、保有者である主人が完全に自由《フリー》で安全な国で、普通に奴隷として処遇されているような奴隷が身につけるはずのない美徳である。

55 奴隷の境遇が、自由な統治のもとでよりも、専断的な統治のもとでのほうが良好であるということは、あらゆる時代と国民の歴史によって支持されている、と私は信じる。ローマの歴史では、奴隷を主人の暴力から保護するために執政官《マジストレイト》が干渉していることを読んで知るのは、皇帝統治下においてのことである。アウグストゥス〔Augustus, 63B.C.-14 帝政ローマの初代皇帝。在位前二七～一四〕の面前で、ウェディウス・ポリオ〔Publius Vedius Pollio, ?-15.B.C. アウグストゥスの友人で、属州アジアの管轄を命ぜられた〕が、些細な誤りを犯した彼の奴隷に対し、体を切り裂いたうえで、飼っている魚の餌にするために養殖池に放り込めと命じた時、憤った皇帝は、その奴隷だけでなく、他のすべての彼の奴隷を即刻解放するように命令した〔スミスの記憶はあまり正確ではなく、貴重な食器を壊した奴隷を助けたうえ、ポリオが所有する他のすべての高価な食器類を壊させた、というのがよく知られた故事〕。共和制のもとでは、いかなる執政官も、奴隷を保護するための、まして奴隷所有者を処罰するための十分な権威をもち得なかった。

56　フランスの砂糖植民地、とりわけサントドミンゴの大植民地を改良した元本は、このような植民地の漸次的な改良と耕作からほとんどすべて調達されたということが、注意されなければならない。そのほとんどすべてが、その土地と植民地人の産業的な労働の生産物、つまり同じことになるが、立派な経営によって漸次的に蓄積され、もっと多量の生産物の栽培に用いられた生産物の代価なのである。だが、イングランドの砂糖植民地を改良し、耕作してきた元本は、その大部分がイングランドから送られてきたものであり、けっしてその土地と植民地人の産業的な労働全体の生産物ではなかった。イングランドの砂糖植民地の繁栄は、かなりの部分イングランドの著しい豊かさに由来しており、もしそう言って良ければ、その一部がこのような植民地に溢れ出したものであった。だが、フランスの砂糖植民地の繁栄は、まったく植民地人の立派な振る舞いにもとづいており、それゆえ、それはイングランドの砂糖植民地を上回る一定の優位性をもっていたはずであって、この優位性がもっとも顕著に目についたのは、所有する奴隷の巧みな管理以外の何物でもない。

57　以上が、それぞれの植民地にかんするヨーロッパのさまざまな国の政策の一般的概略であった。

58　それゆえ、ヨーロッパの政策は、アメリカ植民地の当初の設立においても、さらに、それぞれの域内統治にかんするかぎり、その後の繁栄においても、自慢するものはほとんどもち合わせていなかったのである。

59 このような植民地を建設するという最初のプロジェクトを支配し指導していた原動力《プリンシプル》は、愚かな考えと不正《インジャスティス》、すなわち、金と銀の鉱山を求めるという愚かな考えと、親切心と歓待心のあらゆるしるしを満面に浮かべて最初の冒険家を受け入れ、ヨーロッパの人々をおよそ傷つけたことがない無害な原住民が暮らす国の所有権を不当にも欲しがるという不正、これであったように思われる。

60 実際、後に植民地の権力機構をいくつか設立した冒険家は、金山や銀山を発見するという荒唐無稽なプロジェクトに、より合理的でずっと賞賛に値する別の動機を合体させたが、しかし、このような動機さえ、ヨーロッパの政策にほとんど面目を施すものではなかった。

61 本国で自由を奪われていたイングランドのピューリタンは、自由《フリーダム》を求めてアメリカに避難し、ニューイングランドに四つの政治体制《ガヴァンメント》〔現在のマサチューセッツ州、コネティカット州、ロードアイランド州およびニューハンプシャー州に相当する植民地政府のこと〕を創設した。著しく不公平に取り扱われていたイングランドのカトリックは、メリーランドの政治体制を、クエーカー教徒はペンシルヴェニアのそれを設立した。異端審問で苦しめられ、財産を奪われ、ブラジルに追放されたポルトガルのユダヤ人は、もともとその植民地に住み着いていた重罪犯人と売春婦のあいだに、自分たちが手本になってそれなりの秩序と組織的な労働を導入し、サトウキビの栽培を伝授した。このようなすべてのさまざまな事例において、アメリカに人間を定住させ、そこを耕作させたのは、ヨーロッパの政府の英知でも政策でもなく、乱脈と不正であったのである。

62　このように設立された植民地《エスタブリッシュメント》のうち、もっとも重要なもののいくつかを実現するにあたってヨーロッパのさまざまな政府がになった功績は、それを計画する際と同様に、ほとんどないに等しかった。メキシコの征服はスペイン枢密院のプロジェクトではなく、キューバ総督のそれであり、まもなくそのような人物を信用して後悔した総督が、それを挫折させるために行ったすべてのことを無視して、それを任せられた大胆な冒険者魂によって達成されたものである。チリとペルーの征服者、さらに、アメリカ大陸におけるほとんどすべての他のスペイン人定植地の征服者は、スペイン王の名において定住と征服を行う一般的な許可以外には、なんら公的な助成を受けることなく、それを実行した。このような大胆な企ては、すべて冒険家の個人的な責任と費用負担のもとになされた。スペイン政府は、そのどれについてもほとんど貢献しなかった。イングランドの政府は、北アメリカにおけるもっとも重要な植民地のいくつかを樹立するために、ほとんど何の貢献もしなかった。

63　このような植民地の権力機構が実現され、母国の注意を引きつけるほど際立ったものになった時、それに対して母国が行った最初の規制は、つねに植民地における通商の独占を自国で確保するという意図、つまり、植民地市場を閉じ込め、本国の市場を植民地の費用もちで拡大し、結果的に、植民地繁栄の進行を早めたり促進したりすることよりも、むしろ鈍らせたり妨害したりするという意図にもとづいていた。それぞれの植民地に対するヨーロッパのさまざまな国の政策におけるもっとも本質的な違いのひとつは、この独占が行使されるさまざまな方法にある。すべてのうちで最良のもの、つまりイングランドの方法は、他のすべてのものよりも幾分か物惜しみせず抑圧的でない、というだけのことである。

64　この理由からすると、ヨーロッパの政策は、いったいどのような仕方でアメリカ植民地の最初の設立や現代の壮大さに貢献したわけであろうか。ある点で、しかも、この一点だけにかぎられるとはいえ、それはおおいに貢献してきた。人々の偉大なる母！〔Magna virûm Mater!〕なのである。それは、そのような偉大な活動を達成し、かくも偉大な一大帝国の基礎を築くことができる人間を育て、養成したわけで、そのような政策を形成する能力をもち、しかも、そのような人間を実際に作り上げることができたのは、世界ではそこだけであった。植民地がヨーロッパの政策に負うところがあるのは、活発で企業心に富む建設者の卓越した考え方と教育であって、国内政治にかんするかぎり、もっとも大きくて重要な植民地でさえ、ヨーロッパの政策に負うところなど皆無である。

第三節　アメリカの発見から、さらに喜望峰経由で東インドに通じる航路の発見から、ヨーロッパが引き出した利益について

1　アメリカの植民地がヨーロッパの政策から引き出した利益とは、以上のものであった。

2　ヨーロッパがアメリカの発見と植民地化から引き出した利益とは、どのようなものであったのだろうか。

3　このような利益は、第一に、ひとつの巨大な国と考えた場合のヨーロッパが、このような大きな出来事から引き出した一般的な利益、さらに第二に、植民地化を行う国が、母国が植

民地に対して行使した支配権と統治の結果、それぞれがその国に属する固有の植民地から引き出した個別的な利益、この二つに分けることができるだろう。

4　ひとつの巨大な国と考えた場合のヨーロッパが、アメリカの発見とその植民地化から引き出した一般的な利益は、第一に、ヨーロッパにおける楽しみ《エンジョイメント》の増加であり、第二に、ヨーロッパにおける産業の拡大である。

5　ヨーロッパに輸入されたアメリカの余剰生産物は、便宜と実用のためのものや、楽しみのためのもの、さらには装飾のためのものといった、事情が違えば手にすることができなかったような多様な商品をこの巨大な大陸の住民に提供し、そうすることによって、ヨーロッパの住民の楽しみを増やすのに貢献した。

6　アメリカの発見と植民地化が、第一に、アメリカ植民地と直接貿易するすべての国——スペイン、ポルトガル、フランスおよびイングランド——の産業の拡大に貢献したということ、第二に、アメリカと直接貿易はしないが、他の国の仲介をつうじて、自分たちの生産物をアメリカに送り出すすべての国——オーストリア領フランドル、ドイツのいくつかの地方は、以前指摘した国を媒介にして、相当量の麻織物や他の財貨をそこに送り出している——の産業を拡大するのに貢献したということ、これは容易に認められるだろう。このような国はすべて、明らかに自国の剰余生産物のためのさらに広大な市場を獲得しており、こうして結果的に、剰余生産物の量を増加させるように奨励されたはずである。

7　だが、このような大きな出来事が、ハンガリーやポーランドといった、おそらく自国で生産した商品をまったくアメリカに送り出してこなかった可能性がある国の産業を奨励するのに貢献したということ、これは、おそらくそれほど完全に明白なことではないだろう。しかしながら、このような出来事がそれに貢献したということ、これは疑いようがないのである。アメリカの生産物の一部がハンガリーやポーランドで消費されており、そこにも、世界の新しい地方から来る砂糖、チョコレート、タバコに対する需要がいくらか存在している。だが、このような商品は、ハンガリーやポーランドの産業の生産物か、そのような生産物の一部で購入された何かでもって購入されているはずである。そのようなアメリカ産の商品は、ハンガリーやポーランドの余剰生産物と交換されるためにそこにもち込まれた新しい価値であり、新しい等価物である。海の反対側に運ばれることにより、余剰生産物のための新しくてより広範な市場を作りだす。余剰生産物は、それ自体の価値を高め、それによって、生産物の増加を奨励するのに貢献する。そのような生産物は、その一部さえアメリカに運ばれたことがなかった可能性があるとはいえ、その国に入ってきたアメリカの余剰生産物の一部で、そのような生産物を購入する他の国に運ばれる可能性があり、こうして、もともとアメリカの剰余生産物によって起動された取引が循環することによって、市場を見出す可能性がある。

8　このような大きな出来事は、アメリカにいかなる商品も送ったことがなく、そこから何も受け取ったこともないような国で、楽しみを増やし、産業《インダストリー》を拡大させるのにまさしく貢献してきた可能性がある。そのような国でさえ、余剰生産物がアメリカとの貿易という手段を用いて増やされてきた国から、より豊富な量の他の商品を受け取った可能性がある。このようないっそうの豊富さは、必然的に国民の楽しみを増加させたはずであるから、同様に、国民の組織的な労働《インダストリー》も拡大させたはずである。さまざまな種類の多数にのぼる新しい等価物が、組織的な労働の剰余生産物と交換されるために、このような国民に対して提供されたにちがいない。その価値をいっそう引き上げ、こうしてその増加を奨励する結果、余剰生産物に対するさらに広大な市場が作りだされたに違いない。年々ヨーロッパの巨大な商業圏のなかに投げ込まれ、さまざまな変革によって、その中に巻き込まれたさまざまなすべての国に年々配分された大量の商品は、アメリカの余剰生産物の総量だけ増やされてきたはずである。それゆえ、このより大きな量の大きな分け前が、それぞれこのような国に流入し、国民の楽しみを増やし、国民の産業を拡大する傾向をもつわけである。

9　母国が握る独占的な貿易は、一般的にこのような国民すべての、とくにアメリカ植民地の人々の楽しみと産業の両方を、そうでない場合に上昇したであろうものに較べて減少させたり、すくなくとも、それ以下に引き下げたりする傾向をもっている。それは、人間の商売《ビジネス》の大部分を起動させる大きな原動力の一つがもつ機能に対する死重《デッド・ウエイト》になる。母国の貿易独占は、植民地の産物を他のすべての国でより高価にすることによってその消費を減少させ、それによって植民地の産業を麻痺させるから、他のすべての国の楽しみと産業の両方は、他のすべての国が享受しているものに対してより多く支払えばその楽しみが減少するし、他のすべての国が生産したもので獲得するものが減少すれば、その生産がさらに減少することになる。他のすべての国の生産物を植民地でより高価にすることにより、それは同様にして、他のすべての国の産業を麻痺させ、植民地の楽しみと産業の両方を麻痺させることになる。それは、ある特定の国の想像上の利益が、他のすべての国の——しかし、他のすべての国のどこよりも植民地の——喜びを妨げ、その産業を阻止する障害物なのである。それは、特定の市場から他のすべての国を可能なかぎり多く締め出すだけでなく、植民地を一つの特定の市場にできるだけ閉じ込めておこうとするものであって、他のすべてが開かれている時に、特定の一市場から排除されていることと、他のすべてが閉ざされている時に、ひとつの特定の市場に限定されていることとの間の違いは、きわめて大きいのである。しかしながら、植民地の余剰生産物は、ヨーロッパがアメリカの発見と植民地化から引き出したすべての楽しみと産業の増加のそもそもの源泉であるから、母国の独占的な貿易は、そうでない場合に較べ、この源泉を大幅に減少させてしまう傾向がある。

10 植民地化しようとするそれぞれの国が、固有に自国に属している植民地から引き出す固有の利益には、二つの異なった種類のものがある。すなわち第一に、あらゆる帝国がその支配に服する地域から引き出す通常の利益、第二に、ヨーロッパのアメリカ植民地のような、きわめて特異な性質をもつ地域に由来すると推定される特殊な利益、これである。

11 あらゆる帝国が、その支配に服する地域から引き出す通常の利益は、第一に、その防衛のために地域が提供する軍事力であり、第二に、その政治機構を維持するために地域が提供する収入である。ローマの植民地は、時々前者と後者の両方を提供した。ギリシャの植民地は、時に軍事力を提供することもあったが、収入を提供することはほとんどなかった。ギリシャの植民地には、自分たちが、母都市の支配に服しているという意識がほとんどなかった。一般に植民地は、戦時には母都市の同盟者であったが、しかし、平時に母都市に従属することはきわめてまれであった。

12 ヨーロッパのアメリカ植民地は、まだ、いかなる軍事力も母国防衛のために提供したことがない。植民地の軍事力は、自己防衛のためでさえ十分であったことがなく、母国が展開していたさまざまな戦争のなかで、植民地の防衛は、一般に母国軍事力のかなり大がかりな分裂を引き起こすことが普通であった。それゆえ、すべてのヨーロッパの植民地は、例外なく、それぞれの母国にとって強大化というよりも、弱体化の原因であった。

13 スペインとポルトガルの植民地だけは、母国の防衛のために何らかの収入、あるいは母国の国内統治を支援するために貢献した。他のヨーロッパの植民地に対して、とくにイングランド植民地に対して課せられていた租税は、平時にそこに注ぎ込んだ経費に等しいことはほとんどなく、戦時に引き起こした支出を負担するためにも、けっして十分なものではなかった。それゆえ、それぞれの母国にとって、そのような植民地は収入の原因ではなく、支出の原因なのであった。

14 そのような植民地のそれぞれの母国に対する利益は、まったくのところ特異な利益、つまり、ヨーロッパのアメリカ植民地のようなきわめて特異な性質をもつ地域であるがゆえに生じると想像されている独特な利益と、このようなすべての特異な利益の唯一の源泉であると認められている、独占的な貿易とにある。

15 この独占的な貿易の結果、たとえば、イングランド植民地の余剰生産物のうち列挙商品と呼ばれているものはすべて、イングランド以外のどの国にも送れなくなった。他の国は、後にイングランドからそれを購入しなければならない。それゆえ、それはイングランドでは、他のいかなる国で可能な価格よりも安価であるはずであるから、他のいかなる国の楽しみにも増して、イングランドの楽しみの増加によりいっそう貢献するはずである。それは同様に、イングランドの産業をいっそう奨励するために貢献するはずである。このような列挙商品と交換する自国産の余剰生産物のすべての部分に対して、イングランドは、他国がそれぞれの自国産品を同じ商品と交換する際には、より良い価格を獲得するはずである。

たとえば、イングランドの製造品は、他国の同じ製造品がイングランド植民地産の砂糖やタバコを購入できるよりも、自国の植民地の砂糖やタバコをずっと多量に購入できるだろう。それゆえ、イングランドの製造品と他国の製造品が、ともにイングランド植民地産の砂糖とタバコと交換可能である限り、この価格の優越性は、後者がこのような状況のなかで享受しうるもの以上に、イングランドの製造品を奨励する。それゆえ、植民地の独占的貿易は、それを保有していない国の楽しみと産業の両方を、それがなければ増加したであろうものを減少させるか、すくなくともそれ以下に留めるかするため、それに応じて、他国を大きく上回る植民地を保有する国に対して、明白な利益を与えることになる。

16 しかしながら、この利益は、おそらく絶対的な利益というよりも相対的な利益と呼びうるものであり、したがって、特定の国の産業や生産物を、自由貿易であれば自然に増えたであろう以上に増加させることよりも、むしろ他国の産業や生産物を不振にすることにより、それを享受する国に優越性を与えるものであることが、わかるだろう。

17 たとえば、メリーランドやヴァージニアのタバコは、イングランドが享受している独占という手段により、通例イングランドがそのかなりの量を販売するフランスに入ってくることが可能な価格よりも、安い価格でイングランドに入ってくることは間違いない。フランス、および他のすべてのヨーロッパの国が、つねにメリーランドやヴァージニアとの自由貿易を認められていたら、このような植民地のタバコは、たんに他のすべての国においてだけでなく、イングランドにおいても同様に、すでに、実際にそうであった価格よりも、安くなっていた可能性がある。タバコの生産高は、今日までそれが享受してきたものよりもずっと広範な市場のおかげで、今日までに、タバコ農園の利潤を、穀物農園のそれに応じて自然な水準――その利潤は、今なおいくらか上回っていると推定されている――に引き下げるほど、大幅に増加してきた可能性があるし、多分そうなっているだろう。タバコの価格は、現在の価格よりも、すでに幾分か低下している可能性があるし、多分下落していたことだろう。イングランドその他の国の等量の商品は、現在そうであるよりももっと多くの量のタバコをメリーランドやヴァージニアで購入できた可能性があるし、結果的に、そこでずっと高い価格で売られた可能性がある。それゆえ、タバコが、その安価さと豊富さのゆえに、イングランドや他のすべての国の楽しみを増やし、産業を拡大するかぎり、おそらくそれは、自由貿易の場合でも、現在それが実現できている程度を上回って、このような二つの効果を生み出したことだろう。実際イングランドは、この場合には、他の国を上回る利益を何も得ないだろう。イングランドは、植民地のタバコを幾分か安価に購入することが可能であったろうし、結果的に、実際に販売しているよりも、自国産商品の一部を幾分か高く販売することができただろう。だがイングランドが、すべての他の国が実行できたであろうものにくらべ、一方をより安く買い、他方をより高く売ることなど、できるはずがない。おそらくイングランドは、絶対的には利益を得たことにはなろうが、相対的な利益を手放したことは間違いないだろう。

18 しかしながら、この植民地貿易における相対的な利益を獲得するために、つまり、他国を植民地貿易における取り分から可能なかぎり大幅に排除するという、不公平で悪意に満ちた企画を実行するために、イングランドは、他のすべての国と同様に、植民地貿易から引き出すことができる絶対的な利益の一部を犠牲にするだけでなく、他のほとんどすべての貿易分野で、絶対的な損失と相対的な損失の両方をこうむったということを信じるに足る、きわめて確かな理由がある。

19 イングランドが航海法によって植民地貿易を独占するに至った時、以前それに利用されていた外国の資本は、必然的にそこから撤退させられた。以前から遂行していたが、しかしその一部に留まっていたイングランドの資本は、今やそのすべてを担うことになった。植民地がヨーロッパから欲していた財貨の一部だけしか植民地に従来供給していなかった資本が、今や、そのような財貨のすべてを供給するために利用可能な全体になった。だが、それは植民地にそのすべてを供給することができなかったから、それが供給した財貨は、必然的にきわめて高価で販売された。従来なら植民地の余剰生産物のごく一部を購入していた資本が、今や、その全体を購入するために用いられる資本のすべてになった。だがそれでは、どの財貨でも、旧価格に近い価格で全体を購入することは不可能であり、したがって、それが何を買ったにせよ、必然的にきわめて安く買うことになった。

だが、商人がきわめて高く売り、きわめて安く買うような資本の利用においては、利潤がきわめて大きいばかりか、他の貿易部門における利潤の通常の水準よりもずっと高くなければならない。植民地貿易におけるこのような利潤の卓越性が、他の貿易部門から、以前それに用いられていた資本の一部を引き抜き損ねることなど、あるはずがない。しかし、このような資本の引き剝がしは、植民地貿易に従事する資本の競争を次第に激化させずにはおかないため、結果的にそれは、他のすべての貿易部門における競争を次第に減少させるはずであり、それが前者の利潤を次第に引き下げるはずであるから、同様にそれが後者の利潤を次第に上昇させるにちがいなく、最後には、すべての資本の利潤が新しい水準、つまり、従来そうであったものと異なり、それよりも幾分高いものになるだろう。

20 この二重の効果、つまり、他のすべての貿易部門から資本を引き剝がすことと、利潤率を、そうでなければ他の貿易部門で成立していたような水準より幾分か高く引き上げるという効果は、航海法の最初の創設にもとづく貿易の独占によって生み出されただけでなく、その後ずっと、それによって生み出され続けてきた。

21 第一に、この独占は植民地の貿易に用いられるため、他のすべての貿易から資本を持続的に引き剝がし続けてきた。

22 グレートブリテンの富は、航海法の制定以降おおいに増加してきたとはいえ、植民地の富の増加と同じ比率での増加にならなかったことは間違いない。だが、あらゆる国の外国貿易は、その富に、つまり、その全体の生産物と釣り合いの取れた余剰生産物に比例して自然に増加するものだが、グレートブリテンは、植民地の外国貿易と呼びうるもののほぼすべてを自国で独占しており、その貿易と同じ割合でグレートブリテンの資本が増加してこなかったため、グレートブリテンは、そうでなければ他の部門に行ったようなさらに多くの資本を引き止めただけでなく、他の貿易部門から、従来そこで利用されていた資本の一定部分を絶えず引き剝がさずには、それを継続することはできなかった。したがって、航海法の制定以降、植民地貿易は引き続き増加してきたが、他の多くの外国貿易部門、とくにヨーロッパの他の地域との外国貿易は、持続的に衰退してきた。外国販売用の国産製造品は、航海法に先立つ時期のように、ヨーロッパにある近隣市場、あるいは地中海周辺にあるさらに遠く離れた地方の市場に適したものではなくなり、その大部分を、多くの競争相手がいる市場よりもむしろ、もっと離れた植民地の市場、つまり彼らが独占権を保持している市場に順応していくようになった。他の分野の外国貿易が衰退した原因は、サー・マシュウ・デッカーその他の著者によって、過大な課税と不適切な徴税法、労働の高価格、贅沢の増加などに求められてきたが、そのすべては、植民地貿易の過大な成長のなかに見出すことができるだろう。グレートブリテンの商業資本はきわめて巨大であるとはいえ、やはり無限大ではないし、航海法以降に著しく増加したとはいえ、植民地貿易と同じ比率では増加していないため、植民地貿易は、その資本の一部を他の貿易部門から引き剝がしたのであって、結果的にこのような他の貿易部門をある程度衰退させることなしには、おそらく遂行することができなかったであろう。

23　注意を要する点は、航海法が植民地貿易の独占を作りだす以前からだけでなく、その貿易が相当の規模になる以前から、イングランドは大きな貿易国であったし、国の商業資本はきわめて大きく、しかも、日々ますます大きくなり続ける傾向をもっていたことである。クロムウェル統治下のオランダ戦争では、イングランドの海軍はオランダのそれよりも優勢であったし、チャールズ二世の統治が開始された直後に勃発した戦争では、フランスとオランダの連合海軍とすくなくとも同列か、おそらくそれを上回っていただろう。その優越性は、すくなくとも当時と同様に、オランダ海軍が今もオランダの商業と同じ比率を保っているとすれば、現時点で、おそらくずっと大きいように見えることはまずないだろう。

だが、この大きな海軍力が、この二つの戦争において、航海法の恩恵をうけているはずはなかった。最初の戦争の間、その法律案はまさに作成されたばかりであったし、次の戦争が勃発する以前に、合法的権威によって完全に立法化されていたとはいえ、なお、そのいかなる部分も、それなりの成果を生み出すほど十分な時間をもち得ず、とりわけ植民地に対する排他的な貿易を確立する部分がそうであった。植民地も植民地の貿易も、当時はまだ、今そうであるものと較べると、取るに足りないものであった。ジャマイカの島は健康に悪そうな荒れ地で、住人もほとんどいなく、ほとんど耕作されていなかった。ニューヨークとニュージャージーはオランダ人の手中にあり、セントクリストファー島の半分はフランス人が保有していた。アンティグア島、南北両カロライナ、ペンシルヴェニア、ジョージアおよびノヴァスコシアは、入植されていなかった。ヴァージニア、メリーランドおよびニューイングランドは植民されていて、おおいに繁栄していた植民地であったとはいえ、その当時、富、人口および改良の点で、その後達成した急速な進歩を予見したり推測したりした人物は、ヨーロッパにもアメリカにも、おそらく一人もいなかっただろう。要するに、バルバドスの島が、当時の状況が現在の姿とある程度の類似点をもっている、ある程度重要な唯一のイギリス植民地だったのである。

イングランドが、航海法からまさにしばらくたった後に、その一部しか享受できなかった（というのは、航海法は立法後数年が経過するまで、厳密に実施されなかったから）植民地の貿易は、イングランドの膨大な貿易の原因にも、その貿易によって維持されていた巨大な海軍力の原因にも、なり得るはずがなかった。当時その巨大な海軍力を維持していた貿易は、ヨーロッパおよび地中海沿岸に位置する地域とのものであった。だが、グレートブリテンが現在享受しているそのような貿易の分け前《シェアー》が、そのような巨大な海軍力など維持できるはずはない。拡大し続ける植民地の貿易がすべての国に開放されていたら、どれだけの分け前であれ、グレートブリテンの手に落ちる可能性があったし、しかも、おそらくイングランドの手に落ちたであろう相当大きな分け前は、イングランドが以前から保有していた対ヨーロッパの大きな貿易に対する最大限の追加になったにちがいなかろう。独占の結果、植民地貿易の増加は、以前グレートブリテンが保有していた貿易に対する追加を引き起こしたというよりも、貿易の方向における全面的な変化を引き起こしたことになる。

24 第二に、このような独占は、イギリスのあらゆるさまざまな貿易部門における利潤率が、すべての国がイギリス植民地との自由貿易を許されていたとすれば、自然に成立したはずの利潤率よりも下がらないようにするのに、かならず貢献する。

25 植民地貿易の独占は、自発的にそこに参入したであろうものにくらべ、必然的にグレートブリテンの資本のより大きな部分をその貿易に引き寄せるから、結果的にすべての外国資本を排除することにより、それは、その貿易に用いられる資本の総量を、自由貿易の場合に自然に生じたであろうものよりも、必然的に減少させることになる。だが、当該貿易部門における資本の競争を減らす結果、それは、当該部門における利潤率を必然的に上昇させる。さらに、他のすべての貿易部門におけるイギリス資本の競争を減少させる結果、必然的にそれは、このような他のすべての部門におけるイギリスの利潤率を引き上げる。航海法の制定後、ある特定の時期にグレートブリテンの商業資本の状態や大きさがどれだけであったにせよ、植民地貿易の独占は、イギリスの通常の利潤率を、そうでなければイギリスの当該及び他のすべての貿易部門で成立していたであろうものよりも、その状態が続く期間にわたって引き上げることになった。航海法制定後、かりにイギリスの通常の利潤率が相当下落した――確かにそうだと思われる――としても、その独占が、あの法律によって利潤率を引き下げないように貢献していなかったなら、それはもっと下落していたはずである。

26 だが、どの国でも、独占がなければそうなったであろうものより通常の利潤率を引き上げるものは何であれ、必然的にその国を、独占を確立していないあらゆる貿易部門において、絶対的かつ相対的な不利益に晒すようにならざるをえない。

27 それは、その国が絶対的な不利益を受けざるをえないようにする。というのは、そのような貿易部門では、その国の商人は、彼が自国に輸入する外国産の財貨と、彼が外国に輸出する自国産の財貨の両方を、そうでない場合に売却したであろうよりも高い価格で販売しないかぎり、このより大きな利潤を入手できないからである。彼ら自身の国は、そうでない場合に較べて、より高く購入してより高く販売しなくてはならず、より少なく買ってより少なく売る必要があり、より少なく享受してより少なく生産しなくてはならないわけである。

28 それは、その国が相対的な不利益を受けざるをえないようにする。というのは、そのような貿易部門では、それは、同じ絶対的な不利益をうけずに済んでいる他の国に、そうでない場合にくらべ、その国よりももっと価格を引き上げたり、もっと引き下げたりさせるからである。それは、その国が享受し生産するものの割には、他の国がより多く享受し、より多く生産できるようにする。それは、そうでない場合よりも、他の国の優位性をより大きくし、その劣位性をより小さくする。その国の生産物価格を、そうでない場合の価格よりも引き上げる結果、他の国の商人が外国市場で当該国よりも安く販売できるようになり、こうして、その国が独占権をもっていないこのようなほとんどすべての貿易から、その国を追い出してしまうのである。

29 我が国の商人は、海外市場で我が国の製造業の製品を原価以下でしか売れないようにしている原因は、イギリスの労働賃金の高さだとしばしば不平を漏らしてきたが、元本の利潤の高さについては、黙して語らない。彼らは、他の人々の法外な利得については苦情を申し立てるが、自分自身のそれについては口をつぐむ。イギリスの元本の高利潤は、しかしながら、多くの場合イギリスの労働の高賃金と同じくらい、時にはおそらくずっと大幅に、イギリスの製造業の製品価格を引き上げるのに貢献している可能性が強い。

30 グレートブリテンの資本が、自国が独占権をもっていないさまざまな部門の貿易の大部分から、とくにヨーロッパの貿易と地中海周辺にある地域の貿易から、部分的に選り集められたり、また部分的に駆逐されたりしたのは、このような方法によるものであったと言っても、まったく正当であろう。

31 資本は、このような部門の貿易から部分的に選り集められたが、それは、植民地貿易が継続的に増大したこと、および、一年間それを続けてきた資本が、次の年にそれを継続するための資本としてはつねに足りなかった結果、植民地貿易におけるすばらしい利潤がもっている吸引力によるものであった。

32 資本は、このような部門の貿易から部分的に駆逐されたが、それは、グレートブリテンで確立した高い利潤率が、グレートブリテンが独占権をもたなかったすべてのさまざまな貿易部門で、他の国に与えた利益によるものであった。

33 植民地貿易の独占は、そうでなければ、そこで利用されていたであろうイギリスの資本の一部をこのような他部門から選り集めたから、結果的にそれは、植民地貿易から駆逐されないかぎり、けっしてそこに向かうことがなかったような多くの外国資本を、無理やりそこに押し込んだ。このような他の貿易部門では、それはイギリス資本の競争を減少させたし、そのために、イギリスの利潤率を、そうでない場合に生じたであろうものよりも高く引き上げた。これとは逆に、それは外国資本の競争を増加させ、そうすることにより、外国資本の利潤率を、そうでない場合に生じたであろうよりも低いものに引き下げた。前の方法と後の方法の両方で、それはこのような他の貿易部門のすべてにおいて、間違いなくグレートブリテンに相対的な不利益をこうむらせたはずである。

34 しかしながら、植民地貿易は、他のいかなるものにもまして、グレートブリテンにとってずっと有利であり、その独占は、そうでなければそこに向かったであろうものよりも、いっそう大きな割合のグレートブリテンの資本をその貿易に押し込むことにより、その資本を、他に見出すことが可能であったすべての用途よりも、国にとってより有利な利用の仕方に振り向けたと、言うことができる可能性がある。

35 資本の所属する国にとって、そのもっとも有利な利用法は、最大量の生産的労働を国内で維持し、その国の土地と労働の年々の生産物をもっとも増加させるような、それである。消費のための外国貿易に利用されているすべての資本が維持しうる生産的労働の量は、本書の第二編で指摘しておいたように、それが循環する頻度に正確に比例する。たとえば、循環が一年に一回という定期的なもので、消費のための外国貿易に用いられる一〇〇〇ポンドの資本は、その所属する国で、一〇〇〇ポンドがそこで一年間維持できるものと等しい量の生産的労働を、絶えず雇い続けることができる。かりに資本循環が一年に二回か三回なされるとすれば、二〇〇〇ポンドか三〇〇〇ポンドがそこで維持しうるのと同じ量の生産的労働を、絶えず雇い続けることができるだろう。近隣の国とのあいだで遂行される消費のための外国貿易は、こういうわけで、一般的に遠く離れた地方との間で遂行されるものよりもずっと有利であるから、同じ理由から、消費のために直接おこなわれる外国貿易は、本書第二編で同様に指摘しておいたように、一般的に迂回的な貿易よりもずっと有利なのである。

36 だが、植民地貿易の独占は、グレートブリテンの資本を用いて運営される限り、いかなる場合でも、その一部を、近隣地域との間で営んでいる消費のための外国貿易から遠く離れた国との間で遂行するものへ、すなわち、多くの場合、消費のために直接行われる外国貿易から迂回的な外国貿易へと押しやってしまった。

37 第一に、植民地貿易の独占は、すべての場合にグレートブリテンの資本の一部を近隣地域との間で営んでいる消費のための外国貿易から、より遠く離れた国との間で営む外国貿易へと押しやってきた。

38　それは、すべての場合に、その資本の一部を、ヨーロッパおよび地中海沿岸地方との貿易から、アメリカや西インドというはるかに遠い地域との貿易へ、すなわち、遠く離れているという理由だけでなく、そのような国の個別的な事情のゆえに、資本循環が必然的により頻繁でない貿易へと、押しやってきた。すでに指摘したように、新植民地はつねに元本が不足している。新植民地の資本は、大きな利潤と利点を伴う土地の改良と耕作に用いることが可能なものには、いつも著しく不足している。それゆえ、新植民地は自分自身が所有する以上の多くの資本をつねに必要としているから、その不足を満たすために、新植民地は母国から可能なかぎり多く借り入れようと努力し、したがって、新植民地は母国に対してつねに債務を負うことになる。この借入契約を結ぶ際のもっともありふれた方法は、時々実行されるとはいえ、母国の豊かな人々の債務保証契約にもとづく借り入れによるものではなく、植民地にヨーロッパ産の財貨を供給する取引先への未払い金――このような取引先が植民地の人々に与えるかぎり――の形をとる、膨大な債務の累積によるものである。植民地の人々の年々の収益は、しばしば借り入れの三分の一にも達せず、時には、植民地の人々が借りているものにとうてい釣り合わないほどの大きさでしかなかった。それゆえ、取引先が植民地の人々に融資している資本の全額がイギリスに返却されるのが三年より短いことはほとんどなく、時には、四年とか五年を超えることもあった。

だが、たとえば、五年間でたった一度しかグレートブリテンに返却されない一〇〇〇ポンドのイギリス資本は、かりにその全体が一年に一回返却されたとしても、それが絶えず雇い続けることができるのは、イギリスの組織的な労働のわずか五分の一相当に限られるから、絶えず雇い続けられる量は、一〇〇〇ポンドが一年間維持できる組織的な労働の量ではなく、二〇〇ポンドが一年間維持しうる労働量でしかない。入植者は、疑問の余地なく、ヨーロッパ産の財貨に支払う高価格によって、きわめて長期の支払い日を承諾した手形に対する利子によって、さらには、近い支払い日を承諾した手形の更新に対する手数料によって、その取引先がこのような遅延によって耐え忍ぶことができる損失のすべてを埋め合わせるし、おそらく埋め合わせる以上のことをするだろう。だが、入植者は、その取引先の損失を埋め合わせる可能性をもっているとはいえ、グレートブリテンの損失を埋め合わせられるはずがない。収益がずっと遠い将来のことになる貿易では、商人の利潤は、収益がずっと頻繁で短期間にあがるような貿易におけるそれよりも、大きいか、等しい大きさである可能性はあるが、しかし、商人が居住する国の利益、つまり、そこで絶えず維持する生産的労働の量、土地と労働の年々の生産物は、つねにずっと小さなものであるにちがいない。さらにアメリカとの貿易の利益、および西インドとの貿易の利益は、ヨーロッパのあらゆる所との貿易の利益よりも、あるいは地中海周辺に位置する地方とのそれよりもさらに一段と、一般的に長期の時間を要するだけでなく、もっと不規則で、もっと不確実でもあるということは、このようなさまざまな貿易分野についていくらか経験を有する人物であれば、誰でも即座に認めるだろうと私は思っている。

39　第二に、植民地貿易の独占は、多くの場合、グレートブリテンの資本の一定部分を、消費のための直接の外国貿易から迂回的な外国貿易へと押しやってきた。

40グレートブリテンを除くいかなる市場にも送ってはならない列挙商品のなかには、その量が、グレートブリテンの消費を大幅に超過しているものがいくつかあり、したがって、その一部が他の国に輸出される必要があった。だがこれは、グレートブリテンの資本の一部を消費のための迂回貿易へ押し込まない限り、不可能であった。たとえば、メリーランドとヴァージニアは、グレートブリテンに年々大樽九万六〇〇〇樽を上回るタバコを送り、グレートブリテンの消費は一万四〇〇〇樽を超えないと言われている。それゆえ、八万二〇〇〇樽以上は他の国、つまりフランス、オランダおよびバルト海や地中海周辺の国に輸出されなければならなかった。だが、この八万二〇〇〇樽をグレートブリテンに運び、それからそれを、このような他の国に再輸出し、その後、このような他の国からグレートブリテンへ財貨か貨幣を引き換えにもち帰るグレートブリテンの資本部分は、消費のための迂回的な外国貿易に用いられており、このような膨大な剰余を処分するために、この事業に不可避的に押し込まれているものである。もし我々が、この資本の全体がどれだけ多くの年月をかけてグレートブリテンへ戻って来そうであるかを計算しようとするなら、我々は、アメリカ貿易で収益があがるまでの間隔を、このような他の国々の貿易で収益があがるまでの間隔に、加算する必要がある。

かりに、我が国がアメリカと営んでいる消費のための直接の外国貿易では、用いられる資本がすべて三年か四年以下で戻って来ることがないとすれば、この迂回的な貿易に用いられる資本の全体は、四年か五年以下では戻って来そうにないだろう。かりに、前者つまりアメリカ貿易が、一年に一回循環する資本によって維持されている国内の組織的な労働の三分の一か四分の一しか継続的に雇い続けることができないとすれば、後者つまり他の国との消費用の迂回的な貿易は、その労働の四分の一か五分の一しか絶えず雇い続けることができないだろう。いくつかの外港では、彼らのタバコを輸出する外国の取引相手に対して、一般的に信用が供与されている。実際ロンドンの港では、普通それは現金で売られている。その原則は、「量ったら払え」なのである。それゆえ、ロンドンの港では、迂回的な貿易全体の最終的な収益は、商品が売れないまま倉庫に入っている可能性がある――しかし、時には十分長い間倉庫に入ったままのこともある――時間だけ、アメリカ貿易の収益よりももっと間隔があくことになる〔「いくつかの外港」からここまで、第二版で追加〕。

だが、植民地が、その産物であるタバコの販売をグレートブリテンの市場に限定されていなければ、本国の消費に必要なものを、多分ごくわずかに上回るものしか我が国には来ないであろう。グレートブリテンが、他国に輸出するタバコの大きな余剰でもって現在国内消費用に購入している財貨は、この場合、我が国の産業の直接の生産物か、あるいはその製造品の一部で多分購入したものであろう。その生産物、つまりこのような製造品は、ひとつの大市場にすべてが受け入れられる代わりに、現在のように、おそらくきわめて多数の小さな市場に適したものであっただろう。グレートブリテンは、消費のためのひとつの巨大な迂回的な外国貿易の代わりに、同じ種類のきわめて多数の小規模な外国貿易をおそらく直接遂行していたことだろう。多分、小部分でしかないだろうが、一部ではあれ収益が頻繁に入ってくるため、このようなすべての直接貿易を続けるには、現在この大きな迂回的な貿易を継続している資本のおそらく三分の一か四分の一を超えない部分で十分であった可能性があり、等しい量のイギリスの組織的な労働を絶えず雇い続ける可能性もあるため、グレートブリテンの土地と労働の年々の生産物を等しく維持した可能性があっただろう。

このような貿易のすべての目的が、このような方法でずっと小さな資本で対応されていれば、それ以外の目的、すなわち土地を改良し、製造業を増加させ、グレートブリテンの商業を拡張し、さらに、すくなくともこのようなさまざまな方法で用いられている他のイギリス資本と競争して、そのすべての利潤率を引き下げ、そうすることによって、我が国が現在享受しているものよりももっと大きな、他国を上回る優位性をグレートブリテン、つまりその資本のすべてに与えるために利用することができる膨大な予備の資本が、存在するようになっていたことであろう。

41　また植民地貿易の独占は、グレートブリテンの資本の一部を、すべての消費のための外国貿易から中継貿易へ押しやってきたため、結果的に、多少ともグレートブリテンの産業を支援することから、一部を植民地の産業、あるいは他のいくつかの国の産業の支援に用いられるように、強制してきた。

42　たとえば、年々グレートブリテンから再輸出される大樽で八万二〇〇〇樽に達するタバコの大きな余剰で年々購入される財貨は、すべてがグレートブリテンで消費されるわけではない。その一部、たとえばドイツやオランダ産の麻織物は、それぞれ個別的に消費されるために植民地に送り返される。だが、後にこの麻織物の購入に充当するためのタバコを購入するグレートブリテンの資本部分は、グレートブリテンの組織的な労働を維持することから必然的に引き剥がされ、そのほとんどが、一部は植民地の労働を、また一部は自国産業の生産物でこのタバコの代金を支払う特定の国の労働を維持することになる。

43 くわえて、植民地貿易の独占は、グレートブリテンの資本のうち、自然にそこに向かうようなものよりも、はるかに大きな部分をそこに向かわざるをえないようにして、そうでない場合にイギリス産業のさまざまな部門すべての間で生じたはずの自然な均衡を、完全に破壊したように思われる。グレートブリテンの産業は、きわめて多数の小規模市場に順応する代わりに、もっぱらひとつの巨大市場に適合させられてきた。我が国の商業は、きわめて多数の小さな水路を流れる代わりに、もっぱらひとつの巨大な水路を流れるように教えられてきた。だが、我が国の産業と商業の全体系は、こうすることによって安全性をそがれてきたのであって、政治体制の全体は、そうでない場合に較べた場合、その健全性をそがれてきたのである。現在の状況で見ると、グレートブリテンは、中枢部分のいくつかが過度に成長した不健康な身体の一つに類似しており、したがってその理由からして、すべての部分がより適切に釣り合っているものには滅多に生じない多くの危険な疾患に侵されやすくなっている。その自然な範囲を超えて人為的に膨れ上がらせられ、それを通って国の産業と商業の不自然な量が循環するように余儀なくされている太い血管のなかの小さな障害物は、政治体制全体に、もっとも危険な混乱を引き起こしやすい傾向をもっている。したがって、植民地との仲違いの可能性が、スペインの無敵艦隊やフランス人の侵入に対して感じたものをはるかに上回る恐怖で、グレートブリテンの人々を打ちのめしたのである。根拠が確実か不確実かは別として、すくなくとも商人の間で印紙条例の撤回を人気のある対策にしたのは、この恐怖であった。

植民地貿易から全面的に排除されると、それは数年間しか続かないはずであっても、我が国の商人の大部分は自分たちの貿易が完全に止まることを、我が国の親方製造業者の大部分は自分たちの事業の完全な破滅を、さらに、我が国の労働者の大部分は自分たちの雇用の打ち切りを、予測する習慣をもっていた。大陸における我々の隣国のどこかとの仲たがいは、このようなさまざまなすべての階級の人々の間で、仕事の点でいくらかの休止や中止を引き起こしがちではあるが、とはいえ、そのような一般的な情動を引き起こさずに、それは予知可能である。細い血管のどこかで循環が止まった血液は、何ら危険な混乱を引き起こすことなくより太い血管に容易に戻されるが、しかし、それがより太い血管のどこかで詰まった場合には、麻痺、卒中、あるいは死が、差し迫った不可避な帰結になる。かりに、助成金とか母国や植民地市場の独占という手段によって人為的にこのように不自然な高さにまで成長し、肥大化しすぎた製造業のひとつが、その業務において何か小さな休止や中断に出くわしたとすると、それはしばしば政府を驚かせ、立法府で討議することさえいかにも厄介な反乱や騒動を引き起こす。我が国の主要な製造業のうち、あれほど大きな比率を占める活動の突然で完全な休止によって必然的に引き起こされるはずの混乱や狼狽は、それゆえ、いったいどれほど大きなものになるだろうか、と認識されていたのである。

44　植民地に対する独占的貿易をグレートブリテンに与えている法律を、ある程度緩和し、次第に緩めていくことは、植民地貿易がほとんど自由に開放されるまでの期間、将来的に見ても、我が国をこの危険から救い出すことができ、我が国の資本の一部をこの肥大化した活動から引き上げ、利潤は減少するとはいえ、それを他の業務へ転じさせることができる唯一の方法だと思われる。つまりそれは、我が国の産業の一部門を次第に縮小させ、他の残ったすべての産業を次第に増加させることにより、我が国のさまざまな産業すべてを、自然で、健康的で、しかも完全な自由が必然的に確立し、完全な自由だけが維持することができる適切で釣り合いがとれたものに向けて、徐々に再建することができる。植民地貿易をすべての国に一斉に開放することは、ある程度移行期に伴う不都合だけでなく、現在それに従事している組織的な労働や資本の大部分に、大きく永続的な損失を生じさせる可能性がある。グレートブリテンの消費を上回る八万二〇〇〇樽のタバコを輸入する船舶が突然仕事を失うだけで、きわめて鋭敏に感じ取られる可能性があろう。これこそ、重商主義体制がもつすべての規制の不幸な結果なのだ！

　このような結果は、しばしば現在の政治体制のなかに、きわめて危険な混乱だけでなく、すくなくとも当分の間、さらに大きな混乱を引き起こさずには取り除けない困難な混乱を導き入れる。それゆえ、そのような方法で植民地が漸次的に開放されるべきであるか、最初に取り除かれるべき規制は何であり、最後に廻されるべきものはどのようなものなのか、つまり、どのような方法で、完全な自由と正義という自然の体系が漸次的に回復されるべきであるか、我々はこれを、将来の政治家と立法者の英知が決定するように委ねる他にないのである。

45 予想もされず、考えられもしなかった同時に発生した五つの異なった出来事が、一年以上前に（一七七四年一二月一日から）発生した植民地貿易からの排斥、つまり、北アメリカの一二の連合した地域との貿易というきわめて重要な部門からの全面的な排斥を、幸運なことに、一般的に予想されていたほどグレートブリテンが敏感に感じなくて済むようにした。第一に、このような植民地は、植民地の非輸入協定を用意する際に、自分たちの市場に適していたすべての商品を完全にグレートブリテンから奪い去った。第二に、スペイン船団の特別な需要は、イギリスの市場でさえグレートブリテンの製造品と競争するようになっていた多くの商品、とくに麻織物をこの年ドイツと北方地域から奪い去った。第三に、ロシアとトルコの間の和平がトルコ市場からくる特別な需要を生じさせたが、これは、その国が難儀している間、つまりロシアの艦隊がエーゲ海を航行している間、きわめて不十分な供給しか受けていなかったからである。第四に、グレートブリテンの製造品に対する北ヨーロッパからの需要は、少し前から年々増加しつつあった。そして第五に、ポーランドの最近の分割と結果的な和平は、そのような大きな国の市場を開放することによって、そこから派生した特別な需要を、ヨーロッパ北部諸国の増大した需要に、今年追加することになった。四番目のものを除き、このような出来事はすべて本質的に一時的で偶発的なものであるが、あれほど重要な植民地貿易部門からの排斥は、不幸にも、もっと長期間継続すれば、かなりの規模の苦難をさらに引き起こすであろう。しかしながら、このような困難はゆっくりとやって来るものであるし、一斉に来るものに較べてそれほどひどいものとは感じられないだろうから、とかくするうちに、このような苦難が相当な高さに達するのを防ぐため、我が国の組織的な労働と資本が、新しい仕事と方向を見出す可能性があるだろう。

46　それゆえ、植民地貿易の独占は、そうでなければそこに向かったであろうものを上回るグレートブリテンの資本を、そのような貿易へ向かわせてきたかぎり、あらゆる場合に、近隣諸国との消費のための外国貿易からずっと遠く離れた国との外国貿易へと、多くの場合に、消費のための直接の外国貿易から迂回的な外国貿易へと、さらに、いくつかの場合には、すべての消費のための外国貿易から中継貿易へと向かわせてきたのである。それゆえ、すべての場合において、それは、より多くの量の生産的労働を維持するであろう方向から、ずっと少量の生産的労働しか維持できない方向へ向けさせたことになる。くわえて、グレートブリテンの産業と商業のきわめて大きな部分を特定の一市場だけに適合させることにより、その産業と商業の全体的な状態を、我が国の生産物が著しく多様な市場に供給された場合に較べ、ずっと不安定で、安全性に欠けるものにしてきたのである。

47 我々は、植民地貿易の効果と植民地貿易独占の効果を、厳密に区別する必要がある。前者はいつでも、またかならず有益であるが、後者はいつでも、またかならず有害である。だが、前者がそれほど有益であるため、独占に支配されていても、さらにまた独占がもつ有害な効果にもかかわらず有益であるし、植民地貿易は、そうでない場合に較べると著しく小さくなっているとはいえ、全体としてはなお、相当に有益なのである。

48 自然で拘束のない状態《ナチユラル・アンド・フリー・ステイト》にある植民地貿易がもつ効果は、イギリス産業の生産物のうち、ずっと近い国内市場やヨーロッパ市場、さらには地中海周辺に存在する国の市場からの需要を超過する可能性をもつ部分について、遠くに存在する市場であるとはいえ、巨大な市場を開くことであろう。植民地貿易は、自然で拘束のない状態にあれば、従来そこに送られていた生産物のいかなる部分もこのような市場から抜き取ることなく、その余剰部分を継続的に増加させる、つまり、それと交換されることになる新しい等価物を持続的に提供するように、グレートブリテンを奨励する。自然で拘束のない状態であれば、植民地貿易はグレートブリテンで生産的労働の量を増加させる傾向をもつが、それまで雇用されてきた生産的労働の方向性における変化を引き起こすことはけっしてない。植民地貿易がそのような自然で拘束のない状態にあれば、あらゆる他の国との競争が、新市場であれ新しい仕事であれ、利潤率が一般的な水準以上に上昇するのを阻止するであろう。新規の市場は、旧来の市場から何も奪い取らなくても、そう言ってよければ、それ自身が供給する新しい生産物を作りだすのであって、結果的に新しい生産物は、新しい雇用を維持する新しい資本を生み出すから、新しい雇用も同様に、従来の雇用から何も引き抜いたりしないのである。

49　これとは逆に、植民地貿易の独占は、他の国との競争を排除することにより、さらに、新市場でも新業務でもそのようにして利潤率を引き上げることにより、旧市場から生産物を、旧業務から資本を抜き去る。植民地貿易における我が国の占有率をそうでない場合よりも高めること、これが独占の公然たる目的である。その貿易における我が国の取り分が、独占無しの場合に生じたであろうもの以上に大きくならないのであれば、独占を確立する理由など存在しなかったはずである。だが、他の分野の貿易よりも循環が遅く、より間隔があく貿易部門へ追いやるものは何であれ、どの国においても、自発的にその分野に行ったであろうものよりもいっそう大きな割合を占める資本は、必然的にその国で年々維持される生産的労働のすべてを、すなわち、その国の土地と労働の年々の生産物のすべてを、そうでなかった場合よりも減少させる。それは、当該国の住民の収入を、自然に増えたであろうものよりも引き下げ、それによって彼らの蓄積力を減少させる。それはつねに、住民の資本が、そうでない場合に維持するほど多量の生産的労働を維持できないようにするだけでなく、そうでない場合に増加するほど急速に増加できないようにし、結果的に、さらに多量の生産的労働の維持を妨げるのである。

50 しかしながら、植民地貿易がもつ自然で良好な効果は、独占がグレートブリテンにとってもつ悪い効果を埋め合わせる以上のものであるから、独占もすべてひっくるめて、現在遂行されている植民地貿易でさえ、たんに有利であるだけでなく、きわめて有利なのである。植民地貿易によって開かれる新市場と新しい仕事は、独占によって失われる旧市場と旧来の仕事が占める部分よりもはるかに広大なものである。植民地貿易によって作り出された――そう言って良ければ――新生産物と新資本は、収益《リターン》がもっと頻繁にある他の貿易から資本が排除されることによって仕事から投げ出されかねなかったものよりも、もっと多くの生産的労働をグレートブリテンで維持するからである。しかしながら、かりに現在遂行されている植民地貿易でさえグレートブリテンに有利であるとすれば、それは、独占によってではなく、独占にもかかわらず、そうなのである。

51 植民地貿易が新市場を開くのは、ヨーロッパの原生産物に対してよりも、むしろ製造品に対してである。あらゆる新植民地にとって、農業は格好な事業、つまり土地の安価さが他の何にもまして有利になる事業である。それゆえ、新植民地には土地の粗生産物が溢れており、他の国から輸入するよりもむしろ、輸出するために大量の余剰を一般に抱えている。新植民地では、農業が他のすべての職業から人手を選り集め、他の職業に出ていかないようにする。必需品のために取っておく人手はごくわずかしか居ないし、装飾的な製造品のためにさく人手などまったく存在しない。二種類の製造品の大部分は、自分自身で作るよりも他の国から購入したほうが安くつくことを、彼らは知っている。植民地貿易が間接的にヨーロッパの農業を奨励するのは、もっぱらヨーロッパの製造業を奨励することを通じてのことである。植民地貿易によって仕事を与えられたヨーロッパの製造業者は、土地の生産物に対する新市場――すなわち、すべての市場のなかでもっとも有利であり、穀物と家畜のための市場、つまり、ヨーロッパのパンと食肉のための自国の市場――を形成し、こうしてアメリカとの貿易という方法によって、次第に著しく拡大していくことになる。

52 だが、人口が多くて繁栄著しい植民地貿易の独占だけでは、ある国で製造業を確立したり、維持したりすることさえ十分に達成できないのであって、それはスペインとポルトガルの事例が余すところなく証明しているところである。スペインとポルトガルは、植民地を相当保有するまでは製造業の国であった。両国は、世界でもっとも豊かで多産な植民地を保有して以降、ともに製造業の国ではなくなった。

53 スペインとポルトガルでは、独占のもつ悪い効果が他の原因によって加重されたため、おそらく植民地貿易がもつ自然で良好な効果のほとんどをひっくり返してしまった。このような原因は、他の異なった種類の独占、つまり、他のほとんどの国における金や銀の価値の実際の価値以下への引き下げ、輸出に対する不適切な課税による外国市場からの排斥、および、国の一部から他の部分への財貨の移動に対するさらに劣悪な課税による国内市場の狭隘化であったと思われる。だが、なんといっても変則的で偏った司法《ジャスティス》の管理が最悪のものであって、損害をこうむった債権者の訴訟から、金があって有力な債務者を保護することが頻繁に起きたし、国民のうちの勤勉な人々が、信用にもとづく販売を彼らに断る勇気などもてるはずがなかったから、支払いがほとんど不確実である尊大で高位の人々の消費用に財貨を用意することに、彼らは不安を抱かざるをえなかったのである。

54 これとは逆に、イングランドの場合、植民地貿易の自然で良好な効果が、他の原因に助けられながら、独占の悪い効果をおおいに克服することになった。このような原因とは、一般的な取引の自由《リバティ・オヴ・トレイド》のことであるが、それは、若干の規制にもかかわらず、すくなくとも、他のいかなる国におけるものに等しくはあっても、多分、劣っていないものである。すなわち、国内生産物であるほとんどすべての財貨を、ほとんどすべての外国に無関税で輸出する自由、そして、多分さらに重要なことだが、公的な機関への報告義務なしに、いかなる質問や検査を受ける義務なしに、国内のどこからでも別の所に輸送する無制限の自由《アンバウンデッド・リバティ》であるが、何はさておき重要なことは、平等で偏りのない司法の管理であって、それは、もっとも下層に属するイギリス臣民の権利を最大限重視させ、さらに、すべての人間に自分自身の組織的な労働の成果を確保してやり、あらゆる種類の組織的な労働に対して、最大でもっとも効果的な奨励を与えるものなのである。

55 しかしながら、たとえグレートブリテンの製造業が、植民地貿易で現在のように発展したことは確かだとしても、それは、そのような貿易の独占という手段を通じたものではなく、独占にもかかわらず、そうなったものである。独占の効果は、グレートブリテンの一部の製造品の量を拡大することではなく、その内容と形を変更し、そうでなければ循環《リターン》が頻繁で近い市場に適合していたはずのものを、循環が遅くて遠くにある市場へ適応させることであった。独占の効果は、結果的にグレートブリテンの資本の一部を、製造業に従事する組織的労働のより大きな量を維持するような仕事から、ずっと少ない数の労働を維持する仕事へと替えさせたことであり、そうすることによって、グレートブリテンで維持される製造業に従事する組織的な労働の量全体を、増加させるのではなく、減少させることであった。

56 それゆえ、植民地貿易の独占は、重商主義体系がもつ他のすべての卑劣で有害な手段と同様に、他のすべての国の産業を、とりわけ植民地の産業を少しも増加させることなく抑圧し、別の見方からすると、好んで植民地を建設した国の産業を衰退させるのである。

57 植民地貿易の独占は、特定の時期にその資本の量がどれだけであろうと、植民地を建設した国の資本が、そうでない場合なら維持するであろう多量の生産的労働の維持、すなわち、そうでない場合に与えるであろう大きな収入を、勤勉な住民に与えないようにする。だが資本は、収入から貯蓄されることによってしか増加できないから、独占は、そうでない場合に与えるほど大きな収入を与えることを妨げることにより、必然的に、そうでない場合に増加するほど急速に資本が増加することを妨げ、こうして結果的に、さらに多量の生産的労働を維持すること、つまりその国の勤勉な住民にさらに大きな収入を与えること、これを妨げるのである。それゆえ、所得のひとつの大きな本源である労働の賃金は、必然的に独占によって、そうでない場合に較べて、つねに不十分なものにされることになる。

58 商業の利潤率を引き上げることにより、独占は土地の改良を妨害する。改良の利益は、土地が実際に生産するものと、一定の資本を用いて生産できるようにされるものとの間の格差に依存する。この格差が、商取引業に従事するすべての等額の資本から引き出しうるものを上回る利潤をもたらす場合には、土地の改良は、あらゆる商取引業から資本を引き寄せるだろう。その利潤が小さい場合には、商取引業が土地の改良から資本を引き寄せるだろう。それゆえ、商業の利潤率を上昇させるものはすべて、土地の改良の利潤の優位性を減少させるか、劣等性を強めるのであって、前者では、資本が改良へ向かうことを妨げ、後者の場合には、改良から資本を引き抜くことになる。だが独占は、改良を妨げることにより、必然的にもうひとつの大きな収入の本源的な源泉、つまり土地の地代の自然な増加を遅らせる。また独占は、利潤率を引き上げることにより、必然的に市場利子率をそうでない場合よりも高く保つ。だが、土地が提供する地代に応じた土地の価格、つまり、土地に対して通例支払われる年購買数《ナンバー・オヴ・イヤーズ・パーチャス》は、必然的に利子率が上昇するにつれて下落し、利子率が下落するにつれて上昇する〔地代×年数という土地価格の年数を基準にした算定方法のことだが、貨幣所有者の立場からすれば、国債を買って入手する利子収入と、土地を買って入手する地代収入と利子収入とは、たがいに無差別である。長期間変化しない土地の地代に対して、利子率は、比較的短期間で変動するため、土地の価格は、利子率の変化に応じて「年数」の増減・長短であらわされることになる。スミスはII. iv. 17. で詳しく説明しているので参照のこと〕。それゆえ、独占は二様の異なった方法で、つまり第一に地代の自然な増加を、第二に、土地がもたらす地代に比例する土地の評価として受け取る土地価格の自然な増大を遅らせることにより、地主の利益を傷つける。

59 実際、独占は商業取引の利潤率を引き上げ、それによって我が国の商人の利益を幾分か増加させる。だが、それは資本の自然な増加を阻害するため、地方の住民が元本の利潤から引き出す収入総額を、増大させるよりもむしろ減少させる——大きな資本に対する小さな利潤は、一般的に、小さな資本に対する大きな利潤を上回る大きな収入をもたらす――傾向がある。独占は利潤率を引き上げるが、しかし、独占がなければ実現したほどの大きさに利潤額が増加するのを妨げる。

60 すべての収入の源泉である労働の賃金、土地の地代および元本の利潤を、独占は、それがなければ実現したものよりずっと貧弱なものにする。あるひとつの国のごく少人数の階級のごく小さな利益を促進するために、独占は、その国の他のほとんどすべての階級に属する人々の利益、および、他のすべての国のすべての人々の利益を損なう。

61 独占が特定の一階級の人々に有利であるとか、有利でありえるということを証明できるのは、通常の利潤率を引き上げることによってだけである。だが、一般的にその国に及ぼすすべての悪影響に加えて、すでに高い利潤率が必然的にもたらすと指摘しておいたことだが、もうひとつ、多分全部合わせたものよりももっと致命的な、しかし経験から判断するなら、それと不可分に結びついた悪影響がある。

高い利潤率は、他の状況下であれば、商人の天性の特徴である倹約をどこでも破壊するように思われる。利潤が高いと、そのような地味な徳目は余分なものに思われてきて、費用のかかる贅沢が、彼自身の豊かな境遇にいっそうふさわしいものに見えてくる。だが、莫大な商業資本の所有者は、どの国でも、必然的に産業全体の指導者であるだけでなく、管理者でもあるから、彼らが示す模範は、国の産業分野全体の生活様式に対して、他のいかなる階層の人々にもまして多大な影響を与える。かりに雇用主が、注意深くて倹約に励む人物であれば、労働者もまたおおいに似たものになるだろうが、主人がずぼらで乱雑であれば、使用人もまた、主人が与える見本に従って自分たちの生活を作り上げるだろう。こうして蓄積は、自然に蓄積しようとする気持ちがもっとも強いすべての人々の側で妨げられ、生産的労働を維持すべく予定されていた基金は、自然にそれをもっとも増加させるに決まっている人々の収入からまったく増加分を受け取らないことになる。国の資本は、増加する代わりに次第にやせ細り、国内で維持される生産的労働は、日々次第に減少していく。

カディスやリスボンの商人のおびただしい利潤は、スペインとポルトガルの資本を増加させてきただろうか？　彼らが貧困を緩和し、この二つの赤貧の国の産業を促進してきただろうか？　この二つの貿易都市における商人の支出がもつ風潮がそのようなものであったから、このようなおびただしい利潤は、国の一般的な資本を増加させるものにほど遠く、それを基礎にして資本を減少しないように保つために十分であったことなど、ほとんど無かったように思われる。外国の資本は、そう言って良ければ、ますますカディスやリスボンの貿易に日々入り込んできている。スペイン人やポルトガル人が、この不条理な独占という腹の立つ足かせをますます締め付けようと日々努力するのは、彼ら自身の資本では、日々ますますその遂行に不足をきたしてくる貿易からこのような外国資本を追い出すためである。カディスやリスボンの商慣習をアムステルダムのそれと較べてみよ。そうすれば、商人の振る舞いと特徴が、元本の利潤が高いか低いかに応じてどれほど異なる影響を受けるか、よく理解できるだろう。ロンドンの商人は、実際まだカディスやリスボンの商人のように堂々たる有力者にはなっていないのが普通だが、アムステルダムの商人と同じほど、一般的に注意深く倹約的な市民でもない。しかしながら、その多くは前者の大部分よりもかなり金持ちであり、後者の多数ほどの金持ちでもないと推測されている。だが、彼らの利潤率は通例前者のそれよりもずっと低く、後者のそれよりもかなり高い。諺に言う、悪銭身につかずであって、支出にかんする普通の風潮は、実際に支出する能力にというよりも、どこでも支出する金を獲得する想像上の容易さに規定されているように思われる。

62 独占が、ただひとつの階級の人々にもたらすただひとつの利益はこのようなものであるから、国の一般的な利益にとって、それは多くの異なった仕方で有害である。

63 顧客である人々を元気づけるという目的だけで大帝国を建設することは、一見の限り、小売商人《ショップキーパー》から成り立つ国にのみ適したプロジェクトである、と思われる可能性がある。しかしながら、それは小売商人から成り立つ国にはまったく不向きなプロジェクトであるとはいえ、しかし、小売商人によって影響されている政府をもつ国には、飛び抜けて適したものである。そのような政治家、すなわちそのような政治家にかぎって、そのような帝国の建設と維持のために同国民の血と財産を利用すれば利益になるだろう、と空想することができる。小売商人に向かって、「私に良い所領を買ってくれ。そうすれば、たとえ別の店で買うよりも幾分か高い値段を支払わなければならないにしても、いつも貴方の店で私の衣類を購入するだろう」と言ってみよ。そうすれば、彼が貴方の提案を受け入れるのにあまり前向きではないことを知るだろう。だが、誰か別の人物が貴方にそのような所領を買ってやり、彼が、貴方の衣類はすべてその小売商人の店で買うように言い渡したりしたら、その商店主は、貴方の恩人におおいに感謝するだろう。

イングランドは、母国では窮屈だと考えた一部の国民のために、遠く離れた地方に大所領を購入してやった。その価格は、実際にはごく少額であったし、現在のところ土地の通常の価格である三〇年という土地の年購買数〔地代三〇年分相当額〕ではなく、最初の発見を行い、沿岸を調査し、その地方に対する架空の保有を行うためのさまざまな装置にかけた費用を、ごくわずか上回るにすぎなかった。そこの土地は肥沃で広大であったから、その上で働くための土地をたくさん保有し、当分の間、生産物を気に入った所で自由に販売できた耕作者は、三〇年か四〇年も経たないうちに（一六二〇年から一六六〇年の間）大いに人口が増えて繁栄するようになったので、イングランドの小売商人や他の貿易業者は、自分たちで彼らを顧客として独占しようと願ったのである。

それゆえ、自分たちがもともとの仕入代金や、それ以降の改良経費の一部を支払った振りをすることもなく、彼らは、将来的にもアメリカの開拓者が彼らの店に限定されるべきこと、すなわち、第一に、開拓者がヨーロッパから求めるすべての商品を彼らの店で購入し、第二に、このような貿易業者が購入するのが適切だと考える開拓者自身の生産物は、そのすべての部分を、彼らの店に売るように限定されるべきである、と議会に請願した。というのは、そのすべての部分を購入するのは好都合だと考えなかったからである。イングランドに輸入された植民地の産物の一部は、彼ら自身が母国で従事している取引の一部と衝突する可能性があった。それゆえ、この特別な部分について、彼らは、植民地人が売れる所で売ればよい――遠く離れていればいるほど良い――と望んでいたから、その理由にもとづいて、植民地人の市場はフィニステレ岬よりも南の地域に限定されるべきだ、と提案したのである。有名な航海法のなかの一条項は、まさにこのような小売商人の提案を法律のなかに規定したものである。

64　このような独占を維持することが、今日までグレートブリテンがその植民地に対して執行している統治権の主要な、つまりより適切に言えば、おそらく唯一の目標であり目的である。母国の国内統治や防衛を支援するための歳入や軍事力を未だ提供したことがない地域の最大の利益は、独占的な貿易にあると信じられてきた。独占は植民地の従属性の主要な象徴であり、これまでそのような従属性から拾い集められてきた唯一の報酬なのである。これまでグレートブリテンがこの従属性を維持するのに注ぎ込んできた経費はすべて、実際には、この独占を支援するために注がれてきたのである。植民地の平時編制軍の費用は、現在の混乱が始まるまでは、歩兵二〇連隊の俸給、大砲、軍隊用備品および兵士に支給する必要があった臨時の食料、さらには他国の密輸船から北アメリカの遠大な沿岸と西インド諸島の沿岸を防衛するために不断に維持していたきわめて巨大な海軍力の経費、この総計に達していた。この平時編制軍の総経費は、グレートブリテンの収入に対する税金であったし、同時にまた、植民地の統治が母国に負担させたものの最小部分であった。かりに我々が全体の額を知りたいと思うなら、植民地を母国に従属する地域とみなした結果であるとはいえ、この平和樹立のための年々の支出に、グレートブリテンがその防衛のためにさまざまな機会に用立てた総額に対する利子を付け加えなければならない。我々が、特にそれに加えなければならないのは、最近の戦争のすべての経費と、それに先立つ戦争の経費の大部分である。

最近の戦争はすべて植民地をめぐる反目であって、ドイツであろうと東インドであろうと、世界のどこで用立てられた可能性があるにしても、その総経費は、植民地の勘定書のなかに記載されてしかるべきものである。それは、契約済みの新規債務だけでなく、一ポンド当たり二シリングの追加的な地租、および毎年減債基金から借り入れた総額を含めて、総計で正貨九〇〇〇万ポンドを超えていた。一七三九年に始まったスペイン戦争は、もっぱら植民地をめぐる反目であった。その主たる目的は、スペインの主要植民地《スパニッシュ・メイン》〔パナマ地峡からオリノコ河口に至るカリブ海沿岸地域〕との密貿易に従事していた植民地船の探索を阻止することであった。実際には、この支出のすべては、独占を支援するために与えられた助成金であった。その表向きの目的は、製造業を振興すること、およびグレートブリテンの通商を拡大することであった。だが、その実際の効果は、商業利潤の率を引き上げることと、我が国の商人が貿易の分岐部門へ、つまり、他の大部分の貿易よりも循環が遅くて遠く離れた部門へ、そうでない場合よりもより多くの彼らの資本を振り向けられるようにすることであったが、助成金がこの二つの出来事に先行するものであったとすれば、そのような助成金を与えることも、おそらく無駄ではなかったことになろう。

65 それゆえ、現在の管理運営方式の下では、グレートブリテンは、その植民地に対して執行している統治権から、損失以外何も引き出していないのである。

66 グレートブリテンが植民地に対するすべての権限を自発的に放棄し、植民地が自らの行政官を選び、自分たちの法律を制定し、彼らが適切だと考えるような平和と戦争を行うように任せようと提案することは、世界中どの国においても存在しなかったし、また、けっして採用されることがないような方策の提案になるだろう。いかに植民地《プロヴィンス》の統治が手間のかかるものであっても、さらに、それが必要とする経費と対比して、もたらし得る収入がどれほど小さなものであっても、植民地の支配権を自発的に放棄した国など存在したためしがない。そのような犠牲は、多くの場合利益にかなっている可能性があるが、つねにすべての国民の自尊心に屈辱感を与えるものであるし、多分さらに大きな意義をもつことは、それが植民地を支配する側が握っている私的利益とつねに対立するということであって、彼らは、それによって、信頼と稼ぎの多くの機会、つまり、もっとも騒然としていて、しかも、大部分の人々にとってはもっとも利益が上がらない植民地の保有がもたらさないことなど滅多にない、富と名誉を獲得する多くの好機にかかわる裁量権を剝奪されるだろう、ということである。もっとも理想に燃えあがる人物でも、少なくともそれが採用されるという真面目な希望を抱いて、そのような方策を提案することなど、まず不可能であろう。

しかし、もしこの提案が採用されたら、グレートブリテンは、植民地に平和をもたらすための年々の支出全体から即座に解放されるだけでなく、グレートブリテンに自由な貿易を効果的に保証する通商条約――我が国が現在享受している独占に比べ、その利益を、膨大な数の人民にははるかに多く、商人にはずっと少なく保証する通商条約――を、旧植民地との間で結ぶことができるだろう。このような頼りになる同胞との別離によって、植民地が母国に対して自然にもつ心的傾向《アフェクション》――おそらく最近の異議申し立ては、それを消滅させるには十分であった――が、急速に蘇ることだろう。それは、数世紀間変わることなく、分離する時に我々と最終的に締結した通商条約を尊重する気分を彼らに抱かせるだけでなく、貿易においても戦争においても我々に対して好意的であり、不穏で党派的な対象であるどころか、我々のもっとも忠実で、親愛かつ寛大な同盟者にする傾向をもつだろうから、古代ギリシャ植民地とその祖先である母都市との間に存在していたのと同じ種類の、一方の側における親としての愛情《アフェクション》と他方の側における子としての尊敬が、グレートブリテンとその植民地の間に復活する可能性があるだろう。

67 あらゆる植民地を、それが属する帝国にとって利益があるものにするためには、平和時に、植民地自体が平時編制軍のすべての経費を負担するだけでなく、帝国の一般的統治を支援する相当分に資するため、十分な収入を国家全体にもたらすことが必要である。すべての植民地は、多少なりとも、一般的な統治経費を必然的に増加させる一因になっている。それゆえ、もしどこか特定の植民地が、この支出を負担するための割り当て分を提供しなければ、帝国のどこか別の地方に対して不平等な重荷が負わせられるほかにない。すべての植民地が、国家全体に対して戦時に提供する臨時の税収入もまた、同じ理由から、その通常の収入が平和時に保つのと同一の比率を、帝国全体の臨時歳入に対して保つ義務がある。グレートブリテンが植民地から引き出す通常の収入も臨時の収入も、ともに帝国の総収入に対してこの比率を保っていないということは、ただちに確認されよう。独占は、グレートブリテンの人々の私的な収入を増加させることにより、また、それによって国民がより多額の税金を支払えるようにすることにより植民地の公的歳入の不足分を補塡する、と実際に信じられてきたのである。

だがこの独占は、私が説明を尽くしてきたように、植民地に対するきわめて負担の重い租税だが、そして、グレートブリテンの特定の階級の人々の収入を増加させる可能性があるとはいえ、大多数の国民の収入を増やす代わりに減少させるものであって、結果的に、大多数の国民の租税支払い能力を増大させる代わりに、減少させるものなのである。独占がその収入を増加させる人々もまた、特別な階級を形成している——他の階級を上回る比率の租税を課すことが絶対的に不可能であるだけでなく、その比率を超えて課税しようと試みることさえ、著しく愚劣になってしまう——こと、これを、私は次の編で説明すべく努力するつもりである。それゆえ、この特定の階級から特別な財源を引き出すことなど、できるはずがないのである。

68 植民地は自分たちの議会《アッセンブリー》、あるいはグレートブリテンの議会によって課税されることが可能であろう。

69 植民地議会が、自分たちの民政上の施設や軍事上の施設を維持するためだけでなく、イギリス帝国の一般的統治経費のうち、植民地固有の部分を支払うために十分な公収入を、つねにその構成員から徴収するようにそもそも運営されうるということ、これは、とうていあり得ることとは思われない。君主の監視下に直接置かれていたとはいえ、イングランド議会がそのような管理体制のもとに置かれ、自分たちの国の民政上や軍事上の体制を維持するために十分豊富な交付金を提供されるようになるまでには、きわめて長い年月が経過した。そのような管理体制がイングランド議会にかんして確立され得たのは、官職の大部分や、この民政上や軍事上の権力機構から生じる官職の任免権を、もっぱら議会の特定の構成員の間に配分することによるものであった。

だが、植民地議会が君主の目から遠く隔たっていたこと、その数、その著しい分散、および多様な国家構造《コンスティテューション》といったものが、たとえ君主がそれを実施する同一の手段を持っていた――このような手段は欠けていた――としても、植民地を同じやり方で運営することを著しく困難にした。イギリス帝国の一般的統治から生じる官職であれ官職の任免権であれ、そのような分け前を、すべての植民地会議の指導的構成員の全員に分配して、母国における自分たちの評判をあきらめさせ、俸給全体がほとんどの住民にとって見知らぬ人々に分配される本国の一般的統治を支援するために、入植者に課税させるようにすることなど、絶対に不可能であろう。くわえて、このようなさまざまな議会の異なった構成員の相対的な地位、しばしば加えられる攻撃、このような方法で彼らを管理しようとすればつねに犯されざるをえない不注意な間違いなどにかんする管理上避け難い無知は、そのような管理体制を、植民地にかんするかぎり、まったく実行不可能にすると思われる。

70 くわえて、何が帝国全体の防衛と支援のために必要なことであるか、適切な判断を植民地議会に期待できるはずはなかった。その防衛と支援にかんする気配りなど、彼らには任せられていない。それは彼らの仕事ではないのであって、彼らはそのような事柄にかかわる定期的な通報手段をまったく保有していない。植民地議会は、それぞれの教区の教区委員会のように、それぞれ独自の地域にかかわる事柄をきわめて適切に判断できる可能性はあるが、しかし、帝国全体の出来事にかんする判断を行う適切な手段をもつことは不可能である。自分自身の植民地が帝国全体に対して負担すべき比率について、あるいは、他の植民地と較べた場合の自分たちの富と重要さが相対的にどの程度であるかについて、このような他の植民地は特定の植民地議会による監査や監督に服していないのだから、適切に判断することさえできるはずがない。帝国全体を防衛したり、支えたりするために何が必要であるか、さらに、それぞれの地域が貢献すべき割合はどれだけか、これは、帝国全体の出来事を監視し、監督する議会《アッセンブリー》によってしか判断できないことである。

71 したがって、植民地は徴発令《リクイジション》によって、つまり、グレートブリテンの議会がそれぞれの植民地が支払うべき額を決定し、植民地議会が地域の状況にもっとも適した方法でそれを査定し課税する、という方法で課税されるべきだと提案されてきた。帝国全体にかんする事柄は、このようにして帝国全体の出来事を監視し監督する議会によって決定され、各植民地の地域的な出来事は、それ自身の議会によって従来通りに管理されることが可能であろう。この場合、植民地はイギリス議会にまったく代表を送らないことになるが、それでもなお、経験に従って判断するなら、議会の徴発令が不合理なものになる見込みはまったくない。イングランド議会は、いかなる場合も、議会に代表を送っていない帝国の地域に過大な負担を招く意向など、少しも示したことがない。ガーンジー島やジャージー島〔ともにイギリス海峡にある〕は、議会の権威に反抗する手段を持っていないが、グレートブリテンのどの地方にもまして軽くしか課税されていない。議会は、根拠の是非がどうであれ、植民地に課税する推定上の権利を行使しようと試みるなかで、今まで同胞国民が母国で支払っているものにきっかり比例するものに近づくようなことを、植民地に対して要求したことはなかった。くわえて、植民地の分担金が、地租の増減に比例して増減するものであった場合、議会は、本国の構成員に同時に課税することなく植民地に課税することは不可能だから、この場合、実際に植民地が議会に代表を送ることになる、と考えることも可能であろう。

72 さまざまな属州《プロヴィンス》のすべてが――もしそう言って良いとすれば――課税を一括して免れて

いる帝国の事例がないわけではなく、そこでは、統治者がそれぞれの属州が支払うべき額を定めているが、彼が適当だと考えるように評価されて課税される属州が存在する一方で、それぞれの属州の州当局《ステーツ》が決定した通りに評価し、課税するように統治者から一任されている別の属州も存在する。フランスのいくつかの属州では、国王が、自ら適切だと考える税を課すだけでなく、彼が適切だと思う方法で評価し、属州に課税する。他の所からは、一定額を要求するが、属州それぞれの州当局〔州政府と解しても良く、住民から選ばれた議会有力者の集まりで、貴族など高位身分のものも含む場合もあった〕に、その額を彼らが適切だと考えるように評価して、課税するように一任している。徴発令を用いる課税方式に従えば、グレートブリテンの議会は、植民地議会に対して、今なお自分たちの州当局をもつという特権を享受している属州――フランスの属州は、もっともよく統治されていると推測されている――の州当局に対して、フランス王がとっているものと、ほぼ同じ立場に立つことになろう。

73 だが、この方式に従えば、植民地は国全体の負担に占める自分たちの割合が、母国の同胞市民のそれに対する適切な比率を超えるのではないかと恐れる正当な理由など存在しないにもかかわらず、グレートブリテンには、その総額が植民地に対する適切な比率にけっして達しないのではないか、と恐れる正当な理由がのこる可能性があろう。グレートブリテンの議会は、自分たちの州当局をもつ権利を今なお享受しているフランスの属州で、フランス国王が保有している確立済みの権力機構と同じものを、しばらく前まで植民地について保有していなかった。植民地議会は、もし彼らがきわめて好意的に扱われなければ（今日まで管理されてきたよりももっと上手に管理されないかぎり、彼らはほとんどそうなりそうにない）、議会のこれ以上ないほど理にかなった徴発令を回避したり拒絶したりする多数の口実を、さらに見つけ出すことができるだろう。

対フランス戦争のひとつが勃発し、帝国の本拠地を防衛するために、ただちに一〇〇〇万ポンドが調達されなければならない、と想定しよう。これほどの額は、議会で制定された利払いを保証された基金からなる債券にもとづいて借り入れる他にない。議会は、この基金の一部をグレートブリテンで賦課される税金によって調達し、さらにその一部を、アメリカや西インドのさまざまな植民地議会のすべてに対する徴発令という手段で、調達しようと提案する。国民は手持ちの貨幣を基金――その一部が、戦争の本拠地から遠く離れ、時にはおそらく、自分たちはその出来事とはほとんど関係ないと考えている、このようなすべて議会の上機嫌に依存している基金――の債券に、ただちに前払いするだろうか？　そのような基金には、グレートブリテンで課される税金が保証すると想定されるものを超える貨幣は、おそらく貸し付けられないだろう。戦争のために契約された債務負担の全体は、このような方法で、今までもそうであったようにグレートブリテンに、つまり、帝国全体にではなく帝国の一部にかかってくるだろう。

グレートブリテンは、開闢《かいびやく》以来、帝国を拡大するにあたって、おそらく国の財源を一度も増加することなく、その支出を増加させつづけた唯一の国家《ステート》である。一般に他の国家は、帝国を防衛する経費の相当大きな部分を、従属したり服属したりしている属州に課して、自分自身の負担を軽くしてきた。今までグレートブリテンは、従属したり服属したりしている属州が、この支出のほとんどすべてを母国に委ねて、自らの負担を免れるのを許してきた。グレートブリテンを、法律が今日まで従属し服属すると推定してきた自国植民地と資格において対等のものにするためには、植民地議会が回避したり拒否したりする場合でも、議会で決定する徴発令にもとづいて植民地に課税するという方式に従って、議会がその徴発令に即座に効力を付与する何らかの手段——この手段がどのようなものであるか、これは想像することさえ容易ではないし、まだ説明されたことがない——を保持することが、不可欠であると思われる。

74 それと同時に、グレートブリテンの議会がそもそも植民地に課税する権利を完全に確立しさえすれば、たとえ植民地自身の議会の同意に依存しなくても、このような植民地議会の重要性はその瞬間から終了し、それとともに、イギリス領アメリカのすべての指導的人物の重要性も終了することになろう。人間が公共の事柄の管理にある程度尽力したがるのは、それが参加した人間に与える重要な地位という動機にもっぱらもとづいている。あらゆる自由な統治体制の安定と存続は、大部分の指導的な人物、つまりあらゆる国の自然な上流階級がそれぞれの重要な地位を維持し、持続する能力《パワー》に依存している。このような指導的な人物が、絶えず互いの重要な立場に対して行う攻撃、さらには自分自身の立場の防衛が、国内の派閥争いと野心から発する策略のすべてである。アメリカの指導的な人物も、他のすべての国のそれと同様に、彼ら自身の重要な地位を維持しようと欲する。彼らは、彼らの代議会《アッセンブリー》が議会《パーラメント》と呼ばれ、権限においてグレートブリテンの議会と同等であると考えるのを好んでおり、それが、本国の議会のみすぼらしい大臣や行政官僚になるほど辱められることになったりすれば、彼ら自身の重要な地位の大部分は終わってしまうだろう、と感じている。それゆえ、彼らは議会の徴発令によって課税されるという提案を拒否し、他の野心に溢れる意気軒高な人物と同様に、彼ら自身の重要な地位を守るために剣を抜くことを、むしろ選択したわけである。

75ローマ共和国が衰退期を迎えると、国家の防衛と帝国の拡大という主要な責務を担ってきたローマの同盟国は、ローマ市民がもつ特権のすべてが付与されるように要求した。拒否されたことを理由に、同盟国間の戦争《ソーシャル・ウォー》が勃発した。その戦争の過程で、ローマはこのような特権を、ひとつひとつ、彼らが全般的な連合体から離反する程度に応じて、彼らの大部分に対して付与した。グレートブリテンの議会が植民地に課税すると言い張るため、植民地は、彼らが代表を送っていない議会による課税を拒絶するのである。全般的な連合体から自ら離反しようとする植民地にとって、同一の課税を受けるべき状態にあるがゆえに、さらにまた、母国における同胞国民と同じ貿易の自由を認められる代償として、グレートブリテンが、帝国の国家歳入に対して貢献した割合に適合する人数の代表を容認することになれば、歳入における寄与度が後に増加する可能性があるため、その代表の数が増やされることになろうし、高い地位《インポータンス》を獲得する新しい方法、つまり、新規の目もくらむばかりの野心の対象が、それぞれの植民地の指導的な人々に提供されることになるだろう。植民地の派閥争いの安っぽい福引とでも呼べそうなものの中に見出される、ちっぽけな賞品のために浪費する代わりに、次に彼らは、人間が自分自身の能力と幸運について自然に抱く思い込みから、イギリス政治という盛大な国営富くじの回転盤から時々現れる相当な大当たりを、引き当てようと望むことができるだろう。

アメリカの指導的な人々の高い地位を維持し、その野心を満たすあれこれの方法――これ以上明瞭なものは存在しないように見える――が思いつかれないかぎり、彼らが我々におよそ自発的に従う可能性はほとんどないだろうから、彼らがそのように振る舞うように強制する際に流されなければならない血は、その一滴一滴が、我々の同胞市民であるか、我々の同胞市民にもちたいと思う人々の血であることを、我々は考慮する必要がある。事柄がここまで進んできたというのに、我が国の植民地は力をもってすれば簡単に制圧されるだろうと自惚れる人物は、きわめて愚かな人々である。自分たちが大陸議会と呼ぶものの決議を現在左右している人々は、ヨーロッパにおける最大の国民が、多分ほとんど感じたことがない程度の高い地位を、現時点において、自分のなかで実感しているのである。商店主、貿易商人から弁護士に至るまで、彼らが政治家と立法者になって、広大な帝国――かつて世界に存在したもっとも偉大で、強力な帝国のひとつになるし、実際、そうなりつつあるように見えると自惚れている――を目指す、新しい形の統治の発明に携わっている。おそらく、五〇〇人のさまざまな人物が、さまざまな仕方で大陸議会のもとで直接活動しているし、さらに、この五〇〇人のもとで、おそらく五〇万人が活動しているのだが、全員が同様に、それぞれに釣り合った高い地位に出世したと感じているのである。アメリカの支配的な党派に属するほとんどすべての個人が、今はまだそれぞれ空想のなかでだが、以前彼が占めたことがあるだけでなく、占めると期待したことがある重要な社会的地位に就いているから、彼あるいは彼の指導者に対して、何か新しい野心の対象が提示されないかぎり、彼が人間として通常の気概の持ち主であるなら、その社会的地位を守って死ぬことになろう。

76 我々が今楽しんで読んでいるカトリック同盟〔一五七六年にフランスの宗教戦争のなかで結ばれた同盟〕にかんする多くの些細な和解処理の説明は、裁判長エノー〔Charles Jean François Hénault, 1685-1770. フランスの作家、歴史家でアカデミー会員だが、一七〇五年にパリ高等法院に選出され、一七一〇年から三一年まで審査部門の裁判長を務めた〕の見解であるが、それが発生した当時きわめて重要なニュースの一片であるとは、多分考えられていなかったものである。だが、彼が言うには、当時は誰でも自分が何らかの重要な社会的地位にあると思い込んでいたから、この時代から我々に伝わってきた数えきれないほどの回顧録の大部分は、自分自身が重要な地位に立つ演技者であると自惚れていた出来事を記録し、誇張することが嬉しくて仕方がなかった人々によって書かれたものである。パリ市がどれほど頑強にあの出来事に対して自己防衛したかは、つまり、すべてのなかで最良で、後にもっとも愛されたフランス国王に従うよりもむしろ、いかに恐ろしい飢饉に耐えたかについては、よく知られている。その市民の大部分、あるいはその大部分を支配した人々は、自分たち自身の重要な社会的地位を守るために戦ったのであって、昔の政府が再建されてしまえば、それは終わりを迎えるはずだ、と彼らは予想していた。我が国の植民地は、合邦に同意するように誘導されないかぎり、パリ市が最良の国王の一人に対して頑強に抵抗したように、あらゆる母国のうちの最良のものに対して、あくまでも自分たちの正当性を主張しそうに思われる。

77 代議制という考え方は、古代には知られていなかった。ひとつの国の人々が他の国の市民権を認められた場合、他の国の人々と一緒に投票したり協議したりする集団に加わること以外に、その権利を行使する手段をもたなくなる。イタリアの住民の大部分にローマ市民の基本的権利を許可したことが、ローマ共和国の完全な滅亡を招いた。それはもはやローマ市民である者とそうでない者とを区別することができなかった。すべての部族が自分たちの構成員を見分けることができなかった。いかなる種類の下層階級も、人民の集会に導き入れることができ、真実の市民を追放したり、あたかも彼ら自身がずっとそうであったかのように、共和国の国事を決定したりすることができたのである。

だが、アメリカが議会に五〇名か六〇名の新しい議員を送ることになったとしても、議会下院の守衛が、誰がメンバーで誰がそうでないか見分けるのに苦労したりするはずはない。それゆえ、ローマの国制は、ローマがイタリアの同盟国と合邦することによって必然的に崩壊したとはいえ、イギリスの国制が、グレートブリテンとその植民地との合邦によって傷つけられる可能性はほとんどない。これとは逆に、イギリスの国制はそれによって完成するのであって、それなしでは、不完全に留まると思われる。帝国のあらゆる部分で起きる事柄について討議して決定する議会は、正確な情報が入手できるように、帝国のすべての部分から確実に代表を送られなければならない。しかしながら、この合邦が簡単に実現できるとか、実施に際して大小さまざまな困難など生じる可能性はない、と申し立てるつもりはない。とはいえ、間違いなく克服不可能なものなどない、とは以前から聞いている。主要な困難は、事柄の性質からではなく、大西洋の両側にいる人々が抱いている偏見や見解から、おそらく生じているのである。

78 我々、つまり海のこちら側では、アメリカの代議士の数の多さが国制上のバランスを転覆させてしまい、一方では、国王の影響力が肥大化すること、他方では、民主主義の力が肥大化することを恐れている。アメリカの代議士の数が、アメリカにおける課税の成果に比例すべきだとすれば、管理される代議士の数は、彼らを管理する資金に正確に比例して増加するし、さらに、管理する資金は、管理される人民の数に正確に比例して増加するだろう。国制における君主制的部分と民主主義的部分の間の相対的な力関係は、合邦以降も、それぞれ以前保っていたものと正確に等しいものに留まるだろう。

79 海の向こう側に住む人々が恐れるのは、統治の中心地から遠く離れていることが多くの不当な権力の行使を招きかねない、ということである。だが、議会における彼らの代表——その数については、最初は相当多いはずである——は、あらゆる不当な権力の行使から容易に人民を守ることができるだろう。遠く離れていることが代議士の選挙区住民に対する依存度を大幅に弱めることなどありえないから、代議士は、議会の椅子も、それから彼が引き出しうる重要な地位も、すべて選挙区住民の好意のおかげであると、依然として感じるだろう。それゆえ、立法府の一員としての権限のすべてをもって、民政および軍事に携わる公務員が、帝国のこのような遠隔地域で犯しかねない不法行為に不平を申し立てて選挙区住民の贔屓《ひいき》を育むことは、代議士の利益になるだろう。くわえて、アメリカが統治の中心地から遠く隔たっていることが長期間継続することはなかろうと、その国の住民が自惚れている——ある程度当然のことのようにも見える——可能性があろう。豊かさ、人口及び改良におけるその国の急激な発展がこれほどまですばらしかったわけだから、わずか一世紀少々のあいだに、おそらく、アメリカの住民が生み出すものは、イギリスの租税収入を上回る可能性をもつだろう。その場合、帝国の中枢は、帝国全体の一般的な防衛と維持にとってもっとも役立つ所に、自然に移っていくことになるだろう。

80 アメリカの発見、および喜望峰廻りの東インド航路の発見は、人類史に記録されたもっとも偉大かつ重要な出来事である。その結果は、すでにきわめて大きなものになっているが、しかし、このような発見がなされてから経過した二世紀や三世紀という短い期間で、この発見の結果全体の大きさが予見できるようになるはずはない。人類にとってどのような恵み、あるいは不幸が、今後このような大事件の結果として生じる可能性があるのか、人間の知恵で予測することはできない。ある程度まではあれ、世界の中のもっともかけ離れた地域を結び付ける点で、さらに、互いの必要物を満たし、互いの喜びを増加させ、さらに互いの産業の促進を可能にする点で、そのような出来事の一般的傾向は有益なものであるように思われよう。しかしながら、東インドと西インドの両方の住民にとって、このような出来事から生じた商業的な利益のすべては、彼らがこうむった恐ろしい災難のなかで減少し、失われてしまったのである。

しかしながら、このような災難は、このような出来事それ自体の性質に含まれる何かからというよりも、むしろ、偶然に生じたものであったように思われる。このような発見がなされた特定の時期にかけて、軍事力における優位性が、たまたまヨーロッパ人側できわめて大きかったため、刑罰を受けることもなく、あらゆる種類の不法行為をこのような遠隔の地で犯すことが可能であった。おそらく今後、このような地方の住民がいっそう強くなるか、あるいは、ヨーロッパの住民がいっそう弱くなる可能性があり、世界のさまざまな地域すべての居住者は、相互に恐怖心を抱かせることによって、独立心旺盛な国民の不法行為を脅しつけて、相互の権利に一定の敬意を払うように抑制させることくらい実行できる勇気と力の点で、対等な地点に到達する可能性がある。だが、この力の対等性を確立する傾向にあるものとしては、すべての国の間の包括的な通商《コマース》が、自然に、あるいはむしろ必然的に、それが一緒に伝える知識やあらゆる種類の改良の相互的な交流に勝るものなど、存在しないように思われる。

81　このような発見の主要な効果は、その間だけ、それ以外の方法ではけっして達成できなかった輝きと栄光を放つほどまで重商主義体系を高めることであった。その体系の目標は、改良と土地の耕作というよりも、貿易と製造業によって、つまり地方の産業というよりも都市の産業によって、大国を金持ちにすることである。だが、このような発見の結果として、ヨーロッパの商業都市は、世界のごく小さな部分（海岸が大西洋に面しているヨーロッパの一部、およびバルト海と地中海周辺の地方）にすぎないもののための製造業者と運送業者である代わりに、今では、繁栄している無数のアメリカの耕作者のための製造業者になっているし、さらに、アジア、アフリカ、およびアメリカなど、さまざまなほとんどすべての国民のための運送業者——ある面から見れば製造業者でもあるが——になっている。二つの新世界がヨーロッパの産業に開放されてきたが、新世界は、それぞれ旧世界よりもはるかに大きくてずっと広範であり、そのうちのひとつの市場は、日々ますます大きく成長しつつあるのである。

82　アメリカに植民地を保有し、東インドと直接貿易を行う国は、実際、この巨大な通商がもつすべての外見と輝きを享受している。しかしながら、他の国は、彼らを排除するという意味をもつあらゆる差別的な制約にもかかわらず、しばしばその実質的な利益の大きな分け前を享受している。たとえば、スペインとポルトガルの植民地は、スペインとポルトガルの産業に対する奨励を上回る実際の奨励を、他国の産業に与えている。このような植民地の消費は、麻織物という単一品目だけで、年間、正貨で三〇〇万ポンド――しかし、この数値を保証するとはとても言えないが――以上に達すると言われている。だが、この大きな消費のほとんどはフランス、フランドル、オランダおよびドイツによって供給されている。スペインとポルトガルは、そのごく小さな一部しか提供していない。この大量の麻織物を植民地に供給している資本は、このような他の国々の住民の間に年々割り当てられ、彼らに収入を提供する。その利潤だけがスペインとポルトガルで支出され、カディスとリスボンの商人の贅を尽くした浪費を支えるために役立つのである。

83　それぞれの国民が、自国の植民地の独占的貿易を自分たちに確保しようと努力する手段である規制でさえ、それが設立された相手国に対してよりも、優遇するためにそれが設立された国に対して、いっそう有害なことがしばしばある。他の国の産業に対する不公平な抑圧は、そう言って良ければ、抑圧者の頭上に戻って来て、他の国の産業以上に自国の産業を押しつぶすのである。たとえば、このような規制によって、ハンブルクの商人は、アメリカに送ることになっている麻織物をロンドンに送らなければならないし、ドイツの市場に行くことになっているタバコを、そこからもち帰らなければならないのだが、その理由は、前者を直接アメリカに送ることも、後者を直接そこからもち帰ることも、不可能だからである。この規制によって、おそらく彼は、規制がない場合よりも、麻織物を幾分か安く販売し、タバコを幾分か高価に購入することを余儀なくされ、こうして彼の利潤は、この方法でおそらく幾分か削減されるだろう。

しかしながら、このハンブルクとロンドン間の貿易において、たとえアメリカの支払いはロンドンのそれと同じくらい予定通りになされるという事実に反するような前提を置いたとしても、ハンブルクの商人は、アメリカとの直接貿易で実現できるであろうよりももっと迅速に、彼の資本の収益《リターン》を受け取ることができるのは間違いない。それゆえ、このような規制がハンブルクの商人に限定する貿易では、この商人の資本は、彼が締め出された貿易で達成できる可能性があったものを大きく上回る量のドイツの組織的労働を、恒常的に雇っておくことができる。それゆえ、前者の利用は、彼にとって後者のそれに較べて利益が少ない可能性はあるが、彼の国にとって利益が少ないものであるはずがない。独占がロンドン商人の資本を自然に引き寄せる――と言って良いとすれば――仕事については、まったく別である。おそらくそのような仕事は、彼にとっては、他の大部分の仕事よりももっと利益がある可能性があるが、しかし、循環《リターン》に長い時間かかるため、それは彼の国にとってもっと有利であるはずがない。

84　それゆえ、自国の植民地貿易がもつ利益の全部を自国で独占しようとする、ヨーロッパのすべての国の不公平な試みにもかかわらず、植民地に対して振り回す圧政的権力を、平和時に維持し、戦時に防衛するための支出以外の何かを自国で独占できた国など、存在しないのである。自国の植民地保有に由来する不都合は、すべての国が残らず自国で吸収してきた。植民地貿易に由来する利益は、多くの他の国と分け合うことを余儀なくされたのである。

85 アメリカの巨大な通商を独占することは、一見の限り、間違いなく自然にもっとも高い価値をもつ獲得物であると感じられる。政治と戦争がごっちゃになった混乱の真っただ中で、軽薄な野心に付き物の識別力が足りない眼には、そのために戦うきわめて幻惑的な対象として、自然に心に浮かぶのである。しかしながら、対象がもつ幻惑的な輝き、つまり商業がもつ計り知れない卓越性は、その独占を有害なものにする性質そのものであり、それ自体の本質からして、必然的にひとつの仕事を他の大部分の仕事よりも国にとって利益が少ないものにし、そうでない場合に自然に生じたであろうものに較べ、国の資本のずっと大きな部分をそこで利用させることになる。

86 あらゆる国の商業に用いられる元本《マーカンタイル・ストック》は、本書第二編で明らかにしたように、その国にとってもっとも有利な仕事を、自然に――もしそう言って良ければ――捜し出す。それが中継貿易に利用される場合には、元本が属する国は、当該の元本が国の貿易を担うすべての国の財貨のための商業中心地になるだろう。だが、元本の所有者は、このような財貨のうち、可能なかぎり多くの部分を自国で処分したい、とかならず希望する。こうすることによって、彼は輸出に伴う手数、リスク、および経費を省くことになり、そしてこの理由から、たんにずっと低い価格のためだけでなく、それを海外に送れば獲得が期待できるものより幾分低い利潤で、喜んで自国で販売しようとするだろう。それゆえ、彼は可能なかぎり自分の中継貿易を消費のための外国貿易へ充てようと、自然に努力するだろう。彼の元本がふたたび消費のための外国貿易に用いられる場合、同じ理由から、彼は可能なかぎりより多くの国内の財貨――どこか外国の市場に輸出するために手に入れる財貨――を、喜んで国内で処分しようとするだろうし、こうして可能なかぎり、消費のための外国貿易を国内取引へ向けようと努力するだろう。

あらゆる国の商業に用いられる元本は、このような仕方で、自然に近くにある事業を求め、遠くにあるそれを回避する、つまり、収益が頻繁に入る事業を求め、時間がかかって遅い事業を回避するわけであって、それが属する、つまりその所有者が居住している国で最大の生産的労働量を維持することが可能な事業を自然に求め、国内でもっとも少ない量の生産的労働しか維持できないような事業を遠ざける。それは、通常の場合なら、もっとも有利な事業を自然に求めるし、また、通常の場合なら、その国にとってもっとも利益が少ない事業を、自然に回避するのである。

87　だが、通常の場合、このような国にとってあまり有利ではない遠隔地の事業のどれかが、利潤が偶然そのより近い所との事業に対する当然な選好を均等化するほど十分高く上昇するようなことが発生すれば、この利潤の卓越性は、すべての事業の利潤がその適切な水準に戻るまで、このような近い所との事業から元本を引き寄せることになろう。しかしながら、このような利潤の卓越性は、社会における実際の状況のなかで、このような遠く離れた所との事業が、他の事業との割合で見るといくらか元本不足であること、つまり、その社会の中で遂行されているさまざまなすべての事業の間に、もっとも適切な方法でその社会の元本が配分されていないことの証拠である。それは、何かがそうあるべきものよりも安い価格で買われたり、高い価格で売られたりしていること、すなわち、さまざまに異なる市民階級の間で生じるべきもの、しかも、自然に生じるような平等にとって都合がよいものよりも、より多く支払い、より少なく手に入れることによって、多少なりともある特定の階級の市民が抑圧されていることの証拠なのである。等額の資本が、遠く離れた所との事業において、近い所との事業と等量の生産的労働を維持することはけっしてないが、それでもなお、遠く離れた所との事業が取り引きする財貨は、おそらく、より近い所との数多くの事業を遂行するために必要なものであるから、遠く離れた所との事業は、近い所との事業と同様に、社会の福祉にとって不可欠なものである可能性があるだろう。

だが、そのような財貨を取り引きする事業の利潤が、それにふさわしい水準を上回っているとすれば、このような財貨は当然そうあるべき価格よりも高い価格、つまりその自然価格よりも幾分か高価に販売されているだろうから、より近い所との取引に従事しているすべての事業が、この高価格によって多少とも圧迫されるであろう。それゆえこの場合、近い所と取り引きする事業の関係者は、遠隔地と取り引きする事業の利潤を、それにふさわしい水準に、つまり、それが取り引きする財貨の価格をその自然価格に引き下げるために、このような近い所と取り引きする事業からいくらかの元本が引き上げられて、遠く離れた所との事業に振り向けられなければならない、と要求するだろう。このような例外的な場合、公共の利益《パブリック・インテレスト》が求めることは、通常の場合なら、より有利なこのような事業から一定の元本が引き上げられて、公共にとってあまり有利ではない事業へ向けられるべきだということであるから、このような例外的な場合には、人間のもつ自然な関心と性向が、他のすべての通常の場合と同様に公共の利益と正確に一致して、近い所との事業から元本を引き上げて、それを遠い所との事業に振り向ける気にさせるのである。

88　私的利益と個人の激情《パッション》が、通常の場合に、社会にとってもっとも有利な事業に各自の元本を振り向ける気持ちにするのは、このようにしてなのである。だが、人間がこの生来の選好から、このような事業に対してあまりにも多くの元本を振り向けた場合、その事業における利潤の低落と他のすべての事業における利潤の上昇が、この誤った分配を即座に変更しようとする気持ちを彼らに抱かせる。それゆえ、法律による介入などまったくなくても、私的利益と人間の激情が、あらゆる社会の元本を、そこで遂行されているさまざまな事業のすべての間に、社会全体の利益にもっとも一致するような比率で分割して分配できるように、自然に人間を導くのである。

89　重商主義体系のさまざまな規制はすべて、この自然でもっとも有利な元本の配分を必然的に多少とも混乱させる。だが、アメリカや東インドとの貿易にかんする規制は、この二つの大陸への貿易が、あらゆる他の二つの貿易分野よりもはるかに多量の元本を吸い寄せるため、他のどこに対するものよりも、おそらく混乱させる程度が大きいだろう。しかしながら、このような二つの異なった分野で混乱を引き起こしている規制は、まったく等しいわけではない。独占は、両者の重要なエンジンであるが、しかし、それは異なった種類の独占である。ひとつの種類あるいはもうひとつ別の種類の独占が、事実、重商主義体系の唯一のエンジンであると思われる。

90　対アメリカ貿易では、どの国も自国の植民地市場のすべてを、そことの間のあらゆる直接貿易から他の国を明確に排除することにより、可能なかぎり独占しようと努めている。一六世紀の大部分をつうじて、ポルトガル人は、東インドに至る航路を最初に発見したという功績を根拠に、インド洋における単独の航海権を主張することによって、そことの貿易を同じ方法で管理しようと努力した。オランダ人は、今なおヨーロッパの他のすべての国民を、彼らの香料諸島《スパイス・アイランド》〔モルッカ諸島のこと〕との直接貿易から排除している。この種類の独占は、明らかにヨーロッパの他のすべての国民に対して確立されたものであり、それによって他の国民は、彼らの元本の一部分を振り向けることが、彼らにとって好都合な貿易から排除されるだけでなく、彼らがその生産地から自分自身で直接輸入できる場合、それよりも幾分か高価格で、その貿易が取り引きしている財貨を購入するように強いられる。

91 だが、ポルトガルの力が衰退して以降、ヨーロッパの国はどこもインド洋の排他的航海権を主張せず、その主要な港は、今ではヨーロッパのすべての国民に開かれている。しかしながら、ポルトガルやここ数年のフランスを除き、東インドとの貿易は、ヨーロッパのすべての国で排他的な会社によって支配されてきた。この種の独占は、それを設立するまさに同じ国民に対して、固有に確立されたものである。その国民の大部分は、それによって彼らの元本の一部を振り向けるのが有利な貿易から排除されるだけでなく、その貿易が取り扱う財貨を、そのすべてが同国人に対して開放されて自由になっている場合に較べ、幾分か高価に購入することをも、強いられるのである。たとえば、イギリスの東インド会社の創設以降、イングランドの他の住民は、その貿易から排除されてきたことに加え、彼らが消費する東インドの財貨の代価のなかで、独占の結果としてその会社がこのような財貨にもとづいて獲得した可能性がある並外れた利潤のすべてだけでなく、これほど巨大な会社における業務の管理につきものの詐欺や乱用が、必然的に引き起こしたにちがいない並々ならぬ浪費のすべてを、支払ってきたはずである。それゆえ、この第二の種類の独占の不合理は、第一の種類のものよりもはるかに明白である。

92 この種の独占は、両方とも社会に存在する元本の自然な配分を大なり小なり混乱させるが、しかし、かならずしも同じ方法でそれを混乱させるわけではない。

93 第一の種類の独占は、自発的にその貿易に向かうものより大きな割合の社会の元本を、独占が確立された特定の貿易に引き寄せるのが常である。

94 第二の種類の独占は、時には独占が確立された特定の貿易に元本を引き寄せる可能性があるが、また時には、異なる状況に応じて元本を追い払う可能性もある。貧しい国では、独占は、そうでない場合に向かうであろうものに較べ、より多くの元本を自然にその貿易に引き寄せる。豊かな国では、独占は、そうでない場合に向かうであろうものに較べ、相当多量の元本を自然にそこから追い払う。

95 たとえば、スウェーデンやデンマークのような貧しい国は、その貿易が独占的な会社に支配されなかったら、おそらく東インドへ一隻の船も送ることはなかっただろう。そのような会社の設立は、かならず冒険家を奮いたたせる。彼らがもつ独占権は、国内市場ですべての競争相手に対して冒険家を守るし、さらに、海外市場にかんして他国の貿易業者と同じ商機をもっている。彼らの独占権は、相当量の財貨に対する大きな利潤の確実性、つまり、大量の財貨に対する少なからぬ利潤の機会を彼らに与える。そのような特別な助成がなければ、そのような貧乏な国の貧弱な貿易業者が、東インドとの貿易のようなきわめて遠くて不確実な冒険——当然、彼らにはそう見えていたはずの冒険——に、所有するわずかな資本をすべてつぎ込むなどという考えをもつことは、おそらくなかっただろう。

96 これとは逆に、オランダのような豊かな国は、自由貿易の場合であれば、おそらく実際よりももっと多くの船を東インドに送ったであろう。オランダ東インド会社の限られた元本が、そうでなければそこへ向かうような多くの大商業資本を、その貿易から排除しているのである。オランダの商業資本はきわめて大きいため、言ってみれば、絶えず溢れ出しており、時には外国の国債に、また時には外国の私的な貿易業者や冒険商人への貸付に、時にはもっとも迂回的な消費のための外国貿易に、そして時には中継貿易にという具合である。近い所との事業はすべて完全に満たされているし、満足しうる利潤とともにそのような事業に投下可能な資本は、すでにすべてそのような事業に投下済みであるから、必然的にオランダの資本は、もっとも離れた所との事業に流れ込むことになる。東インドとの貿易は、もしそれがまったく自由であったなら、多分この有り余るほどの資本の大部分を吸収したことであろう。東インドは、ヨーロッパの製造品およびアメリカの他のいくつかの生産物や金銀の両方に対する市場、つまり、ヨーロッパとアメリカ両方を一緒にしたよりも大きくて広範な市場を、提供しているのである。

97 元本の自然な配分における攪乱はすべて、そうでなければ向かったような元本を特定の貿易から排斥することに起因するものであろうと、あるいは、そうでなければそこに流入しなかったような特定の貿易に引き寄せることに起因するものであろうと、そのような事態が起きている社会にとっては必然的に有害なものである。もし排他的な会社がまったく存在しなければ、オランダの東インド貿易は実際のものよりもずっと大きかっただろうから、その国は、その分だけその資本をもっとも好都合な事業から排除することによって、相当大きな損失をこうむったはずである。そして同様な仕方で、排他的な会社がまったく存在しなければ、スウェーデンやデンマークの東インド貿易は現実のものよりも少ないか、あるいは多分より可能性があることだが、まったく存在しなかっただろうから、この二つの国は同様に、彼らの資本の一部を両国の現状には大なり小なり適合していないにちがいない事業へ引き込むことによって、同様に相当大きな損失をこうむっているはずである。おそらく、現状において両国にとってより望ましいことは、たとえ多少高く支払うようになっても、東インドの財貨を他の国から購入すること、すなわち、両国の小さな資本のあれほど大きな部分を、収益が上がるのがきわめて遅く、その資本がごく少量の生産的労働しか国内で維持できない遠く離れた貿易に振り向けるよりも、生産的労働がおおいに不足し、あまりにも小規模なことしかなされず、なされるべきことがたくさんある国内に振り向けることなのである。

98　それゆえ、独占的な会社なしでは、個々の国が東インドとの直接貿易を遂行できるようにならないにしても、それを理由に、そのような会社がその国で設立されるべきであるということになるわけではなく、要するにそのような国は、そのような状況の下で東インドと直接貿易するべきではない、というだけのことである。そのような会社が東インド貿易を遂行するために一般的に不可欠なわけではないということは、続けて一世紀以上の間、まったく独占的な会社をもたずに東インド貿易の利益をまるまる享受してきたポルトガル人の経験によって、十分に証明されている。

99　私人である一人の商人が、向こう側に時折派遣可能な船舶に財貨を提供するため、東インドのさまざまな港に代理業者《ファクター》や代理人を維持する十分な資本を確保することなど不可能だと言われてきたし、さらにまた、商人がこれを実現できなければ、船荷を見つけだす困難が彼の船が戻ってくるための理由を失わせるし、それほど長期にわたる遅延に伴う経費は、冒険事業の利潤のすべてを食い潰すだけでなく、しばしばかなり巨額な損失を引き起こすことにもなるだろう。しかしながら、この主張は、たとえそれが何かを証明しているとしても、大きな貿易部門は、どれひとつ排他的な会社無しで運営できないということ――これは、あらゆる国民の経験に反している――を証明するものではあるまい。私人である一人の商人が保有する資本で、主要な部門を経営するために続けられる必要がある付属的な部門のすべてを経営するために十分足りる、というような大規模な貿易部門などあるはずがない。だが、一国の国民《ネイション》が、なにか大規模な貿易部門を営む準備を整えた時、一部の商人が自然に彼らの資本を主要な貿易に、また一部の商人がその付随的な貿易部門に資本を注ぐ結果、さまざまな貿易部門のすべてがこのような仕方で経営されるとはいえ、しかし、そのすべてが一人の私的な商人の資本によって経営されるということは、まず発生しない。

それゆえ、一国の国民が東インド貿易を営む準備を整えた時、その資本の一定部分は、自然にその貿易のさまざまな部門全体に自然に分かれていくだろう。その商人のなかには、東インドに住み、そこでヨーロッパに住む他の商人によって派遣される船のために自分の資本を利用して財貨を手配することが、自身の利益だと理解する者もいるだろう。ヨーロッパのさまざまな国民が東インドで確保した居留地《セトルメント》は、もしそれが主権者に属し、その直接の保護を受けている排他的な会社から受け取ったものである場合には、住民に安全と安心を与えるだろう。もしある特定の時期に、自発的に東インド貿易に向かい、関心を抱く――そう言って良ければ――国の資本の一部が、そのさまざまな部門全部を遂行するために十分でなければ、それは、その特定の時期に、その国がまだ東インド貿易の準備が整っておらず、しばらくの間は、自分自身で直接東インドから輸入するよりも、他のヨーロッパ諸国から必要な東インド産の財貨を、たとえより高い価格であっても購入するほうが有利だ、という証拠であろう。このような財貨の高価格によって失われるものが、その国の資本の大部分が、東インドとの直接貿易よりももっと必要とされ、もっと有用であり、その状況と立場にもっとよく適合している他の事業から、注意力の散漫によってこうむる可能性がある損失と等しい、ということなど滅多に起きるはずがなかろう。

100 ヨーロッパの人々がアフリカ沿岸や東インドにかなり多くの大規模な居留地を保有しているが、彼らはこのいずれにおいても、アメリカの島や大陸の居留地のように数多くの繁栄している植民地をまだ確立していない。しかしながら、アフリカには、東インドという一般的な名称のもとに理解されているいくつかの国と同様に、未開の国民が居住している。だが、このような国民は、貧窮していて無力なアメリカ原住民のように弱くて無防備ではけっしてなかったし、さらに、彼らの住む土地が自然にもっている豊饒さのわりには、人口がはるかに多かった。アフリカや東インドのもっとも未開な国民は、ホッテントット〔現在では不適切とされる呼称である。発声音上の特徴からかつてはこのように呼ばれたが、南アフリカ共和国からナミビアの高原からカラハリ砂漠にかけて居住したコイコイ族やサン族のこと〕でさえそうであったように、羊や山羊などを飼う人々であった。だが、アメリカのあらゆる所に住む原住民は、メキシコとペルーを除き、たんなる狩猟民であって、豊饒さが等しい同じ広さの土地が維持しうる牧畜民と狩猟民の数には大きな違いがある。それゆえ、アフリカと東インドでは、原住民を退去させ、ヨーロッパ人の農場を、もともとの住民がもつ大部分の土地の全面に広げることは、はるかに困難なことであった。くわえて、排他的独占会社の精神は、すでに指摘してきたように、新植民地の成長にとっては望ましいものではなく、おそらくそれが、東インドで彼らが成し遂げた進歩がごくわずかになった主要な原因であった。ポルトガル人は、排他的独占会社をもたずにアフリカと東インド両方の貿易を遂行したし、アフリカ沿岸に位置するコンゴ、アンゴラ、およびベンゲラ、さらに東インドのゴアにある彼らの定植地は、迷信にもとづく慣習や劣悪な統治によってひどく悩まされたとはいえ、しかしなお、アメリカ植民地といくらか類似点をもっており、部分的ではあれ、そこを設立したポルトガル人が数世代にわたり居住している。

喜望峰とバタヴィア〔ジャカルタの旧称〕にあるオランダの入植地は、ヨーロッパ人がアフリカあるいは東インドで設立したもののうち、現在もっとも際立っている植民地であり、この入植地は、両者ともとりわけ立地条件に恵まれている。喜望峰には、アメリカの原住民と同様に、未開でほとんど防衛能力をもたない民族が居住していた。くわえてそれは、ヨーロッパと東インドの間の中間点——そう言って良いとすれば——であって、ほとんどすべてのヨーロッパの船舶は、往路においても復路においても、そこである程度停泊する。このような船舶に、あらゆる種類の新鮮な食料、果物や時にワインを供給することは、それだけで、植民地の人々の余剰生産物に対するきわめて大きな市場をもたらすのである。

喜望峰がヨーロッパと東インドのすべての所の間にあるのと同じくらい、バタヴィアは東インドの主要な国々の間にある。バタヴィアはインドスタンから中国や日本に至るもっとも頻繁に使われる海路上に位置しており、その海路のほぼ中間点にある。ヨーロッパと中国の間を航海するほとんどすべての船もまたバタヴィアに寄港するうえ、このすべてに加え、そこは東インドの地方取引と呼ばれるものの中心地であり主要な市場であって、たんにヨーロッパ人によって遂行される部分だけでなく、原住のインド人によって遂行される部分から成り立っていて、トンキン〔現在のベトナム北部〕、マラッカ、コーチシナ〔現在のベトナム南部〕およびセレベス諸島の住民によって操舵されている中国や日本の船舶が、その港で頻繁に目撃されている。このような有利な状況が、排他的独占会社の暴虐な気風が折にふれてその成長を抑え込みかねないあらゆる障害を、この二つの植民地が乗り越えられるようにしているのである。それが、おそらく世界一健康に悪い気候という不利な状態を、バタヴィアが克服できるようにしたのである。

101 イングランドとオランダの会社は、先に言及した二ヵ所を除き、ともに大規模な植民地を確立しなかったが、両方とも東インドで相当大きな征服を行った。だが、両者がその新しい被統治者を支配した方法のなかに、排他的独占会社がもつ自然な気風がもっとも明瞭に現れている。香料諸島では、オランダ人は、彼らが十分だと考えるような利潤を伴ってヨーロッパで処理できると期待する量を超える豊作年の生産物を、すべて焼却すると言われている。彼らが居留地を確保していない島では、そこで自然に育っている丁子《ちょうじ》〔香料の一種〕やナツメグ〔香料の一種〕の木の蕾や若芽を集めてきた人々に賞金を与えるが、このような乱暴な政策のため、このような樹木は、今ではほとんど根絶されてしまったと言われている。彼らが居留地をもつ島においてさえ、彼らはこのような樹木の数を著しく減少させた、と言われている。彼ら自身の島の生産物でさえ、彼らの市場に適合する量を大きく超えた場合、その一部を原住民が他の国民にひそかに譲渡する方法を見つける可能性があると彼らは疑い、自分たちの独占を確保するための最良の方法は、彼ら自身が市場に運ぶ以上のものを栽培させないように用心することだ、と想像するのである。彼らは、さまざまな弾圧手段を用いて、モルッカ諸島のいくつかの島の人口を、彼ら自身の小さな守備隊、さらには時々香料の積荷を求めてやってくる彼らの船舶に新鮮な食料と他の生活必需品を供給するために足りる数近くまで、減少させた。しかしながら、ポルトガル人の統治下においてさえ、このような島にはほどほどの人口が居住していた、と言われている。

イギリスの会社は、まだベンガルでそれほど完全に破壊的な体制を作り上げる時間が経過していない。しかしながら、彼らの統治方針はまったく同じ傾向をもっていた。私が確信をもって言えることは、在外商館の長官、すなわち筆頭書記官が、立派なケシ畑を鋤き返し、そこにコメや他の穀物の種を蒔くように農民に命令することは、けっして珍しいことではないということである。口実は食料不足を予防することであったが、本当の理由は、その時たまたま手許にあった大量のアヘンを、良い価格で売却する機会を長官に与えることであった。別の機会には、命令はまったく逆転され、長官がアヘンで並外れた利潤を上げられそうだと予見した時に、ケシ栽培用の土地を空けるため、コメや他の穀物の立派な田畑が鋤き返された。会社の従業員は、いろいろな場合に、たんに外国貿易に限ることなく、その国の国内取引においても、もっとも重要な部門のどこかで彼らに好都合な独占を確立しようと試みてきた。彼らが続けることを許されていたら、そのうちまた、彼らがこのようにして不法に独占を手に入れた特定の商品の生産を、自分たちが購入可能であるだけでなく、彼らが十分だと考えるような利潤を伴って販売できそうな量に抑制しようと試みないなどということが、ありうるはずがなかっただろう。一世紀か二世紀が経過するうちに、このような方法において、イギリスの会社はオランダの会社と同様にあらゆる点で有害であった、とおそらく判明することであろう。

102　しかしながら、征服した国の統治者が会社であることを考慮する限り、このような会社の真の利益にとって、このような有害な計画以上に直接もっと有利になることなど、あるはずがない。ほとんどすべての国で、統治者の収入は国民の収入から引き出される。それゆえ、国民の収入が大きければ大きいほど、国の土地と労働の年々の生産物が大きければ大きいほど、国民はいっそう多く統治者に与えることができるわけである。それゆえ、そのような年々の生産物を可能なかぎり大きく増やすことが、統治者の利益である。だが、もしこれがすべての統治者の利益だとするなら、自身の収入が、ベンガルの統治者のそれと同様に、土地の地代からもっぱら発生するような統治者には、とりわけそれが妥当することになろう。その地代は、必然的に生産物の量と価値に比例するにちがいなく、前者も後者も、ともに市場の広さ次第で決まるはずである。生産物の量は、いつでも、それに対して支払うことができる人々の消費に多かれ少なかれ正確に適合するだろうし、消費者が支払う価格は、いつでも、消費者の競争の熱烈さに比例するはずである。それゆえ、買い手の数とその間の競争を可能なかぎり多く増やすために、統治する国の生産物に対してもっとも広い市場を開き、もっとも完全な商取引の自由を許可すること、したがってこの理由からして、すべての独占だけでなく、国内生産物を国内の一部から他の所へ輸送すること、および外国への輸出やそれと交換可能なすべての種類の財貨の輸入に対するあらゆる規制を廃止すること、これがそのような統治者の利益になるのである。統治者は、このような方法で、国の生産物の数量と価値の両方を、結果的に、それに対する分け前つまり彼自身の収入を、ほぼ間違いなく増やすだろう。

103 だが、商人の会社というものは、たとえそのようなものになった後でも、自らを統治者と考えることができないように思われる。取引《トレイド》、つまり転売するために購入することを、彼らはなお自らの主要な仕事だと考えており、そして奇妙な馬鹿げた言動によって、統治者の特徴を商人の特徴のたんなる付属物として、つまりそれに従属すべきものとしてつくられた何かであると、要するに、その手段を用いて、彼らがインドで安く買うことが可能になり、それによってヨーロッパで高い利潤とともに販売できる何かであると、みなすのである。彼らは、この目的から、彼らの統治に従っている国の市場から、可能なかぎりすべての競争相手を締め出すように、少なくとも、このような国の余剰生産物を、結果的に会社の需要を賄う程度の量を超えないように、すなわち、彼らが当然だと考えるような利潤とともにヨーロッパで販売が期待できる量に、減少させようと努力する。彼らが身に着けた商取引の習慣がこのような方法に駆り立てるのであって、多分無意識のうちであるとはいえ、ほとんど必然的に、通常の場合ならまず間違いなく独占主義者の些細で一時的な利潤を、大きくて永続的な統治者の収入よりも優先し、オランダ人がモルッカ諸島を取り扱うように、次第にそのような国を、会社の支配に従うべきものとして取り扱う気にさせるようである。

インド人の領土に運ばれるヨーロッパ産の財貨が、そこで可能なかぎり安価に販売されるべきだとか、インド産の財貨ができるだけ購入先で良い価格をもたらすように運送され、ヨーロッパで可能なかぎり高価で販売されるべきであるというのは、統治者としてみた場合の東インド会社の利益である。だが、商人としての会社の利益は、この真逆にある。統治者としてみれば、会社の利益は、統治する国の利益と正確に等しい。商人としてみると、会社の利益は、統治者の利益とまさに真反対なのである。

104 だが、そのような統治の精神が、ヨーロッパにおける統治の管理にかんするものについてさえ、このように本質的で、おそらく矯正不可能な欠陥であるとすれば、インドにおけるその管理については、なおのことそうであろう。インドの行政は、必然的に、間違いなくおおいに尊敬に値する商人の総督補佐機関《カウンシル》から構成されるわけだが、しかし商人とは、世界中どこを見渡しても、その業務に加え、人民を自然に威圧するような種類の権威——暴力を振るわなくても、人民の自発的な服従を意のままにできる権威——を身に着けた人物など、存在しない職業なのである。そのような総督補佐機関は、それに随伴している軍事力による以外には服従を求めることができず、それゆえ、植民地の統治は、必然的に軍事的で専制的になるわけである。しかしながら、彼らに固有の仕事とは、商人としてのそれである。それは、彼らに引き渡されたヨーロッパの財貨を、主人のために販売し、代わりにヨーロッパ市場向けのインドの財貨を購入することである。それは前者をできるだけ高価で売り、後者をできるだけ安価に購入することであり、こうして結果的に、彼らが店を構えている特定の市場から、あらゆる競争相手を可能なかぎり排除することである。それは統治を独占の利益に従属させ、結果的に、すくなくとも植民地の余剰生産物のいくつかの部門を、会社の需要にかろうじて応えるだけの成長に留めてしまう傾向をもっている。

105 くわえて、行政機関の構成員は多かれ少なかれ自分ために取り引きするのであって、彼らにそうしないよう禁止しても無駄である。一万マイル遠くに離れ、結果的に、ほとんど視界の外にある大きな会計事務所の事務員に、雇い主からの単純な命令にもとづいて、自分自身の勘定で何かの事業をすることを即刻諦めさせ、その手段を彼らが手中に収めている一財産築くなどという希望をすべて放棄させたうえで、さらに、会社の取引がもたらし得る実際の利潤と同じくらい一般的に大きいとはいえ、このような雇い主が彼らに支払う並の給与——並ではあっても滅多に増額されない給与——で彼らを満足させられるという期待ほど、どこから見ても愚かなことがあるはずがない。そのような状況の中で、会社の従業員が自分自身の勘定で取り引きするなと禁止することは、彼らの雇い主《マスター》の命令を実行するふりをしながら、上級の役員が、自分たちの不満ゆえに、そのような下級事務員の取引が不首尾に終わるように押しつぶすことができる影響力以外のものをもつことなど、滅多にあるまい。従業員は、自分の私的な取引に好都合なように、会社の表向き《パブリック》の取引と同じ独占を確立するように、自然に努力する。もし彼らが望むように活動することを許されたら、彼らが取り引きしようと選んだ品物の取引を、他のすべての人々にはっきりと禁止すること——多分これが、独占を確立するための最良で、もっとも過酷でない——により、彼らは公然かつ率直に、この独占を確立するだろう。

だが、たとえヨーロッパからの命令によって、彼らがこのように振る舞うことを禁止されたとしても、それにもかかわらず、彼らは秘密裏に、しかも間接的に、その国にとってはるかに破壊的な方法で、同じ種類の独占を確立しようと努力するだろう。彼らは、秘密にするか、すくなくとも表向きには明言したりせず、彼らが経営しようと決めたあらゆる商業分野で、代理人という手段を用いて、彼らの邪魔になる人々を困らせたり破滅させたりするために、政府がもつすべての権力を利用し、司法の管理を堕落させるだろう。だが、従業員の私的な取引は、自然に、会社の表向きの取引よりも著しく多様な商品に拡大していくだろう。会社の表向きの取引は、ヨーロッパとの貿易以上には広がらず、その国の外国貿易の一部を含むにすぎない。しかし、従業員の私的な取引は、国内取引と外国貿易の両方を含む、さまざまな分野のすべてに拡大する可能性があるだろう。

会社による独占は、自由貿易の場合に、ヨーロッパに輸出される余剰生産物の該当部分の自然な成長を、妨げる傾向をもち得るにすぎない。従業員による独占は、彼らが取り扱おうと決めた生産物のすべての部分——輸出用のものだけでなく、国内消費用のもの——の自然な増加を妨げ、そして結果的に、国全体の耕作を弱体化し、その住民数を減少させる。それは、会社の従業員が取引に選んだ場合には、このような従業員が購入し、彼らが満足するような利潤とともに売却すると期待できるあらゆる種類の生産物——生活必需品さえ含んでいる——の量を、減少させる傾向をもっているのである。

106 また置かれた状況の性質からして、従業員は、彼らの雇い主が彼らを守り得る以上に、彼らが統治する国の利益に逆らってでも、自分の利益を過酷なほど厳しく守る気持ちになるはずである。その国は雇い主のものであって、彼らは、自分たちに属する利益に一定の注意を払わざるをえない。だが、それは従業員に属するものではない。雇い主の真実の利益は、もし彼らがそれを理解できるなら、その国の利益と同一であり、*およそ彼らがそれを押しつぶすのは、主として無知、および重商主義的偏見の卑劣さに由来している。だが、従業員の真の利益は、けっして国の利益と同一ではないから、これ以上ないほど完全な知識が彼らの圧制を終わらせるとは限らないだろう。したがって、ヨーロッパから与えられた規制は、しばしば弱くはあっても、ほとんどの場合善意から出たものであった。インドの従業員によって確立された規制のなかには、時々、より多くの知性とそれほどでもない善意が現れていた。それは、行政府のすべての構成員がその国から出たがるというきわめて独特な統治であり、結果的に、可能なかぎり早く統治にかかわる仕事をなし終え、彼がその職を離れて保有するすべての富をもち出した次の日に国の全土が地震によってのみ込まれてしまったとしても、当の人物の利害関心からすれば、まったく無関係になってしまうのである。

*しかしながら、東インド会社株《インディア・ストック》のあらゆる所有者の利益は、彼の投票が自分自身に政府内部における何らかの影響力をもたらす国の利益と、けっして同一ではない。本書第五編第一章第三節を参照〔この脚注は、第二版への増補つまり第三版における増補時に、以前の少し長い説明から変更・挿入されたものだが、内容的には、東インド会社の歴史を、株式会社の一般理論のなかでさらに詳しく検討した箇所への参照を示すものであるから、第二版までの脚注の訳出は省略した〕。

107 しかしながら、以上述べてきたことによって、東インド会社の従業員の一般的特徴にかんして、まして特定の個人のそれにかんして、何か気に食わない非難みたいなものを投げかける気持ちなど、私にはまったくない。私が批判したいのは、統治の体制、つまり彼らが置かれた立場であって、そこで活動している人々の特徴ではない。彼らは、彼らの立場が自然に導くように行動したのであって、彼らを大声で怒鳴りつけてきた人々は、おそらく、自分自身が上手に振る舞えなかったのであろう。戦時や交渉中に、マドラス〔現在のチェンナイ〕やカルカッタ〔現在のコルカタ〕の総督補佐機関は、ローマ共和国が栄光に包まれていた時代に、元老院の面目を施したような覚悟と明確な英知をもって振る舞うことが、少なからずあった。しかしながら、このような総督補佐機関の面々は、戦争や政治とはまったく異なった専門家として育ってきた。だが、彼らの立場だけが、教育も、経験も、さらには模範も無しに、そこで求められる偉大な資質を自分自身で同時に作り上げ、彼ら自身がもっていると明確に自覚できるはずもなかった能力と徳の両方を、呼び覚ましたように思われる。それゆえ、何か事が起きて、彼らに期待されていなかった寛大な振る舞いが彼らに呼び覚まされたとすれば、別の事が起きて、それが幾分異なった性質の偉業を彼らに起こさせたとしても、何の不思議もないだろう。

108 それゆえ、このような排他的な会社は、あらゆる点で厄介なものであって、それが設立された国にとっては、つねに多少とも迷惑なものであり、運悪くそのような会社による統治下に置かれた国にとっては、破壊的なものなのである。

第八章　重商主義の体系にかんする結論〔本章全体は『増補と改訂』および第三版で追加された〕

1　あらゆる国を豊かにすると重商主義の体系が提案する二つの大きなエンジンは輸出の奨励と輸入の抑制であるが、とはいえいくつかの特定の商品についてみると、それは、輸出を抑制して輸入を奨励するという、逆の計画に従っているように思われる。しかしながら、それが厚かましくも言うことには、その究極的な目的はつねに同一であって、有利な貿易収支によって国を富ませることにあるらしい。それは、我が国の労働者に強みを与え、すべての外国市場で他の国の製造業者を売り負かすことが可能になるように、製造業の原材料と仕事の道具類の輸出を抑制し、このような方法で、額が大きくない少数の商品の輸出を抑制し、はるかに大量かつ高価格の他の商品の輸出を引き起こす、と提案する。それは、我が国の人々がより安価に製品を仕上げることが可能になるように、製造業の原材料の輸入を奨励し、そうすることにより、大量かつ高価な製造品の輸入を阻止するというわけである。

すくなくとも我が国の法令集のなかに、仕事道具の輸入に対して与えられた奨励を見つけることはできなかった。製造業がかなり高い程度にまで発展してくると、仕事道具の製造それ自体が、きわめて多数の高度な製造業の対象になってくる。そのような道具の輸入に特別な奨励を与えることは、このような製造業者の利益を妨害しすぎることになりかねない。それゆえ、そのようなものの輸入は、奨励される代わりに、しばしば禁止されてきた。こうしてアイルランドからのものや、海難や拿捕による財貨としてもち込まれたもの以外の羊毛用梳毛機は、エドワード四世治世三年に禁止されたのだが、この禁止はエリザベス治世三九年に更新され、その後の法律によって継続され、永続的なものになった。

2 製造業の原材料輸入は、ある時には他の商品に課された関税の免除によって、またある時には、助成金によって奨励された。

3 いくつかの異なった国からの羊毛の輸入、さらに、すべての国からの原綿、アイルランドやイギリス植民地産の未加工の亜麻、大部分の染料、未加工の獣皮の大部分、イギリス領グリーンランド漁場産のアザラシ皮、イギリス植民地産の銑鉄や棒鉄、さらには他のいくつかの製造業の原材料の輸入は、正式に税関を通過した場合、あらゆる関税を免除することにより奨励された。我が国の商人や製造業者の私的利益が、おそらく、他の大部分の通商上の規制と同様に、立法府からこのような免除を強引に引き出した可能性がある。しかしながら、それはまったく正当で合理的なものであって、もしそれが、国家の必要と一致して、製造業の他の原材料すべてにまで拡大されるとすれば、間違いなく国民が利益者になることだろう。

4 しかしながら、我が国の製造業者の強欲は、場合によっては、彼らの仕事の原料と正当に考えられるものをはるかに超えて、このような控除対象を拡張してきた。ジョージ二世治世二四年法律第四六号によって、外国産の無漂白麻糸の輸入に課せられる関税は、以前それに課されていたずっと高い関税、つまり帆布用撚糸一ポンド当たり六ペンス、すべてのフランスおよびオランダ産の帆布に対する一ポンド当たり一シリング、さらにすべてのプロシャおよびロシア産撚糸一ハンドレッド・ウェート〔一一二重量ポンド相当〕当たり二ポンド一三シリング四ペンスの代わりに、一重量ポンドにつきわずか一ペニーという少額の関税を課せられるようになった。だが、我が国の製造業者は、このような削減に長く満足してはいなかった。同王治世二九年法律第一五号、つまり、価格が一ヤードにつき一八ペンスを超えないイギリスとアイルランド産のリネンの輸出に対して助成金を与えた同じ法律によって、無漂白麻糸の輸入に対するこのわずかな関税さえ、廃止されてしまった。しかしながら、麻糸を整えるために必要なさまざまな作業においては、麻糸から麻織物を作るという一連の作業よりも、ずっと多くの組織的な労働が用いられる。亜麻《フラックス》の栽培者や亜麻糸を整える組織的な労働については言うまでもなく、一人の織布工に常時仕事を与えるためには、すくなくとも三人か四人の紡績工が必要であり、麻織物を整えるために必要な総労働量のうち五分の四以上は麻糸を整えるために用いられるわけだが、我が国の紡績工は貧しい人々――普通は女性――であり、何の援助も保護も受けることなく、国のあらゆるさまざまな地域に散在している。我が国の大規模製造業者が彼らの利潤を稼ぐのは、このような貧しい人々の成果の販売によってではなく、織布工が仕上げた成果の販売によってである。

仕上げられた製造品をできるだけ高く販売することが製造業者の利益であるように、その原材料をできるだけ安く購入することが、彼らの利益である。彼らが製造する麻織物の輸出助成金、すべての外国産麻織物の輸入に対する高関税、いくつかの種類のフランス産麻織物を国内で消費することの全面的な禁止、このようなことを立法府から強引に引き出すことによって、彼らは自分たちが製造した商品をできるだけ高価に売り捌こうと努力する。外国産の麻糸の輸入を奨励し、そうすることによって、我が国民によって作られる麻糸とそれを競争させ、彼らは、貧しい紡績工の成果を可能な限り早く、安く購入しようと努力する。彼らは、彼らが雇う織布工の賃金を、貧しい紡績工の稼ぎ同様に低く保つことに熱心であって、彼らが完成品の価格を引き上げたり、原材料の価格を引き下げたりしようと努力するのは、けっして職人の利益のためではない。我が国の重商主義体制によってもっぱら奨励されているのは、富者と有力者の利益のために遂行される産業である。貧乏人と窮乏者の利益のために遂行されているような産業は、無視されたり、抑圧されたりすることが多い。

5 麻織物の輸出に対する助成金も、外国産撚糸の輸入に対する関税の免除も、ともにわずか一五年間しか許可されていなかったが、しかし二つの異なった延長によって継続され、一七八六年六月二四日以降に開かれる、最初の議会の会期末に失効することになっている。

6 助成金によって製造業の原材料の輸入に対して与えられた奨励は、もっぱら我が国のアメリカ植民地から輸入されたものに限られてきた。

7 この種の助成金の最初のものは、今世紀〔一八世紀〕の初めごろ、アメリカ産の海軍軍需品《ネイヴァル・ストアーズ》〔兵器は含まない〕に対するものであった。この名称のもとに含まれるのは、帆柱用木材、帆桁および船首斜檣《バウスプリット》、さらに大麻《ヘンプ》〔その粗い繊維がロープなどに用いられた〕、タール、樹脂、松脂《テルペンチン》〔テレビン油の原料〕である。しかしながら、マスト用木材一トン当たり一ポンドとか、大麻一トン当たり六ポンドという助成金は、スコットランドからイングランドへ輸入されるようなものにまで拡張された。このような助成金は、ともに、それぞれ廃止されると認められていた時、つまりロープ用の麻は一七四一年一月一日、マスト用木材は一七八一年六月二四日以降に開催される最初の議会の閉会時まで、何の変更もなく、同率で継続された。

8 タール、樹脂および松脂に対する助成金は、継続中にいくつかの変更が加えられた。タールに対するそれは、もともと一トン当たり四ポンド、樹脂についても同額、そして松脂については一トン当たり三ポンドであった。タールに対する一トン当たり四ポンドの助成金は、後に特別な方法で整えられたものに限定され、他の良質で、混じり気がなく、市販可能なタールに対するそれは、一トン当たり二ポンド四シリングに減額された。樹脂に対する助成金も同様に、一トン当たり一ポンドに、さらに松脂に対するそれは一トン当たり一ポンド一〇シリングに減額された。

9 製造業の原材料の輸入に対する二番目——時期の順番からして——の助成金は、ジョージ二世治世二一年法律第三〇号によって、イギリス植民地産インディゴの輸入に対して与えられたものである。植民地産インディゴの価値が、最上質のフランス産インディゴ価格の四分の三であれば、それは、この法律によって一ポンド当たり六ペンスの助成金を授与された。この助成金は、ほとんどすべての他のものと同様に、期限を切って与えられたものだが、これは幾度かの延長によって継続されたものの、一ポンド当たり四ペンスに減額された。それは、一七八一年三月二五日以降の議会の会期終了時をもって廃止されると認められた。

10 この種の三番目の助成金は、ジョージ三世治世四年法律第二六号によって、イギリス植民地から輸入される大麻や未加工の亜麻に対して（我が国がアメリカ植民地にご機嫌取りをしたり、口論したりし始めた時とほぼ重なる時期に）与えられたものである。この助成金は、一七六四年六月二四日から一七八五年六月二四日までの二一年間授与された。最初の七年間、それは一トン当たり八ポンドのレート、次の七年間は六ポンド、そして最後の七年間は四ポンドと予定されていた。これは、気候があまりその生産物に適していなかったスコットランド（大麻は時にそこで栽培されるが、少量で、品質も劣る）には、広げられなかった。スコットランド産の亜麻のイングランドへの輸入に対するそのような助成金は、連合王国南部地域の地元生産物に対する大きな支障になっていたことだろう。

11　この種の四番目の助成金は、ジョージ三世治世五年法律第四五号によって、アメリカ産の木材輸入に対して与えられたものである。それは、一七六六年一月一日から一七七五年一月一日までの九年間授与された。最初の三年間、上質のモミ板一二〇枚に対して一ポンドというレートで、他の角材五〇立方フィートの積み荷ごとに一二シリング、というレートと定められていた。次の三年間は、モミ板に対して一五シリングというレートで、他の角材については八シリングのレートで、最後の三年間は、モミ板に対して一〇シリングというレートで、そして他の角材については、五シリングというレートと定められていた。

12　この種の五番目の助成金は、ジョージ三世治世九年法律第三八号によって、イギリス植民地産の生糸《ロウ・シルク》〔繭から繰り出したままの絹糸〕の輸入に対して与えられたものである。それは、一七七〇年一月一日から一七九一年一月一日までの二一年間与えられた。最初の七年間、それは一〇〇ポンドの査定額について二五ポンドのレート、次の七年間は二〇ポンド、最後の七年間は一五ポンドと定められていた。カイコの管理、さらに絹糸に仕上げることは、きわめて多くの手仕事労働を必要とするが、アメリカでは労働がきわめて高価なため、このような大きな助成金でさえ、それなりの成果を生み出しそうには思われない、と私は聞いている。

13 この種の六番目の助成金は、ジョージ三世治世一一年法律第五〇号によって、イギリス植民地からのワイン用の樽、大樽、および一バレル用の樽板と蓋の輸入に対して与えられた。それは、一七七二年一月一日から一七八一年一月一日までの九年間与えられた。最初の三年間、それは、それぞれの一定量に対して六ポンドのレート、次の三年間は四ポンド、そして最後の三年間は二ポンドであった。

14 この種の助成金の七番目で最後のものは、ジョージ三世治世一九年法律第三七号によって、アイルランド産大麻の輸入に対して与えられたものである。それは、アメリカ産の大麻と未加工の亜麻の輸入に対するそれと同じ方法で、二一年間、つまり一七七九年六月二四日から一八〇〇年六月二四日まで授与された。同様に、この期間は七年ずつの三期間に分けられ、この期間のそれぞれにおいて、アイルランド産の助成金のレートは、アメリカ産のそれと同一であった。しかしながら、アメリカ産の助成金のように、それは未加工亜麻の輸入にまで拡大されてはいない。それは、グレートブリテンにおけるその植物の栽培には乗り越え難い邪魔物でもあっただろう。この最後の助成金が授与された時、イギリスとアイルランドの立法府は、イギリスとアメリカの立法府が以前そうであったものに較べ、たがいにずっと良好な関係を保っていたわけではなかった。だが、このアイルランドに対する恩恵は、アメリカに対するものに較べ、ずっと幸先よく授与されたと期待できるだろう。

15 アメリカから輸入された場合に、我が国がこのように助成金を与えた同じ商品は、他のどの国から輸入されても、相当な関税を課せられた。我が国のアメリカ植民地の利益は、母国の利益と同一であるとみなされた。植民地の富は我が国の富である、と考えられたのである。そこに送り出された貨幣はすべて、貿易の釣り合いにもとづいて残らず我々の所に返ってくるから、植民地に注ぎ込むことができる支出によって、我が国が一ファージングなりとも貧しくなるはずはなかった。アメリカ植民地は、どこから見ても我々自身のものであるから、それは我々自身の所有地の改良に対して、さらに我が国の国民の有利な仕事のために、注ぎ込まれた支出であった。体系の愚かしさを暴露するためなら、いま余すところなく致命的な体験が暴露していること以上の何かを現時点で言う必要はない、というのが私の理解である。我が国のアメリカ植民地が本当にグレートブリテンの一部であったとすれば、このような助成金は、生産に対する助成金と考えられることが可能であるかもしれないが、その場合でもなお、他のものにではなく、そのような助成金に起因するあらゆる欠陥に対する責任は残るだろう。

16 製造業の原材料の輸出は、時には完全な禁止によって、また時には高率関税によって妨げられる。

17 我が国の毛織物製造業者は、国民の繁栄は、彼らが従事する特定の事業の成功と拡大に依存すると立法府を説得する点において、他のどの種類の職工よりもはるかに成功してきた。彼らは、外国製毛織物の輸入を絶対的に禁止することによって、消費者に不利になる独占を獲得しただけでなく、生きた羊と羊毛の同様の輸出禁止によって、牧羊業者と羊毛生産者に不利になるもうひとつの独占を、同様に獲得した。税収入の安定のために立法化された多くの法律の過酷さは、それを犯罪だと宣言した制定法よりも先立つものであればつねに無罪である、と理解されていた行為に重い刑罰を科すようなものであるから、苦情が申し立てられるのはまったく正当なことである。あえて明確に述べておきたいことだが、不条理で抑圧的な自分自身の独占を維持するために、我が国の商人や製造業者が熱烈に立法府に訴えて強引に引き出した法律に比べれば、我が国の歳入法のうちのもっとも過酷なものでさえ、軽くて寛大なものになる。ドラコンの法律〔紀元前七世紀後半に立法され、処罰の過酷さで有名なアテネ最初の制定法。ラテン語表記ではドラコと表記する〕と同様に、このような法律はことごとく血で書かれている、と言うことができるだろう。

18　エリザベス治世八年法律第三号によって、羊、子羊や雄羊の輸出業者は、初犯の場合には、保有商品すべての没収、一年間の収監、そのあと市の開催日に市場町で左手を切り落とされ、そこで釘で止めて晒されるが、再犯の場合には、重罪犯《フエロン》と申し渡され、したがって死刑に処せられることになった。我が国の羊が外国で繁殖されて飼育されないようにすることが、この法律の目的であったように思われる。チャールズ二世治世一三～一四年の法律第一八号によって、羊毛の輸出は重罪犯とされ、輸出した者は、重罪犯と同じ罰と財産の没収を余儀なくされた。

19　国民的な人間愛という名誉のためには、このような制定法のどれひとつとして、けっして施行されないことが望ましいであろう。しかしながら、私が知るかぎり、その法令の最初のものはまったく廃止されたことがなく、ホーキンズ上級法廷弁護士〔William Hawkins, 1681/2-1750. 刑法にかんする著作で知られた法律家〕は、今なおそれは効力を有すると理解しているように思われる。しかしながら、多分それはチャールズ二世治世一二年法律第三二号第三条——以前の制定法によって科された刑罰を明示的に取り除くことなく、代わりに、新しい刑罰を科した法律——によって、事実上廃止されたと考えることができよう。すなわち、輸出されたか、輸出されようとした羊一頭につき二〇シリングの罰金、およびそれに加えて、羊と船舶の所有者の持ち分の没収である。そのような法律の二番目のものは、ウィリアム三世治世七〜八年の法律二八号第四条によって、明確に廃止された。それによって以下のことが布告された。「チャールズ二世治世一三〜一四年の制定法は、なかんずく上述の法律のなかで言及されている羊毛の輸出に不利になるように作られており、同じものは重罪犯と宣告されるように立法されているとはいえ、処罰の過酷さゆえに、違反者の訴追が適切に実行されてこなかった。それゆえ、前述の権能によって、前述の罪を重犯罪に関連付ける前述の法律の該当部分は、廃止され無効にすると定める」。

20 しかしながら、このより緩和された制定法によって科されるものであれ、この新規のものによって廃止されていない——以前の制定法によって科された——ものであれ、刑罰はなお十分に過酷である。財貨の没収に加え、輸出者がこうむる罰金は、輸出されたか、そのように試みられた羊毛一重量ポンドにつき三シリングであるが、それは、その価値の約四倍か五倍に達する。商人であろうと他の人間であろうと、このような罪を宣告されたら、あらゆる代理人その他の人々から、自分自身に属する貸し勘定や借金を取り立てることは不可能になる。彼がこのような重たい罰金を支払えようと支払えまいと、彼の運命や財産は成り行き次第とすればよいのであって、その法律のねらいは、彼を完全に破滅させることにある。だが、大多数の人々の道徳は、まだこのような法律の考案者のものほど堕落していないから、このような条項のために何らかの利益を受けたことがあるなど、聞いたことがない。この罪で有罪を宣告された人間が、判決後三ヵ月以内に罰金を支払うことができなければ、その人物は七年間の流刑に処せられることになるし、もし刑期が終了する以前に帰還したりすれば、聖職者の特権〔もともと聖職者には世俗法が適用されなかったが、次第に非聖職者でも初犯の場合は、死刑を免除するという内容に変化し、英国では一九世紀前半に、米国では一九世紀後半には完全に消滅した〕は適用されず、重罪《フエロニー》という刑罰に処せられることになる。この違法行為を知っていた船の所有者は、船および備品に対する彼自身の所有権をすべて没収される。この違法行為を知っていた船長と船員は、彼らの動産一切を没収され、三ヵ月の投獄に処せられる。後続の法律によって、船長は六ヵ月の投獄に処せられることになる。

21　羊毛の輸出を阻止するために、その国内取引の全体がきわめて厄介で抑圧的な規制の下に置かれている。それは、いかなる箱、樽、ケース、収納箱、あるいは他のあらゆる容器に詰められてはならず、革製ないし包装用布で荷造されたものだけが許され、その上には、外側に羊毛あるいは撚糸という言葉が、長さ三インチ以上の大きな文字で印字されている必要があり、しかも、違反したら、同一の品物と容器を没収したうえで、重量一ポンドにつき三シリングが所有者または荷造人によって支払われなければならない、という刑罰を加えるという条件のもとでのことであった。それは、積み荷の同一物と馬や馬車を没収するという刑罰を加えるという条件の下に、日の出から日の入りまでの間を除き、馬や荷車などで運搬されたり、陸路で海岸から五マイル以内を運ばれたりすることを禁じられた。海岸に接する一番近い百人村《ハンドレッド》〔最小の行政単位〕は、羊毛がそこから、あるいはそこを通過して運搬されたり輸出されたりした場合、その羊毛が一〇ポンドの価値以下なら、二〇ポンド没収され、それ以上の価値をもつ時にはその額の三倍が、三倍の訴訟費用とともに、一年以内に告訴されるものとされた。住民のうちの誰か二名に対して強制執行がなされるが、強盗の裁判におけると同様に、他の住民による査定額にもとづいて、治安判事裁判所がこの二人に払い戻す必要があった。そして、もし誰かがこの罰金よりも少ない額で百人村と和議を結んだりした場合には、当該の人物が五年間投獄されるし、しかも、他の人物なら誰が訴追しても差し支えないのである。このような規制が、王国全体をつうじて行われているわけである。

22　だが、ケントとサセックス地方の一部では、その制約ははるかに面倒なものになっている。海岸から一〇マイル以内にいるすべての羊毛所有者は、羊毛を刈り取った日から三日後に、刈り取った羊毛の頭数とそれが保管されている場所について記載した報告書を、近隣の関税係官宛に提出しなければならない。さらに、その一部でも移動させる前に、彼は羊毛の数と重量、売却先である人物の氏名と住所、およびその運び先と目される場所について、同じ通知書を引き渡す必要がある。上述の地域にあって海から一五マイル以内では、自分が購入した羊毛の一部といえども、海岸から一五マイル以内で他の誰かに販売することはないという契約を国王と結ぶまで、誰も羊毛を購入できない。上記の地域内で、海岸に向けて運搬されているとわかった羊毛は、前述のように契約を結んで保証が与えられていないかぎり、それは没収されるし、違反者もまた重量一ポンド当たり三シリング罰金が科される。前出のように契約を結ばず、海岸から一五マイル以内に羊毛を放置した者は、それを押収されて没収され、そのように押収された後、当該物を請求した者は、もし彼が裁判に付されることになれば、他のすべての罰金に加え、三倍の訴訟費用を負担するという保証を財務府に差し出さなければならないのである。

23　そのような規制が国内取引に課されている時、沿岸貿易がまったく自由に放置されているはずがないと、我々は信じて良かろう。そこから沿岸の他の場所や港に海路で運ぶ目的で、港や海岸に位置する場所に羊毛を運んだり、運ぶように手配したりする羊毛の所有者は、その港から五マイル以内に同一物をもち込む前に、積み出しを行う予定の港で、その重量、記号、および梱包した商品数を含め、それにかかわる入港手続きを最初に遂行しなければならず、違反した場合には、その羊毛および馬、荷車やその他の馬車の没収、さらにまた、羊毛の輸出に対して効力をもつ他の法律にもとづいた刑罰と差し押えに処されることになっていた。しかしながら、この法律（ウィリアム三世治世一年法律第三二号）はずいぶん甘いものであり、「これは、誰であれ自分の羊毛を刈り取り場から自宅に運ぶことを禁じるものではなく、海から五マイル以内であっても、刈り取り後一〇日以内であって、羊毛を移動させる前に、もっとも近い税関係官に自筆の文書で、羊毛の正確な数量、その保管場所について証明するならば、認められるものであり、したがって、そのようにするという意図を、三日前に自筆で係官に証明することなく、羊毛を移動してはならない」と布告したほどである。海岸線に沿って運ばれる羊毛は、明示的に届けられている特定の港で陸揚げされる予定であることが保証される必要があり、その一部でも係官の立会なしに陸揚げされた場合、他の財貨同様に羊毛が没収されるだけでなく、重量一ポンドにつき三シリングという通常の追加的な罰金が同様に科される。

24　我が国の毛織物業者は、このような特別な制限や規制が必要だということを正当化するため、イギリス産の羊毛は他のどの国のものよりも優れた独自の品質をもつということ、さらに、他の国の羊毛はイギリス産の羊毛をいくらか混ぜないかぎり、許容できる程度の製品に仕上げることが不可能であること、上質の毛織物をそれなしで作ることはできないこと、それゆえ、その輸出を完全に阻止できるならば、イングランドは世界の羊毛貿易のほとんどすべてを独占することが可能になり、こうして、競争相手がいないため思うがままの価格で販売して、短期間のうちに、これ以上ないほど有利な貿易収支にもとづいて、もっとも信じられないほどの富を獲得できるだろうと自信たっぷり主張したのである。この学説は、かなり多数の人々によって自信たっぷり主張される他のほとんどすべての学説と同様に、きわめて多数の人々によって、つまり、羊毛貿易に慣れておらず、特別な調査の経験がない大部分の人々によって、ほとんど無条件に信じられていたし、今なお信じられ続けているものである。しかしながら、イギリス産の羊毛は、上質の毛織物を作るために何はともあれ不可欠であるというのは、根も葉もない嘘であって、それはまったく上質の毛織物には不向きである。上質の毛織物はすべてスペイン産の羊毛で作られる。イギリス産の羊毛は、ある程度ではあれ、布の生地を損なったり程度を落としたりせずに、構造のなかに入れ込んでスペイン産羊毛と調和させることなど、不可能なのである。

25　本書の先立つ箇所で証明したことは、このような規制の効果は、イギリス産羊毛の価格を、現時点で自然にそうなっていたであろう価格よりも引き下げるだけでなく、エドワード三世の時代に実際そうであった価格よりも、ずっと低く押し下げるということであった。スコットランド産羊毛の価格は、イングランドとの合邦の結果として同一の規制に従うようになった際、半値近く下落したと言われている。きわめて正確で聡明な『羊毛回顧録』の著者であるジョン・スミス氏の観察によれば、イングランドにおける最良のイングランド産羊毛の価格は、一般にアムステルダムの市場で普通に売られている著しく劣った品質の羊毛よりも安価である。この商品の価格を、その自然で適正な価格と呼ぶことができるもの以下に押し下げることが、このような規制の公認の目的であったから、それから期待できる効果を規制が生み出したことは間違いないように思われる。

26 羊毛の生産に水を差すことによるこのような価格の値下げは、その商品の年々の生産高を、それ以前の量を下回りはしないが、現在の状態のもとで、つまり開放されて自由な市場になった結果として、その自然で適正な価格に上昇することを許された場合におそらく達成されるであろうものを下回るほど、大幅に減少させたはずである、と多分考えることができよう。しかしながら、年々の生産量は、少しはこのような規制に影響されるかもしれないが、大きく影響されるはずがない、と私としては信じたいのである。羊毛の生産は、羊の飼育業者が自分の労働と元本を利用する主要な目的ではない。彼が期待する利潤は、刈り取った羊毛の価格からよりも、むしろその胴体の価格から生じるから、後者つまり羊肉の平均ないし通常価格は、多くの場合、前者つまり羊毛の平均ないし通常価格に生じる可能性がある不足分のすべてを、補いさえするはずである。

本書の前の部分で考察したように、「羊毛や鞣していない皮の価格を、自然にそうなるようなものよりも引き下げる傾向をもつすべての規制は、改良され耕作が進んだ国では、食肉の価格を引き上げる傾向をもっている。改良され耕作された土地で飼育された大小の家畜価格は、ともに、改良され耕作された土地から地主が期待する地代と、農業者が当然期待してよい利潤とを支払うために十分なものでなければならない。もしそうでなければ、彼らは、まもなく家畜の飼育を止めるだろう。それゆえ、羊毛と鞣していない皮によって支払われない価格のどの部分も、その胴体でもって支払われざるをえない。前者に対して支払われる分が少なければ少ないほど、後者に対して、より多く支払われなければならない。この価格が、どのような仕方で動物のさまざまな部分のあいだに分けられることになるか、これは、そのすべてが彼らに支払われるのであれば、地主や農業者にはどっちでもよいことである。それゆえ、改良され、耕作された国では、消費者としての利益でみれば、地主や農業者は、食料品の価格の上昇によって影響される可能性があるとはいえ、地主や農業者としての利益が、そのような規制によって大きな影響を受けるはずはない」〔I. xi. m. 12.〕のである。それゆえ、この推論に従えば、改良され、耕作が進んだ国の場合、羊毛価格におけるこのような下落は、羊肉の上昇が特定の種類の食肉に対する需要をある程度減少させ、結果的にその生産を減少させてしまうといった場合を除き、その商品の年々の生産高の減少など引き起こす傾向はないことになる。しかしながら、たとえこのような仕方であったとしても、その効果は、おそらく、けっしてそれほど大きくないであろう。

27　だが、年々の生産量に対する影響は著しく大きくなかった可能性がありはするが、その質に対する影響は、必然的にきわめて大きなものになったはずだ、とおそらく考えて良いだろう。イギリス産羊毛の品質の低下は、以前の品質よりも低下したわけでないにしても、なお現在の改良と耕作の状態のなかで自然に達成されるような品質よりも下であって、価格の低下とほとんど同じ比率であったはずだ、と推定して良いだろう。その品質は、血統、牧草地、さらには、羊毛用の羊の飼育過程の全体をつうじる羊の管理や衛生状態次第で決まるから、このような事情に対する配慮は、そのような配慮を実行するために必要な労働と経費を、羊毛用の羊の価格が生み出しそうな報酬に見合うようにするものを超えるはずがない、と十分自然に想像されるだろう。しかしながら、羊毛の品質は、大部分その体躯の健康、発育や体の大きさに依存するということがあり、胴体の改良のために欠かせない同じ配慮が、いくつかの点では、羊毛の改良にも十分役立つということが起きる。価格の低下にもかかわらず、イギリス産羊毛は、今世紀が経過する間でさえ、相当改良されたと言われている。その改良は、もしその価格がもっと高ければ、多分さらに大きかった可能性があるが、しかし、価格の低さは、その改良を邪魔した可能性があるとはいえ、その改良を完全に阻止するほどでなかったことは間違いない。

28 それゆえ、このような規制の激しさは、年々生産される羊毛の質と量のいずれについても、予想されたほど大きな影響をもたらさなかったように思われるし（それは質に対してよりも、量に対してずっと大きく影響した可能性がある、と私は考えているが）、加えて、羊毛生産者の利益は、ある程度損なわれたはずではあるが、全体としてみれば、多分想像されていたよりもずっとわずかな被害しか受けなかったように思われる。

29 しかしながら、このような事情は、羊毛輸出の絶対的な禁止を正当化するものではあるまい。だが、このような事情は、羊毛の輸出にかなりの租税を課することを十分に正当化するだろう。

30 どれか特定の市民階層の利益を促進するという目的だけのために、あらゆる他の階層の市民の利益をいくらかとはいえ毀損することは、被統治者であるさまざまな階層の国民全員に対して統治者が負っている正義と処遇の平等に、明らかに反している。だが、その禁止は、ある程度ではあるが、製造業者の利益を促進するという目的だけのために、間違いなく羊毛生産者の利益を毀損している。

31 あらゆるさまざまな階層の市民は、統治者あるいは国民全体を支持するように貢献する義務がある。一トッド〔古い重量単位で通例二八ポンド〕あたりの羊毛輸出に対する五シリング、あるいはせいぜい一〇シリングの課税は、統治者にかなり大きな収入をもたらすだろう。それは、禁止に較べれば幾分少ないとはいえ、おそらく羊毛価格をかなりの程度引き下げるため、牧羊業者の利益を毀損するだろう。製造業者は、使用する羊毛を禁止されていた場合ほど安価に購入できないとはいえ、外国の製造業者が支払わざるをえない運賃と保険料を節約できることに加え、外国の製造業者が購入可能な価格よりも、すくなくとも五シリングか一〇シリングだけ安価に購入するから、それは製造業者に十分な利益をもたらすだろう。統治者に相当大きな収入をもたらすことができると同時に、誰に対してもほとんど不都合を引き起こさない租税を工夫するなど、滅多にできることではない。

32 輸出禁止は、それを守るためのあらゆる罰則にもかかわらず、羊毛の輸出の妨げにはならない。よく知られていることだが、それは大量に輸出されているのである。国内市場と外国市場における価格差の大きさが密輸の誘因になっているため、法律の過酷さだけでそれを防止することは不可能である。このような非合法な輸出は、密輸人を除いて誰の利益にもならない。合法的な輸出は課税を免れず、統治者に収入をもたらすことにより、さらにその結果多分もっと煩瑣で不便な税を別の何かに課さずに済ませることによって、国のさまざまな国民全員にとって好都合であることが判明するだろう。

33 毛織物の仕上げと洗浄のために不可欠と考えられているフーラー土《フラーズ・アース》〔織物の漂白過程で用いる粘土〕、つまり縮絨工用の粘土の輸出は、羊毛の輸出と同じ処罰に近いものを受けつづけてきた。縮絨工用の粘土とは違うと認識されているが、タバコ・パイプ用の粘土でさえ両者の類似性を理由に、さらに縮絨工用の粘土が時々タバコ・パイプ用の粘土として輸出される可能性があったため、同一の禁止と罰則に付されてきた。

34 チャールズ二世治世一三〜一四年の法律第七号によって、生の皮だけでなく、鞣した皮の輸出も、ブーツ、靴あるいはスリッパに仕上げられたものを除いて禁止されたが、その法律は、我が国の飼育業者だけでなく、我が国の製革業者に対する独占権を、我が国のブーツや靴製造業者に与えた。その後の制定法によって、我が国の製革業者は鞣した皮一ハンドレッド・ウェイト〔一一二重量ポンド〕当たりわずか一シリングという少額の税金を支払って、この独占から除外された。くわえて彼らは、それ以上加工されずに輸出された場合でさえ、彼らの商品に課税された物品税の三分の二の戻し税を入手した。あらゆる革製品は関税を免除されて輸出可能であったが、輸出業者は、物品税のすべてを払い戻す権利を与えられた。我が国の飼育業者は古くからの独占に今なお服している。飼育業者はたがいに隔たっており、国内のすべてのさまざまな地方に分散していたから、大きな障害を克服しなければ、同じ国民《フェロー・シティズン》に対して独占を押し付けたり、他の人々によって彼らに押し付けられてきた類いの独占から抜け出そうという目的で結合したりすることは、不可能である。あらゆる大都市で、数えきれない団体のもとに結集するあらゆる種類の製造業者は、容易に結合することができる。家畜の角でさえ輸出されることが禁じられており、この点で、角細工業者と櫛製造業者という二つの名もない業界《トレイド》が、飼育業者に対して独占権を保持していることになる。

35 禁止によるものであれ課税によるものであれ、完全に仕上げられていない部分仕上げの財貨の輸出に対する規制は、皮革製造業に固有なものではない。商品をすぐに利用したり、消費したりできる状態にするために、追加すべき何かがまだ残されている限り、その仕事は我が国の製造業者自身に委ねられるべきだというのが、我が国の製造業者の考えである。紡毛糸やウーステッド糸〔ともに羊毛の糸だが、前者よりも後者のほうが上等で仕上げも滑らか〕は、羊毛と同じ罰則の下で、輸出を禁止されている。白地布でさえ輸出時に課税されることになっており、我が国の染色業者は、我が国の織物製造業者に対する独占を、今まで確保してきた。これに対して、我が国の織物製造業者は多分弁護することができただろうが、しかしそれは、たまたま我が国の主要な織物製造業者が、同時に染色業者であるからに他ならない。懐中時計の側《ケース》、掛け時計や置き時計の側、さらに時計の時刻表示盤は、輸出されること自体が禁止されている。我が国の懐中時計や掛け時計の製造業者は、この種の細工品の価格が、外国の業者との競争によって、彼らに対して引き上げられることを欲していないように思われる。

36 エドワード三世、ヘンリー八世およびエドワード六世の時代のいくつかの古い制定法によって、あらゆる金属の輸出が禁止された。鉛と錫だけ例外とされたが、おそらくその理由はこのような金属がきわめて豊富であったことであり、当時の王国の貿易のかなりの部分はその輸出から成りたっていた。鉱山業を振興するために、ウィリアム＝メアリー治世五年法律第一七号は、イギリス産鉱石から作られる鉄、銅、黄銅鉱をこの禁止令から除外した。あらゆる種類の棒銅の輸出は、外国産もイギリス産も同様に、後にウィリアム三世治世九～一〇年法律第二六号によって許可された。加工されていない青銅、つまり砲銅《ガンメタル》〔もともと大砲の砲身に用いられた青銅のこと〕と呼ばれるもの、鐘銅《ベルメタル》、硬貨銅《シュロフメタル》の輸出は、今もなお禁止されつづけている。すべての種類の青銅製品は、無関税で輸出することが可能である。

37 製造業の原材料の輸出は、完全に禁止されていない場合には、多くの場合かなり重い関税がかけられる。

38 ジョージ一世治世八年法律第一五号によって、それまで前者の制定法によって関税が課されていたすべての財貨、つまり、グレートブリテンの生産物および製造品の輸出は、無関税にされた。とはいえ、以下の財貨は除外されたのであって、明礬《みょうばん》、鉛、鉛鉱石、錫、鞣した皮、緑礬《りょくばん》、石炭、羊毛梳き、白地の毛織布、カラミン石《ラピス・カラミナリス》〔ローマ時代に貨幣用に利用された黄銅〕、あらゆる種類の動物の皮、膠《にかわ》、ウサギや羊の毛皮、野ウサギの毛、あらゆる種類の毛、馬および一酸化鉛〔顔料の一種でインクの原料〕がそれである。馬を除外すれば、このすべてが、製造品あるいは未完成製造品（それはさらに次の製造品のための原材料と考えることもできる）の原材料であるか、あるいは仕事の道具である。この制定法は、従来それに対して課されてきた旧関税、つまり、旧特別徴収税と輸出時における一パーセントの関税のすべてを課されるままに残した。

39　同じ制定法により、きわめて多数の染色業者用の海外産原料は、すべて輸入関税を免除された。しかしながら、それは後に、きわめて重いわけでなかったのは事実だが、その輸出に対してそれぞれ一定の税が課せられるようになった。我が国の染色業者は、あらゆる関税から免除されて、このような原料の輸入を奨励することが彼らの利益になると考える一方で、そのようなものの輸出をわずかでも邪魔することが、同様に、彼らの利益であると考えていたように思われる。しかしながら、このような重商主義的な優れた見本を提案した強欲は、おそらくこれ以上ないほど大きく的を外したことだろう。必然的にそれは、輸入業者に対して、その輸入が国内市場に供給するために必要なものをけっして超えないように、通常以上に注意するように教えた。国内市場はつねに品不足気味であるようにしか供給されておらず、輸出が輸入と同じくらい自由であったら実現されるような価格に較べ、国内市場では、そのような商品はつねに幾分か高価になりがちであった。

40　上で言及した制定法によって、列挙された染料のなかに含まれるセネガルゴムやアラビアゴムは、無関税で輸入が可能であった。実際には、再輸出に際して、それは一ハンドレッド・ウェイト〔一一二ポンド〕当たりわずか三ペンスという少額のポンド税を必要とした。当時フランスは、このような原料をもっとも生産するセネガルの近隣に位置する地方と独占的な貿易を享受していたから、イギリスの市場が生育地からの直接輸入によってその供給をうけることは、ほぼ不可能であった。それゆえ、ジョージ二世治世二五年の法律によって、セネガルゴムは（航海法の一般的な処置とは異なって）ヨーロッパのどこからでも輸入することが許可された。しかしながら、この法律は、イングランドの重商主義政策の一般的原理と大きく異なるこの種類の貿易の奨励を意図していなかったから、そのような輸入に対して一ハンドレッド・ウェイト当たり一〇シリングを課税し、この税のいかなる部分も、その輸出に際して後に払い戻されることはなかった。一七五五年に開始されて成功裏に終わった戦争は、従来フランスが享受していたこのような地方との独占的貿易と同じものを、グレートブリテンにもたらした。我が国の製造業者は、平和が到来するやいなや、この特権を利用し、この商品の輸入業者と栽培者の両方に対して、彼らに利益をもたらすような独占を確立しようと努力した。それゆえ、ジョージ三世治世五年法律第三七号によって、アフリカにある国王の領地からのセネガルゴムの輸出がグレートブリテンに限定され、アメリカや西インドのイギリス植民地の列挙商品と同様に、すべて同一の制限、規制、没収や罰金に付されることになった。

実際、その輸入は一ハンドレッド・ウェイト当たり六ペンスという少額の税を課されたが、しかし、その再輸出は一ハンドレッド・ウェイト当たり一ポンド一〇シリングという桁外れな税を課されることになった。我が国の製造業者の意図は、このような国の全生産物がグレートブリテンに輸入され、それを彼らが自分で決める価格で購入できるようにするために、その輸出を十分阻止できるほどの経費を支払う場合を除き、その一部たりともふたたび輸出されるべきではないというものであった。しかしながら、これだけでなく、他の多くの好機をうかがう彼らの強欲は、これ以上ないほど的外れなものになった。この桁外れな関税は密輸の誘惑を提供したため、きわめて多量の商品がヨーロッパのあらゆる製造業をもつ国、とりわけオランダに向けて、グレートブリテンからだけでなく、アフリカから内密裏に輸出された。この理由から、ジョージ三世治世一四年法律第一〇号によって、この輸出に対する関税は一ハンドレッド・ウェイト当たり五シリングに引き下げられた。

41 それに従って旧特別徴収税が課税されていた標準価格簿《ブック・オヴ・レート》のなかで、ビーヴァーの皮は一枚当たり六シリング八ペンスと定められ、一七二二年以前にその輸入に対して課されていたさまざまな特別徴収税や輸入税《インポスト》は、関税の五分の一、つまり毛皮一枚につき一六ペンスに達し、旧特別徴収税の半分、つまりわずか二ペンスを除き、輸出に際してそのすべてが払い戻された。製造業の原材料としてそれほど重要なものの輸入に対するこの関税は、あまりにも高すぎると考えられたから、一七二二年に、その標準価格が二シリング六ペンスに引き下げられ、その輸入に対する関税を六ペンスに引き下げ、このうちわずか二分の一だけが輸出に際して払い戻されることになった。同じ成功裏に終わった戦争は、グレートブリテンの支配のもとで、その国をもっともビーヴァーが捕れる国にし、そしてビーヴァーの皮は列挙商品に含まれていたから、アメリカからの輸出は、結果的にグレートブリテンの市場に限定されることになった。我が国の製造業者は、まもなくこの状況から捻りだすことができる利益を思いつき、一七六四年に、ビーヴァーの皮の輸入に対する関税が一ペニーに引き下げられたが、しかし、輸出に対する関税は、輸入に対する関税の戻し税なしで、その皮一枚につき七ペンスに引き上げられた。同じ法律によって、一ポンド当たり一八ペンスの関税がビーヴァーの毛や腹皮の輸出に対して課せられたが、当該の商品の輸入に対する関税――その当時、イギリス人によりイギリスの船で輸入された場合一枚当たり四〜五ペンスであった——は、何も変更されなかった。

42 石炭は、製造業の原材料とも仕事道具とも考えることができよう。したがって、その輸出には、現在（一七八三年）でも一トン当たり五シリング以上、ニューカッスルの度量法で一チャルドロン〔石炭などをはかる単位で、三二〜三六ブッシェル相当〕当たり一五シリング以上に達する重い関税がかけられてきたが、ほとんどの場合それは、炭鉱の立坑渡しでの、あるいは輸出のための積み出し港での、商品の元値を上回っている。

43 しかしながら、仕事道具——そう呼ぶのが正確だろう——の輸出は、高関税によってではなく、完全な禁止によって一般的に制限されている。こうして、ウィリアム三世治世七〜八年の法律第二〇号第八条によって、手袋やストッキングを編むための骨組みや機械の輸出が罰則付きで禁止され、輸出されたか輸出されようとした台枠や機械の没収だけでなく、そのうちの半分は国王に、残りは上述のことを通知したり訴えた人物のものになる四〇ポンドの罰金に処せられた。同じ仕方であるが、ジョージ三世治世一四年法律第七一号によって、綿花、麻、羊毛および絹製造業で利用されるすべての道具の海外地域への輸出は、そのような道具の没収だけでなく、このような仕方で罪を犯した人物によって支払われるべき二〇〇ポンド、また、そのような道具が自分の船に載せられることを知っていながら見逃した船長によって支払われるべき二〇〇ポンドの罰金に処す、という罰則付きで禁止された。

44 そのような重い刑罰が生命のない仕事道具《デッド・インスツルメント・オヴ・トレイド》の輸出に対して科される場合には、生命をもつ道具、つまり技術職人《アーティフィサー》の自由な移動が許可されることなど、まったく期待できない。したがって、ジョージ一世治世五年法律第二七号によって、いかなる技術職人であれ、つまりグレートブリテンのすべての製造業において、自分の仕事を遂行したり教えたりするために海外のいかなる所であれ出かけるように勧誘して有罪になった人物は、初犯の場合、一〇〇ポンドを超えない額の罰金と、三ヵ月の収監と罰金の支払いが済むまでの収監が、再犯の場合、裁判所が決定する金額の罰金と、一二ヵ月の収監および罰金が支払われるまでの収監が、罰として科された。ジョージ二世治世二三年法律第一三号によって、この罰則は、初犯の場合で勧誘された技術職人一人当たり五〇〇ポンド、さらに一二ヵ月の収監と罰金が支払われるまでの収監に、再犯の場合には、一〇〇〇ポンドの罰金、二年の収監と罰金が支払われるまでの収監に拡大される。

45　この二つの制定法のうちの前者によって、誰であろうと、技術職人を勧誘した人物であるとか、前述の目的で外国のどこかに行く約束をしたり契約を結んだりした技術職人であるという証拠があれば、当の技術職人は、裁判所が決定する保証――けっして海を渡らないという保証――の提出を余儀なくされるし、そのような保証を提出するまで、投獄される可能性がある。

46　もし技術職人が海を越えていき、外国で自分の仕事を遂行したり教えたりしたら、我が国の国外在住の公使や領事によって、あるいは、その時期の我が国の国務大臣によって発せられる警告にもとづいて、もし彼がそのような警告の六ヵ月以内に国内に帰還せず、その時から同じ域内に滞在して住み続けるような場合には、その時以降、彼に王国内で遺贈されたいかなる遺産の取得も、誰かに対する遺言執行人や遺産管理者になることも、さらには、王国内で不動産相続、遺贈、あるいは購入によるいかなる土地も、取得することはできないと宣告される。くわえて彼は、所有するすべての土地、財貨および動産を国王に没収され、あらゆる点で外国人であると宣告され、国王の保護の外に置かれる。

47 このような規制が、国民が誇る自由、つまり、我々がそれほどまで気を配りたがる自由とどれだけ相容れないものか、そしてこの場合、このような自由が、我が国の商人と製造業者のくだらない利益のために明らかに放棄されている、と述べる必要はないように思われる。

48 このような規制全体のあっぱれな動機は、我が国の製造業を、それ自体の改良によってではなく、我が国のすべての隣国における改良の不振によって、さらに、可能なかぎりそのような憎らしくて、不快な競争相手との骨の折れる競争に終止符を打つことによって、拡張しようとすることにある。我が国の有力な製造業者は、同国人の創意工夫の大部分を彼ら自身が独占することは理にかなっている、と考えている。だが、いくつかの業種では、一時に雇用しうる徒弟数を規制することにより、さらに、すべての業種で長期にわたる徒弟奉公を不可欠にすることにより、彼らは一人残らずそれぞれの職業に特有な知識を可能なかぎり少人数の徒弟の範囲に留めておこうと努力するが、しかし、この小さな数の徒弟の一部が、外国人を教えるために海外に行くことは欲しないのである。

49 消費があらゆる生産の唯一の目的であり、その意図であって、生産者の利益は、それが消費者の利益を促進するために必要とされるかぎりにおいてのみ、配慮されるべきものである。この格言《マキシム》は余すところなく明白であるから、それを証明しようと試みるなど馬鹿げたことだろう。だが、重商主義の体系では、消費者の利益は、ほとんどつねに生産者の利益のために犠牲にされるのであって、それは、あらゆる産業と商業の究極目標であり対象であるのは消費ではなく生産である、と考えているように思われる。

50 我が国で栽培したり、製造したりした商品と競争するように入ってくるあらゆる外国産品の輸入を抑制するなかで、国内消費者の利益は、明らかに生産者の利益の犠牲にされている。前者つまり消費者が、ほとんどつねにこの独占が引き起こす価格の高騰分を支払わざるをえなくされるのは、ほとんど後者、つまり生産者の利得《ベネフィット》のためである。

51 その生産物の一部の輸出に対して助成金が与えられるのは、ほとんど生産者の利得のためである。国内の消費者は、第一に、助成金を支払うために必要な税金を、そして第二に、国内市場における商品価格の上昇に伴って必然的に上昇するさらに多額の税金を、支払わざるをえなくなる。

52 ポルトガルと結んだ有名な通商条約によって、消費者は、高い関税によって、我が国の気候が生産に適さない商品を隣国から購入できないように妨げられ、遠い国の商品が、近い国の商品よりも品質の点で劣ることが認められているにもかかわらず、それを遠く離れた国から購入することを余儀なくされている。国内の消費者は、生産者が遠く離れた国に彼らの生産物の一部を、そうでなければ得られなかったような好条件で、もち込めるようにするため、この不都合に従うことを余儀なくされている。さらに消費者は、他ならぬこの生産物の強制的な輸出が国内市場で引き起こす価格騰貴を、すべて支払うように強いられる。

53 だが、我が国のアメリカと西インド植民地を管理するために確立されてきた法律体系のなかで、我が国の他のすべての商業規制よりもさらに度を越した乱費のために、国内消費者の利益が、生産者の利益の犠牲にされてきた。偉大な帝国とは、国内のさまざまな生産者が顧客に供給しうるあらゆる財貨を彼らの店から購入せざるをえない顧客、すなわち、国民を養うという唯一の目的のために、造り上げられたものなのである。この独占が、我が国の生産者に与えることができるわずかばかりの価格上昇のために、国内の消費者は、その帝国を維持し、防衛するためのすべての費用を負担させられてきた。この目的のために、そしてこの目的だけのために、最近の二度の戦争で二億ポンド以上が費やされ、先の戦争で同じ目的のために支出された全額を上回る、一億七〇〇〇万ポンド以上の新規国債が起債されてきた。この債務の利子だけで、植民地貿易の独占によって獲得された――ともかくも、そのように取り繕うことができた――途方もない利潤の総額を超えるだけでなく、その貿易の全価値、つまり平均的に年々植民地に輸出されてきた財貨の総価値額をも、超えるのである。

54　この重商主義体系全体の考案者が誰であったかを特定することが、著しく困難であるはずはない。その利益がまったく無視されてきたと我々が信じている消費者であるはずはなく、その利益がきわめて用心深く見守られてきた製造業者なのであって、この後者の階級のうち、我が国の商人と製造業者が、明らかに主要な設計者であった。我々が本章のなかで注目してきた重商主義的な規制のなかでは、我が国の製造業者の利益がもっとも特別に留意されてきたのであって、他のいくつかの種類に属する生産者の利益ほどではないにしても、消費者の利益もまたその犠牲にされてきたのである。

第九章　重農主義の体系、すなわち、土地の生産物がすべての国にとって唯一の主要な収入や富の源泉であると主張する政治経済学の体系について

1　政治経済学《ポリティカル・エコノミー》の重農主義的な体系は、重商主義つまり商業的な体系に対して与える必要があると考えていたほど、長い説明を要するものではない。

2　土地の生産物がすべての国にとって唯一の主要な収入や富の源泉であると主張する体系は、私が知るかぎり、いかなる国においても採用されたことはなく、それは、博識と創意を有するフランスの偉大なごく少数の人々の思考の中でしか、現在のところ存在していない。実行されたことがまったくなく、世界のどの部分であれ、将来にわたり被害などまったく与えないような体系がもつ誤りを長々と吟味する価値など、ほとんどないのは確かである。しかしながら、このきわめて独創的な体系の壮大な輪郭を、可能なかぎり明瞭に説明するよう努力したい。

3　ルイ一四世の著名な宰相であるコルベール氏は、おおいに勤勉で細かなことに精通し、国の勘定を吟味する点で豊富な経験と厳密さをもち、国の収入の取り立てと支出について、体系性と優れた機構を導入するために必要なあらゆる適切な能力をもつ高潔な人物であった。不幸にもこの宰相は、本質からしても根本からしても、抑制と規制の体系である重商主義体制がもつあらゆる偏見を受け入れていたから、統治機関のさまざまな部局を規制し、各部局をそれぞれの領域に限定しておくために必要なチェックと管理を実行することに慣れ切って

いた勤勉でこつこつ働く実務家にとって、適格性の点で欠けるところがまったくない人物であった。

コルベール氏は、大国の産業と商業を政府機関の部局と同じモデルにもとづいて規制しようと試みたのであって、平等、自由及び正義という寛容な計画《リベラル・プラン》にもとづいて、自分自身の利益を、万人に各自のやり方で追求することを許す代わりに、一定分野の産業に特別な特典を与える一方で、それ以外のものには特別な抑制を加えようとした。他のヨーロッパの宰相と同様に、彼は地方の産業よりも、都市の産業を奨励しがちであっただけでなく、都市の産業を支援するために、地方のそれを弱めたり、抑圧したりすることさえ喜んで行った。都市住民の食料を安価にし、それによって製造業や外国商業を奨励するために、彼は、穀物の輸出をほとんど禁止し、こうして地方の住民を、彼らの組織的な労働の生産物のとびきり重要な部分に適している外国市場から、ことごとく追い出してしまった。この禁止は、ある地域から別の地域への穀物輸送に対して、古くからあるフランスの州法《プロヴィンシャル・ロー》によって課せられた抑制、および、ほとんどすべての地方で土地耕作者に課せられた恣意的で弱体化させるような租税と一緒になって、フランスの農業を阻害し、それを、きわめて肥沃な土地と恵まれた気候の下で自然に高まるような状態よりも、はるかに低い状態に保ってきた。国中すべての地域でこのような失望と不振の状態が大なり小なり感じられたため、その原因をめぐって多くの調査が着手された。このような原因のひとつが、コルベール氏の規則によって地方の産業以上に都市の産業に対して与えられた優遇にある、と思われた。

4　棒が一方向に曲がりすぎたら、それを真っ直ぐにするためには、反対方向に同じ分だけ曲げなければならないという諺がある。農業があらゆる国の収入と富の唯一の源泉であると主張する体系を提起したフランスの哲学者は、この諺にいう格言を採用したように思われるし、コルベール氏の計画では、都市の産業が地方の産業よりも明らかに過大評価されていたから、彼らの体系では、間違いなく過小評価されているように思われる。

5　哲学者は、国の土地と労働の年々の生産物に対して何らかの点で貢献するとみなされてきたさまざまな階級の人々を、三つの階級に分ける。最初に来るのが土地所有者階級である。二番目が、耕作者つまり農業者と農村労働者、要するに、彼らが独自に生産的階級という名称を与えて尊重する階級である。三番目が技術職人、製造業者や商人の階級であって、哲学者が、不毛で不生産的な階級という蔑称を用いて下位に分類しようと努める階級である。

6　土地所有者階級は、彼らが実施したり維持したりする土地の改良、建物、排水施設、柵や塀および他の改良に時々注ぎ込む支出によって、しかも、耕作者が、同じ資本でより多量の生産物を育て、結果的に、より大きな地代を支払えるようにする方法をつうじて、年々の生産に貢献する。このようにして高められた地代は、自分の土地を改良するために用いる経費や資本に対して、所有者に帰属する利子や利潤と考えることができるだろう。そのような支出は、この体系では土地支出《グラウンド・エクスペンス》(dépenses foncières)と呼ばれている。

7　耕作者や農業者は、この体系のなかで、土地の耕作に注ぎ込む本源的かつ年々の支出《オリジナル・アンド・アニュアル・エクスペンス》(dépenses primitives et dépenses annuelles)と呼ばれるものによって、年々の生産物に寄与する。本源的な支出は、農業用の道具、家畜の群れ、種子、さらには、すくなくとも占有期間の最初の一年間、すなわち、土地からいくらか利益を受け取ることができるまで必要な農業者の家族、使用人や家畜の維持費から構成されている。年々の支出を構成するのは、種子、耕作用具の摩損、および農業者の使用人や家畜、さらにはその家族――そのどれかが、耕作に用いられた使用人とみなし得る限りのことだが――の年々の生計費である。地代を支払った後に残る土地生産物は、第一に、相応の期間、つまりすくなくとも借用期間の間、彼自身が最初に行った支出を、通常の利潤とともに回収すること、そして第二に、彼の年々の支出の全体を、同様に元本に対する通常の利潤とともに年々回収すること、これを実現するのに十分な大きさでなければならない。

この二種類の支出は、農業者が耕作に利用する二つの資本であるから、それが規則正しく農業者の手許に戻されなければ、彼は他の職業と同じ水準で自分の職業を遂行することができず、自分自身の利益という観点から、できるだけ早期にそれを放棄し、別の職業を探さざるをえなくなる。農業者にその仕事を継続させるために必要な土地生産物の特定部分は、耕作のために侵してはならない基金とみなされなければならず、地主がそれを侵害したりした場合には、必然的に地主は自分の土地の生産物を減少させることになり、数年以内に、このように搾り取られた地代の支払いだけでなく、事情が違えば自分の土地に対して入手できたであろう適正な地代を、農業者が支払えないようにしてしまうだろう。当然のことながら地主のものである地代は、総生産物、つまり生産物全体を栽培するために、あらかじめ支出されなければならない必要経費のすべてを完璧な仕方で支払った後に残る純生産物を、けっして超えることはない。この体系で、この階級の人々が生産的階級という名誉ある呼称で特に区別される理由は、耕作者の労働が、必要なすべての支出を残らず支払うものを上回るこの種の純生産物をもたらすからである。この体系では、耕作者の当初の支出と年々の支出が、同じ理由から生産的支出と呼ばれるのだが、そうなる理由は、この二つの支出が、それぞれの価値の回収分を上回る純生産物を年々再生産することにある。

8　彼らの呼び方でいう土地支出、つまり地主が所有する土地の改良に投じる支出は、この体系では、これまた生産的支出という呼称で尊重されている。元本の通常利潤と一緒に、このような支出の全体が、彼が所有する土地から得られる高められた地代によって残らず回収されるまで、そのような高められた地代は、教会と国王の両方によって、神聖で侵されてはならないものとみなされるべきであり、十分の一税《タイス》も、課税も賦課されるべきでないとされた。もしそうしなければ、土地の改良を妨害することにより、教会は自分自身の十分の一税《タイス》の将来的な増加を、国王は自分自身の課税の将来的な増加を、それぞれ妨害することになる。それゆえ、事物の秩序が立派に保たれているかぎり、このような土地支出は、それぞれが、それ自身の価値を余すところなく再生産したうえで、一定期間後に純生産物の再生産を同様に引き起こすため、この体系では、それが生産的支出であるとみなされるのである。

9　しかしながら、地主の土地支出は、農業者の当初の支出および年々の支出とともに、この体系において生産的であるとみなされているわずか三種類の支出である。他のすべての支出および他のすべての階級に属する人々は、常識的な見解ではもっとも生産的であるとみなされている人々でさえ、このような事物の説明においては、まったく不毛で不生産的であると表現されるのである。

10　特に、彼らの組織的な労働が、土地の原生産物の価値をおおいに増加させると常識的に理解されている技術職人と製造業者は、この体系では、まったく不毛で不生産的な人々の階級として表現される。彼らの労働は、彼らを雇っている元本を通常の利潤とともに回収するにすぎないと断定される。その元本は、雇用者によって彼らに前貸しされる原材料、道具や賃金から構成されており、したがって労働者の雇用と維持のために予定されている基金である。その利潤は、労働者の雇用主を維持するために予定されている基金である。彼らの雇用主は、労働者を雇用するために必要な原材料、道具及び賃金を彼らに前貸しするのと同様に、彼自身を維持するために必要なものを自分自身に前貸しし、この維持費を、彼は労働者が作ったものの代価で稼ぐと期待する利潤と、一般的に釣り合わせる。生産物の価格が、労働者に対して前貸しする原材料、道具や賃金に加え、自分自身に対して前貸しする維持費を払い戻さないかぎり、彼が投下する支出の全体を彼に払い戻さないことは明らかである。それゆえ、製造業者の元本の利潤は、土地の地代のように、それを獲得するために投下されなければならない支出の全体を残らず払い戻した後に残る、純生産物ではないのである。

農業者の元本は、親方製造業者のそれと同様に、自分に対する利潤を生み出すし、他の人物に対する地代も同様に生み出すが、親方製造業者の元本が地代を生み出すことはない。それゆえ、技術職人と製造業者の雇用と維持のために投下される支出は、そう言って良ければ、自分自身の価値を持続させることができるだけで、新しい価値はまったく生産しないのである。したがってそれは、まったく不毛で不生産的な支出なのである。これとは逆に、農業者と田舎の労働者の雇用に投下される支出は、それ自身の価値を維持し続けるものを超えて、新しい価値、つまり地主の地代を生産する。それゆえそれは、生産的な支出である。

11 商業に用いられる元本は、製造業の元本と同様に、不毛であり不生産的である。それは自分自身の価値を維持し続けるだけで、新しい価値は何も生産しない。その利潤は、その所有者がそれに従事する間、つまり、彼が商業取引から収益《リターン》を受け取るまで、彼自身に前貸しする維持費を払い戻すものにすぎない。その利潤は、商取引を続けるために投下されなければならない支出の一部を払い戻すだけのものなのである。

12 技術職人や製造業者の労働は、土地の原生産物の年々の総量がもつ価値に、いかなる価値も付け加えない。彼らの労働が、実際に土地生産物の特定部分の価値に大きく追加するのは間違いない。だが、そうこうするうちに労働が他の部分で引き起こす消費は、労働が特定部分に追加する価値と正確に等しいから、結果的に、いかなる時でも、それによって総量の価値が、いささかなりとも増加させられることは生じない。たとえば、一対の精巧な襞《ひだ》飾り付きのレースの仕上げに取り組む人物は、時に、一ペニーの価値しかもたない亜麻を三〇ポンドの価値に高めることがあるだろう。だが、ちょっと見ただけでは、彼はそうすることによって原生産物の価値を約七二〇〇倍増やしたように思われはするが、実際には、彼は年々の原生産物総量の価値には、何も付け加えていないのである。そのレースの仕事は、彼にとっておそらく二年かかるだろう。完成した時に彼がそれに対して受け取る三〇ポンドは、彼がそれにかかりっきりであった二年間、自分自身に対して前貸しする生計費の回収を上回ることはないのである。彼が日々、毎月あるいは毎年の労働によって亜麻に付け加える価値が、日々、毎月、あるいは一年のうちに彼自身が消費する価値の回収を上回ることはない。それゆえ、どの時期をとっても、彼は土地の原生産物の年々の総量がもつ価値に何も付け加えておらず、彼が継続的に消費する生産物の分け前は、彼が継続的に生産するものの価値につねに等しい。このように広範に存在するとはいえ、零細な製造業で用いられている人間の大部分がきわめて貧しいということは、通常の場合、彼らの刺繡の価格が、その食料などの生活物資の価値を上回らないという事実を、我々に教える。農業者や田舎の労働者については、事情が異なる。地主の地代は、通常の場合、もっとも完全な形ですべての消費、つまり労働者とその雇用主の両方の仕事と維持に対して投下された総支出の回収分を上回って、持続的に生産される価値なのである。

13　技術職人、製造業者および商人は、節約することによって社会の収入と富を増やすことができるだけであり、この体系における表現によれば、彼ら自身の食料などの生活物資として予定されている基金の一部を剝奪すること、つまり、自分自身で奪うことによってしか増やすことができない。彼らが年々再生産するものは、このような基金にすぎない。それゆえ、彼らが年々その一部を貯蓄しないかぎり、つまり、彼らが年々食料などの生活物資の享受《エンジョイメント》を自ら一部断念しないかぎり、社会の収入と富は、彼らの組織的な労働という手段によって、いかなる程度であれ、増やされることなどありえないのである。これとは逆に、農業者や田舎の労働者は、彼らの食料などの生活物資として予定された基金の全部を、余すところなく享受できるだけでなく、さらに社会の収入と富を同時に増加させることができるだろう。彼らの組織的な労働が、彼ら自身の食料などの生活物資のために取り置かれたものを上回る年々の純生産物を産出し、その増加分が、必然的に社会の収入と富を増加させることになる。

それゆえ、きわめて多くの土地所有者や耕作者から成り立っているフランスやイングランドのような国は、勤勉と享受によって富裕になり得る。これとは反対に、もっぱら商人、技術職人および製造業者から構成されるオランダやハンブルクのような国は、節約と安楽不足《プライヴエーション》によってしか富裕になりようがない。異なった環境にある国の利益がそれほど大きく違っているように、国民の一般的特徴もまた、同様に異なっている。前者の部類に属する国では、寛大さ《リベラルティ》、正直および親交が、自然に共通の特徴の一部を形づくる。後者の部類に属する国では、あらゆる社会的な喜びと享受を嫌悪する心の狭さ、卑しさおよび利己的な習性が、自然に共通の特徴の一部になる。

14 不生産的な階級つまり商人、技術職人および製造業者は、もっぱら他の二つの階級の支出、つまり土地所有者の支出と耕作者の支出によって維持され、雇用されている。彼らは、仕事の原材料やその食料などの生活物資の基金、その仕事に従事している間に消費する穀物や家畜を、不生産的な階級に提供する。不生産的な階級に属するすべての労働者の賃金と、彼らのすべての雇用主の利潤を最終的に支払うのは、土地所有者と耕作者なのである。このような労働者とその雇用主は、当然のことながら、土地所有者と耕作者の使用人である。身分の低い使用人が家の中で働くように、彼らはたんに戸外で働く使用人にすぎない。しかしながら、それぞれはともに同じ主人の支出で等しく維持されている。両者の労働は等しく不生産的である。それは、土地の原生産物の全体には何の価値も付け加えない。その全体の価値を増加させるどころか、それは、そこから支払われなければならない経費であり、支出なのである。

15 しかしながら、不生産的な階級はたんに有用であるだけでなく、他の二つの階級にとってもきわめて有用である。商人、技術職人および製造業者の組織的な労働を使って、土地所有者と耕作者は、不器用で未熟な方法で外国産の商品を輸入したり、自分自身で使用するために、自国産の製造品を製作するために雇用したりしなければならない場合に較べて、必要な外国産品と国内産品の両方を、ずっと少量の彼らの労働の生産物で購入することが可能になる。耕作者は、不生産的な階級によって、そうでなければ土地耕作から彼らの注意をそらしてしまうような、多くの面倒なことから解放される。このように注意を集中し続ける結果、彼らが高めることができる生産物の優秀さが、不生産的な階級の維持と雇用が土地所有者や耕作者の費用になる支出の全体を、十分に埋め合わせるのである。商人、技術職人および製造業者の組織的な労働は、それ自体の性質からしてまったく不生産的であるとはいえ、しかしなお、このような方法で土地の生産物を増加させるのに間接的に貢献する。それが生産的労働の生産力を向上させるのは、組織的な労働を、それ自体に適した仕事である土地の耕作に集中するように自由にしておくこと、および、その仕事が、鋤とはもっともかけ離れた人物の労働によって、しばしば鋤がより低価格で入手できるように改良されること、これによってなのである。

16 いかなる点であれ、商人、技術職人および製造業者の勤勉を抑制したり妨害したりすることが、土地所有階級や耕作者の利益であるはずはない。このような不生産的な階級が享受する自由が大きければ大きいほど、それを構成するさまざまなすべての職業における競争が激化し、外国商品と自国製の製造品が、より安価に他の二つの階級に供給されるだろう。

17 他の二つの階級を抑圧することは、けっして不生産的な階級の利益にはなりえない。不生産的な階級を維持し、雇用するのは、土地の余剰生産物、つまりまず耕作者の、さらには土地所有者の維持費を控除した後に残るものである。この剰余が大きければ大きいほど、不生産的な階級を維持し雇用するものも、同様に大きくなるはずである。完全な正義、完全な自由、および完全な平等の確立、これが三つの階級すべてに最高度の繁栄をもっとも効果的に保障するきわめて単純な秘訣である。

18 オランダやハンブルクのような、主として不生産的な階級によって構成される商業的《マーカンタイル》な国の商人、技術職人および製造業者は、同じような方法で、土地所有者や土地耕作者の支出によって残らず維持され、雇用されている。唯一の違いは、商人、技術職人および製造業者に、その仕事の原料や食料などの生活物資の基金を供給する土地の所有者や耕作者は、彼らから遠く離れたもっとも不便な所に位置しているということ、つまりその大部分が、他の国の居住者や他の政府の臣民であるという点である。

19 しかしながら、そのような商業国はたんに有益であるだけでなく、このような他の国の住民にとってもおおいに有益である。そのような商業的な国《マーカンタイル・ステイト》は、ある程度までとはいえきわめて重要な空白を埋めており、他の国の住民が国内で見つける必要があるが、しかし、政策上の何らかの欠陥から、国内で見つけることができない商人、技術職人および製造業者の代わりになっている。

20 商業的な国の貿易や、そのような国が提供する商品に高関税を課して、そのような国の産業に損害を与えたり抑圧したりすることは、このような土地中心の国民《ランデッド・ネイション》――もしそう呼んで良いとすれば――の利益にはけっしてなり得ない。そのような租税は、このような商品の価格を引き上げることにより、それでもって、あるいは同じことになるが、その価格でこのような商品を購入する彼ら自身の土地の余剰生産物の実質価値を、引き下げることに役立ち得るだけである。そのような租税は、その国の剰余生産物の増加を阻害し、結果的に、彼ら自身の土地の改良と耕作の増進を阻害することに役立つにすぎない。これとは逆に、その国の余剰生産物の価値を上昇させ、その増加と、自分たちの土地の結果的な改良と耕作を奨励するためのもっとも効果的な手段は、そのようなあらゆる商業的な国民《マーカンタイル・ネイション》の取引《トレイド》に、これ以上ないほどの完全な自由《パーフェクト・フリーダム》を認めることであろう。

21　このような取引の完全な自由は、あらゆる技術職人、製造業者および商人に、彼らが国内で必要としている土地の余剰生産物を適切な時間に供給するのであって、彼らが国内に残っていると感じるもっとも重要なすき間を、もっとも見込みがあり、有利な方法で満たすためのもっとも効果的な手段でさえあるだろう。

22　彼らの土地の余剰生産物の持続的な増加は、やがて時期を迎えれば、土地の改良と耕作に利用可能なものよりもさらに大きな資本を通常の利潤率を伴って生み出すだろうし、そのような資本の剰余部分は、自然に自国の技術職人や製造業者の雇用に充てられるだろう。だが、このような技術職人や製造業者は、国内に仕事の原材料と食料などの生活物資の蓄え《ファンド》を発見すれば、彼らの技術や技能がずっと劣っている場合でさえ、両方をはるか遠方から運ぶ必要がある商業的な国の技術職人や製造業者のように、ただちに製品をできるだけ安価に完成させる可能性があろう。たとえ技術や技能が不足していても、しかし市場が国内にあるのを知っているため、しばらくの間彼らは製品を安価に仕上げることは不可能であろうが、彼らは、はるか遠方からしか当該市場に運び込むことができない商業的な国の技術職人や製造業者と同じ程度に、自分たちの製品を国内で安価に販売することができるだろうし、彼らの技術や技能が改善するにつれ、まもなく製品をより安価に販売できるようになろう。それゆえ、そのような商業的な国の技術職人や製造業者は、すぐさまこのような土地中心の国の市場で競争相手と遭遇することになり、ほどなく売り負かされたり、そこから完全に押し退けられたりするだろう。技術と技能の漸次的な改善の結果、このような土地中心の国における製造品の安価さは、いずれ時が来ると、国内市場を超えてその販売を拡大して多くの外国市場に運ばれ、同じ方法で、そのような商業的な国の多くの製造品を、そこから次第に押し退けてしまうことになるだろう。

23　このような土地中心の国における原生産物と製造品の持続的な増加は、時が来れば、通常の大きさの利潤を伴って、農業や製造業で利用されるより多くの資本を生み出すだろう。この資本の余剰分は、当然のことながら外国貿易へ向かい、自国市場の需要を超過する国産の原生産物や製造品を、外国に輸出するために用いられるだろう。自国生産物の輸出に際して、土地中心の国の商人は、同じ種類の生産物について、その技術職人や製造業者が商業的な国の技術職人や製造業者以上にもっているのと同じ種類の利点――商業的な国の人々が遠隔地に求めなければならない積み荷、そのようなものの蓄えや食料などの生活物資が、国内に存在するという利点――を、商業的な国の商人以上にもっている。それゆえ、航海の技術や技能が劣っていても、土地中心の国の商人は、商業的な国の商人と同じほど安価に、外国市場で積み荷を販売することができるであろうから、技術と技能が等しければ、彼らはそれをより安価に販売できるであろう。それゆえ、まもなく彼らは、このような外国貿易部門で商業的な国の商人の競争相手になり、時が来れば、商業的な国の商人を、その事業から完全に押し退けてしまうだろう。

24 それゆえ、この自由で利己的でない体系によれば、土地中心の国が、自分たちの技術職人、製造業者や商人を育て上げることができるもっとも有利な方法は、他のすべての国の技術職人、製造業者や商人に、もっとも完全な取引の自由を認めることなのである。それは、そうすることにより、自国の土地生産物の余剰分の価値を増加させ、そしてその持続的な増加が、時が来れば、それが生みだす技術職人、製造業者および商人のすべてを自然に育て上げる基金を創設するのである。

25 これとは逆に、土地中心の国が高率関税や禁止という手段で外国貿易を抑制すれば、必然的にそれは、二つの方法で自分自身の利益を損なうことになる。第一に、あらゆる外国産の商品とあらゆる種類の製造品の価格を上昇させることにより、それでもって、あるいは同じことだが、それを代価にして外国産の商品や製造品を購入する自国の土地の余剰生産物の実質価値を低下させる。第二に、自国の商人、技術職人および製造業者に、自国市場に対する一種の独占権を与えることによって、農業から生じる利潤の大きさに較べた場合の商業や製造業から生じる利潤の量を増大させ、結果的に、以前なら農業に用いられていた資本の一部をそこから抜き取ったり、事情が異なれば農業へ向かったであろう資本の一部が、そこに向かうのを妨げたりする。それゆえこの政策は、二つの異なった方法で農業を阻害するのであって、第一に、農業生産物の実質価値を低下させ、そうすることで農業の利潤率を低下させることによって、第二に、あらゆる他の職業の利潤率を引き上げることによってである。そうでない場合に較べて、農業はその有利さを損なわれ、貿易と製造業は、ずっと有利になり、誰でも自分自身の私益にそそのかされて、自分の資本と労働を、農業から貿易や製造業へ可能なかぎり多く振り向けるようになる。

26 この抑制的な政策によって、土地中心の国は、自国の技術職人、製造業者や商人を貿易の自由によって可能になるよりも、幾分迅速に育成できるはずである――しかしながら、まったく疑問がないわけではない事態である――とはいえ、それでもなお、その育成は、そう言って良ければ、時期尚早のことであろうし、そのような事業の準備が十分に整わない間のことになるだろう。一つの種類の産業の育成を性急に行いすぎる結果、より価値がある他の種類の産業を抑圧することになろう。利用する元本を通常の利潤とともに回収するにすぎない種類の産業をあまりにも性急に育成する結果、その政策は、利潤とともに用いた元本の回収を上回る無費用の地代《フリー・レント》を、純生産物と同様に地主にもたらす部類の産業を抑制することになろう。それは、ほとんど不毛で不生産的な種類の労働をあまりにも性急に奨励する結果、生産的労働を抑圧するであろう。

27 この体系に従って、年々の土地生産物の全体が、上に言及した三つの階級の間で分配されるのはどのような仕方であるか、さらに、不生産的な階級の労働が、いかなる点でもその全体の価値を増加させず、それ自身が消費する価値を回収するものを超えないのは、どのような仕方においてであるか、これは、この体系のきわめて独創的で深い学識をもつケネー氏

〔François Quesnay, 1694-1774. フランスの医師で、『経済表』の著者で重農学派の創設者〕によって、いくつかの算術的な定式のなかに描写されている。彼が『経済表』という名称で明確に区別して有名になったこのような定式の最初のものは、最高度の完全な自由という状態のなかで、それゆえ最高の繁栄状態――年々の生産物が最大限可能な純生産物を生み出すような状態であって、そこでは、それぞれの階級が、年々の総生産物の中から、それぞれに適した分け前を享受している――のなかで行われる、と彼が推定した分配の仕方を表示している。それに続くいくつかの定式は、この分配が、さまざまに異なる抑制と規制の状態のもので行われると仮定した場合の仕方を表示しており、そこでは、地主階級や不毛で不生産的な階級が、耕作者階級よりも優遇されていて、この生産的な階級に当然帰属すべき分け前が、このどちらかの階級によって大なり小なり横奪されていることになる。

　このようなすべての蚕食、つまり、もっとも完全な自由が確立しようとする自然的分配の侵犯はすべて、この体系に従えば、年次進行するにつれて、必然的に年々の生産物の総量とその価値を多少なりとも引き下げ、その社会の実質的な富と収入の衰退――この衰退の進行は、もっとも完全な自由が確立するような自然的分配が、多少なりとも侵犯される程度に応じて、速くなったり遅くなったりするにちがいない――を引き起こすはずである。このように続く定式はさまざまな程度の衰退を表しており、この体系に従えば、それは、この事物の自然的分配が侵犯されるさまざまな程度と一致していることになる。

28　幾分思索的な医師が想像してきたことは、人間の体の健康は、食事療法と運動という一定の厳格な養生法《レジメン》によってしか維持できないのであって、ごく些細な侵犯でさえ、侵犯の程度に応じた病気と体調不調をかならず引き起こす、ということであったと思われる。しかしながら、経験が示していると思われることは、人間の体は、すくなくとも見たかぎり、おおいに異なるさまざまな養生法の下で——完全に健康増進的であるというものからひどくかけ離れている、と一般的に信じられている養生法の下でさえ——も、もっとも完全な健康状態を維持するということであろう。だが、人間の体の健康な状態は、ひどく間違った養生法がもつ悪い効果でさえ、多くの点で予防したり、修正したりする未知の予防原理のようなものを含んでいるように思われる。

自分自身が医者であり、しかも、きわめて思索的な医者でもあるケネー氏は、政治体《ポリティカル・ボディ》についても同じ種類の理解を心に思い浮かべ、それは、一定の厳密な養生法——完全な自由と完全な正義という厳格な養生法——の下でのみ、成功してうまくいくと想像したように思われる。彼は、政治体の場合には、あらゆる人間がつねに自分自身の境遇を改善しようとする自然な努力が、ある程度ではあれ、政治経済学の偏った抑圧的な悪い効果を、多くの点で阻止したり修正したりすることができる予防のための原動力である、とは考えなかったように思われる。多かれ少なかれ阻害することは間違いないとはいえ、そのような政治経済学が、富と繁栄に向かう国民の自然な進歩を完全に停止させたり、さらには、後戻りさせたりすることができるとは限らない。かりにひとつの国民が完全な自由と完全な正義を享受しないかぎり繁栄できないというのであれば、今までに繁栄できた国民など、世界に存在しないことになろう。しかしながら、政治体においては、幸運にも自然の叡智《ウイズダム・オヴ・ネイチャー》が人間の愚行と不正義による多くの悪い効果を治療するための用意を十分に提供してきたのであって、これは、体の怠惰と放縦による悪い効果を治療するために、自然の叡智が生まれつき体の中で行ってきたのと同じ方法なのである。

29 しかしながら、この体系の重大な誤りは、技術職人、製造業者および商人からなる階級を、まったく不毛で不生産的だと主張したところにあるように思われる。以下の観察が、このような主張の不適切さを証明するのに役立つであろう。

30 第一に、この階級は、それ自体の年々の消費分の価値を年々再生産し、すくなくともそれが維持したり、利用したりする元本や資本の存在を維持し続ける、と認められている。だが、この説明からだけでも、それを不毛で不生産的と呼称することは、きわめて不適切な使用法だと思われる。我々は、ある結婚が一人の息子と一人の娘だけしか産まず、父親と母親にとって代わるだけであろうと、さらに、人類の頭数を増やさず、以前と同様にそれを維持し続けるだけであろうと、そのような結婚を不毛であるとか不生産的であると呼ぶべきではない。実際、農業者や地方の労働者は、彼らを維持し雇用する元本を上回る純生産物、つまり地主に対する無費用の地代を年々再生産する。三人の子供を生む結婚が二人しか生まない結婚よりも生産的であることは間違いないから、農業者や田舎の労働者の労働が、商人、技術職人や製造業者の労働よりもいっそう生産的であることは確かである。しかしながら、前者の階級の優れた成果が、後者の階級を、不毛や不生産的にするわけではない。

31 第二に、こういうわけで、技術職人や製造業者および商人を家事使用人と同様な観点から理解するのはまったく不適切であるように思われる。家事使用人の労働は、彼らを維持し雇用する基金の存続をもたらすものではない。その維持と雇用は、余すところなく主人の費用であって、彼らが遂行する仕事は、その支出を払い戻すような性質のものではない。普通それは、遂行されるやいなや即座に消滅するものであり、彼らの賃金や維持費の価値を取り戻すことができる販売可能な商品に固定したり、実現したりすることはない。それとは逆に、技術職人、製造業者および商人の労働は、当然のことながら、そのような販売可能な商品に固定化したり実現したりする。生産的労働と不生産的労働について議論した章〔第二編第三章〕において、技術職人、製造業者や商人を生産的労働者のなかに含めて分類し、家事使用人を不毛で不生産的な労働者に分類したのは、この理由にもとづく。

32 第三に、すべての仮定にもとづくなら、技術職人、製造業者や商人の労働は、社会の真実の収入を増加させないというのは、不適切である。たとえば我々は、この体系で前提されていると思われるように、この階級の日々の、月々の、さらには年々の消費の価値は、日々の、月々のさらには年々の生産の価値と正確に等しいと想定すべきであるとしても、だからといって、その労働は真実の収入、つまり、社会の土地と労働の年々の生産物の真実の価値に、何も付け加えないということにはならないだろう。たとえば、収穫後、最初の六ヵ月間で一〇ポンドの価値の仕事を遂行する技術職人は、同じ時期に一〇ポンドの価値をもつ穀物や他の生活必需品を消費するはずではあるが、それでもなお、社会の土地と労働の年々の生産物に一〇ポンドの価値を実際に付け加えている。彼は、一〇ポンドの価値をもつ穀物と他の生活必需品からなる年々の収入の半分を消費してしまったとはいえ、彼は、年々の収入の半分に等しい同じ価値をもつ購買可能な製品を、自分自身または誰か他の人のために生産済みである。それゆえ、この六ヵ月間のうちに消費されたり、生産されたりしたものの価値は、一〇ポンドではなく二〇ポンドに等しい。実際、この価値のうち一〇ポンドの価値を超えないものが、この時期のどこをとっても存在していたということさえありえる。だが、技術職人によって消費される一〇ポンドの価値の穀物と他の生活必需品が、兵士や家事使用人によって消費されたとすれば、六ヵ月後に存在する年々の生産物のうちの当該部分の価値は、技術職人の労働の結果実際に存在するものよりも一〇ポンドだけ少ないだろう。それゆえ、技術職人が生産するものの価値は、その時期のいかなる時点でも彼が消費するものよりも大きいと想定されるべきではないとはいえ、しかしなお、その時期のどこをとっても、市場に実際に存在する財貨の価値は、技術職人が生産するもののせいで、そうでない場合よりも大きいであろう。

33　この体系を支持する人々が、技術職人、製造業者および商人の消費は彼らが生産するものの価値に等しいと主張する場合、おそらく彼らは、彼らの収入つまり彼らの消費に充当される蓄《ファンド》えがそれと等しい、ということしか意味していないだろう。だが、かりに彼らがもう少し正確に言いたいことを表現し、この階級の収入は彼らが生産したものの価値に等しいとだけ主張していたら、それは読者に、この収入から自然に貯蓄されるものは、必然的に社会の真実の富を多少なりとも増加させるはずだ、と即座に気付かせたことだろう。それゆえ、何かをそれらしく主張するためには、彼らが行ったようなことを自ら表明する必要があったわけだが、この主張は、実際の事柄があらかじめ推定されている通りであると想定した場合でさえ、きわめて不確定なものであることが判明するのである。

34　第四に、倹約を行なわないかぎり、農業者や田舎の労働者が真実の収入、つまりその社会の土地と労働の年々の生産物を増加しえないことは、技術職人、製造業者および商人と同じことである。いかなる社会の土地と労働の年々の生産物であろうと、それを増加できるのは、二つの方法、つまり第一に、社会のなかで実際に維持される有用な労働者における生産力の何らかの改良か、あるいは第二に、有用労働の量におけるいくらかの増加、これ以外にはありえない。

35　有用労働の生産力における改良は、第一に、労働者の能力における改良に、そして第二に、それを用いて彼らが働く機械の改良に依存している。だが、技術職人や製造業者の労働は、農業者や田舎の労働者のそれと較べると、いっそう細分化することができ、それぞれの労働者の労働をはるかに単純な操作へと還元できるため、それははるかに高い程度でこの二種類の改良が同様に可能である。* それゆえ、この点について、耕作者階級は技術職人や製造業者を上回る種類の利点をまったくもち得ないのである。

＊第一編第一章を見よ。

36　いかなる社会であれ、実際に雇用されている有用労働の量における増加は、それを雇用する資本の増加に完全に依存しており、そして、そのような資本の増加分は、そのような資本を管理したり指揮したりする特定の人物や、それを彼らに貸し付ける別の人物の収入からなされる貯蓄額と正確に等しいはずである。かりに商人、技術職人や製造業者が、この体系が想定していると思われるように、土地所有者や耕作者よりも自然に節約と貯蓄をおこなう傾向が強いとすれば、その限りで、彼らは自分たちの社会のなかで雇用する有用労働の量をいっそう増加させる傾向があろうし、結果的に社会の真実の収入、つまりその土地と労働の年々の生産物を増加させることになろう。

37 最後ではあるが第五に、この体系が想定していると思われるように、あらゆる国の住民の収入は、全体として、住民の組織的な労働が彼らにもたらす食料などの生活物資の量にあると想定されていたとしてもなお、貿易や製造業に従事する国の収入は、他の事情が等しければ、貿易や製造業をもたない国の収入よりも、つねにずっと大きいはずである。貿易や製造業をつうじるなら、自国の土地が実際の耕作状態の下でもたらし得るものに較べて、個々の国は、年々より多くの食料などの生活物資を輸入することができる。都市の住民は、自分自身の土地を所有しないことが多いが、仕事の原料だけでなく、自分たちの食料などの生活物資の蓄えでもある他の人々の土地の原生産物を、提供される量だけ、その組織的労働によって、自分たちの所に引き寄せる。都市がその近隣にある地方に対してつねに行っていることはすべて、ひとつの独立した国や地方が、他の独立した国や地方に対してしばしば行う可能性のあることである。このような方法で、オランダは他の国からその食料などの生活物資の大部分を――つまり、ホルスタインとユトランド半島から生きた家畜を、ヨーロッパのほとんどすべての国から穀物を――えり集めている。量としては小さな製造業の生産物が、大量の原生産物を購入するのである。

それゆえ、貿易や製造業に従事する国は、自然にその製造業生産物の小さな部分で他の国の原生産物の大きな部分を購入するのだが、一方これとは逆に、貿易や製造業をもたない国は、その原生産物の大きな部分を犠牲にして、他国の製造業生産物のきわめて小さな部分を購入せざるをえなくなるのが一般的である。前者は、きわめて少数の構成員しか扶養したり、世話したりできないモノを輸出し、大部分の国民の食料などの生活物資や便宜品を輸入する。後者は、大部分の国民の食料などの生活物資や便宜品を輸出し、きわめて少数の国民しか扶養できないモノを輸入する。前者の住民は、彼ら自身の土地がその耕作の現状において提供可能なものを大きく上回る量の食料などの生活物資を、つねに享受できるはずである。後者の住民が享受する量は、つねにずっと少ないにちがいない。

38 しかしながら、この体系は、多くの不完全さを抱え込んでいるとはいえ、おそらく政治経済学という主題にかんして、今まで発表されたことがない真理にもっとも近づいており、この理由からして、きわめて重要なこの科学の原理を注意深く検討しようと望む人には、おおいに考察に値するものである。それが説き聞かせている観念は、土地に対して用いられる労働だけを生産的な労働と表現している点で、おそらく狭すぎるうえ限定的なものであるとはいえ、なお、あらゆる国の豊かさは、貨幣という消費できない富にあるのではなく、その社会の労働によって年々生産される消費可能な財にあるということ、および、このような財の再生産量を最大にするための唯一の効果的な方法は、完全な自由であること、これを表明した点で、その学説は気高く、偏りがなく、どこから見ても正当である。その追従者の数はきわめて多く、人間というものはパラドックスを好み、普通の人々の表面的な理解を超えるものを理解しているように見えることを好むから、製造業に従事する労働の不生産的性質にかんしてそれが主張し続けるパラドックスは、その体系の賞賛者の数を増加させるのには、多分ごく僅かしか役立たなかっただろう。彼らは、エコノミストという名前でフランスの文壇でよく知られており、過去数年間にわたって、かなり多人数の党派を形成してきた。彼らの著作が、それまでよく吟味されてこなかった多くの主題を広く議論し始めたことだけでなく、農業を引き立てるようにある程度まで行政府に影響を与えた点で、母国にいくらか貢献してきたことは間違いない。したがって、フランスの農業が以前その下で苦労したいくつかの圧政から解放されたのは、彼らによる代弁の成果であった。

土地の将来の購入者や所有者が誰になろうと効力を有する借地契約が認められる期間は、九年から二七年に延長された。王国のある地域から別の地域へと穀物を移送することを禁じた古くからの規制は完全に取り払われ、それをすべての外国に輸出する自由が、あらゆる通常の場合における王国の普通法《コモンロー》として確立された。この学派は、彼らの著作の中で、きわめて多数に上り、たんに固有に政治経済学と呼ばれるもの、つまり国民の富の性質と原因にかかわる事柄だけでなく、市民統治体制の他のあらゆる分野をも論じており、全員が暗黙の裡に、しかも違いがわからないほどケネー氏の学説を奉じている。彼らの著作の大部分のなかで違いがほとんど無いのは、この理由からである。

この学説にかんするもっとも明瞭でこれ以上ないほど一貫した説明は、以前マルティニク島の知事を務めていたメルシエ・ド・ラ・リヴィエール氏〔Pierre-Paul Le Mercier de La Rivière, 1719-1801. フランスの政治家、経済学者〕によって著された『政治社会の自然的で本質的な秩序』という、小冊子の中に見出すことができよう。彼らの指導者——彼自身はもっとも慎み深く誠実である——に対するこの学派全員の礼賛は、古代哲学者がそれぞれの創設者に対して行ったものに、けっして見劣りするものではない。きわめて勤勉で尊敬に値する著者であるミラボー侯〔Victor Riquetti, Marquis de Mirabeau, 1715-1789. フランスの経済学者で、ケネーの弟子として重農主義の普及に貢献〕は次のように述べている。「世界が始まって以来、人類を富ませ、魅力的にしてきた他の多くの発明とは別に、もっぱら政治社会に安定性を付与してきた三つの偉大な発明があった。第一は、文字の発明であり、それだけが人間に、法律、契約、記録および発見というものを、何の変更もなく、伝える力を与える。第二は、貨幣の発明であって、それは、文明化した社会間のあらゆる関係を結び付ける。第三は、他の二つの成果である『経済表』であって、それは、それぞれの目的を完全にすることによって両方を完成に導くものであり、我々の時代の偉大な発明であるが、我々の子孫がそれから利益を得るものである」。

39 近代ヨーロッパ諸国の政治経済学が、地方の産業である農業に対してよりも、製造業や外国貿易、都市の産業に対してずっと好意的であったように、他の国々の政治経済学は、それとは違った構想《プラン》を奉じ、製造業や外国貿易に対してよりも、農業に対してずっと好意的であった。

40 中国の政策は、他のすべての雇用にもまして農業を奨励した。中国では、ヨーロッパの大部分の国で技術職人《アーティフィサー》の境遇が農業労働者《レイバラー》のそれよりも上だと言われているように、農業労働者のそれは、技術職人のそれよりもずっと優れていると言われている。中国では、誰もが抱く大望は、所有地であれ借地であれ、ごくわずかな土地の所有権を入手することであり、しかも借地は、そこではきわめて穏当な条件で認められ、借地人に対して十分に保証されていると言われている。中国人は、外国貿易をほとんど尊重しない。「いわゆる物乞いのような商売！」というのが、ロシアの外交官であるド・ランジュ氏との会話のなかで、北京の高級官僚がそれにかんしてよく用いる言葉であった。* 日本との貿易を除き、中国人はみずから、さらには自分たちの船で、ほとんど、あるいはまったく外国貿易を遂行せず、彼らが外国の船舶に許可を与える場合でさえ、王国の一つか二つの港に制限されている。それゆえ外国貿易は、中国では、自国の船であれ外国の船であれ、もっと多くの自由が許されるなら、自然に拡大したであろうものに較べて、あらゆる点で著しく狭い範囲内に限定されているのである。

＊ベル著『旅行記』〔John Bell, *Travels, from St. Petersburg in Russia, to diverse parts of Asia*. Glasgow, 1763〕第二巻、二五八、二七六および二九三頁におけるド・ランジュ氏の日記を見よ〔本脚注は第二版で追加された〕。

41　製造品は、嵩が小さいわりに大きな価値を含むことが多く、このゆえに大部分の原生産物に較べ、ある国から別の国にずっと小さな費用で運搬可能であるため、ほとんどすべての国で外国貿易の主要な支柱になっている。くわえて、中国に較べてずっと狭く、内陸通商向けの好都合な環境にも恵まれない国では、一般的に、製造品は外国貿易という支柱を必要とする。狭小な国内市場しか提供しない狭い国であろうと、あるいは、ある地域と他の地域の間の交流がきわめて困難であるため、あらゆる個々の地域の財貨がその国が提供しうる国内市場の全体を享受できないような国であろうと、広大な外国市場がなければ、製造業が十分に繁盛できるはずがない。製造業に従事する組織的な労働《マニュファクチャリング・インダストリー》の完璧な技能はすべて分業に依存しており、しかも、あらゆる製造業に分業が導入されうる程度は、すでに示したように、市場の広さによって必然的に規制されていることを忘れてはならない。

だが、帝国中国の広大な国土、住民数の桁違いな多さや多様な気候とさまざまな地域における結果的な生産物の多様性、さらには国土の大部分を水運という手段で容易に往来できること、これが中国に、それだけできわめて大規模な製造業を支え、かなり大規模な労働の細分割《サブディヴィジョン・オヴ・レイバー》を十分に許すほど大きな国内市場を与えている。おそらく中国の国内市場は、程度で見れば、ヨーロッパのさまざまなすべての国を一緒にした市場に大きく劣るものではないだろう。しかしながら、この巨大な国内市場に世界の残りすべての外国市場を加えたいっそう広範な外国貿易が、特に、この貿易のかなりの部分が中国の船舶で遂行されたりすれば、中国の製造業をおおいに繁栄させ、その製造業に従事する組織的な労働がもつ生産力を大幅に改善し損なうことなど、まずありえないだろう。より広範な航海によって、中国人は、世界のさまざまな部分のすべてで実行されている他の技術や産業の改良だけでなく、他の国で利用されているすべてのさまざまな機械の使い方や自国で製造する方法を、自然に学習するだろう。現在の構想に従うなら、他の国民の事例——日本人の事例を除き——によって、彼らが自分自身を改良する機会などほとんどない。

42 古代エジプトの政策もまた、さらにインドスタンのヒンドゥー人政府の政策も、他のあらゆる仕事よりも農業を奨励したように思われる。

43 古代のエジプトやインドスタンでは、人民集団はすべてさまざまなカーストや部族に分けられており、それは残らず父から子へ、特定の職業や職業《クラス・オヴ・エンプロイメンツ》としての身分へと限定されていた。僧侶の息子はかならず僧侶であったし、兵士の息子は兵士、肉体労働者、機織りの息子は機織り、仕立屋の息子は仕立屋、などという具合であった。両国では、僧侶身分が最高のカーストに属しており、それに続くのが兵士階級であって、両国では、農民や肉体労働者からなるカーストは、商人や製造業者からなるカーストよりも上位であった。

44 二つの国の政府は、特に農業の利害に注意を払っていた。ナイル川の水を適切に分配するためにエジプトの古代の国王によってなされた工事は、古代では有名なものであって、いくつかの遺跡は、今でも旅行者によって賞賛されている。多くの他の河川とならんで、ガンジス川の水を適切に分配するために古代インドスタンの君主によって建設された同種のものは、それほど賞賛されてこなかったとはいえ、同じく偉大なもののように思われる。したがって、両国とも、時々飢饉に襲われるとはいえ、きわめて肥沃であった点で有名であった。両国ともきわめて人口が多かったが、とはいえ、平年作の年には、ともに大量の穀物を近隣地域に輸出することが可能であった。

45 古代エジプト人には、海を毛嫌いする迷信が広まっていたし、またヒンドゥー教は、信徒に対して水上で火を用いること、したがって結果的に、水上で食料を調理することを許さなかったから、実際にはそれが遠隔の海上航海をすべて禁じることになった。エジプト人もインド人も、彼らの余剰生産物を輸出するためには、ほとんどすべて外国の海運に依存する他になく、だからこの依存性は市場を制限したはずであるし、この余剰生産物の増加を抑制したにちがいなかった。さらにそれは、原生産物の増加以上に、製造品の増加を抑制したはずである。製造品は、土地の原生産物のもっとも重要な部分にもまして、はるかに広範な市場を必要とする。一人の靴屋は、一年間に三〇〇足以上の靴を生産するだろうし、彼自身の家族は、おそらく六足も履きつぶすことはなかろう。それゆえ、少なくとも彼の家族のような五〇家族の顧客を確保しないかぎり、彼は、自分自身の労働の生産物をすべて処分できないだろう。もっとも数が多い階級に属する技術職人は、大国の場合、その国全体の家族数のうちの五〇分の一、あるいは一〇〇分の一を超えることは滅多にあるまい。しかしフランスやイングランドのような大国の場合、農業に用いられている人々の数は、幾人かの著者によって国の居住者全体の半分とか三分の一と推定されており、五分の一以下という著者を見掛けたことがない。

だが、フランスやイングランド両国の農業生産物は、その大部分が国内で消費されているから、この計算に従えば、農業で雇用されている人間一人につき、自分自身の労働の生産物をすべて処分するためには、彼自身と同じような家族一つ、二つ、あるいは最大四つ以上の家族を必要とすることは、ほとんどないはずである。それゆえ農業は、市場が限定されるという邪魔があっても、製造業よりもずっと良く自立することが可能である。古代エジプトとインドスタンの両国では、実際、外国市場の制約は、このような国のあらゆるさまざまな地域のすべての生産物に対して、もっとも有利な仕方で、国内市場を全面的に開放した多くの国内水運がもつ便宜によってある程度まで埋め合わされたのである。またインドスタンの途轍もない広さは、その国の国内市場をきわめて大きなものにしたから、きわめて多様な製造業を維持するのに十分であった。だが、古代エジプトの小さな面積――イングランドに等しかったこともない――は、つねに多様な製造業を維持するには、その国の国内市場を狭すぎるものにしていたにちがいない。したがって、インドスタンの一地域であり、最大量の米を通常輸出していたベンガルは、その穀物輸出以上に、じつにさまざまな製造品の輸出によって著しく目立っていた。これとは逆に、古代エジプトはいくつかの製造品、とくに高級リンネルを他の財とともに輸出していたとはいえ、もっとも際立っていたのは、つねに大々的な穀物輸出であった。それは長期にわたり、ローマ帝国の穀倉であった。

46 さまざまな時期に中国、古代エジプト、およびインドスタンのさまざまに分割されていた王国の君主は、彼らの収入の全部またはほとんど全部を、つねにある種の地租や借地料から得ていた。この地租や借地料は、ヨーロッパの十分の一税《タイス》と同様に、土地の生産物の一定部分――五分の一といわれている――から成り立っており、一定の価値評価――それゆえ、生産高が変化するにつれて年々変化した――にしたがって、現物で引き渡されたり、貨幣で支払われたりした。それゆえ、このような国の君主が農業の利益に、つまり、彼ら自身の収入の年々の増減を左右していた繁栄や衰退に対して、特に注意深かったのは当然のことであった。

47 ギリシャとローマの古代共和国の政策は、製造業や外国貿易よりも農業を尊重したとはいえ、しかし、直接ないし意図的な奨励を後者に与えたことに較べると、前者に属する職業は冷遇されていたように思われる。ギリシャのいくつかの古代国家では、外国貿易は完全に禁止されていたし、他のいくつかの国では、技術職人や製造業者の仕事は、人体の強靭さと敏捷性にとって有害で、軍事教練や体育の練習が体に植え付けようと努めるこのような習慣を、体に覚えさせにくくするものであり、そのため、戦争の疲れを耐え忍び、危険に立ち向かうための適格性を多少なりとも奪い去る、と理解されていた。ローマやアテネのように、このようなことが禁止されなかった国でさえ、大部分の人々は、今なら下層階級に属する都市住民によって遂行されることが多いあらゆる種類の職業から、実質的に締め出されていた。そのような職業は、アテネやローマでは、金持ちの主人の利益のためにその職業に従事する奴隷によってすべて占められており、彼らの主人の富、権力および保護は、貧しい自由民が金持ちの奴隷の製品との競争に直面した時、自分たちの製品の市場を見つけることをほとんど不可能にするものであった。

しかしながら、奴隷が創意工夫に富んでいることはほとんどなく、機械や、労働を安易にしたり短縮したりする装置や作業の配置などにみられるもっとも重要な改良は、すべて自由民の発明によるものであった。奴隷がこの種の改良を何か提案したら、その主人は、その提案を怠惰の提案、つまり、主人の支出で自分自身の労働を節約しようという希望である、と考えることがほとんどであろう。不幸な奴隷は、褒美をもらうどころか、おそらくたっぷり罵詈雑言を浴びせられ、多分何か罰を受けるだろう。それゆえ、奴隷によって遂行されている製造業では、自由民によって遂行されている製造業におけるよりも、一般的に同量の仕事を遂行するためにより多くの労働が用いられる必要がある。この理由から、前者つまり奴隷の製品は、後者つまり自由民の製品よりも、一般的にいっそう高価であったはずである。

モンテスキュー氏が述べているところによれば、ハンガリーの鉱山は、豊鉱でないとはいえ、近隣にあるトルコの鉱山よりもつねに少ない経費で操業されており、それゆえ利潤はより大きいという。トルコの鉱山は奴隷によって採鉱されており、このような奴隷の腕が、トルコ人が利用しようと常々考えてきた唯一の機械である。ハンガリーの鉱山は、自分自身の労働を容易にしたり、短縮したりする機械を大量に利用する自由民によって操業されている。ギリシャやローマの時代における製造品の価格について知られているわずかなことから判断するかぎり、より精密な種類の製品は、きわめて高価であったと思われる。絹は、同じ重さの金と引き換えに売られた。実際この時代には、それはヨーロッパの製造品ではなく、すべて東インドから購入されたから、遠距離の運送費が、ある程度までこの途轍もない価格の説明になるだろう。しかしながら、ご婦人方が時々きわめて高級なリンネルに対して支払うと言われている価格は、同様に法外に高価なものであったように思われるし、また、リンネルはつねにヨーロッパ産かエジプト産の製造品であったから、この高価格は、たんにその製造に用いられる必要があった労働の高経費によって説明できるし、さらにこの労働の経費もまた、何よりも利用されていた機械の扱いにくさに起因するものであった。

高級毛織物の価格もまた、それほど法外に高かったわけではないが、とはいえ、現代の価格を大幅に上回っていたようである。プリニウスの記述によれば、* 特別な方法で染色された服地は重量一ポンド当たり一〇〇デナリウス、つまり三ポンド六シリング八ペンスの値段であった。別の方法で染めたものは、重量一ポンド当たり一〇〇〇デナリウス、つまり三三ポンド六シリング八ペンスの値段であった。ローマの一ポンドは、我々の常衡でわずか一二オンスしか含んでいないということに注意が必要である。この高価格は、実際には、主として染料のせいであったと思われる。だが、服地が現在造られるものよりもずっと高価でなかったら、それほど値の張る染料が服地に対して費やされることは、おそらくなかっただろう。装飾品の価値と本体の価値との間の不釣り合いが、あまりにも大きかったようである。同じ著者によれば、**トリクリニウム、つまり食事中に長椅子に寄りかかって座るために利用される種類の毛織物の枕やクッションの価格は、にわかには信じ難いものであって、なかには三万ポンド以上のもの、さらには三〇万ポンドを超える値段のものがあったという。この高価格もまた、染料に起因するものではなかったと言われている。

アーバスノット博士〔John Arbuthnot, 1667-1735. スコットランド生まれの数学者、医者、風刺作家〕は、上流階級の男女の衣装の場合、古代では、現在ほど多様性というものがひろく見られなかったと述べているが、この観察は、古代の彫像の衣装にごくわずかな違いしか見出せないことによって、裏付けられている。彼はこのことから、古代ローマ人の衣装は、全体として我々のものよりも安価であったと推測しているが、しかし、この結論が当然だというわけにはいかない。流行の衣装に対する支出がきわめて大きい場合、多様性はきわめて小さいはずである。だが、製造技術と組織的な労働の生産力における改善によって、どの衣装に要する経費もかなり安くなり、多様性は自然に著しく拡大するだろう。金持ちは、どれかひとつの衣装への出費によって目立つことができなくなれば、保有する衣装の数と多様性によって目立つために、自然に努力するようになろう。

＊プリニウス、『自然史』第一巻第九編第三九章〔第二版で追加された〕。

＊＊プリニウス、『自然史』第一巻第八編第四八章〔第二版で追加された〕。

48 あらゆる国民の商業取引のうち、もっとも偉大で重要な部門は、すでに考察したように、都市の住民と地方の住民との間で行われる取引である。都市の住民は、地方から彼らの仕事の原料や食料などの生活物資の蓄えを受け取り、そして、それを製造加工してすぐに利用できるように整えた製品の一部を地方に送り返すことによって、この原生産物に対して支払いをする。このような二つの異なった人々の間で遂行される取引を成り立たせるのは、究極的には、製造業の一定量の生産物と交換される原生産物の一定量である。それゆえ、後者が高価になればなるほど、前者は安価になり、どの国であれ、製造品の価格を引き上げる傾向をもつものはすべて土地の原生産物の価格を引き下げ、こうすることによって農業を抑制する傾向をもっている。あらゆる所与の量の原生産物、あるいは同じことだが、あらゆる所与の量の原生産物の価格が購入しうる製造品の量が少なければ少ないほど、所与の量の原生産物の交換価値〔初版では真実価値であった〕がより小さくなり、地主が改良によって、さらに農業者が土地の耕作によって、その原生産物の量を増加させるための刺激が小さくなる。くわえて、どの国であっても、技術職人や製造業者の数を減少させる傾向をもつものは、国内市場、つまり土地の原生産物のためのもっとも重要な市場を縮小させる傾向をもっており、それにより、農業をさらにいっそう抑制する傾向をもつのである。

49 それゆえ、他のあらゆる職業よりも農業を優先するこのような体系は、その促進のために製造業と外国貿易に制限を課し、推奨する目的そのものと相容れないように作用する結果、彼らがその促進を意図している特定の産業の発展を、間接的に抑制することになる。その限り、このような体系は、おそらく重商主義の体系よりもさらに一貫性に欠けている。重商主義の体系は、製造業と外国貿易を農業以上に奨励することによって、社会に存在する資本の一定割合以上を、より有利な産業を維持することから、有利さの点で劣る種類の産業の維持へと追い払ってしまうのである。だが、それは依然として、促進しようと意図している件の産業を、現実的にも、究極的にも助成する。これとは反対に、重農主義の体系は、それ自体が推奨する種類の産業を、現実的にも究極的にも抑制するのである。

50　資本が自然にそこに向かうであろう比率を超えて、社会のより大きな資本を特別な助成によって特定の種類の産業に引きつけたり、特別な抑制策を用いて、他の場合であればそこで利用されていたはずの資本部分を、特定分野の産業から無理やり引き出したりしようとするすべての体系が、実際には、それが促進しようと意図していた大目的を覆してしまうのは、このようにしてである。それは、真実の富と偉大さに向かう社会の進歩を、加速させる代わりに、遅らせてしまうし、社会の土地と労働の年々の生産物の真実の価値を、増加させる代わりに、減少させてしまうのである。

51　特別な奨励《プリファレンス》の体系であろうと抑制の体系であろうと、このようにあらゆる奨励や抑制が完全に除去されれば、自然的自由《ナチュラル・リバティ》という明瞭で単純な体系がおのずと出来上がる。正義の法《ローズ・オヴ・ジャスティス》（『国富論』では明確な定義は示されないが、『道徳感情論』では「もっとも神聖な正義の法とは、隣人の生命と身体を保護する法のことである。その次には、所有財産と所有物を保護する法があり、最後に来るのが、人間の人的権利と呼ばれるもの、つまり他人の約束から当然支払われてしかるべきものを保護する法である」と説明されている。〔II. ii. 2. 2.〕を侵犯しないかぎり、自分のやり方で自分自身の利益を追求すること、自分の労働と資本の両方を、あらゆる他の人々や異なる階級の人々のそれと競争させること、さらに、これは、まったく妨げられることなくすべて個人の自由に委ねられる。統治者《ソヴァリン》はひとつの義務、つまり、多くの思い違いにつねに晒されざるをえないことをあえて実行するとか、人間の英知や知識では、申し分なく適切に遂行できるはずのないことを適切に実行するという義務から、すなわち、民間人の組織的な労働を監督し、それを社会の利益にとってもっとも好都合に利用できる方向に導く、という義務から完全に解放されることになる。

自然的自由の体系に従えば、統治者が留意しなければならない義務――実際にもっとも重要であるが、しかし通常の理解力を持っていれば、平明で意味明瞭な義務――はわずか三つしかなく、第一に、他の独立した社会からの暴力や侵略などから社会を防衛する義務、第二に、社会のあらゆる構成員を、可能なかぎりその社会の他の構成員による不正義や侵害から保護する義務、すなわち、司法《ジャスティス》の厳格な管理を確立すること、そして第三に、一定の公共事業や公共の制度を設立したり維持したりする義務であるが、それは、偉大な社会《グレイト・ソサイエティ》にとって、報い《リペイ》ること以上におおいに役立つ可能性をもつことが多々あるにしても、そこから上がる利潤では、どの個人や少数の集団にとっても、費やした支出に報いることが不可能なため、特定の個人や少数の集団の利益をめざして設立されたり、維持されたりするはずがまったくないものである。

52　このような統治者のいくつかの義務を適切に遂行することは、必然的に一定の経費を前提にしているし、この経費もまた、必然的にそれを維持するための一定の収入を要請する。それゆえ、以下の編で私が説明しようと試みるのは、第一に、統治者または国家《コモン・ウエルス》にとって必要な経費とは何であるか、そして、この経費のどれが社会全体の一般的な分担金によって、さらに、そのうちのどれがもっぱら特定部分の分担金――社会を構成する特定の構成員の分担金――によって、負担されるべきであるか。第二に、社会全体に義務として課される経費を負担するために、社会全体で貢献するようにできるさまざまな方法とはどのようなものであるか、そして、このような方法がもつ主要な利点と不都合とはどのようなものであるか。第三に、現代のほとんどすべての政府に、このような収入の一部を抵当に入れる、つまり、債務を負うように導いた理由や原因とはどのようなものであるか、さらに、このような債務が真実の富、つまり、社会の土地と労働の年々の生産物に対して与える影響とはどのようなものであったか、これである。それゆえ、次の編はおのずと三つの章から構成されることになる。

第五編　統治者または国家の収入について

第一章　統治者または国家の経費について

第一節　国防費について

1　統治者の第一の義務、つまり、他の独立した社会による不当な力の行使や侵略からその社会を防衛するという義務は、軍事力という手段でしか遂行できないものである。だが、平時にこの軍事力を整備しておき、さらに戦時にそれを用いるという二つのことをまかなう経費は、社会のさまざまな段階において、つまり、改良の異なった段階において、著しく違ったものになる。

2　もっとも低次で未開な社会状態にある猟師から成り立つ国——たとえば、北アメリカの未開部族の間で観察されているような国——の場合には、誰もが、猟師であるとともに戦士である。戦争に出かけた時、彼は、自分の社会を防衛するためであろうと、他の社会によってなされてきた侵害行為に反撃するためであろうと、自宅で生活する時と同じ仕方で、自分自身の労働によって自分を養う。事物のこの状態においては、当然のことながら統治者も共和国も存在していないから、彼の社会は、彼に戦闘の準備をさせたり、彼が戦場にいる時に彼を養ったりするために、いかなる経費も要しない。

3　もう少し前進した状態にある社会、つまり遊牧民《シェパード》から成り立つ国——たとえばタタール人やアラブ人の間にみられるような国——の場合には、同様に誰もが戦士である。そのような国には、一般的に定住する人々がおらず、場所を変えて容易に運搬できるテントや、幌馬車と言って良いようなもののなかで暮らしている。部族や国民全体が、季節の変化とともに、さらには他の出来事にしたがって、生活の場所を変更する。保有する家畜や羊の群れが、ある地域の草を食べつくしたら別の所へ、さらに別の所へと移動する。乾季には川のほとりに下り、雨期には上流の地域に避難する。このような国民が戦争に行く場合、戦士は自分の家畜や羊の群れを、老齢者、妻や子供による脆弱な防衛に託したり、さらに、防御も食料などの生活物資もないまま、老齢者、妻や子供を置いていったりすることはしないだろう。くわえて、国民全体が、平和時でさえ放浪生活になれているため、戦争の時には容易に戦闘行動を開始する。想定されている目的はおおいに異なっているにしても、軍隊のように行進しようと、牧夫の集団のように移動しようと、その生活の仕方はほとんど同一である。

それゆえ、彼らは全員一緒に戦争に行き、誰もが可能なかぎり同じように振る舞う。タタール人の間では、女性でさえ戦闘に従事することが頻繁にあるという。彼らが勝利した場合、敵部族に属するものは、残らず勝利の報酬になる。だが、彼らが降伏させられた場合、すべてが失われ、彼らの家畜や羊の集団だけでなく、彼らの女性や子供も征服者の戦利品になる。戦闘を生き延びた大部分の人々でさえ、当座の生存のために、征服者に服従する必要があった。残りの者は、砂漠に追い散らされたり、追い払われたりするのが普通である。

4　タタール人やアラブ人の通常の生活、つまり通常の練習は、戦争の準備として十分なものである。競走、取っ組み合い、棒術試合、槍投げ、弓術などは、野外で生活する人々の共通の娯楽であり、そのすべてが戦いのイメージを持っている。タタール人やアラブ人が実際に戦争に出かける時、彼は自ら引き連れていく自分の家畜や羊の群れによって、平和時と同様に、養われる。彼の首領や統治者――このような国は、すべて首領や統治者を抱いている――は、彼が行う戦場の準備にまったく何も支出せず、彼が戦闘行為に従事する時には、略奪の機会だけが、彼が期待したり要求したりしうる唯一の報酬である。

5 狩猟民から構成される軍隊というものが、二〇〇人とか三〇〇人を超えることなど、まずありえない。運次第で決まる不安定な食料などの生活物資は、かなりの期間にわたってもっと多数の人間を一緒にしておくことなど、ほとんど不可能なことにする。これとは逆に、遊牧民から成り立つ軍隊は、ときには二〇万人から三〇万人に達する可能性がある。彼らの前進を阻止するものがなく、彼らが、飼料を食べさせつくした場所から、まだ無傷な草が残っている他の場所に足を延ばし得る限り、一緒に進軍する人数に限界が生じることなど、ほとんどないと思われる。

狩猟民から成り立つ国は、その周辺に位置する文明国にとって何ら恐るべきものにはなり得ない。遊牧民から成り立つ国は恐ろしいものでありえよう。北アメリカ先住民の戦争ほど見下げ果てたものがあろうはずがない。これとは逆に、アジアで頻繁にあったタタール人の侵略ほど恐るべきものは、他にない。ヨーロッパもアジアも、同盟したスキタイ人には太刀打ちできまいというトゥキュディデス〔Thukydides, c.460B.C.-c.400B.C. ギリシャの歴史家で、参照されているのは『ペロポネソス戦争史』〕の判断は、あらゆる時代の経験によって証明されてきた。広大ではあるが、スキタイやタタールの防御物のない平原の住民は、征服集団や氏族の首長の支配のもとに頻繁に連合してきたし、アジアの破壊や蹂躙は、つねに彼らの連合を目立たせてきた。アラビアの荒れ果てた砂漠の住民は、ムハンマドとその後継者の下で、今までに一度しか連合したことがない遊牧民が構成する、もう一つの大きな民族《ネイション》である。彼らの連合は、征服の結果というよりも宗教的熱狂の結果という面が大きいが、同じような仕方で目立っていた。もしアメリカの狩猟民族が遊牧民になったりしたら、そのような隣人の存在は、ヨーロッパ人の植民地にとって、現在の状況よりもはるかに危険になったことだろう。

6　もう少し進歩した状態の社会、つまり、外国取引をほとんどもたず、あらゆる個々の家族が自分たちで使うために用意する粗雑な家庭用の製造品以外の製造品をまったくもたない農耕民族《ハズバンドマン》から構成される国では、同じ方法で、誰もが戦士であるか、容易に戦士になる。農業によって生活する人々は、一般的に一日中戸外で過ごし、季節がもつあらゆる厳しさに晒されている。彼らの日常生活がはぐくむ逆境に負けない力が、戦時の労苦に備えさせるのであって、やむを得ず彼らが従事している業務は、いくつかの点で大きな類似性をもっている。溝掘人に不可避な業務は、塹壕の中で働いて陣地を強化するだけでなく、戦場を取り囲む仕事にそなえさせることになる。そのような農民の通常の気晴らしは遊牧民のそれと同一であり、同じ方法で戦いのイメージをもっている。だが、農民は遊牧民ほど暇な時間をもたないので、このような娯楽に費やすことはそれほど頻繁ではない。彼らは兵士ではあるが、受けた訓練を自由にこなせる熟練者であるわけではない。しかしながら、そのような兵士であるとしても、統治者や共和国にとっては、彼らを戦場に配備するための経費などほとんど掛からずに済むのである。

7　農業は、もっとも未開で最低の状態にあっても、定住、つまり大損害なしには放棄しえない何かしら固定した居住地を前提している。それゆえ、まったく農民だけから構成される国が戦争に参加した場合、国民の全部が一緒に戦闘に加わることは不可能である。老齢者、女性や子供は、少なくとも居住地の世話をするために自宅に留まる必要がある。しかしながら、軍役年齢に達したすべての男性は参戦できるだろうし、この種の小さな国の場合なら、しばしばそうすることであろう。軍役年齢に達した男性は、どの国でも国民全体の約四分の一から五分の一に達すると推定される。かりに軍事行動が、種蒔き終了後に開始され、収穫前に終わるようになっていれば、農民もその主要な労働者も、大きな損失を出すことなく農場から引き抜くことが可能であろう。その間にしなければいけない仕事は年寄り、女性や子供たちで十分担うことができると、彼は確固とした期待をもつのである。

それゆえ、短期間の戦闘であれば、農民兵は無報酬で従軍することをいとわなかったから、しばしばそれが、あらかじめ彼らの準備を整えてやったり、戦場で維持したりする費用の負担を、統治者や共和国がほとんどせずに済むようにしたのである。古代ギリシャのすべてのさまざまな国家に属する市民は、このような仕方で第二次ペルシャ戦争〔紀元前四八〇～前四七九〕の後まで軍役についたように思われるし、ペロポネソスの人々は、ペロポネソス戦争〔紀元前四三一～前四〇四年のアテネとスパルタの間の戦争〕の後までそうであったと思われる。トゥキュディデスの見解によれば、一般的にペロポネソスの人々は夏季に戦場を離れ、作物を刈り取るために帰郷したそうである。王政下にあった共和国の最初の期間、ローマの人々は同じ仕方で軍役についた。戦争に出かけた人々を維持するために、自宅に留まった人々が何かを提供し始めたのは、ウェイイの包囲戦〔紀元前三九六年〕が初めてであった。ローマ帝国崩壊後に建国されたヨーロッパの君主国では、固有に封建法と呼びうるものが確立される以前とか、その後しばらくの間、直接従属する者をすべて従えた大領主は、自分自身の経費で国王に仕えるのが習慣であった。戦場においては、その特定の場合に国王から受け取る給付金や俸給によってではなく、自宅におけるのと同じ方法で、彼らは自分自身の収入で自らを養っていた。

8　よりいっそう進んだ状態の社会では、二つの異なった原因のために、戦闘行動を開始する人々は、自分の費用で自らを維持することがまったく不可能になった。このような二つの原因とは、製造業の発展と戦争技術の改良である。

9　もし遠征が種蒔き後に始まり収穫前に終わるのであれば、農民を遠征に用いることができるとはいえ、その仕事の中断は、かならずしも彼の収入の著しい減少を引き起こすわけではないだろう。農民の労働が介入しなくても、仕上げるように残されたままの仕事の大部分は、自然が自ら実行する。だが、たとえば技術職人、鍛冶屋、大工や織布工などは、自分の作業場を離れた瞬間に、自分の収入の唯一の源泉が完全に干上がってしまう。自然は彼のために何もせず、彼はすべてを一人でこなす。それゆえ、国家を防衛するために彼が戦闘に加わる場合、自分自身を養うための収入をもっていないため、必然的に共和国によって維持される必要がある。だが、住民の大部分が技術職人や製造業者であるような国では、戦争に行く人々の大部分がこのような階級から選り集められる他になく、それゆえ、彼らが軍役で利用される限り、共和国によって維持されなければならないのである。

10 また、次第に戦争の技術がきわめて複雑で入り組んだ知識体系《サイエンス》に成長してくると、つまり初期の時代の社会におけるように、戦争の結果は、単一の小競り合いとか戦闘によって決着がつくものではなくなり、戦いが一年の大部分の間継続する、いくつかの異なった戦闘をつうじて一般的に長引いてくると、戦争で共和国の軍役につく人々を、少なくとも彼らが軍役に従事している間は共和国が維持しなくてはならないということが、どこでも不可避な事態になってくる。戦争に従事する人々の通常の職業が平和時にどのようなものであったとしても、あれほどだらだら続いて費用がかかる兵役というものは、そうでもしなければ、彼らにとってあまりにも重すぎる負担になったであろう。

したがって、第二次ペルシャ戦争の後、アテネの軍隊は一般的に金で雇われた軍隊――実際、一部は市民から、しかし他の一部は外国人から構成される軍隊――から成り立っていたように思われるし、彼らはともにすべて国家の経費で雇われ、支払いをうけた。ウェイイの包囲戦の時以降、ローマの軍隊は、戦場にいる期間の役務に対して俸給を受け取った。封建的統治のもとでは、大領主やその直属家臣の軍役は、ともに一定の期間をへた後で、あらゆる所で、彼らの代わりに軍役についた人々を維持するために用いられた、貨幣での支払いに変わった。

11 戦争に行ける人々の数は、国民全体の数に応じてみれば、未開状態の社会におけるよりも文明社会のほうがずっと少ないのは、当然のことである。文明社会では、軍人ではない人々の労働によって兵隊がほとんど維持されるから、兵士の数は、前者が維持しうる以上の人数——兵士自身や他の政府の官吏の両方を、それぞれの状況に適した仕方で維持するものを上回る人数——を、けっして超えることができない。古代ギリシャの小さな農業国では、国民全体の四分の一ないし五分の一が、自分たちを兵士であるとみなしており、時々戦争に出かけたと言われている。近代ヨーロッパの文明国にあっては、兵士の軍役に要する経費を負担する国を破滅させることなく兵士に用いることが可能な数は、すべての国の住民の一〇〇分の一を超えない、と一般的に推定されている。

12　どの国でも戦場向けに軍隊を整える費用が相当な額に達したのは、戦場で軍隊を維持する費用が、残らず統治者や共和国に依存するようになって以降、相当長い期間が経ってからのことであったと思われる。古代ギリシャのさまざまな共和国のすべてにおいて、自分で軍事教練を学ぶことは、国によってすべての自由民に課せられた教育の必修部分であった。どの都市でも、国の行政官の保護のもとに、そこに行けば若い人々がさまざまな師匠によってさまざまな教練を受けられる公共の広場があったように思われる。このようなきわめて簡単な施設が、市民に戦争に備えさせるために、あらゆるギリシャの国家が保持していたように思われる経費のすべてであった。古代ローマでは、マルスの原〔テベレ川東岸にあり、民会や軍事訓練が行われた〕での訓練が、古代ギリシャにおける錬成所《ギムナジウム》〔青年が集まって、演説や運動をした施設〕のそれと同じ目的にかなうものであった。封建的統治の下では、あらゆる地区の市民は、他の多くの軍事訓練とともに弓術を練習すべきである、という数多くの布告が同じ目的を促進するために試みられたが、それほどうまくそれを促進したようには思われない。

このような布告の実施を任せられた役人の側の関心の欠如その他の原因から、それはどこでも無視されていたように思われるし、そしてこのような統治が発展するなかで、大部分の人民の間で、軍事訓練は次第に利用されなくなったように思われる。

13 古代ギリシャとローマの共和国では、ともに存続していた期間をつうじて、さらには、最初の創設後かなり長期に続いた封建的統治下において、軍人という職業は、他と区別された異なった職業ではなく、特定の市民階級の唯一の主要な仕事であった。あらゆる君主国の国民は、自分の生計費を稼ぐ通常の職業や仕事がどのようなものであろうと、通常の場合、軍人という職業を遂行するのに適しているだけでなく、特別の場合には、遂行する義務をもっていると誰もが理解していた。

14 あらゆる技術のうち、間違いなく最高級のものである戦争の技術は、改良が進展するなかで、必然的にもっとも複雑な技術の一つになる。機械技術の状態は、それと必然的に関係する他の技術の状態とともに、特定の時代に実現可能な技術がどの程度完璧であるかを決定する。だが、ある程度の完璧さをもってそれを遂行するためには、それが、市民のうちの特定階級の専一的で主要な職業になる必要があり、他のあらゆる技術の改良と同様に、この技術の改良にも分業が不可欠なのである。数多くの職業を遂行するよりも、自分自身が特定の職業に絞り込めば、自分の私的利益がより促進されると理解している個々人の抜け目のなさ《プルーデンス》をつうじて、自然に他の技術に分業が導入されるだろう。だが、軍人という職業を、他のすべての職業から分離して別個のものにすることができるのは、唯一国家の英知《ウィズダム・オヴ・ステイト》だけである。民間人である市民というものは、完全に平和な時期に、社会から何ら特定の奨励を受けずに、自分の時間の大部分をできるだけ軍事訓練に費やすことにすれば、その点でおのずから著しく進歩するだけでなく、おおいに楽しむであろうことは間違いないが、自分の私的利益を促進しないであろうことは確かである。この軍人という特定の職業のために自分自身の時間の大部分を放棄することを、自分の利益にさせることができるのは国家の英知だけであるが、しかし、置かれた状況によって国家存続のためにはそのような英知をもつべきだと求められた時でさえ、国家は、かならずしもそれを持っていなかったのである。

15　牧畜民はふんだんに閑暇をもっており、農業が始まったばかりの段階の農民はある程度もっているが、技術職人や製造業者にはまったくそれがない。最初の段階の牧畜民は、まったく損をすることなく、自分の時間の大部分を軍事的訓練に利用できるであろう。次の段階の農民は、その一部を利用できるだろうが、最後の段階の技術職人や製造業者は、損を出さずにそれに利用できる時間など一時間も存在せず、しかも自分の利益に対する配慮が、自然にそれを完全に無視するように誘うことだろう。また、技術と製造業の進歩が必然的に仲立ちするような類いの耕作の進展は、農民に技術職人並みのわずかな閑暇しか残さない。軍事訓練は、都市の住民と同様に、地方の住民によっておおむね同程度に無視されるようになり、こうして大多数の人々がまったく非好戦的になる。つねに農業や製造業の改良に続くものであり、しかも実際に、このような改良の累積が生み出したものに他ならない富が、同時に、すべての隣人に対して侵略するように挑発する。勤勉で、それゆえに豊かな国は、すべての国のうちでもっとも攻撃されやすく、したがって、国家が公共の防衛のために何か新しい方策を採用しないかぎり、人々が自然に身に着けた習慣が、自分自身の防衛をまったく不可能なことにするのである。

16 このような状況においては、国家が公共の防衛のためになしうる相応の準備は、わずか二つの方法に限られると思われる。

17 第一のものは、きわめて厳格な政策をつうじて、さらには、国民の関心、気風や好みというすべての傾向などは無視して軍事訓練の実行を強制し、市民が他のいかなる職業や専門職に従事しているにしても、兵役年齢にあるすべての市民あるいは一定数の市民に、ある程度まで軍人という職業に参加するように要求することであろう。

18 あるいは第二のものは、軍事訓練の持続的な遂行ができるように一定数の市民を維持したり雇用したりすることにより、軍人という職業を、他のすべての仕事とは異なった別個のものにすることとであろう。

19 国家がこの二つの便法のうちの最初のものに頼ったとすれば、その軍隊は民兵《ミリシャ》であると言われ、第二のものであれば、常備軍であると言われる。軍事訓練の遂行が常備軍の兵士の唯一で主要な業務であり、国家が彼らに与える維持費あるいは俸給が彼らの生活費の主要かつ通常の資金である。軍事訓練の遂行は、民兵に所属する兵士にとっては臨時の職業であって、彼らは自分たちの食料などの生活物資になる主要かつ通常の資金を何か別の職業から得ている。民兵の場合、労働者、技術職人あるいは商人という特徴が軍人のそれよりも幅を利かせるが、常備軍の場合には、軍人としての特徴が他のあらゆる特徴を凌ぐのであって、この違いのなかに、二つの異なった種類の軍隊の間の本質的な違いがあると思われる。

20 民兵にはいくつかの異なる種類が存在していた。いくつかの国では、国家を防衛するという任務を帯びた市民が、連隊に編成される――そう言って良ければ――ことなく訓練を受ける、すなわち、別個の部隊に分割されずに、それぞれ特定の終身身分の将校のもとに訓練を受けるだけであるように思われる。古代ギリシャとローマの共和国では、すべての市民は、自宅に留まっている限り、それぞれが独立して、あるいは、彼がもっとも好んだ同等の人物と一緒に自身の訓練を遂行したのであって、実際に戦争に行くように招集されるまで、特定の部隊に配属されていなかったように思われる。他の国では、民兵は訓練されていなかっただけでなく、連隊にも編成されていなかった。イングランド、スイス連邦、および私の記憶では、あらゆる他の近代ヨーロッパの国でこの種の不完全な軍隊が創設されてきたが、ここでは、すべての民兵は、平和時でさえ、特定の終身身分の将校の下で訓練を行う、特定の部隊に配属されている。

21　火器が発明されるまで、それぞれの武器の使用法について兵士が最大の技能と器用さを保持している軍隊が、優勢であった。部隊の兵力と敏捷さが最も重要なことであり、一般的に戦闘の帰趨を左右した。だが、武器の使用法におけるこのような技能と器用さは、フェンシングが現在そうであるのと同じ仕方で、集団としてではなく、一人一人が別々に、特別の学校、特定の師匠、あるいは個々に決まった同等の者や友人と一緒に、訓練によってしか獲得できないものであった。火器が発明されて以降、集団の兵力や敏捷さ、あるいは、武器の使用における特別な器用さや技術でさえ、まったく価値がなくなるということはなかったが、しかしながら、重要性は減少した。不器用な者を腕の良い者の水準にしたわけではけっしてないが、この武器の性質が、以前にもまして兵士をそのような立場に近づけたのである。それを使うために必要だと想定されている器用さと技能のすべては、集団のなかで訓練されても、十分に習得することができる。

22 規則遵守、秩序および命令への迅速な服従、これは現代的な軍隊の場合、戦闘の帰趨を決めるにあたって、武器の使用法において兵士がもつ器用さや技術よりも、もっと重要なことである。だが、火器の騒音、硝煙、および、着弾距離に入るや否や即座に、さらには、しばしば戦いが始まったとはまだ言い切れない早い時期から、すべての兵士が絶えず晒されていると感じるそれとわからない死《インヴィジブル・デス》の気配が、現代的な戦争が開始された時でさえ、このような規則遵守、秩序および命令への迅速な服従を、相当な水準で維持することを著しく困難にするはずである。古代の戦いにおいては、人間の声から生じる騒音以外はなかったし、煙も存在せず、それとわからない怪我や死の原因など存在しなかった。誰であれ、そのような致命的な武器が実際に接近してくるまで、そのような武器が自分に迫っていることなどはっきりとわからなかったのである。このような状況にあっては、さらに、武器の使用という点で自分の器用さや敏捷さに満足していた軍隊の間では、古代の戦いの初めだけでなく、その展開の全体をつうじて、さらには両軍のいずれか一方がほぼ打ち負かされるまで、一定程度の規則遵守や秩序を相当な水準で維持することは、それほど著しく困難なことではなかったにちがいない。だが、規則遵守、秩序および命令の迅速な服従という習慣は、大きな集団の中で訓練される軍隊以外のところでは獲得できないものである。

23 しかしながら、民兵というものは、どのような方法で教練されたり訓練されたりしようと、よく教練されたり訓練されたりした常備軍に較べると、つねに著しく劣っている。

24　一週間に一度、あるいは一ヵ月に一度しか訓練されない兵士は、武器使用の点で、毎日あるいは一日おきに訓練される兵士ほどの専門家になれるはずがないし、しかも、このような状況は、古い時代に較べると、現代ではそれほど重要性をもたない可能性があるとはいえ、それでもなお、ほとんどがその訓練の飛びぬけた専門性に由来すると言われるプロシャの軍隊の周知の卓越性は、今日でもなおきわめて大きな意義を持っていると、我々は納得せざるをえないだろう。

25　週に一度か、月に一度だけ自分たちの将校に従う義務をもち、それ以外の時には、将校に何も説明することなく、いつでも自分の事柄を自分なりのやり方で自由に管理する兵士は、生活と振る舞いのすべてを毎日将校から指導され、毎日彼の命令に従って、起床したり就寝したり、すくなくとも彼らの兵舎に退去したりしている兵士ほどには、将校が居る所で同じ畏怖の念を抱くはずはないし、従順に服従する習性もけっして身に付くはずがない。教練と呼ばれているものについて、つまり、従順に服従する習慣についてみると、民兵は、教範訓練《マニュアル・エクササイズ》と呼ばれている武器の管理や使用法の点で、時々習得されるものに較べて、つねに常備軍よりもさらに一段と劣っているにちがいない。だが、現代的な戦争の場合、従順で即時的な服従の習慣が、武器の操作に相当秀でていることよりもはるかに大きな意義をもつのである。

26　タタールやアラブの民兵のように、平和時に付き従うことに慣れている同じ族長に従って戦争に出かけるこのような民兵が、断然もっとも望ましいものである。将校に敬意を払う点、従順に服従する習慣をもつ点で、彼らは常備軍にもっとも近づいている。ハイランド

〔スコットランド北部の山岳地帯〕の民兵は、自分たちの族長に仕える場合に、同じ種類の強みをもっていた。だが、ハイランドの人々は、移動し続けない静的な牧羊者《シェパード》であって、すべて決まった定住地をもっていて、平和時に、場所から場所へと彼らの族長に従い慣れていなかったので、戦時に、遠隔の土地まで彼について行きたがらず、長期にわたって戦場に留まりたがることもなかった。彼らは何か戦利品を獲得すると、帰郷することを切望し、族長の権威をもってしても、彼らを引きとどめるにはまったく十分でなかった。服従という点でみると、タタール人やアラブ人について報告されている程度より、彼らはつねにずっと劣っていた。またハイランドの人々は、定住的な生活のせいで、彼らの時間を戸外であまり過ごさなかったから、つねに軍事訓練にはあまり慣れておらず、タタール人やアラブ人がそうであったと言われるよりも、武器の使用法における習熟の程度が低かった。

27 しかしながら、いかなる種類の民兵であれ、連続的にいくつかの戦地に赴き続けると、あらゆる点で常備軍になるという点が、注意されなければならない。兵士は毎日武器を使い続け、しかも、つねに彼らの将校の指揮のもとにあるから、常備軍の場合に生じるのと同じ機敏な服従に習慣付けられる。彼らが戦闘を始める前に何をしていたかは、ほとんど問題にならない。いくつか戦闘をくぐり抜けてしまえば、かならず民兵はどこから見ても常備軍になる。アメリカでの戦争が別の戦いをへてだらだらと長引けば、最近の戦争でアメリカの民兵は、すくなくともフランスやスペインの手におえない兵役経験者にまったく引けを取らないほどの武勇に輝いていた常備軍と、あらゆる点で似通ったものになる可能性がある。

28 この区別が十分に理解されるならば、すべての時代の歴史は、よく統制された常備軍が、いわゆる民兵を凌いでいたという抗い難い優越性の証拠を提供していることが、わかってくるだろう。

29 十分信頼できる歴史のなかで、明瞭な記録が残っている最初の常備軍のひとつは、マケドニア王フィリッポス〔Philippus II, 382B.C.-336B.C. アレクサンドロス大王の父〕である。トラキア人、イリュリア人、テッサリア人、およびマケドニアの隣に位置するいくつかのギリシャ都市との度重なる戦争が、最初はおそらく民兵であった彼の軍隊を、次第に厳しい規律をもつ常備軍へと鍛え上げた。滅多になかったことだし、また長期にわたることもなかったが、彼が平和を保っている時、彼はその軍隊が解散しないように気を付けていた。実際、長くて激しい戦闘の後、それは古代ギリシャの主要な共和国の気高くて、よく訓練された民兵を、後には、きわめて小さな戦闘でもって、大ペルシャ帝国の柔弱で訓練も行き届いていない民兵を打ち負かし、制圧した。ギリシャの共和国とペルシャ帝国の没落は、あらゆる種類の民兵を上回る常備軍がもつ抗し難い優越性の結果であった。それは、歴史が何らかの明確で詳細な記録をとどめている人類の出来事における、最初の偉大な革命である。

30 カルタゴの崩壊と、結果的なローマの興隆が二番目の記録である。この有名な二つの共和国の運命の違いのすべてが、同じ原因からきわめてよく説明できるだろう。

31 第一次のカルタゴとの戦争〔ポエニ戦争のこと〕の終わりから第二次の戦争が開始されるまで、カルタゴの軍隊はずっと戦場にいて、たがいに指揮権を引き継いだ三人の偉大な将軍、ハミルカル〔Hamilcar Barca, c270B.C.-228B.C.〕、その娘婿のハスドルバル〔Hasdrubal, ?-207B.C.〕、およびハミルカルの息子ハンニバル〔Hannibal, 247B.C.-183B.C. ピレネー山脈とアルプス山脈を越えてローマに攻め込んだことで知られる〕の下に、最初は自分たちの不従順な奴隷〔傭兵の反乱〕を懲らしめ、次に反乱を起こしたアフリカの国民を鎮圧し、そして最後にスペインの大きな王国の征服に従事した。ハンニバルがスペインからイタリアに率いていった軍隊は、このようなさまざまな戦争のなかで、必然的に常備軍がもつ厳しい規律を次第に形成していったにちがいない。一時的ではあれローマ人は、完全に平和であったというわけではないが、しかしなおこの時期、きわめて重要な意味をもつ戦争にはまったく従軍しなかったから、彼らの軍事的な規律は相当緩んだ、と一般に言われている。ハンニバルがトレッビア〔ミラノ近郊〕、トラジメノ〔ペルージア近郊〕、およびカンナエ〔イタリア南東部、アドリア海に面する古代都市〕で交戦したローマ軍は、常備軍に反対していた民兵であった。何よりも戦いの帰趨を決定するうえで、このような事情が大きく寄与したということは、おおいにあり得ることである。

32 ハンニバルがスペインに残してきた常備軍は、ローマ人がそれと戦わせるために送った民兵よりも優勢であって、彼の年少の兄弟であるハスドルバルの指揮の下、数年のうちにその国からローマ軍をほぼ完全に追い出した。

33 ハンニバルは、本国から乏しい補給しか受け取れなかった。ローマの民兵は、継続的に戦場にいたため、戦争が進行するうちに、十分鍛錬され、よく訓練された常備軍になったから、ハンニバルの優勢は日ごとに低下し続けた。ハスドルバルは全体を、つまり、彼がスペインで指揮していた常備軍のほとんどすべてを率いて、イタリアにいる彼の兄弟に加勢することが必要だと判断した。進軍の途中、彼はその案内人によって誤った方向に導かれ、彼が知らない国で虚を突かれて、彼の軍隊とあらゆる点で同等であるか、もっと優勢な別の常備軍によって攻撃され、完璧に打ち負かされたと言われている。

34 ハスドルバルがスペインを後にした時、大スキピオ〔Publius Cornelius Scipio Africanus, c.236B.C.-184B.C. 紀元前二〇二年、ザマの戦いでハンニバルを破ったローマの将軍〕は、自分自身の民兵よりも劣る民兵しか彼に立ち向かうものがいないことを知った。彼はその民兵を打ち破って従え、そして戦争の進行とともに、必然的に彼の民兵は規律正しく、よく訓練された常備軍になった。その常備軍は後にアフリカに連れて行かれたが、そこに居たのは敵対する民兵だけであった。カルタゴを守るためには、ハンニバルの常備軍を呼び戻さなければならなくなった。士気を挫かれ、しばしば打ち負かされたアフリカの民兵がそれに加わり、ザマの戦いにおけるハンニバルの軍隊の大部分を構成した。その日の勝負が、敵対する二つの共和国の運命を決定したのである。

35 第二次のカルタゴとの戦争の終結からローマ共和国の崩壊まで、ローマの軍隊はあらゆる点で常備軍であった。マケドニアの常備軍は、彼らの戦闘部隊にいくらか抵抗した。ローマの軍隊が威風の絶頂にある時、小さな王国を鎮圧するために、二度の大きな戦争と三度の戦いを要したが、その最後の王が気弱にならなかったなら、その征服はおそらくさらにずっと困難であっただろう。古代世界のあらゆる文明国、つまり、ギリシャ、シリアおよびエジプトの民兵は、ローマの常備軍に軽微な反抗しかできなかった。いくらかの未開な国の民兵は、はるかにうまく自衛した。ミトリダテス〔Mithridates VI, c.132B.C.-62.B.C. 対ローマ戦争を三度引き起こした〕が黒海とカスピ海の北に位置する国から集めたスキタイとタタールの民兵は、ローマが第二次カルタゴ戦争後に交戦しなければならなかったもっとも強力な敵であった。パルティアとドイツの民兵もまた、つねに相当なものであって、何度かローマの軍隊を大きく上回る優位を確保した。しかしながら、一般的に、そしてまたローマの軍隊が立派に指揮されていた時には、彼らはおおいに優越していたように思われるし、ローマがパルティアやドイツの最終的な征服を追求しなかったとすれば、おそらくその理由は、すでに十分大きかった帝国にこのような二つの未開国を付け加えても、価値のあることではないと彼らが判断したからであろう。古代パルティアは、スキタイ人とタタール人の国であり、つねに彼らの先祖の風習をしっかり保持していたように思われる。古代のドイツ人は、スキタイ人やタタール人と同様に、移動し続ける遊牧民であり、平和時に従い慣れていた同じ族長に従って戦争に出かけた国民であった。彼らの民兵は、まさにスキタイ人やタタール人のそれと同じ種類のものであり、また彼らもおそらくその子孫であった。

36　数多くのさまざまな原因が、ローマ軍の規律を緩めるのに貢献した。多分、その極端な厳格さが、このような原因のひとつであった。それがもっとも偉大であった時期に、つまり、彼らに敵対する能力をもつ敵などいないと思われた時期に、彼らの重たい甲冑が不必要なほど厄介であるとして放棄され、彼らの骨の折れる訓練は不必要なほど苦しいこととして放置された。くわえて、ローマ皇帝の下で、とくにドイツやパンノニア〔ドナウ川南西方面の古代ローマの属州で、ハンガリーや旧ユーゴスラビアの全体に相当〕国境を警護したローマの常備軍は、皇帝に反抗して彼ら自身の将軍をしばしば押し立てる習慣があり、支配者にとって危険になってきた。数名の著者によれば、そのような軍隊のもつ危険性を減らすために、ディオクレティアヌス〔Gaius Aurelius Valerius Diocletianus, 249-315. ローマ皇帝・在位二八四〜三〇五〕、あるいは他の著者によれば、コンスタンティヌス〔Flavius Valerius Aurelius Constantinus, c.272-337. ローマ帝国を再統一し、首都をコンスタンティノープルに定めたローマ皇帝で在位三〇六〜三三七〕は彼らをまず国境から引き上げさせたが、それまで常備軍は、一般的にいつもそこで二つか三つの軍団から編成される大集団で宿営し、しかも、それを属州のさまざまな町をつうじて小集団に分散させていて、侵入を撃退するために必要な時を除き、そこから離れることはほとんどなかった。交易と製造業に従事する都市に宿営し、滅多にそのような宿営地から離れなかった小集団の兵士は、自ら商人、技術職人および製造業者になった。軍事的特徴よりも市民的特徴のほうが優勢になってきて、こうしてローマの常備軍は次第に腐敗し、軽んじられ、無規律な民兵へと堕落して行き、まもなく西ローマ帝国を侵略するドイツやスキタイの民兵の攻撃を、阻止することができなかった。皇帝が当分の間自分たちを防御できたのは、他の国の民兵に対抗するため、ひとえにこのような国の民兵を金で雇ったからにすぎない。

西ローマ帝国の崩壊は、古代の歴史が明瞭で詳細な記録をとどめている人事にかんする事柄のなかでは、三番目の大きな革命である。それは、未開な国の民兵が文明的な国の民兵以上に保持していた、つまり、牧羊民の国の民兵が、農民、技術職人および製造業者の国の民兵以上に保持していた、圧倒的な優越性によってもたらされたものである。民兵によって達成された勝利は、一般的には常備軍を上回るものではなかったが、それよりも訓練や規律の点で劣る他の民兵を上回っていた。ギリシャの民兵がペルシャ帝国の民兵に打ち勝った勝利はそのようなものであったし、ずっと最近の時代のオーストリアとブルグント族の民兵に対するスイスの民兵の勝利もまた、それであった。

37 西ローマ帝国の廃墟の上に確立されたドイツ人やスキタイ人の軍事力は、しばらくの間彼らの新しい定住地でも、もとの国におけるものと同じ種類のまま存続した。それは牧羊者と農民からなる民兵であって、戦時にあっては、平和時に従いなれていた同じ族長の指揮に従って戦場に赴いた。それゆえ、それはある程度よく訓練されており、一応の規律も確立されていたのである。技術と産業が発展するにつれ、族長の権威は次第に衰え、大部分の人々は軍事訓練のための時間をほとんど残せなかった。それゆえ、封建的な民兵の規律や訓練は、両者とも次第に衰退し、次第にその任務を提供するために常備軍が導入されることになった。くわえて、常備軍という便宜がひとつの文明国において採用されると、近隣国はその手本に追随せざるをえなくなった。彼らがまもなく理解したことは、そうすることに彼らの安全が依存しており、彼らの民兵は、そのような軍隊の攻撃をまったく阻止できないということであった。

38 常備軍の兵士は、敵を目前にしたことが一度もない場合でも、歴戦の軍隊がもつ勇気をすべて保持しており、戦場に出た途端に、もっとも猛烈で歴戦の兵士にふさわしい能力をもつように見えたことが、しばしばあったように思われる。一七五六年、ロシア軍がポーランドに進軍した時、ロシア軍の兵士の勇敢さは、その当時ヨーロッパ随一の勇猛かつ経験豊富な民兵であると思われていたプロシャ軍の兵士のそれに、劣っているようには見えなかった。しかしながら、ロシア帝国は、それまで二〇年近くの間完全な平和を享受しており、したがってその当時、敵に遭遇した経験をもつ兵士をほとんど抱えていなかったはずである。対スペイン戦争〔議会で自分の耳をスペイン海軍に切り落とされたと証言したジェンキンス船長の証言に誘発され、最終的にスペイン王位継承戦争へ収斂する戦争〕が一七三九年に勃発した時、イングランドはほぼ二八年間にわたる完全な平和を享受していた。しかしながら、その長期間の平和によってすこしも損なわれていなかった兵士の勇敢さは、その不幸な戦争の最初の不幸な武勇であるカルタヘナ〔当時のスペイン領で、カリブ海に面したコロンビア北部の都市〕への攻撃において、これ以上ないほど際立っていた。長期間の平和のなかで、おそらく将軍であれば時にその技能を忘れることもあるだろうが、よく規制された常備軍が維持されている場合、兵士が彼らの勇敢さを忘れることはけっしてないように思われる。

39　文明国が民兵に国防を委ねた場合、それは、偶然その隣国に位置していた未開な国に征服される危機に常時晒されるだろう。アジアでタタール人によって頻繁になされたあらゆる文明国の征服は、未開国の民兵が、文明国のそれを上回るほどもっている自然な優越性を十分に示すものである。よく統制された軍隊は、あらゆる民兵よりも優れている。そのような軍隊が、富裕で文明化された国民によってもっともよく維持できるのであるから、貧しく未開な隣人からの侵入を防御することができるのは、そのような国だけに限られる。それゆえ、あらゆる国の文明が永続化しうるためには、つまり、相当長期間にわたって存続しうるためには、常備軍という手段を用いる他にない。

40　文明化された国を防衛できるのは、よく統制された常備軍という手段以外にないように、未開な国が瞬時のうちに許容できるほど文明化されるには、常備軍という手段を用いる他にない。圧倒的な力を備えた常備軍は、帝国のもっとも遠隔地域にまで統治者の法を確立し、さもなければ正常な統治など受け入れることが困難な国で、ある程度正常な統治を維持する。ピョートル大帝〔Peter the Great, 1672-1725. 帝政ロシアの確立者で皇帝在位一六八二〜一七二五〕がロシア帝国に導入した改良を注意深く検討すれば、ほとんどすべてのことが、よく統制された常備軍の創設におのずと帰着することに、誰でも気付くであろう。それは、彼によるほかのあらゆる規制を実行し維持する手段である。それ以降ロシア帝国が享受してきた程度の秩序と国内の平和は、そのほとんどが常備軍の威光のおかげなのである。

41 共和制の原理を信奉する人物は、常備軍は自由《リバティ》にとって危険なものであると警戒してきた。将軍の利害と主要な将校の利害とが、かならずしも国制を支持するように結びついていないところでは、それは間違いなく危険なものである。ローマの共和制を崩壊させたのは、カエサル指揮下の常備軍である。クロムウェル〔Oliver Cromwell, 1599-1658. ピューリタン革命で議会軍を指揮、後の護国卿〕の常備軍は、長期議会を統治機構から追放した。しかし、統治者自身が将軍であり、主要な貴族と地方の大地主層《ジェントリー》が軍隊の主要な将校である場合、すなわち、軍隊が行政権力を支持することに最大の利益をもつ人々の支配下に置かれている場合には、行政権力における最大の役割を担っているのは彼らであるから、自由にとって常備軍が危険なものであるはずがない。逆であって、時には、それは自由にとって好都合である可能性があろう。それによって統治者が手にする安全は、もっとも些細な振る舞いを見張ったり、あらゆる市民の平和を常時乱したりしかねないと思われるあの面倒な警戒を、現代の共和国では不要のものにする。国の主要な人々によって支持されていてもなお、執政官の安全があらゆる大衆的な不満によって危険に晒されるような国では、つまり、ちょっとした騒動が、数時間もたたないうちに大きな反乱を引き起こす可能性がある国では、政府に反対するつぶやきや不平を押さえつけたり処罰したりするために、政府の権威がすべて用いられる必要がある。

これとは逆に、たんに国の生まれつきの上流階級だけでなく、よく統制された常備軍によって自分が支持されていると感じている執政官にとっては、もっとも乱暴で、もっとも根拠がなく、もっとも常軌を逸した抗議も、些細な動揺さえもたらし得るようなものではない。彼は安んじてそれを許したり、無視したりすることができるのであって、彼自身が卓越しているという意識が、自然に彼をそのような気持ちにするのである。勝手気まま《ライセンティアスネス》という程度の自由《リバティ》は、統治者がよく統制された常備軍によって守られている国においてしか、許容できないものである。このような勝手気ままな自由の図々しい跳梁を抑制するために、公共の安全性が、権力のすべてを統治者に委ねるべきだと求めないのは、このような国に限られるのである。

42 それゆえ、統治者の第一の義務、つまり、他の独立した社会がもつ暴力や不正義から自分自身の社会を防衛するという義務は、社会が文明へと進歩するにつれ、ますます経費が掛かるようになっていく。社会の軍事力は、そもそも平時にも戦時にも、統治者にとってまったく経費を要しないものであったが、改良が進展する過程で、まず戦時において、後になると平時でさえ、統治者によって維持されなければならなくなった。

43 火器の発明によって戦争技術に導入された最大の変化は、平時に特定数の兵士を訓練したり鍛錬したりする費用と、平時に兵士を雇用する費用を大幅に増加させることになった。彼らの武器や弾薬は、ともに一段と高価なものになる。マスケット銃〔一六世紀に発明された歩兵用の大口径銃で、ライフル銃の前身〕は投げ槍、弓矢に較べて、さらに、大砲や臼砲《きゅうほう》〔口径に比して砲身が短く、射角が大きく攻城戦などに用いた〕は、石弓や投石機に較べて著しく高価な機械装置《マシーン》である。現代の閲兵式で消費される爆薬は、使用すれば回収不可能であり、きわめて大きな支出を引き起こす。古代の閲兵式で投げたり放たれたりした投げ槍や弓は、ふたたび容易に拾い集めることが可能であったし、しかもその価値がきわめて低かった。大砲や臼砲は、石弓や投石機に較べ、著しく高価であるだけでなく、ずっと重量がある機械装置であり、戦場用にそれを準備することに加え、それを戦場に運搬するためにも多大な費用を要する。近代的な砲術が、古代のそれを凌ぐ優越性もまたきわめて大きいものがあるので、優れた砲術を用いた攻撃に、わずか数週間でさえ抵抗するために都市を防御することは、さらにずっと困難なことになった。現代では、多くのさまざまな原因によって、社会の防衛がますます費用がかかるようになっている。改良の自然な発展がもたらす不可避の結果は、この点で、戦争技術における大変革――火薬の発明というまったくの偶然が引き起こした大変革――によって、著しく拡大されることになった。

44　現代の戦争では、大小の火器に対する莫大な出費が、そのような支出をもっともよく遂行しうる国――したがって結果的に、貧乏で野蛮な国よりも、豊かで文明化された国――に優位性を与えることが明白である。古い時代には、豊かで文明化された国は、貧しく野蛮な国から防衛するのは難しいと理解されていた。近代になると、貧乏で野蛮な国では、豊かで文明化された国から防衛するのは難しいと理解されている。火器の発明――一見の限り、それはきわめて破滅的であることが明らかな発明――は、文明の永続性と拡大の両方にとって、確かに利益を与えるものなのである。

第二節　司法費について

1　統治者の第二の義務、すなわち、社会のすべての構成員をその社会の他の構成員の不正義や迫害から保護する義務、あるいは司法の厳格な管理を確立する義務はまた、きわめてさまざまな程度の経費を、社会のさまざまな時期において必要とする。

2　狩猟民の国では、めぼしい財産がほとんどなく、すくなくとも二日か三日の労働を上回る価値をもつモノはまったく存在しないため、常設の治安判事や司法の正常な管理といったものは、ほとんど存在しない。財産をまったく所有しない者同士がたがいに他者を侵害しうるのは、他者の身体や名声に対してのことでしかない。だが、ある人物が他人を殺したり、傷つけたり、強打したり名誉を毀損したりした場合、侵害された人間は被害を受けるとはいえ、侵害する人物は何の利益も受けとらない。財産に対する侵害の場合には、話が違ってくる。侵害を行う人物の利益は、侵害をこうむった人物の損失に等しいことが多い。妬み、恨み、あるいは憤りは、他人をその身体や名声にかんして侵害するように誰かある人間を駆り立てる、唯一の激情《パッション》である。だが大部分の人間は、いつもこのような激情の影響を受けているわけではなく、もっとも悪い人間でも、時々そうなるだけである。特定の性格をもつ人間にとって、それがどれほど快適なものであろうと、そのような激情の充足はまた、真実ないし恒久的な利益を何ら伴うものではないため、大部分の人間においては、慎重な配慮にもとづいて抑制されるのが通例である。人間は、このような激情に固有な不正義から自身を守るための行政上の治安判事がいなくても、我慢《トレラブル》しうる程度で安全に、社会のなかで一緒に生きる可能性を持っている。

　だが、金持ちにおける貪欲と野心、貧乏人における労働の嫌悪と現在の安楽や享楽の愛好は、財産の侵害を刺激する激情ではあるが、この激情は、その作用がはるかに安定しており、しかも、その影響力の点で著しく普遍的である。大きな財産がある所ではどこでも、大きな不平等がある。一人のきわめて豊かな人間に対して、少なくとも五〇〇人の貧乏人がいるにちがいなく、少数の富裕は、多数の赤貧を前提している。金持ちの豊かさが貧乏人の憤りを呼び覚まし、貧乏人は、しばしば欠乏によって追いやられ、妬みによって駆り立てられて、金持ちの所有物を侵害するのである。多年にわたる労働や、おそらくは多くの世代にわたって継続された労働によって獲得された大きな価値をもつ財産の所有者が、一夜でも安らかに眠れるのは、ひとえに民事にかかわる治安判事《シヴィル・マジストレイト》の保護の下にあるからである。彼はいつも見知らぬ敵に取り囲まれており、彼はけっして挑発しないとはいえ、けっして妥協することができず、それを止めさせるために民事にかかわる治安判事がつねに保持している強大な権威によってしか、そのような人々の不正義から保護されようがない。それゆえ、貴重で巨額な財産の獲得は、市民的統治《シヴィル・ガヴァンメント》の確立を必然的に要請する。財産など存在しなかったり、あったにしても二日か三日の労働の価値を超えない程度だったりするところでは、市民的統治は、それほど必須のものではないのである。

3 市民的統治は権威への服従《サブオーディネーション》をある程度前提する。だが、市民的統治の必要性が貴重な財産の獲得とともに大きくなってくるように、権威に対する服従を自然に手ほどきする主要な原因も、その貴重な財産の増加とともに次第に大きくなってくるのである。

4 権威への服従を自然に手引きする原因や事情は、すなわち、自分たちの仲間の大部分を凌ぐような優越性は、数でいえば四つあると思われる。

5 このような原因や事情のうちの第一は、個人的な資質、つまり体の強さ、美しさ、および敏捷さ、さらには、英知、美徳、賢明さ、不屈の精神、および心の穏健さ《モデレイション・オヴ・マインド》である。身体的な能力は、社会のどの時期においても、このような心に支えられていないかぎり、権威などほとんど与えることができない。体の強さだけで、二人の弱い人間を従わせることができる人物は、きわめて強い人間である。心の資質は、それだけできわめて大きな権威ももたらすことができる。しかしながら、それはつねに不確かであり、一般的に反論が唱えられやすい見えざる資質《インヴィジブル・クオリテイ》である。未開であろうと文明化されていようと、およそ社会というものが、このような見えざる資質にしたがって、ただし、よりいっそう平明で知覚が容易な何かにしたがって、地位や服従にかかわる優越性の規則を定めることが好都合である、と気づかなかったことはない。

6 このような原因や事情のうちの第二は、年齢における優越である。歳をとった人間は、耄《もう》碌《ろく》の疑いをかけられるほど加齢が進行していないかぎり、どこでも、同程度の地位、財産、および能力をもつ若い人間よりも、いっそう尊敬される。北アメリカの未開民族のような猟師の国では、地位と優先権にかかわる唯一の根拠は年齢である。彼らの間では、優れた人物の呼称は父であり、兄弟は同等者の、息子は劣等者の呼称である。もっとも豊かで文明化した国においては、他のすべての点で同等とみなされている人々の間では、年齢が地位を規制するのであって、彼らの間では、地位を規制するものは他に何もない。兄弟や姉妹の間では、最年長者がつねにしかるべき位置を占めるのであって、父親の遺産相続においては、たとえば、名誉の称号のように分割することが不可能で、すべてが一人のものにならざるをえないものは、ほとんどの場合最年長者に与えられる。年齢は、議論の余地なく認められる平明で、容易に知覚可能な属性なのである。

7　このような原因と事情の第三は、財産の優越である。しかしながら、金持ちの権威は、社会がどのような時代にあっても大きくはあるが、相当程度の財産の不平等を認めるもっとも洗練されていない時代の社会で、おそらく最高になるだろう。タタールの族長は、その羊や家畜の群れが一〇〇〇人を維持するのに十分なほど増えても、その増加分を、一〇〇〇人を維持すること以外の方法で、十分に用いることができない。その社会が未開段階にあることが、彼自身の消費分を上回る未加工の生産物と交換可能な製造業の製品や、装身具や安物の飾りを、彼に与えないからである。彼がこのように維持する一〇〇〇人は、自分自身の食料などの生活物資を完全に彼に依存しており、戦時には彼の命令に従い、平和時には彼の支配権に服従しなければならない。必然的に彼は、彼らの将軍であり裁判官であって、族長の資格は、彼の財産が優越していることの必然的な結果である。

富裕で文明化された社会では、一人の人間がはるかに多くの財産をもつ可能性があるが、それでもなお、一ダースの人々を支配することはできない。彼の所領が一〇〇〇人以上の人々を維持する可能性が十分にあり、おそらく実際に維持しているとしてもなお、このような人々は、彼から入手するすべてのモノに支払っており、しかも、彼は等価物との交換でないかぎり誰に対してであろうと何も与えないのだから、自分自身が完全に彼に依存していると考える人間はほとんど存在せず、したがって彼の権威は、ごく少数の奉公人に及ぶだけなのである。しかしながら、財産がもつ権威は、富裕で文明化された社会においてさえ、きわめて大きなものがある。それが、年齢や個人的な資質がもつ権威をはるかに上回っているということが、相当大きな財産の不平等を許している社会のすべての時期に繰り返されてきた苦情であった。社会の最初の時代、つまり狩猟民の時代には、そのような不平等の余地がなかった。そこでは普遍的な貧しさが普遍的な平等を確立するのであり、年齢や個人的資質における優越が、脆弱ではあるが、しかし、権威と従属の唯一の基礎である。それゆえ、この時代の社会には権威も従属も、ほとんどあるいはまったく存在しない。社会の第二の時期、つまり遊牧民の社会は、財産のきわめて大きな不平等の余地があるし、しかも財産の優越が、それほど大きな権威をその保持者に付与する時代は他にない。したがって、権威と従属がそれ以上完全に確立される時代は他にない。アラビアの族長に対する敬意はきわめて大きく、タタールの最高支配者《カーン》のそれは、まったく専制的である。

8　このような原因と事情の第四は、出自の優越性である。出自の優越は、それを主張する人物の家系における財産が昔から優越していることが、前提になっている。すべての家系は等しく大昔からのものであって、君主の祖先は、よく知られている可能性があるにしても、その数が物乞いの祖先よりずっと多いはずはない。家系の古さとは、どこでも、昔からの富とか、一般的に富やそれに付随するものを基礎に築かれる偉大さが、年代を経ていることを意味している。急に成り上がった高い地位は、どこでも古くからつづく高い地位ほど尊敬されない。横領者に対する嫌悪、古代君主の家系に対する愛は、その大部分が、人間が前者に対して抱く軽蔑と後者に対する崇敬の上に成り立っている。軍隊に属する将校は、彼がいつも命令されている上位者の権威には躊躇なく服従するが、しかし、彼の下位者が彼の上に置かれることには耐えられないように、人間は、自分や自分たちの祖先がつねに従っていた家系には容易に服従するが、しかし、自分たちがそのような卓越性を承認したことがない別の家系が自分たちの支配権を握ることになったら、憤りで燃え上がることになる。

9 出自の違いは、財産の不平等の次にくるものであるから、狩猟民の国でそれが成り立つ余地はなく、そこではすべての男の間で財産が平等であるから、生まれの点でもほとんど等しいはずである。実際、彼らの間でさえ、賢明で勇敢な男の息子は、愚かで臆病な男の息子であるという不運を背負う同等の功績をもつ人物よりも、幾分か余計に敬意を払われる可能性があろう。しかしながら、その違いが著しく大きくなることはなく、もっぱら英知と徳の相続だけで名をあげた偉大な家系など、世界に存在したことがない、と私は信じている。

10 出自の区別は、遊牧民の国でなら生じる可能性があるし、つねに発生するだろう。そのような国民はあらゆる種類の贅沢にまったく不慣れな人々であって、大きな富が不注意な乱費によって四散させられることなど、まず生じるはずがない。したがって、そこには富が長期にわたって同一の家系のなかで持続するような国民がいないため、偉大で輝かしい先祖からの長い系統をもつという理由で崇敬されたり礼遇されたりする家系が、多数存在する国など存在しないのである。

11　出自と富が、一人の人間を他の人間よりも上位に置く二つの主要な事情であることは明白である。それは人間的区別の二大源泉であり、したがって、人間の間に権威者と従属者を自然に定める主要な原因である。遊牧民の間では、このような原因がそれぞれ最大の強さで作用する。富の大きさや、彼に食料などの生活物資を依存している者がきわめて多いとか、家柄の高貴さ、さらには輝かしい家系が太古の昔にさかのぼることのゆえに崇められているという理由で尊敬されている偉大な牧羊者や牧夫は、その集団や氏族に属するすべての下級の牧羊者や牧夫に対する、自然な支配力をもっている。彼の軍事力は、他の誰のものよりも大きい。戦時には、彼らはすべて他の誰かの軍旗よりも、自然に彼の軍旗のもとに馳せ参ずる気持ちになるのであって、彼の家柄と富は、このように一種の執行上の権力を自然に彼にもたらすのである。また、彼らのうちの誰よりも多くの人民集団からなる武力を指揮することにより、他の人間に不正を行った可能性があるすべての者に対して、過ちを償うように強制することができる。それゆえ彼は、あまりにも弱いので自分自身を防御できないすべての人民が、保護を求めて自然に見上げる人物なのである。彼らが自分たちに対してなされたと想像する不正について自然に苦情を申し立てるのは、彼に対してであり、そのような場合における彼の仲裁は、苦情を訴えた人物によってさえ、他の誰によるそれよりもずっと容易に受け入れられる。彼の家柄と富は、このように一種の司法上の権威を自然に彼にもたらすのである。

12 財産の不平等が最初に生じ始め、それ以前は多分存在しえなかった程度の権威と従属を人民の間に導入したのは、遊牧民の時代、つまり社会の第二期においてのことである。そうすることによって、それは、その社会自体の存続のために不可欠な程度の市民的統治を導入し、これを、自然に、しかもその必要性にかんする配慮とはまったく無関係に、実現したように思われる。その必要性にかんする配慮は、大部分が、その権威と従属を維持したり確保したりする一助とするため、後で提供されたことに疑問の余地はない。とりわけ富裕者は、それだけで彼ら自身の利益の保持を保証しうるような事物の秩序を支持することに、当然のことながら関心をもつ。より劣った富の所有者が、財産所有において飛びぬけた富の所有者を一緒になって守ろうと協力するのは、飛びぬけた富の所有者が一緒になって彼らの財産所有の点で彼らを守るからである。すべての低い地位の牧羊者や牧夫が感じていることは、彼ら自身の家畜の群れや羊の群れの安全が、高い地位の牧羊者や牧夫が所有する群れの安全に依存しているということ、彼らがもつ小さな権威の維持は、高位の牧羊者のより大きな権威の維持に依存していること、さらにまた、よりいっそう下位にある人々を彼らに従属させ続ける彼の力は、彼に対する彼ら自身の従属に依存するということである。彼らは、彼ら自身の小さな統治者の所有財産を守ったり、その権威を支持したりすることが、自分自身の利益だと感じる一種の小貴族になる。市民的統治というものは、それが財産の安全のために組織されたものであるかぎり、富者を貧者から――ある程度財産をもつ人間を、まったくそれをもたない人間から――守るために制度化された、というのが真実である。

13 しかしながら、そのような統治者がもつ司法上の権限は、支出の原因であるというにはほほど遠く、長期間にわたって彼の収入源であった。彼に審判を求めてくる人々は、そのことに対してつねに支払いをしようとしたし、訴えに贈り物がついていないことなどほとんど無かった。また統治者の権威が完全に確立した後は、有罪だと判明した人物は、彼が関係者に対して行わざるをえなかった賠償に加え、統治者に対する赦免的罰金《アマースメント》〔定額ではなく、裁定者の「慈悲」にもとづく自由裁量で決定される罰金〕の支払いも強制された。罪人が面倒を引き起こし、彼がかき乱し、彼が主人である君主の平和を破ったのであるから、このような罪に対する赦免的罰金は当然のことだ、と考えられた。アジアのタタール人の統治において、さらにまたローマ帝国を崩壊させたドイツ人とスキタイ人によって樹立されたヨーロッパの統治においては、司法を管理することは、統治者にとっても、彼の下であらゆる個別的な裁判権――特定の部族や氏族にかんする、あるいは特定の領土や地域にかんする裁判権――を実行する下級の族長や有力者のすべてにとっても、ともに相当な収入源であった。

　そもそも統治者や下級の族長は、この裁判権を自分で直接実行する習慣をもっていた。後になると、彼らは司法官《ベイリフ》や裁判官《ジャッジ》といった代理人にそれを委嘱するほうが便利だと理解した。しかしながら、この代理人は、裁判権にかかわる利益について、依然として依頼人や代理権授与者に会計報告する必要があった。ヘンリー二世の時代の巡回裁判官に対して与えられた指示*を読めば、このような裁判官は、誰もが一種の巡回代理業者《イテネレント・ファクター》であり、国王の収入の一定部門を取り立てる目的で地方を巡回するように派遣されたことが、明瞭に理解できるだろう。この時期司法の管理は、たんに統治者に一定の収入をもたらしただけでなく、この収入を入手することが、司法を管理することによって獲得を目論んだ主要な利益のひとつであったように思われる。

＊これはティレル著『イングランド史』に記述されている〔James Tyrrell, 1642-1718. 正確な書名は *The general history of England, both ecclesiastical civil.* 1700-1704 である。ティレルはグレイズ・インで法曹資格を得たのち、オックスフォード大学で学んだイギリスの政治理論家および歴史家で、ジョン・ロックと親交が厚かった〕。

14 裁判を遂行して収入の確保に役立てようとする方法は、しばしばはなはだしい悪習を生じさせずにはおかなかった。大きな贈り物を手にして裁判を依頼する人間は、正義以上の何かを容易に入手できたが、他方、小さな贈り物を手にしてそれを依頼する人間は、正義以下のものを入手しがちであった。また裁判は、このような贈り物が繰り返されるように、引き伸ばされることもしばしば生じた。くわえて、訴えられた人物に対する赦免的罰金は、実際にはけっして間違ってなかった場合でさえ、彼が間違っていたと認定するきわめて有力な根拠を示唆することが多かった。そのような悪習がけっして珍しくなかったということは、ヨーロッパのすべての国の古代史が物語っている。

15 統治者や族長が自分に属する司法上の権限を実行した場合、彼がどれほどひどくそれを乱用したとしても、召喚の上、彼に説明させるほど十分な力をもつ人間がいる可能性はほとんどなかったから、何らかの不正を除去することなどまず不可能であったはずである。統治者が司法官を使ってそれを実行すれば、時には、救済が与えられる可能性があった。もしそれが彼自身の利得のためだけであって、司法官が何か不法な活動の責めを負わなければならなかった場合、統治者自身が、かならずしも躊躇なく司法官を処罰したり、彼に誤りを償わせたりしようとはしなかっただろう。だが、もしそれが統治者の利益のためであったり、司法官を指名し、彼を選んだ人物に対して裁判を行うために、何らかの職権乱用罪を犯したりした場合には、まずいかなる場合でも、統治者が自らそれに関与した時と同様に、救済などありえなかっただろう。したがって、あらゆる野蛮な統治、とくにローマ帝国の廃墟の上に打ち立てられたヨーロッパの古代的な統治のすべてにおいて、最良の君主の下でさえなんとか満足できる平等とか公平どころではなかったし、最悪の君主の下ではまったく堕落しており、司法の管理は長い間はなはだしく腐敗していたように思われる。

16　統治者や族長が、集団や部族のなかでたんなる最大の牧羊者や牧夫にすぎない遊牧民の国では、彼は、その臣下や臣民のすべてと同じ方法で、自分が所有する家畜や羊の群れの増加によって維持されている。牧羊者の国家から抜け出したばかりで、牧羊者の国よりそれほど大きく改善していない農業者から成り立つ国、たとえば、トロイ戦争の時期ごろにそうなっていたギリシャの部族や、西ローマ帝国の崩壊の上に最初に定住した時期の現代のゲルマン人やスキタイ人の先祖といった国においては、統治者や族長は、同様に地方最大の領主でしかなく、自分自身の私的な地所あるいは近代ヨーロッパで王領地と呼ばれたものからの収入によって、他のすべての領主と同じ方法で維持されていた。彼の臣民は、通常の場合、同じ身分の誰かによる不当な権力の行使から自分たちを守るため、彼らが統治者の権威を求めている時を除き、彼を援助するために何の貢献もしなかった。そのような場合に臣下が統治者に差し出す贈り物が通常のすべての収入であり、多分特別な緊急事態が起きた時を除き、臣下に対する彼の支配力から彼が引き出す報酬のすべてであった。ホメロス〔紀元前九世紀のギリシャの詩人で、『イリアス』と『オデュッセイア』の著者〕の作品の中で、アガメムノンが、その友情に対してアキレスに七つのギリシャ都市の統治権を与えようと申し出た時、彼がそれから引き出されそうだと言及した唯一の利益は、人民がその贈り物で彼を褒め称えるだろう、ということであった。そのような贈り物が、そのような司法の報酬が、つまり裁判の手数料と呼びうるものが、このような方法で自分の統治権から統治者が引き出しうる通常の収入のすべてを構成するかぎり、彼がそのようなものをまったく放棄することは多分期待できるはずがないし、作法に適っているにしても、企てられるはずがなかった。

統治者が司法の報酬を規制したり、確かなものにしたりすべきだという提案はしばしばあったし、また可能でもあっただろう。だが、司法の収入がそのように規制され、確かなものにされたとしても、どうすれば、全権を有する人物に、このような規制を超えてそれを拡大させないようにさせられるか、これは、不可能とは言わないまでも、さらにきわめて骨の折れることであった。それゆえ、このような状態が継続する間、このような贈り物がもつ独断的で不確実な性質から自然にもたらされる司法の腐敗は、何か効果的な改善法を受け入れることなどほとんど無かった。

17 だが、異なった原因から、つまり、他の国民による侵入から国民を防衛する費用が持続的に増大することが主要な原因となって、主権者の費用を負担するためには、統治者の個人的な所領ではまったく足りなくなっただけでなく、国民が自分たちの安全のためにさまざまな種類の税金によってこの経費のために貢献せざるをえなくなってくると、統治者だけでなく、彼の司法官やその代理人である裁判官であろうと、いかなる口実の下でも司法の管理に対する贈り物など受領してはならないという合意が、ごく一般的に出来上がったようである。このような贈り物は、効果的に規制されたり突き止められたりするよりも、ずっと簡単に全廃できると考えられたように思われる。税金のほうが、統治者が自分の損失を補う以上に大きかったため、昔からつづく裁判報酬のうち、裁判官の取り分における損失を残らず補償すると思われる固定的な報酬が、裁判官に対して定められた。したがって、司法は無償《グラテス》で司られるはずだ、と言われたのである。

18　しかしながら、どの国であろうと、司法は実際にはけっして無料で管理されなかった。法廷弁護士や事務弁護士《アトーニー》は、すくなくとも当事者双方によってつねに支払われる必要があるし、支払われない場合には、彼らが正確にそれを遂行する場合にくらべ、その義務をもっと劣悪にしか遂行しないであろう。どの裁判所であっても、法廷弁護士や事務弁護士に支払われる年々の謝礼は、裁判官の俸給よりもはるかに大きな額であった。俸給が国王によって支払われているという事情は、どこであれ、訴訟にかかる経費を大幅に軽減できるはずがなかった。だが、裁判官に当事者双方からのいかなる贈り物や謝礼の受領を禁じたことは、経費を減少させるためというよりもむしろ、司法の腐敗を阻止するためのものであった。

19　裁判官の地位は、それ自体がきわめて名誉があるため、誰でもそれを喜んで引き受けるが、しかしきわめて少額の報酬しか伴わない。治安判事という下級の官職は、きわめて多くの労苦を伴い、しかも、ほとんどの場合まったくの無報酬であるが、我が国の大部分の地方在住の紳士には、野心の対象である。さまざまな裁判官すべての俸給は、地位の高さや低さにはかかわらず、司法の管理と遂行のすべての費用とともに、著しく経済的に管理されているとはいえない所でさえ、政府の総支出に占める部分は、どのような文明国でもごく小さなものでしかない。

20 また、司法の総経費は裁判手数料によって容易に賄われる可能性があるし、さらに、司法の管理を腐敗による実際の危機に晒さなくても、政府の収入は、多分小さくはあるが、このような若干の負担を完全に免れることができただろう。統治者のように権力を保持する一人の人物がその分け前にあずかり、彼の収入の相当部分をそれから引き出すような場合、裁判手数料を効果的に規制することは難しい。手数料から利益を入手できる主たる人物が裁判官である場合には、効果的に規制することはたやすい。法律が、裁判官に規制を守らせるようにするのはきわめて容易であるが、しかし統治者に規制を守らせるようにすることは、つねに可能であるとは限らなかっただろう。裁判手数料が厳密に規制されて確定され、あらゆる訴訟手続きの一定の時期に、判決が下されるまで分配されず、訴訟手続きに判決が下された後でさまざまな裁判官の間に一定の定められた割合で分配されるように、出納係か会計係の手に一度にまとめて支払われるようになっていれば、そのような手数料が完全に禁止されている場合と同様に、腐敗の危険性はないと思われる。このような手数料は、訴訟の経費をあまり増加させることなく、司法の経費全体を支払うために十分なほど支払われるであろう。訴訟過程が終結するまで裁判官に支払われなかったため、審査したり判決を下したりする勤勉さの点で、裁判所にはいくらか刺激になった可能性がある。かなり多数の裁判官から構成される裁判所では、裁判所内であれ、裁判所の命令による委員会においてであれ、訴訟過程を調査するのに充てられた時間や日数にそれぞれの裁判官の分け前を比例させることにより、このような手数料が、個々の裁判官の勤勉さにある程度の奨励を与える可能性がある。公務員《パブリック・サーヴィス》の仕事は、その報酬が遂行の結果として、しかも、遂行にあたって発揮された勤勉さに応じて与えられる場合にもっともよく達成される。フランスのさまざまな高等法院では、裁判所の手数料（エピセと呼ばれる裁判官への贈り物、ヴァカシオンと呼ばれる調査謝礼金）が裁判官の報酬の大部分である。あらゆる控除がなされた後、王国内の格付けや権威において二番目の地位にあるトゥルーズ〔スミスは一七六四年三月〜六五年八月までここに滞在していた〕の高等法院の上級裁判官や判事に対して、国王によって支払われる正味の給料は年に一五〇リーヴル、イギリス正貨で約六ポンド一一シリングにしか達しなかった。この金額は、約七年前、同地における並の従僕の通常の年間賃金であった。またこのような裁判官への贈り物《エピセ》の分配は、したがって、判事の勤勉さに対するものであった。勤勉な判事というものは、適度なものとはいえ、彼の任務によって十分な収入を稼ぎ、怠惰な判事は、自分自身の給料とほとんど同額しか稼がないことになる。このような高等法院は、多くの点で、多分あまり便利な法廷ではなかったが、しかし非難されもしなかった、つまり、腐敗していると疑われるほどではけっしてなかったと思われる。

21　裁判所の手数料は、もともとイングランドのさまざまな法廷の重要な収入源であったと思われる。それぞれの裁判所は、可能なかぎり多くの仕事を自分の所に引き寄せようと努力し、その理由から、そもそも自分の裁判権のもとにあるとは思われていなかった多くの訴訟の管轄権《カグニザンス》を取り込もうと望んだ。刑事訴訟を審議する目的だけのために設立された王座裁判所が民事訴訟の管轄権を取得したのは、原告が、彼を正当に扱わない被告は、不法侵害や不品行のゆえに有罪であると申し立てたからであった。国王の歳入を徴収し、そのような債務の支払いが間違いなく国王に支払われるように強制するために設立された財務府裁判所《コート・オヴ・イクスチェッカー》は、原告が国王に支払えないのは、被告が彼に支払おうとしないからだと申し立てたため、他のすべての契約上の債務《コントラクト・デッツ》の管轄権を取得した。そのような擬制の結果、多くの訴訟では、自分の訴訟を審理してもらうための裁判所の選択にかんして、訴訟当事者がすべてを決定するようになり、それぞれの裁判所は、迅速な処理と公平さによって、できるだけ多くの訴訟を自分の所に引き寄せようと努力した。イングランドにおける司法の管理にかんする現在の優れた慣行は、おそらく、もともとその大部分が、古い昔にそれぞれの裁判官の間で行われたこのような張り合い《エミュレーション》によって形成されたものであり、それぞれの裁判官は、自分が属する裁判所で、あらゆる種類の不正に対する救済を、法が許すかぎりもっとも迅速かつ効果的に与えようと努力したのである。

もともとコモンロー裁判所《コーツ・オヴ・ロー》〔制定法が絶対であるのは当然だが、基本的に判例に従って審理したため、厳格ではあったが、先例のない新しい事態への対応は難しかった〕は契約の不履行に対してのみ損害賠償金を宣告した。大法官府裁判所《コート・オヴ・チャンセリー》は、良心の裁判所として、それを初めて引き受けて、合意にかんする特定の履行を強制した。契約の不履行が貨幣の不払いである場合、正当と認められる損害賠償は、契約の明確な履行と等価値の支払いを命じる方法でのみ保障されるべきであった。したがって、そのような場合には、コモンロー裁判所の救済で十分であった。他の場合には、それはそうではなかった。小作人が、彼の借地契約が不当に取り消されたとその所有者を訴えた場合、彼が獲得する損害賠償は、土地の占有とけっして等価値ではない。それゆえ、そのような訴訟はしばらくの間、すべてが大法官府裁判所で訴えられ、コモンロー裁判所の損失は小さいどころではなかった。コモンロー裁判所は、そのような訴訟を自分たちの所に引き戻すため、土地からの不当な排除や追い立てに対するもっとも効果的な救済である不動産占有回復訴訟《イジェクトメント》という人為的で擬制的な令状を発明した、と言われている。

22　それぞれ別個の裁判所の訴訟手続きに対して、それぞれの裁判所から課され、そこに所属する裁判官と他の事務員を維持するために充当される印紙税は、同様な方法で、社会の一般的な収入にはいかなる負担もかけることなく、司法の管理費を十分賄うほどの収入をもたらす可能性がある。この場合、実際に裁判官は、可能なかぎりそのような印紙税の所産を増加させるために、すべての訴訟における余計な手続きを増やそうという誘惑に駆られる可能性がある。近代のヨーロッパでは、ほとんどの場合、事務弁護士や裁判所の事務員へ彼らが執筆する必要があった書類頁数に応じた支払額を規制する慣習があったし、他方で裁判所は、一頁に含まれるべき行数や一行当たりの単語数を定めていた。彼らの報酬を増やすため、事務弁護士や事務員は必要な事柄のすべてを超えて単語を増やし、ヨーロッパのすべての裁判所の法律用語を改悪するというへまをしでかしてきた、と私は信じている。同じような誘惑は、法律手続きの形式においても、おそらく似たような改悪を引き起こしてきた可能性がある。

23 だが、司法の管理が、それ自体の経費で賄われるように工夫されようと、あるいはどこか別の資金《ファンド》から裁判官に支払われる固定的な給料によって維持されようと、業務執行上の権力を委任された個人や人々に、そのような資金の管理や給料の支払いが委ねられる必要があるとは思われない。そのような資金は、土地財産の地代から、つまり、それによって維持されることになっている個々の裁判所に委託された個々の財産の管理から、生じる可能性があろう。そのような資金は、一定額の貨幣の利子からさえ、つまり同じ方法で、それによって維持されることになっている裁判所に委託される貸付から、生じる可能性があろう。スコットランドにおける軽罪裁判所《コート・オヴ・セッション》の裁判官の給料の一部は、ごく小部分だとはいえ、一定額の貨幣の利子から生じる。しかしながら、そのような資金が必然的に不安定であることは、永遠に続くべき制度を維持するためには、ふさわしくないように思われる。

24 司法権を行政権から分離することは、社会の改良が拡大した結果生じた仕事《ビジネス》の増加から、そもそも発生したように思われる。司法の管理は、それを任される人々の集中的な注意を必要とするほど、きわめて手間がかかる煩雑な職務になった。行政権を委ねられた人物は個々の訴訟の裁決の面倒をみるほど暇な時間をもっていなかったから、代理人が彼の代わりにそれを裁決するために指名された。ローマの偉大さが進展する中で、執政官《コンスル》は国家の政治的業務に没頭したため、司法の管理にかかわることができなくなった。それゆえ、法務官が、彼の代理として管理するように指名された。ローマ帝国の廃墟の上に樹立されたヨーロッパの君主政治が発展するなかで、統治者や大領主は、司法の管理は自分自身で執行するにはあまりにも手数がかかるうえ、下等な業務である、と例外なく考えるようになった。それゆえ彼らは、例外なく代理人、地方司法官あるいは裁判官を指名することによって、その業務を免れたのである。

25 司法権が行政権と合体している場合、政治と呼ばれているものによって正義が頻繁に犠牲にされてはならないということが、実現する可能性はきわめて低くなる。国家がもつ大きな利権《インテレスト》に身を委ねている人物は、考え方においてまったく腐敗していなくても、民間人の権利をこのような利権の犠牲にすることが、ときには必要であると想像する。だが、あらゆる個人の自由《リバティ》、すなわち、個人が自分自身の安全性にかんして抱く感覚は、司法の公平な管理の上に成り立っている。自分自身に属するすべての権利の保有という点で完全に安全である、とすべての個人に感じさせるためには、たんに司法権が行政権力から分離されている必要があるだけでなく、可能なかぎり、行政権力からの独立性を付与されている必要がある。裁判官は、その職を行政権力の気まぐれ次第で解任されるようなことがあってはならない。裁判官の正規の俸給は、行政権力の温情次第であってはならないし、まして、その豊富な収入次第であってはならないのである。

第三節　公共事業と公共の制度の経費について

1 主権者や国家の三番目で最後の義務は、公共の制度や公共事業の設立や維持にかかわるものであり、そのようなものは、偉大な社会にとっては最高度に有利であり得るが、しかし、いかなる個人や小団体にとっても、その利潤が経費を払い戻すことができず、それゆえ、個人や小団体では設立や維持を期待できない性質のものである。このような義務の遂行はまた、社会の異なった時期に応じて、じつにさまざまな範囲の経費を必要とする。

2 公共の制度と公共事業が、すでに説明した社会の防衛と司法の管理のために欠かせなくなった後では、この種の他の事業や制度は、主として社会の商業を促進するためのものや、国民に対する知識の教授《インストラクション》を増進するためのものである。知識を教授するための制度は二種類、つまり若者を教育《エデュケーション》するためのものと、あらゆる年代の人々に対して知識を教授するためのものがある。このように異なった種類の公共事業や公共の制度の経費をもっとも適切に負担しうる方法の考察が、本章を三つの異なった項に分けることになる。

第一項　社会の商業を促進するための公共事業と公共の制度について

すなわち第一に、商業一般を促進するために必要なそれについて

1 あらゆる国の商業を促進する公共事業、たとえば、立派な道路、橋、運行可能な運河、港といったものの設立と維持は、社会のさまざまな時期で著しく異なった規模の経費を必要とするということなど、証明するまでもなく明らかである。どのような国であれ、幹線道路を建設して維持する経費は、その国の土地と労働の年々の生産物とともに、つまり、このような道路の上でもってきたり運んだりしなければならない財貨の数量や重量とともに、明らかに増加するはずである。橋の強度は、その上を横切る積み荷の数と重量に適合していなければならない。通行可能な運河にとって、水の深さとその供給量は、その上で運搬されるはし

けの数と総トン数に釣り合っている必要があるし、港の規模は、その中で避難することになる船舶の数に釣り合っていなければならない。

2　このような公共事業の経費が、ほとんどの国で徴収と用途が行政権力に委ねられている公収入と普通呼ばれている部分から支払われることは、不可避の事態であるとは思われない。そのような公共事業の大部分は、社会の一般的な収入になんらの負担ももたらすことなく、個々の収入がそれ自体の経費を十分賄うように、容易に管理できる可能性がある。

3　たとえば幹線道路、橋、通行可能な運河は、多くの場合、利用する運送に対する少額の通行料によって、建設だけでなく維持も可能であろうし、港湾の場合は、そこで荷の積み下ろしをする船舶の総トン数に対するわずかな港湾利用税によって、同じく可能であろう。通商を促進するための別種の制度である貨幣鋳造は、多くの国で、鋳造費自体を賄うだけでなく、統治者にわずかな額の収入や鋳造手数料《シーニョリッジ》をもたらす。郵便事業は、同じ目的の他の制度であるが、それ自体の経費を賄うものを超えて、ほとんどすべての国で、統治者にかなり大きな収入をもたらしている。

4　幹線道路や橋の上を通り抜ける運送、さらに運行可能な運河を航行するはしけが、その重量や総トン数に応じた通行料を支払う場合、それに対して与える損耗の程度に正確に比例して、それぞれこのような公共建築物《ワークス》の維持費を支払うことになる。そのような建築物の維持にとって、これ以上公平な方法を考案することはまず不可能であると思われる。また、このような税や通行料は、運送業者によって前払いされるとはいえ、最終的には消費者、つまり財貨の価格のなかでいつも請求されざるをえない消費者によって、負担されるはずである。

しかしながら、そのような公共事業によって運送費がきわめて大幅に引き下げられるから、通行料にもかかわらず、それが利用できなかった場合よりも財貨は安価になり、その価格は、運送の安価さによって引き下げられる分を上回るほど、通行料によって引き上げられることはない。それゆえ、最終的にこの税金を支払う人は、それを利用することによって、税金の支払いによって受ける損失よりも、もっと多くの利益を受け取るのである。それは、実際には、彼が残りを手に入れるために断念せざるをえない利益のごく一部でしかない。税金を集める方法として、これ以上公平な方法を想像することは不可能なように思われる。

5 贅沢品の運送、大型四輪馬車《コーチ》、客と郵便を運ぶ四輪馬車《ポスト・チェイス》などに対する通行料が、必需の用途に用いられる二輪荷車《カート》、四輪荷馬車《ワゴン》などに対する通行料よりも、その重量のわりに幾分高額に設定された場合、国のさまざまなすべての地方へ重たい財貨の運搬を安価にすることによって、金持ちの不精や虚栄心が、貧乏な人々を救うきわめて容易な方法として貢献させられることになる。

6 幹線道路、橋、運河などが、それを用いて遂行される通商によってこのような方法で建設されたり維持されたりする場合、それは通商が求める場所、つまり、結果的にそれを建設するのに適した場所にしか建設されようがない。またその経費、つまりその壮大さと偉大さは、その国の通商が埋め合わせることができるものと、一致しているはずである。結果的にそのようなものは、それを造るのが適切であるからこそ造られるにちがいない。壮大な幹線道路が、ほとんどまったく通商が存在しない不毛の土地を通って、つまり、地方行政官の田舎の邸宅や、彼の王宮を建設するのに好都合であると地方行政官が理解している大領主の邸宅にたまたま続いているという理由で、造られ得るはずがない。この種の建築がそれ自体で賄い得るようなもの以外の収入から実施されるような国では時々発生することとはいえ、誰も通らないような場所で、巨大な橋がたんに隣接する王宮の窓からの光景を美しくするためだけに、川をまたいで架けられ得るはずがないのである。

7　ヨーロッパのいくつかの異なったところでは、運河に対する通行料や閘門《こうもん》賦課金は、その私的な利益で運河を維持する私的個人の所有物になっている。もしそれが利用可能な状態に維持されていなければ、必然的に通行が完全に停止し、それとともに、通行料によって稼ぐことができる利潤も、まるまる途絶えてしまうだろう。このような通行料が、運河には何の関心ももたない統治者の管理下に置かれても、彼らは手数料を生じる事業を維持することにあまり注意を払わない可能性があろう。ラングドックの運河は、フランス王とその地域に一三〇〇万リーヴルにも上る経費を負担させたが、それは（前世紀末のフランス貨幣の価値、銀一マークあたり二八リーヴルで換算して）総額で正貨九〇万ポンド以上になる。その大事業が完成した時、定期的な補修を続けるもっとも見込みのある方法は、その事業を計画し指揮した技術者リケ〔Pierre Paul Riquet, 1604-1680〕に通行料を与えることである、と理解された。現在このような通行料は、それゆえ、定期的な補修の仕事の継続に多大な関心をもつその紳士の家系に属するさまざまな分家にとって、きわめて大きな財産になっている。だが、このような通行料が、そのような関心をもたない統治者の管理の下に置かれていた場合、事業のもっとも本質的な部分が荒廃するに任せられる半面で、飾りにしかならない不必要な支出として、おそらく浪費されてしまいかねなかっただろう。

8　幹線道路を維持するための通行料徴収権を私的個人の財産にしても危険はない、と言うことはできない。幹線道路というものは、まったく放置されてしまっても、運河と違って、まったく通行不可能になるわけではない。それゆえ、幹線道路に対する通行料の徴収権所有者は、道路の改修をまったく放置しておいて、さらになお同額の通行料にほぼ近いものを徴収し続ける可能性があろう。それゆえ、そのような事業を維持するための通行料は、統治者や受託者の管理の下に置かれる方が適切である。

9　グレートブリテンでは、このような通行料の管理において受託者《トラスティー》が犯してきた悪用が訴えられてきたが、多くの場合、それはきわめてもっともなことであった。多くの有料道路《ターンパイク》では、徴収される貨幣額は、しばしばきわめてぞんざいな仕方で遂行されたり、ときにはまったく実施されないこともある事業の遂行に必要な金額の二倍以上になる、と言われてきた。この種の通行料によって幹線道路を修復する体制は、きわめて長い間続いてきたものではないことに、留意する必要がある。それゆえ、それが可能であったと思われるほど完璧に実行されたことがないとしても、驚くべきことではない。卑劣で不適切な人間が頻繁に受託者に指名されることがあったり、その運営を管理し、さらに、彼らによってなされるはずの事業の実施だけに必要な額まで通行料を引き下げたりするために、監査と収支決算を行う固有の委員会が設立されていなかったりした場合、その制度の新しさこそ、いずれ大部分が、議会の英知によってかならず漸次改善される可能性をもつ類いの欠陥の原因なのであり、酌量すべき点なのである。

10　グレートブリテンのさまざまな有料道路で徴収されている貨幣は、道路を補修するために必要なものを大幅に超過しているため、適切に節約されれば、それから形成される可能性がある貯蓄は、幾人かの担当大臣によってさえ、将来いつか国家の緊急事態に充当できる可能性をもつきわめて巨額な財源である、と考えられてきた。政府は、有料道路の管理を自分の手中に収めることにより、さらに、自分たちの俸給をわずかでも追加するために働く兵隊を雇用することによって、自分自身の賃金でその食料などの生活物資のすべてを引き出す労働者以外に雇用可能な人間をもたない受託者によって実行可能なものよりも、ずっと少ない費用で道路を良い状態に保つことができる、と言われてきた。おそらく、*五〇万ポンドに達する莫大な収入が、国民に何ら新しい負担を課すことなくこのように獲得できるだろうから、有料道路は、郵便事業が現在しているのと同じ方法で、国家の一般的支出に役立つようにできるだろうと、申し立てられてきたのである。

*本書の初版と第二版の刊行後、グレートブリテンで徴収されたすべての有料道路の利用料は五〇万ポンドに達する純収入をもたらしていない、と信じるに足る十分な根拠を入手した。つまり、この総額は、政府管理の下にあったら、王国の主要な道路の五つを補修し続けるのに十分ではないのである〔本注は第三版で挿入された〕。

11　この構想の考案者が想像したほどおそらく大きな額ではなかろうが、このような方法でかなりの額の収入を確保できる可能性があるということ、これについては疑問の余地がない。しかしながら、この構想それ自体は、いくつかのきわめて重要な異議を免れないように思われる。

12 第一に、有料道路で課金される通行料が、国家の緊急事態を補充するための資源のひとつであると考えてよいとすれば、それは、確かにこのような緊急事態が求めると想定されるほどまで増やすことができるだろう。それゆえ、グレートブリテンの政策にしたがえば、おそらくそれはきわめて迅速に増やすことができよう。それから大きな収入を引き出すことができるという便利さは、おそらく政府をそそのかして、頻繁にこのような資源に依存させるようになろう。節約によって五〇万ポンドが現在の通行料から貯蓄できるかどうかは、多分疑わしいどころではなかろうが、しかし、かりに通行料が倍増されれば、それから一〇〇万ポンドを節約できる可能性があろうし、もし三倍に引き上げられれば、多分二〇〇万ポンドを節約できることに、疑問の余地があるはずがない。* おまけに、この巨大な収入は、それを集めて受け取るために、新規の官吏を一人も指名せずに徴収できる可能性がある。だが、このような方法で継続的に引き上げられる有料道路通行料は、現在のように国の国内通商を促進するどころではなく、まもなく国内通商にとってきわめて大きな邪魔物になるだろう。あらゆる重量のある財貨を国内のある地方から別の地方へと運送する費用が、やがて著しく増加するため、結果的にそのようなすべての財貨に対する市場が著しく小さくなり、そのような財貨の生産は大幅に阻害され、地方にある国内産業というもっとも重要な部門が、完全に絶滅させられることになろう。

*今では、このような推定上の数字はすべてあまりにも大きすぎる、と信じるに足る十分な証拠をもっている

〔本注は第三版で挿入された〕。

13 第二に、重量に応じて車に課す税金は、道路の補修という目的だけに充当された場合にはきわめて平等な税金であるが、何か別の目的に充用されたり、国家の一般的な緊急事を補充したりするために利用されたりした場合には、きわめて不平等な税金である。それが上記の目的だけに用いられた場合、それぞれの積み荷は、その道路に与える損耗分だけを弁済すると想定されている。だがそれが異なった目的に用いられる場合、それぞれの積み荷は損耗分を超えて支払い、国家の何か別の緊急事を埋め合わせるために貢献すると想定されている。だが、有料道路の通行料は、それぞれの価値にではなく、それぞれの重量に応じて財貨の価格を上昇させるから、それは、高価で軽い商品の消費者によってではなく、主として粗くて嵩張る商品の消費者によって支払われる。それゆえ国家の緊急事が何であれ、この税金は、緊急事が主として金持ちの犠牲によってではなく、貧乏人の犠牲によってもっぱら埋め合わせられるなど、つまり、それをもっとも埋め合わせることができる人々ではなく、埋め合わせることがもっとも困難な人々を犠牲にして、埋め合わせるために企てられかねない。

14 第三に、いつのことであれ、もし政府が幹線道路の修理を放置したりしたら、有料道路の通行料のどの部分も、それを適切に特定の目的に従わせることは、さらに著しく困難になるだろう。巨額の税収入は、そのうちのどの部分も、このような方法で歳入を割り振るべき唯一の目的に充用しなくても、このように国民に賦課することができるであろう。有料道路の受託者が卑しく貧しいことが、差し当たり彼らに不正行為の弁済を余儀なくさせることを難しくしているとすれば、ここで想定されている事例では、受託者の豊かさと地位の高さは、それをさらに一〇倍も困難なことにするだろう。

15　フランスでは、幹線道路の補修用と定められた基金は、統治者による直接の監督下に置かれる。このような基金は、その一部は、地方の国民がヨーロッパの大部分の所で幹線道路の補修に提供を余儀なくされる一定日数の労働から、また他の一部は、国王が他の支出を控えるように決めた国家の一般的歳入の一部から構成されている。

16　フランスの古い法律にもとづいて、また同様に、ヨーロッパの他の大部分の国の法律によって、地方に住む国民の労働は、枢密院の直接の下部組織には含まれない地方や地域の行政官権力《マジストラシー》の管理下に置かれていた。だが、現代の慣行では、地方住民の労働も、いかなる地域であろうと幹線道路を修理するために国王が割り当てるように決める可能性がある他のすべての基金も、ともに監督者――枢密院によって指名・解職され、そこから命令を受け、常時そこと連絡を保っている官吏である監督者――の全面的な管理下に置かれている。専制政治が進行するにつれて、次第に行政権のもつ権威が、国家の他のすべての権力がもつ権威を吸い上げ、公共的な目的のために定められているあらゆる部門の歳入の管理を、自ら遂行するようになる。しかしながらフランスでは、壮大な郵便道路、つまり王国の主要都市間の交通を担う道路が一般に良い状態に保たれており、いくつかの地域では、イングランドの有料道路の大部分に較べてかなり立派な状態にある。だが、我々が間道と呼ぶ道路、つまり地方の道路の大部分は完全に放置されており、多くの場所では、重たい荷物はまったく通行不能である。いくつかの所では、馬で旅行することは危険でさえあって、ラバが安心して任せられる唯一の乗り物である。

派手な宮廷に仕える尊大な大臣は、主だった貴族――彼らによる賞賛は、彼の虚栄心をくすぐるだけでなく、宮廷における彼の利益を支えるのに貢献しさえする――によって眺められることが多い華麗で雄大な事業、たとえば、大規模な幹線道路の竣工を好むことがしばしばあるだろう。だが、無数の小さな事業の実施、つまり、それをしても大きな賞賛など巻き起こすはずがなかったり、あらゆる旅行者のごく細やかな程度の賞賛しか引き起こさなかったりする事業、要するに、極端な効用以外に彼らが気に入りそうな点をもたない事業を実施することは、偉大な統治者の注意を引くためには、どこから見ても卑しくて軽すぎるように思われる。それゆえ、そのような行政の下では、そのような事業はほとんどいつも完全に放置されるのである。

17　中国では、さらにまたアジアのいくつかの国では、幹線道路の補修と航行可能な運河の維持の両方を、行政権力が自ら行っている。それぞれの地域の長官に与えられる命令のなかで、常時このような対象が彼に提示されており、宮廷が彼の行為について下す判断は、彼に与えられた命令に彼がどの程度注意を払ったように見えるかで、おおむね加減されると言われている。したがって、公共政策のうちのこの部門は、このような国のすべてにおいて、とりわけ中国――とくに幹線道路、さらには航行可能な運河は、一段とヨーロッパで知られている同種のすべての事業を凌駕している、と申し立てられている――で、手厚く世話されているのである。しかしながら、ヨーロッパに伝えられたこのような事業にかんする説明は、一般に愚かで、驚いてばかりいる旅行者によって、さらに、しばしば愚かで虚言を弄する宣教師によって、描写されてきたものである。かりにもっと知的な目で吟味されていたとすれば、さらに、そのようなものの説明がもっと信用できる目撃者によって報告されていたとすれば、多分それは、あれほど驚くべきものには見えなかったであろう。ベルニエ〔François Bernier, 1620-1688. フランスの旅行家、医者〕がインドスタンにおけるこの種類の事業について与えた説明は、彼とは違って、途方もなくすばらしいと片付けてきた他の旅行者による報告より、ずっと短いものである。多分それもまた、このような国において、王宮や首都で話題の対象になりがちな重要な道路や交通機関は手当てされるが、残りはすべて放置されるフランスの事業のようなものである可能性がある。

くわえて、中国、インドスタンおよび他のいくつかのアジアの政府では、統治者の収入のほとんどは、土地の年々の生産物の増加や減少とともに増減する、地租や土地地代から生じる。それゆえ、統治者の最大の関心、つまり彼の収入は、そのような国の場合、必然的かつ直接的に土地の耕作、その生産量の大きさやその生産物の価値と結びついている。だが、その生産物をできるだけ大量に、しかもその価値を高いものにするためには、可能なかぎり広い市場を確保し、結果的にもっとも自由で、もっとも規則がなく、さらに国中のすべての異なった地域間にもっとも安価な交通手段――最良の道路と最良の航行可能な運河という手段でしかなされようがない――を作り上げることが必要である。だが、統治者の収入は、ヨーロッパのどの地方でも、もっぱら地租や土地地代から生じるわけではない。おそらく、規模の大きなヨーロッパの君主国ではどこでも、その大部分は、究極的には土地の生産物に依存していると言えるが、しかし、依存の仕方は、けっしてそれほど直接的でも明瞭でもない。

それゆえ、ヨーロッパでは、統治者は、量においても価値においても、土地生産物の増加を促進したり、立派な道路や運河を維持することによって、その生産物にもっとも広大な市場を提供したりするように直接求められているとは少しも感じていない。それゆえ、アジアの一部の地方では、公共政策のこの部門は、行政権力によってきわめて適切に管理されているということが真実である——私はおおいに疑わしいと危惧している——にしても、現在の事態が続くかぎり、ヨーロッパのどの地方でも、それが行政権力によって何とかうまく管理される可能性など、ほとんどないのである。

18　それ自体維持するための収入をもたらすことができない性質のものであるが、しかし、その便宜が特定の場所や地域にほぼ限定されるような公共事業は、地方や地域の管理下にあれば、行政権力がつねに管理する必要がある国家の一般的歳入よりも、地方や地域の歳入によってつねに立派に維持されるだろう。国庫の経費でロンドンの街路に灯がともされたり、舗装されたりするべきだとしても、現在そうなっているのと同じほど十分に、あるいは現在よりも少ない経費で、灯されたり舗装されたりする見込みがいくらかでもあるだろうか？　くわえて、その経費は、それぞれロンドンの特定の街路、教区あるいは地域の住民に対する地方税によって調達されるのではなく、この場合、国家の一般歳入から支払われるだろうし、結果的に、ロンドンの街路の灯火や舗装からいかなる利益も引き出せない王国のすべての住民に対する税金によって、その大部分が調達されることになろう。

19　地方や地域の歳入が、地方や地域によって管理されている間に時々気付かないうちに入り込んでくる乱用は、どれだけ大きなものに見えようと、実際には、大帝国の歳入の管理と支出において一般的に生じる乱用に較べると、ほとんど何時でもごく些細なものである。くわえて、それを修正するのはずっと簡単である。グレートブリテンでは、地方や地域における治安判事の管理の下で、地方の人々が幹線道路の修理に提供しなければならない六日間の労働は、いつでもおおいに慎重に用いられているわけではなかろうが、しかし、残酷さや迫害というべき状況の下で強制されることはほとんどない。フランスでは、地方行政官の管理下にあっても、その利用はかならずしもより慎重とはいえず、不当な要求が、著しく残酷で抑圧的であることが多い。フランスのいわゆる賦役《コルヴェ》は、このような官吏が、不運にも彼らの不興をかってしまった教区や共同体《コミュノテ》を痛めつけるのに用いた、圧政的な権力行使の主要な手段のひとつであった。

特定の商業部門を奨励するために必要な公共事業と公共制度について〔本項は第二版増補および第三版で追加された〕

1　先に言及した公共事業と公共制度の目的は、商業を一般的に奨励するためのものである。だが、ある特定の商業部門を奨励するためには、特別な制度が必要であり、それにはまた特別かつ追加的な経費が不可欠である。

2　未開で文明化されていない国で遂行されるいくつかの特別な商業部門は、並々ならぬ保護を必要とする。通常の倉庫や商館では、アフリカの西海岸と取り引きする商人の財貨に対して、ほとんど保護を与えることができない。そのようなものを未開な原住民から防御するためには、それが蓄えられる場所が、ある程度まで守備を固められる必要がある。インドスタンの統治における混乱は、その温和で丁寧な人々の間でさえ、似たような予防措置を不可欠なものにすると信じられてきたし、イギリスとフランスの東インド会社がその国に保有する最初の堡塁建設を許可されたのは、それぞれの国民と財産を、暴力から守るという口実によるものであった。強力な政府が、異国人がその領土内で防備を固めた場所を保有することなどおよそ許可しない他の国では、彼らの国の出身者の間や、原住民との口論のなかで生じる仲たがいを、彼ら自身の習慣に従って裁定する大使、公使あるいは領事が、自分たちの公的地位を用いて、より大きな権威をもって介入し、いかなる民間人から期待できるよりもずっと強力な保護を、彼らに与えることが可能であろう。

通商の利益は、戦争や連合という目的から必要とされていたわけではない外国に、しばしば公使を維持しておくように求めた。最初にコンスタンティノープル〔現在のイスタンブール〕に通常の大使を置くようにさせたのは、トルコ会社〔一五八一年に設立、次年にレヴァント会社に統合される〕の通商であった。ロシアに対する最初のイギリス大使館は、何よりもまず商業的利益から生じた。このような利害が、ヨーロッパのさまざまな国の臣民の間で必然的に引き起こした恒常的な介入が、近隣のすべての国に、平和時でさえ常時居住する大使や公使を派遣しておく習慣を導入することになったようである。古代では知られていなかったこの習慣は、一五世紀末ないし一六世紀初め、すなわち、初めてヨーロッパの大部分の国に通商が拡大し始めて、その事業への参加が開始された時期よりもさかのぼることはないと思われる。

3　何か特定の商業部門の保護が引き起こしかねない並外れた経費が、その特定部門に対する適度な課税によって、たとえば、そこに初めて参入した際の貿易業者によって支払われるべき適度な手数料《ファイン》、あるいはより平等であるが、事業が遂行される特定の国に業者が輸入したり、そこから輸出したりする財貨に対して上乗せされる特定の関税によって賄われるべきだということは、不合理だとは思われない。一般的に海賊や略奪者から貿易を保護することが、関税という最初の制度を引き起こしたと言われている。だが、一般的に貿易を保護するための経費を賄うために、一般的な税を貿易に課すことが合理的であると理解されるとすれば、その部門を保護するための特別な経費を賄うために、特定の貿易部門に特別な税を課すことも、同様に合理的だと考えられるはずである。

4　一般的な貿易の保護は、共和国の防衛にとってつねに必須のものであったし、その理由からして、行政権力にとって欠くことができない義務の一部であった。それゆえ、一般的な関税の徴収と利用が、つねに権力の手に委ねられてきたのである。だが、特定の貿易部門の保護は、貿易の一般的な保護の一部、つまり行政権力の義務の一部であり、もし国がつねに首尾一貫して職務をつかさどるとすれば、そのような個別的な保護目的のために課す個別的な税金は、つねにその処分権が行政に等しく委ねられるべきであろう。だが、この点でも、他の多くの点と同様に、国はかならずしも首尾一貫して職務をつかさどったわけではなく、ヨーロッパの大部分の商業国においては、商人の特別な会社が、必然的にそれに結びついたすべての権力に加え、このような統治者が遂行する義務の一部を彼らに任せるように、立法府を説得する準備を整えていた。

5　このような会社《カンパニー》は、国家が行うのは賢明であるとは考えない実験を、自前の費用で行うことにより、いくつかの通商部門を最初に導入した点でおそらく有益であったとはいえ、長期的には、例外なく重荷になるか、役に立たないことを証明し、その貿易を管理し損なったり、閉ざしたりした。

6　会社として資本の合本《ジョイント・ストック》を行わずに貿易するが、しかし、正式に資格を満たし、会社の規則に従うことに同意したうえで、一定額の許可料の支払いを行った人物であれば、自分自身の元本を用いて、自己責任で貿易を行うことをすべての構成員に認める義務をもつ場合、このような会社は規制会社《レギュレイテッド・カンパニー》と呼ばれる。会社が合本資本《ジョイント・ストック》にもとづいて貿易し、それぞれの構成員が、この元本のうち自分の持ち分に応じて共通の利潤や損失を共有する場合には、そのような会社は株式会社《ジョイント・ストック・カンパニー》と呼ばれる。規制会社であれ株式会社であれ、そのような会社は、排他的特権をもつ場合もあれば、もたない場合もある。

7　規制会社は、あらゆる点で、ヨーロッパのすべてのさまざまな国の都市や町にあるきわめて一般的な同業組合と似ており、同じ種類のより拡大された独占の部類に属するものである。同業組合のなかでまず自分の自由使用権《フリーダム》を獲得しなければ、町の住民は誰も同業組合化された職業を遂行できないように、規制会社が設立されている外国貿易のすべての部門では、ほとんどの場合、国民の誰も、まずその会社の構成員にならなければ、外国貿易を合法的に遂行することができない。独占は、加入資格条件が多少とも困難かどうかに応じて、さらに、その会社の重役が多少とも権威的だったり、その貿易の大部分を自分たちだけ、あるいは特別な友人に限定するような方法で経営する力を多少とも持っていたりするかに応じて、多少とも厳格なものになる。昔のほとんどの規制会社における徒弟身分がもつ特権は、他の同業組合と同一であって、会社の構成員に自分の時間を提供した人物には、手数料をまったく支払わなくても、あるいは他の人々に課せられるよりもずっと低い手数料を支払えば、構成員になる資格が与えられた。法律がそれを抑制しない所では、通常の同業組合精神がすべての規制会社で幅をきかせていた。規制会社がその自然の才に従って行動することを許された場合、会社は、可能なかぎり少人数の構成員の競争に絞り込むため、いつもその貿易を多くの厄介な規制に従わせるように努力した。法律によって彼らがそれを禁じられると、規制会社はまったくの役立たずで、無意味なものになった。

8　現在グレートブリテンに存在する外国通商向けの規制会社は、今では普通ハンブルク会社と呼ばれている昔からの冒険商人の会社、ロシア会社、イーストランド会社、トルコ会社、およびアフリカ会社である。

9　ハンブルク会社への加入条件は、今ではきわめて緩いと言われており、その重役は、その貿易をなにか厄介な制限や規制の下に置くための権限を持っていないか、すくなくとも、近年その権限を行使していない。従来は、かならずしもそうではなかった。前世紀の中ごろ、加入するための手数料は五〇ポンド、一時期には一〇〇ポンドであり、会社の管理は極端に圧制的であったと言われていた。一六四三年、一六四五年、さらに一六六一年に、イングランド西部の織物業者や独立貿易商人《フリー・トレイダー》が、会社は取引を限定し、その地方の製造業を抑圧する独占主義者である、と議会に訴えた。このような訴えが議会の立法を生み出すことはなかったが、おそらくそれは会社を恐れさせ、会社の経営を改めざるをえないようにした。少なくともその時以来、彼らを非難する訴えはなかった。ウィリアム三世治世一〇年と一一年法律第六号によって、ロシア会社への加入手数料は五ポンドに、チャールズ二世治世二五年法律第七号によって、イーストランド会社への加入手数料は四〇シリングに引き下げられたが、同じ時期に、バルト海北岸に位置するスウェーデン、デンマークおよびノルウェーは、会社の排他的勅許状から除外された。おそらくこのような会社の経営がこのような二つの議会立法を引き起こしたのであろう。それ以前の時期、サー・ジョサイア・チャイルド〔Sir Josiah Child, 1630-1699. ポーツマスの商人で、後に東インド会社の理事、総裁〕は、この両社とハンブルク会社は極端に圧制的で、そのような会社の不当な管理は、当時それぞれの勅許状のなかに含まれていた国と遂行されていた貿易が、低水準であったことに原因があったと記している。だが、現代では、そのような会社はひどく圧制的ではない可能性があるが、それがまったく役立たずになっていることは確かである。実際、たんなる役立たずだということは、おそらく規制会社に対してまったく正当に授けることができる最高の賛辞であり、この上記三つの会社はすべて、現在の状態では、この賛辞に値するように思われる。

10 トルコ会社へ加入するための手数料は、かつては二六歳以下の人物なら誰でも二五ポンド、その年齢以上の人物の場合はすべて五〇ポンドであった。純粋な商人以外は誰も加入を認められないという制限は、すべての小売店主や小売業者を排除するものであった。定款によって、英国の《ブリティッシュ》製造業者は、その会社の共用船舶《ゼネラル・シップ》以外の船ではトルコに輸出できず、このような船はつねにロンドンの港から出航していたから、この制限が、その貿易を経費が高くつく港に限定し、貿易業者も、ロンドンかその近隣地区に居住する者に限定したのである。別の定款によって、ロンドンから二〇マイル以内に居住していても、市から制限を課されている人物は誰も構成員に認められなかったが、これは、先の制限と組み合わせられると、ロンドンの市民権所有者《フリーマン》以外の人間を、必然的にすべて排除する制限であった。このような共用船のための積み込みと出帆の時間はすべて重役に一任されていたため、彼らは、自分たちの財貨と特別な友人のそれで共用船を容易に満杯にして、積載申し込みが遅すぎた——と彼らは取り繕える——他の人々の財貨を、簡単に排除することができた。それゆえ、事物がこのような状態にあれば、この会社はあらゆる点で厳密かつ抑圧的な独占であった。

　このような乱用が、ジョージ二世治世二六年の法律第一八号の立法を生じさせたのであって、この法律は、年齢による区別も、ロンドンのたんなる商人であるか、市民権所有者であるかに関する制限もつけずに、すべての人に対して加入のための手数料を二〇ポンドに引き下げ、グレートブリテンのすべての港から、トルコのどの港であれ、輸出が禁止されていないすべてのイギリス製品を輸出し、輸入が禁止されていないすべてのトルコ製品を、一般的な関税と会社に必要な経費を賄うために評価された特別税の両方を支払い、同時に、トルコ在住の大使や公使の合法的な権限と、正式に立法された会社の定款に従うという条件の下に、トルコのすべての港から輸入する自由を、このような人物すべてに対して与えた。このような定款によるあらゆる不当な権力の行使を阻止するため、同じ法律によって、二つのことが認められた。すなわち、もしその会社の七人の構成員が、この法律の成立後に制定される定款によって不当に傷つけられたと感じた場合、彼らは貿易植民地局《ボード・オヴ・トレイド・アンド・プランテーション》に対して（現在は枢密院の委員会が継承している当局に対して）、そのような訴えは、そのような定款の制定後一二ヵ月以内に提起されなければならないという条件の下で、上訴することが可能であること、および、誰か七人の構成員が、この法律の成立以前に制定された何らかの定款によって不当に傷つけられたと感じた場合、この法律が施行される日から一二ヵ月以内であれば、彼らは同様の訴えを提起することができること、これである。しかしながら、大会社のすべての構成員が個々の定款がもつ破滅的な傾向を発見するには、一年の経験ではかならずしも十分ではない可能性があるし、さらに、構成員のうちの数人が後にそれを発見したとしても、貿易局も枢密院の委員会も、彼らに救済を与えることはできなかった。くわえて、あらゆる規制会社の定款の大部分の目的は、他のすべての同業組合のそれと同様に、すでに構成員であった人々を抑圧することというよりも、むしろ他の人々を最初から妨害すること――高い手数料によってだけではなく、他の多くの工夫によって実行できただろう――にあった。そのような会社の不動の目的は、つねに彼ら自身の利潤を可能なかぎり高く引き上げること、つまり、彼らが輸出する財貨と彼らが輸入する財貨の両方の市場をできるだけ供給不足に保つことであり、それは、競争を制限することによってのみ、すなわち、新規の冒険業者がその貿易に参入するのを邪魔することによってのみ、実現できることである。くわえて、二〇ポンドもの手数料でさえ、貿易し続けるという意思をもつ人物をトルコ貿易に参入する気にならないようにするには、おそらく十分ではないであろうが、その貿易で一度限りの冒険に賭けようという気持ちを冒険商人に起こさせないようにするには、十分である可能性があろう。

定評のある普通の業者は、たとえ同業組合化されていなくても、利潤を増加させるためにあらゆる貿易において自然に結合するが、利潤が適切な水準に抑えられる見込みなど、投機的な冒険商人が時折引き起こす競争によるほどあるわけではけっしてない。トルコ貿易は、ある程度までこの議会立法によって開放的になったとはいえ、なお多くの人々によって、完全な自由からはほど遠い状態にあるとみなされている。トルコ会社は、一人の大使と、他の公使と同様に、国家によってすべて維持される必要がある二人または三人の領事を維持するために貢献し、その貿易は、国王の臣下全員に開かれていた。あれやこれや会社の目的のために、会社によって課せられたさまざまな税金は、国家がそのような公使を維持するために要するものを超える、十分な収入をもたらすことができたであろう。

11　規制会社は、サー・ジョサイア・チャイルドが述べたように、公使を支援することが多かったとはいえ、取引先である国に堡塁や守備隊を保持することはけっしてなかったが、これに対して株式会社は、しばしばそれを保持していた。だから実際には、この種のサーヴィスについては、規制会社は後者よりもはるかに不向きであったように思われる。第一に、規制会社の重役は、会社の一般的な取引の繁栄――そのために、堡塁や守備隊の類いが維持される――には、個別的な関心を持っていなかった。一般的な貿易の衰退は、彼らの競争相手の数を減少させることにより、彼らがより安価に購入してより高価で販売できるようにする可能性をもつため、彼ら自身の私的な貿易の利益に貢献することさえ少なくなかった。これとは逆に、株式会社の重役は、彼らに経営を付託した普通株《コモン・ストック》を基礎に達成された利潤の分け前に与るだけであり、株式会社の一般的な貿易の利益からその利益を別個に分離できる、彼ら自身の私的な貿易を営むわけではない。彼らの私的利益は、会社の全般的な貿易の繁栄と結びついているから、その防衛のために不可欠な堡塁や守備隊の維持と結びついている。それゆえ彼らは、その維持が必然的に要請する持続的で周到な注意を、さらに多く払う傾向をもっているのである。

第二に、株式会社の重役は、つねに巨額の資本、つまり株式会社の統率力を握っており、しばしばその一部を、そのような不可避の堡塁や守備隊の維持、建物、補修などに適切に用いることができるだろう。だが、規制会社の重役が統率力をもつ共通資本《コモン・キャピタル》は存在しないから、加入手数料からとか、会社の貿易に課す会社の賦課金《コーポレーション・デューティ》から生じる偶然の収入以外に、このような仕方で用いるための別途資金を彼らはもっていない。それゆえ、彼らはそのような堡塁や守備隊の維持に注意する共通の関心をもってはいたが、その注意を効果的にする同じ能力をもつことは、ほとんど不可能であった。公務に従事し、穏当で限られた経費しか必要とせず、ほとんど注意を払う必要がなかった公使の維持が、規制会社の気質と能力の両方に一段と適合的な務めなのである。

12　しかしながら、サー・ジョサイア・チャイルドの時代からずっと後の一七五〇年に、ひとつの規制会社、アフリカと貿易する現存の商人会社が設立され、それは、最初はブラン岬〔アフリカ西北部モーリタニアの大西洋岸〕と喜望峰の間に位置するイギリスの堡塁や守備隊すべての維持を、後には、ルージュ岬〔現在名は不明〕と喜望峰の間に位置するものだけの維持を、あからさまに委ねられた。この会社を設立した立法（ジョージ二世治世二三年法律第三一号）は、二つの明瞭な目的を視野に入れていた。つまり第一に、規制会社の重役にとって自然である抑圧的で独占的な気風《モノポライジング・スピリット》を効果的に抑制すること、第二に、堡塁や守備隊の維持に向けた、彼らにとっては自然ではない気配りを可能なかぎり多くするように強制すること、これであった。

13　この一番目の目的のために、加入手数料は四〇シリングに制限される。その会社は、その一体化した能力で、つまり資本の合本にもとづいて貿易することを、さらに、法人印を用いて借り入れたり、すべてのイギリス臣民によって、手数料を支払ったうえで、あらゆる所から自由に遂行される可能性がある貿易に何らかの制限を課したりすることを、禁止される。その管理は、ロンドンで会合する九人の委員会の手中にあり、委員は、ロンドン、ブリストルおよびリヴァプールで、会社の選挙権保有者によって、それぞれ三人ずつ年々選出される。委員は誰も連続して三年以上在職し続けることができない。委員会の委員は、貿易植民地局によって——今では枢密院によって——抗弁の聴取をうけた後、解職される可能性がある。その委員会は、アフリカから黒人を輸出すること、つまり、いかなるアフリカの財貨であれグレートブリテンに輸入することを禁じられている。だが、彼らは堡塁や守備隊の維持を任されているので、その目的のためであれば、グレートブリテンからアフリカにさまざまな種類の財貨や備品を輸出することができるだろう。彼らは、その会社から受け取るはずの貨幣から、八〇〇ポンドを超えない範囲の額を、ロンドン、ブリストルおよびリヴァプールの雇用者や代理人の給料、ロンドンでの事務所の家賃、およびイングランドにおけるすべての管理、仲介及び委託の経費に、充当することを認められている。この金額からこのようなさまざまな経費を支払った後に残るものは、彼らが適切だと判断する方法で、彼らの苦労に対する補償として、自分たちの間で分配することができる。この取り決めによって、独占的な気風が効果的に抑制されること、つまり、このような目的の最初のものが十分に応えられると、期待されたことであろう。

しかしながら、そうではなかったように思われる。ジョージ三世治世四年の法律第二〇号によって、セネガルの堡塁は、そのすべての保護領と一緒にアフリカと貿易する商人の会社に与えられたが、しかし次の年には、（ジョージ三世治世五年の法律第四四号によって）セネガルとその保護領だけでなく、南バーバリ〔エジプトより西の北アフリカ地方〕のサリー港〔モロッコの港〕からルージュ岬に至る海岸のすべてが、その会社の管轄権から除外されて国王直轄にされ、当該地との貿易は国王の臣下全員に開放される、と宣言された。その会社は、貿易を制限し、ある種の不適切な独占を作り上げたと疑われたのである。しかしながら、ジョージ二世治世二三年の規則のもとで、どのようにして彼らがそのようにできたかを知ることは、けっして易しいことではない。しかしながら、刊行された下院の討論集――かならずしも、もっとも信頼できる事実の記録であるとは限らない――では、彼らがこの点を詰問されていたことがわかる。九人委員会の構成員はすべて商人であり、さまざまな堡塁や定住地では、総督や代理人はすべて彼らに従属していたわけだから、後者が前者、つまり商人の委託貨物や代理業務に特別な注意を払うことなどありそうになく、それが実質的な独占を確立したのであろう。

14　この二番目の目的である堡塁と守備隊の維持のために、大まかに約一万三〇〇〇ポンドの年額が議会によって会社に割り当てられた。この額を適切に利用するために、九人委員会は財務府裁判所陪席裁判官《カーシター・バロン・オヴ・イクスチエッカー》に会計報告することを余儀なくされ、その報告は、その後議会に提示されるべきものとされた。だが、数百万ポンドの用途にほとんど目を向けない議会が、一年に一万三〇〇〇ポンドの用途に対して、同様にしっかり見守る見込みなどもてるはずがないし、同じく財務府裁判所陪席裁判官も、その専門知識と教育からして、堡塁や守備隊の適切な経費について、深く習熟している見込みはない。海軍本部委員会によって指名された帝国海軍の指揮官や他の将校は、堡塁や守備隊の状況を調査し、観察結果を委員会に報告することはできるだろう。だが、海軍本部委員会は、会社の九人委員会に対する直接の管轄権だけでなく、このようにして調査した会社の振る舞いを正す権限ももたないように見えるし、くわえて、帝国海軍の指揮官が、要塞建築の知識をかならずしも深く習得しているようには思われない。三年間という任期を終えてようやく享受する職務からの――任期中でさえ法定の俸給がきわめて低い職務からの――解任は、委員会の委員が、公金であれ会社の金であれ、あからさまな背任や横領をした場合を除き、過失に対する責任としては最高の処罰であると思われるから、そのような処罰に対する懸念が、それ以外のことに注意しても何の利益にもならないような仕事に、持続的で慎重な注意を払わせる十分な説得力をもつ動機になるはずがないのである。

会社の委員会は、議会が何回かにわたって莫大な金額を交付したギニア海岸のコースト岬砦を修繕する仕事のため、イングランドからレンガや石を運び出したと非難された。また、こうして大航海によって運ばれたレンガや石は、きわめて品質が悪かったため、それを用いて修繕された城壁は基礎から建て直す必要があった、と言われている。ルージュ岬以北に位置する堡塁や守備隊は、国家の経費で維持されるだけでなく、行政権力の直接統治の下にもあったため、なぜその岬より南にある堡塁や守備隊、すくなくとも一部が国家の経費で維持されている堡塁や守備隊が、異なった統治に服さなければならないのか、十分な理由を想像することさえ容易ではないように思われる。地中海貿易の保護が、ジブラルタルとメノルカの守備隊にかんする当初の目的と口実であったため、きわめて適切なことだが、このような守備隊の維持と統治はトルコ会社ではなく、行政権力にいつも委ねられてきた。その権力の自尊心と優越感は、大部分がその領土の広さにあったから、その領土を防衛するために必要なものに注意することを怠ることなど、まず起きそうにない。したがって、ジブラルタルとメノルカの守備隊はけっして放置されたりしなかったし、メノルカは二度攻め落とされたあげく、今では多分永久に失われているとはいえ、その惨事は、けっして行政権力における無頓着のせいにされたことさえなかった。しかしながら、この経費が高くつく守備隊のどちらも、たとえ最低限であっても、両者がもともとスペインの専制君主から分割された目的のために、いつまでも必要であると私がほのめかしているなどと、理解しないで欲しい。あの分割は、イングランドからその自然の盟友であるスペイン国王を引き離し、ブルボン家の二つの主要な家系に、今まで血の結びつきによって両者が結び付いてきた同盟よりも、もっと緊密で長続きする同盟を結ばせること以外には、実際に役立つ目的など、おそらく何もなかったからである。

15　株式会社は、国王の勅許によるものであろうと、議会の立法によるものであろうと、いくつかの点で、規制会社だけでなく合名会社《プライベート・コパートナリ》とも異なっている。

16　第一に、合名会社の場合、会社の同意がない限り、どの共同事業者も自分の持ち分を他人に譲渡したり、新しい共同事業者を会社に導き入れたりすることはできない。しかしながら、どの共同事業者も、正式の通知にもとづいて共同事業から脱退し、共有の元本《コモン・ストック》における彼の持ち分について、会社から支払いをうけるように求めることができる。株式会社の場合、これとは逆に、その出資者は、自分の持ち分を払い戻すように会社に求めることはできないが、どの出資者も、会社の同意なく、自分の持ち分を他の人物に譲渡し、そうすることによって新しい出資者を導き入れることができる。株式会社における持ち分の価値は、つねにそれが市場で売却される価格であり、これは、その所有者がその会社の元本において貸方記入されている額〔資本勘定における出資金のこと〕よりも、比率は変わるが、大きかったり小さかったりする可能性がある。

17 第二に、合名会社の場合、それぞれの共同事業者は、会社によって契約された債務に対して、自分が保有する財産の全額まで返済義務を持っている。株式会社の場合、これとは逆に、それぞれの共同事業者は、各自の持ち分の範囲だけしか返済義務をもたない。

18 株式会社の貿易は、つねに重役会《コート・オヴ・ディレクターズ》〔現代の取締役会《ボード・オヴ・ディレクターズ》のこと〕によって管理される。実際、重役会は、多くの点で、しばしば株主《プロプライアター》総会の管理下に置かれる。だが、このような株主の大部分は、会社の業務について何かを理解している振りをすることさえ滅多になく、たまたま党派精神が株主の間に広まっていない時には、彼らが経営について悩まされることはまったく無いし、重役会が実施するのが適切だと判断した半年または一年ごとの配当を受け取って満足する。一定額を限度に、このようにリスクや悩み事から完全に免れているということが、絶対に自分の富を合名会社で危険に晒そうとはしない多くの人々に、株式会社への投機家になるように奨励する。それゆえ、一般的にそのような会社は、いかなる合名会社が自慢しうるよりもずっと多くの元本を手許に引き寄せる。南海会社の取引用元本《トレーディング・ストック》は、ある時期、三三八〇万ポンドを超えていた。イングランド銀行の分割された資本〔銀行資本は、一七二二年に年金用元本《アニュイティ・ストック》と取引用元本に分けられたが、前者は資本であるとはいえ、その全額を政府に貸し付けて、利子相当を年金の形式で受け取るもの。パラグラフ24を参照〕は、現在では、一〇七八万ポンドに達している。

しかしながら、このような会社の重役は、自分たちの資金よりもむしろ他人の資金の管理者であるため、合名会社の共同事業者が自分たちの資金を注視するのと同じほど用心深い目でそれを監視するだろうとは、とうてい期待しえない。彼らは、金持ちの執事と同様に、小事に対する配慮など彼らの主人の名誉にならないと考えがちであって、配慮すること自体を自らあっさりと免除してしまう。それゆえ、手抜きと無駄遣いが、そのような会社の業務を管理するうえで、つねに多かれ少なかれはびこるにちがいない。外国貿易に従事する株式会社が、私的な冒険商人との競争を滅多に防げなかった理由は、ここにある。したがって、独占的な特権無しで成功することはきわめてまれなことであったし、それを持っていても、その事業に失敗することが多かったのである。排他的特権がなければ、株式会社はその貿易の経営に失敗するのが一般的であった。排他的特権のせいで、株式会社は経営を誤っただけでなく、貿易を阻止したわけである。

19　現在のアフリカ会社の前身である王立アフリカ会社は、勅許状によって排他的特権を保有していたが、その勅許は議会の立法によって承認されていなかったため、権利宣言《ビル・オヴ・ライツ》〔一六八九年に議会の優位性の確認をウィリアム三世とメアリー二世に対して求めた文書で、権利章典のもとになった」が発せられた結果、その貿易は、革命後まもなく国民すべてに対して開放されることになった。ハドソン湾会社は、その法的権利にかんして、王立アフリカ会社と同じ立場にある。その会社の排他的な勅許状は、議会の立法によって承認されていない。南海会社は、それが貿易会社として継続する限り、現在の東インドと貿易する商人連合会社〔東インド会社の一七〇八年以降の正式名称だが、正式には、商人連合の前に「イングランドの」が必要〕が確保しているように、議会の立法によって排他的特権を承認されていた。

20 王立アフリカ会社がまもなく理解したことは、彼らは権利の宣言にもかかわらず、当分のあいだ潜り商人と呼ばれて迫害され続けた私的な冒険商人との競争を継続できないということである。しかしながら、一六九八年に、堡塁や守備隊を維持するために会社によって用いられる一〇パーセントの関税に、私的な冒険商人がほぼすべての貿易部門で服することになった。だが、この重税にもかかわらず、その会社は相変わらず競争を継続することができなかった。会社の元本と信用は次第に減少した。一七一二年、会社の債務がきわめて大きくなったため、会社の安全と会社債権者の安全のために、議会の特別立法が不可欠であると考えられた。立法されたことは、人数と出資額において、このような債権者の三分の二の決議があれば、会社にその債務の支払いを猶予すべき期間について、さらに、このような債務にかんして会社に提案することが適切だとみなされうる他のすべての合意事項について、残りの債権者を拘束するということであった。

一七三〇年に、会社の業務が著しく混乱し、その設立の唯一の目的と口実であった堡塁と守備隊の維持はまったく不可能になった。その年から最終的な解散まで、議会は、その目的のため年々一万ポンドの額を支給することが必要だという判断を下した。一七三二年、多年にわたって西インド諸島へ黒人を運搬する貿易で損失を出し続けた後で、とうとうそれを完全に放棄すると決定し、アメリカ向けの民間貿易業者にアフリカの海岸で買い付けた黒人を売却し、会社の使用人を、砂金、象牙、染料を求めるアフリカ内陸部との取引のために用いた。だが、この大幅に絞り込んだ貿易における成果は、以前の広範な貿易に較べて、けっして大きくはなかった。会社の業績は漸次低下し続け、最後には、どこから見ても破産会社になったため、会社は議会の立法によって解散させられ、堡塁と守備隊は、現在のアフリカと取り引きする商人の規制会社に与えられた。王立アフリカ会社の設立以前、三つの株式会社がアフリカと貿易するために次々と連続的に創設された。そのような会社はすべて同様に不成功に終わった。しかしながら、議会の立法によって承認されていなかったとはいえ、そのような会社はすべて、当時は、実質的な排他的特権を引き継ぐものと考えられていた排他的特許を保有していた。

21　ハドソン湾会社は、最近の戦争で悲惨な目にあうまで、王立アフリカ会社よりもはるかに幸運であった。会社に必要な経費ははるかに小さなものである。堡塁と呼ばれることを謹んで受け入れていたさまざまな定住地や集落で会社が維持する人口の総数は、一二〇人を超えないと言われている。しかしながら、この人数で十分であって、会社の船の積み荷として欠かせない毛皮その他の貨物をあらかじめ用意するには、船舶は、氷結の問題があるため、近辺の海に約六週間か八週間以上留まることなど、滅多にできなかった。あらかじめ積み荷が用意されているという利点は、ある程度の年数、私的な冒険商人によって獲得されることがなく、それなしでは、ハドソン湾との貿易など不可能であったように思われる。一一万ポンドを超えないと言われている適度な会社の資本は、その上、特許の範囲内では、広くはあるが極貧であると理解されていた国のすべての――あるいはほとんどすべての――貿易や余剰生産物の独占を実現するには、十分なものであった。したがって、私的な冒険商人は誰一人、その会社と競争してその地方と貿易しようなどとは試みなかったのである。それゆえこの会社は、法律の上ではそうする権利が一切なかったにもかかわらず、事実上つねに独占的な貿易を享受していた。このすべてに加え、この会社の適度な大きさの資本は、ごく少人数の所有者の間で配分されていたと言われている。

だが、株式会社というものは、資本がさほど大きくなく、少数の所有者から構成されている場合には、合名会社がもつ性質にきわめて似たものに近づき、ほぼ同程度の警戒心と注意に晒される可能性がある。それゆえ、このようなさまざまな利点のおかげで、ハドソン湾会社が、最近の戦争が始まるまで相当程度成功裏にその貿易を遂行することができたとしても、けっして驚くようなことではないだろう。しかしながら、会社の利益が、故ドッブス氏〔Arthur Dobbs, 1689-1765. ノースカロライナ植民地総督、著述家〕が想像していたものに近づいたことはなかったように思われる。ずっと穏健で慎重な著作家で、『商業に関する歴史的・年代記的推論』の著者アンダーソン氏は、ドッブス氏自身が、会社の輸出と輸入について数年をひっくるめて与えた説明を吟味し、会社独自の追加的なリスクと経費を適切に割り引いたうえで、会社の利益は妬まれるに値したり、たとえあったとしても、通常の貿易利潤を大幅に超過したりしたことがあったようには見えない、ときわめて正確に観察している。

22 南海会社は、維持すべき堡塁や守備隊をかつて保有したことがなく、したがって、他の株式会社が外国貿易のために余儀なくされる巨額の経費から、完全に免れていた。とはいえ、この会社の資本は膨大な数の所有者の間に分割されていた。それゆえ、その業務の全体を管理するなかで、馬鹿げた投資、怠慢、乱費がはびこるだろうと予想されたのは、当然のことであった。会社の株式投機プロジェクトにおける詐欺や行きすぎた行為は十分知られており、その解説は当面の主題とは無関係であろう。会社の貿易関係のプロジェクトが、それよりもずっと良く運営されていたわけではないのである。

会社が最初に従事した最初の貿易は、スペイン領西インドに黒人を供給するというもので、それ（ユトレヒト条約でアシエント契約と呼ばれたものの結果、その会社に与えられたもの）について、会社は排他的特権を持っていた〔アシエントとは、スペイン領西インドに黒人奴隷を供給する特権でスペイン王が発行する許可証のこと。ユトレヒト条約によって、これが一七一三年から一七五〇年までイングランドに与えられた〕。だが、この貿易によって多くの利潤が獲得できるとは期待できず、南海会社よりも前に、同じ条件でそれを享受していたポルトガルとフランスの会社が、両方ともこの貿易によって破産していたこともあり、その埋め合わせとして、スペイン領西インドと直接貿易するために、毎年一定の積み荷を載せた一隻の船を派遣することが許可された。この船が、許可された一〇回の航海のうち一回、つまり一七三一年のロイヤル・カロライン号によるそれは相当儲けたが、残りのほとんどすべては、多かれ少なかれ損を出したと言われている。会社の不出来は、代理人や取次業者によって、スペイン政府からうけた強要と圧迫によるものだとされたが、しかしおそらくは、まさにこのような代理人や取次業者の無駄遣いや略奪のせいであって、彼らのうちの一部は、わずか一年で大きな富を獲得したと言われている。一七三四年に、会社の利益がほとんどあがっていないという理由から、毎年の船舶による貿易と積み荷を譲渡し、スペイン王から会社が獲得しうるような等価物を受け取ることを許可されるように、その会社は国王に請願した。

23　一七二四年に、この会社は捕鯨業に着手した。実際、この分野では何も独占を確保してはいなかったが、会社がそれを遂行している限り、他のイギリス国民がそれに参入したようには思われない。会社の船がグリーンランドに向けて行った八度の航海のうち、一回は利益をあげたが、他のすべては損失であった。八回目になる最後の航海の後、持ち船、倉庫や道具類を売却した時、この部門における会社の全損失は、二三万七〇〇〇ポンド以上に達したことが判明した。

24　一七二二年に、この会社は、三三八〇万ポンドを上回る巨額な資本金――そのすべてが政府に貸し付けられていた――を二等分したいと議会に請願した。すなわちその半分、つまり一六九〇万ポンド以上は、他の政府の年金型公債《アニュイティ》〔毎年決まった時期に、決まった利子を支払う形式の貸付証券のことで、現在で言えばあらかじめ償還期日が定められていない無期国債のことであるが、当時はすべてアニュイティつまり年金型公債と呼ばれた。訳者あとがきで少し解説を加えている〕と同じ資格に属するものとされ、商業的なプロジェクトを遂行していくなかで、会社の重役によって契約された債務や引き起こされた損失の影響を受けないこと、そして残りの半分が、従来通りに、取引用元本であって、会社の債務や損失の影響を受けること、これである。請願はきわめて合理的であったから、承認されないわけにはいかなかった。

一七三三年に、会社はふたたび議会に対して、会社の取引用元本《トレイディング・ストック》の四分の三を年金型公債元本《アニュイティ・ストック》へ転換し、残りの四分の一だけを取引用元本として残す、つまりその重役会のお粗末な管理に由来する危険に晒されるようにしたい、と請願した。年金型公債元本と取引用元本は、この時期までに、政府からのさまざまな支払いによって、それぞれ二〇〇万ポンド以上減少していたので、この四分の一の額とは、わずか三六六万二七八四ポンド八シリング六ペンスでしかなかった。一七四八年に、アシエント契約の結果、スペイン国王に対する会社の全請求権は、エクス・ラ・シャペル条約〔オーストリア王位継承戦争を終結させる条約のひとつで、主としてフランスとイギリスの間で要塞や占領地の主権を定めたもの〕によって、等価と推定されていたものを得るために放棄された。目的は、スペイン領西インド諸島との貿易を閉ざすことにあり、会社の取引用元本の残部は年金型公債元本に転換され、会社はどこから見ても貿易会社であることを停止した。

25 理解しておく必要があることは、南海会社がその年々の定期船という方法で遂行していた貿易、つまり、その会社が相当大きな利潤を獲得しうると期待されていた唯一の貿易においては、外国市場であれ国内市場であれ、会社に競争相手がいなかったわけではない、ということである。その会社は、カルタヘナ〔コロンビアのカリブ海沿岸〕、ポルト・ベロ〔パナマのカリブ海沿岸〕およびラ・ベラ・クルス〔メキシコ湾沿岸〕において、会社の船の往路の積み荷と同じ種類のヨーロッパの財貨を、カディスからこのような市場に運んだスペインの商人との競争に立ち向かわなければならなかったし、さらにイングランドでは、帰路の積み荷と同じ種類のスペイン領西インド諸島の財貨を、カディスから輸入したイングランドの商人との競争に立ち向かわなければならなかった。実際、スペインとイギリスの商人の財貨は、おそらくより高率の関税を課されたであろう。だが、会社の使用人の怠慢、無駄遣い、横領などによって引き起こされた損害は、おそらくこのようなすべての関税よりも、ずっと重い税金であっただろう。私的な貿易商人が開放された公正な競争に参入できる場合、株式会社はどの分野の外国貿易でも成功裏に遂行できるはずだ、ということはおよそ経験に反していると思われる。

26 旧イギリス東インド会社は、一六〇〇年にエリザベス女王の勅許状により設立された。インド向けに準備した最初の一二回の航海においては、会社の共用船だけに限定していたとはいえ、別々に分けられた元本を用いて、規制会社として貿易したようである。それは一六一二年に株式会社として合併された。その特許は排他的であって、議会の立法によって承認されていなかったが、当時にあっては、実際に排他的な特権を伴っていると信じられていた。それゆえ、長年にわたって潜り商人によって会社が大きく毀損されることはなかった。一株当たり五〇ポンドであった会社の資本は、七四万四〇〇〇ポンドをけっして超えたことはなく、過度に大きすぎはしなかったし、また資本の売買も、はなはだしい手抜きや無駄遣い、あるいは不正行為のごまかしを可能にするほど、広範なものではなかった。一部はオランダ東インド会社の敵意によって、さらに一部は他の事故によって引き起こされた特別な損失にもかかわらず、会社の貿易は長年にわたって上首尾の成果を上げた。

しかし、時がたつにつれ、自由の根本思想《プリンシプルズ・オヴ・リバティ》がよりよく理解されてくると、議会の立法によって承認されていない国王の勅許が、どの程度まで排他的特権を伴いうるか、日々ますます疑わしくなってきた。この問題についての裁判所の決定は一様ではなく、統治権力や時代の気分とともに変化した。これを根拠にして潜り商人の数が増え、チャールズ二世の治世末期近く、ジェイムズ二世の統治期のすべて、およびウィリアム三世の治世の一時期をつうじて、その会社を大きな困難に陥らせた。一六九八年に議会に対して、応募者は排他的特権をもつ新しい東インド会社へ昇格させられるという条件のもと、八パーセントの利子率で政府に二〇〇万ポンドを貸し付けるという提案がなされた。旧東インド会社は、ほぼ会社の資本金と等しい七〇万ポンドを四パーセントの利子で、同じ条件で申し出た。だが、その当時の公信用の状態からすると、四パーセントの利子で七〇万ポンドよりも、八パーセントの利子で二〇〇万ポンドを借り入れるほうが、政府にとってより好都合であった。新規応募者の申し出は受け入れられ、その結果、新しい東インド会社が設立された。

しかしながら、旧東インド会社は一七〇一年まで貿易を継続する権利を保有していた。同時にその会社は、きわめて狡猾なやり方だが、その出納係の名義で、新会社の元本に三一万五〇〇〇ポンド出資すると予約した。この二〇〇万ポンドの貸付に対する応募者に東インド貿易の権利を与えた議会の立法における記述上の過失により、応募者はすべてひとつの株式会社に合体せざるをえないということが、明白にされていなかった。その応募額はわずか七二〇〇ポンドでしかなかった少数の私的な貿易業者が、自分たち自身の元本と危険負担のもとでなら、個別的に貿易する権利があると主張した。旧東インド会社は、一七〇一年までその期の旧元本にもとづく個別的な貿易を行なう権利を持っていたから、旧会社も同様に、その期間の前と後に、他の私的貿易業者のそれと同じ権利、つまり旧会社が新会社の元本に出資すると予約していた三一万五〇〇〇ポンドにもとづき、個別的な貿易をする権利を保持していたのである。二つの会社と私的な貿易業者との競争、および相互間の競争は、両社をほとんど破滅させかけた、と言われている。次の機会つまり一七三〇年に、その貿易を規制会社の管理下に置き、そうすることによって、その貿易をある程度開放的なものにするという提案が議会に対してなされた時、東インド会社はこの提案に反対し、この競争の悲惨な結果がいかなるものだったかについて、彼らが考えていた通りにきわめて強い調子で抗議した。

会社の言い分は、インドでは、競争が財貨の価格を高騰させたため購入に値するものがないし、イングランドでは、市場が供給過剰になっているため、財貨の価格が下落し、それで利潤をあげることなどできない、というものであった。より豊かな供給により、国民のより大きな利益や便宜のために、それがイギリス市場におけるインド産財貨の価格を著しく引き下げたはずであること、これに疑問の余地などあるはずがないのであるが、しかし、競争がインドの市場でインド産の財貨の価格を大幅に高騰させたはずだということは、その競争が引き起こし得る特別な需要のすべては、インドとの通商という巨大な海のなかにおける一滴の水でしかなかったはずだから、とうていありえることではないと思われる。くわえて、需要の増加は、初めのうちは財貨の価格を引き上げることが時にあるにしても、長期的にはそれを引き下げ損なうことなどあるはずがない。それは生産を奨励し、そうすることによって生産者の競争を増加させるから、生産者は他の人々を売り負かすため、そうでもなければ思いつきもしなかったような新しい分業と新しい技術の改良に頼るからである。その会社が苦情を申し立てた悲惨な結果は、消費が安くつくことと、生産に与えられた奨励であって、これはまさにその促進が政治経済学の最大の務めに他ならない二つの結果である。しかしながら、会社がこのような憂鬱な説明をした競争は、長期にわたって継続するようにはされなかった。

一七〇二年に、二つの会社は、女王を第三の当事者とする三者の同意書によってある程度まで統合され、さらに一七〇八年には、議会の立法によって、東インド貿易商人合同会社という現在の名称をもつひとつの会社に、完全に統合された。この立法に追加して、一七一一年の聖ミカエル祭〔九月二九日、四季支払い日のひとつ〕まで個別的な貿易の継続を許可するが、同時に、三年間の予告期間を置いて、七二〇〇ポンドという彼らのわずかな資本を払い戻す権利を会社の重役に与え、そうすることにより、その会社のすべての元本を共同資本《ジョイント・ストック》に転換する権利を与える、という一ヵ条を挿入することが価値のあることだと考えられた。同じ立法によって、会社の資本金は、政府に対する新規貸付の結果として、二〇〇万ポンドから三二〇万ポンドに増額された。一七四三年に、会社はさらに別の一〇〇万ポンドを政府に貸し付けた。だが、この増額された一〇〇万ポンドは、所有者への払い込み請求によってではなく、年金型公債の販売と公債債務契約の締結によるものであったから、会社の所有者が配当を請求できる元本を増やしたわけではなかった。しかしながら、それは他の三二〇万ポンドとともに、会社が商業上のプロジェクトを遂行するなかでこうむる損失や契約された債務に対して等しく責任をもつものだったため、会社の取引用元本を増加させることになった。

一七〇八年、あるいは遅くとも一七一一年から、すべての競争相手から解放され、東インドとのイギリスの通商における独占権を完全に確立していたため、上首尾の貿易を継続し、その利潤から株式所有者に並の配当を毎年実施した。一七四一年に始まった対フランス戦争の間、ポンディシェリ〔インドの旧フランス領植民地〕のフランス総督デュプレクス〔Joseph-François Dupleix, 1697-1763. フランスのインド総督〕の野心は、会社を、カルナティック〔インド南東海岸〕の戦いとインドの諸侯の政治に巻き込んだ。多くのはなばなしい勝利と敗北を重ねた後、会社は最終的に、当時インドにおけるその主要な定住地であったマドラスを失った。それが会社に返還されたのは、エクス・ラ・シャペル条約によってのことで、この時期になると、戦争と征服の気風がインドにおける会社の使用人に取りついてしまい、その後彼らからけっして離れなかったように思われる。

一七五五年に開始された対フランス戦争の間、会社の戦闘力はグレートブリテンのそれと共通の幸運を分け合った。会社はマドラス〔現在のチェンナイ〕を守り、ポンディシェリを奪い、カルカッタ〔現在のコルカタ〕を取り戻し、豊かで広大な領土からあがる収入――年に三〇〇万ポンドを上回る、と当時言われた――を獲得した。数年間、会社はこの収入を控えめに保有しつづけたままであったが、しかし、一七六七年に政府は、会社が獲得した領土の所有権と、それから発生する収入は国王に属する権利であるかのように主張したため、会社は、この要求の代償として、年に四〇万ポンドを政府に支払うことに同意した。これに先立って、会社は配当を約六パーセントから一〇パーセントへと漸次増額した。会社は、三二〇万ポンドの資本に対して、配当を一二万八〇〇〇ポンドだけ増やし、つまり、年に一九万二〇〇〇ポンドから三二万ポンドに引き上げたのであった。ほぼこの時期に、会社はそれをさらに一二・五パーセントにして、会社の所有者に対する年当たりの支払額を、政府に対して年々支払うと同意したものと同一にする、つまり一年当たり四〇万ポンドに増やそうと試みていた。

だが、政府との合意が行われることになっていた二年の間に、議会の二つの連続的な立法、つまり会社の債務――この時期には、正貨で六〇〇万とか七〇〇万ポンド以上と見積もられていた――の支払いを、より迅速にできるようにすることをめざした立法によって、配当のそれ以上の引き上げを阻止された。一七六九年、会社は政府との合意をさらに五年間更新し、その期間の経過中に配当を漸次一二・五パーセントに引き上げること――しかしながら、一年に一パーセント以上けっして引き上げないこと――が認められるはずである、と明記した。それゆえ、この配当の引き上げは、もしそれがもっとも高いものに引き上げられた場合、最近の領土拡張までそうであったものを超え、会社の所有者および政府を含め、少なくとも六〇万八〇〇〇ポンドだけ、一年当たりの支払いを増加させることができた。このような領土の獲得からの総収入がどれだけの額になると推測されていたか、これについてはすでに述べておいたところであるし、さらに、一七六八年に東インド貿易船クルッテンデン号によってもたらされた説明によれば、すべての控除や軍事的な出費を差し引いた純収入は、二〇四万八七四七ポンドと指摘されている。会社はまた同時に一部は土地から、しかし、もっぱらさまざまな開発地域《セトルメント》で確立された関税からあがってくる四三万九〇〇〇ポンドに達する、別の収入を持っていると言われていた。さらに、会社の貿易による利潤は、下院における社長の証言によれば、この時期すくなくとも年に五〇万ポンドに達しており、もっとも低い収支計算書に従っても、すくなくとも、その所有者に支払われることになっていた最高の配当に等しかった。これほど巨額な収入であれば、会社の年々の支払いにおける六〇万八〇〇〇ポンドの増加を間違いなく可能にしただろうし、同時にまた、会社の債務の迅速な削減のために十分な巨額の減債基金を残すことも可能であっただろう。

しかしながら、一七七三年に、会社の債務は減少するどころか、四〇万ポンドの国庫への滞納金、それとは別の未払い関税の税関への滞納金、借入金に対する銀行への巨額の負債、および四番目に、インドから会社に対して振り出され、向こう見ずにも引き受けられた一二〇万ポンド以上に達する為替手形に対する債務によって、増加した。このように積もり積もった請求権が会社にもたらした苦難は、配当を一度に六パーセントに引き下げるだけでなく、政府の情けにすがり、第一に、年に四〇万ポンドと推定されたそれ以上の支払いの赦免、第二に、即座の破産から免れるため、一四〇万ポンドの貸付を懇願することを余儀なくした。会社財産の著しい増加は、そのような財産の増加に比例する以上に、その従業員に対して、おびただしい無駄遣いの口実といっそうひどい不正行為の隠れ蓑を提供しただけのように思われる。従業員のインドにおける振る舞いや、インドとヨーロッパにおける会社の業務の一般的状況が議会の調査対象になり、その結果、いくつかのきわめて重要な変更が、本国及び海外における会社の統治規則のなかで実現された。

インドでは、以前それぞれまったく独立していたマドラス〔現在のチェンナイ〕、ボンベイ〔現在のムンバイ〕、カルカッタ〔現在のコルカタ〕という主要な開発地域は、四人の補佐役からなる諮問委員会に補佐される総督の支配のもとに置かれ、議会は、カルカッタ――今ではこの都市は、以前マドラスがそうであったが、インドにおけるもっとも重要なイギリスの開発地域になっている——に居住すべきこの総督と諮問委員会を最初に指名する役割を担った。もともと市内や近隣地域の商取引訴訟のために設立されたカルカッタ市長の裁判所は、帝国の拡大とともにその管轄権を広げていった。最近になってそれは、その制度本来の目的に限定された。それに代わって、国王によって指名される主席判事と三人の裁判官から構成される、新しい最高法院が設立された。

ヨーロッパでは、株主総会での投票権を所有者に与えるために必要な資格要件が、会社の元本における一株の発行価格である五〇〇ポンドから一〇〇〇ポンドに引き上げられた。さらに、この資格要件にもとづいて投票するためには、もし相続ではなく自分で購入した場合には、以前求められていた六ヵ月ではなく、すくなくとも一年間保有すべきものとされた。以前は毎年選出されていた二四人で構成される重役会は、すべての重役は将来にわたり四年おきに選ばれなければならないが、しかし、そのうちの六人は毎年輪番で任務から離れ、次の年に六人の新重役の選挙で再任されることはできない、ということが立法された。このような変更の結果、重役会も株主総会も、以前日常的に行っていたことに較べ、いっそうの威厳と堅実性をもって振る舞うようになるだろう、と期待されたのである。だが、いかなる変更によろうと、このような重役会と株主総会をあらゆる点で大帝国の統治ができるように、あるいはその一翼を担えるように、管理できるようにすることなど不可能だと思われる。というのは、両者の構成員の大部分は、当の帝国の繁栄にはつねにほとんど関心をもっていないので、それを促進する事柄に対して真剣な注意を払うはずがないからである。

多大な富の所有者は頻繁に、小さな富の所有者でさえ時々、株主総会での投票によって獲得が期待できる支配力のためだけに、東インド会社の元本の一〇〇〇ポンド株式《シェアー》を購入しようとする。それが彼にもたらすのは、インドの略奪品ではなく、インドの略奪者の任用における貢献《シェアー》である。というのは、重役会は会社によって任命されるとはいえ、重役を指名するだけでなく、時にはインドにおける使用人の任用を覆すことがある株式所有者の影響下に、多少なりとも必然的に置かれているからである。彼がこの影響力を数年間確保し、それによって一定数の彼の友人を養えるならば、彼はしばしば配当などほとんど気にかけないし、彼の投票を支える基礎である元本の価値についてさえ、ほとんど注意しない。その投票が彼に役割を与える会社の管理において、彼は大帝国の繁栄についてまずほとんど注意を払わない。いかなる君主も、事物の自然からして、その臣下の幸福や困窮、領土の改良や荒廃、統治の栄華や不人気について、それほど完全に無関心であったこともないし、またそうありえるはずがないように、そのような商業的な会社の所有者の大部分も、抗しがたい道徳原因《モラル・コージズ》からして、そうであるし、必然的にそうであるはずである。

またこのような無関心は、議会調査の結果としてなされた新しい規制のいくつかによって減少するどころか、むしろ増える傾向にあったようである。たとえば下院の決議によって、一四〇万ポンドが政府によってその会社に貸し付けられて、会社の社債債務が一五〇万ポンドに減らされた場合、会社は、その時まではなくその時に、その資本に対して八パーセントを分配しても良いし、本国における会社の収入と純利潤の残りはすべて四つの部分へ、すなわち、そのうちの三つは国家が使用するために財務府に払い込まれるために、他の四分の一は、会社の社債債務のよりいっそうの削減とか、会社が重荷を負わせられかねない他の偶発的な緊急事の弁済のための資金として蓄えられるために分配されるものとされた。だが、もし会社が信用できない財産管理人であり、ダメな統治者が、自分の純収入と利潤の全部を自分自身のものにし、自分の思い通りにしている場合には、他の人々の検査を受け、承認を受けて初めて可能になるにせよ、たとえ残額の四分の三が他の人々に属するものになり、他の四分の一が、会社の利益のために支出されるべきだとしても、会社が良くなりそうにないことは確かである。

27　会社にとってよりいっそう好ましいことは、会社の使用人や食客が、八パーセントという提案済みの配当を支払った後で、残りそうな剰余のすべてを浪費する喜びか、横領する利益を手に入れることであって、このような決議が、ある程度かならず会社と仲たがいさせるような部類の人々の手に入るべきだ、などということではない。このような使用人や食客の関心は、株主総会でおおいに影響力を持っていたため、総会自体の権威をあからさまに侵害して遂行されてきた略奪の張本人を、時には総会が支持するようにさせたほどである。株式所有者の過半数の力をもってすれば、会社自身の総会の権威を支持することとさえ、その権威を軽蔑してきた人々を支持することに較べれば、時には価値が低い事柄になる可能性があったのである。

28　したがって、一七七三年の規制は、インド統治における会社の無秩序を終わらせるものではなかった。すばらしい成果というつかの間の興奮状態が続く間、会社はある時期、カルカッタの金庫に三〇〇万ポンドを上回るものを集めたにもかかわらず、その後会社は、その領土や略奪を拡大し、インドにあるもっとも豊かで、もっとも多産な地方のいくつかにまたがる広大な接収を実行したにもかかわらず、そのすべてを浪費し、破壊した。会社は、ハイダル・アリ〔Hyder Ali, 1722-1782. マイソール藩王国の王位を奪い、イギリス植民地軍との戦いを繰り返した〕の急襲を食い止めたり、抵抗したりする準備がまったくできていないことを知り、この混乱の結果、今では（一七八四年）未曾有の困難に直面しており、即座の破産を回避するために、ふたたび政府の助力を懇願した。議会では、その業務をよりよく管理するために、さまざまな政党によって、さまざまな案が提出された。そして、実際にはつねに十分に明らかであったことだが、このような案はすべて、自ら占領地を統治するには、その会社はまったく不向きであると信じていた点で、完全に一致していたように思われる。会社自身でさえ自分の能力不足を確信していたように思われるし、その理由からしても、占領地を政府に引き渡したがっていたように思われる。

29 遠く離れた国に堡塁や守備隊を保有する権利は、和平を結んだり戦争したりする権利と、必然的に結びついている。前者の権利を持っている株式会社は、絶え間なく後者を行使してきたし、しばしばそれについてあからさまに協議し続けてきた。株式会社が、普通それをどれほど不当に、どれほど気まぐれに、どれほど残酷無比に行使してきたか、これは、最近の経験からもよくわかることである。

30 商人の会社が、自分たち自身のリスクと費用で、どこか遠隔の未開な国と新しい貿易を確立しようと企てた時、それを株式会社に法人化し、会社が成功した場合、一定の年数にかぎった貿易の独占権を会社に付与することは、不合理なことではないだろう。それは、国家が危険で大きな費用を要する実験――国民が後に利益を獲得する実験――を思い切って行うことに対して報いる、もっとも簡単でもっとも自然な方法である。この種類の一時的な独占は、同様の独占権が新しい機械の発明者に与えられたり、新しい書物のそれが、その著者に与えられたりするのと同じ原理にもとづいて正当化できるであろう。だが、期限が終了すれば、その独占は当然消滅を余儀なくされるし、堡塁や守備隊は、もし地歩を固めるために必要だとわかった場合には、政府の管理下に移され、その対価が会社に支払われ、その貿易が国家の臣民のすべてに対して開放される必要がある。国家の他の臣民はすべて永久的な独占権によって、以下の二つの道理に合わない方法で課税される。すなわち第一に、自由貿易であれば、ずっと安価に購入できる財貨の高価格、第二に、遂行すれば便宜であると同時に利益が上がる可能性がある事業部門から、多くの人々を全面的に締め出すこと、これによってである。このような方法で国民が課税されることは、あらゆる目的のうちでもっとも価値のないものである。それは、使用人の怠慢、無駄遣いおよび横領を会社が手助けできるようにするだけであって、完全に開放された貿易における通常の利潤率を上回るほどの配当を、彼らの無法な振る舞いが可能にすることなどほとんどないし、その大きさに大幅に足りないほど引き下げることが、きわめて頻繁に生じるだろう。しかしながら、株式会社というものは、いかなる外国貿易部門でも独占無しでは長期にわたって継続できない、ということは経験上明らかであろう。

二つの場所に多くの競争相手がいる場合、別の場所で利潤とともに売却するために一方の場所で購入すること、需要における不定期な変動だけでなく、競争、つまり、需要が他の人々から獲得しがちな、ずっと大きくてはるかに頻繁な供給における変動を見張ること、さらには、それぞれの種類の財貨の数量と品質を、見識をもって抜け目なくこのようなあらゆる環境に適合させること、このようなことは、作戦行動が絶えず変化し、株式会社の重役に長期間期待できるはずのない警戒と注意力を限りなく行使しなければ、成功裏に管理されることなど滅多にない、一種の戦いである。東インド会社は、会社の資金の償還、およびその排他的特権の失効を条件に、合本資本をもつ法人として継続し、会社に所属する他の共働イギリス国民《フェロー・サブジェクト》と同様に、法人資格で東インドと貿易する権利を議会の立法によって確保していた。だが、この状況のもとでは、私的な貿易商人がもつ卓越した警戒と注意力が、まず間違いなく、まもなく会社を我慢できないものにしてしまうことになろう。

31 政治経済学の問題にすばらしい学識をもつフランスの著名な著作家モルレ氏〔André Morellet, 1727-1819. フランスの経済学者、批評家でアカデミー会員〕は、一六〇〇年以降ヨーロッパのさまざまなところで設立され、排他的特権を持っていたと思われるにもかかわらず、誤った経営の結果、ことごとく失敗した外国貿易に従事した株式会社五五社の目録を作成している。そのうち二社か三社の歴史にかんして、彼は誤った記述を行っているが、それはいずれも株式会社ではなく、倒産もしていないものである。だがその埋め合わせではあるが、倒産したけれども、彼が目録から漏らしてしまったいくつかの株式会社があった。

32 排他的特権がなくても、株式会社が成功裏に営業可能だと思われる唯一の業界は、あらゆる業務がルーティーンと呼ばれるもの、つまり、ほとんどあるいはまったく変形を認めないほど均一なやり方に還元できるような業種である。この種類のうちの第一が銀行業、第二が火災や海難、あるいは戦時の拿捕に備える保険事業、第三が航行可能な掘割や運河の建設と維持、そして第四が類似の事業、つまり大都市に水を供給する事業である。

33 銀行取引の原則はなにか深遠なものだと思われる可能性があるが、その活動は、厳密な規則に還元しうるものである。並外れた儲けという空しい期待を抱いたあげく、いかなる時であれこの規則から離れることは、ほとんどつねにきわめて危険であり、しばしばそれを目指す銀行会社にとって致命的である。しかし、一般的に株式会社の定款は、いかなる私的な共同経営にもまして、定められた規則を固持させるようになっている。それゆえ、そのような会社はこの事業にはとりわけよく適しているように思われる。したがって、ヨーロッパにおける主要な銀行会社は株式会社であり、その多くは、排他的特権《イクスクルーシヴ》なしに、きわめてうまくその事業を経営しているのである。イングランド銀行は、イングランドにおけるそれ以外の銀行会社は六人以上の人間から構成されてはならないという点を除き、何ら排他的特権を持っていない。エディンバラの二つの銀行は、排他的特権をまったくもたない株式会社である。

34 火災、海難あるいは拿捕がもつリスクの価値は、おそらくきわめて厳密に計算できるはずはないのだが、しかしながらある程度までは、それを厳密な規則と方法に還元可能にするような、大まかな推計を認めている。それゆえ、保険業は何の排他的特権がなくても、株式会社によって上首尾に遂行できる可能性がある。ロンドン保険会社も、ロイヤル・イクスチェンジ会社も、ともにそのような特権を持っていない（厳密にいえば、三一年限りの海上保険の特権を付与されていたが、それは他の株式会社に対してであって、個人企業や合名会社には適用されなかったから、スミスの説明でも可〕。

35　航行可能な掘割や運河というものは、一旦建設されると、その管理はきわめて単純で簡単なものになり、厳密な規則や方法に還元することができる。その建設でさえ、一マイルいくらとか、一閘門につきいくらという方式で請負業者と契約できるだろう。同じことは、運河にかぎらず、大都市に水を供給するための水道橋や大きな水道管についても、あてはまる。それゆえ、そのような事業は、何ら排他的特権を与えずとも、株式会社によってきわめて上首尾に運営できる可能性があるし、したがって、多くの場合そうなっている。

36　しかしながら、いかなる事業のためであれ、たんにそのような会社がその事業をうまく運営することができるだろう、という理由だけから株式会社を設立すること、さらにまた、もしその会社が適用免除されたら会社が繁栄するという理由だけから、特定集団の取引業者を、その隣人のすべてに適用されるいくつかの一般法から適用免除することは、明らかに合理的ではない。株式会社の設立を完全に合理的なものにするためには、厳密な規則と方法に還元できる事情に加え、他の二つの事情が重なっていなければならない。第一に、その事業が大部分の普通の商取引よりも一般的な効用がいっそう大きいという、誰が見ても明らかな証拠をもつと見えなければならないこと、そして第二に、それは、私的な共同事業会社が容易に集めうるよりもずっと大きな資本を必要とすること、これである。かりにほどほどの資本で十分であれば、その事業がもつとりわけ大きな効用は、株式会社を設立するための十分な理由ではないだろう。というのは、この場合、それが生産するであろうものに対する需要は、即刻私的な冒険商人によって容易に提供されるはずだからである。先に言及した四つの事業は、このような事情の両方が一緒になっている。

37　慎重に管理された場合に銀行取引がもつ大きくかつ一般的な効用は、本書の第二編で十分に説明したところである。だが、公的な信用を支え、非常時には税収のすべてを、おそらくは数百万ポンドの額を、税金が入ってくるまでの一年とか二年の間政府に貸し付けなければならない公的銀行《パブリック・バンク》は、あらゆる私的な共同経営の銀行が容易に集めることができる額よりも、大きな資本が不可欠である。

38　保険の取引は、個人を破滅させる損失を、社会全体に軽く穏やかに負担させるようにきわめて多数の国民の間に分散させることにより、国民の私的な財産に対して大きな保障を与えるものである。しかしながら、この保障を与えるためには、保証人はきわめて大きな資本を保持しておかなければならない。保険のためにロンドンで二つの株式会社が設立されるまで、数年が経過するうちに破滅した一五〇もの私的な保険業者の名簿が、法務長官に提出されていたと言われている。

39　航行可能な掘割や運河、さらに時々大都市に水を供給するために不可欠な事業は、きわめて大きな効用を持っているが、しかし同時に、私的な個人の財産に見合う以上の大きな経費を必要とすることが多いということは、十分に明らかである。

40　上に言及した四業種を除き、株式会社の設立に合理性を与えるために必要なこの三つの事情のすべてを満たす他の業種を思い浮かべることは、私にはできない。ロンドンのイギリス銅会社、鉛精錬会社、ガラス研磨会社は、会社として追求する目的のなかに、取り立てて重要で独特の効用があるという口実さえもっていないし、その目的の遂行が、多くの私人の財産にとって不向きなほどの経費を要するようにも思われない。このような会社が遂行する業務が、株式会社の管理に適合するような厳密な規則と方法に還元可能かどうか、それとも、会社の並外れた利潤を誇るための理由を何かもっているか知っている、と私は主張するつもりはない。鉱山開発の冒険会社は、ずいぶん昔に破産した。エディンバラのイギリス・リネン会社の元本における一株は、数年前よりも減っているとはいえ、現在では、額面をかなり下回っている。何か特別な製造業を促進するという公共心に満ち溢れた目的で設立される株式会社は、会社自身の業務を管理し損なう上に、社会の一般的な元本の減少にとって、良いことどころか、多くの場合、ほかの点でもむしろ害を与えずに済むはずがないのである。もっとも正直な意図であるにもかかわらず、製造業の特定部門について株式会社の重役が抱く避け難い依怙贔屓は、残りの製造業に対する文字通りの妨害であって、そうでなければ、思慮分別のある産業と利潤との間におのずと確立される比率――国の一般的な産業にとってもっとも大きくかつ効果的な奨励になる自然な比率――を、多かれ少なかれ、必然的に乱すことになるのである。

第二項　青少年を教育するための機関の経費について

1　青少年を教育するための機関《インスティテューション》は、同じ方法で、それ自体の経費を負担するのに十分な収入を提供できるだろう。学生が教師に支払う授業料や謝礼は、自然にこの種類の収入を形成する。

2　教師の報酬がこの自然な収入からまったく生じない所でさえ、社会の一般的な収入――その徴収と利用がほとんどの国で行政権力に委ねられている――から引き出されることは、それでもなお必須であるわけではない。したがって、ヨーロッパの大部分をつうじて、学校《スクール》やカレッジ〔イギリス式の発音はコレッジ。歴史的な内容の変化もあって、字義的な訳語の選定は困難だが、寄付財産をもち、大学を構成する独立の機関として機能するオックスフォード大学やケンブリッジ大学のさまざまな学寮、両大学以外の大学で当時コレッジと呼ばれていた大学だけでなく、イートン・コレッジのように、財団法人組織で一一歳から七年間全寮制の教育を施す中高一貫の教育機関であるパブリック・スクールなど、スミスはさまざまな意味で用いている〕の寄付財産は、そのような一般的収入の負担にならないようにするか、ごく小さな負担で済むようにしている。どこでもそれは、主として地方や地域の収入から、土地財産の地代から、あるいは、時には統治者自身によって、また時には誰か個人の寄贈者によって、この特定の目的のために受託者に割り当てられ、その管理下に置かれる一定額の貨幣の利子から生じる。

3　社会のために寄付されたこのような基本財産は、そのような機関の目的を促進するために一般的に貢献しているであろうか？　それは精励《ディリジェンス》を奨励したり、教師の能力を改善したりするのに貢献してきたであろうか？　基本財産は、個人にとっても公衆にとっても、教育が自然に自発的に向かっていた方向よりも、その方向をより有用な対象へと導いてきただろうか？　このような疑問のそれぞれに、少なくとももっともな回答を与えることは、それほど難しいこととは思われない。

4　どのような専門的職業であれ、それを実行する大部分の人の努力は、いつでもそのような努力をしている人々の必要性に応じて決まる。このような必要性は、専門的な職業の報酬が、そこから自分の富が期待できる唯一の源泉であるか、あるいは通常の収入や食料などの生活物資でさえあるような人の場合に最大になる。このような富を獲得するため、あるいはこのような食料などの生活物資を獲得するためでさえ、彼らは既知の価値をもつ一定量の仕事を一年中遂行しなければならず、しかも、競争が自由である場合には、誰もがたがいに他を仕事から押し退けるために、一定程度の正確さで自分の仕事を遂行するように努力するように余儀なくされる。特定の専門職での成功によって獲得できる大きな目標《オブジエクト》が、特別の心構えと野心をもつ少数の人間の凄まじい努力を時に活性化させることは、間違いない。しかしながら、最大の努力を引き起こさせるためには、かならずしも大きな目標が必要でないことは明らかである。競争心や張り合いは、平凡な専門職の場合でも、野心の目的が卓越それ自体であるため、これ以上ないほどの努力を引き起こすことが多い。これとは逆に、単独で、しかも特定の用途の必要性に支えられていない大きな目標が、相当な努力を引き起こすのに十分であることは滅多にない。イングランドでは、法律の専門職における成功はきわめて大きな野心の目標に導くが、しかし、この国で安泰な身代に生まれて法律という専門職で有名になった人間など、皆無に等しいと言ってよい。

5　学校やカレッジの基本財産は、教師の間でたゆまぬ努力の必要性を多少なりとも必然的に減少させてきた。彼らの食料などの生活物資は、それが彼らの俸給から生じるかぎり、明らかに彼ら独自の専門的職業における成功と評判とはまったく無関係な基金から、もたらされることになる。

6　いくつかの大学では、給与は教師の報酬の一部でしかなく、しかもごく小さな一部にすぎないことが多く、教師の報酬の大部分は教え子からの謝礼や授業料から生じる。たゆまぬ努力の必要性は、つねに多かれ少なかれ減少するとはいえ、この場合、完全に取り除かれることはない。専門的職業における評判は、やはり当人にとってある程度重要であって、教師はやはりその授業に出席してきた人々の気持ち、感謝および好意的な報告にある程度依存しているから、このような好意的な感情を教師が受け取るには、それを受けるに値すること、つまり、彼の義務のすべてを遂行する際の能力と精励によって獲得すること、これ以上に効果的なものはあるまい。

7　他の大学においては、教師は教え子から謝礼や授業料を受け取ることを禁じられているから、教師の給料が、その仕事から引き出す収入の全てになる。この場合、彼の利益は、可能なかぎり彼の義務と直接対比するように定められている。誰にとっても、できるだけ安楽に生きることが自分の利益であるから、もし受け取る報酬が、彼がおおいに努力して義務を遂行するかとは関係なく、まったく変わらないとすれば、それを完全に無視するか、あるいは、彼がそうしても彼を処罰しないような当局に従っている場合には、ぞんざいでいい加減な仕方で、当局が許容する範囲内でそれを遂行することが、間違いなく彼の利益――すくなくとも、世間的に理解されている意味での利益――であろう。もし彼が生まれつき積極的で仕事好きであれば、彼の利益は、そこから何の利益も引き出せない彼の義務の遂行にではなく、むしろ、そこから何らかの利益を引き出せる活動に用いることであろう。

8　教師がその支配下に置かれている当局が、法人資格《ボディ・コーポレート》を持っているカレッジあるいは大学であって、教師自身がその構成員であり、他の大部分の構成員も彼と同様に教師であるか、教師であることを余儀なくされているとすれば、そのような人々は、全員がたがいに甘くなるように共同戦線を張る傾向をもちやすくなり、もし彼自身が自分の義務を軽視することを咎められなければ、彼の隣人がその義務を軽視することに同意しやすくなるだろう。オックスフォード大学では、このところ長期にわたって、大学を代表する教授《パブリック・プロフェッサー》の大部分は、教えるふりをすることさえほとんど放棄している。

9　彼を配下に置く権限が、彼自身が構成員である法人格にというよりも、何か他の外部の人間に、たとえば、教区の主教とか、地域の長官とか、あるいは、おそらく担当大臣などに与えられていれば、彼が義務を完全に怠たった場合、容赦されるなどということにはまずならないだろう。しかしながら、そのような上役が教師にそうするように強制できることはといえば、一定の時間だけ教え子に付き添わせること、つまり、週または年に一定数の講義をさせることだけである。このような講義をどのような内容にすべきか、これはなお教師の精励次第で決まるはずであり、しかもその精励は、教師がそれを遂行するためにもっている動機に比例する傾向がある。くわえて、このような外部的な管轄権は経験を欠いていて、気まぐれに実行される余地がある。その本質からして、それは恣意的で専断的なものであり、それを実施する人物は、教師自身の講義に参加していないばかりか、おそらくその本分が教えることである科学を理解してもいない人物であって、見識をもってそれを遂行できることはほとんどない。また任務の傲慢さが原因で、彼らはどのようにそれを遂行するかについて無関心であることが多く、勝手気ままに、しかも何ら正当な理由もなく教師を叱責し、その職を奪ってしまう傾向が少なからずみられる。

そのような管轄権のもとに置かれている人間は、必然的にそれによって体面を傷つけられ、しかも、もっとも尊敬に値する人物どころか、社会のなかでもっとも卑しく、もっとも軽蔑に値する人間の一人だと言い渡されるのである。四六時中晒されているひどい扱いから教師自身を効果的に防衛できるのは、強力な保護によるものだけであるが、この保護をもっとも受けやすくなるのは、教師がもっている能力や精励によってではなく、その上司の意向に対する従順さによってであり、彼が構成員の一人である法人格の権利、利益および名誉を、その意向に即して、いつでも喜んで犠牲にすることによってなのである。フランスの大学管理に相当な時間精を出した人なら誰であれ、この種の恣意的で筋違いの管轄権から自然にもたらされる結果に気付く機会があったはずである。

10 教師の功績や名声にかかわりなく、一定数の学生をカレッジや大学に押しやるものはすべて、教師が功績や名声をもつ必要性を多かれ少なかれ低減させる傾向を持っている。

11 科学《アーツ》、法律、医術や神学を学んだ卒業生がもつ特権は、一定の大学に一定年数在籍するだけでそれを獲得できる場合には、教師の功績や名声とは無関係に、一定数の学生を必然的にそのような大学に引き寄せる。卒業生の特権は一種の徒弟奉公の規則であって、他の徒弟奉公の規則が技術《アーツ》や製造業の改善に貢献してきたように、教育の改善に貢献してきた。

12 奨学金《スカラーシップ》、成績優良奨学金《エクシビション》、高等教育用奨学金《バーサリー》等々の慈善的な財団基金は、必然的に、特定のカレッジがもつ功績とはまったく関係なく、一定数の学生を一定のカレッジへ加入させる〔スミス自身、グラスゴー大学在学中の一七歳の時、聖職者養成用のスネル奨学金を得てオックスフォード大学ベリオル・カレッジに進学し、そこで七年間過ごしたが、聖職には就かなかった〕。

そのような慈善的な財団基金に支えられた学生が、自分がもっとも好ましいと思うカレッジを自由に選択できる場合、そのような自由は、おそらくさまざまなカレッジの間で一定の競争心《エミュレーション》を引き起こすのに役立つだろう。これとは逆に、あらゆる個々のカレッジに所属する経済的に自立している学生でさえ、断念する予定だと最初に申請したうえで手に入れた許可がなければ、そこから離れて他のカレッジへ移ることを禁止する規制は、カレッジ間の競争心を消滅させるのにおおいに役立つだろう。

13 それぞれのカレッジで、すべての教養科目《アーツ・アンド・サイエンシズ》を学生一人一人に教えることになっている個人指導員や教師が、学生によって自発的に選ばれず、カレッジの長によって指名される場合には、また、怠慢、無能力、ひどい取り扱いが発生した時、まず申請して手に入れた許可がなければ、学生が教師を別の人物に変更することが許されないとすれば、そのような規制は、同じカレッジの異なる個人指導員間の競争心をことごとく消し去るのにおおいに役立つだけでなく、カレッジすべての教員に、在学するそれぞれの学生に対する配慮と注意の必要性を著しく減少させるのに役立つであろう。そのような教師は、教え子からきわめて良い支払いを受けていても、彼らからまったく支払いを受けていない教師、つまり給料以外に何の報酬も受け取らない教師と同様に、教え子を放置しがちになる可能性がある。

14 もし教師が分別のある人間であれば、学生に授業をしている間、無意味なこと、あるいはそれよりも少しはマシとしか言えないことを話したり、読んだりしていると感じるのは、不愉快なことであるにちがいない。さらにまた、教室にいる学生の大部分が彼の授業を見放していると、つまり、明白に不注意、軽蔑や愚弄の兆しを浮かべて出席していると感じることも、彼にとってはけっして気分がよくないことにちがいない。それゆえ、もし教師が一定数の授業をする必要がある場合、他に利益はなくても、このような動機だけで、それなりに立派な授業をするためにある程度骨を折る気持ちにさせることができるであろう。しかしながら、いくつかの異なった方便が、このような精励を誘発する動機のすべてがもつ威力を、効果的に鈍らせるようにする可能性がある。

教師は、教え子に教えるつもりの知識《サイエンス》を、自分自身で彼らに説明する代わりに、それにかんする書物を読むことも可能だし、もしこの書物が外国語とか死語〔ギリシャ語やラテン語のこと〕で書かれている場合には、それを彼らに自国語で解説することにより、あるいは、教師にはもっと手間が省けることだが、彼らにそれを教師に向かって翻訳させたり、折にふれてそれに対する特別な寸評を行ったりすることによって、自分は授業をしていると得意になる可能性があろう。教師は、無いに等しい程度の知識と精励でもって、自分自身を軽蔑や愚弄に晒さず、実際に愚かなこと、馬鹿げたことや滑稽なことを何も口にすることなく、授業ができるようになるだろう。と同時に、カレッジの規則は、この恥ずべき授業にきっちり定期的に出席したり、授業の初めから終わりまでもっとも行儀正しく丁寧な振る舞いを保ったりすることを、教師がそのすべての学生に強制できるようにすることが可能であろう。

15　カレッジや大学の規則は、一般的に、学生が利益をうけるためではなく、教師の利益のため、より正確に言えば、教師が気楽でいるために工夫されたものである。その目的は、すべての場合に教師の権威を維持すること、および教師が自分の義務を無視しようと遂行しようと、いかなる場合であれ、教師は最大の努力と技量を尽くして授業を遂行しているかのように、学生が教師に対して振る舞わざるをえなくすることである。それは前者の身分、つまり教師のなかに完全な英知と美徳があり、後者の身分、つまり学生のなかに最大の弱点と愚かさがあると前提しているように思われる。しかしながら、教師が自分たちの義務を実際に遂行しているところでは、そもそも学生の大部分が各自の義務を怠るといった事例は起きない、と私は信じている。いかなる規律も、実際に出席する価値がある授業への参加を強制するように求めることは、けっしてない。子供あるいは著しく年少の少年に、人生の早い時期に、彼らが獲得することが必要だと思われる教育のこのような部分に参加させるためには、間違いなく強制と抑制がある程度必要である可能性がある。だが、一二歳か一三歳以降だと、教師がその義務を果たすかぎり、教育のどの部分を遂行するためであれ、強制と抑制がそもそも必要になることはまずありえない。それが、大部分の青少年がもっている自分たちの教師の教えを無視したり嫌悪したりする気持ちとかけ離れた寛大さであるから、教師が子供にとって役立つ存在だという真剣な心構えを示していれば、一般的に子供たちは、教師が義務の遂行中にもらす多くの間違いを許すだけでなく、時にはかなり多くのはなはだしい手抜きを、世間から隠しさえする傾向がある。

16　教えるための公的な機関が存在しない類いの教育部門が、一般的にもっともよく教えられているということに、注意が必要である。幼い人間がフェンシングやダンスの学校へ通う場合、実際に彼が、いつでもフェンシングやダンスの仕方をきわめてよく習得するわけではないにしても、フェンシングやダンスの仕方を学び損なったりすることはほとんどない。乗馬学校がもつ良い効果は、普通あまり明瞭ではない。乗馬学校の経費はきわめて大きいため、ほとんどどこでもそれは公的な機関である。読み書き教育の三つのもっとも本質的な部分である、読むこと、書くこと、および計算は、公的な中等学校《パブリック・スクール》〔イギリスの場合、時代と地域の違いにより、内容的にはさまざまな学校を意味している。地域や教会が運営する初等・中等教育機関のことで、大学進学用にラテン語やギリシャ語を教えるグラマー・スクールも含むと理解すればよいが、イングランドでは、イートンやハーローなど基本財産をもつ寄宿制中等学校が、パブリック・スクールと呼ばれることがある〕よりも、私設の学校《プライベート・スクール》〔教師による個人的な教育も含まれることが多い〕で習得することが、今後もさらに一般的であり続けるから、誰でも習得が必要な程度までそれを習得し損なうことなど、ほとんど起きないだろう。

17 イングランドでは、公的な中等学校は大学に較べて腐敗の度がはるかに小さい。青少年が教えられている、つまり、すくなくとも教えられる可能性をもつそのような学校では、ギリシャ語とラテン語が、教師が教えていると自負するすべて、あるいは彼らが教えると期待されているすべてである。青少年は、大学では、法人格を有する理由が教えることにある団体の任務、つまり知識の教授に与っていないばかりか、それを教えられる適切な手だてを見つけることさえ、かならずしもできるとは限らない。ほとんどの場合、学校教師の報酬は、主として教え子の授業料や謝礼に、場合によっては、ほとんどすべて依存している。学校には排他的特権は存在しない。学位授与《グラデュエーション》という名誉を獲得するためには、ひとつの公的な中等学校で一定の年数学んだという証明書を持参する必要はない。試験にもとづいてそこで教えられていることを理解していることが確認されれば、彼がそれを学んだ場所について問われることはないのである。

18 大学で普通教えられている教育の一部は、まったく十分に教えられていない、と言うことがおそらく可能であろう。だが、もしそれがこのような機関に存在しなかったなら、それは通例まったく教えられなくなり、個人も社会も、このような教育の重要な部分の欠落から大きな損害をこうむることになろう。

19 ヨーロッパの現在の大学は、そもそもそのほとんどすべてが聖職者の同業組合《コーポレーション》であり、聖職者《チャーチマン》養成のために設立されたものであった。それはローマ法王の権威によって設立されたもので、完全に法王の直接の保護下にあったため、その構成員は、教師であろうと学生であろうと、全員が聖職者の特権《ベネフィット・オヴ・クラージ》と当時呼ばれていたものを保持しており、換言すれば、それぞれの大学が位置する国の世俗裁判権から免除され、教会裁判所《エクレシアスティカル・トリビューナル》に対してのみ責任を負っていたのである。このような大部分の大学で教えられていたのは、神学であれ、神学への準備にすぎない何かであれ、そのような機関の目的に適するものであった。

20 法律によってキリスト教信仰が最初に確立された時、なまったラテン語がヨーロッパの西部全域における共通の言語になった。したがって、教会の儀式、および教会で読み上げられる聖書の翻訳は、両方とも、そのなまったラテン語、つまりその地方の共通の原語によるものであった。ローマ帝国を転覆させた未開民族の侵入後、次第にラテン語はヨーロッパのどの地域の言語でもなくなった。だが、人々の崇敬は、最初に導入された時には理にかなっていた事情が存在しなくなっても、宗教の確立済みの形式や儀式をおのずと長期間維持する。それゆえ、ラテン語はもはや大集団をなす人々によってどこでも理解されていないのに、教会の儀式全体がその言語でまだ営まれ続けているのである。こうしてヨーロッパでは、古代エジプトと同じ仕方で、聖職者の言語と人民の言語、神聖な言語と俗界の言語、学識者の言語と無学な人々の言語という二つの異なる言語が確立したのである。だが聖職者は、彼らが司宰するようになっている神聖で学術的な言語について、ある程度の理解をもっている必要があり、それゆえラテン語の勉強は、最初から、大学教育における必須部分になった。

21　ギリシャ語もヘブライ語も、そのようにはならなかった。教会の無謬の法令集は、普通ラテン語ウルガタ〔四世紀末のラテン語訳聖書のこと〕と呼ばれている聖書のラテン語訳は、神の霊感によって口述筆記されており、それゆえ、ギリシャ語やヘブライ語の原典と等しい権威を有すると宣言してきた。それゆえ、この二つの言語にかんする知識は聖職者にとって不可欠の必須条件ではなく、その学習は、長い間大学教育の普通の課程における必須部分にはならなかった。スペインのいくつかの大学では、ギリシャ語の学習が課程の一部分になったことがないところがあるのは、確かなことらしい。最初の宗教改革家は、ギリシャ語版の新約聖書やヘブライ語版の旧約聖書でさえ、カトリック教会の教義を支持するために漸次調整されたと想像されてもごく自然であり得るウルガタ翻訳よりも、彼らの主張にとってずっと好都合であることに気付いた。それゆえ彼らは、その翻訳に含まれる多くの誤訳を暴露することに集中し、こうしてローマのカトリック聖職者は、弁護したり説明したりする必要性に迫られた。だが、これは元来の言語についての一定の知識なくして十分にできるはずはなく、こうしてその勉強が、宗教改革の教義を受け入れた大学と、拒否した大学の両方を含む多くの大学に次第に導入されることになった。

ギリシャ語は大学の古典研究のすべての部分と結びついており、それは、最初は主としてカトリック教徒とイタリア人によって修められたとはいえ、宗教改革の教義が開始されたのとほぼ同じ時期に、偶然流行したものである。それゆえ、大部分の大学では、その言語は哲学の学習に先立ち、しかも学生がラテン語で一定の進歩を達成した直後に、教えられた。ヘブライ語は古典研究とは何の関連性ももたず、神聖な旧約聖書を除き、ただの一冊も高く評価される書物が書かれた言語でもなかったから、その研究が開始されるのは哲学の研究の後でしかなく、しかも学生が神学の研究に着手した時のことであるのが、一般的であった。

22 もともとギリシャ語やラテン語の最初の基礎は大学で教えられていたから、今でもその状態が続いている大学がいくつかある。他の大学では、学生はこのような言語のいずれか一方または両方の基礎をすくなくとも入学までに習得しておくことが期待されており、この二つの言語の学習が、どこでも大学教育の相当大きな割合を占め続けている。

23 古代ギリシャ哲学は三大部門、物理学あるいは自然哲学、倫理学あるいは道徳哲学、および論理学に分けられていた。この一般的な区分は、完全に事物の性質と一致しているように思われる。

24 自然の偉大な現象、つまり天空の物体の回転、その食、彗星、雷鳴、稲光、さらには他の異常な大気現象、さらに、動植物の発生、生命、成長および死滅というものは、かならず驚きを呼び覚ますものであるため、自然にその原因の探究へと向かわせる人間の好奇心を呼び起こす。まず不可解なものに対する恐怖《スーパースティション》は、このようなすべての驚くべき現象を、この好奇心を神々の直接の働きのせいにすることによって満たそうと試みた。後に哲学は、神々の働きというよりももっと見慣れた原因から、つまり、人間がよりよく熟知しているものから、そのような現象を説明しようと試みた。このような偉大な現象が人間の好奇心の最初の対象であったように、それを説明するように装う科学が育成された最初の哲学部門であったのは、当たり前のことであったに違いない。したがって、歴史が何らかの説明をとどめている最初の哲学者は、自然哲学者であったように思われる。

25 世界のすべての時代と国において、人間はたがいに他人の特徴、意図や行動に注意を払ってきたはずだし、さらに人間生活の遂行に適した多くの評判の良い規則とか格言《マキシム》といったものを、一般的な同意によって定めたり承認してきたはずである。書くことが流行してくるや否や、物知り顔をした人間つまり自分がそうだと思い込んでいる人間は、自然にこのような確立済みで評判の良い格言の数を増やし、何が適切で何が不適切であるかにかんする彼ら自身の感覚を、イソップの寓話と呼ばれているもののように、時には教訓的なたとえ話の形で、またある時には、ソロモン〔Solomon. 紀元前一〇世紀に活躍したイスラエルの王〕の箴言、テオグニス〔Theognis. 紀元前六世紀に活躍したギリシャの教訓詩作家〕やフォキュリデス〔Phocylides. 紀元前六世紀に活躍したギリシャの箴言詩人〕のような、さらにはヘシオドス〔Hesiodus. 紀元前八世紀ごろのギリシャの叙事詩人〕の著作の一部のようなずっと単純な格言《アパテム》あるいは金言《ワイズ・セイイング》で、表現しようと努力したことだろう。彼らは、このような仕方で、賢明さや道徳性にかかわるこのような格言を、明瞭で整然とした序次《メソジカル・オーダー》に整理する試みもせず、ましてそれを、自然の原因から導かれる結果のように、そこからすべてが演繹できるひとつまたはより一般的な原則《コモン・プリンシプルズ》に結び合わせることもすることなく、その数を長い間増やし続けただけであった。

　さまざまな観察が少数の一般的な原則によって結合された体系的な配置がもつ美しさは、このような自然哲学の体系を得るための洗練されていない古代の小論のなかで最初に認められたものである。同じ種類に属するようなことが、後に道徳科学《モーラルズ》において試みられた。共同の生活《コモン・ライフ》における格言は多少整然とした序次に配置され、自然のさまざまな現象を分類して結合させようと企てたのと同じ方法で、少数の一般的な原理によってつなぎ合わされた。このような結合原理を研究して説明すると主張する科学が、固有に道徳哲学と呼ばれているものである。

26　さまざまな著者が、自然哲学や道徳哲学について、さまざまな体系を提供した。だが、彼らが、つねに論証とはほど遠かったこのようなさまざまな体系を裏付けるためにもち出した議論は、ほとんどの場合、良くてもごくわずかな蓋然性しかもたず、時には、不正確で不明瞭な、一般に知れ渡った言語以外には何も根拠をもたない詭弁にすぎないものであった。世界史上のどの時期にも、思索的な体系は、ほとんど重要性をもたない金銭的な利益について、常識をもつあらゆる人間の判断を引き起こすには軽薄にすぎる理屈付けを確保するために、受け入れられてきた。哲学と思索にかかわる問題を除き、かつてははなはだしい詭弁が人間の考えに影響を与えたことはなかったが、しかしこの分野では、それはしばしば最大のものであった。

　自然哲学と道徳哲学それぞれの擁護者は、彼ら自身の体系に反目している体系を弁護するために提出された主張の弱点を暴露しようと、当然のことながら努力した。このような議論を検討するなかで、必然的に彼らは、立証可能な議論と例証的な議論との違い、論理的に間違った議論と反論の余地がない議論との間の違いを考えるように導かれ、こうして論理学、つまり正しい推論と間違った推論に特有な一般的な原理にかんする科学が、この種の詳細な吟味をきっかけに着手された観察から発生した。起源としてみれば物理学と倫理学の後であるが、それは、実際すべてではないとしても、哲学に属する古代の大学《スクールズ》の大部分で、この二つの科学に先立って教えられるのが一般的であった。学生は、きわめて大きな重要性をもつ科目を論理的に考えるように導かれる前に、正しい推論と間違った推論との違いを十分に理解することが必要だ、と考えられたように思われる。

27　哲学を三部門に分けるこのような古代のやり方は、ヨーロッパの大部分の大学で、五部門の別のものに変更された。

28　古代哲学では、人間の心《マインド》や神《デイエテイ》の性質にかんして教えられたことはすべて、物理学体系の一部を形成した。このような事柄は、その本質《エッセンス》が何であると想定されようと、宇宙の偉大な体系の一部であり、そのもっとも重要な作用を生み出す部分であった。それにかんして人間理性が決定したり想像できることは何であれ、宇宙という偉大な体系の起源と回転にかんする説明を与えると自負していた科学の、いわば二つの部分《チャプター》——間違いなくとても重要な二つの部分だが——を生み出した。だが、哲学がたんに神学に役立つものとして教えられていたヨーロッパの大学では、その科学の別の部分よりも、このような二つの部分から長期にわたって離れられなかったのは、自然なことであった。それは次第にますます拡張され、多くの下位部分に分けられ、最後には、内容についてはほとんど何も知り得ない霊にかんする教義が、内容については多くのことを知ることができる物体にかんする学説のように、哲学体系のなかで大きな場所を占めるようになった。

この二つの科目にかかわる教義は、二つの異なった科学になると考えられていた。形而上学とか聖霊論《ニューマティックス》と呼ばれていたものが物理学と対置され、より高尚であるばかりか、特定の専門職の目的のためには、二つのうちよりいっそう役に立つ科学として奨励された。実験と観察に格好な課題、つまり、注意深い集中によってきわめて多くの有益な発見が可能になる課題は、ほとんど完全に無視されていた。ごく少数のきわめて単純でもっとも明瞭な真理の後で、もっとも注意深い集中でも曖昧さと不確実性しか見出せず、微細な区別や詭弁しか結果的に生み出せないような科目が、大々的に奨励されたのである。

29 こうしてこのような二つの科学がたがいに対置されると、両者を比較することから自然に第三のもの、すなわち存在論と呼ばれるもの、あるいは、他の二つの科学の主題の両者に共通する性質や属性を取り扱う科学が生み出された。だが、微細な区別や詭弁が形而上学や聖霊論の大部分を構成するとすれば、この存在論というクモの巣状の科学、および時には同様に形而上学と呼ばれたものの全体を構成するのは、微細な区別や詭弁にすぎないということになろう。

30 たんなる個人としてだけでなく、家族、国家および人類という大きな社会の構成員としてみた場合に、人間の幸福とか完成というものはどこにあるのか、これを探究することが古代の道徳哲学の課題であった。その哲学では、人間生活の務めは、人間生活の幸福や完成にとって役立つものとして取り扱われた。だが、自然哲学だけでなく、道徳もまたもっぱら神学に服属するものとして教えられるようになった時、人間生活の務めは、やがて来る生活の幸福にもっぱら服属するものとして取り扱われた。古代の哲学では、徳を保持している人間にとっては、それを磨き上げることがこの世の生活でもっとも完全な幸福を必然的に引き起こす、と描写された。近代の哲学では、それは一般に、あるいはむしろ、ほとんどつねにこの世における幸福のいかなる程度とも一致しないものとして描写される。だから、天国には贖罪と苦行によって、つまり修道士の禁欲生活と自己卑下によってしかたどり着けず、人間の公平で、寛大で、しかも勇気のある行為によってたどり着くことなど、できるはずもなかった。ほとんどの場合、決疑論《カジュイストリ》〔実際の振る舞いが倫理規範や宗教規範に反する場合、どのような一般規則を適用すれば無罪になり得るかを、先例に従って決めようとする思考のことで、スミスは『道徳感情論』第七部第四篇で法学と対比させながら詳しく論じている〕と禁欲主義の道徳が、大学における道徳哲学の大部分を形作った。哲学のすべての分野のうちでも飛びぬけて重要なものが、このような仕方で、飛びぬけて堕落したものになったのである。

31　それゆえ、ヨーロッパの大部分の大学における哲学教育の普通の課程は次のようなものであった。まず、論理学が教えられ、二番目には存在論がきて、聖霊論、つまり人間の魂と神の性質にかんする教義の理解が三番目にくる。四番目には、聖霊論の教義、人間の魂の不滅、および神の正義のゆえに来世で期待されうる報いと罰、これと直接結び付いていると考えられていた道徳哲学の堕落した体系が続いた。通例、課程を締めくくっていたのは、物理学の短くて皮相な体系である。

32　このようにヨーロッパの大学が昔からの哲学課程に導入した変更は、すべてが聖職者教育にあてるためであり、それを、神学研究に対するもっと適切な入門にしようとしたものであった。だが、追加された分量の精妙さと詭弁、つまり、このような変更によって教育に導入された決疑論と禁欲主義の道徳が、紳士とか世俗の人間の教育のために、より適切なものを与えたり、理解力の改善や心を改めさせたりしがちであったなどとはならなかったことだけは、間違いない。

33　このような哲学の課程が、たまたま個々の大学の規約が、教員に多少なりとも精励が必要だと言い渡しているのに応じて、ヨーロッパの大部分の大学で多少なりとも精出して今なお教えられ続けているものである。いくつかの豊かでもっとも寄付財産が大きな大学では、個人指導教師は、このような腐敗した課程に含まれる少数のたがいに結合されていない断片や一部を教えることで満足しているし、しかもこれでさえ、彼らは普通きわめてぞんざいかつ表面的に教えている。

34　近代になって哲学のいくつかの異なった分野で行われた改善は、そのいくつかが大学で行われたとはいえ、多くの部分は大学の外で行われた。大部分の大学は、それがなされた後でも、このような改善を進んで採用しようとさえしなかったから、このような学識をもつ集団は、彼らが世界のあらゆる地域から追い出された後、論破された体系と旧式の偏見が避難所と保護を得られる神聖な場所に、長期間留まりつづけることを選んだ。一般的には、もっとも豊かで寄付財産が大きな大学が、このような改善を取り入れる点でもっとも遅れたし、既存の教育計画に相当な変化を許すことを、もっとも嫌ったのである。このような改善は、いくつかのより資金的に恵まれない大学に比較的容易に導入されたのであって、そこでは、自分の生活の糧の大部分を自分自身の評判に依存していた教師は、世間に広まっている評価に対して、より多くの注意を払うように余儀なくされたのである。

35 だが、ヨーロッパの公的な中等学校や大学は、もともと特定の専門職、つまり聖職者を教育することだけのために計画されたものであり、学生を教えるにあたって、そのような専門職に不可欠だと想定される科学においてさえ、かならずしもおおいに精励したわけではないが、しかし、次第にそのような機関は、ほとんどすべての他の人々の教育、とくにほとんどすべての紳士や財産家の教育を、自ら引き受けるようになった。人間が幼年期から実際の仕事――残りの人生のすべてでそれに従事するような仕事――に十分熱心に打ち込み始めるまでの長い期間を、何か有利な状態で費やすのに、これ以上良い方法を思いつくのは困難だと思われる。しかしながら、学校や大学で教えられることの大部分は、そのような仕事にもっとも当を得た準備であるようには思われない。

36 イングランドでは、青少年が学校を卒業したら、彼らを大学に行かせず、すぐに外国旅行に送り出すことが日々ますます習慣化しつつある〔グランド・ツアーと呼ばれ、多くの貴族の子弟が出かけた。スミス自身、グラスゴー大学教授を辞職し、若きバックルー公の家庭教師としてトゥルーズを中心に二年間フランスに滞在した〕。我が国の青少年は、一般的にその旅行によっておおいに進歩して帰国する、と言われている。一七歳や一八歳で外国に出かけ、二一歳で帰国する若者は、外国に出かけた時よりも三歳か四歳歳を取って帰ってくるわけであり、その年齢にあって、三年や四年の間に大きく進歩しないというのは、著しく難しいことである。旅をしている間に、一般的に彼は一つか二つの外国語の知識をつけるが、しかしその知識が、上品にしゃべったり書いたりする力を与えるほど十分であることは滅多にない。それ以外の点では、彼は、自国に留まっていれば短期間で十分に達成できたようものに較べ、一段と自惚れがつよく、不道徳で、酒色にふけり、学習や仕事に真面目に熱中する能力もずっと劣った状態で帰国するのが一般的である。それほどの若さで旅行し、人生のもっとも貴重な年月を、両親や親族による監視や管理をもっとも受けにくい遠隔地で、これ以上ないほど軽薄な気晴らしで費やすことにより、彼の教育の初期の部分が自分のなかに培って行きがちなあらゆる有用な習慣は、固定されたり強められたりする代わりに、ほとんど必然的に弱められるか、消し去られてしまう。大学が自ら陥るがままに放置している悪評以外に、このような人生の早い時期に旅行するという、ひどく馬鹿げた振る舞いに名声をもたらし得るものが、あろうはずがない。自分の息子を海外に送りだすことにより、父親というものは、息子が、暇で、放置され、目の前で堕落していく不愉快な対象であることから、すくなくとも当分の間、解放されるからである。

37 教育のためのいくつかの現代的な機関がもつ効果とは、そのようなものであった。

38 教育のためのさまざまな計画やさまざまな機関が、他の時代や国で登場したように思われる。

39 古代ギリシャの共和国では、自由な市民はすべて、行政官の管理のもとに体育の訓練と音楽とを教えられた。体育の訓練によって意図された目的は、身体の強化、度胸の強化、および戦争の難儀と危険に備えることであり、ギリシャの民兵は、誰の話を聞いても、世界に存在した最高のもののひとつであったから、国民の公的な教育のこの部分は、意図された目的に対して完璧に応えるものであったにちがいない。他の部分、つまり音楽によって意図されていたことは、すくなくともこのような制度について説明をしている哲学者や歴史家によれば、心を和らげ、気性を穏やかなものにし、公私両方の生活にわたりすべての社会的で道徳的な義務を遂行する気分にならせることが、目論まれていたという。

40 古代ローマにおいては、マルティウス広場〔マルスつまり軍神に捧げられた広場のこと〕における訓練は、古代ギリシャの体育場と同じ目的に応えるものであり、両者とも等しくよくそれに応えていた。だがローマ人の間では、ギリシャの音楽教育に対応するものは何もなかった。しかしながら、ローマ人の道徳は、公的な生活においても私的な生活においても、たんに等しいだけでなく、全体としてギリシャ人のそれを大幅に上回っていたように思われる。彼らが私生活において上回っていたということは、両国について十分精通していたポリュビオス〔Polybios, c.205B.C.-c.118B.C. ギリシャの歴史家〕とディオニュシオス・ハリカルナッセウス〔Dionysios Halicarnasseus, ?-7?B.C. ローマ居住のギリシャの歴史家〕の証言があるし、ギリシャとローマの歴史全体の傾向が、ローマ人の公共道徳の卓越性についての証拠を提供している。気性の良さと対立的な党派争いの節制とが、自由市民の公共道徳におけるもっとも本質的な事実であるように思われる。だが、ギリシャ人の党派争いはほとんどいつも暴力的で血生臭かったのに対し、グラックス兄弟〔Tiberius Sempronius Gracchus, 163B.C.-133B.C. / Gaius Sempronius Gracchus, 154B.C.-121B.C. ローマの護民官で、土地所有改革などに尽くしたが、反乱により改革の全体が潰された〕の時代に至るまで、党派争いでローマ人の血が流されたことはないから、グラックス兄弟の時代以降、ローマ共和国は実際には解体していた、と考えることができるだろう。

それゆえ、プラトン、アリストテレス、ポリュビウスのきわめて尊敬すべき権威にもかかわらず、さらには、モンテスキュー氏がその権威を支持しようと試みるきわめて創意に富む理屈にもかかわらず、そのような教育などなくても、ローマ人の道徳が全体として上回っていたのであるから、ギリシャ人の音楽教育は、彼らの道徳の修正には大きな効果をもたなかった可能性が大きいと思われる。彼らの先祖がもつさまざまな制度に対するこのような賢人の敬意は、おそらく彼らに、たんに古い慣習であったようなものが、このような社会の最初期から、程度として相当高い洗練にまで到達した時代まで、妨げられることなく継続したことのなかに大きな政治的英知を見出す気持ちにならせたのであろう。音楽と踊りはほとんどすべての未開な国民の娯楽であって、すべての人間を、人と交際する楽しみに適したようにすると信じられているおおいに好まれる嗜《たしな》みである。それは、今日でも、アフリカ沿岸地方に住む黒人の間でも妥当する。そのことは、古代のケルト人、古代のスカンジナヴィア人、およびホメロスから知ることができるように、トロイ戦争に先立つ時代の古代ギリシャ人の間でも、同様であった。ギリシャの部族が小共和国を形成した時、このような嗜みを学習することが、長い間、人々の公的で共通の教育《エデュケーション》の一部を形成せざるをえなかったのは、ごく自然であったのである。

41 音楽であれ、軍事訓練であれ、若者に教える《インストラクト》教師は、ローマやアテネ——その法律と慣習がもっともよく知られているギリシャの共和国——でさえ、支払いを受けていたようには思われない。国家は、すべての自由市民に対して、戦時に国家を防衛するために自分自身で準備するべきであって、その理由から、自分で軍事訓練を習得すべきだと要求した。だが国家は、見つけた教師からそのようなことを学ぶのを個人に任せたし、それを訓練したり遂行したりする場所としての公共広場や訓練場を提供したことを別とすれば、何も提供しなかったように思われる。

42 初期の時代のギリシャやローマの共和国では、それ以外の教育部分は、読むこと、書くこと、および当時の算術に従って計算することの学習から成り立っていた、と思われる。このような嗜みは、豊かな市民なら多くの場合、一般的に奴隷であるか解放奴隷である家庭教師の助けを得て自宅で習得し、貧しい市民は、報酬のために教える仕事をしている教師の学校で習得したように思われる。しかしながら、教育のそのような部分は、完全に各人の両親や保護者の責任に委ねられていた。わずかでも国家がそれを検査したり、管理したりしたことがあるとは思われない。実際に子供は、ソロンの法律によって、何か利益になる取引や仕事を教えることを怠った老齢期にある両親を扶養することから、免除されていた。

43 洗練の度が進展するなかで、哲学と修辞学が流行しはじめると、このような時流に乗った科学を教えてもらうために、上層階級の人々は自分の子供を哲学者や修辞学者の学校に行かせるのが習慣になった。だが、このような学校は社会《ザ・パブリック》によって支えられていなかった。それは長い間、社会によって黙認されていたにすぎない。長い間哲学や修辞学に対する需要はきわめて小さなものであったから、両科目の最初の本職の教師は、どの都市でも常勤職を見つけることができず、町から町へと移動し続けることを余儀なくされた。エレアのゼノン〔Zeno of Elea, c.490B.C.-c.430B.C. 弁証法の父と言われるギリシャの哲学者〕、プロタゴラス、ゴルギアス、ヒッピアスや他の哲学者は、このような方法で生活したのである。需要が増加してくると、哲学と修辞学の両方を教える学校は移動しなくなり、最初はアテネ、後に他のいくつかの都市に駐留した。しかしながら国家は、彼らの一部に教えるための特別な場所を割り当てること以上の奨励をしたようには思われないが、それは、時には私的な寄贈者から行われることもあった。国家は、アカデメイアをプラトンに、リュケイオンをアリストテレスに、さらにポルティクス〔アテネにある歩廊のこと〕をストア学派の創設者であるキプロスのゼノン〔Zeno of Citium, c.335B.C.-c.265B.C.〕に割り当てたように思われる。だが、エピクロス〔Epicurus, c.341B.C.-c.270B.C. エピクロス学派の創始者〕は自分が所有する庭園を彼の学校に遺贈した。しかしながら、ほぼマルクス・アントニウス〔Marcus Antonius, c.83B.C.-30B.C. ローマの政治家・将軍でカエサルの友人。三頭政治を担った〕の時代まで、社会から俸給を受領したり、教え子からの贈り物や謝礼以外の報酬を得ていたりした教師はいなかった。ルキアノス〔Lukianos, 120-c.180. ギリシャの風刺作家〕から教えられるように、哲学に通じた皇帝が哲学教師の一人に対して与えた助成金は、おそらくその生涯を超えてつづくものではなかった。

学位授与による卒業がもつ特権に等しいものは存在せず、何か特定の職業や専門職に就くための許可を入手するために、このような学校のどれかに通うことも、必須ではなかった。もし学校独自の有益性にかんする評価が、学生をそこに引きつけることができないのであれば、法律も、そこに行くように誰かを強制したり、そこに行ったことに対して誰かに報いたりできるはずがなかろう。教師はその教え子に対する管轄権をもたないだけでなく、若者から手に入れ損なうことなどあるはずがない優れた徳や能力がもつ自然な権威以外には、何の権威も持っていなかったが、そのような人物に対して若者の教育のあらゆる部分が預けられていたのである。

44 ローマでは、市民法《シヴィル・ロー》〔ローマ法に同じ〕の研究は市民の大部分ではなく、いくつかの特定の家族の教育の一部になっていた。しかしながら、法律について知識の習得を希望する若者は、進学すべき公的な学校がなかったし、親戚や友人のうちで、それを理解していると思われる人々の集まりに頻繁に通うこと以外に、それを勉強する他の方法もなかった。十二表法〔前五世紀半ばに成立した現存最古の法律で、貴族と平民の争いの産物〕という法律は、その多くが、いくつかの古代ギリシャの共和国の法律から写したものであるとはいえ、しかし法律は、古代ギリシャのどこかの共和国で、まったく科学的知識《サイエンス》として発展したもののように見えないということは、おそらく注目に値するだろう。ローマでは、それはきわめて早期に科学的知識になったし、それを理解しているという評判をもつ市民に対して、かなり大きな名誉を与えた。古代ギリシャの共和国、とくにアテネでは、通常の裁判所は、しばしばほとんど行き当たりばったりに、つまり民衆の声、党派や派閥精神がたまたま判決を下す多人数の、それゆえ、無秩序な集団から構成されていた。不公正な裁決からもたらされる不名誉は、裁決が五〇〇人、一〇〇〇人あるいは一五〇〇人の人々により分担されていた場合には、いかなる個人に対してであれ、きわめて重くのしかかるはずがなかった。

　これとは逆に、ローマでは、主要な裁判所は一人の裁判官あるいは少数の裁判官から構成されており、とくに裁判所はいつも公開で審議されたから、彼らの評判《キャラクター》が、軽率で不公正な裁決によって大きく影響されないことなど、まず起きるはずがなかった。定見が定まっていない訴訟の場合、そのような裁判所は、非難を回避しようと切望するため、彼らよりも前に同じ裁判所や別の裁判所に座っていた裁判官による類例や先例に頼って、自然に自らを守ろうと努力したことだろう。慣例や先例に対するこのような配慮は、必然的にローマ法を、我々にまで引き継がれる規則正しく秩序だった体系に作り上げたし、しかも同様の配慮は、そのような配慮が行われた他のすべての国の法律に対して、同じような効果を及ぼしてきた。ギリシャ人の特徴を上回るローマ人の特徴は、ポリュビオスとハリカルナッセウスのディオニュシオスがおおいに注目したように、このような著者がそれに帰した事情のどれかというよりも、おそらく彼らの裁判所がもつより良い慣行《コンスティテューション》に負うところが大であっただろう。ローマ人は、宣誓というものに並外れた敬意を払った点でとくに目立っていた。だが、勤勉で豊富な知識をもつ裁判官の前でしかなされない宣誓に慣れていた人々は、騒がしくて無秩序な集会で同じことをすることに慣れていた人々よりも、彼らが宣誓したことに対して、自然に注意深くなったであろう。

45 ギリシャ人とローマ人の能力は、民生面と軍事面の両面において、すくなくとも、すべての近代的な国民のそれと等しかった、と認めることは容易であろう。多分我々は、両者を過大に評価する点で偏見を持っている。だが、軍事訓練にかかわる点を除けば、国家はこのような偉大な能力の形成において、何の骨折りもしていなかったように思われる。というのは、ギリシャ人の音楽教育《ミュージカル・エデュケーション》が偉大な能力の形成においてきわめて重要なものであった、と信じる気にはとうていなれないからである。しかしながら、教師というものは、社会の状況次第で、このような国民の半分以上の人々に、知識を伝授されていることが彼らに不可欠であったり好都合だったりするあらゆる芸術や科学を教える《インストラクト》目的のために、探し出されたように思われる。そのような知識の伝授《インストラクション》に対する需要は、それがつねに生み出すもの、つまりそれを与えるための才能を進展させるから、遠慮のない競争《コンペティション》がかならず引き起こす競争心《エミュレーション》が、そのような才能をきわめて高い水準の完璧な技能に導いたように思われる。古代の哲学者が呼び起こした注意の点で、彼らが聴衆の見解や徳義心の隅々まで射止めた支配力の点で、さらに、彼らがこのような聴衆の振る舞いや会話に一定の話し方と様式を与えた能力の点で、このような教師は現代の教師よりもずっと優れていたように思われる。

現代では、公的機関《パブリック》に属する教師の精励は、彼らの個別的な専門職における成功や評判との結びつきを多少ともなくすような環境によって、ある程度損なわれている。また彼らの給料は、機関所属の教師と競争するようになると自認する私的《プライベート》な教師を、補助金を相当もらって貿易する商人と助成金無しで競争して貿易する商人と、同じような立場に置く。彼が自分の財貨を同じ価格に近い値段で売却しても、彼は同じ利潤を入手できず、たとえ破産や破滅に至らないとしても、すくなくとも貧困や貧窮が、間違いなく彼の運命になろう。もし彼がずっと高い価格で自分の財貨を販売しようと試みても、彼は自分の境遇を大きく改善するような顧客をほとんど確保できないであろう。くわえて、学位取得による卒業がもつ特権は、多くの国で必然的に、あるいは少なくとも学術的な専門職に就く大部分の人間、すなわち、学究的な教育の必要がある大部分の人々にとって、少なくとも飛びぬけて好都合なものである。だが、このような特権を取得できるのは、公的機関に属す教師の講義に出席した場合に限られる。あらゆる私教師のもっとも優秀な授業にこれ以上ないほど几帳面に出席することは、そのような特権を請求するためのいかなる資格もけっして与えることができない。大学で普通教えられている種類の科学の私教師が、近代になって、一般的に最下層の知識人《マン・オヴ・レターズ》に属するとみなされるのは、このようなさまざまな原因にもとづいている。真に優秀な人間なら、彼らが目を向けるには、これ以上誇りを傷つけたり利益が少なかったりする仕事はほとんどないと、理解するはずである。学校や大学の基本財産は、このような仕方で、たんに公的機関に属する教師の精励を損じるだけでなく、それが、あらゆる立派な私教師をほとんど得られないようにしてしまうのである。

46 教育のための公的機関が存在しなければ、いかなる学説も、いかなる科学も需要がなくなるから、つまり、その時代の事情によって、学ぶことが必要なもの、好都合なもの、あるいはすくなくとも流行のものにはならないのだから、教えられることがないだろう。私教師は、有用だと認められているがすでに打破されて時代遅れの体系になった科学とか、まったく役に立たない衒学的な詭弁や戯言の塊だと普遍的に信じられている科学を教える動機など、もちうるはずがない。そのような体系、つまりそのような科学は、その繁栄と収入が、ほとんど機関の評価とは無関係で、その努力ともほとんど無関係であるような、教育のための法人化された団体においてしか存続できない。教育のための公的な機関が存在しなければ、その時代の環境が提供できると思われるもっとも完璧な教育課程を、不屈の努力と能力をもって修了した紳士が、紳士と世慣れた人との間の共通の話題になるすべてのことについて、まったく疎い世界に入っていくことなど起きるはずがないだろう。

47　女子教育のための公的な機関は存在しないから、したがって、彼女たちの教育の一般的な課程における無駄で、不条理で、奇怪なところが存在するはずがない。彼女たちは、両親や後見人が、学んでおくほうがためになるし必要だと判断することを教えられ、それ以外には何も教えられない。彼女たちの教育のすべての部分は、明らかに一定の有用な目的、つまり、人間として自然にもつ魅力を向上させたり、慎み深さ、謙遜、純潔とか家の切盛りに対する精神を形成すること、さらに、家庭の主婦になりやすくし、そうなった時に適切に振舞えるようにすること、これに置かれている。人生のあらゆる局面で、女性は、受けた教育のあらゆる部分から、何らかの便宜と利益を受け取る。人生のあらゆる局面で、男性が受けた教育のもっとも忍耐が必要で面倒な部分から、何らかの便宜や利点を引き出すということは、滅多に起きることではない。

48　それゆえ、社会は国民の教育について何の配慮もすべきではないのか、と問われるかもしれない。あるいは、もし何か提供しなくてはならないとすれば、さまざまな階層の国民になされる必要があるさまざまな教育部門とは何であり、どのような方法でそれがなされる必要があるのだろうかと？

49　ある場合には、社会の状態が、政府の配慮がなくても、必然的に大部分の個人を、その社会状態が要求したり、おそらく認めることができたりするほとんどすべての能力や美徳が、自然に国民のなかで形成されるような状況に置くであろう。他の場合には、社会の状態が大部分の個人をそのような状況には置かないから、大部分の国民のほとんど全面的な堕落や退廃を阻止するために、政府の何らかの配慮が必要である。

50 分業が進展してくると、労働によって生きるほとんどすべての職業《エンプロイメント》、すなわち国民の大部分の職業は、しばしば少数のきわめて単純な作業――しばしば一つか、二つの作業――に限定されてくる。だが、大部分の人間の理解力は、必然的にその通常の職業によって形成される。人生のすべてを、その成果がつねに等しいか、多分ほとんど等しい少数の単純な作業の遂行に費やす人間は、けっして生じることがない困難を除去するための方策を見つけだすことにおいて、理解力を行使したり、想像力を発揮したりする機会をもつことがない。それゆえ、彼は自然にそのような努力をする習慣を失い、一般的に人間という被造物がここまでなれるかというほど、愚かで無知になってしまう。心の麻痺状態は、あらゆる理にかなった会話を楽しみ参加することを不可能にするだけでなく、寛大で、高貴で優しい感情を理解し、私的な生活における通常の義務にかんする多くの正当な判断を下すことさえ、結果的にできないようにする。

彼の母国の大きくて広範な利害について、彼はまったく判断することができないし、彼を違ったものにするために著しく普通とは違う配慮がなされないかぎり、戦争で自分の母国を防衛することも、同様に不可能である。彼の変化に乏しい生活がもつ画一性は、自然に彼の心の豪胆さを台無しにし、兵士という不規則で、不確実でしかも危険の多い生活を嫌悪の目で眺めるようにする。それは、彼の身体の動きさえ駄目にし、彼が育てられてきた職業以外のあらゆる仕事において、自分の力を精力的かつ忍耐強く発揮できないようにする。彼独自の職業で培った器用さとは、このような仕方で、彼の知的、社会的、さらには武勇という徳目を犠牲にして、獲得されるもののように思われる。だが、あらゆる改良され、文明化された社会では、これが、政府がそれを防ぐために配慮しないかぎり、労働貧民、つまり大部分の国民が必然的に陥るにちがいない状態なのである。

51 猟師の世界とか遊牧者の世界と普通呼ばれている未開社会、さらに製造業における改良や外国商業の拡大に先立つ未開状態にある農業社会では、話が違ってくる。そのような社会では、すべての人間の変化に富む職業は、すべての人間に、もてる能力の発揮と、絶え間なく発生する困難を取り除くための手段の発明を不可避なものにする。発明の才は持続するから、そのような心は、文明化した社会でほとんどすべての下層階級の人々の理解力を麻痺させるように思われる、眠気を催すような愚かさへ落ち込むほど駄目になることはない。このような野蛮《バーバラス》な社会——そう呼ばれているけれども——では、すでに見てきたように、すべての男性は戦士である。また、すべての男性はある程度まで政治家であって、社会の利害、したがって社会を支配する人物の振る舞いについて、ある程度の判断を行うことができる。彼らの指導者が平和時にどの程度立派な裁判官であり、戦時にどの程度立派な指揮官であるか、これは彼らの仲間のほとんど一人一人の目で、明瞭に見て取れることである。実際、そのような社会には、ごく限られた人間が時々よりいっそう文明的な状態でもつような、改良されて洗練された理解力を十分に獲得できる人間はいない。未開な社会では、あらゆる個人の職業のなかにきわめて多くの多様性が存在するとはいえ、社会全体における職業の多様性という点では、けっして大きくない。すべての人間は、他の人間が実行するすべてのことを行う、つまり、行う能力をもっている。誰でも、かなりの程度の知識、器用さおよび発明の才をもっているが、とびぬけた程度それをもっている人間は、ほとんどいない。しかしながら、普通に保持されている程度は、その社会の単純な仕事の全体を遂行するためであれば、一般的に十分である。

これとは逆に、文明化された状態では、大部分の個人の職業のなかにはほとんど多様性が存在しないが、社会全体で見た場合の職業の多様性は、ほとんど無限に存在する。このように多様化した職業は、自分自身は何か特定の職業につくことなく、余暇時間をもち、他人の時の過ごし方を吟味する好みをもつごく少数の人々に、ほとんど限りなく多様に観照《コンテンプレイション》の対象物を提供する。これほど大きな多様性をもつ対象物の観照は、必然的にそのような人々の心のなかで限りない比較と組み合わせを実行させ、彼らの理解力に、驚くべき程度の鋭さと包括性を与えるのである。しかしながら、このようなごく少数の人間が偶然きわめて特殊な状況に置かれないかぎり、彼らがもつ能力は、彼ら自身にはあっぱれなことであっても、彼らが住む社会の立派な統治や幸福には、ほとんど貢献しない可能性がある。このような人々がもつ偉大な能力にもかかわらず、人間の特徴のあらゆる高貴な部分は、大部分の国民のなかで抹殺され、消滅させられる可能性をもっている。

52 文明化した商業的な社会の場合には、普通の人々の教育は、ある程度の地位と富をもつ人々の教育よりも、おそらくより多く社会の配慮を必要としている。ある程度の地位と富をもつ人々は、一般的に一八歳か一九歳で特定の仕事、専門職あるいは職業に就き、その分野で世界に認められたものになろうとする。それまで彼らには、彼らを社会的評価に委ねることができるあらゆる技芸《アコンプリシュメント》を習得したり、あるいはすくなくとも後に習得する準備を整えたりするための十分な時間がある。彼らの両親や後見人は、一般に彼らがそのようなことを達成するように心から願っているし、ほとんどの場合、その目的にとって必要な経費を苦労して準備することをいとわない。

彼らがかならずしも適切に教育されていないとすれば、それは彼らの教育に対して準備された経費の不足からであることは滅多になく、その費用の不適切な適用からである。それは教師の不足からであることは滅多になく、本来それを持っているべき教師の怠慢や能力不足や、事物の現状においては、もっと良い教師を見つけだすことが困難であるか、不可能であるかに起因している。また、ある程度の地位と富をもつ人々が人生の大部分を費やす職業は、あらゆる普通の人々とは異なって、単純で均一なものではない。彼らの仕事は、そのほとんどすべてが、手というよりも頭を多く使う類いのきわめて複雑なものである。そのような職業に従事している人々の理解力が、実践不足という理由から休眠してしまうことなど滅多にありえない。くわえて、ある程度の地位と富をもつ人々の職業が、朝から晩まで彼らをへとへとにするようなものであることは滅多にない。彼らは一般的にかなり豊富な余暇を持っているから、余暇の間に、基礎を築くことができるとか、あるいは、それに対して人生の早い時期に一定の美的感覚をすでに習得済みであるような、有益で飾りになるあらゆる分野の知識に熟達することができるであろう。

53 普通の人々にとっては、事態は異なる。彼らは教育のために残しておく時間をほとんどもっていない。彼らの両親は、幼い時でさえ彼らを養う金銭的余裕をもっていることがほとんどない。彼らが働けるようになるや否や、彼らは、それで自分たちの食料などの生活物資を稼げる商売に打ち込まなければならない。その商売はまた、一般的に理解するのにほとんど訓練を要しないような単純で画一的なものであるが、同時にまた、彼らの労働は絶え間なく続くだけでなく骨の折れるものでもあるため、彼らには、余暇や、何か他のことに振り向けたり考えたりする好みは、ほとんど残らないことになる。

54 いかなる文明社会でも、普通の人々が、かなりの地位や富を保持している人々のように良い教育を受けられるわけではないが、しかし、読み、書き、計算という教育のもっとも基本的な部分については、人生のもっとも早い時期に獲得しうるものであるから、もっとも低い身分の職業に生まれついた人々でも、このような職業に従事できるようになるまでには、その大部分を習得できるであろう。というのは、公共社会《ザ・パブリック》は、きわめてわずかな支出によって、このような教育のもっとも本質的な部分を習得する必要性を、ほとんどすべての大衆に対して促進したり、奨励したり、さらには強制したりすることができるからである。

55 公共社会は、きわめて安い謝礼で子供が教えてもらえるため、普通の労働者でもそれができるような小さな学校――教師は、かりに社会によって全額が、あるいはおおよそ大部分が支払われる場合には、すぐに自分の仕事を怠けることを学ぶから、社会によって全部ではなく、一部だけが支払われる学校――を、あらゆる教区や地域に設立することによって、このような習得を促進することができる。スコットランドでは、慈善学校の施設《エスタブリッシュメント・オヴ・チャリティー・スクール》〔一七世紀末以降、慈善団体や篤志家の寄付により設立され、ごく安い負担で貧民の子女教育を行った〕が、ほとんどすべての大衆に、読むことや、書いたり計算したりすることを、教えてきた。イングランドでは、慈善学校の施設が同じ種類の目的をもっていたが、そのような機関があまり広まっていないため、それほど一般的ではない。もしこのような小さな学校で、それを使って子供が読むことを教えられる書物が、一般的にそうであるものよりもう少しためになる《インストラクティヴ》ものであったなら、さらにまた、大衆の子供が時々そこで教えられている、彼らにほとんど役立つはずがない生半可なラテン語ではなく、幾何学と力学の初歩が彼らに教え込まれるなら、この階級に属する人々の読み書き教育《リテラリー・エデュケーション》は、おそらく可能なかぎり完璧なものになるだろう。幾何学や力学の原理を適用する機会を与えなかったり、結果的に普通の人々にこのような原理を次第に用いさせたり活用させたりするだけでなく、もっとも高貴であるばかりか、もっとも有用な科学への不可避の導入を提供したりしないような普通の職業など、ほとんどない。

56 公共社会は、成績が良い普通の人々の子供にわずかな褒美と、些細な名誉の印《バッジ》を与えることによって、このような教育のもっとも不可欠な《エッセンシャル》部分の習得を奨励することができる。

57 公共社会は、いかなる同業組合であろうと、その特権を入手し得るまでに、あるいは、自治権をもつ地域または都市で何らかの商売を開業する許可を得るまでに、すべての人物が、それにかんして試験や検定を受けざるをえなくすることにより、大部分の人々に対して、このような教育のもっとも不可欠な部分の習得を義務付けることができる。

58 ギリシャやローマの共和国がそれぞれの市民に尚武の精神《マーシャル・スピリット》を養ったのは、このような仕方、つまり、軍事や体育の実技を奨励すること、および国民の全体にこのような実技を習得する必要性を課すことによってであった。彼らは、実技の習得や遂行のために一定の場所を割り当てたり、そこで教える特権を一定の教師に与えたりすることによって、このような実技の習得を促進した。このような教師が、俸給や何らかの種類の排他的特権を得ていたようには思われない。彼らの報酬は、余すところなく彼らの弟子たちから得るもので成り立っていたのであって、公共社会の錬成所で自分の実技を習得した市民が、それ以外の者が私的に同じくらいよく実技を習得している場合には、そのような人物を上回る法的特権を手にすることもなかった。このような共和国は、それに秀でた者に些細な褒美と名誉の印を与えることによって、このような実技の習得を奨励したのである。オリンピア、イストミアあるいはネメアの競技会で賞を獲得することは、それを獲得した人物だけでなく、その家族や親族までも有名にした。召集された場合、すべての市民が共和国の軍隊で一定の年数勤め上げなければならないという義務は、それを習得しなければ、その軍役に適応できないこのような実技の習得を不可欠にするには、十分なものであった。

59 改良が進展してくると、軍事訓練の実施は、政府がそれを支援するために配慮しないかぎり次第に衰退していくし、それとともに、大部分の国民の尚武の精神も衰退するということは、近代ヨーロッパの事例が十分に示している。だが、あらゆる社会の安全は、つねに多かれ少なかれ大部分の国民の尚武の精神に依存している。実際、現代では、よく訓練された常備軍によって支援されていない尚武の精神だけでは、おそらくいかなる社会であれ、その防衛と安全のためには十分でないだろう。だが、すべての市民が兵士としての精神をもつところならどこでも、間違いなく小規模な常備軍が必要とされるだろう。くわえてその精神は、一般的に常備軍から理解されている自由に対する危険性を、現実的であれ想像の上であれ、必然的に著しく減少させるだろう。それは、外国の侵入に対する常備軍の軍事行動を大幅に助長するのと同様に、不幸にも常備軍の軍事行動がその国家の国制に対して向けられでもした場合には、尚武の精神がそのような行動を妨害するであろう。

60 ギリシャとローマの古代の制度は、大部分の国民の尚武の精神を保つためのものとしてみると、現代では民兵と呼ばれている機関よりも、ずっと効果的であったように思われる。それはきわめて単純なものであった。一旦創設されると、それはおのずと展開し、これ以上ないほど活力に溢れる状態に保っておくために、政府の配慮など、ほとんどあるいはまったく必要ではなかった。これに対して、現代の民兵における入り組んだ統制をそれなりの出来栄えで維持することは、政府による継続的で骨の折れる配慮が必要であって、それがなければ、絶えずまったく等閑にされたり、廃止されたりする状態に陥ることになる。その上、古代の制度がもつ影響力はとりわけ広範なものであった。それによって、大部分の人々は武器の使用法を徹底的に教え込まれた。他方で、あらゆる現代的な民兵の統制によって教え込むことができるのは、おそらくスイスを除いて、国民のうちのごく小さな部分でしかない。

だが、臆病者つまり自分で防衛も仕返しもできない人間は、明らかに人間の特徴のうちのもっとも重要な部分が不足している。彼は、身体のもっとも重要な器官のどれかを奪われたか、それが用をなさなくなった人物のように、心が損なわれ、歪められているのである。彼は、二つの部類のうちでは、よりいっそう哀れで情けない人間である。というのは、そのほとんどすべてが心の中にある幸福や悲嘆というものは、身体というよりもむしろ、心が健全であるか健全でないか、損なわれているか完全な状態にあるか、必然的にこれに依存しているはずだからである。たとえ国民の尚武の精神が社会の防衛について少しも役に立たないにしても、しかし、かならずその中に臆病さを含んでいるそのような種類の精神的な損傷、ゆがみや悲惨さが、おのずと大部分の国民に広がっていくのを阻止することは、なお政府がなにより真剣に配慮する価値があることだろう。これは、致命的でも命にかかわるわけでもないし、さらに、それほど大きな公共の災難の予防を別とすれば、そのような配慮からもたらされる公共善などおそらく存在しないとはいえ、ハンセン病や他の胸が痛むつらい病気が国民の間に広がるのを予防すること〔ハンセン病は現代では伝染性も低く、治療で完治することが分かっている。また、当時は一七世紀後半ロンドンで大流行したペストの記憶が鮮明であった〕が、なによりも真剣な配慮に値するのと、まさに同じやり方なのである。

61 同じことは、文明化した社会の場合、下層階級に属するすべての国民の理解力がきわめて頻繁に麻痺しているように見えるはなはだしい無知と愚かさについても、言えるであろう。人間というものは、もし人間がもつ知的能力を適切に使わないことが可能だとしても、臆病者よりももっと軽蔑に値するものになり、人間本性がもつ特徴のうちでもいっそう本質的な部分が損なわれ、歪められているように思われる。国家は、下層階級に属する国民へ教えること《インストラクション》から何も利益を引き出すようになっているわけではないが、それでもなお、そのような国民がまったく無教育のまま放置されることがないように配慮する価値はあるだろう。

しかしながら、国家は下層階級へ教えることから、けっして小さくはない利益を引き出す。下層階級に属する国民がより多く知識を教え込まれれば込まれるほど、無教育な国民のあいだでしばしば生じるもっとも恐ろしい無秩序を引き起こす狂信や迷信に、国民がますます欺かれにくくなる。くわえて、知識を教え込まれた知的な人々は、無知で無分別な人々に較べ、いつもはるかに礼儀正しく規律正しい。彼らはそれぞれ、尊敬に値するようになったとおのずと感じるし、合法的に彼らの上に立つ人々の敬意を獲得しやすくなり、こうして、そのような高位の人物を尊敬する気持ちになる。彼らは、内紛や扇動がもつ私利私欲にまみれた不平を、よりいっそう確かめようとするだけでなく、それを見破る力量をつけるから、その理由からして、政府の処置に対する理不尽で不必要な犯行へと、誤って導かれることが減少するだろう。自由な国《フリー・カントリー》――政府の安全が、その振る舞いについて国民が抱く好意的な判断に大部分もとづいている国――では、政府の振る舞いについて国民が性急に気まぐれな判断をくだす気持ちにならせないということが、間違いなくもっとも重要なはずである。

第三項　あらゆる世代の人々に教えるための制度の経費について

1　あらゆる世代の人々に対して知識を広めるための制度は、主として宗教的な知識を与えるためのものである。これは、人々を現世で善良な市民にするということよりも、むしろ彼らに、来るべきあの世にある別のもっと良い世界のために準備させようとするものである。このような指示を含んでいる信条の教師は、他の種類の教師と同様に、教えを受ける人々から受け取る自発的な献金によって生計のすべてを賄えるだろうし、国家の法律によって、彼らに付与する他の基金――私有地、十分の一税《タイス》ないし土地税、固定的な報酬や俸給など――から引き出すこともできる。彼らの努力、熱意や勤勉さは、後者の場合よりも前者の場合のほうが、はるかに大きくなりやすいだろう。この点で、新興宗教の教師は、昔から確立済みの体制を攻撃するうえで、いつもかなり有利であった。というのは、手にする給付金に聖職者が安住して、大部分の住民のなかで篤い信仰と献身を維持することができず、自ら怠惰にふけるため、自分自身が確立してきたものを守る時でさえ、精力的に努力することができなくなるからである。

十分な寄付財産をもつ国教会《エスタブリッシュト・レリジョン》の聖職者は、紳士としての徳目――紳士の尊敬を引きつけることができる徳目――のすべてを兼ね備え、学識と気品に溢れた人物になることが多かったが、彼らは、良きにつけ悪しきにつけ、下層階級の人々に対する権威と影響力をもたらしてきた特徴――おそらく、彼らの宗教の成功と国教化のそもそもの原因であった特徴――を次第に失ってしまう傾向があった。そのような聖職者は、おそらく無分別で無知な熱狂者だとはいえ、大衆受けして大胆な一団の人々によって攻撃された時、北アジアの活発で、勇敢で腹をすかせたタタール人に襲撃された時のアジア南部の怠惰で、柔弱で腹一杯食べている国民のように、防御のすべがまったくないと感じるのである。そのような聖職者は、このような緊急事態に直面すると、一般に統治者《シヴィル・マジストレイト》に対して、彼らの敵対者を公共秩序の紊乱者《びんらん》として処罰し、駆除し、追い払うように求めるほかに仕方がなかった。

このようにして、ローマ・カトリックの聖職者がプロテスタントを、さらにイングランド国教会が国教反対者《ディセンター》を処罰するように統治者に求めたし、また、一般的にあらゆる宗教の宗派が、法によって一旦定められた機関としての保障を一世紀か二世紀の間享受すると、その教義と規律を非難しようと決めたあらゆる新宗派に対して、精力的に防衛することは不可能だと理解したのも、このようにしてであった。そのような場合、学識と文才という点での利点は、時には国教会の側にある可能性がある。だが、流行らせる技法、転向者を獲得する技法のすべては、つねにその敵対者の側にある。イングランドでは、国教会の基本財産に十分恵まれた聖職者によってこのような技法が無視されて久しいが、その技法は、現在もっぱら国教反対者やメソジスト〔John Wesley, 1703-1791. ウェスレーの信仰復興運動にはじまるプロテスタントの一教派〕によって洗練されている。しかしながら、多くの場所で異議を唱える教師のために、自発的な寄付その他法律の忌避という手段を用いてつくられた教会組織に属さない叙任は、このような教師の熱意と活動を和らげるのにおおいに役立ったように思われる。そのうちの多くの人物が、おおいに学識をもち、独創的で尊敬に値する人間になったが、しかし彼らは、一般的におおいに大衆うけする伝道者ではなくなった。国教反対者の学識の半分ももたないメソジストのほうが、はるかに人気がある。

2　ローマの教会では、地位の低い聖職者の勤勉と熱意が、おそらく他のすべての基本財産をもつ新教徒の教会におけるよりも、利己心という強力な動機によって、はるかに活発に保たれている。教区の聖職者の多くは、信仰告白が彼らに多くの活用機会を与える収入源泉である大衆の自発的な喜捨から、食料などの生活物資の大部分を引き出している。托鉢修道会は、その食料などの生活物資全体をそのような喜捨から得ている。それは彼らが身につけたものであり、どこかの軍隊の軽騎兵や歩兵のように、略奪がなければ支払いもなしなのである。教区の聖職者は、報酬の一部をその俸給に、さらに一部を教え子から受け取る授業料や贈り物に頼る教師に似ているが、これは何時でも、多かれ少なかれその努力《インダストリー》と評判に依存しているはずである。托鉢修道会は、その食料などの生活物資をほとんど自らの努力に依存している教師に似ている。それゆえ、彼らは普通の大衆の信仰を活性化できるような、あらゆる技法を用いざるをえない。聖ドミニコ修道会〔一二一五年設立〕と聖フランシスコ修道会〔会則の認可は一二二三年〕という二つの大修道会の設立は、マキアヴェッリの考察によれば、一三世紀と一四世紀にかけて、カトリック教会の衰弱していた信仰と奉献《デヴォウシヨン》を生き返らせたという。ローマ・カトリックの国では、奉献の精神は、概して修道士や貧しい教区聖職者によって支持されている。紳士や俗界の人々のあらゆるたしなみと、また時には知識人のそれを保持している教会の高位聖職者は、教会の下位者に必要な規律を十分維持するように注意していたが、大衆に知識を教え込むことにかんして、自らいざこざを起こすことはほとんどなかった。

3 現代の最高に傑出した哲学者であり歴史家〔デヴィド・ヒュームのこと〕は、次のように言う。「一国におけるほとんどの技術と専門職は、社会の利益を促進する一方で、一定の個人についても有益だったり快適だったりする性質のものであるから、そのような場合には、おそらく、なにかの技術を最初に導入する場合を別として、専門職それ自体には手を触れず、それから利益を刈り取る個人に技術の促進を委ねることが、統治者《マジストレイト》の不動の原則である。顧客の贔屓によって利益が高まることを理解した職人は、可能なかぎり彼らの技術と勤勉さを高めようとするし、無分別にため込むことによって事態がかき乱されないかぎり、その商品は、いつでも確実にそれに対する需要とおおよそ釣り合うのである。

4 「だが、一国のなかでは有用であり不可欠でさえあるが、どの個人にとっても利益や快楽をもたらさないいくつかの職業もあるため、最高の権力者は、このような専門職の保有者にかんする自らの指導を変更せざるをえなくなる。彼らの存続に対して迅速な公的奨励が与えられる必要があるし、彼らが自然に晒されやすい怠慢な行為は、その専門職に対して特別な名誉を付加したり、長い階層的序列をもつ地位や厳格な服従関係を創設したり、さらには何か別の便宜によって、禁止される必要がある。財政、艦隊、行政において雇用されている人物が、この部類に属す人間の事例である。

5「一見すれば、聖職者が最上級の階級に属し、彼らの激励は、法律家や医者とならんで、彼らの教義に愛着を感じ、彼らの精神的な援助と助力から、恩恵と慰めを得る個人の気前の良さに無事委ねられている。彼らの努力と警戒は、間違いなく、そのような追加的な動機によって研ぎ澄まされるだろうし、専門職における彼らの技量は、大衆の心を左右する際の弁舌とともに、彼らの実践、研究、さらに心遣いが増していくことにより、日々高まっていくはずである。

6「だが、もし我々が事態をもっと綿密に考察すれば、この聖職者の私利私欲に導かれた精励というものは、真実のものを除くすべての宗教では、そのなかに迷信、愚かな考え、妄想がひどく混入したものを吹き込まれることによって、高度に有害で、真実の宗教を阻止する自然な傾向さえもってくるため、あらゆる賢明な立法者が阻止すべく配慮するものだということが、わかってくるだろう。あらゆる宗教的実践者は、抱え込んでいる信者の目にいっそう貴くて神聖だと映るようにするため、他のすべての教派をこれ以上ないほど憎悪するように吹き込み、なにやら斬新なやり方で、聴衆の形ばかりの信仰を目覚めさせようと絶えず努力するだろう。教え込まれた教義のなかでは、真理、道徳および品位に対する関心はまったく払われないだろう。すべての教義は、人体における病的な異常《ディスオーダーリー・アフェクションズ》にもっとも都合のよいものが採用されるだろう。お客は、庶民の激情と軽信性に付け込む新しい努力と弁舌によって、それぞれの秘密集会に引き寄せられるだろう。そして最後に統治者は、司祭のための固定的な定収入を節約して、見せかけのつましさに対して高く支払ったこと、さらに、宗教指導者との間で結ぶことができるもっとも上品で有利な和解は、実際には、たんに新しい牧草地を求めて信者の群れが歩き回らないようにすることよりもむしろ、彼らの専門職に確定した俸給をあてがい、彼らにそれ以上の活動を不必要にすることによって、聖職者が怠惰になるように買収することだと、理解するだろう。そしてこのような仕方で、聖職者の定収入は、一般的に、最初は宗教的な観点から生じたものであるとはいえ、社会の政治的な利害関係者にとって利益であることが、最後に判明するわけである」〔以上パラグラフ4～6は、ヒューム『イングランド史』からの引用である〕。

7　だが、聖職者が食べていけるだけの支給がもつ結果が良かろうと悪かろうと、おそらくそれは、このような結果を見据えたうえで彼らに与えられたものではなかった。激しい宗教論争の時期は、一般的に、同様に激しい政治的内紛の時期であった。そのような場合には、それぞれの政治集団は、論戦している教派のいずれかの側と同盟することが、自分たちの利益になる、と理解したり想像したりする。だが、これが可能になるのは、特定の教派の教義を採用するか、あるいは、最低でも依怙贔屓する時にかぎられる。勝利しつつある党派と同盟を組む幸運に恵まれた教派は、必然的にその盟友の勝利のおすそ分けに与り、その贔屓と保護によって、まもなくそのすべての反対者をある程度まで黙らせ、従順にすることができる。このような反対者は、一般的に勝利者の敵方と同盟を組んでおり、それゆえその党派の敵であった。

この特別な教派の聖職者は、このようにしてその分野の完全な支配者になり、大多数の国民に対する彼らの影響と権威が最高の勢いに達するため、彼ら自身の党派の首領や指導者を脅しつけるほど十分に強力であり、統治者に、彼らの見解や意向を尊重するように余儀なくさせたほどである。一般に、彼らの最初の要求は、彼らの反対者すべてを黙らせ、服従させることであり、その次に、統治者が彼らに食べていけるだけの支給を授けることであった。彼らは一般的にその勝利に対しておおいに貢献したため、彼らが戦利品の一定の分け前を手中に収めることが不合理なことには見えなかった。くわえて、彼らは大衆に調子を合わせたり、彼らの移り気に生活の糧を依存したりしていることが、いやになっていた。それゆえ、これを要求するなかで、彼らは、将来彼らの階級がもつ勢力と、権威に対してもつ可能性がある結果については心配することなく、自分自身の安楽と快適さを念頭に置いたのである。自分自身で利用するか、あるいは持っておくよりも、もっと多くを望んだと思われる彼らに、何かを与えることによってしかこの要求にこたえられなかった統治者は、滅多に喜んでそれを与えようとはしなかった。しかしながら、多くの遅延、言い逃れ、および取り繕った謝罪がなされた後でのことが多かったが、最後には必要性にせまられて、いつも屈服せざるをえなかった。

8　しかし、もし政治が宗教の助けをけっして求めず、勝利を得つつある党派が、けっしてひとつの教派の教義を他の教派のそれ以上に受け入れたりしなかったら、勝利をおさめた時、すべての異なった教派を同等に分け隔てなく扱い、自分がふさわしいと考えるような自分自身の聖職者と自分自身の宗教を選択することを、すべての人間に許したことだろう。この場合、宗教的な教派がきわめて多数存在するようになるのは、おそらく間違いないだろう。ほとんどすべてのさまざまな信徒団が、おそらくそれ自身小さな教派を形成し、自分たちに固有の教義を維持することができるだろう。教師であれば、教え子の数を維持したり増加させたりするために、できるかぎり努力をしたり、あらゆる技術を用いる必要性に迫られている、と感じるのは間違いない。だが、他のすべての教師も同じ必要性に迫られていると感じるから、誰か一人の教師、あるいは教師の教派だけが飛びぬけた成功を達成できるはずがない。宗教的な教師が関与する激しい熱意が、危険で悶着を起こす可能性をもつのは、社会のなかでたったひとつの教派が許容されるとか、大きな社会全体が二つか三つの大規模な教派――つまり、教師の全員が申し合わせて、つまり一定の規律と服従のもとに活動する教派――に分割されている所だけに限られる。

だが、この種の熱意は、社会が二〇〇とか三〇〇、あるいはおそらく二〇〇〇とか三〇〇〇の小さな教派に分割され、そのうちのどれひとつとして大衆の平安を乱すほど十分大きなものでありえない所なら、まったく無害であるにちがいない。自分たちが友人よりももっと多くの敵対者に四方を囲まれていることを理解しているそれぞれの教派の教師は、このような教義が統治者によって支持され、広大な王国や帝国のほとんどすべての住民によって尊敬されており、それゆえ、身の回りには追従者、信奉者、および慎み深い賞賛者しか見出せない大規模な教派の教師のあいだではほとんど見出せない誠実さや節度というものを、学ばざるをえなくなろう。自分自身がほとんど孤立していると理解しているそれぞれの小さな教派の教師は、他のあらゆる教派の教師を尊敬することを余儀なくされるであろうし、たがいに実行するのがともに好都合だし、快適であると彼らが相互に理解するような譲歩は、おそらく大部分の教派の教理を、あらゆる不条理、詐欺、狂信の混ぜ合わせから、世界史上あらゆる時代に賢人たちが制定されることを夢見た純粋で合理的な宗教の教理に、おそらくいずれ還元することになるであろうが、しかし、明文化された法律というようなものは、おそらく今までまったく制定されたことはないし、おそらく今後どの国でも、制定されることはないだろう。というのは、宗教について、明文化された法律はかつていつもそうだったし、多分つねにそうであろうが、多少なりとも大衆の迷信と熱狂によって影響されてきたからである。

このような宗教的統治にかんする構想、あるいはより適切に言えば、まったく宗教的でない統治の構想は、独立教会主義者《インディペンダンツ》と呼ばれる教派——紛れもなくきわめて荒々しい教派——が、内乱の末期にかけてイングランドで設立しようと発議したものであった。きわめて哲学的な見識を欠く起源のものではあったが、もしそれが設立されていたなら、おそらくそれは現代までに、あらゆる種類の宗教的な原理にかんして、哲学的にもっとも申し分のない風潮と節度を生み出していたことだろう。それは、たまたまクエーカー教徒がもっとも数が多かったペンシルヴェニアで、いかなる教派も他の教派よりも実際に優遇されないという法律を制定したため、そこでは、それがこのような哲学的に申し分がない風潮と節度を生み出してきた、と言われている。

9 だが、このような平等な取り扱いは、このような申し分ない風潮と節度を特定の国の宗教的教派のすべて、あるいは大部分においてさえ生み出すわけではないが、それでもなお、このような教派の数が十分に大きく、その結果、それぞれが社会の平穏を乱すためには規模が小さすぎるほどであれば、特定の教義に対するそれぞれの教派の過剰なまでの熱狂が、何かきわめて有害な影響を生み出せるはずはないのであり、むしろ逆に、いくつかの立派な影響を生み出すことが可能であろう。すなわち、もし政府が、すべての教派を完全に放任し、それぞれの教派がたがいに他に干渉しないように義務づけると固く決心するなら、教派がまもなく十分はなはだしく多数になってしまうほど、おのずと十分な速度で分裂しないなどという危険はほとんどないのである。

10 あらゆる文明社会では、つまり、階級の区別が一旦完全に出来上がった社会では、二つの異なった道徳の大要あるいは体系が、つねに同時に存在してきた。すなわち、厳格で禁欲的な体系と呼びうるものと、自由《リベラル》なあるいは奔放《ルース》な体系と呼んでも構わないものとである。前者が、一般的に名もない人々によって賞賛され、崇められるのに対し、後者は、一般的に上流階級と呼ばれる人々によっていっそう重視され、受け入れられている。このような対照的な二つの大要や体系のあいだの主要な違いは、繁栄を極めた場合に、つまり陽気になりすぎたり機嫌が良すぎたりすることが生み出しがちな悪徳、すなわち軽率という悪徳として特徴づけざるをえないものを、どの程度まで否認するかに依存しているように思われる。自由で奔放な道徳体系では、贅沢で、勝手気ままで、乱脈でさえある浮かれ騒ぎ、不摂生といってよいほどの快楽の追求、すくなくとも両性の一方における貞節の破棄などは、それがはなはだしく下品なものに成り下がらず、欺瞞や不正義に導くものでもないという前提が満たされさえすれば、一般的に、度が過ぎるほどの道楽であるとか、気楽に大目に見られたり、完全に赦免されたりする。

これとは逆に、厳格な体系の下では、このような行きすぎは最大の嫌悪と憎悪でもって眺められる。軽率という悪徳は、名もない人々にとってはつねに破滅的なものであり、わずか一週間の軽はずみと放蕩が、貧しい労働者を永久に破滅させ、絶望の挙句、途方もない犯罪に手を染めさせることが頻繁に生じる。それゆえ、名もない人々のうちの賢くて善良な性質をもつ人々は、彼らの経験が、彼らの境遇にある人々に、たちどころに破滅的だと告げるような行きすぎに対し、つねに最大の嫌悪と憎悪を抱くのである。これとは逆に、数年にまたがる乱脈と浪費は、かならずしも上流階級の人間を破産させることはないだろうし、この階級に属する人々は、ある程度の不節制にふける能力を、彼らの富の強みであるとみなす傾向が強いから、激しい非難や叱責を受けずにそのように振る舞う自由は、彼らの地位に付属する特権のひとつだ、と考えがちである。それゆえ、自分自身の地位に恵まれた人々の場合、そのような不節制をごくわずかな程度の否認に値するとみなすだけで、彼らをほとんど、あるいはまったく非難したりすることはない。

11　ほとんどすべての宗教的な教派は、普通の人々の間で始まったものであり、一般的に彼らの中から、もっとも多数の改宗者だけでなく、もっとも初期の改宗者を引き寄せた。道徳の厳格な体系は、したがって、ほとんど何時も、つまり、たとえあったとしてもまず例外なく、このような教派によって採用されてきた。その体系とは、従来確立してきたものにもとづいて改革の構想を最初に提示した階級の人々に、自分たちの教派がもっとも好ましいと思わせることができるような体系である。多くの教派、おそらくその大部分は、この厳格な体系にもとづいて純化し、それを愚直に、行き過ぎるほど駆り立てることによって、賞賛を獲得しようと試みさえしたから、この過剰な厳格さが、普通の人々の尊敬と崇敬の念にとって、他の何にもまして教派を魅力的にすることが多かったのである。

12 地位と富に恵まれた人は、その身分によって大きな社会の選りすぐりの構成員であって、人々が彼の振る舞いのあらゆる部分に注意するし、人々は、そうすることにより、彼にそのすべての部分に自ら注意するように迫るのである。彼の権威や重要性は、この社会が彼に対して抱く敬意に大部分依存する。彼は、社会の中で面目を失ったり、信用を失墜したりするようなことはあえてしないが、それでいながら、自由であれ厳格であれ、この社会が一般的に一致して彼の地位と富に属する人々に命じる特別な道徳を、忠実に遵守することを余儀なくされる。これとは逆に、劣った境遇にある人間は、あらゆる偉大な社会の高貴な構成員から、かけ離れた存在でしかない。彼が田舎の村にとどまっているあいだなら、彼の振る舞いは回りに監視されるだろうし、あるいは彼自身、注意するように余儀なくされるかするであろう。この状況にある時、しかもこの状況にある時だけ、彼はいわゆる評判を落とす可能性がある。

だが、大都市に移住してくるや否や、彼は無名状態と暗闇に沈み込む。彼の振る舞いが、誰かに見られたり注目されたりすることはなく、こうして彼は、自分自身を顧みず、あらゆる卑しい放蕩と悪徳に身を委ねてしまいやすくなる。彼は、小さな教派の一員になることによって可能になるほどには、このような無名状態からうまく抜け出すことができないし、彼の振る舞いが、真っ当な社会で注目をあつめることもけっして生じない。小さな教派に入った瞬間から、彼はそれまでまったく得られなかったほどの配慮を受け取ることになる。彼の友人であるすべての信徒は、その教派の名誉のために、彼の振る舞いを見守ることに関心を抱いており、したがって、もし彼が何かスキャンダルを引き起こしたり、彼らがほとんどいつもたがいに求める厳格な道徳から大きく逸脱したりした場合には、それが市民的権利にかんする影響など何も伴っていない場合でも、つねにきわめて厳しい処罰によって、つまり、その教派からの放逐とか破門によって、彼を罰するであろう。したがって、小さな教派の場合、名もない人々の道徳は、ほとんど間違いなく目立って整然としていて、秩序正しく、一般的に、国教会におけるものをはるかに上回っている。このような弱小教派の道徳は、実際のところ、むしろ不快なほど厳格で非社交的なことが多い。

13　しかしながら、共同の活動によって国家が、乱暴な措置を施さなくても、大衆《カントリー》がその中に分かれていくすべての小教派の道徳に含まれる反社会的で不快なほど厳格な部分を治療できる、二つのすこぶる容易で効果的な治療方法がある。

14　このような治療法の第一は、科学と哲学の研究であり、教師を怠惰で怠け者にするために給料を支払うことによってではなく、高度でずっと難しい科学においてさえ、あらゆる紳士にふさわしい専門職《リベラル・プロフェッション》の遂行を許可される以前に、つまり、信託財産や収益獲得権つきの何か名誉ある任務の候補者になることを認められる以前に、全員が受けなければならないある種の検定を制度化することにより、国家はそれを、すべての中流の人々や中層の身分や富を超える人々の間に、もれなく提供することができよう。もし国家がこの階層の人々に学習する必要性を課したとしても、彼らに適切な教師を提供することについて、何か困難なことなど招くはずはないだろう。科学は、狂信と軽信がもつ毒に対する最大の防御手段であり、上層の階級に属する人々が残らずそれから防御されれば、下層階級の人々が長期間それに晒されることなど、起きるはずがない。

15　第二の救済策は、頻繁な公共の娯楽と陽気な気分である。国家は、以下のことを奨励することによって、つまり、絵画、詩、音楽、舞踊というあらゆる種類の胸を躍らせるような表現や展示によって、自分自身の利益のために、人々を楽しませ、気分転換させよう――スキャンダルや猥雑性を含まずに――と試みる人々に完全な自由を与えることによって、ほとんどいつも大衆の迷信や熱狂の温床になる憂鬱や絶望的な気分を、まず間違いなく容易に追い払えるであろう。公共の娯楽は、このような大衆的狂乱の熱狂的な推進者にとって、いつも恐怖と憎悪の対象であった。このような娯楽が吹き込む陽気さと良い気分は、彼らの目的にはぴったり合っていて、もっとも良く取り組むことができるような心の気質とはまったく調和しないものであった。くわえて、胸を躍らせるような表現は、彼らの手練手管を大衆の物笑いに晒すことが多かったし、時には大衆の憎悪に晒させたりしたから、他のすべての娯楽にもまして、小教派の指導者の格別な嫌悪対象であった。

16　法律が、どの宗教の教師についても他の宗教の教師より厚遇しなかった国では、どの教師も、直接あるいは特別に統治者や行政権力に頼る必要はなかっただろうし、彼らをその職に指名するとか、そこから排除するにあたって、行うべき何かを持っている必要もなかったであろう。そのような状況にあれば、彼は、彼に従う残りの人々との間と同じ方法で、相互に平和を維持すること、すなわち、彼らがたがいに迫害したり、罵倒したり、虐げたりすることを妨げること以外に、そのような人々について懸念する必要はないだろう。だが、国教化された宗教や支配的な宗教が存在する国の場合には、事態はまったく異なる。この場合には、統治者は、当該宗教の教師の大部分に対してかなりの程度影響を及ぼす手段をもたないかぎり、けっして安全ではありえない。

17 国教会の教会に属するすべての聖職者は、巨大な団体を構成している。彼らは協力して活動することができるし、あたかも彼らが一人の人物の指導に服している——しばしば彼らもそのような指令に従う——かのように、ひとつの構想と忠誠心《スピリット》をもって、自分たちの利益を追求することもできる。法人化された団体としての彼らの利益は、けっして統治者の利益と同一ではなく、時には、直接それと対立する。彼らの大きな利益は国民に対する自分たちの権威を維持することであり、そしてこの権威は、彼らが繰り返し説く教義の全体がもつ想像上《サポーズド》の確実性と重要性、さらには永劫の苦悩を回避するために、そのすべての部分をもっとも明瞭な信仰心をもって受け入れるという想像上の必要性、これに依存している。統治者が、愚かにも彼らの教義のもっともいい加減なところを愚弄したり、怪しんだりしたら、あるいは、そのいずれかをした人物を人間愛の見地から擁護でもしたら、統治者にいかなる種類の従属もしていない聖職者がもつ細かなところまで気遣う道義心は、彼を冒瀆者として追放するように即座に駆り立てることになるし、人々に、彼らの忠誠をもっと正統的で忠実な君主に転換せざるをえなくするために、宗教がもつすべての恐怖を活用することになろう。統治者が少しでもそのような聖職者の野心や王位簒奪に反対すれば、その危険は同じように大きくなるだろう。このような方法であえて教会に挑戦する君主は、このような反逆という罪に加え、教会関係者が君主に対して定めるのが適切であると考えるすべての教義に対する誓約と謙虚な服従を行うという君主の真剣な言明にもかかわらず、一般的に異端という別の罪によってさらに悩まされるのである。

だが、宗教の権威は他のすべての権威よりも上である。教会が示唆する恐怖は、他のあらゆる恐怖を黙らせる。宗教の正当な教師が、国民の大集団をつうじて統治者の権威を覆すような教義を宣伝した場合には、国王がその権威を維持しうるのは暴力だけ、つまり常備軍の力に頼る他にないだろう。この場合には常備軍をもってしても、国王に永続的な安全を与えることは不可能であろう。滅多に無いことだが、兵士が外国人ではなく、ほとんどの場合そうであるはずだが、国民の大集団から選び出されている場合、彼らはまさにこのような教義によって、ほどなく汚染されてしまう傾向があろう。ギリシャの聖職者の動揺は、東ローマ帝国が存続していた間、コンスタンティノープルで継続的に発生していた革命、さらに、数世紀が経過する間、ヨーロッパのあらゆる所でローマの聖職者がひっきりなしに引き起こしていた動乱は、統治する国の国教として支配している宗教の聖職者に影響を与える適切な手段をもたない統治者の状況が、常時どれほど不安定で危険に満ちたものであるかを、十分に証明している。

18 信仰箇条は、他の教会関係の事柄とともに、国民を保護するためにはきわめて適切でありえても、国民に教え込むために適任だと思われることがほとんどない現世の統治者の適切な担当部門でないことは、十分に明らかである。それゆえ、そのような事柄については、国王の権威が、国教会の聖職者の団結した権威を相殺することは滅多にできない。しかしながら、人民の平安と統治者自身の安全は、聖職者がそのような事柄について広めたほうが良いと判断する教義に依存していることが多い。それゆえ、聖職者の決定に当を得た重みと権威をもって、統治者が直接反対できることが滅多にないため、彼がそれに影響力を与えられることが不可欠であって、統治者がそれに影響を及ぼせるのは、聖職者階級に属する大部分の個人に呼び起こすことができる恐怖と期待にかぎられる、ということになる。このような恐怖と期待は、罷免やその他の処罰を受けるという恐怖であり、もっと昇進するという期待でもあろうが。

19　すべてのキリスト教教会では、聖職者の手当は、望む間ではなく、罪過がなければ生涯に及ぶ一種の自由土地保有権《フリーホールド》〔生涯の間継続するか、あるいは相続可能な封土権のこと〕である。もし彼らがずっと不安定な保有条件によって聖職禄を占めていたり、統治者あるいは上司である聖職者の些細な義務免除にもとづいて解任されたりすれば、もはや彼らがまったく確信をもてない聖職者の教えの誠実さにかんして、彼らを宮廷に従属する傭兵であると考えはじめる人民に対して、権威を保持することはおそらく不可能であろう。だが、おそらくいつも以上の熱意をもって、党派的で反政府的な教義のいくつかを聖職者が広めたという理由で、統治者が暴力によって、聖職者の一員から自由土地保有権を変則的に奪おうと試みたりすると、彼は、そのような迫害によって、彼らとその教義の両方を、以前に較べて一〇倍も大衆受けするようにし、それゆえまた、一〇倍もやっかいで危険なものにするだけであろう。恐怖というものは、ほとんどの場合お粗末な統治の道具であって、独立教会派だと自惚れたりする気持ちがほとんどない人々の集団に対して、とりわけ用いられるべきものではない。彼らを脅そうと試みることは、たんに彼らの気分の悪さを刺激するだけであり、もっと優しい言い方をすれば、おそらく容易に軟化したり、すっかり棚上げするように容易に仕向けられるような抵抗にかんして、彼らの決意を固めるのに役立つだけである。

フランス政府が、高等法院つまり最高裁判所に対して、あまり一般的でない布告を登記せざるをえないようにするために日常的に用いる暴力は、滅多に成功しなかった。しかしながら、あらゆる手におえない構成員の投獄という一般的に用いられた手段は十分効果的だった、と考える人もいるだろう。ステュアート家の君主も、同じ手段をイングランド議会議員の幾人かを支配するために時々用いたが、一般に彼らが同様に扱いにくいことを理解した。イングランド議会は今日では別の方法で管理されているし、ショワズール公〔Duc de Choiseul, 1719-1785. フランスの外交官、政治家〕がほぼ一二年前にパリの高等法院に対して行ったごく些細な実験が、すべてのフランスの高等法院は同じ方法でさらにもっと容易に管理できた可能性があることを、十分に証明した。件《くだん》の実験は続行されなかった。というのは、駆け引き《マネジメント》や説得が統治のもっとも容易かつ安全な道具であるとはいえ、弾圧と暴力が最悪でもっとも危険である結果、それは人間がもつ生来の横柄さであるように見えるために、統治者は、悪い道具を使えないか、使う勇気がない場合を別として、ほとんど何時でも良い道具の使用を軽蔑するからである。フランス政府は暴力を使うことができたし、その勇気もあったから、したがって駆け引きや説得を用いることを軽蔑したのである。

だが、私が信じるところでは、あらゆる時代の経験からして、弾圧と暴力を用いることが、およそ国教会の立派な聖職者に向けられる場合ほど、かくも危険で、かくも徹底的に破滅的になる人間の命令というものは存在しないように思われる。所属集団と仲良くしている個々の聖職者全員の権利、特権、人身の自由というものは、もっとも専制的な統治においてさえ、ほぼ同等の地位や富をもつすべての人々のそれよりも、もっと尊重される。パリの厳しくなくて温厚な政府のそれから、コンスタンティノープルの暴力的で猛烈な政府のそれに至るまで、専制政治のすべての段階においてそうである。だが、このような人間の命令がかつて強制され得たことは滅多にないとはいえ、それは他のすべてと同様に容易に処理できる可能性があり、統治者の安全も、国民の平安と同様に、彼が聖職者の取り扱いにかんしてもっている手段におおいに依存しているように見えるし、しかもこのような手段は、統治者が聖職者に与えなければならない高い地位が、そのすべてであるように思われる。

20 古代に設立されたキリスト教教会では、それぞれの教区の司教は、聖職者と司教都市の一般人との合同投票によって選出された。一般人は長期間選挙権を保持しつづけたわけではないが、それを保持している間、彼らはほとんどつねに、そのような教会関係のことにかんする一般人の自然な導き手であると思われた聖職者の影響力のもとに活動した。しかしながら、聖職者は、一般人を手なずける面倒に我慢できなくなり、自分たちの司教を自ら選挙するほうが容易だと理解した。大修道院長は、すくなくとも大部分の大修道院管轄区では、同じ方法で、修道院の修道士によって選出された。司教管轄区域の中に含まれていたすべての下級聖職者の聖職禄は、司教によって任命され、司教は、彼が妥当だと判断する聖職者にそれを授与した。すべての教会の役職は、このような方法で、教会の裁量にゆだねられていた。統治者は、このような選出にいくらか間接的な影響力を持っていたし、さらに、選出することに対する彼の同意と、選出者に対する彼の承認の両方を求めることが、従来からの慣例であったとはいえ、しかしなお、聖職者を管理する直接または十分な手段を持っていなかった。あらゆる聖職者の野心は、彼の統治者よりもむしろ、昇進を期待できる唯一の場所である彼自身の教会機構に対して、自然にご機嫌取りをするように導かれるのである。

21　ヨーロッパの大部分をつうじて、教皇が、次第にまずほとんどすべての司教職と大修道院長職の聖職任命権、つまりコンシストリウム〔教皇が招集する枢機卿会議のこと〕の聖職禄を、後になるとさまざまな策謀や口実を用いて、それぞれの教区内に含まれる大部分の下級聖職禄を自分の手中におさめてしまい、自分自身の学識で相応の権威を獲得するのにかろうじて必要なものを除き、司教の手にはほとんど何も残らなかった。このような措置により、統治者の状況は以前に較べてずっと悪くなった。ヨーロッパのさまざまな国のすべての聖職者は、このようにして、教会に属する軍隊と同列に編成され、さまざまな場所に分散していたが、実際、そのすべての移動と作戦は、今や一人の長によって指揮され、統一的な構想にもとづいて管理可能なものになった。特定の国の聖職者はそれぞれ、その軍隊の個々の分遣隊と考えてよく、その行動は周辺に位置するさまざまな国に宿営する他のすべての分遣隊によって、容易に支持され、補強されることができた。それぞれの分遣隊は、たんにそれが宿営し、そこで維持されている国の統治者から独立しているだけでなく、その特定の国の統治者と戦うために、いつでも軍隊を差し向け、彼らを他のすべての分遣隊の軍隊によって支援することができる外国の統治者に依存していた。

22このような戦闘部隊は、想像しうるもっとも恐るべきものであった。技術や製造業の確立に先立つヨーロッパの昔の状態であれば、聖職者の富は、普通の人々に対する支配力を彼らにもたらしたが、それは、大領主の富が、自分たちの奴隷、小作人や従者に対する支配力を彼らに与えたのと同じ種類のものであった。君主や私人の誤った敬神の念が教会に対して与えてきた巨大な所領の中では、大領主がもつ裁判権と同じ種類の裁判権が、しかも同じ理由で、確立された。このような巨大な所領の中では、聖職者つまり土地管理人《ベイリフ》が、国王や他の人物の支持や助力を受けることなく、簡単に平和を維持することができたし、国王や他のいかなる人物も、聖職者の支持や助力を受けることなく、そこで平和を維持することは不可能であった。

それゆえ、聖職者が個々の勢力範囲や荘園において保有する裁判権は、世俗の大領主の裁判所のように、等しく国王裁判所の権威から独立しており、等しくそれを排除するものであった。聖職者の小作人は、大領主の小作人と同様に、ほとんどすべてが随意借地人〔地主がいつでも随意に解約可能な小作人〕であり、直接の関係がある地主に完全に従属しており、したがって、聖職者が彼らに没頭させるほうが良いと考える紛争で戦うために、好きな時に呼び出されるという義務を負わされていた。

このような所領の地代に加えて、聖職者は、十分の一税《タイス》という形で、ヨーロッパのすべての王国にある他のすべての私有地の地代の大きな部分を入手していた。このような二種類の地代から生じる収入は、その大部分が穀物、ワイン、家畜、家禽などの現物で支払われた。その量は聖職者自身が消費可能な量を大幅に上回っており、彼らがその剰余分と交換可能な生産物を得るための工芸や製造業は存在していなかった。聖職者がこの膨大な剰余から引き出しうる利益は、大領主が、自分の収入の似たような剰余をもっとも気前の良い歓待や、もっとも大規模な慈善事業に用いるように、それを用いるより他に方法がなかった。したがって、昔の聖職者が行う歓待や慈善事業は、両者ともきわめて大々的だったと言われるのである。彼らは、あらゆる王国のほとんどすべての貧乏人だけでなく、奉献のふりをしながら、実際には聖職者の厚遇を享受するために、修道院から修道院へと渡り歩く以外に生存手段をもたないことが多かった多くの騎士や紳士を維持した。特別な高位聖職者の従者は、しばしば最大の世俗貴族《レイ・ロード》〔法曹貴族以外の貴族〕の従者と同程度多数にのぼり、すべての聖職者の従者を一緒にすれば、おそらく、世俗貴族すべての従者数を上回っていただろう。世俗貴族の間にくらべ、聖職者の間のほうが何時でもはるかに強い団結が存在した。前者は、ローマ教皇の権威に対する通常の規律と従属のもとにあった。後者は、何ら決まった原則に従う規律や従属に服していたわけではないが、ほとんど何時も等しくたがいに警戒していたし、さらに国王を警戒していた。それゆえ、聖職者の小作人や従者は、ともに大貴族のそれよりも数が少なく、しかも小作人の数が多分ずっと少数であったにもかかわらず、彼らは、団結することによっておおいに強力なものになった。

さらに、聖職者の厚遇と慈善事業は、大きな現世の軍事力を指揮できるようにしただけでなく、彼らの精神的な武器がもつ説得力を大幅に引き上げた。このような善行《ヴァーチュー》は、あらゆる下層階級の人々――そのうちの多くのものは恒常的に、ほとんどすべての者は時々、彼らによって養われていた――の間で、彼らに対する最高の尊敬と崇敬を引き起こした。それほど評判の良い階級に属していたり、関係していたりするもの、つまりその所有物、その特権、その教義のすべては、大衆の目には必然的に神聖なものに映ったし、それに対する違反は、実際のものであろうと見せかけのものであろうと、瀆神的な不道徳や最たる冒瀆の行為だと映ったのである。このような状況下で、統治者が、少数とはいえ大貴族の同盟に対抗することが難しいとしばしば理解するとすれば、自分の所領に住み、すべての近隣所領に住む聖職者の軍事力によって支援された聖職者の結合した力に抵抗することは、もっと難しいと理解したとしても、けっして不思議なことではないだろう。そのような状況下であれば、そもそも驚くべきことは、統治者が時々譲歩を余儀なくされたということにではなく、そもそも抵抗することができたということにある。

23　このような古い時代における聖職者の特権（現在を生きている我々には、もっとも不条理なことと思われる）、たとえば、イングランドで聖職者の特権と呼ばれた世俗的な裁判権からの完全な免除は、このような事態がもたらした自然な、あるいはむしろ必然的な結果であった。だが、いかなる罪であれ、統治者が聖職者を処罰しようと試みることは、もし聖職者階級が当の人物を守り、証拠が、それほど神聖な人間に有罪宣告するためには不十分だと抗議していたり、宗教によって神聖さを付与された人物に対して加えるにしては罰が重すぎるという気分になっていたりした場合、きわめて危険なことであったにちがいない。そのような状況の中で統治者に可能であったのは、自分自身の階級の名誉を守るため、その階級に属する人々が重大な罪を犯したり、大衆の心に嫌悪の感情を引き起こしかねない低俗な醜聞のきっかけを与えたりすることさえ、可能なかぎり抑制しようと気を配っていた宗教裁判所によって、裁判に付されるように放置しておく以外になかったのである。

24　一〇、一一、一二および一三世紀にかけて、さらにその前後の時代にヨーロッパの大部分が置かれていた状態のなかでは、ローマの教会という構成体《コンスティテューション》は、市民政府の権威と安全だけでなく、市民政府だけしか守ることができない自由、理性および人類の幸福に反するようにそもそも形成された、もっとも恐るべき結合体《コンビネーション》であると考えることができよう。そのような構成体においては、迷信というもっともひどい間違った信念が、きわめて多数の大衆の私的利益《プライベイト・インテレスト》によって、人間理性のあらゆる攻撃から受けるすべての危険を取り除くという方法をつうじて、維持されるのであった。というのは、おそらく人間理性は、普通の人々の目に対してであっても、迷信という間違った信念のいくつかを暴露することはできたであろうが、それは、私的利益の絆《きずな》を解消させることなどけっしてできなかったからである。もしこの構成体が人間理性という虚弱な努力以外の敵によって攻撃されたとすれば、それは永遠に耐え抜いたにちがいない。だが、人間の英知や善行のすべてをもってしても、けっして揺るがせたり、ほとんど打倒したりできなかったあの巨大で堅固に作られた建築物は、事物の自然な成り行き《ナチュラル・コース・オヴ・ティングズ》によって、まず弱体化され、そして後には部分的に破壊され、しかもさらに二〜三数世紀経過するうちに、今では、おそらく完全に崩れ落ちて廃墟化しそうになっている。

25　技術、製造業および商業における漸進的な改良――大領主の権力を破壊したのと同じ原因――が、ヨーロッパの大部分をつうじて、同様の方法で、聖職者の世俗的な権力の全体を破壊した。聖職者は、大領主と同じように、技術、製造業および商業の産物のなかに、彼らがもつ原生産物と交換することが可能な何かを見出し、それによって、彼らの収入の相当部分を他の人々と分け合うことなく、そのすべてを自分で身に付けるものに費やす手段を発見した。彼らの慈善事業は次第にささやかなものになり、彼らの厚遇も次第に寛大さと気前の良さが不足してきた。彼らの従者は、結果的に数がいっそう減少してきたし、徐々にほとんど消滅してしまった。また聖職者は、大領主同様に、それを、自分自身の個人的な虚栄心と愚行の充足に同じ方法で支出するため、保有する地所からより多くの地代を確保しようと望んだのである。

だが、このような地代の増加は、彼らが小作人に借地権を与えること――それによって小作人が彼らから、おおいに独立するようになる――による以外に、確保するすべがなかった。下層階級の人々を聖職者に結び付けていた利益の絆は、このようにして次第に断ち切られ、消滅していった。教会の聖職禄の大部分は大領主の所領よりもはるかに小さく、それぞれの聖職禄の保有者は、収入のすべてを自分の身に付けるものに素早く支出できたから、聖職者と下層階級を結び付けていた利益の絆は、同じ階級の人々を大領主と結び付けていた利益の絆よりも急速に断ち切られ、消滅させられさえした。一四～一五世紀の大部分をつうじて、ヨーロッパの大部分で、大領主の権力は全盛をきわめていた。だが、聖職者の世俗的な権力、つまり以前彼らが大部分の人民に対して持っていた絶対的支配権は、著しく衰退した。教会の権力は、その時までに、ヨーロッパの大部分をつうじてその精神的な権威から発生するものにまで縮小し、しかも当の精神的な権威も、聖職者の慈善事業と厚遇によって支えられなくなった時に、著しく弱体化した。下層階級の人々は、聖職階級を以前のように彼らの困難を和らげてくれる人々、つまり極貧からの救済者とはみなさなかった。逆に、以前ならつねに貧民の財産とみなされていたものを、聖職者自身の悦楽のために支出しているように見える豊かな聖職者の虚栄心、贅沢および出費の原因について彼らは立腹し、うんざりしていたのである。

26　事物のこのような状態においては、ヨーロッパのさまざまな国の統治者は、教会の膨大な聖職禄を処分するなかで、それぞれの教区の管区代表者会議やその議長に、司教を選出する古来の権利を回復し、それぞれの修道院の修道士に、修道院長を選挙する権利をもたせることによって、以前彼らが確保していた影響力を回復しようと努めた。このような古来の秩序を再建することが、イングランドで一四世紀をつうじる期間に立法されたいくつかの制定法、とくに聖職者直任法《プロヴァイザー》と呼ばれたもの〔とくに以下、第二版で追加〕、および一五世紀にフランスで確定された勅　令《プラグマティック・サンクション》の目的であった。選挙を合法的なものにするためには、統治者はあらかじめそれを承諾するだけでなく、選出された人物を後に承認することも求められており、さらに、その選挙はまだ自主的なものだと想定されていたとはいえ、しかし彼は、自分の領地に居住する聖職者に影響を与えるあらゆる間接的な手段――彼の立場が必然的にもたらしたもの――を確保していた。同じ傾向をもつ他の規制が、他のヨーロッパの地域で定められた。だが、宗教改革以前、教会の大聖職禄をもつ聖職任命におけるローマ教皇の権力が、フランスとイングランドにおけるほど効果的かつ一般的に抑制されていたところは、どこにもなかったように思われる。後に政教条約《カンコーダット》〔聖務規則などにかんする教皇と国王の間の協定〕は、一六世紀のうちに、すべての重要な聖職を、つまりフランス・ローマ・

カトリック教会の枢機卿会議の聖職禄と呼ばれているものを、提案する絶対的権利をフランス王に与えた。

27　勅令と政教条約が確定されて以降、一般的にフランスの聖職者は、他のすべてのカトリック国の聖職者に較べて、教皇裁判所の法令に対する崇敬の度が低かった。彼らの統治者が教皇と行ったすべての論争において、彼らはほとんどいつも前者の側に立った。このようなローマの裁判所《コート》に対するフランスの聖職者の独立性は、主として勅令と政教条約にもとづいていたように思われる。専制君主国の初期には、フランスの聖職者も他のすべての国の聖職者と同様に、教皇に対して一身を捧げていたように思われる。カペー王朝第二代の君主であるロベール〔Robert II, 在位九九六～一〇三一〕が教皇裁判所によって不当にも破門された時、彼の使用人は、彼の食卓から下がってきた食料を犬に投げやり、彼ら自身も、彼のような立場の人物との接触によって汚されたすべてのものを口にすることを拒んだ、と言われている。使用人は、居住している土地の聖職者からそのように振る舞うように教えられていた、と推定してもまず間違いないだろう。

28　教会の大聖職禄の任命にかんする主張、すなわちそれを擁護するために、教皇裁判所がキリスト教圏の大君主の幾人かの王座をしばしば震え上がらせたり、時には転覆させたりした主張は、このような方法で、宗教改革以前の時期でさえ、ヨーロッパの多くのさまざまな地域で抑制されたり、和らげられたり、完全に断念されたりしていた。今や人民に対する聖職者の影響力が減少すればするほど、国家の聖職者に対する影響力はますます増大したのである。それゆえ、聖職者が国家を混乱させる力と傾向は、両方とも低下した。

29　ドイツで宗教改革を生み出した論争が始まり、ヨーロッパのあらゆる所に急速に広がっていった時期に、ローマ教会の権威はこのような衰退状態にあった。新しい教義は、いたる所で大衆にきわめて好意的に受け入れられた。新しい教義は、一般的に党派精神を活性化する熱狂の印をことごとく帯びていて、それが既存の権威を攻撃すると、たちどころに広まっていった。おそらく他の側面では、確立した教会を擁護する多数の司祭よりも多くのことを学んでいなかったが、このような教義の教師は、一般的に教会の歴史について、さらに教会の権威が確立される基礎になった体系的な所信の起源と発展について、一般的によりよく通じていたから、彼らはそれによってほとんどすべての論争で、ある程度強みをもっていたように思われる。彼らの生活態度の厳しさは、彼らの厳密な規則通りの振る舞いを、自分たちの聖職者の大部分が身につけていた乱脈な生活と較べた一般大衆に対する権威を、彼らにもたらした。また彼らは、人気とりをして転向者を獲得するあらゆる術策――教会の威厳があって高貴な後継者が、彼らにとってはほとんど無用のものであるという理由から、長い間無視してきた術策――を、敵対者よりもはるかに高い程度で手中にしていた。新しい教義の道理が彼らの一部を、その新しさが彼らの大部分を、さらに、地歩を固めていた聖職者に対する反感や軽蔑がもっと多数を好ましいと思わせたが、だが、彼らがほとんどどこでも教え込む際に用いた、乱暴で飾り気のないとはいえ熱狂的で情熱に溢れ、しかも神がかり的な語り口が、圧倒的に多数の人々に、彼らを好ましいと思わせたわけである。

30　新しい教義はほとんどどこでも大成功だったため、偶然その時期にローマの裁判所と関係がこじれていた君主は、それを利用して、彼らの領地内で教会を転覆させることができたし、教会は、下層階級に属する人民の尊敬や崇敬の念を失っていたため、抵抗することなどほとんどできなかった。ローマの裁判所は、あまりにも弱小なため、おそらく手なずける価値がないと判断していたドイツ北部の一部の小君主を怒らせていた。それゆえ、彼らは残らず自分の領地で宗教改革を確立した。クリスティアン二世〔Christian II, 1481-1559〕とウプサラのトロール大司教の暴虐〔祝宴を催して九〇人以上の貴族を虐殺した事件〕によって、グスタフ一世〔Gustavus Vasa, スウェーデン王。在位一五二三～一五六〇〕は、両者をスウェーデンから追放する機会を得た。教皇はその暴君と大司教に味方していたから、グスタフ一世はスウェーデンで宗教改革を成し遂げることに、何の困難も見出さなかった。後にクリスティアン二世は、その振る舞いがスウェーデンにおけるとまったく同様に唾棄すべきものであったため、デンマークの王位から退けられた。しかしながら、教皇はなお彼の味方をしたが、彼の代わりに王座に就いたホルシュタインのフレデリック〔Frederik, 1471-1533. ホルシュタイン公、デンマークとノルウェーの国王フレデリック一世、在位一五二三～一五三三〕は、グスタフ一世の事例にならいながら復讐した。教皇と特別な口論などまったくしていなかったベルンとチューリッヒの政務官《マジストレイト》は、少し前に聖職者の一部が、普通よりは幾分荒っぽい詐欺行為をもちいて、聖職位階全体を唾棄すべきであり軽蔑に値すると言い渡したそれぞれの州内で、きわめて容易に宗教改革を成し遂げた。

31　事態がこのような危機的状況を迎えている時、ローマの裁判所は十分すぎるほど苦労して、フランスとスペインの強力な統治者、とくに当時ドイツの皇帝であった後者との友情を深めなければならなかった。多大な困難と流血無しに済まなかったとはいえ、彼らの援助を受けて、彼らの支配地で宗教改革が大幅に進行することを完全に抑え込んだり、妨害したりすることができた。イングランド王についても、愛想よくしておく用意は十分にあった。だが、その当時の事情からして、さらに強力な統治者であるスペイン王でありドイツ皇帝でもあるカール五世〔Karl V. スペイン王としてはカルロス一世、在位一五一六〜一五五六、神聖ローマ帝国皇帝カール五世、在位一五一九〜一五五六〕を立腹させることなく、そうすることはできなかった。したがって、ヘンリー八世〔Henry VIII, 1491-1547. イングランド国教会初代首長で、エリザベス一世の父〕は、宗教改革の教義の大部分を受け入れていたわけではないが、それでもなお、その教義が一般的に普及していたこともあって、すべての修道院を廃止し、彼の領土内でローマ教会の権威を無効にすることができた。それ以上はしなかったが、彼がそこまでしなければならなかったということは、宗教改革の保護者に多少の満足を与えたが、彼らは、王の息子である後継者の治世に統治権を手に入れたため、ヘンリー八世が始めた仕事を何の困難もなくやり遂げた。

32 政府が弱体で人気がなく、しっかりと確立されていないスコットランドのようないくつかの国では、宗教改革は、教会だけでなく、教会を支援しようと試みていた国家をも、同様に打倒するほど十分に強力であった。

33 ヨーロッパのさまざまな国のすべてに広がっていた宗教改革の信奉者のあいだでは、信者の間のあらゆる争いを処理することができ、そのすべてに対して正当性の限界を正確に定めることができる抗い難い権威を有するローマの裁判所、つまり、全キリスト教会の公会議のそれと同じ一般的な審判所《トリビューナル》は存在しなかった。それゆえ、ある国における宗教改革の信奉者が、偶然にも他の国における同じ信者と見解を異にする場合、上訴するための共通の裁判官がいないため、争いはけっして解決され得なかったから、そのような多くの争いが彼らの間で発生した。教会の管理や聖職禄にかんする権利をめぐる論争は、おそらく、市民社会《シヴィル・ソサイティ》の平和と福祉にとってもっとも関心を引くものであった。したがってこの論争は宗教改革の信奉者の間で、二つの主要な宗派《パーティーズ》や教派《セクツ》、すなわちルター派とカルヴァン派――ヨーロッパのどこかの国で、その教義と規律が法律によって今までに国教化されたことがある唯一の教派――を生み出した。

34　ルター〔Martin Luther, 1483-1546. 宗教改革を先導したドイツの神学者。聖書をドイツ語訳した〕の信奉者は、多少なりとも司教による管理を維持したイングランド国教会と呼ばれたものとともに、聖職者の間に序列を確立し、統治者にその領土内のすべての主教管轄区や、その他の宗教会議に属する聖職禄の任命権を与え、それによって統治者を教会の真の首長にしたが、彼らは、主教から管轄地域内の小さな聖職禄を任命する権利を奪うことなく、このような聖職禄についてさえ、統治者と他のすべての世俗の聖職禄推薦権保有者に対して、推薦する権利を認めただけでなく、与えたりもした。教会を管理するこのような体制は、平和と申し分のない秩序、および統治者に対する市民の服従にとって、当初から好都合なものであった。したがって、それは、一旦確立された国ならどこであれ、けっして騒動や市民の暴動を引き起こすことはなかった。とくにイングランド国教会は、おおいに当然のことであるが、その原則《プリンシプル》に対する非の打ちどころのない忠誠心を理由に、いつも自惚れてきた。そのような管理のもとでは、聖職者は、国の統治者、裁判所、および貴族や紳士――その影響力によって、彼らがもっぱら昇進を期待する――に自分のことを頼むため、自然に努力するだろう。彼らはこのような聖職禄推薦権保有者に、もっとも卑劣なお世辞と迎合をもって時々ご機嫌取りをするが、しかし同時に、もっとも値打ちがあり、したがって地位と富をもつ人々の評価を確保しやすいすべての技法、つまりあらゆる分野の有用で飾りに役立つ学識、礼儀作法における適度な寛容さ、会話に用いる社会的に好ましいユーモア、神がかりが教え込み実践しているふりをする――彼ら自身に対する崇敬の念を、それを実践していないと明言する地位と富をもつ大部分の人々に対して、一般大衆の嫌悪を引きつけるために行う――愚かで偽善的な厳格さを、公然と軽蔑するという技法の洗練に頼ることも多い。しかしながら、このような聖職者は、このような仕方で地位の高い人々のご機嫌取りをする一方で、地位の低い人々に対する彼らの影響力や権威を維持する手段を、ほとんど無視しがちになることが多い。聖職者は、身分の高い人々から注目され、尊重されたり尊敬されたりするが、しかし、下層身分の信者の前では、彼らは、自分たちを攻撃すると決めているもっとも無知な狂信者に反対する彼ら自身の冷静で穏健な教義を、そのような聞き手が得心するように、効果的に弁護することができないことが多くなる。

35　ツヴィングリ〔Ulrich Zwingli, 1484-1531. スイスの宗教改革者〕の信奉者、つまりより適切にはカルヴァン〔Jean Calvin, 1509-1564. フランスの神学者、スイスにおける宗教改革指導者〕の信奉者は、教会が空席になった時は、いつでもそれぞれの教区の人々に自分たちの牧師《パスター》を選ぶ権利を与え、同時に、これ以上ないほど完全な平等を聖職者の間で確立した。この制度の前の部分は、それが活力あるものに留まっている限り、無秩序と混乱以外のものを生み出さず、聖職者と大衆両方の道徳を、等しく腐敗させる傾向があったように思われる。後の部分は、まったく好ましいこと以外には、何の結果ももたらさなかったように思われる。

36 それぞれの教区の人々が、自分たちの牧師を選ぶ権利を保持しているかぎり、彼らはほとんどいつも聖職者の、しかも一般的に教会機構のなかでもっとも党派的で熱狂的な聖職者の、影響をうけて行動した。聖職者は、このような大衆的な選挙で自分たちの影響力を保つため、その多くが自ら狂信的になるか、そうなるような影響を受けて、大衆に熱狂主義をそそのかし、もっとも熱狂的な候補をほとんどつねに選ばせた。教区の司祭の選任というごく些細な事柄が、たんにひとつの教区ではなく、その争いにまず間違いなく加わる近隣教区のすべてにおいて、ほとんどいつも激しい抗争を引き起こした。

教区がたまたま大都市にある場合、それはすべての住民を二つの党派に分割し、その都市がたまたま小共和国を構成しているとか、スイスやオランダにある多くのかなりの規模の都市にみられたように、小共和国の盟主や首都である場合には、この種のまったくくだらない論争はすべて、その他すべての分派の敵愾心を激化させるだけには留まらず、その背後に、教会における新しい分派と、国家における新しい党派の両方を残したままにする恐れがあった。それゆえ、このような小共和国では、すぐさま行政府《マジストレイト》は、共和国に平和を維持するために、あらゆる空きの聖職禄に推薦する権利を奪い取ることが不可欠だと理解した。このような長老派形式の教会管理が従来確立されてきたもっとも広い国であるスコットランドでは、ウィリアム三世の統治が開始された時期に長老会を国教にした法律によって、聖職禄推薦権が実際に廃止された。すくなくともその法律は、自分たちの牧師を選ぶ権利をごくわずかな価格で購入する権限を、それぞれの教区の一定の階級に属する人々に与えるものであった。この法律が作りだした慣行は約二二年間存続することを許されたが、このようなおおいに俗受けする選挙方法は、ほとんどどこでも引き起こしていた混乱と無秩序を理由に、アン女王治世一〇年の法律第一二号によって廃止された。

しかしながら、スコットランドほどの広さをもつ国では、遠隔の地にある教区の暴動は、小さな国におけるような、政治体制を混乱させかねないほどのものではなかった。アン女王治世一〇年の法律が、聖職禄推薦権を復活させた。だが、スコットランドでは、その法律が、聖職禄推薦権保有者によって任命された人物に対して例外なく聖職禄を付与するとはいえ、なお教会は（この点で、自らの決定について明確に統一していなかったから）推薦された人物に魂の救済《キュアー・オヴ・ソウルズ》〔信仰の監督という意味〕と呼ばれているもの、つまり教区における聖職者の管轄権を授ける前に、折にふれて人々の明白な同意を求めるのである。すくなくとも時々教会は、教区の平和に対するわざとらしい関心から、この同意を獲得するまで叙任を引き伸ばす。近隣の聖職者による私的な干渉は、時にはこの叙任を確保しようとすることもあるが、しかしこれを阻止するためであることがずっと頻繁であって、そのような場合に彼がより効果的に干渉できるようにするために養うありふれた術策が、おそらく、聖職者のなかであれ、スコットランドの大衆のなかであれ、古くからの狂信的な精神を残しているものを、ひたすら維持させた原因であっただろう。

37 長老派形式の教会管理が聖職者の間に確立した平等は、第一に、職権あるいは聖職管轄権の平等であり、第二に、聖職禄の平等であった。すべての長老派教会では、職権の平等は完全であったが、聖職禄のそれは違っていた。しかしながら、ある聖職禄と別のものとの違いは、小さな聖職禄の保有者に、彼の聖職推薦権保有者に対して、より良い聖職禄を入手するためにお世辞や迎合という恥ずべき術策を用いてご機嫌取りをする気にならせるほど、一般に大きくないことが多い。聖職禄を推薦する権利が完全に確立しているすべての長老派教会では、一般的に常勤の聖職者が彼らの上役の愛顧を獲得しようと努力するのは、高潔で優れた術策、つまり身に付けた学識、その生活における非の打ち所がない規則正しさ、および、任務の忠実かつ勤勉な遂行によってである。彼らの聖職推薦権保有者は、彼らの忠誠心の独立性についてしばしば不平を漏らし、彼らが以前の尽力に対して恩義を忘れていると解釈しがちであるが、しかし多分最悪の場合でも、このような種類の尽力はもはや期待できないと意識することから自然に生じる無関心さ以上のものであることは、滅多にないだろう。ヨーロッパのどこであれ、オランダ、ジュネーヴ、スイスおよびスコットランドの長老派の大部分の聖職者を超えるほど、学識が深く、品格があり、独立していて尊敬に値する一群の人々を見出すことは、おそらくまずないだろう。

38　教会の聖職禄がほとんどすべて平等であるところなら、きわめて大きなものが存在するはずはなく、このような聖職禄の平凡さは、間違いなく度を過ごしてしまう可能性はあるが、しかし、いくつかのきわめて好都合な結果をともなっている。わずかな富しか持たない人間に尊厳を与えられるのは、もっとも模範的な道徳を措いて他にない。軽率な行為や虚栄心という悪徳は、人間を馬鹿げたものにするだけでなく、さらに、彼にとっても普通の人々にとってと同様に、ほとんど破滅的である。それゆえ、彼自身の振る舞いにおいて、彼は普通の人々がもっとも尊重している道徳体系に従わざるをえない。彼が普通の人々の評価と好意を獲得するのは、彼自身の関心と状況がおのずと導く生活の流儀によってである。普通の人々が彼を眺めるのは、我々の境遇に幾分近くはあるが、しかしより気高くあるべきだと我々が思っている人物を、我々が自然に見守るような思いやり《カインドネス》をもってである。人々の思いやりが自然に彼の思いやりを引き起こす。彼は人々に注意深く指示《インストラクト》を与えるようになり、丁寧に彼らを助け、救おうとする。彼は、自分にとってきわめて好都合だという気持ちになっている人々の偏見を毛嫌いすることさえせず、我々がきわめて頻繁に、豊かで十分な永久基金をもつ教会の高慢な高位聖職者のなかで出会うように、軽蔑的で傲慢なもったいぶった態度で人々を扱うことなど、けっしてしない。したがって、長老派の聖職者は、おそらく他のすべての国教会の聖職者よりも、普通の人々の心に大きな影響を与える。普通の人々が、迫害を受けずに、ほとんど一人残らず完全に改宗したと確認できるのは、したがって長老派の国に限られるのである。

39　教会の聖職禄の大部分がきわめて穏当なものであるような国では、大学の教授職は、一般に聖職禄よりもさらに安定した地位である。この場合大学は、どの国でも著述家が飛びぬけて多数を占める階級である全国の聖職者のなかから、その構成員を入念に選び出す。これとは逆に、教会の聖職禄の多くの部分がきわめて恵まれたものである場合には、自然に教会が大学からもっとも著名な著述家の大部分――彼らは、一般的に教会での昇進を彼らに世話することを、自分自身の名誉とみなす聖職禄推薦権保有者を、誰か見つける――を引き付けるのである。前者の状態にある場合、大学にその国の目立った著作家が多数在籍するという事実を発見しがちである。後の状態にある場合、我々は、大学にとっておおいに役立ち得る十分な経験と知識を獲得するほどには至っていないが、そこから引き抜かれがちな集団に属するもっとも若い構成員のあいだに、優れた人物をほとんど見つけられないことが多い。ヴォルテール氏が述べているところによれば、文人の社会ではさほど著名でないイエズス会士のポレー〔Charles Porée, 1675-1741. フランスの神学者、大学教授〕神父が、その著作がフランスで読むに値するただ一人の教授であったという。きわめて多数の著作家を輩出した国では、そもそも不足している著作家のうちの誰かが大学で教授を務めたなどということは、まれにしか見られないにちがいない。著名なガッサンディ〔Pierre Gassendi, 1592-1655. フランスの数学者、哲学者〕は、研究生活を始めたころ、エクスの大学教授であった。それが提示されたのは、彼の天才ぶりが発揮され始めた時のことで、教会に入れば、自分の研究を続けるためのより好都合な環境だけでなく、ずっと静かで豊かな生活を容易に見つけることが可能だと知らされ、彼は、即座にその助言に従ったわけである。

ヴォルテール氏の観察は、たんにフランスだけでなく、他のローマ・カトリック国のすべてについて妥当する、と私は信じている。そのような国ではどこでも、大学で教授を務める著名な著作家を見かけることは、おそらく法律と医学――教会がそこから教授を引き寄せる傾向がほとんどない専門職――を除き、きわめてまれである。ローマ教会の次には、イングランド国教会が、キリスト教世界においてもっとも豊かで寄付財産に恵まれている。したがってイングランドでは、教会が、大学から継続的にその裁量でもっとも才能のある構成員を汲みだしているから、著名な著作家としてヨーロッパで知られ、目立っている年配のカレッジのチューターを大学で見かけることなど、あらゆるローマ・カトリック国と同様に、きわめてまれである。これとは逆に、ジュネーヴ、スイスのプロテスタント州、ドイツのプロテスタント国、オランダ、スウェーデンおよびデンマークでは、このような国が生み出したもっとも著名な著作家は、実際、すべてとはいえないまでも、その大部分は大学の教授であった。このような国では、大学が、継続的に教会からそのもっとも著名な著作家をことごとく引き抜きつづけている。

40　詩人、少数の雄弁家さらに少数の歴史家を除けば、ギリシャやローマの他の著名な著作家のほとんど全員が、公私の教師——一般的には哲学や修辞学の教師——であったように見えるということは、言及しておく価値があろう。このような論評は、リシアス〔Lysias, c.450B.C.-c.380B.C. 古代ギリシャで法廷弁論を代作〕とイソクラテス〔Isocrates, 436B.C.-338B.C. アテネの雄弁家、修辞家〕、プラトンやアリストテレスの時代から、プルタークやエピクテトス〔Epictetus, c.55-c.135. ローマで活躍したストア派の哲学者〕、スエトニウス〔Suetonius, c.69-c.140. ローマの歴史家〕やクィンティリアヌス〔Quintilianus, c.30-c.90. ローマの修辞学者・雄弁家〕に至る時期まで、間違いなく妥当するように思われる。公的な教師であったことを確認できていないこのような人々の幾人かは、私教師であったと思われる。ポリュビオスは、スキピオ・アエミリアヌス〔Scipio Aemilianus, c.185B.C.-c.129B.C. ローマの将軍、政治家〕の私教師であった。〔ハリカルナッソスのディオニュシオスもマルクスとクイントゥス・キケロの子弟に対する私教師であったと信じるに足る、ある程度確かな理由がある〔「公的な教師であった」からここまでの文章は、第二版以降削除〕。誰に対してであろうと、毎年毎年、何か特定部門の科学を教える義務を課すことは、実は、当該の人物にその科学を完全に習得させるもっとも効果的な方法であるように思われる。毎年同じ分野を復習するように余儀なくされ、彼がそれに耐えることができれば、彼は必然的に数年もたたないうちに、その科学の全分野について十分に習得するようになるだろうし、何か特定の論点について、ある年に自説を駆け足で展開していた場合には、講義の途中で、同じ主題をそれ以降の年に再考するようになった際に、それを確実に訂正することになろう。

科学の教師であることが、間違いなくたんなる著作家の自然な職業であるように、おそらく同様に、たんなる著作家を堅実な学問と知識をもつ人間にしやすいのが、教育なのである。教会の聖職禄が中庸であることは、それが行われている国で、大部分の著作家を国民のためにもっとも役立つだけでなく、同時に、おそらく国民が受けることができるもっともよい教育を彼らに提供できる職業に、自然に引きつける傾向がある。それは著作家の学識を可能なかぎり堅実なものに、さらに、可能なかぎり有用なものにする傾向がある。

41 国教会に属するすべての教会の収入、つまり特定の土地や荘園から発生する可能性があるものを除いた部分は、国家の一般的な収入から枝分かれしたものであり、したがって国家の防衛とは著しく異なった目的に転用される部分である。たとえば、十分の一《タイス》税は文字通りの土地税であるから、土地所有者の支配権から取り除いて、事情が違えば彼らがそうすることができたように、その大部分を国防のために役立てることができる。しかしながら、すべての大君主国では、土地の地代が国家の必要を最終的に満たさなければならない唯一の基金であると言う人がいる一方で、その主要な基金なのだと言う人々もいる。教会に与えられるこの源泉が大きくなればなるほど、国家のために取り置いておけるものが小さくなること、これは明白である。　間違いなくひとつの格言として規定できることは、他のことがすべて等しいとすると、　教会が金持ちであればあるほど、一方では主権者が、他方では人民が必然的に貧乏になり、　だからいかなる場合でも、国家が自身を防衛するために利用可能なものが少なくなるはずだ、ということであろう。

いくつかのプロテスタントの国、とくにスイスのすべてのプロテスタント州においては、昔からローマ・カトリック教会に属していた収入、つまり十分の一税や教会の地所といったものは、たんに常勤の聖職者に対する十分な俸給を提供するだけでなく、ほとんどまったく追加しなくても、国家の他のあらゆる支出を賄うための十分な基金として理解されてきた。有力なベルン州の行政官は、とくに、この基金から総額数百万に達する巨額の貯蓄を蓄積してきた。その一部は公的な財産の形で預金されており、また一部はヨーロッパのさまざまな負債を抱えた国、とくにフランスとグレートブリテンにおいて、公債《パブリック・ファンド》と呼ばれているものに利子付きで投下されている。ベルンであれ、他のすべてのプロテスタント州であれ、その教会が国家に負担させているすべての費用の額がどれだけ達するか、知っていると主張するつもりはない。きわめて正確な説明によれば、スコットランドの教会の聖職者の収入総額は、一七五五年に、小教会所属耕地や教会の地所、さらには牧師館や居住邸宅の地代も含め、適正な価値評価に従って判断した場合、わずか六万八五一四ポンド一シリング五ペンス一二分の一にしか達しなかったようである。このきわめて穏当な収入が、九四四四人の牧師に礼儀作法にかなった暮らしをもたらしている。教会の建築と修理および牧師の住宅のために臨時に準備するものも含め、教会の総経費が、一年間で八万から八万五〇〇〇ポンドを上回ると推定するわけにはいかないだろう。

キリスト教国の中でもっとも豊かな教会は、このような寄付財産が著しく乏しいスコットランドの教会にくらべて、大部分の人民のなかにおける信仰の統一性、信心の真剣さ、聖職者の精神、規則正しさや禁欲的な道徳といった点で、より良い状態を保っているわけではない。国教会化された教会が生み出すと期待されている世俗および宗教の両方におけるすべての好ましい結果は、他のすべての教会と同様に、貧しい教会によって完璧に生み出されている。一般的にスコットランドの教会よりも寄付財産の点で劣っているスイスの大部分のプロテスタント教会は、このような効果をさらに高い程度で生み出している。プロテスタント州の大部分では、自分自身が国教会に属していると公言しない人物を探し出すのは、まず困難なことである。もし彼が自分は別の教会に属していると公言したりすれば、実際、法律はそこから出ていけと彼に要求するだろう。だが、聖職者の不断の努力が、ごく少数の人々を除き、ほとんどすべての住民を国教会にあらかじめ転換させていなかったとすれば、それほどまで厳しく、実際にはむしろ抑圧的な法律が、そのような自由な国で施行されることなどまずありえなかっただろう。したがって、プロテスタントとローマ・カトリックとの偶然の統合から、転換がそれほど完全ではなかったスイスの他の地域では、両方の宗派が法律によって許容されるだけでなく、国教化されているのである。

42　あらゆる勤め《サーヴィス》や奉仕の適切な遂行は、その支払いや報酬が、当の務めや奉仕の性質に対して可能なかぎり正確に比例していなければならない、ということを要請するように思われる。いかなる務めや奉仕であろうと、ごくわずかしか支払われない場合には、そこで雇用されている大部分の人々の低劣な質や能力のなさのせいで、間違いなく損害をこうむることになろう。それがあまりにも高く支払われた場合には、おそらくそれは彼らの不注意と怠惰のせいで、もっと大きな損害をこうむることになるだろう。その職業が何であれ、大きな収入を手にする人物は、他の大きな収入を手にする人間のように生活すべきであり、彼の時間の大部分を歓楽、無価値なこと、さらには無駄遣いに費やすべきだと考える。だが、聖職者の中では、このような生活の手順は、宗務の儀式に充当されるべき時間を消費するだけでなく、普通の人々の目には、当を得た重みと権威をもって彼がこのような宗務を遂行できるようにする唯一のものである人格上の神聖さを、ほとんど残らず破壊するように見えるのである。

第四節　統治者の尊厳を支える経費について

1　統治者がそのいくつかの任務を遂行できるようにするために必要な経費の他に、統治者の尊厳を支えるための一定経費が必要である。この経費は改良の時期の違い、および統治形態の違い、この両方に応じて変化する。

2　豊かで改良が進んだ社会、つまりさまざまな階層に属するすべての人々が、住居、家具、食卓、衣装、さらには装身具などの手回り品などの点で、日々ますます費用がかかるようになっていく社会では、統治者だけは流行に屈しないだろうなどと期待して良いはずがない。

それゆえ彼らは、自然に、あるいはむしろ必然的に、このようなさまざまな品物のすべてについてもまた、ますます費用がかかるようになる。彼の尊厳が、そうなることを彼に求めているようにさえ思われる。

3　尊厳という点でみると、およそあらゆる共和国最高位の統治者がその同胞市民を上回っていると想定されているものに較べ、専制君主の場合には、その臣下の尊厳をはるかに超えているから、共和国最高位の統治者の高い尊厳を支えるためには、もっと莫大な費用がかかったものでなければならない。我々が自然にいっそう壮麗であって欲しいと期待するのは、ドージェ〔一八世紀までのヴェネツィアやジェノヴァ共和国の首長のこと〕やオランダやオーストリアの市長公邸よりも、君主の宮廷なのである。

本章の結論

1　社会を防衛する経費、および国家元首《チーフ・マジストレイト》の尊厳を支える経費は、ともに社会全体の一般的な利益のために割り当てられるものである。それゆえこのようなものは、社会全体の、つまりさまざまな構成員の全員が可能なかぎり各自の能力に応じて寄与する一般的な分担金によって支払われるべきである、ということは理にかなったことである。

2　また、司法の管理費用は、間違いなく、社会全体の利益のために割り当てられるものと考えることができるだろう。それゆえそれが、社会全体の一般的な分担金によって支払われることについて、不都合な点はまったくない。しかしながら、このような出費を引き起こす人々とは、いろいろな方法で不正を行ったせいで、裁判所の救済や保護を求める必要がある人々のことである。そのような人々はまた、このような支出によってもっとも直接的に利益をうけるのであって、裁判所は、このような人々に対して彼らの権利を回復させたり、彼らの権利を擁護したりする。それゆえ、司法の管理費用は、さまざまな場合に応じて必要とされる二つの異なる人々の集団のいずれか一方、あるいは両方による個別的な分担金によって、つまり裁判所の手数料によって、支払われるのがきわめて適切なやり方である可能性がある。このような手数料を十分賄うほど土地や資金をもたない犯罪者に対する有罪判決を除き、司法の管理費用が、社会全体の一般的な分担金に頼る必要があろうはずがない。

3　受け取る利益が地方的で地域的であるような経費（たとえば、特定の町や地区で遂行される政策のために割り当てられるもの）は、地方や地域の収入によって支払われるべきであって、社会の一般的な収入に負担してもらうべきではない。受ける利益が社会の一部に限定されるような経費を社会全体が拠出するのは、不公平なことである。

4　立派な道路や交通を維持する経費が社会全体にとって有益であることは間違いなく、それゆえ、誰にも依怙贔屓にならないように、社会全体の一般的な拠出によって負担されうるだろう。しかしながら、この経費がもっとも直に、もっとも直接的に利益を与えるのは、商品を売り歩いたり、ある場所から他の場所へと運んだりする人々、および、そのような財を消費する人々である。イングランドでターンパイク通行料《トール》、他の国で通行税《ペアジュ》と呼ばれる通行税は、この二組の異なった人々に負担させるから、そうすることによって、社会の一般的収入はきわめて大きな重荷から免除されるのである。

5　教育と宗教的な教示《インストラクション》のための施設の経費は、同様にして、間違いなく社会全体にとって有益なものであり、したがって、不公平になることなく、社会全体の一般的な拠出によって負担されうるだろう。しかしながら、この経費は、そのような教育や教示がもつ直接の利益を受け取る人々によって、すなわち、その一方または他方が必要だと考える人々の自発的な拠出によって残らず賄われたとしても、おそらく同じ程度の適切さだけでなく、いくらかの利点さえもつ可能性がある。

6　社会全体にとって有益な施設や公共事業が、まったく維持できないとか、もっとも直接的にそれによって利益を受けるような社会の特定の構成員の拠出によってまったく維持されない時には、その不足は、ほとんどの場合社会全体の一般的な拠出によって補われる必要がある。社会の防衛と国家元首の尊厳を支える経費を支払う分を上回る社会の一般的な収入は、多くの特定部門の不足分を補う必要がある。以下の章で、このような一般的または公共的な収入の源泉について説明していくことにしたい。

第二章　社会の一般的または公共的な収入の源泉について

1 社会を防衛するための経費や国家元首の尊厳を支えるための経費だけでなく、国家の基本法《コンスティテューション・オヴ・ザ・ステート》が特定の収入をまったく用意してこなかった統治に要するそれ以外のすべての経費は、第一に、固有に統治者や国家《コモンウエルス》に属していて国民の収入とは無関係な一定の基金から、あるいは第二に、国民の収入から引き出すことができるだろう。

第一節　固有に統治者または国家に属するような基金や収入の源泉について

1 統治者や国家に固有に属しているような基金や収入の源泉は、元本《ストツク》または土地にあるはずである。

2 統治者は、他のすべての元本の所有者と同様に、自分自身でそれを利用するか、貸し付けるかすることにより、それから収入を引き出すことができよう。彼の収入は、前者の場合には利潤であり、後者の場合には利子である。

3 タタールやアラブの族長の収入は利潤にある。それはもっぱら彼自身の牛の群れや羊の群れの乳や頭数の増加から生じるものであり、彼自身がその管理を指図しており、彼自身が、自分が属する集団や部族の主要な牧羊者や牧夫である。しかしながら、利潤がおよそ専制国家の公収入の大部分を構成していたのは、このようなもっとも初期で未開な状態にある市民統治に限定される。

4 小規模な共和国は、時々かなり大きな収入を商業的な事業《プロジェクト》の利潤から引き出してきた。ハンブルク共和国は公営のワイン商と薬屋の店舗の利潤から、そうしていると言われている。* 統治者がワイン商や薬屋の仕事を遂行する余暇をもっている国家が、大国でありうるはずはない。国立銀行《パブリック・バンク》の利潤は、より大規模な国の収入源であった。このことは、ハンブルクだけでなく、ヴェネツィアやアムステルダムについても該当していた。この種の収入は、グレートブリテンほどの大きな帝国でも、一定の人々によって注意に値するとみなされてきた。イングランド銀行の通常の配当を五・五パーセント、その資本を一〇七八万ポンドとして計算した場合、経営の経費を支払った後に残る年間の純利潤は、五九万二九〇〇ポンドに達するはずだ、と言われている。政府はこの資本を三パーセントの利子で借り入れ、銀行の経営を自分の手中に取り込むことにより、一年に二六万九五〇〇ポンドの正味利潤を上げることができただろう。

ヴェネツィアやアムステルダムの銀行のような、貴族による規律正しく、用心深く、しかも倹約的な管理は、経験からわかるように、この種の商業的な事業経営として、これ以上ないほど適切なものである。だが、以下のようなイングランド政府、すなわち、その長所が何であれ、優れた経済性の点で有名であったことはなく、平和時には、専制国家にはおそらく自然である怠惰で不注意な乱費を続けながら振る舞うことが一般的で、さらに戦時には、民主政体《デモクラシー》がしばしば陥りがちな、思慮を欠いた不節制の限りを尽くした振る舞いを常としたイングランド政府に、そのような事業の管理を安全に委ねることができるかどうか、すくなくともこれはおおいにずっと疑わしいことにちがいない。

＊*Mémoires concernant les Droits & Impositions en Europe*: tome i. p.73を見よ。本書は、数年前にフランスの財政を改革する適切な手段の考察に従事した委員会が利用するために、王室の命により編纂されたものである。四つ折り判で三巻になるフランス税制の説明は、完全に信頼できるものとみなしてよい。ヨーロッパの他の国の税制にかんする説明は、フランスの大臣がさまざまな宮廷で入手できた類いの情報から編纂されたものである。それはずっと短いものであり、おそらくフランスの税制の説明ほど正確なものではないだろう。〔正確なタイトルは、Moreau de Beaumont. *Mémoires concernant les impositions et droits en Europe*. 4 tomes. 1768-69. 著者モロー・ド・ボーモンは一七五六～七七年の財務監察官〕

5　郵便事業は固有に商業的《マーカンタイル》な企画である。政府は、さまざまな局舎の建設、必要な馬や馬車の購入や借り上げの経費を前払いし、運ばれるものに対する賦課金によって大きな利潤とともに払い戻される。それは、多分あらゆる種類の政府によって成功裏に経営されてきた唯一の商業的な事業である、と私は確信している。前払いすべき資本はそれほど莫大なものではない。この商売には秘密など存在しない。収益はたんに確実なだけでなく、直接的なものである。

6　しかしながら、しばしば君主は多くの他の商業的な事業に従事しており、民間人と同様に、共通の貿易分野で冒険商人になることによって、自分の身代を改善しようと望んできた。彼らが成功することなど滅多になかった。君主の事業経営につねに付きまとう乱費が、その成功をほとんど不可能にしてしまうのである。君主の代理人は、主人の富が無尽蔵だとみなし、彼らが購入する価格がいくらか気にせず、売却する価格がいくらかを気にすることもなく、財貨をある場所から別の場所に運ぶ際の経費がどれくらいかについても、まったく無頓着である。このような代理人は、君主の乱費と一緒に生きることが多く、時にはまた、そのような乱費にもかかわらず、勘定をでっちあげるという独特の方法をもちいて、君主の富を自分のものにする。マキアヴェッリが述べているように、けっして無能な君主ではなかったメディチ家のロレンツォ〔Lorenzo di Piero de' Medici, 1449-1492. フィレンツェを支配した政治家で、ローマ教皇レオ一〇世の父。文化・芸術の保護者〕の代理人が君主の事業を遂行したのは、このようにしてであった。フィレンツェの共和国は、代理人の乱費が彼を巻き込んだ債務の支払いを何回か余儀なくされた。したがって、ロレンツォは、彼の家族がもともと彼らの富を引き出した商人の仕事を放棄することが好都合だと理解し、彼の人生の後半には、その富の残りと彼が自由にできる国家収入の両方を、彼の地位にいっそう適切な事業や支出に用いることがふさわしいと知ったわけである。

7　貿易商のそれと統治者のそれ以上に、一致するところがないように見える二つの気質はない。もしイギリス東インド会社の貿易商人魂が、会社をきわめて劣悪な統治者にするのであれば、統治者魂は、同様に会社を劣悪な貿易商人にしただろうと思われる。会社がたんなる貿易商人であるかぎり、会社は自分の事業を上首尾に経営し、その利潤から中程度の配当を元本の所有者に支払うことができただろう。会社が、もともと正貨三〇〇万ポンド以上であったと言われる収入を有する統治者になって以来、即座の破産を回避するために、会社は政府の特別な援助を懇願するように余儀なくされてきた。前者の立場にある時、インドにおける会社の使用人は、自分たちを商人の事務員であると考えたが、後者の立場になると、会社の使用人は自分たちを統治者の大臣である、と考えたのである。

8 国家は、時にはその公的な収入の一部を、元本の利潤からと同様に、貨幣の利子から引き出すことがある。もしそれが財宝を蓄積した場合には、その財宝の一部を、外国か自国の家臣に貸与することができよう。

9 ベルン州は、保有する財産の一部を外国に貸し付けることによって、すなわち、ヨーロッパのさまざまな借金を抱えている国の公債《パブリック・ファンド》――主としてフランスやイングランドの公債――にそれを投資して、相当な収入を引き出している。このような収入の安全性は、第一に、投下した公債の安全性、つまりそれを管理する政府の忠実な履行に依存しており、第二に、債務国との間の平和が持続する確実性や蓋然性に依存している。戦争ともなれば、債務国の側におけるまさに最初の敵対行為が、債権者が保有する預金の没収になる可能性がある。このような外国に貨幣を貸し付けるという政策は、私が知るかぎり、ベルン州に特有なものである。

10 ハンブルク市は、*一種の公的な質店を設立し、質物に対して六パーセントの利子で、その国の国民に貨幣を貸し付けている。この質店つまりロンバード――そう呼ばれている――は、一五万クローネを、一クローネ当たり四シリング六ペンスで換算して正貨三万三七五〇ポンドの収入を、国家にもたらすと主張されている。

＊ *Mémoires concernant les Droits & Impositions en Europe*: tome i. p. 73 を見よ。

11 ペンシルヴェニアの政府は、何ら財貨を蓄えることなく、実際には貨幣ではなく、貨幣に相当するものをその住民に貸し付けるという方法を考案した。利子付きで、土地担保にもとづいてその倍の価値を、つまり、発行の一五年後に償還されることになっていて、その間銀行券のように人から人へと譲渡可能であるとされ、植民地協議会《アッセンブリー》の法律によって、その植民地の一住民から他の人物に対するすべての支払いにおいて法貨であると宣言された紙の信用証券を民間人に貸し付けることにより、それは相応の収入を調達したが、その質素で規律正しい政府の通常の総経費、約四五〇〇ポンドの年間経費を支払うのにはかなり役立った。この種の便法の成功は、三つの異なった事情に依存しているはずである。すなわち第一に、金貨や銀貨に加え、それ以外の通商手段に対する需要、すなわち、それを手に入れるためには、大部分の金や銀の貨幣を外国に送らなければ入手できないような量の消費可能な元本に対する需要。第二に、この便法を利用する政府の高い信用度。そして第三に、それが利用される際の節度、つまり、紙の信用証券が存在しなかった場合に、財貨を流通させるために必要だと思われる金や銀の貨幣の総価値を、紙の信用証券の総価値がけっして超えないこと、この三つに依存する。同じ便法は、さまざまな機会に、他のいくつかのアメリカ植民地で採用されたが、このような節度を欠いていたために、その大部分のところで、便宜どころかひどい混乱を引き起こした。

12 しかしながら、元本や信用の不安定で滅びやすい性質は、唯一政府に確信と威厳を与えることができる、確実で安定していて恒久的な収入の主要な財源としての適格性を、そのようなものから奪ってしまう。牧畜段階の域を超えて前進した偉大な国の政府で、その公的収入の大部分をそのような源泉から引き出してきたと思われるものなど、存在しない。

13 土地は、もっとも安定的で恒久的な性質の財源であり、牧畜段階を大幅に超えて前進した多くの大国の公的収入の主要な源泉であった。古代ギリシャやローマの共和国は、長期間にわたり、公的な土地の生産物や地代から、国家《コモンウエルス》が必要とする経費を支払うための収入の大部分を引き出した。王領地の地代が、長い間、古代ヨーロッパの統治者の収入の大部分であった。

14 近代になると、戦争と戦争に対する準備が、すべての大国の不可欠な経費の大部分を占めるようになった。しかし古代のギリシャやイタリアの共和国では、すべての市民は兵士であり、彼らは自分自身の経費で軍役に備え、従軍した。それゆえ、この二つの事情は、国家にとって何ら大きな経費にはなり得なかった。ごく普通の広さの地所《ランデッド・エステイト》の地代が、政府に欠かせない他のすべての経費を十分に賄った可能性がある。

15 古代ヨーロッパの君主国で、国民の大集団に戦争に対する備えを十分にさせたのは当時の風習と慣習であって、彼らは一旦戦場に出ると、自分自身の費用であれ、直接の上司である領主の費用であれ、統治者に新たな出費をさせることなく、封建的財産保有の条件に従って維持されることになっていた。政府の他の経費は、そのほとんどすべてがきわめて控えめなものであった。司法の管理は、すでに考察したように、経費の原因どころか収入の源泉であった。地方に住む人々の収穫前と後のそれぞれ三日間の労働は、地域の通商にとって必要だと言われる橋、公道、および公共事業のすべてを建設し、維持するために十分な財源であると理解されていた。そのような時代、統治者の主要な経費は、彼自身の家族と家計を維持することから成り立っていた。したがって、統治者の家計を預る役人は、同時に国家の高位の役人であった。出納長官は統治者の地代を受領した。執事長官と侍従長官が彼の家族の支出の面倒を見た。彼の厩舎の世話は、城主や軍務長官に委ねられた。彼の住居はすべて城郭の形式で建築され、彼が保有する主要な要塞であったように思われる。このような住居や城郭の管理人は、一種の軍事司令官であると考えることができよう。彼らは、平和時に維持しなければならなかった唯一の武官であったように思われる。このような状況においては、広大な地所の地代は、通常の場合、統治に必要な経費のすべてを十分に支払うことができたであろう。

16　文明が進んだ大部分のヨーロッパの君主国の現在の状態においては、国内にあるすべての土地の地代は、そのすべてが、一人の所有者に属する場合に生じるような形でおおかた経営されれば、平和時でさえ、君主が国民に対して徴税する経常歳入額に達することなど、おそらく滅多にあるまい。たとえば、グレートブリテンの経常歳入は、年間の通例の経費を支払うために要するものだけでなく、公債の利子支払い、このような債務の元金の一部を償還するために必要なものを含め、年間一〇〇〇万ポンド以上に達する。だが、一ポンド当たり四シリングの地租は、年に二〇〇万ポンドに満たない額である。しかしながら、この地租は、すべての土地の地代だけでなく、すべての家屋の地代、および、グレートブリテンの総資本元本――国に貸し付けられたり、土地の耕作においてもっぱら農耕用家畜として用いられたりしているものを除いた元本――の利子の五分の一である、と見積もられている。この税の成果のきわめて大きな部分は、家屋の地代と資本元本の利子から発生する。たとえば、ロンドン市の地租は、一ポンド当たり四シリングで、一二万三三九九ポンド六シリング七ペンスに達している。ウェストミンスター市の地租は、六万三〇九二ポンド一シリング五ペンスに達する。ホワイトホールとセント・ジェイムズの両宮殿のそれは、三万七五四ポンド六シリング三ペンスである。

地租の一定部分は、同じ方法で、王国の法人格を有する他の都市や町のすべてで査定されており、家屋の地代からとか、通商用の元本や資本元本の利子と推定されるものなどから発生する。それゆえ、グレートブリテンが地租に割り当てた査定にしたがえば、すべての土地の地代、すべての家屋の地代、およびすべての資本元本――国家に貸し付けられたり、もっぱら土地の耕作に利用されたりするものを除いた部分――の利子から発生する収入の総額は、年間一〇〇〇万ポンド――平和時においてさえ、政府が国民に課税する経常収入――を超えるものではない。グレートブリテンが地租に対して割り当てる際の査定は、いくつかの特別な地方や地域では実際の価値に近いものだと言われているが、それよりもずっと低く、王国全体を平均したものであることは間違いない。家屋の地代や元本の利子を除く土地の地代だけでも、多くの人々によって二〇〇〇万ポンドと査定されているが、査定というものはとりわけ手あたり次第になされるものであるから、真実のものを超えたり下回ったりすることが多い、というのが私の理解である。だが、グレートブリテンの土地が、現在の耕作の状態で、年間二〇〇〇万ポンドを上回る地代をもたらさないとしても、その土地全部がたった一人の所有者に属し、彼の代理人や代行業者による怠慢で、費用がかかる抑圧的な経営に委ねられたとすれば、すべての土地は、せいぜいその半分の地代——まず間違いなく、その四分の一の地代——しかもたらすことができないであろう。グレートブリテンの王領地は、今のところ、もしそれが民間人の財産であったとすれば、多分そこから引き出すことができる地代の四分の一ももたらしていない。もし王領地がもっと広大なものであったら、おそらくそれは、今よりもっと劣悪な経営になってしまうだろう。

17　大部分の国民が土地から引き出す収入は、土地の地代にではなく、土地の生産物に比例している。あらゆる国の土地の年間総生産物は、種子として取り置くものを除けば、大部分の人々によって年々消費されるか、彼らによって消費される何か別の物と交換される。土地の生産物を、事情が異なれば増加させたであろう水準以下に減少させるものは何であれ、大多数の国民の所得を、土地所有者の所得を引き下げる以上に、さらに大きく引き下げるだろう。土地の地代、つまり所有者に属する生産物の割合が、全生産物の三分の一を超えると想定される土地は、グレートブリテンにはほとんど存在しない。土地が、ある状態の耕作においては年に正貨一〇〇〇万ポンドの地代をもたらし、別の状態の耕作のもとでは年に正貨二〇〇〇万ポンドの地代をもたらし、地代はともに生産物の三分の一であるとすると、前者の場合でみれば、土地所有者の収入は一年に一〇〇〇万ポンドだけ後者の場合よりも少なく、大多数の国民の収入は、種子用として必要なものを控除した上で、後者の場合よりも一年につき三〇〇〇万ポンドだけ少ないことになる。国の人口は、つねに種子を控除した上で、その残りがさまざまな階級の人々の間に分配されて遂行される生活と消費の特定の流儀に従って、年に三〇〇〇万ポンドが維持しうる国民の数だけ少ないことになろう。

18 ヨーロッパには、現在その公的な収入の大部分を、国の所有物である土地の地代から引き出しているいかなる種類の文明国も存在しないが、しかし、ヨーロッパのすべての大きな君主国には、今なお王権《クラウン》に属する多くの広大な土地が存在している。それは一般的に狩猟地であるが、数マイル進んでも、時には一本の木も滅多に目にすることがない狩猟地であり、生産物と人口の両面から見て、まったく国土の浪費と損失である。ヨーロッパのすべての大君主国の場合、王領地の売却はきわめて巨額の貨幣を生み出すだろうし、もしそれが公的債務の返済に用いられれば、当該の土地が王権に以前もたらした収入よりもはるかに巨額な収入を、担保から解放することになろう。

　きわめて高度に改良されて耕作され、売却時にそれから容易に入手可能な大きな地代を産出している土地が、一般的に三〇年という年購買数《イヤーズ・パーチャス》〔一年当たりの地代に年数を掛けた額のこと〕で売却されている国の場合には、未改良で未耕作にとどまり、低い地代で貸し出されている王領地なら、四〇、五〇あるいは六〇年という年購買数で売却できる、と期待できれば上々であろう。王権は、このすばらしい価格が担保から解放する収入を即座に享受するだろう。数年が経過するうちに、それはおそらく別の収入を受け取るだろう。王領地が私有財産になってしまえば、数年が経過するうちによく改良され、よく耕作されてくるだろう。その生産物の増加は、国民の収入と消費を増加させることにより、国の人口を増加させるだろ加するだろう。だが、王権が関税や物品税《エクサイズ》から引き出す収入は、必然的に国民の収入や消費と一緒に増う。

19　いかなる文明化した君主国であろうと、王権が王領地から引き出す収入は、民間人に負担させるところはないように見えるが、実際には、おそらく王権が受け取る他の等額のあらゆる収入よりも多くのものを、社会に負担させる。いかなる場合であれ、王権に対する王領地からの収入を他の等額の収入によって置き換えることや、王領地を国民の間で分け合うこと——おそらく、王領地を競売に付すこと以上にうまく達成することは不可能だろうが——は、社会にとって利益になるだろう。

20　娯楽や壮麗さを目的とし、どこでも、収入の源泉ではなく、出費の原因とみなされている財産である土地、公園、庭園や公共の遊歩道といったものは、大国であり文明化が進んだ君主国において、王権に属しておくべき唯一の土地であると思われる。

21　それゆえ、公有元本《パブリック・ストック》と公有地は、統治者や共和国に固有に属する可能性がある収入の二つの源泉であるが、すべての大きくて文明化した国家の必要な経費を賄うための財源としては、ともに不適切であり不十分であって、この経費は、依然としてその大部分が何らかの種類の課税によって賄われるべきものに留まり、国民は、統治者や共和国の公的な収入の不足を補うために、各自の個人的な収入の一部を捧げ続けることになる。

第二節　税について

1 本書の第一編で示しておいたように、個人の私的な収入は、究極的には三つの異なった源泉、つまり地代、利潤および賃金から生じる。あらゆる税は、最終的にはこの三つの異なった種類の収入のどれかから、あるいは、そのすべてから公平に支払われなければならない。私は、第一に、地代の負担になるように意図された税について、第二に、利潤の負担になるように意図された税について、第三に、賃金の負担になるように意図された税について、そして第四に、このような三つの異なった私的な収入のすべてに公平に負担されるように意図された税について、可能なかぎり最善の説明を提供するように努力したい。このような私的収入の四種類の異なる源泉のそれぞれにかんする詳細な考察は、本章の第二節を四項に分けた上で、そのうちの三項については、さらに他のいくつかの細目に分けた上で考察することが必要になるだろう。以下の説明からわかってくることだが、このような税の多くは、それを課すべく意図されていた財源、つまり収入の源泉から、最終的に支払われるわけではないのである。

2 特定の税の吟味を開始する前に、税一般にかかわる以下の四つの格言を、前置きとして述べておかなければならない。

3 一．あらゆる国の国民は、それぞれの能力に応じて可能なかぎりそれに近づくように、つまり、国家の保護のもとで国民がそれぞれ享受する収入に応じて、政府を支えるために貢献するべきである。大国の国民一人当たりの経費は、所領において受け取る個別的な利益に応じて貢献する必要がある、大所領の共同借地人一人当たりの管理経費に似ている。この格言を遵守するか軽視するか、ここに課税の平等《イクオリティ》とか不平等と呼ばれるものがあるわけである。きっぱりと述べておく必要があるのは、最終的には上に言及した三種類の収入のうちのひとつだけの負担になる税はすべて、それが他の二つの収入に影響しないかぎり、必然的に不平等であるということである。以下、さまざまな税の検討をつうじて、この種類の不平等の細部にまで深く注意することはせず、ほとんどの場合、特定の税によって影響される特定の種類の個人収入に対してさえ不平等な負担になる、特定の税によって引き起こされる不平等に注目するだけに留めるつもりである。

4　二、すべての個人が支払義務をもつ税は明確であって、恣意的なものであってはならない。支払いの時期、支払い方法、支払われるべき量目は、支払者に対して、さらに他のすべての人間にとって、できるかぎり明瞭でわかりやすいものでなければならない。そうでない場合、課税されるすべての人は、不快な納税者《コントリビューター》に対する税を引き上げたり、そのように税額を増やされたりする恐怖を利用して、彼自身に対する贈り物や心づけを強要することができる徴税人の支配下に置かれる。税にかんする不確実性は、徴税人が傲慢でも腐敗してもいない場合でさえ、そのような人望がない階層の人々の傲慢を自然に助長し、腐敗を奨励する。税の場合、個人がそれぞれ支払わなければならない額が確実であることはきわめて重要な事柄であるから、あらゆる国の経験からして、かなりの程度の不平等は、きわめて些細な不確実性ほど罪として大きくならないのは明らかである、と私は信じている。

5　三．あらゆる税は、納税者がそれを支払うのにもっとも好都合でありそうな、時期と方法で課税されなければならない。土地や家屋の地代に対する税は、そのような地代が一般的に支払われるのと同時期に支払うべきだとすれば、納税者にとってもっとも好都合でありそうな時期に、あるいは、彼が支払うべき資力を最高に保持していそうな時に、徴収される。贅沢品のような消費財に対する税は、最終的にはすべて消費者によって、一般的に消費者にとってまさに好都合な方法で、支払われる。消費者は商品を購入するたびに、少しずつ支払う。消費者はまた、気に入った時に買うか、買わないか勝手に決められるのだから、もし彼がそのような税によって著しい不便をこうむったりしたとしても、それは彼自身の落ち度にちがいない。

6　四．あらゆる税は、それが国家の公的な金庫にもち込むものに加え、人民のポケットから取り出すものも、そこに残しておくものも、できるだけ小さくするように工夫されなければならない。税というものは、以下四つの方法をつうじて、公的な金庫にもち込むよりずっと多くのものを国民のポケットから取り出したり、そこに残したりする可能性をもっている。第一に、徴税するためにはきわめて多数の官吏が必要になるが、彼らの給料が税の成果の大きな部分を食い潰してしまう可能性があるし、彼らの役得が、国民に別の追加的な税を課すことになる可能性がある。第二に、それは人民の産業を邪魔し、きわめて多数の一般大衆に生計と雇用を与えられる一定の事業分野に彼らが専念することを、妨害する可能性がある。それは国民に支払いを余儀なくさせるとはいえ、このようにして、彼らに容易に割り当てることができる財源の一部を減少させるか、おそらく破壊する可能性がある。第三に、税金を逃れようとして失敗した不運な個人が背負い込む没収や罰金によって、税はそのような人々をしばしば破滅させ、そうすることによって、人々の資本の利用から社会《コミュニティ》が受け取ることができたであろう恩恵を終わらせる可能性がある。分別に欠ける税は、密輸に対する大きな誘惑を提供する。だが密輸の刑罰は、その誘惑の大きさに比例して重なるはずである。法律は、通常の司法の原則とはまったく逆に、まず誘惑を創り出し、その後で誘惑に負けた人々を処罰するのであって、一般的にそれはまた、間違いなく処罰を軽減するはずの事情そのもの、つまり犯罪に手を染めさせる誘惑の強さに比例して、罰則を強化するのである。* 第四に、国民に徴税人を頻繁に訪問させ、気分が悪くなる審査を受けさせることにより、税は国民を多くの不必要な面倒、迷惑および圧迫感に晒す可能性があるうえ、厳密にいえば、迷惑は犠牲ではないが、誰もがそれから救われたいと希望するような犠牲に等しいことは間違いない。税が統治者にとって有用であるよりも、むしろ国民にとってははるかに耐え難いほど重いことが多いのは、このような四つの様々な点においてである。

＊ *Sketches of the History of Man* 四七四頁以下を見よ〔1774 by Henry Home, Lord Kames, 1696-1782. ケイムズはスコットランドの上席裁判官を務めた啓蒙思想家〕。

7　前述の格言がもつ明白な正義《ジャスティス》と効用は、すべての国民に対して多少なりとも留意するように促すものであった。すべての国民は、彼らの判断力がおよぶ限り、工夫を重ねて税を平等なものに、つまり、支払いの時期と方法の点で、納税者にとって確実で便利であり、国民が君主にもたらす収入のわりには、国民の負担を耐え難いほど重くならないように努力してきた。さまざまな時代と国において行われてきたいくつかの主要な税にかんする以下の手短な概観は、すべての国民の努力は、この点で等しく成功したわけではなかったということを示すであろう。

第一項　賃貸料に対する税

土地の地代に対する税

1 土地の地代に対する税は、すべての区域は一定の地代で評価されるが、その評価が後になっても変更されることがない一定の基準にしたがって課されるか、あるいは、土地の実際の地代が変更されるたびに変更し、土地耕作の改良や衰退とともに上昇したり、下落したりするという方法で課されたりするだろう。

2 グレートブリテンのように、それぞれの地区で一定不変の基準にしたがって査定される地租は、最初に設立された時には平等であるが、時が経過するうちに、国のさまざまな地域の耕作における改良や怠慢が不均一になる程度にしたがって、必然的に不平等なものになる。イングランドでは、ウィリアムとメアリー治世四年の土地法に従ってさまざまな州や教区が査定された評価は、それが最初に定められた時でさえ、著しく均一性に欠けるものであった。それゆえ、その限りで、この税は先に言及した四つの格言の第一のものに違反している。それは他の三つとは完全に一致している。それは完全に確実なものである。その税の支払い時期は、地代のそれと同一であれば、納税者にとっても同様に好都合である。地主は、いかなる場合でも実際の納税者であるが、その税金はなべて小作人によって前納されたものであり、地主は、その分を地代の支払いにおいて彼らに対して加減せざるをえない。この税は、ほぼ同じ収入をもたらす他の税よりも、はるかに少人数の官吏によって徴収される。それぞれの地区ごとに課される税は、地代の上昇と一緒に上昇することはないから、統治者が地主による改良の収益に与ることはない。実際、このような改良は、時にはその地区の他の地主の負担軽減に貢献する。だが評価が、時に特定の地所で引き起こす可能性がある税金の増加は、つねにきわめて小さなものであるから〔「実際」からここまでの文章は、初版にはなく、大部分が第二版で加筆された〕、評価にもとづく地租は、このような改良を押し止めることも、土地の生産物をそうでなければ増えたであろうものより減らすことも、できるはずがない。それは生産物の量を減少させる傾向をもたないから、その生産物の価格を引き上げる傾向をもつはずがない。それは国民の勤勉を妨げるものではない。それは、税金の支払いという不可避なものの他に、なんら不都合なことに地主を従わせるものではない。

3　しかしながら、すべてのグレートブリテンの土地が、地租に対して査定される際の評価額が変わることなく一定であることから地主が引き出す利益は、もっぱら、その税の性質とはまったく関係のない、いくつかの事情に負うものであった。

4　それは、部分的には、国のほとんどすべての部分における著しい繁栄に負うものであって、グレートブリテンのほとんどすべての地所の地代は、この評価額が最初に定められた時以降、絶え間なく増加し続けたのであって、どこでもほとんど下落することはなかった。それゆえ、地主は、彼らが自分たちの地所の現代の地代にしたがえば、ほとんど漏れなく支払うことになったはずの税金と、昔の評価額にしたがって実際に支払う税金との差額を、ほとんどもれなく獲得してきた。地方の状態が異なっていて、耕作が衰退した結果地代が次第に下落しつつあったとすれば、ほとんどすべての地主がこのような差額を取り損なったことだろう。革命以降に偶然発生した社会状態の中で、評価額が一定に保たれていたことは、地主には利益を、統治者には損害を与えてきた。社会状態が違っていれば、そのことは、統治者には利益を、地主には損害を与えていた可能性がある。

5 税が貨幣で支払われる機会がふえればふえるほど、土地の評価は貨幣で表されるようになる。土地の評価額が定められて以降、銀価値はかなり一定を保ち、その重量についても純度についても、鋳貨の本位における変更はまったくなかった。アメリカの鉱山の発見に先立つ二世紀が経過するうちに達成されたと思われることだが、銀がその価値を著しく上昇させたとすれば、地主にとって、評価額の一定性は、きわめて辛いことになった可能性がある。このような鉱山の発見後、すくなくとも約一世紀の間に起きたことは確かだが、銀がその価値において相当下落したとすれば、同じ評価額の一定性は、この分野における統治者の収入を大幅に引き下げたであろう。同量の銀を、より低い呼称に引き下げたり、それをより高い呼称に引き上げたりすることにより、貨幣の本位における大きな変更がなされたとすると、たとえば、一オンスの銀が、五シリング二ペンスに鋳造される代わりに二シリング七ペンスという小さな呼称の鋳貨、あるいは一〇シリング四ペンスという大きな呼称の鋳貨に鋳造されたとすると、前者の場合には、それは土地所有者の収入を損なうであろうし、後者の場合には、統治者の収入を損なうことになろう。

6 それゆえ、実際に生じたものと幾分違った状況のもとでは、このような評価額の不変性は、納税者にとっても共和国にとっても、著しく不都合なことであっただろう。しかしながら、時代が経過するうちに、そのような状況はどこかの時点で発生するはずのことである。だが、人間の他のすべての作品と同様に、これまで帝国はすべて死を免れなかったと分かっているとはいえ、それでもなお、すべての帝国は永遠に続くことをめざす。それゆえ、帝国それ自体のように、永遠であるように意図されるすべての基本法《コンスティテューション》は、たんに一定の状況においてだけでなく、あらゆる状況において好都合なものであることを要求される。つまり、一時的、偶発的あるいは付随的であるような状況においてではなく、必然的で、したがってつねに同一であるような状況に適したものであることを、要求されるのである。

7 地代のあらゆる変化とともに変動する土地の地代に対する税、つまり、耕作の改良や怠慢にしたがって上がったり下落したりする土地の地代に対する税は、フランスで自分たちをエコノミストと自称している学派の著作家によって、すべての税のうちでもっとも適切であると、推奨されている。彼らの主張によれば、あらゆる税は最終的には土地の地代に負担され、それゆえ、最終的にそれを支払わなければならない資金に対して均等に課される必要がある。すべての税は、最終的にはそれを支払うべき資金に可能な限り平等に負担されざるをえなくなるということ、これは確かに真実である。だが、彼らが自分たちのきわめて独創的な理論を支えている形而上学的主張をめぐる不快な議論を開始しなくても、最終的に土地の地代の負担になる税とは何であるか、さらに、最終的に他の資金の負担になる税とは何であるかは、以下の概説から十分明らかになるだろう。

8 ヴェネツィアの領土では、農業者に借地権付きで与えられたすべての耕作可能な土地は、地代の一〇分の一を課税される。[*] 借地権は、それぞれの州や地区にある歳入を扱う官吏によって保管される公的な登記簿に記録される。土地所有者が自分自身の土地を耕作する場合、土地は公平な査定にしたがって評価されるが、そのような所有者は、税の五分の一の控除を許されているから、そのような土地に対して推定される地代の一〇パーセントではなく、八パーセントしか支払わないのである。

* *Mémoires concernant les Droits*, p.240, 241.

9 この種の地租は、確かにイングランドの地租よりも一段と平等である。多分、それは完全に確定しているとは言えない可能性があるが、地租の評価額は、しばしば地主に著しい手数を掛けさせてしまう可能性があった。それはまた、徴税経費を著しく大きくする可能性もあった。

10 しかしながら、そのような管理体制は、おそらく大幅に、このような不確実性の発生を防ぎ、このような経費を適度なものとするように工夫できる可能性がある。

11 たとえば、地主と借地人に、彼らの借地契約《リース》を共同で公的な登記簿に記録するように要求することができよう。契約条項のどれかを隠したり、誤記したりすることに対する当を得た罰金を定めることができようし、もしこのような罰金の一部が、相手方のそのような隠蔽や誤記を告訴したり、有罪を証明した両者のいずれかによって支払われる必要が生じた場合には、それは公的な収入を騙し取るために行う彼らの結託を、効果的に防止することになろう。借地契約のすべての条項は、このような登記から十分に知ることができるだろう。

12　地主のなかには、地代を引き上げるのではなく、借地契約の更新に対する礼金《ファイン》を受け取る者もいた。この慣行は、ほとんどの場合、一定額の現金のためにずっと大きな価値をもつ将来の収入を売り払う、放蕩人の便法である。それゆえ、ほとんどの場合、それは地主に損害を与える。それは、しばしばそれは小作人に損害を与えるが、それはつねに地域社会に損害を与える。それは、しばしば小作人から彼の資本のきわめて多くの部分を奪い、そうすることにより、土地を耕作する彼の能力をその分だけ引き下げるため、彼は少額の地代を支払うことが、そうでない場合に大きな地代を支払うよりも、もっと困難であると感じるのである。小作人の耕作力を減少させるものはすべて、共同社会の収入のうちのもっとも重要な部分を、そうでない場合に生じたであろう収入を下回るものに、必然的に低める。そのような礼金に対して、通常の地代よりも大幅に重い税を課すことにすれば、この有害な慣行は、さまざまなすべての関係する人々、地主、小作人、統治者および共同社会全体にとってかなり都合よく、止めさせることができるであろう。

13　借地契約のなかには、小作人に対して一定の耕作方法、さらに借地契約期間中ずっと一定の作付けを継続する旨、あらかじめ指定するものもある。一般的に、地主自身が優れた知識をもっているという自負心（ほとんどの場合、ほとんど根拠のない自負心）の結果であることのような条件は、つねに追加の地代、つまり貨幣で支払う地代ではなく、奉仕で支払う地代として理解されるべきである。たいてい馬鹿げているこの慣行を止めさせるためには、この種の地代をむしろ高く評価すればよく、結果的に、普通の貨幣地代よりもいくらか高く課税できるだろう。

14　一部の地主は、貨幣地代ではなく、現物地代つまり穀物、家畜、家禽、ワイン、油などを要求し、別の地主は賦役地代を要求する。そのような地代は、地主にとって利益になる以上に、つねに小作人により大きな害をもたらす。そのような地代は、地主のポケットに入るよりも多くのものを、借地人のポケットから抜き取ったり、そもそも入ったりしないようにするのである。このようなことが起きているすべての国では、それが発生する程度に応じて、小作人は貧しく無一文である。同じ方法で、このような地代をむしろ高く評価し、結果的にそれに対して通常の貨幣地代よりも幾分か高く課税することにより、共同社会全体にとって有害な慣行というものを、おそらく十分に止めさせることができよう。

15　地主が自分自身で所有する土地の一部を使用するように選んだ場合、地代は近隣地域の農業者や地主による公平な調停にしたがって評価され、ヴェネツィアの領土におけるのと同様の方法、つまり彼が利用する土地の地代が一定額を超えないという前提のもとで、ある程度緩和された税額が彼に認められるだろう。一般的に、地主が自分の土地の一部を耕作するように奨励されることは、重要なことである。地主の資本は小作人のそれよりも大きいから、不慣れであっても、しばしばより多くの生産物を栽培することができる。地主は実験を試みることが可能だし、一般的にそのようにする傾向がある。うまくいかなかった実験は、彼にとっては小さな損失でしかない。成功した彼の実験は、国全体の耕作の改善と、いっそう優れた耕作に寄与する。しかしながら、税金の軽減によって地主に耕作を奨励するのは、一定程度に限られるということも、重要なことであろう。地主の大部分が、彼らが所有するすべての土地を耕作するように勧められたりしたら、地方は（自分の資本と技量の両方が許すかぎり、自分自身の自己利益によって耕作するように縛られている、真面目で勤勉な小作人ではなく）怠惰で浪費好きな農場管理人で満ち溢れ、まもなく彼らの乱暴な経営が、土地の年々の生産物を減少させ、主人の収入だけでなく、社会全体の収入のもっとも重要な部分を減少させるまで、耕作の水準を引き下げてしまうだろう。

16 このような行政管理体制は、おそらく、いかなる程度であれ、納税者に圧迫や不便をもたらし得る不確実性から税を解き放つことが可能だし、それと同時に、地方における一般的な改良と優れた耕作におおいに貢献する計画や政策を、土地の一般的経営の中に導入するのに役立つだろう。

17 地租を徴税するための経費は、地代の変化とともに変動するものだが、つねに固定的な評価額にしたがって査定される地租の徴税経費に較べ、幾分か大きくなることは間違いないだろう。国のさまざまな地域に当然設立されるべき別個の登記所によって、さらに、所有者が自分自身で利用しようと決めた土地について臨時的に実施される別個の評価によって、追加的な経費がかかるようになるのは必然的であろう。しかしながら、この種の経費はすべてきわめて小さく、この種の税から容易に引き出すことができるものに較べると、ごくわずかな収入しかもたらさない他の多くの税を徴収する際に要する経費を、大幅に下回るものなのである。

18 この種の可変的な地租が、土地改良の気運に水を差しかねないということは、それに対して放ち得るもっとも重要な反対理由になると思われる。間違いなく地主が改良しようという気持ちにならないのは、経費に対して何も貢献しない統治者が、改良の利益に与ろうとするような場合である。このような反対の根拠でさえ、地主が改良に着手する前に、歳入局の官吏と協力のうえ、両方の当事者によって平等に選ばれた近隣地域の一定数の地主や農業者の公平な仲裁にしたがって、自分の土地の実際の価値確認を地主に許可すること、さらにまた、地主の経費を完全に補償するために十分な年数この評価額にしたがって地主に課税することによって、未然に回避することができるだろう。統治者の注意を、彼自身の収入増加に対する配慮から土地の改良に引き寄せること、これが、この種類の地租によって目論まれた主要な利益のひとつである。それゆえ、地主を補償するために容認される期間は、利益が遠い将来のことだという理由でこのような注意にひどく水が差されないように、その目的にとって必要な期間を大幅に超えるものであってはならない。しかしながら、どう見ても、短すぎるよりいくらか長すぎるほうがましである。統治者の注意を鼓舞したところで、地主の注意に対するごく些細な妨害を埋め合わせるのは、不可能だからである。

統治者がなしうる最善の配慮とは、せいぜいのところ、統治している大部分の土地がよりよく耕作されるために役立つ事柄について、漠然と一般的に考慮することである。地主の配慮とは、その地所を寸分残らずもっとも有利に活用できる事柄について、個別的かつ綿密に考察することである。統治者がもっぱら配慮すべきことは、彼の権限が及ぶすべての手段を用いて、地主と農業者双方の注意を喚起することである。すなわち、それぞれが自分自身の利益を、自分自身の判断に従って追求することを許可すること、自分自身の努力がもたらすすべての報酬を受け取るもっとも完全な保証を両者に与えること、支配下にある国土のすべての箇所で、陸路水路を問わず、もっとも容易で安全な輸送路を確立することによって、生産物のすべての部分に対してもっとも広大な市場を提供するだけでなく、他のすべての国王が支配する地域へ輸出する無制限の自由《フリーダム》を提供すること、これである。

19 もしこのような行政の管理体制によって、この種の税が、土地の改良にとって何の妨害にもならず、逆に、いくらか奨励を与えることができるように管理しうるものであれば、つねに税の支払いを余儀なくされているという迷惑を別として、いかなる他の迷惑も引き起こすようには思われない。

20 社会の状態がどのように変わり、農業が改善したり衰退したりしようと、銀の価値がどのように変化し、鋳貨の度量標準がどのように変化しようと、この種の税は、自発的に、しかもいかなる政府の配慮も受けることなく容易に事物の実際の状態に適合するであろうし、さらに、このようなさまざまなすべての変化のなかで、等しく正当であり、公平であるだろう。それゆえ、つねに一定の評価額にしたがって課税される必要があるあらゆる税よりも、永続的で変えることができない規則として、つまり国家の基本的な法律と呼ばれるものとして定められるほうが、はるかに適切なことであろう。

21 国のなかには、借地契約の登記所という単純で明白な方法ではなく、地方にあるすべての土地を、実際に調査して評価するという手間と費用がかかる方法に頼ってきた所も存在する。そのような国は、おそらく社会の収入を詐取するために、地主と借地人が借地契約の実際の条件を結託して秘匿する可能性がある、と疑っていたのであろう。土地台帳ドゥームズデー・ブックは、この種のきわめて正確な調査の結果であったように思われる。

22 プロシャ王の古来の領土では、地租は実際の調査と評価にしたがって決定されるが、それは時折見直され、変更される。* その評価額にしたがって、世俗の土地所有者はその収入の二〇から二五パーセントを支払う。聖職者は四〇から四五パーセントである。シレジア〔ヨーロッパ中部の地方で、現代のポーランドとチェコにまたがる地域〕の調査と評価は、現在の国王の命により遂行されたが、それはきわめて正確であると言われている。その評価にしたがって、ブレスラウ〔シレジアの首都〕の司教に属する土地は、地代の二五パーセントの税金を取られている。両宗派の聖職者のそれ以外の収入は、五〇パーセントの税金。ドイツ騎士団とマルタ騎士団の騎士領は、四〇パーセントの税金。貴族保有権《ノーブル・テニュア》により所有されている土地は、三八パーセント三分の一税金。隷農保有権《ベイス・テニュア》〔農奴的奉仕義務を条件とする不動産所有権〕により所有されている土地は、三五パーセント三分の一の税金である。

* *Mémoires concernant les Droits,* & c. tome i. p.114, 115, 116, & c.

23 ボヘミアにおける調査と評価は、一〇〇年以上かけた仕事であると言われている。それは現在の女帝〔Maria Theresia, 1717-1780. マリア・テレジア〕の命によるもので、完成は一七四八年の講和の後のことであった。* カール六世〔Karl VI, 1685-1740. マリア・テレジアの父〕の時代に開始されたドイツ人によるミラノの調査は、一七六〇年にようやく完成された。それは今までなされたもっとも正確なもののひとつであると評価されている。サヴォイアとピエモンテの調査は、サルデーニャの前国王の命令によって遂行されたものである。

* *Mémoires concernant les Droits*, & c. tome i. p.83, 84.

24 プロシャ王の領土内では、教会の収入は、世俗の所有者のそれよりもはるかに重く課税される。教会の収入は、その大部分を土地の地代が負担している。そのどの部分も土地の改良に利用されること、つまり、大部分の国民の収入を増加させるために役立つように用いられることなど、滅多に起きない。プロシャの国王陛下は、おそらくその理由から、それが国家の急場を救済するためにおおいに貢献するのは当然のことだ、と考えたのであろう。いくつかの国では、教会の土地はすべての税金を免除されている。他の国では、それは他の土地よりもずっと軽く課税されている。ミラノ公国では、一五七五年以前に教会が保有していた土地は、課税用にはその価値のわずか三分の一に査定されていた。

25 シレジアでは、貴族保有権によって所有されていた土地は、隷農保有権にもとづいて所有されている土地よりも三パーセント高く課税されている。前者に付随するさまざまな種類の領主権や特権は、課税による小さな被害を十分補償するだろうし、同時に、後者の屈辱的な劣等性は、いくらか軽く課税されることによってある程度軽減されるだろうと、おそらくプロシャの国王陛下は考えたのであろう。他の国では、課税制度はこのような不平等を軽減することなく、悪化させた。サルデーニャ王の領土、および実物つまり農作物で納めるタイユと呼ばれるものを免れないフランスの地方では、隷農保有権にもとづいて所有されている土地がほとんどの税金を負担している。貴族的保有権によって所有されている土地は、課税を免除されている。

26　全般的な調査と評価にしたがって査定される地租は、当初はどれほど平等であるにせよ、ある程度の期間が経つうちに不平等になるはずである。そうなることを防ぐためには、国中のおおいに異なった農場の状態と生産物におけるあらゆる変化に対する、政府による持続的で骨の折れる配慮が不可欠である。プロシャ、ボヘミア、サルデーニャおよびミラノ公国の政府は、実際この種の配慮を実行しているが、このような配慮は、統治の本質《ネイチャー・オヴ・ガヴァンメント》には適合しないものであるから、長続きするのは困難であり、しかも、たとえ続いたとしても、おそらく長期的には、納税者に救済をもたらす可能性よりも、むしろより多くの困難と迷惑を発生させることになろう。

27　一六六六年に、モントーバン〔フランス南部トゥルーズの北に位置する都市〕の徴税区は、きわめて正確な調査と評価に従ったと言われているが、実物つまり農作物で納めるタイユ通りに査定された。*一七二七年までに、この評価はまったく不平等になった。この不都合を修正するために政府が捜し出したのは、徴税区に丸ごと一二万リーヴルの税金を追加する、ということであった。この追加税は、タイユを課されているすべてのさまざまな地区にたいし、旧来の評価額にしたがって割り当てられる。だがそれは、実際の事物の状態において、その評価では低く課税されている物件についてのみ割り当てられ、同じ評価によって過大に課税されていた物件の救済に用いられる。たとえば、実際の事物の状態のもとで九〇〇リーヴル課税される必要がある地区と、一一〇〇リーヴル課税される必要がある地区という二つの地区は、旧来の評価ではともに一〇〇〇リーヴルを課税される。この二つの地区は、追加税によって、それぞれ一一〇〇リーヴルを課税される。だがこの追加税は低評価地区に対してのみ割り当てられ、しかも全体として過大に評価された地区の救済に用いられるから、結果的に後者は九〇〇リーヴル支払うだけで済むことになる。政府は追加税によって利得も損失も出さず、それはすべて旧来の評価から生じる不平等を修正するために用いられる。その適用は、徴税区の監督官の自由裁量にしたがって大部分が管理されるから、したがって、おおいに恣意的なものであるにちがいない。

* *Mémoires concernant les Droits, & c.* tome ii, p.139, & c.

地代にではなく、土地の生産物に比例する税

1　土地の生産物に対する課税は、実際には地代に対する課税であり、もともと農業者によって前納される可能性があるとはいえ、最終的には地主によって支払われる。生産物の一定部分が税金のために支出される場合、農業者はこの部分の価値が、年々の平均で見てどれだけの額になるかを可能なかぎり計算し、地主に支払いを承諾している地代から相当分を減額する。この種の地租である教会の十分の一税《タイス》が、年々の平均で、どれほどの額になりそうか、あらかじめ計算しない農業者などいない。

2　十分の一税、および、完全に平等であるように見えるこの種の他のすべての地租というものは、生産物の一定部分は、状況が違えば、地代の著しく異なる部分に相当するため、きわめて不平等な税金になる。きわめて肥沃な土地では生産物がきわめて豊富なため、農業者にとって、近隣地域における耕作用の元本の利潤とともに、彼が耕作に利用した資本を取り戻すのに、その半分でもまったく十分である。十分の一税がなければ、残りの半分、つまり同じことになるが、残り半分の価値でもって、彼は地代として地主に支払うことができるだろう。だが生産物の一〇分の一が、十分の一税という手段で彼から奪い取られる場合、通常の利潤とともに彼の資本を取り戻すことができなくなるため、彼は、地代の五分の一相当分の減額を要求せざるをえなくなろう。この場合、地主の地代は、半分つまり全生産物の一〇分の五に達するのではなく、一〇分の四にしか達しないだろう。これとは逆に、やせた土地の場合、時に生産物の量がきわめて小さく、耕作費用がきわめて大きくなるため、農業者の資本を通常の利潤とともに取り戻すためには、全生産物の五分の四が必要になる。この場合、十分の一税が存在しなくても、地主の地代は全生産物の五分の一、つまり一〇分の二を超える額にはなり得ない。だが、農業者が十分の一税という方法で生産物の一〇分の一を支払う場合、彼は地主の地代の等しい減額を要求せざるをえず、こうして、地代は全生産物のわずか一〇分の一に引き下げられるだろう。肥沃な土地の地代については、十分の一税は、時に全生産物の五分の一を超える税金、つまり一ポンドにつき四シリングにしかならない可能性があるが、他方、やせ地の地代については、それは全生産物の二分の一、つまり一ポンドにつき一〇シリングの税金になる可能性があろう。

3　十分の一税は、しばしば地代に対するきわめて不平等な税金であるように、それは、つねに地主の土地の改良と農業者の耕作の両方に対する、大きな邪魔物である。費用のいかなる部分も支出しない教会が、利益のきわめて大きな部分を共有するようになっている場合、前者つまり地主は、一般的にもっとも重要なもっとも費用がかかる改良をあえて実行することも出来なくなるし、後者つまり農業者も、もっとも価値があり、また一般的にもっとも経費がかかる収穫物を栽培できなくなる。十分の一税によって長い間州連合《ユーナイテッド・プロヴィンシズ》〔一五七九年のユトレヒト同盟にもとづきスペインから独立し、オランダ建国の母体になった北部七州〕に限定されており、その理由から、このような破壊的な課税から免除されていた茜《あかね》〔根から赤色染料が取れる〕の栽培は、ヨーロッパの残りの地域に対する有用な染色原料について、一種の独占を享受した。この植物の栽培をイングランドに導入しようという最近の試みは、茜に対するあらゆる十分の一税の代わりに、一エーカーあたり五シリング給付されると定めた制定法の結果、ようやく実現されたものである。

4　ヨーロッパの大部分で、教会がもっぱら地租――地代に対してではなく、土地の生産物に比例する――によって維持されているように、アジアの多数のさまざまな国では、国家がそれによって維持されている。中国では、統治者の主要な収入は、帝国のすべての土地生産物の一〇分の一である。しかしながら、この一〇分の一に相当する部分は、きわめて控えめに評価されているため、多くの地方では、それは通常の生産物の三〇分の一を上回ることがない、と言われている。ベンガルのムハンマド政府に、この国がイギリス東インド会社の手に落ちる以前まで支払われてきた地租ないし地代は、生産物のうち約五分の一に達していた、と言われている。古代エジプトの地租は、同様に生産物の五分の一であった、と言われている。

5　アジアでは、この種の地租が土地の改良や耕作に対する統治者の関心を掻き立てる、といわれている。中国、ムハンマド政府の統治下にあったベンガルや古代エジプトの統治者は、したがって、彼ら自身の領地が提供し得るもっとも広大な市場を、生産物のすべてについて確保することにより、すべての土地の生産物の数量と価値の両方を可能なかぎり多く増やすために、立派な道路と航行可能な運河を作って維持することに大いに留意した、と言われている。教会の十分の一税は小さな部分に分割されているので、その所有者は、誰もこの種の関心を抱くはずがない。教区の人間が、彼自身が属する特定教区の生産物のための市場を広げるために、国の遠隔地へ通じる道路や運河の建設をしても、割に合うはずがない。そのような税は、国家を維持するために定められる場合なら、国民の迷惑を埋め合わせるためにある程度まで役立つ可能性があろう。教会の維持のために定められる場合、それは迷惑以外に伴うものなど何もない。

6　土地の生産物に対する税は、現物であろうと、一定の評価額に従った貨幣によってであろうと、どちらでも課すことが可能である。

7　ある教区の人物、あるいは自分の地所で生活する小さな富を保有する紳士は、時には、おそらく前者は自分の十分の一税を、後者は自分の地代を、それぞれ現物で受け取るほうが好都合だと理解する可能性がある。集められるべき数量と、そこでそれを集めなければならない地域は小規模なものであるから、彼らに支払われるべきすべてのモノの集荷と処置を、ともにそれぞれ自分の目で見張ることができる。大きな富を所有する都市で生活している紳士は、遠隔地域にある地所の地代が、代理人を経由する方法で彼に支払われる場合には、彼の土地管理人や代理人の怠慢や多くの詐欺によって、大きな損害をこうむる危険があるだろう。収税吏の欺瞞や略奪による統治者の損失は、必然的にずっと大きくなろう。不注意きわまりない私人の使用人は、おそらくもっとも注意深い君主の監視の目よりも、自分たちの主人のそれに晒されており、現物で支払われる公的収入は、収税吏の不正な管理によって大きな損害をこうむるため、いつも国民に課せられたもののうちのごくわずかな部分しか、君主の金庫に届かない。しかしながら、中国の公的収入の一部は、このような方法で支払われていると言われている。中国の官吏や他の収税吏が、彼らの利益は、貨幣での支払いよりもずっと悪用しやすい支払い方法の継続にある、と理解していることは間違いない。

8　貨幣で課される土地の生産物に対する税金は、市場価格のすべての変化とともに変わる評価額に従って、あるいは、市場の状態にかかわりなく、たとえば小麦一ブッシェルについて、つねに一つで、しかも同一の貨幣価格で評価される固定価格に従って、課税することができよう。前者の方法で課された税の成果は、土地の実際の生産物の変化——耕作が改善されるか、放置されるかに従った変化——だけに従って変動するであろう。後者の方法で課された税の成果は、土地の生産物の変化に従ってだけでなく、貴金属の価値における変化と、異なる時代に、同じ名称の鋳貨に含まれている貴金属の量の両方に従って、変わるであろう。前者の方法による成果は、つねに土地の実際の生産物がもつ価値と同じ比率を保つであろう。後者の方法による成果は、時代の変化とともに、実際の生産物の価値とは著しく異なった比率をもつであろう。

9 土地の生産物の一定部分とか、一定部分の価値という代わりに、すべての税や十分の一税を完全に埋め合わせるために一定額の貨幣が支払われなければならないとすると、この場合には、税金はイングランドの地租とまったく同じ性質のものになる。それは、土地の地代と一緒に増加したり減少したりすることはない。それは、改良を奨励することも阻害することもない。他のすべての十分の一税の代わりに十分の一上納金《モウダス》〔modus decimandi のこと〕を支払う大部分の教区における十分の一税は、この種の税である。ベンガルでムハンマド政府の統治がなされていた時期、生産物の五分の一を現物で支払う代わりに、ごく普通の十分の一上納金が大部分の地域や地方の大土地所有納税者《ゼミンダー》ごとに定められた、と言われている。東インド会社の使用人のなかには、公的収入を適切な価値に戻すふりをして、いくつかの州で、この十分の一上納金《モウダス》を現物での支払いに換えようとする者がいた。彼らによる経営のもとでは、この転換は、耕作を阻害すると同時に、最初にその会社の経営に組み込まれた時、達成していたと言われているものを大幅に下回って落ち込んでいる公的収入の徴収に際して、新しい悪用の機会を与える傾向がある。おそらく、その会社の使用人は、この転換によって利益を得た可能性があるが、しかしそれは、おそらく彼らの主人とその国双方の損失によるものであっただろう。

家屋の地代に対する税

1 家屋地代《レント・オヴ・ハウス》は二つの部分に分けることができ、一方は、本来的には借家料《ビルディング・レント》と呼ばれるべきもの、もう一方は、普通に借地料《グランド・レント》と呼ばれるものである。

2　借家料は、家屋を建築するのに費やされた資本の利子や利潤である。建築業者《ビルダー》〔家賃収入を得るため家屋を建設する不動産投資家も含んでおり、請負の建設業者に限られるわけではない〕の仕事を他の仕事と同じ水準にしようとすれば、この地代は、第一に、建築業者が安全な担保にもとづいて自分の資本を貸し付けた場合に獲得するのと同額の利子を彼に与えるために、そして第二に、家屋を常時修理済みの状態、つまり同じことになるが、一定の年数の間に、その建築に用いられた資本を取り戻すために、それぞれ十分な大きさである必要がある。それゆえ、借家料つまり建築主の通常の利潤は、どこでも貨幣の通常の利子によって規制される。市場利子率が四パーセントである場合、借地料に加えて支払う借家料が六パーセントあるいは六・五パーセントになる家屋の地代は、おそらく建築業者に十分な利潤をもたらすだろう。市場利子率が五パーセントである場合、それはおそらく七パーセントか七・五パーセントを必要とするだろう。もし、貨幣利子のわりには、いつでも建築業者の仕事がそれよりもずっと大きな利潤を生むとすれば、その仕事が他の職業から多くの資本を引き寄せ、建築業者の利潤をそれにふさわしい水準に引き下げるであろう。もし建築業者の仕事が、常時これよりもずっと少ない利潤しかもたらさなければ、まもなく他の事業が十分な量の資本をその分野から引き寄せ、ふたたび建築業者の利潤を上昇させるであろう。

3　家屋の地代全体のうち、この適正な利潤をもたらすのに十分なものを上回っている部分があれば、それはおのずと借地料になるのであって、土地の所有者と家屋の所有者が二人の異なった人物である場合には、ほとんどの場合、残らず前者に支払われる。この剰余地代は、家屋の住民が、立地における実際ないし想像上の利益に対して支払う価格である。大都市から遠く離れた地方の大邸宅は、そこで選べる土地が豊富にあり、何にしても借地料はごくわずかであるから、家屋が建築されている土地が農業に利用された場合に支払うものを超えることはない。大都市の近隣にある田舎の別荘ではそれがかなり高く、特別な便宜や立地の美しさに対して、そこでは特に高く支払われるわけである。借地料がもっとも高いのは、一般的に首都であり、このような首都の特定の場所で、家屋に対する最大の需要が偶然発生するのであって、需要の理由は、取引や事業用であるか、娯楽や社交用であるか、あるいは単なる虚栄心や流行のためであったりする。

4　借家人が支払い、それぞれの家屋の地代全体に比例する家屋地代に課す税が、少なくともかなりの期間にわたって借家料に影響しうるはずがない。建築業者が自分にふさわしい利潤を得られなければ、その事業を断念せざるをえなくなり、そしてそのことは、家屋に対する需要が増加する結果、短期間のうちに、彼の利潤を他の事業の利潤とふさわしい水準に回復させることになろう。そのような税金がすべて借地料の負担になることはないが、しかしそれは、一部は家屋の居住者に、また一部は土地の所有者にという具合に、おのずと分かれることになろう。

5　たとえば、特定の個人が、家賃のために年に六〇ポンド支出できると想定したうえで、さらに、居住者が支払うものについて、一ポンドにつき四シリング、つまりその五分の一の税金が借家料に対して課されると想定しよう。この場合、六〇ポンドの借家料は、年に七二ポンドの経費がかかり、彼が支払い可能だと考えるものよりも一二ポンド高くなる。それゆえ、彼は程度が落ちる家屋で満足し、五〇ポンドの家賃に、彼が税金のために支払わなければならない一〇ポンドを追加して、彼が支払い可能だと判断する経費、つまり一年に六〇ポンドの額になるようにするだろう。つまり、一年に一〇ポンド余計な家賃を必要とする家屋であれば入手していたであろう追加的な便宜を、その税金を支払うために諦めるであろう。私が言いたいことは、彼が諦めるのはこの追加的な便宜部分であるということ、というのは、彼が全体を諦めるように余儀なくされることは滅多にないが、しかし、その税金の結果、もし税金がなかった場合に彼が確保できたであろうものよりも、いっそう都合がよい家屋を年に五〇ポンドで確保するだろう、ということである。というのは、この種の税は、この特定の競争相手を排除することにより、六〇ポンドの家賃の家屋に対する競争を弱めるはずであるし、こうしてそれは同様に、五〇ポンドの家賃の家屋に対する競争を弱め、したがって同じ仕方で、税がそれに対する競争を強めることがある最低の家賃を除き、他の家賃をもつすべての家屋に対する競争を減らすはずだからである。

だが、それに対する競争が弱まるすべての種類の家屋の地代は、必然的に多かれ少なかれ低下するだろう。しかしながら、この減少のどの部分も、すくなくとも相当な期間にわたって借家料に影響をおよぼすはずがないから、減少分の全体は、長期的には、必然的に借地料が負担するはずである。それゆえ、この税の最終的な支払いは、一部は自分の負担を支払うために自分自身の便宜の一部を放棄せざるをえなくなる住宅の居住者に、そしてまた一部は、自分の負担を支払うために彼の収入の一部を放棄せざるをえなくなる敷地の所有者に、それぞれ負担されるだろう。この最終的な支払いは、どのような比率で両者の間で分割されるか、おそらくこれは容易に確かめ得ることではなかろう。この比率は、おそらく事情が異なるにつれておおいに異なるだろうし、この種の税は、このようなさまざまな事情に応じて、家の住人と敷地の所有者の両者に、著しく不均等な影響を及ぼす可能性がある。

6 このような種々の借地料の権利保有者《オウナー・オヴ・ザ・グランドレント》の負担になる税の不平等は、全体的にみて、この分割が不平等であることから発生するものであろう。だが、種々の家屋の住民に負担させられかねない不平等は、たんにこれだけからではなく、別の原因からも生じるであろう。生計費全体に占める家賃支出の割合は、資産の程度の違いに応じておのずと異なる。おそらくそれは、もっとも豊かな場合にもっとも高く、生活水準が下がってくるにしたがって漸次小さくなるから、一般的に最低水準の生計の場合がもっとも低いということになる。生活必需品は、貧しい人々の最大の支出原因である。彼らは食料を手に入れるのが難しく、彼らの些細な収入の大部分はそれを入手するために費やされる。生活に含まれる贅沢品や装飾品《ヴァニティ》が富者の主要な支出項目であり、壮大な邸宅を、彼らが所有する他のすべての贅沢品や装飾品で飾り立て、もっとも効果的に目立つようにする。それゆえ、借家料に対する税は一般的に富者に対してもっとも重く課されるが、この種の不平等においては、おそらく著しく不合理なことは何もないだろう。所得に応じてというだけでなく、その比率を上回るほど、富者が公共の経費に貢献すべきであるということに、著しい不合理など存在しない。

7 家屋の地代は、いくつかの点で土地の地代と似ているとはいえ、それとはある点で本質的に異なっている。土地の地代は生産的な対象の利用に対して支払われる。それを支払う土地が、それを生み出すのである。家屋の地代は、不生産的な対象の利用に対して支払われるものである。敷地もその上に立つ家も、ともに何も生み出しはしない。それゆえ、地代を支払う人物は、それを、この対象とは独立し、それとは明確に異なる何か別の収入源から引き出す必要がある。家屋の地代に課せられる税は、それが居住者に対して課せられるかぎり、地代それ自身と同じ源泉から引き出されるほかになく、労働の賃金、元本の利潤あるいは土地の地代のどれかから引き出されようと、居住者の収入から支払われるほかにない。税金が居住者の負担になるかぎり、それはたんに一つだけでなく、収入のこのような異なる三つの源泉すべてによって無差別に負担される税金であるから、どこから見ても、他のすべての種類の消費財に対する税金と同じ性質のものである。一般的には、人間の支出全体が気前の良いものであるか狭量なものであるか、これを十分に判断できる単一の支出ないし消費項目としては、家屋地代を上回るものなど、おそらく存在しないだろう。この特定の支出項目に対する比例税は、おそらく、ヨーロッパのすべての土地で今まで特定の支出項目から引き出されてきたいかなる税金よりも、多額の収入を生み出す可能性がある。この税金が実際にきわめて高ければ、大部分の国民は、より小さな家で満足し、彼らの支出の大部分を何か別の方向に向けて、可能なかぎりそれを回避しようと努力するだろう。

8　家屋の地代は、通常の土地の地代を確認するために不可欠なものと同じ種類の方法によって、簡単に十分正確に確認できるだろう。人が住んでいない家屋は、税を支払わないのが当然である。空き家に対する税はすべてその所有者の負担になるだろうし、こうして所有者は、便宜も収入ももたらさない対象に対して課税されることになろう。所有者が居住している家屋は、彼らが建築に要した経費に従ってではなく、もし借家人に貸されたとすれば、彼らに提示される傾向があると公平な裁定が判定するような地代に従って、査定されなければならない。建築の費用としてかかった経費にしたがって査定された場合、一ポンド当たり三シリングか四シリングの税金が、他の税金と一緒になって、この国あるいは、私が思うに、他のすべての文明国のほとんどすべての豊かで高貴な家族を破滅させてしまうだろう。この国でもっとも豊かでもっとも高貴な家族が、都市と地方でそれぞれ別個に持っている邸宅を注意深く調査すれば誰にでもわかることは、もともとの建築経費に対してわずか六・五パーセント、あるいは七パーセントで評価すれば、彼らの借家料は、彼らの地所の正味の総地代とほぼ等しくなるということであろう。実際それは、数世代続けてきわめて美しく壮大な対象物に注ぎ込まれた累積的な経費であるが、彼らがかけた費用のわりには、きわめて小さな交換価値しかもたない。*

*本書が最初に刊行されて以降、おおよそ上で言及した原理にもとづく税が課されてきた〔この注は第三版で加えられた〕。

9　借地料は、課税対象としては、借家料よりもさらに適切なものである。借地料に対する税金が借家料を引き上げることはない。それは、つねに独占者として行動し、彼の土地を利用することに対して、入手可能な最高の地代を取り立てる借地料の権利保有者にすべて負担されるだろう。より多くの借地料を入手できるかできないかは、競争者がたまたま金持ちであるか貧乏人であるかに従って、つまり、土地の特定地点に対する気まぐれな好みを、より多くの経費あるいは少ない経費で満たすことができるか、これに従って決まる。あらゆる国において、豊かな競争者の大多数は首都にいるから、したがって、最高の借地料はつねにそこで見出されることになる。このような競争者の富は、いかなる点でも借地料に対する税金によって増やされることはないから、おそらく土地を利用するためにより多く支払う気持ちになることはあるまい。その税金を前納するのが居住者であるか、それとも土地の所有者であるかは、ほとんど重要なことではないだろう。居住者がその税金を支払わざるをえなくなればなるほど、土地に対して支払う気持ちが薄くなるから、結果的にその税金の最終的な支払いは借地料の権利保有者がすべて負担することになろう。非居住家屋の借地料に、税金を支払う義務があるはずはない。

10 借地料も通常の土地の地代も、ほとんどの場合、所有者が自分自身で面倒を見たり、配慮したりすることもなく受けとる種類の収入である。この収入の一部が国家の経費を賄うために彼から取り立てられるようになっても、それによっていかなる種類の産業も邪魔されることにはなるまい。社会の土地と労働の年々の生産物、つまり大多数の国民の真実の富と収入は、そのような税が課された後でも、以前と同一のものである可能性がある。それゆえ、借地料および土地の通常の地代は、おそらく、それに特別の税金が課せられても、もっともよく耐えることができる種類の収入である。

11 借地料は、この点で、通常の土地の地代以上に、特別な税の対象としていっそう適切であるように思われる。多くの場合、通常の土地の地代は、部分的には地主の配慮と優れた経営のおかげである。きわめて重い税は、この配慮と優れた経営を邪魔しすぎる可能性がある。

借地料は、それが通常の土地の地代を上回っているかぎり、まったく為政者の優れた統治のおかげであって、それは、国民全体とか特定の場所の住民の産業を保護することにより、彼らが自分たちの家を建てた土地の真実の価値を上回るほどその土地に高く支払うこと、つまり、その土地の所有者に、このような土地の利用によって彼が受ける損失に対して補償する以上のものを獲得させること、これを可能にするのである。その存続を国家の優れた統治に負っている財源が、その統治を支援するために特別に課税されるべきであるとか、他の大部分の財源よりももっと多く寄与すべきだということ、これ以上理にかなったことがあるはずがない。

12 ヨーロッパの多くの国では、家屋の地代に税が課せられてきたが、借地料が税における独立した対象とみなされてきた国を、私は知らない。おそらく、税の考案者は、地代のうちどの部分が借地料とみなされるべきで、どの部分が借家料とみなされるべきか、確定するのが困難だと理解したのであろう。しかしながら、この二つの部分をたがいに見分けることが著しく困難であるとは、思われないであろう。

13 グレートブリテンでは、家屋の地代は土地の地代と同じ比率で、つまり年々の地租と呼ばれるものによって、課税されると思われている。評価額はつねに同一であって、それぞれ異なった教区や地域が、この税金に対して査定されるものに従っている。それはもともと極端に不平等であったし、その状態が今なお続いているのである。王国の大部分をつうじて、この税金は、土地の地代に対するものよりも、家屋の地代に対してずっと軽く課されている。もともと高く評価されていて、家屋の地代がその後大幅に下落し、地租が一ポンド当たり三シリングや四シリングであるようなごく少数の地区でしか、実際の借家料と等しい額にならないと言われている。借家人がいない家屋は、法律によって課税されるにもかかわらず、ほとんどの地区で評価人の厚意により税を免除されているが、この免除は、地区の税金はつねに同一であるとはいえ、時々特定の家屋の評価額におけるわずかな変更を生じさせる。新築、改修などによる地代の増進は、地区の納税義務の履行には役立つが、特定の家屋の評価額における追加的な変更を引き起こす〔「新築」以降の最後の一文は、第二版で加筆された〕。

14　オランダの州では、[*]実際に支払う地代や借家人の有無にかかわらず、すべての家屋はその価値の二・五パーセントで課税される。それほど著しく高い税では、所有者に何の収入も得られない借家人のいない家屋に対して税を支払うように義務付ける点で、過酷であるように見える。市場利子率が三パーセントを超えないオランダでは、家屋の総価値に対する二・五パーセントは、ほとんどの場合、借家料、たぶん地代全体の三分の一を上回る額に達するはずである。実際、それに従って家屋が査定される評価額は、不均一であるとはいえ、つねに実際の価値よりも低いと言われている。家屋が再建されたり、改良されたり、拡張されたりした場合、新しい評価額が設定され、それに従って税金が査定される。

＊ *Mémoires concernant les Droits*, & c. p.223.

15　さまざまな時代にイングランドで家屋に対して課されてきたいくつかの税の考案者は、すべての家屋の真実の地代がどれくらいかを、ある程度正確に確定することは著しく困難である、と想像したように思われる。それゆえ、彼らは何かより明瞭な事情――ほとんどの場合、おそらく地代とある程度比例を保っていると想像したような事情――にしたがって、税を調整したわけである。

16　この種の最初の税は炉税《ハース・マネー》であり、炉ひとつあたり二シリングの税額であった。家の中にある炉の数を確認するためには、徴税人が家のすべての部屋に入る必要があった。それゆえ、革命のすぐ後で、それは隷属の印《しるし》であるとして廃止された。

17　この種の次の税は、居住しているすべての住宅に対する二シリングの税金である。一〇の窓をもつ家屋は、さらに四シリング支払う必要があった。二〇以上の窓をもつ家屋は、八シリング支払うものとされた。この税は後にかなり変更され、二〇以上、三〇未満の窓をもつ家屋は一〇シリング支払うように、三〇以上の窓をもつ家屋は二〇シリングを支払うように命じられた。ほとんどの場合、窓の数は外から、しかもすべての場合に、家屋のすべての部屋に立ち入ることなく、数えることが可能であった。それゆえ、徴税人の訪問は、この税の場合、炉税の場合ほど不快なものではなかった。

18　この税は後になって撤回され、それに代わって設けられたのが窓税であって、それはまたいくつかの修正や拡大を経験した。窓税は、現在（一七七五年一月）有効なものとしては、イングランドに存在するすべての家屋に対する三シリングの税、スコットランドにあるすべての家屋に対する一シリングの税に加えて、すべての窓に対して課税するものであるが、それはイングランドでは、窓の数が七を超えない家屋に対する最低の評価二ペンスから、二五あるいはそれ以上の窓をもつ家屋に対する最高の評価二シリングまで、漸次増えていくようになっている。

19　このような税すべてに対する主要な反対理由は、その不平等性に、つまり金持ちに対してよりも貧乏人に対して、しばしばいっそう重い負担にならざるをえないかぎりで、最悪の種類の不平等性である。地方都市にある家賃一〇ポンドの家屋は、時にはロンドンにある家賃五〇〇ポンドの家屋よりも、より多くの窓をもっている可能性があろうし、前者の居住者は、後者の居住者よりもずっと貧しい人である傾向があるとはいえ、しかし、彼の税金が窓税によって規制されるかぎり、彼は国家を支援するためにより多く貢献しなければならない。それゆえ、そのような税は、先に指摘した四原則の最初のものとまったく相容れない。そのような税は、他の三つの原則のいずれにも、著しく逆らっているとは思われない。

20　窓税、および家屋に対する他のすべての税がもつ自然な傾向は、地代を引き下げることにある。税金をより多く支払えば支払うほど、地代として支払えるものは少なくなる。しかしながら、窓税が課税されて以降、家屋の地代は、私がよく知っているグレートブリテンのほとんどすべての町や村で、多少なりとも全体的に上昇してきている。家屋に対する需要が増加するところならほとんどどこでもそうであったから、それは、窓税が地代を引き下げる以上に地代を引き上げてきたのであって、これは、地方がおおいに繁栄し、その住民の収入が増加している多くの証拠のひとつである。税になるものがなかったら、おそらく地代はさらに大きく増えていたことだろう。

第二項　利潤に対する、つまり元本から発生する収入に対する税

1　元本から発生する収入や利潤は、自然に二つの部分、すなわち利子を支払い、元本の所有者に属する部分と、利子の支払いに必要なものを超える剰余部分とに、自然に分かれる。

2　この後者の部分である利潤は、明らかに直接に課税しえない対象である。それは補償であって、ほとんどの場合、元本を利用する危険と手数に対するごく控えめな補償以上のものではない。事業者《エンプロイヤー》にはこの補償が必要であって、それがなければ、彼自身の利益と密接に結びついている事業を続けることができるはずがない。それゆえ、もし彼が総利潤に比例して直接課税されるとすれば、彼は利潤を引き上げるか、税金を貨幣の利子に負わせる、つまり利子をより少なく支払う必要に迫られるだろう。もし彼が税金に比例して自分の利潤の率を高めれば、税額全体は、彼によって前払いされうるとはいえ、彼の管理下にある元本を利用しうる異なった方法に応じて、最終的には、次の二つの異なった部類の人々のいずれか一方によって支払われることになろう。

彼がそれを土地耕作における農業用元本として利用した場合、彼が自分の利潤の率を引き上げることができるのは、より多くの部分を手放さないこと、つまり同じことだが、土地生産物のより多くの部分の代価を手放さないことによる以外にはないが、これは、地代の引き下げによってしか達成できないから、その税金の最終的な支払いは地主の負担になることになろう。彼が商業あるいは製造業の元本としてそれを利用した場合、彼が自分の利潤の率を引き上げることができるのは、彼の財貨の価格を引き上げることによる以外になく、その場

合、税の最終的な支払いは、すべてこのような財の消費者の負担になることになろう。もし彼が自分の利潤率を高められなかったら、税金のすべてを、貨幣の利子に振り向けられる部分に負わせることを余儀なくされるだろう。借り入れた元本のどの部分に対してであろうと、より少ない利子しか支払えないから、この場合、税負担の全体は、最終的に貨幣の利子が負担することになる。彼が一方の方法で税を免れないかぎり、別の方法で免れざるをえないだろう。

3　貨幣の利子は、一見のかぎり、土地の地代のように、等しく直接課税されることが可能な対象であるように見える。土地の地代と同様に、それは、元本を利用するリスクと手数のすべてを補償した後に残る純生産物である。農業者の元本を、適正な利潤とともに取り戻した後に残る純生産物が、課税後にそれ以前よりも大きくなるはずはないから、土地の地代に対する税金が地代を引き上げられるはずがないように、同じ理由からして、一国の元本や貨幣の量は、土地の量と同様に、課税の後も以前と同じものであり続けるから、貨幣の利子に対する税金が利子率を引き上げられるはずはない。通常の利子率は、第一編で明らかにしたように、どこでも、取引《ビジネス》の量、つまりそれを利用して遂行される取引の量に比例して用いられる元本の量によって規制される。だが事業《エンプロイメント》の量、つまり元本によって遂行されるべき取引の量は、貨幣の利子に対するいかなる税によろうと、増やされたり減少させられたりするはずがない。それゆえ、利用されるべき元本の量が、課税によって増やされたり減らされたりしなければ、必然的に通常の利潤率は同一のものに留まることになろう。だが、利用者のリスクや手数を補償するために必要なこの利潤の一部は、そのリスクと手数がどこから見ても変更されないため、同じく同一に留まるだろう。それゆえ、残り、つまり元本所有者に属し、しかも貨幣の利子を支払う部分は、必然的にまた同一に留まるだろう。それゆえ、一見のかぎり、貨幣の利子は土地の地代と同様に、直接課税されるのに適した対象であるように見える。

4 しかしながら、二つの異なった事情から、貨幣の利子は、土地の地代よりもはるかに直接課税に適さない対象なのである。

5 第一に、あらゆる人が所有する土地の量と価値は秘密にはできないから、つねに類を見ないほどの正確さで確認することができる。だが、保有する資本元本の総額はほとんどつねに秘密であるから、ある程度まで正確に確認することさえ、滅多にできない。くわえて、それはほとんど継続的な変動を免れない。多少なりとも上がったり下がったりしないことが一年続くことはほとんどないし、しばしば一月であり、時にはわずか一日のこともある。あらゆる個人の私的な事情の調査、さらに、個人に対する税を調整するために、彼の富の変動をすべてにわたって監視する調査は、それを支持する者が誰もいない持続的で終わりのない迷惑の原因になろう。

6 第二に、土地は動かすことが不可能な対象であるが、他方、元本はそれが可能である。土地の所有者は、必然的にその所領が位置する特定の国の市民である。元本の所有者は、当然のことながら世界市民であり、だから、かならずしも特定の国と愛情の絆で結びついているわけではない。彼は、耐え難いほど重い税を査定されるために、迷惑な調査に晒されるような国を見捨てがちであろうし、彼の事業を遂行しているか、その人生を好きなように楽しむ

ことが可能な別の国に、自分の元本を移動させるだろう。彼の元本を移動させることによ
り、立ち去った国で維持してきた産業のすべてを閉鎖することになろう。元本は土地を耕
し、元本は労働を雇う。特定の国から元本を追い払う傾向をもつ税は、その限りで、統治者
と社会の両方に対して、あらゆる収入の源泉を枯渇させる傾向をもつだろう。元本の利潤だ
けでなく、土地の地代と労働の賃金は、この移動によって、必然的に多少なりとも目減りす
るだろう。

7　したがって、元本から発生する収入に課税しようと試みてきた国は、この種の厳しい調査
に代わって、いくつかのきわめて緩やかで、それゆえ、多少なりとも恣意的な評価で満足せ
ざるをえなかった。このような方法で査定された税の著しい不平等性や不確実性を唯一補償
することができるのは、それを極端に軽減することだけであり、誰もが、自分は実際の収入
よりもずっと低く査定されていると理解するから、隣人がいくらか低く査定されていよう
と、ほとんど動揺することがない。

8　イングランドで地租と呼ばれているものによって、元本は土地と同じ比率で課税されるよ
うに意図されていた。土地に対する税が一ポンド当たり四シリング、つまり推定地代の五分
の一である場合、意図されていることは、元本は推定利子の五分の一課税されるべきだとい
うことであった。現在の年々の地租が最初に課された時、法定利子率は六パーセントであっ
た。したがって、一〇〇ポンドの元本につき二四シリング、つまり六ポンドの五分の一に相
当する部分が課税されると想定されていた。法定利子率が五パーセントに引き下げられて以
後、元本一〇〇ポンドにつきわずか二〇シリングが課税されると想定されている。地租と呼

ばれているものによって集められる額は、地方と主要都市に割り振られた。その大部分は地方に課せられたが、都市に課せられたものの大部分は、家屋に割り当てられた。都市の元本や取引《トレイド》に査定されるべく残ったものは（土地に対する元本は課税されるように意図されていなかったから）、その元本や事業の実際の価値を大幅に下回っていた。

それゆえ、当初の評価額がどれほど不平等であったとしても、それはほとんど騒ぎを引き起こさなかったのである。すべての教区と地区は、その土地、その家屋、およびその元本について、当初の評価額に従がってまだ査定され続けているから、あらゆる所でこのようなもの全部の価値を大幅に引き上げた国の全般的繁栄は、今やこのような不平等の意義をますます小さなものにした。それぞれの地区に対する評価額もまた引き続いて同一であったから、この税の不確実性は、それが、誰か個人の元本に対して査定されうるかぎり、重大な結果をもたらさなかっただけでなく、著しく大きく低下したのである。もしイングランドの土地の大部分が、その実際の価値の半分でしか地租に評価されないとしても、イングランドの元本の大部分が、その実際の価値の五〇分の一と評価されたりすることなど、多分滅多にないだろう。いくつかの都市では、地租の全部が家屋について評価されていて、ウェストミンスターのように元本と商いは免除されている。ロンドンでは、そうなっていない。

9 私人の事情を厳しく調査することは、どの国でも注意深く回避されてきた。

10 ハンブルクでは、* すべての住民は所有財産全部の四分の一パーセントを国家に支払う義務があり、ハンブルクの人々の財産は主として元本であるから、この税は、元本に対する税金であると理解することができよう。誰もが自ら評価し、行政長官の面前で毎年一定額、つまり彼が所有する財産全部の四分の一パーセントであると誓って宣言する金額を、公の金庫に寄付するのであるが、それが全額でどれだけであるかを宣言したり、あるいは、その対象物にかんする調査を義務付けられたりすることはない。この税は、非常に正確に支払われていると一般的に想定されている。小さな共和国、つまり人々が、自分たちの行政長官を十分に信頼し、国家を支援するために税が必要であると確信し、それがその目的に対して忠実に使われるだろうと信じられている国では、そのような誠実で自発的な支払いを期待できる時もありえよう。それはハンブルクの人々に特有なことではないのである。

＊ *Mémoires concernant les Droits*, tome i. p.74.

11　スイスのウンターヴァルデン州〔ルツェルンの南に位置する古くからの州〕はしばしば嵐や浸水によって破壊されており、それゆえ、途方もない出費に晒されている。そのような場合、人々は集まり、誰もがきわめて率直に自分の財産がどれくらいか、それに従って課税されるように、申告すると言われている。チューリッヒでは、必要な場合にはすべての人間が、各自の収入――宣誓して申告を余儀なくされた額――に比例して課税されるものとする、と法律が命じている。彼らは、同じ市民が自分たちを欺くなどという疑いをもっていない、と言われている。バーゼルでは、国の主要な収入は、輸出された財貨に対する少額の関税からもたらされている。すべての市民は、自分たちは三ヵ月おきに法律によって定められたすべての税を支払うつもりである、と宣誓する。すべての商人、さらにはすべての宿屋の主人でさえ、国の内外で販売する財貨の勘定を自分で記録している、と信じられている。三ヵ月が経過するたびに、彼らはこの記録を、一番下に計算した税額を記入して、出納官に送付する。このような信任によって収入が損なわれるなどとは、疑われていないのである。*

* *Mémoires concernant les Droits*, tome. i. p.163, 166, 171.

12 自分の財産額を、宣誓のうえ人前で申告するようにすべての市民に義務付けることは、このようなスイスの州では、過酷だと考えられるはずがないと思われる。ハンブルクでは、それはもっとも過酷なことだ、と考えられるだろう。貿易という危険の多いプロジェクトに従事している商人は、自分の境遇の実際の状態をいつでもさらけ出すように余儀なくされると考えるだけで、全員が震え上がる。自分たちの信用の喪失とプロジェクトの失敗、これは、その結果であることがあまりにも多いというのが、彼らの抱く予感である。そのようなプロジェクトにはまったく門外漢である真面目で倹約に励む人々は、そのような隠し事をする理由があるなどとは思われないのである。

13 オランダでは、故オレンジ公がネーデルランド連邦元首に昇格した直後、二パーセントの税金、つまり五〇分の一ペニーと呼ばれていた税金が、すべての市民の全財産に対して課された。すべての市民は自己申告し、各自の税金をハンブルクと同じ方法で支払ったから、非常に正確に支払われたと一般的に信じられている。その当時国民は、全面的な反抗をつうじて自分たちがようやく打ち立てた新政府に、これ以上ないほどの愛着を抱いていた。この税は、特別な緊急事態にあった国家を救済するために、一度だけ支払われることになっていた。実際それは、恒久化するには重すぎた。市場利子率が三パーセントを超えることが滅多にない国で、二パーセントの税金は、元本から普通引き出されるもっとも高い純収入についていて、一ポンド当たり一三シリング四ペンスに相当する。それは、ほとんどの人が多少とも自分の資本を蚕食されずには、支払うことができない税金である。特別な緊急事態においては、国家を救うために、多くの国民が公共的な熱意にもえて大きな努力を重ね、自分たちの資本の一部さえ引き渡す可能性がある。だが、彼らが相当長期にわたってそのようにし続けるのは不可能であるから、もし彼らがそのようにしたとすれば、まもなくその税金が彼らを完全に破滅させ、彼らが国家をまったく支援できないようにするだろう。

14 イングランドで地租法によって元本に課された税は、資本に比例するものだが、当該の資本の一部であれ減らそうとか、取り去ろうとか意図したものではない。それは、土地の地代に対する税金に見合う貨幣の利子に対する課税を意味するだけであり、後者が一ポンド当たり四シリングである時には、前者もまた一ポンド当たり四シリングでなければならない。ハンブルクにおける税、そしてウンターヴァルデンやチューリッヒのもっとわずかな税は、同じ仕方で、資本に対してではなく、利子や元本の純収入に対して課税するように意図されている。オランダのそれは、資本に対する税になるべく意図されたものである。

特定の営業の利潤に対する税

1 いくつかの国では、時には特定分野の職業に用いられた場合とか、農業に用いられた場合という具合に、特別の税が元本の利潤に対して課されている。

2　イングランドでは、前者の種類として呼び売り商人《ホーカー》や行商人に対する税、貸し馬車や貸しかご椅子に対する税、エールハウスの店主がエールや蒸留酒販売免許のために支払う税がある。この前の戦争の間に、同種の別の税金が店舗に対して提示された。国の貿易を守るための戦争が続けられている間、戦争によって利益を上げるはずの商人は、それを支えるために貢献する義務がある、と言われたわけである。

3　しかしながら、特定分野の職業で利用されている元本の利潤に対する税というものは、最終的には、取引業者《ディーラー》（通常の場合には、全員が適正利潤を達成しているはずであり、競争が自由なところでは、誰もそれを上回る利潤をほとんど入手できない）の負担になるはずがなく、消費者、つまり、取引業者が前納する税金を財貨の価格に含めて支払うように余儀なくされるはずの消費者によってつねに負担されるものである。

4　この種の税は、それが取引業者の商いに対して割り当てられた場合、最終的には消費者によって支払われるから、取引業者には何の圧迫感も生じさせることはない。そのように割り当てられずに、すべての取引業者に同額が割り当てられる場合、この時にもまた最終的には消費者によって支払われるとはいえ、しかしなお、それは大規模な取引業者を優遇するから、小規模な取引業者にはいくらか圧迫感を生じさせる。すべての貸し馬車一台に対する週に五シリングの税金、さらにすべての貸しかご椅子一台に対する一年に一〇シリングの税金は、そのような馬車やかご椅子の異なった店主によって前納されるかぎり、店主それぞれの取引の大きさと十分正確に比例する。それは大規模業者を優遇もしないし、小規模業者を圧迫することもない。エールを販売するための免許として一年に二〇シリングの税金、蒸留酒を販売するための免許として四〇シリング、さらにワインを販売するための免許としてさらに四〇シリングという税金は、すべての小売業者にとって同額であるため、必然的に大規模業者にはいくらかの利点を与え、小規模業者にはいくらかの圧迫感を生じさせる。前者つまり大規模業者は、税金を彼らの商品の価格に含めて取り戻すのが、後者よりも容易であることを理解するにちがいない。しかしながら、その税金がわずかな額であるため、このような不平等はほとんど重大なものにはならないため、零細なエールハウスの増加に多少の抑制をきかせるため不適切なものであると、多くの人に思わせることはあるまい。

店舗に対する課税は、すべての店舗について同一であるように意図されたものである。そうでなければ、それは容易に存在しえなかっただろう。店舗に対する税を、ある程度の正確さをもって、そこで営まれている取引の大きさに比例させることは、自由な国ではまったく正当とは認め難い調査なしにできることではあるまい。税額が相当大きなものであれば、それは小店舗を圧迫し、ほとんどすべての小売取引を、大規模取引業者の手中に収めさせてしまうだろう。前者の競争が取り除かれてしまえば、後者は取引の独占を享受するだろうし、他のすべての独占者のように、彼らの利潤を税金支払いに必要なものをはるかに超えるほど引き上げるために、まもなく結託するだろう。最終的な支払いは、店主の負担になる代わりに、店主の利潤に対する相当過剰な請求を伴って、消費者の負担になるであろう。このような理由から、店舗に課税するという構想は棚上げされ、それに代わって一七五九年の特別徴収税《サブシディ》が採用されたのである。

5 フランスで人的タイユと呼ばれているものは、おそらく、農業で利用された元本の利潤に対して、ヨーロッパのすべての所で課されるもっとも重要な税である。

6 封建的な統治が行きわたっていた時期のヨーロッパの混乱した状態の下では、統治者は税支払いを拒絶する力がない人々に課税することで、満足せざるをえなかった。大領主は、特別な緊急事態には進んで彼に助力したが、恒常的な課税に服することは拒絶したから、統治者の力はそれを強制するほど十分に強くはなかったのである。ヨーロッパ全土にまたがる土地の占有者は、そのほとんどが、もともと農奴であった。ヨーロッパの大部分をつうじて、農奴は次第に解放された。彼らのなかには、時には国王の、また時には他の大領主のもとで、昔のイングランドの謄本保有者のように、農奴的役務付きないし下等な財産保有権《ベイス・オア・イグノーブル・テニュア》にもとづいて保有していた土地財産を獲得する者もいた。他の人々は、財産を獲得することなく、領主のもとで占有していた土地の定期不動産賃借権を手に入れ、こうして領主に依存することが少なくなった。大領主は、不満と憤慨の目で、このような下層階級に属する人々がこうして享受するようになってきた繁栄と独立の程度を眺め、統治者が彼らに課税しても、喜んで同意したように思われる。

いくつかの国では、この税は、下等な財産保有権にもとづいて保有された土地に限定されたから、この場合、それは不動産タイユと言われた。故サルデーニャ王によって制定された地租、および、ラングドック、プロヴァンス、ドフィネやブルターニュ地方におけるタイユ、モントーバンの納税区《ジェネラリティ》〔フランス語ではgénéralité〕、およびアジャンやコンドンの徴税区《エレクション》〔フランス語ではélection〕に加え、他のいくつかのフランスの地域的なタイユは、下等な財産保有権にもとづいて保有された土地に対する税である。他の国では、所有者が保有する財産保有権のいかんにかかわらず、農場や他の人々に属する借地を保有するすべての人々の推定上の利潤に課税されるが、この場合、それは人的タイユと言われた。このようなフランスの地方――徴税区地域と呼ばれている――の大部分では、タイユはこの種類のものから構成されている。不動産タイユは、地方の土地の一部についてのみ課されているから、必然的に不平等なものだが、しかし、恣意的な時もあるとはいえ、かならずしもつねにそうであるわけではない。人的タイユは、一定の部類に属す人々の利潤――推測が可能であるにすぎない――に比例するように意図されているから、必然的に恣意的であると同時に不平等でもある。

7　フランスでは、人的タイユは現在（一七七五年）毎年二〇の納税区――徴税区地域と呼ばれる――に課せられており、総額で四〇一〇万七二三九リーヴル一六スーに達している。*これの金額がこのようなさまざまな地域に賦課される割合は、各地区の支払い能力を、高めたり低めたりする可能性をもつ他の事情とならんで、作柄の良し悪しにかんして枢密院に対してなされる報告書にしたがって、毎年変化する。納税区はそれぞれ一定数の徴税区に分割され、納税区全体に賦課される額が、さまざまな徴税区に振り分けられる比率は、それぞれの支払い能力について枢密院に対して提出された報告書にしたがって、同様に毎年変化する。もっとも公正な意図をもってしても、それぞれについて賦課される地域や地区の実際の担税力にかんする二つの評価を、枢密院が、納得できるほどの正確さで割り当てることなど、まず不可能なことのように思われる。無知や誤った情報が、もっとも公正な枢密院を、つねに多少なりとも誤らせるにちがいない。それぞれの教区が徴税区全体に対して査定されたものを援助せざるをえない割合、および、自分が含まれる特定の教区に対して査定されたものをそれぞれの人々が支援せざるをえない割合は、ともに同じ仕方で、年ごとに不可避だと思われるような事情にしたがって変化する。

このような事情は、前者の場合には、徴税区の官吏によって、後者の場合には教区の官吏によって判定されるのであって、前者も後者もともに、多少なりとも地方の行政長官の管理と影響力のもとにある。たんに無知や誤った情報だけでなく、交友関係、党派的敵愾心や私的な恨みといったものが、しばしばそのような課税査定者を欺くのである。明らかなことは、そのような税に服する人は、査定されるまで自分がどのくらい支払うことになるか、まったく定かではないということである。査定された後でさえ、彼は確信を抱くことができない。もし免除されるのが当然であった誰かが課税されたり、自分の割り当て以上に誰かが支払ったりした場合、両方とも一時的に支払わなければならないとはいえ、しかし、彼らが苦情を申し立て、この苦情を立証した場合、教区全体は、次の年にそれを返済するために再課税されることになる。もし納税者の誰かが、破産したり支払い不能になったりすれば、徴税人は当人の税金を立て替える必要があり、教区全体が次の年に徴税人に返済するために再課税される。もし徴税人自身が破産したような場合には、彼を選んだ教区が、徴税地区の出納長に対して彼の行状の責任を取る必要がある。だが、出納長にとって教区全体に請求することとは面倒なことであるから、自らもっとも豊かな納税者を五人か六人選び、彼らに徴税人の破産によって失われたものを埋め合わせるように求める。後に教区は、この五人か六人に弁償するために再課税される。このような再課税は、つねに彼らが課税される特定の年のタイユに追加される。

＊ *Mémoires concernant les Droits, & c. tome ii. p.17.*

8　税が特定分野の職業における元本の利潤に賦課される場合、すべての取引業者は、立て替えた税金を払い戻すために十分な価格で販売することができる量を上回る財貨が、市場に出回らないように注意する。彼らのなかには、自分の元本の一部をその職業から引き上げる者がいるため、以前に較べると市場への供給量はいっそう控えめになる。だが、農業に利用されている元本の利潤に税が賦課される場合、農業者の利益は、そのような利用から自分の元本の一部を引き上げることではない。農業者はそれぞれ一定の広さの土地を占有しており、それに対して地代を支払っている。この土地を適切に耕作するためには、一定量の元本が必要であるから、この必要量の一部を引き上げることによって、農業者が地代または税金を支払う可能性を高められることにはなりそうにない。税を支払うためには、彼の生産物の量を減少させること、さらに、以前よりも少なく市場に供給することも、結果的に彼の利益になるはずがない。それゆえ、最終的な支払いを消費者に負わせて自分自身が補塡されるように、この税金が、彼の生産物の価格を引き上げることもないだろう〔この一文は第二版で訂正されており、初版では「補塡されることも、引き上げを可能にすることもない」であった〕。

しかしながら、農業者は他のすべての取引業者と同様に、自分自身が適正な利潤を入手する必要があり、そうでなければ、彼はその仕事を断念しなければならない。この種類の税が賦課された後で、彼がこの適正利潤を得ることができるのは、地主にもっと少ない地代を支払うことによる以外にない。税のための支払いを余儀なくされればされるほど、地代のために支払うことができる量は減少する。土地の賃貸借が有効な期間にわたり賦課されるこの種の税は、間違いなく、農業者を圧迫して破滅させる可能性がある。賃貸借が更新される際には、それはつねに地主に降りかかってくるはずである。

9 人的タイユが実施されている国では、一般的に、農業者は耕作に利用していると思われる元本に比例して税額を査定されている。この理由から、彼はしばしば立派な一連の牛馬を保有することに恐れを抱き、可能なかぎりやせて、もっとも粗末な道具で耕作しようと、間違いなく努力する。担当する税額査定者の審判に対する不信がそれほどのものであるから、彼は貧しいふりをし、過分に支払わせられることを恐れて、支払うことなどほとんど不可能であるように見せたいと願うのである。おそらく彼は、このような情けない方針によって、自分自身の利益をもっとも効果的な仕方でいつも考慮しているわけではあるまいが、多分彼は、自分の税金の減額によって救済される以上に、自分の生産物の減少によって多額の損失に見舞われることになろう。

このお粗末な耕作の結果、市場は間違いなく幾分供給が細ってしまうとはいえ、しかし、これが引き起こす可能性がある多少の価格上昇は、生産物の減少に対して農業者を補償することさえしそうにないため、それはさらに、農業者がより多くの地代を地主に支払えるようにする傾向をもつとはとても思われない。国民、農業者、地主のすべてが、多かれ少なかれこの劣悪化した耕作によって被害を受ける。人的タイユは、多くのさまざまな方法で耕作を阻害し、結果的にあらゆる大国の豊かさの主要な源泉を枯渇させる傾向があるということ、これは、すでに私が本書の第三編において考察の機会をもったところである。

10　北アメリカの南部植民地および西インド諸島で人頭税《ポール・タックス》と呼ばれているもの、すなわち黒人一人当たりいくらという年々の税金は、正確に言えば、農業に用いられている特定種類の元本の利潤に対する課税である。農園主の大部分は、雇用主と地主の両方を兼ねているから、その税金の最終的な支払いは、何の報いもなく、地主としての資格において彼らの負担になる。

11　耕作に利用されている奴隷に対して一人当たりいくらという税は、昔からヨーロッパ中で一般的であったように思われる。それが現在この種の税として存続するのは、ロシア帝国においてである。あらゆる種類の人頭税が、しばしば奴隷の印《しるし》として描写されてきたのは、おそらくこの理由にもとづいている。しかしながら、あらゆる税は、それを支払う人間にとっては、奴隷ではなく、自由の印である。実際、それが意味していることは、彼は政府の支配下にあるということであり、そうであることを除けば、彼はいくらか財産を所有しているのであるから、自らある主人の所有物になるはずがない。奴隷に対する人頭税というものは、自由人に対する人頭税とはまったく異なっている。後者は、課税される当の人物によって支払われているが、前者は、異なった集合に属する人間によって支払われるものである。後者はまったく恣意的であったり不平等であったりするし、ほとんどの場合両方を兼ねているが、前者は、いくつかの点で不平等であるとはいえ、異なる奴隷は異なった価値をもっているから、いかなる点でも恣意的ではない。自分が所有する奴隷の数を知っている主人はすべて、自分がいくら支払わなければならないか、正確に知っている。しかしながら、このようなさまざまな税は、同じ名称で呼ばれているために、同じ性質のものだと考えられてきたのである。

12 オランダで男性と女性の使用人に賦課される税は、元本に対するものではなく、支出に対する税金であって、その限りでは、消費可能な商品に対する税金に似ている。あらゆる男性使用人一人当たり一ギニーという税金は、最近になってグレートブリテンで課税されるようになったものだが、同じ種類のものである。それは中間階級がもっとも重く負担させられる。年収二〇〇ポンドの人は、男性使用人を一人維持することができるだろう。年収一万ポンドの人が、五〇人維持することはしないだろう。それは貧乏人には影響しない〔このパラグラフ12の全体は、第二版で挿入された〕。

13 特定の職業における元本の利潤に対する課税は、けっして貨幣の利子率に影響をおよぼしえない。誰も自分の貨幣を、非課税の職業を遂行する人々に対するよりも、課税されている職業を遂行する人々に対して、より低い利子で貸し付けようとはしないだろう。あらゆる職業の元本から生じる収入に対する税は、もし政府がある程度正確に課税したりすれば、多くの場合、貨幣の利子の負担になるだろう。フランスにおけるヴァンティエム、つまり二十分の一税は、イングランドで地租と呼ばれているものと同じ性質の税であって、同じ方法で土地、家屋および元本から生じる収入に対して査定される。この税が元本を標的にするかぎり、それは、同じ源泉に対して賦課されるイングランドの地租の当該部分にくらべ、著しく厳密とは言えないが、しかしかなりの正確さで税額を査定される。それは、多くの場合、ほとんどが貨幣の利子の負担になる。フランスでは、しばしば貨幣は、収入の性質のゆえに契約《コントラクト》と呼ばれるもの、すなわち、もともと貸し付けた額の払い戻しにもとづいて債務者によりいつでも償還可能であったが、しかし、特別な場合を除いて、債権者によってこのような償還を請求することができなかった無期年金型公債《パーペチュアル・アニュイティ》に投資されることが多かった。二十分の一税は、そのすべてに対して厳密に賦課されたとはいえ、このような年金型公債の利率を引き上げることはなかったように思われる。

第一項と第二項に対する補遺　土地、家屋、および元本の資本価値に対する税

1　財産が同一人物に占有されている間、いかなる恒久的な税がそれに賦課されたとしても、それはこの財産の資本価値《キャピタル・ヴァリュー》のどこか一部ではなく、たんにそれから発生する収入の一部を、減少させたり取り去ったりしようと意図しているだけである。だが、財産が所有者を変更する場合、つまり、死亡した人から生きている人へとか、生きている人から生きている人へと財産が移転される場合、そのような税は、しばしばその資本価値の一部を必然的に取り去るように、それに対して賦課されてきた。

2　死亡した人から生きている人に対してなされるあらゆる財産の譲渡、および土地や家屋という不動産が、生きている人間の間で行われる譲渡は、その性質からして、公然であったり有名であったり、あるいは長期にわたって隠しておけないような取引である。それゆえ、このような取引は直接課税できるであろう。貨幣の貸与を利用した、生きている人から生きて

いる人への元本つまり動産の移転は、しばしば秘密の取引であるから、つねに秘密にされる可能性がある。それゆえ、それは容易に直接課税することができない。それは二つの異なった方法で間接的に課税されてきた。第一は、定められた印紙税を支払った紙、または羊皮紙の上に書かれる必要がある払い戻しの義務を含んだ不動産譲渡証書を義務付け、それがなければ無効にするという方法。第二は、無効の場合は処罰されるという条件の下で、公表または非公表の登記簿に記載されなければならないとした上で、そのような登記に対して一定の税金を賦課すること、これであった。印紙税と登記税は、しばしば同様に、あらゆる種類の財産を死亡した人から生きている人へ移転する不動産譲渡証書に、さらに、容易に直接課税することが可能であった生きている人から生きている人への不動産移転取引に対しても、賦課された。

3　アウグストゥス〔Augustus, 63B.C.-14A.D. ローマ帝政期の初代皇帝〕が古代のローマ人に賦課したヴィケシマ・ヘレディタートゥム、つまり相続財産の二〇分の一ペニーは、死亡した人間から生きている人間への財産移転に対する税であった。それについてもっとも明瞭に記述している著者ディオ・カッシウス〔Dio Cassius, c.164-229. ローマの政治家、歴史家〕が言うには、[*]死亡した場合、もっとも近い親族および貧者に対するものを除き、それはすべての相続、遺贈、贈与に対して賦課されたという。

* Lib. 55.〔カッシウスの第五五巻のこと〕さらに、Burman de Vectigalibus pop. Rom. cap. xi.〔正確には Burmannus, *Vectigalia poluli Romani*〕および、Bouchaud de l'impot du vingtième sur les successions

〔正確には Bouchaud, *De l'impôt du vingtième sur les successions, et de l'impôt sur les marchandises, chez les Romains*〕を見よ。

4 同じ種類のものとしては、オランダの相続税がある。* 傍系親族による相続は、親族の等級に従って、全相続価値の五パーセントから三〇パーセント課税される。遺言にもとづく贈与、あるいは親族への遺贈は、同じような税の対象である。夫から妻へ、あるいは妻から夫への遺贈は、五〇分の一ペニー課税される。ルクトゥオサ・ヘレディタス、つまり子から親へという痛ましい相続は、わずか二〇分の一ペニーである。直接の相続つまり親から子への相続には課税されない。父親の死は、彼と同居している子供にとって、父が保持していた可能性がある仕事、官職、あるいは生涯財産権《ライフ・レント・エステート》〔生涯権であるが、相続される〕の喪失は、収入の増加を伴うことは滅多になく、多くの場合著しい収入の減少を伴うものである。彼らから相続分の一部を奪い去ることにより、彼らの損失を重くさせるそのような税は、残酷で不当に厳しいものであろう。しかしながら、ローマ法の言い方では、実父の支配権から解放されたのであり、スコットランド法の言い方では、家長権からの免除《フォーリスファミリエイト》になる事例、すなわち、分与財産を受け取り、自分自身の家族をもち、彼らの父の家族とは別の独立した財源によって生計をたてている子供については、時に事情が異なってくる。相続のうちどれだけの部分がそのような子供のものになるにせよ、それは彼らの富にとっては真の追加になるであろうから、それゆえ、この種類のあらゆる税金に伴うもの以上の不都合がなければ、おそらく、いくらかの税金を免れない可能性があろう。

＊ *Mémoires concernant les Droits, & c. tome. i. p.225.*

5 封建法における臨時税《カジュアルティ》は、死んだ人から生きている人へ、および生きている人から生きている人への土地の譲渡に対する税である。古い時代には、ヨーロッパの大部分の地方で、それは王権の収入の主要部門のひとつを構成していた。

6 王権にきわめて近い封臣の相続人は、所領の叙任を受けるにあたって一定の税、一般的には一年分の地代を支払った。相続人が未成年の場合、未成年に留まる期間、未成年者の扶養、土地財産を受け継いでいる貴婦人が偶然いる場合には、寡婦享有権の支払いといった負担を別として、所領すべての地代が上位者に移譲された。未成年者が成年に達すると、相続上納金《リリーフ》と呼ばれた別の税金がさらに上位者に支払われねばならず、それは同様に、一般的に総額で地代一年分であった。現在なら、大所領のすべての不動産にかんする負担を軽減し、その家族に往時の栄光を取り戻すことが多い長期の未成年期は、当時はそのような効果をもち得なかった。長期にわたる未成年期の一般的な結果は、浪費であって、所領《ディイスイン》の不動産にかんする負担の軽減《カンプランス》ではなかった。

7 封建法によれば、承認のための封土保有負担金《ファイン》や弁済金《コンポジション》の支払いを強制した主人の同意がなければ、家臣は土地の譲渡ができなかった。この封土保有負担金は、当初は恣意的なものだったが、多くの国で土地価格の一定部分に規制されるようになった。他の大部分の封建的な慣習が用いられなくなったいくつかの国では、この土地譲渡に対する税が、今なお統治者の収入のきわめて大きな部分を占め続けている。ベルン州では、それはすべての貴族封土の価格の六分の一というほどの高さにあり、農奴的役務を伴う封土の場合には、その一〇分の一であった。* ルツェルン州の場合、土地売却にかかる税金は共通のものではなく、一定の地域だけで生じるものである。だが、誰かが領土の外へ転居するために、自ら所有する土地を売却しようとすれば、総売却額の一〇分の一を支払うことになろう。** あらゆる土地、または一定の保有条件付きで保有されている土地の売却に対する同じ種類の課税は、他の多くの国でも行われており、多かれ少なかれ、統治者の収入のかなりの部分になっている。

* *Mémoires concernant les Droits,* & c. tome i. p.154.
** *Mémoires concernant les Droits,* & c. tome i. p.157.

8　このような取引は、印紙税あるいは登記税という手段で間接的に課税可能であろうし、そしてこのような税金は、譲渡される対象の価値に比例することも、比例しないこともありえよう。

9　グレートブリテンでは、移転される財産の価値に応じてというよりも（最高の貨幣額をもつ債券に対して一八ペンスか半クラウンの印紙で十分なのであるから）、不動産譲渡証書《ディード》の性質に応じて高かったり、低かったりする。最高でも紙または羊皮紙の証書一枚につき六ポンドを超えないし、このような高い税金は、対象の価値など一切考慮せず、王権からの贈与とか、もっぱら一定の法手続きに対して課されるものである。グレートブリテンには、登記簿に記入する官吏の手数料——彼らの労働に対する適正な報酬を超えることはほとんどない——を除き、証書類や証文類の登記に対する課税は存在しない。王権はこれから何の収入も得ない。

10 オランダでは、*印紙税と登記税の両方が存在しており、場合に応じて、移転される財産の価値に比例したり、しなかったりする。遺言状はすべて、その価格が処分される財産に比例する印紙を貼った証書に記載される必要があり、結果的に、紙一枚につき三ペンスつまり三スタイヴァー〔オランダの旧ニッケル貨〕から、我が国の貨幣で約二七ポンド一〇シリングに等しい三〇〇フローリン〔オランダのギルダー貨（銀貨）のこと〕までの印紙が存在することになる。印紙が、遺言作成者が利用する必要があった額よりも低い価格であった場合には、その相続権は没収された。これは相続財産に対する他のすべての税を上回っている。為替手形および他のいくつかの商業手形を除き、他のすべての証書、債券および契約書が印紙税を免れることはない。しかしながら、この税金は、対象物の価値に比例して上がることはない。すべての土地と家屋の売却、およびいずれかに対する抵当権は登記される必要があり、その登記に際して、販売価格ないし抵当権の総額に対して、二・五パーセントの税金を国家に支払わなければならない。この税は、甲板の有無にかかわらず、すべての帆船や二トン以上積載可能な船の譲渡にまで拡張された。これは、一種の水上の家屋と考えることができるように思われる。動産の譲渡は、裁判所の命令による場合には、同様に二・五パーセントで課税される。

* *Mémoires concernant les Droits, & c. tome i.* p.213, 224, 225.

11 フランスには、印紙税と登記にもとづく税の両方がある。前者は上納金《エイド》または物品税の一部門であると考えられており、このような課税が行われる州では、物品税の官吏によって徴収されている。後者は王権の土地支配権の一部門であると考えられていて、異なった集団の官吏によって徴税されている。

12 このような課税方式、つまり印紙税と登記税による課税は、きわめて近代的な発明である。しかしながら、一世紀少々が経過するうちに、ヨーロッパにおける印紙税は、ほとんど普遍的なものになり、登記税はごく普通のものになった。国民のポケットから金を汲みだす技法を学ぶこと以上に、ある政府が別の政府から素早く学ぶものはない。

13 死んだ人から生きている人に財産を移転させることに対する課税は、最終的にも直接的にも、移転財産を受け取る当人の負担になる。土地売却に対する課税は、ほとんどが売り手の負担になる。売り手はほとんどつねに売却する必要に迫られており、それゆえ、確保できそうな価格を受け入れる他にない。買い手が購入する必要に迫られていることはほとんどなく、それゆえ、思い通りに価格を提示するだけであろう。彼は、税金と対価を一緒にして、その土地の費用がどれだけかを考える。税金として支払わざるをえない額が多ければ多いほど、対価として手放す額を小さくしたくなる。それゆえ、そのような税はほとんどつねに免れることが困難な人物によって負担されるのであって、多くの場合、過酷で不当に厳しくなるはずである。

建物が土地と切り離されて売られる場合の新築家屋の売却に対する課税は、通例建築業者が自分自身の利潤を確保する必要があるため、広く買い手の負担になる。そうでなければ、彼は事業を断念するはずである。それゆえ、建築業者が税金を前納している場合には、買い手は普通それを彼に払い戻さなければならない。古い家屋の売却に対する課税は、土地の売却に対する課税と同じ理由から、一般的に売り手——ほとんどの場合、便宜からであれ必要性からであれ、売却せざるをえない人物——の負担になる。年々市場にもたらされる新築家屋の数は、多かれ少なかれ需要によって調節される。需要が、建築業者にすべての経費を支払った後、利潤をもたらすほどのものでないかぎり、彼はそれ以上家屋を建設しないだろう。たまたま市場に出てくる古い家屋の数は、大部分が需要とは無関係な出来事によって規制されている。商業都市で発生する二つか三つの大規模破産は、家屋の対価として得られる額で売り渡される他にない多くの家を売りに出させることになろう。敷地地代の売却に対する課税は、土地の売却に対する課税の場合と同じ理由から、ほとんどが売り手の側の負担になるだろう。印紙税、および債権や借入金の契約書に対する税金は、ほとんどすべて借り手の負担になるし、事実、つねに借り手によって支払われる。法律手続きに対する同種の税金は、訴訟当事者の負担になる。このような税は、争われている事物の資本価値を両者にとって低下させる。いかなる財産であれ、それを獲得するための費用が大きければ大きいほど、それを獲得した時の正味の価値は小さくなるはずである。

14 あらゆる種類の財産の移転に対する課税はすべて、当該財産の資本価値を引き下げるかぎり、生産的労働を維持するように予定された基金を減少させる傾向がある。それはすべて、多かれ少なかれ、統治者の収入を増加させる不経済なものであって、生産的労働以外のものを維持しない国民の資本を犠牲にして、不生産的労働以外のものを維持することはほとんどないものである。

15 そのような税は、移転された財産の価値に比例するものであったとしても、等しい価値をもつ財産でも移転の頻度がかならずしも等しくないため、なお不平等である。もし税がこの価値に比例していなければ、大部分の印紙税と登記税の場合がそうであるように、さらにいっそう不平等になる。それは、どの点で見ても恣意的ではないが、どの場合をとっても、完全に明瞭で確実だし、そうである可能性がある。それは時に支払い能力がほとんど無い人物の負担になるとはいえ、ほとんどの場合、支払いの時期は、その人物にとって十分に好都合なものである。支払い時期が到来した時、ほとんどの場合、彼は支払うための貨幣を持っているはずである。それはごくわずかな費用で徴税され、一般に納税者を、税金支払いというい つもの不可避的な不都合を除き、他には何の不都合ももたらさない。

16 フランスでは、印紙税はあまり不平の種になっていない。フランス人がコントロールと呼ぶ登記税は、不平の種になっている。それは、著しく恣意的で不確実な税金を集める徴税請負人《ファーマー・ゼネラル》である官吏に多額の物財強要を行わせるきっかけを与える、と申し立てられている。フランスの現代の財政体制に反対して書きたてられた多くの誹謗文のなかでは、登記税の悪用が主要な問題になっている。しかしながら、不確実であることは、そのような税の性質が必然的に含んでいるものだとは思われない。もし通俗的な不平が立派な根拠をもっているとすれば、悪用が発生するのは、税の性質からというよりも、むしろ、税を賦課する勅令や法律の表現に含まれる、正確さや明瞭さの欠如からのはずである。

17 抵当権、さらに一般的に動かすことができない財産に対するあらゆる権利の登記は、債権者にとっても購入者にとっても重要な担保になるため、国民にとってはきわめて利益があるものである。大部分の他の種類の証書類の登記は、国民にとって何の利益もなく、個人にとって不便であり、危険でさえあることが多い。秘密にしておく必要がある登記はすべて、明らかに存在してはならないものである、と認められている。個人の信用が、下級の税務官吏の高潔さや忠実さのような、きわめて心もとない予防措置に任せられるべきでないこと、これは確かである。だが、登記の手数料が統治者の収入源にされてしまった所では、登記されなければならない証書類のためだけでなく、登記されてはならない証書類のための登記所が、一般的に際限なく増やされてしまった。フランスには、さまざまな種類の秘密登記所が存在している。このような乱用は、おそらく必要ないものであろうが、そのような税がもたらすごく自然な結果である、ということが認められる必要がある。

18 イングランドでトランプ札やゲーム用サイコロ、新聞や定期刊行物などに課される印紙税は、厳密には消費に対する課税であって、最終的な支払いは、そのような商品を利用したり消費したりする人々の負担になる。エール、ワインやアルコール飲料を販売するための免許に課される印紙税は、おそらく小売業者の利潤に負担させるように意図されたものだとはいえ、これまた同様に、このような酒類の消費者によって支払われる。そのような税は、同じ名前で呼ばれるし、財産の移転に対して上で言及した印紙税と同じ方法で、同じ官吏によって課税されるとはいえ、にもかかわらずまったく異なる性格のものであって、まったく異なった財源の負担になるのである。

第三項　労働の賃金に対する税

1　下層階級の労働者の賃金は、第一編で説明したことだが、どこでも二つの事情、つまり労働に対する需要と食料《プロヴィジョンズ》の通常ないし平均価格によって、必然的に規制されている。労働に対する需要は、たまたまそれが増加しつつあるか、安定的であるか、あるいは減少しつつあるかにしたがって、つまり、それが人口の増加、安定あるいは減少を求めているかにしたがって、労働者の生活手段《サブシスタンス》を規制するし、さらにその程度、つまり豊かであるか、並であるか、あるいは不足気味であるか、これを決定する。食料の通常ないし平均価格は、労働者が豊かであるか並であるかあるいは不足気味の食料などの生活物資を年間平均して購入できるようにするため、労働者に支払われなければならない貨幣の量を決める。それゆえ、労働に対する需要と食料の価格が同一のものに留まっている間、労働の賃金に対する直接税は、賃金を税額よりも幾分か高く引き上げること以外の効果をもつはずがない。

たとえば、ある特定の所で、労働に対する需要と食料の価格が、普通の労働賃金を週に一〇シリング払うようなものであり、五分の一つまり一ポンド当たり四シリングの税が、賃金に対して賦課されると仮定してみよう。労働に対する需要と食料価格とが同一のものに留まるとしても、労働者は週に一〇シリングだけで購入できる食料などの生活物資をその場所で稼ぐこと、つまり、税金を支払った後で、税金を免れている賃金一〇シリングを一週間入手することが、なお不可欠であろう。だが、そのような税金を支払った後で、そのような税金を免れている賃金を労働者の手許に残すためには、労働の賃金はその場所ですぐに上昇する、つまり週に一二シリングだけではなく、一二シリング六ペンスに上がる必要がある。すなわち、彼が五分の一分の税金を支払えるようにするためには、労働者の賃金は、必然的に五分の一分だけでなく、四分の一すぐに上がる必要がある。税金の比率がどれだけであろうと、あらゆる場合に、その比率でだけでなく、より高い比率で労働の賃金が上がらなければならない。たとえば、税金が一〇分の一であるとすると、労働の賃金は、一〇分の一分だけでなく、八分の一分、かならずすぐに上昇する必要があることになる。

2 それゆえ、労働の賃金に対する直接の課税は、おそらく労働者はすぐにそれを支払うことができるとはいえ、すくなくとも、労働に対する需要と食料の平均価格が課税後でも以前と同一のものに留まれば、労働者によって前納されたと言うことは、適切ではありえない。すべてこのような場合には、たんに税額だけでなく、税額以上の何かが、直接労働者を雇用する人物によって、実際に前払いされることになろう。最終的な支払いは、場合に応じて、さまざまな人の負担になるだろう。そのような税金が製造業における労働の賃金において引き起こしかねない上昇分は、それを、利潤とともに生産物の価格に上乗せする権利をもち、またそうせざるをえない親方製造業者によって、前払いされるだろう。それゆえ、親方製造業者の追加利潤とともに、この上昇した賃金分の最終的な支払いは、消費者の負担になることになろう。

そのような税金が引き起こす可能性がある地方の労働の賃金上昇は、以前と同数の労働者を維持するために、より多くの資本を用いざるをえなくなる農業者によって、前払いされるであろう。このより多額の資本を、元本の通常の利潤とともに取り戻すためには、農業者がより大きな部分を手放さないようにすること、つまり同じことになるが、土地生産物のより大きな部分の代価を手放さないようにして、結果的に、地主に払う地代を減らすことが必要になるだろう。それゆえ、この賃金上昇分の支払いは、この場合には、それを前払いした農業者の追加の利潤とともに、地主の負担になるであろう。いかなる場合であれ、労働の賃金に対する直接税は、その税の成果と等しい額になるように、それぞれ土地の地代と消費財に対して適正に課税した場合に較べ、長期的には、土地の地代におけるより大きな減少と、製造業製品の価格におけるより大きな上昇を引き起こすにちがいない。

3 労働の賃金に対する直接税が、賃金における釣り合った上昇をかならずしも引き起こさないとすれば、その理由は、労働に対する需要の相当大きな下落を税金が一般的に引き起こすことにある。産業の衰退、貧民に対する雇用の低下、地方の土地と労働の生産物の減少は、一般的にそのような税の結果である。しかしながら、その結果、労働の価格は、課税がなかった場合に実際の需要状態の中で実現するようなものよりつねに高いはずであって、この価格の上昇分は、労働に前貸しする人々の利潤とともに、最終的には、つねに地主と消費者によって支払われるはずである。

4 田舎の労働賃金に対する税金は、農業者の利潤に対する税が、農産物価格をその比率で引き上げないのと同じ理由から、土地の粗生産物価格を税金に比例して引き上げることはない。

5 しかしながら、そのような税は不合理で破壊的であるが、それは多くの国で実施されている。フランスでは、田舎の村で職人と日雇い労働者の労働に対して課されるタイユは、まさにこの種の税である。彼らの賃金は居住する地区の共通のレートにしたがって計算され、しかもその上、いかなる超過請求があっても支払わなくて済むように、彼らの通年の稼ぎは、一年で二〇〇日の労働日分を超えないと想定されている。* 個人それぞれに対する税金は、事情が異なるのに応じて年々変化するが、それについては、地方行政官が手伝いとして指名する徴税人や代理人が鑑定人になる。ボヘミアでは、一七四八年に着手された財政制度改革における変更の結果、技術職人の事業にきわめて重い税が課せられた。職人は四つの階級に区分されている。最高の階層は、一年につき一〇〇フローリン、つまり一フローリンが二二ペンス半とすれば、九ポンド七シリング六ペンスに達する。二番目の階層は、七〇フローリンを、三番目の階層は五〇フローリンを、そして四番目の階層、つまり村の技術職人と都市の最低階層の技術職人を含む階層は、二五フローリンを課税される。**

* *Mémoires concernant les Droits, & c.* tome ii. p.108.

** *Id.* tome iii. p.37.〔おそらくスミスは場所を間違えており、一七八七年の新版の場合、*Id.* tome i. p.58 に、これにかんする記載がある〕。

6　優秀な芸術家とか紳士にふさわしい専門職が手にする報酬《リコンペンス》は、第一編で説明を試みてきたように、並の職業が手にする俸給《エモルメント》とかならず一定の比率を保っている。それゆえ、この報酬に対する税は、それを、そのような税に比例するものよりも高く引き上げる傾向しかもたない。もしそれがこのような仕方で上がらなければ、優秀な芸術家や紳士にふさわしい専門職は、もはや他の職業とは同水準にはないから、まもなく報酬が見合った水準に戻るまで、多数の人々が仕事を放棄することになろう。

7　官職の俸給は、商いや専門職のそれと同様に、市場の自由競争によって調整されるわけではなく、したがって、かならずしも職業の性質が要求するものとピッタリ釣り合っているわけではない。おそらくほとんどの国で、それは求められている以上に高いのであり、政府を掌握している人物は、自分自身とその直接の従者に対して、十分すぎるほど報酬を与えようとするのが一般的である。それゆえ、官職の俸給は、ほとんどの場合、きわめてよく課税に耐えることができる。くわえて、特にいっそう実入りの良い国事に関わる官職は、どの国でも全般的な羨望の的であるから、彼らの俸給に対する課税は、他のいかなる種類の収入に対するよりも幾分か高いものであるべきだとはいえ、つねにきわめて大衆受けする税金である。たとえばイングランドでは、地租にもとづいて、他のすべての収入が一ポンド当たり四シリングで査定されると想定されている時に、年に一〇〇ポンド以上の公職の給料――王室の歴史の浅い分家の年金型公債、陸海軍の将校〔初版は、「裁判官」であった〕の給料、および嫉妬されることがあまりない少数の他のものを除く――に対して、一ポンド当たり五シリング六ペンスで実際に税金を課したことは、きわめて大衆に評判がよかった。イングランドには、労働の賃金に対するこれ以外の直接税は存在しない。

第四項　あらゆる異なった種類の収入に無差別に負担されるように意図された税について

1 あらゆる異なった種類の収入に無差別に負担されるように意図された税とは、人頭税《キャピテイション・タックス》および消費財に賦課される税金である。これは、納税者がもつあらゆる収入、つまり土地の地代、元本の利潤、あるいは労働の賃金から、無差別に支払われなければならない。

人頭税

2 人頭税は、それを納税者各自の財産や収入に比例させようとする場合には、まったく恣意的なものになるだろう。人間の財産の状態というものは日々変動するものであって、いかなる税にもまして耐え難いほどの調査や、すくなくとも毎年一回の更新が無ければ、たんなる推測に終わる傾向がある。それゆえ、納税者の評価は、ほとんどの場合、課税額査定者の機嫌が良いか悪いかに依存しているはずであり、それゆえ、まったく恣意的で不確実なものであるにちがいない。

3 人頭税は、もしそれが推定上の財産にではなく、それぞれの納税者の身分に釣り合うものにされたりすれば、同程度の身分でも財産の程度は等しくないことが多いから、まったく不平等なものになろう。

4 それゆえ、そのような税は、たとえ平等なものにしようという試みであるにしても、まったく恣意的で不確実なものになるだろうし、それを確実で、しかも恣意的でないものにしよ

う と試みたとしても、まったく不平等なものになるだろう。税を軽くしようと重くしようと、不確実性はつねに最大の不満の種である。軽い課税の場合には、不平等が相当程度あっても支持される可能性があるが、重税の場合には、それはまったく我慢できないものになる。

5 ウィリアム三世統治下のイングランドで行われたさまざまな人頭税《ポール・タックス》の場合、納税者の大部分は、それぞれの身分の高低にしたがって、公爵、侯爵、伯爵、子爵、男爵、郷士《エスクワイア》〔紳士階層に属し、騎士身分に次ぐ身分〕、紳士、貴族の長男や末男などという具合に、課税額を査定された。三〇〇ポンド以上の財産をもつすべての店主や職人、つまり彼らのうちの上流の人々は、どれほど彼らの財産が大きく違っていても、同じ税額査定を余儀なくされた。彼らの評価は、その財産よりもいっそう重んじられた。最初の人頭税で推定上の財産にしたがって査定された人の一部は、後にその身分にしたがって査定された。最初の人頭税では、推定上の所得一ポンドにつき三シリングで査定された上級法廷弁護士、事務弁護士、代訴人は、後に紳士として査定された。きわめて重いとは言えない税金の査定においては、いかなる程度の不確実性よりも、かなりの程度の不平等のほうがまだしも我慢できる、と感じられたのである。

6 今世紀初頭からフランスで中断なく続けて賦課されてきた人頭税《キャピテイション》の場合、もっとも高い身分の人々は固定の税率を用いてそれぞれの身分にしたがって課税され、低い身分の人々は、各自の財産であると推定されているものにしたがって、毎年変化する税額査定によって課税されている。国王裁判所の執行官、上級裁判所の裁判官や執行官、軍隊の将校などは、最初の方法で税額評価される。地方在住の低い身分の人々は、第二の方法で税額評価される。フランスでは、高位の人々は、自分たちに割り当てられるかぎり、きわめて著しく重い税ではない課税におけるかなりの程度の不平等には気楽に従うが、地方行政官の恣意的な税額査定には我慢できなかった。その国では、身分の低い人々は、彼らの上位者が、彼らに適用するのが適切だと考える扱い方に、辛抱強く耐えなければならないのである。

7 イングランドでは、さまざまな人頭税は、たとえ正確に課税された場合でも、それぞれ期待されていた、つまり生み出すことができると推定されていた税額をもたらしたことはなかった。フランスでは、人頭税はそれから期待されていた税額をつねに生み出す。イングランドの穏健な政府は、さまざまな身分の人々を人頭税で税額査定する場合、その税額査定がたまたま生み出したもので満足し、それを支払うことができなかったり、支払おうとしなかったり（そのような税が多数あったから）、鷹揚な法の執行のおかげで、支払うように強制されなかったりした人々によって、国家が負わせられかねない損失の補償を要求しなかった。はるかに厳しいフランスの政府は、それぞれの徴税区に一定額を税額査定し、地方行政官は、可能なかぎりそれを調達しなければならない。もしどこかの州が高すぎると苦情を申し立てた場合には、次年度の税額査定において、前年の徴収過多に応じた減額を獲得できるであろうが、しかし、それは一時的に支払われる必要があった。地方行政官は、自分の徴税区に対して課税評価された総額の調達を確実なものにするため、少し大きめな額で査定することを許されていたから、納税者の一部の不履行や不能は、残りの人々の過大徴収によって埋め合わされる可能性があったし、しかも、一七六五年まで、この過大査定の固定化は、完全に彼の自由裁量に委ねられていた。実際その年に、枢密院はこの権限を独り占めした。州の人頭税については、申し分なく事情に通じている『フランスにおける課税に関する覚書』の著者〔*Mémoires* の著者モロー・ド・ボーモンのこと〕の記述によれば、貴族階級とタイユ免除特権をもつ人々の負担になる割合は、ほとんど取るに足りないものらしい。最大の割合は、十分の一税に服さざるをえない人々の負担になるのであって、彼らはタイユという別の税に支払う額一ポンドにつきいくらという具合で、人頭税を賦課される。

8　人頭税は、地位の低い人々に対して賦課されるかぎり、労働の賃金に対する直接税であり、そのような税がもつあらゆる不都合を結果として生じる。

9　人頭税はごくわずかな経費で賦課されるから、厳格に実施される所では、国家にきわめて確実な収入をもたらす。下層階級に属する国民のゆとり、気楽さ、安全性がほとんど注意されない国で人頭税がきわめて一般的であるのは、この理由のゆえである。しかしながら、一般的には、大帝国でそのような税で徴収された財政収入のなかでは、ごく小さな部分にすぎないから、かつてそのような税がもたらした最高の税収でも、いつでも国民にとってはるかに好都合な別の方法で調達可能であったことだろう。

消費財に対する税

1　いかなる人頭税によろうと、各自の収入に比例して国民に課税することが不可能であること、これが、消費財に対する税を発明する誘因になったように思われる。直接であれ間接であれ、国民の収入に課税する方法を知らなかった国家は、国民の支出、つまりほとんどの場合、彼らの収入に比例するものに近いと想定される支出に、間接的に課税することによって徴税するように努めるのである。国民の支出は、支出の対象である消費財に重荷を負わせることによって、課税される。

2　消費財は、必需品か贅沢品のどちらかである。

3　私が理解している必需品とは、たんに生命を維持するためになくてはならない必須の商品であるだけでなく、国の慣習からして、最下層の身分にとってさえ、それ無しでは、まともな人間として無作法になりかねない商品のことである。たとえば、リンネルのシャツは、厳密にいうと生活必需品ではない。ギリシャ人やローマ人はリンネルの下着無しであったが、きわめて快適に生活したと私は思っている。だが現在では、ヨーロッパの大部分をつうじて、立派な日雇い労働者というものはすべて、リンネルのシャツを着用せずに公衆の前に現れたら、恥ずかしく思うだろう。それが不足していると、極端に邪悪な行為をしなければ誰も零落《おちぶ》れるはずがないと思われている恥ずかしいほどの貧しさを意味すると、想像されてしまうからである。同様な仕方で、習慣は、イングランドで革靴を生活必需品にしてしまった。性別を問わず、最貧であっても立派な人物なら、それを着用せずに公衆の前に出ることを恥ずかしく思うだろう。スコットランドでは、それは習慣によって最下層の男性にとって生活必需品になってきているが、同じ階層に属する女性にとってはそうなっていないから、女性は裸足で歩き回っても、不名誉にはならない可能性がある。フランスでは、革靴は男性にとっても女性にとっても必需品ではなく、最下層に属する男性も女性も、時には木靴で、また時には裸足で人前に出ても、不名誉になることはない。

それゆえ、必需品の項目には、自然が最下層の人々に不可欠にしたものだけでなく、既成の礼節にかんする規則が彼らに求めたものも含まれる、と私は理解している。それ以外のものすべてを贅沢品と私は呼ぶのだが、この呼称によって、その度を越さない程度の利用を非難するつもりなど、まったくない。たとえば、グレートブリテンにおけるビールと蒸留酒を、さらにワイン産出国であってもワインを、私は贅沢品と呼ぶ。どの階層に属していようと男性は、名誉を傷つけられることなく、そのような酒類をたしなむことを完全に控えられるだろう。自然は、生命維持のためにそのような酒類が不可欠だとはしておらず、それ無しに生きることを無作法とみなすような習慣など、どこにも存在しない。

4　労働の賃金は、どこでも一部はそれに対する需要によって、また一部は食料などの生活物資として欠かせない商品の平均価格によって規制されており、この平均価格を引き上げるものはなんであれ賃金を引き上げるはずであるから、結果的に労働者は、労働に対する需要が増えつつあるか、一定であるか、あるいは減少しつつあるかにかかわらず、労働者が入手しなければならないこのような必需品の量を、今まで通りに購入できるであろう。*このような商品に対する税は、税を前納する取引者がかならずそれを利潤とともに取り戻す必要があるから、必然的にその価格を税額よりも幾分高く引き上げる。したがってそのような税は、このような価格の上昇に釣り合う分、労働の賃金における上昇を引き起こすはずである。

＊第一編第八章〔I. viii. 52〕を参照。

5 生活必需品に対する税が、直接税とまったく同じ方法で労働の賃金に影響を及ぼすのは、このような次第である。労働者は、すぐにそれを支払うとはいえ、すくなくともある程度の時間それを前払いしさえするということが、適正であろうはずがない。それはいつでも、長期的には彼の直接の雇用者によって、高められた賃金のレートで彼に前払いされるはずである。彼の雇用者は、彼が製造業者であるなら、この賃金上昇を利潤とともに彼の財貨の価格に上乗せするだろう。したがって結果的に、その税金の最終的な支払いは、この過払い分と合わせて、消費者の負担になるであろう。彼の雇用者が農業者であれば、最終的な支払いは、同じ過払い分と合わせて、地主の地代の負担になるだろう。

6 私が贅沢品と呼ぶものに対する税は、たとえ貧者のそれに対するものであっても違ってくる。課税された商品価格における上昇は、かならずしも労働賃金におけるいかなる上昇も引き起こさないだろう。たとえば、タバコに対する税金は、金持ちと同様に貧者の贅沢品ではあるが、賃金を引き上げたりしないだろう。それはイングランドでは、原価の三倍、フランスでは原価の一五倍を課税されるが、このような高い税金は、労働の賃金にまったく影響していないように思われる。同じことは、イングランドとオランダではもっとも低い階層の人々の贅沢品になっている紅茶や砂糖に対する税金についても言いうるし、さらに、チョコレートに対する税金も、スペインではそうなっていると言われている。今世紀をつうじて、グレートブリテンで蒸留酒に対して賦課されてきたさまざまな税が、労働の賃金に何らかの影響をもたらしたということは、真実だとは思われない。強いビール一樽当たり三シリングの追加税によって引き起こされたポーター〔ホップ無しの麦芽醸造酒で、主として運搬人が愛飲したため、こう呼ばれる〕の価格における上昇は、ロンドンの普通の労働者の賃金を上昇させることがなかった。それは、課税以前には、一日当たり約一八ペンスや二〇ペンスであったが、今でもそれを上回っていない。

7　そのような商品の高価格は、かならずしも下層階級の人々の家族を養う能力を引き下げるわけではない。節制に励む勤勉な貧民については、そのような商品に対する税金は贅沢禁止法のように作用するから、彼らがもはや容易に実行できない奢侈品の利用を、加減したり、完全に断念したりしようという気持ちにさせる。このような強制的節約の結果、彼らが家族を養育する能力は、その税によって減少するどころか、おそらく増加することがしばしばあろう。一般的にもっとも多人数の家族を養い、有用労働に対する需要をもっぱら満たすのは、節制に励む勤勉な貧者なのである。実際、すべての労働者が節制に励み、勤勉であるわけではないが、放蕩で騒動を起こす者は、彼の放蕩がその家族にもたらしかねない苦悩には目もくれず、このように価格が上昇した後でも、そのような商品を利用することに自らふけり続ける可能性がある。

しかしながら、そのような騒ぎを起こす人間が多数の家族を養うことは滅多になく、一般に、彼らの子供は放置、管理の失敗、および食料の不足や不衛生が原因で滅んでしまいがちである。かりに、両親の間違った振る舞いが彼らに直面させる困難を、体の強さによって生き抜いたとしても、なおその間違った振る舞いの見本は、一般に彼らの道徳を腐敗させるから、結果的に、自分で努力して社会で役立つようになる代わりに、自らの悪徳と不法行為によって、彼らは社会の厄介者になるのである。それゆえ、貧者の贅沢品の高価格は、そのような不法行為に手を染める家族の困難を幾分か増加させ、そうすることによって、子供を養う彼らの能力を幾分か削減するとはいえ、おそらく国の有用な人口を大幅に先細りさせることはないだろう。

8 必需品価格におけるいかなる上昇も、それが労働の賃金における比例的な上昇によって相殺されないかぎり、必然的に多数の家族を養い、結果的に有用労働に対する需要を満たす貧者の能力を多少なりとも減少させるはずであって、これは、そのような需要の状態が増加しつつあるか、一定であるか、あるいは減少しつつあるかということ、つまり、増加しつつあるか、安定的であるか、あるいは減少しつつある人口のいずれを必要としていようと、変わりがない。

9 贅沢品に対する税は、課税される商品以外の商品価格を上昇させる傾向をもっていない。必需品に対する税は、労働の賃金を引き上げることにより、必然的にあらゆる製造品の価格を上昇させ、結果的に、その販売と消費の程度を引き下げる傾向をもっている。贅沢品に対する税は、何の補償もなく、最終的には課税商品の消費者によって支払われる。それは、あらゆる種類の収入、労働の賃金、元本の利潤および土地の地代によって無差別に負担される。必需品に対する税は、それが労働貧民に影響を及ぼすかぎり、最終的には、一部は保有する土地の地代の減少によって地主に、また一部は、地主であろうと他の人であろうと、製造品の価格上昇という形で豊かな消費者によって、つねにかなりの過剰徴収分とともに支払われる。生活の実際の必需品であり、貧者の消費に充てられることになっている類いの製造品、たとえば粗末な毛織物の高価格は、彼らの賃金のいっそうの上昇によって補われなければばならない。

中流および上流階級の人々は、もし彼らが自分自身の利害を理解していれば、生活必需品に対するあらゆる課税だけでなく、労働の賃金に対するあらゆる直接課税にたいして、つねに反対するべきである。前者と後者の両方の最終的な支払いは、完全に彼ら自身の負担になるし、しかも、つねにかなりの過大徴収をともなっている。もっとも重く負担させられるのは地主であって、彼は、地主としては地代の縮小によって、また豊かな消費者としては支出の増加によって、つねに二重の資格において支払う。サー・マシュウ・デッカーが観察したように、一定の財貨の価格のなかで、一定の税が時に四回も五回も繰り返されて累積するということは、生活必需品にかんするかぎりまったく正しい。たとえば、鞣し皮価格の場合、貴方は自分自身の靴の鞣し皮に対する税金だけでなく、靴製造業者や皮革鞣し業者の靴に対する税金部分についても、支払わなければならない。貴方は、貴方の靴のために仕事をする職人が消費する塩、石鹸、さらにはロウソクに対する税金だけでなく、さらには、製塩業者、石鹸製造業者およびロウソク製造業者が、それぞれの活動に従事する間に消費する鞣し皮に対する税金をも、支払わなければならないのである。

10 グレートブリテンでは、生活必需品に対する主要な税は、先に指摘した四つの商品、つまり、塩、鞣し皮、石鹸およびロウソクに対するものである。

11 塩は、きわめて古く、しかもきわめて一般的な課税対象である。それは古代ローマ人の間でも課税されたし、ヨーロッパのすべての所で、現在もそうなっていると思われる。個々人によって年々消費される量はきわめて少なく、しかも、ごく少しずつ購入してもよいものであるから、それに対するきわめて重い税金について、誰もひどく鋭敏に感じるはずがないと思われてきたようである。イングランドでは、それは一ブッシェル当たり三シリング四ペンス、つまり商品原価の価格の約三倍だけ課税されている。他のいくつかの国では、その税金はさらに高い。鞣し皮は実質的な生活必需品である。リンネルの使用は、石鹸を実質的な生活必需品にする。冬季に夜が長い国では、ロウソクは仕事の道具として不可欠である。グレートブリテンでは、鞣し皮と石鹸は一ポンド当たり一ペニー半、ロウソクは一ペニーで課税されており、鞣し皮のもともとの価格に賦課される税金は八〜一〇パーセント、石鹸のそれには約二〇ないし二五パーセント、ロウソクのそれには約一四〜一五パーセントの額になり、このような課税額は、塩に対する税よりも軽いとはいえ、なおきわめて重いものである。この四つの商品はすべて生活必需品であるから、それに対するこれほどの重税は、節制に励む勤勉な貧者の支出をいくらか増加させるにちがいなく、結果的に、彼らの労働の賃金を多かれ少なかれ引き上げるはずである。

12 冬季がきわめて寒いグレートブリテンのような国では、その季節の間、言葉の厳密な意味で、燃料は食料を調理するためだけでなく、家屋内で労働する多くのさまざまな種類の労働者が快適に過ごすための生活必需品であり、しかも、石炭がすべての燃料のうちでもっとも安価である。燃料の価格は労働の価格に大きく影響するきわめて重要なものであるため、グレートブリテンのすべての製造業者は、おのずからもっぱら産炭地域圏内に留められることになるし、国の他の地方は、この必需品が高価格であるため、あまり安価に労働することができない。くわえて、一部の製造業つまりガラス、鉄、および他のすべての金属業におけるように、石炭は仕事に不可欠な道具である。助成金がいかなる場合でも合理的でありうるとすれば、おそらくそれは、石炭を豊富に産出する地方から、それが不足している地方への運送に対して与えられる場合であろう。だが立法府は、助成金ではなく、海岸沿いに搬送される石炭に対して一トン当たり三シリング三ペンスの税を賦課してきたが、それは、ほとんどの種類の石炭に対する税としては、炭鉱での元値の六〇パーセント以上になる。陸路ないし内陸運河で運ばれる石炭は、課税されない。もともと安い所では無税で消費され、もともと高価である所では、重い負担を課せられていることになる。

13　そのような税は、食料などの生活物資の価格を引き上げ、結果的に労働の賃金を引き上げるとはいえ、しかし別の方法では容易に見つけにくいかなりの収入を政府にもたらす。それゆえ、それを継続する十分な理由になる可能性がある。穀物輸出に対する助成金は、実際の耕作の状態の中で、この必需品の価格を引き上げる傾向をもつかぎりで、ことごとく似たような悪い効果を生み出し、何かしらの収入をもたらす代わりに、しばしば政府にきわめて大きな出費を生じさせることになる。外国産穀物に対する高い関税は、中程度の豊作年には輸入禁止に等しくなるし、その法律に含まれる通常の状態で実施される生きた家畜や塩漬け食料の輸入に対する絶対的な禁止は、飢饉を理由に、当面アイルランドとイギリスの新開拓地については期間を限って停止されるのだが、生活必需品に対する税金の劣悪な効果を残らずそなえており、しかも政府には何の収入も生み出さない。そのような規制撤回のために必要なことは、結果として規制が作り出されてきた体制の無益さを、国民に納得させること以外に何もない。

14 生活必需品に対する課税は、他の多くの国では、グレートブリテンにおけるよりもはるかに高い。製粉所で挽かれた小麦粉や粗挽き粉に対する税、パン焼き窯で焼かれたパンに対する税は、多くの国で行われている。オランダでは、都市で消費されるパンの貨幣価格は、このような課税という方法で二倍になっていると推定されている。そのような部分の代わりに、地方に居住する人々は、彼らが消費すると推定されている種類のパンに応じて、毎年パンにそれと似た額を支払っている。小麦パンを消費した人は、三ギルダー一五スタイヴァー、つまり約六シリング九ペンス半を支払う。このような、さらには似たような種類の他のいくつかの税は、労働の価格を引き上げることによって、オランダの大部分の製造業を破滅させた、と言われている。* 同じような税は、それほど重税でないとはいえ、ミラノ公国、ジェノヴァ共和国、モデナ公国、パルマ公国、プラケンティア公国、グアスタラ公国および教皇領において実施されている。多少名の知れたフランス人の著作家は、** 他の大部分の税の代わりに、すべての税のうちこのもっとも破壊的なものを代用することによって、自国の財政を改革するように、提案している。キケロの弁〔Cicero, De Divinatione, ii. 58.〕によれば、どれほど馬鹿げたことでも、かつて哲学者の誰かによって主張されなかったことなどないのである。

* *Mémoire concernant les Droits,* & c. p.210, 211.

** Le Reformateur.〔正確には，*Le Réformateur*. Nouvelle Edition corrigée. A Paris, Aux Dépens de la Sociéte, 1756. Simon Clicquot de Blervache, 1723-1796. シモン・クリコ・ド・ブレルヴァーシュはフランス

の官僚・経済学者〕。

15 食肉に対する税は、パンに対する税よりももっとありふれたものである。食肉がどこでも生活必需品であるかどうかは、実際には疑わしい可能性がある。穀物や他の野菜は、牛乳、チーズおよびバター、バターが手に入らない所では油脂が、食肉なしでも、もっとも健康に良く、もっとも栄養にとみ、しかもこれ以上ないほど爽快な気分にする食品でありうることは、経験から知られていることである。ほとんどの場所でリンネルのシャツや革靴を着用するべしと礼節は要求するが、礼節が食肉を食するように求める所などどこにもない。

16 消費財は、必需品であれ贅沢品であれ、二つの異なった方法で課税できるだろう。一定の種類の財貨を使用または消費したという理由で、消費者が年々税額を支払うか、あるいは、取引業者の手許に留まっていて、さらに消費者の手に届けられる前に、財貨に課税することもできるだろう。完全に消費されるまでかなり時間がかかる消費財は、前者の方法で課税されるのが最適である。消費がもっと即座に、あるいはもっと素早くなされるものは、後者が最適である。大型乗用馬車税《コーチ・タックス》や金銀製食器税《プレート・タックス》は、課税方法として前者に属する事例であり、消費税《エクサイズ》や関税が後者の事例である。

17 大型乗用馬車は、よく管理すれば、一〇年か一二年もつ。それは、馬車製造業者の手から離れる前に、一回限りで課税すれば可能であろう。だが、その購入者にとって、馬車製造業者に四〇ないし四八ポンドの価格追加分――自分が同じ馬車をその期間に使用して経費になりそうな税金相当額――を一回限りで支払うよりも、大型乗用馬車を保有する特別の便益のために年に四ポンド支払うほうが、ずっと好都合であることは間違いない。金銀製の食器一式は、同じ仕方で、一世紀以上もつだろう。消費者にとって、一〇〇オンスの金銀製の食器につき一年に五シリング、つまりその価値の一パーセント近くを支払うことのほうが、その価格をすくなくとも二五ないし三〇パーセント高めるような、二五ないし三〇年という年購買数をもつ長期の年金支払義務を買い戻すことよりも、ずっと容易であることは間違いない。家屋に割り当てられるさまざまな税は、毎年の適度な支払いによって払うほうが、最初の建築ないし家屋の販売時に、同率の負担が大きい課税によって払うよりも、ずっと好都合であることは確かである。

18 サー・マシュウ・デッカーが提唱したよく知られた提案は、すべての商品、つまり即座に消費されたり、きわめて短時間で消費されたりする商品でさえ、取引業者は何も前納せず、消費者が一定の財貨を消費するための許可を得るために一定の年額を支払う、という方法で課税されるべきだというものであった。彼の計画のねらいは、輸入と輸出に対するすべての関税を取り除き、それによって商人が自分の全資本と信用を財貨の購入と船の輸送料とに用い、いかなる部分も、税を前納するために流用されないようにすることによって、さまざまな外国貿易のすべての分野、とりわけ仲介貿易を奨励するところにあった。しかしながら、このような方法で、即座に消費されたり、きわめて短時間で消費されたりする商品に課税するという案は、以下の四つのきわめて重要な反対を免れないように思われる。

第一に、その税はより不平等である、つまり、それが一般的に想定しているような仕方で、さまざまな納税者の支出や消費にそれほどよく比例しているわけではない。取引業者によって前納されるエール、ワインおよびアルコール飲料に対する税は、最終的には、さまざまな消費者によってそれぞれの消費に正確に比例して支払われる。だが、もしこの税が、このような酒類を飲むための許可証を購入することによって支払われるべきであるとすれば、酒を慎む人は、その消費量のわりには、酔っ払った消費者よりもずっと重く課税されることになろう。おおいに客を歓待する家族は、少数の客をもてなす家族に較べ、はるかに軽くしか課税されないだろう。

第二に、一定の財貨を消費するための許可証に対し、毎年、半年、あるいは四半期という単位で支払うというこのような課税の方式は、迅速に消費する財貨に対する税金の主要な便宜のひとつ、つまり少しずつ支払うという便宜を、おおいに目減りさせることになろう。現在大ジョッキ一杯〔おおむね一パイントに等しい〕のポーターに支払われている三ペンス半の価格のなかに、醸造業者が前払いしたという理由で上乗せする追加の利潤とともに、麦芽、ホップおよびビールに対するさまざまな税金が、おそらく総額一ペニー半含まれている可能性がある。もし労働者が都合よくこの一ペニー半を省くことができれば、彼は大ジョッキ一杯のポーターが買えるのである。もし省くことができなければ、彼は一パイントで満足することになり、したがって、一銭たまれば一銭の得であるから、こうして彼は節制したことにより一ファージング〔四分の一ペニー〕得することになる。彼は、自分がそれを支払えるかぎり、また自分がそれを支払える時に、その税金を小分けして支払うのだから、すべての支払い行為は完全に自発的であるし、またもし彼がそうしようと望むなら、回避可能なことでもある。

第三に、そのような税は、贅沢禁止法のような効果をもたないであろう。購入者がたくさん飲もうとほとんど飲むまいと、一旦許可証が購入されてしまえば、彼が支払う税金は同額であろう。

第四に、もし労働者が、現在彼がほとんどあるいはまったく不都合なく支払っているものに等しい税額を、年単位、半年単位あるいは四半期単位の支払いで、そのような期間に飲み干すさまざまな一パイントジョッキのポーターのすべてについて、その総額を一度に支払うとすると、それはしばしば彼をおおいに窮迫させるであろう。それゆえ、この方式の課税は、もっとも痛ましい圧迫感を伴うことなく、現在の方式から圧迫感などまったく伴わずに引き出している税額とほとんど同じ収入をもたらすことは、まったく不可能なのである。しかしながら、いくつかの国では、即座に消費されたりきわめて短時間で消費されたりする商品が、この方式で課税されている。オランダでは、紅茶を飲むための許可状に一人当たりいくらという額を支払う。すでに指摘しておいたように、パンに対する税は、農場内の家屋や地方の村のなかで消費されるかぎり、そこで同じ仕方で課税される。

19 消費税という賦課金《デューティ》は、主として国内消費向けに国内生産された財貨に対して課されるものである。それは、もっとも広く使用されるごく少数の種類の財に対してしか、課税されない。このような賦課金を課せられる財貨についても、それぞれ特定種類の財貨に課される個々の賦課金についても、不確かなことなどありえない。それは、すでに言及した四つの賦課金の対象、つまり塩、石鹸、鞣し皮、ロウソクを、さらには、おそらく青ガラス〔原料に含まれる不純物のゆえに、青や緑色を帯びるガラスで、瓶などに用いられた〕をつねに別として、私が贅沢品と呼ぶほとんどすべてものに対して賦課される。

20　関税《カスタム》という賦課金は、消費税のそれよりもはるかに古い起源をもつ。それは、大昔から用いられてきた慣習的な支払いを示唆するように、習慣《カスタム》と呼ばれてきたように思われる。それは、もともと商人の利潤に対する税金と理解されてきたようである。封建的な無政府状態という野蛮な時代が続くあいだ、町《バラ》の他のすべての住民と同様に、人格は蔑まれたが、その利益が羨ましがられた商人は、解放農奴とほとんど違いがないと考えられていた〔詳しくは、本書III. iii、特にパラグラフ3〜8を参照〕。国王が自分たちの小作人の利潤にタリッジを課すことを容認した大貴族は、保護することがそれほど彼らの利益にならないような階層の人々の利益に対して、国王が同様にタリッジを課すことに抵抗しなかった〔タリッジについて詳しくは、III. ii. 19を参照〕。このような無知蒙昧な時代には、商人の利潤は直接課税できない対象であること、つまり、そのような税は、かなりの過剰請求とともに、すべて消費者が負担するはずだということが、理解されていなかったのである。

21　市民権をもたない商人の利益は、イングランド商人の利益よりもはるかに敵意をもって眺められた。それゆえ、市民権をもたない商人の利益は、後者のそれよりもはるかに重く課税するものとされた。このような外国人に対する課徴金とイングランド商人に対するそれとの区別は、無知から始まったものではあるが、独占精神から、つまり国内市場と外国市場の両方で我が国の商人に利益を与えるために、継続されたものである。

22　このような区別がありはしたが、関税という古くからの賦課金はあらゆる種類の財貨に、つまり必需品だけでなく贅沢品に、輸出された財貨だけでなく輸入された財貨にも、等しく課せられた。そう考えられてきたように思われはするが、なぜ一方の種類の財貨を取り扱う業者は、もう一方の財貨を取り扱う業者よりもいっそう厚遇されるべきなのであろうか？すなわち、輸出商人は輸入商人よりもよりなぜ厚遇されるべきなのであろうか？

23 昔の関税は、三つの部門に分けられていた。第一に、そしてこのような関税すべてのうちでおそらくもっとも古い関税は、羊毛と鞣し皮に対するものであった。それは、主としてあるいはほとんど輸出税であったように思われる。毛織物製造業がイングランドで設立されるようになってくると、毛織物の輸出によって羊毛に対する賦課金の一部たりとも国王が失わないように、似たような賦課金が毛織物に対して課された。他の二つの部門のうちの第一は、ワインに対する税《デューティ》であり、それはトン単位で課されたためトン税と呼ばれ、そして第二は、他のすべての財貨に対する税、つまり推定上の価値一ポンド当たりで課税されたため、ポンド税と呼ばれた。エドワード三世治世四七年に、一ポンド当たり六ペンスの税が、特別な税を課せられることになっていた羊毛、羊皮、鞣し皮およびワインを除く、すべての輸出・輸入財に対して課せられた。リチャード二世治世一四年に、この税は一ポンド当たり一シリングに引き上げられたが、しかし三年後、それはふたたび六ペンスに引き下げられた。ヘンリー四世治世二年に、それは八ペンスに引き上げられ、同王の治世四年に一シリングに引き上げられた。この時期からウィリアム三世治世九年まで、この税は引きつづき一ポンド当たり一シリングであった。

トン税とポンド税は、一般的に議会の同一の法律によって国王に譲渡され、トン税とポンド税の特別徴収税《サブシディ・オヴ・トンネッジ・アンド・ポンデッジ》と呼ばれていた。ポンド税特別徴収税は、きわめて長い間一ポンド当たり一シリング、つまり五パーセントで継続していたため、関税の用語では、この種の五パーセントの一般的な課徴金を意味するようになった。この特別徴収税は、今では旧特別徴収税と呼ばれているが、今なおチャールズ二世治世一二年に定められた税率表にしたがって課税されている。税率表によってこの税を課す財貨の価値を確定する方法は、ジェイムズ一世の時代よりも古いと言われている。ウィリアム三世治世九年と一〇年に賦課された新特別徴収税は、大部分の財貨に対して追加された五パーセント税であった。三分の一および三分の二特別徴収税は、一緒になって、それぞれ比例した部分からなる別の五パーセント税を作り上げた。一七四七年の特別徴収税は、大部分の財に対する四番目の五パーセント税を作ったし、一七五九年のそれは、いくらかの特別な種類の財貨に対する五番目の五パーセント税であった。このような五つの税に加え、時には国家の緊急事態を救済するために、また時には、重商主義体制の原理にしたがって国の貿易を規制するために、きわめて多様な他の税が、折にふれて特別な種類の財貨に対して賦課されてきた。

24　このような方式は、次第にますます流行するようになってきた。旧特別徴収税は、輸入品と同様に輸出品に対しても無差別に賦課された。それに続く四つの特別徴収税は、その後、時々特定の種類の財貨に対して課されてきた他の税と同様に、ごく少数の例外はあるが、ほとんどすべて輸入品に対して課されてきた。国内の製品と製造業の製品の輸出に対して課されてきた昔の賦課金の大部分は、軽減されるか、まったく廃止されるかしてきた。ほとんどの場合、それは廃止されてきた。一部の国内製品の輸出については、助成金が与えられさえしてきた。また、外国産財貨の輸入に対して支払った関税のうち、当該物の輸出に際して、時には全部、ほとんどの場合にその一部が、戻し税として交付されてきた。旧特別徴収税によって輸入品に対して賦課された税の半分だけが輸出時に払い戻されるが、しかし、後の特別徴収税や他の輸入税によって課された税の全体は、財の大部分に対して、同じ方法で払い戻される。このような輸出に対する厚遇、および輸入に対する妨害は、もっぱらいくつかの製造業の原料にかんして、少数の苦情を受けただけであった。

我が国の商人と製造業者が切望していたことといえば、原材料は、できるだけ安価に彼らの所に届き、できるだけ高価に外国の彼らの商売敵や競争相手の所に届く、ということである。この理由から、外国産の原材料、たとえば、スペイン産の羊毛、亜麻、および未加工のリンネル布などは、時には無税で輸入することが許可された。国内産の原材料、および我が国の植民地の特産物である原材料の輸出は、時には禁止されたし、いっそう高い関税を課せられることもあった。イングランド産羊毛の輸出は禁止されていた。ビーヴァーの皮、ビーヴァーの毛およびセネガルゴムの輸出は、より高い関税が課されていたが、カナダとセネガルを征服することにより、グレートブリテンが、このような商品の独占権をほぼ確保していたからである。

25 重商主義体系が、大部分の国民の収入、すなわち国の土地と労働の年々の生産物にとって、著しく好都合なものでなかったということは、本研究の第四編で説明に努めてきたところである。それは、その収入がすくなくとも税関の賦課金に依存しているかぎり、統治者の収入にとってもさらに好都合なものではないように思われる。

26 その仕組み《システム》のせいで、いくつかの種類の財貨の輸入は完全に禁止された。このような禁止は、輸入業者にやむなく密輸せざるをえないようにし、場合によって、このような商品の輸入を完全に阻止したり、おおいに減少させたりしてきた。それは外国産毛織物の輸入を完全に阻止し、外国産の絹織物とビロードの輸入を大幅に減少させた。いずれの場合も、そのような輸入品に対して賦課された可能性がある関税収入を、完全に消滅させてしまった。

27 グレートブリテンにおける外国産財貨の消費を邪魔するために、そのような多くのさまざまな財貨の輸入に対して賦課されてきた高率関税は、多くの場合、密輸の奨励に役立っただけで、すべての場合、より穏やかな関税であれば可能であった額以下に、関税収入を引き下げてきた。関税の計算では、二足す二は四ではなく、時には一にしかならないというスウィフト博士〔Jonathan Swift, 1667-1745. イギリスの風刺作家で『ガリヴァー旅行記』の著者〕の警句は、そのような重い関税については完全に真理であって、重商主義体系が、収入ではなく独占の道具として徴税を利用するように我々に教えなかったら、そのような重税が課されることはけっしてなかっただろう。

28 国内産品と製造品の輸出に対して時々与えられた助成金、さらに、大部分の外国産財貨の再輸出に際して支払われる戻し税は、多くの詐欺や、他の何よりも公的収入にとってもっと破壊的なさまざまな密輸の機会を与えてきた。よく知られているように、助成金や戻し税を獲得するために、時々財貨が船積みされて海外に送られるが、それはその後まもなく、内密に我が国のどこか別の所に再陸揚げされる。助成金と戻し税によって引き起こされる収入の不正流用――その大部分は詐欺的に達成される――は、きわめて巨額である。一七五五年一月五日に終わる年の関税総収入額は五〇六万八〇〇〇ポンドに達する。この収入から支払われた助成金は、その年度は穀物に対する助成金がなかったのに、一六万七八〇〇ポンドに達した。戻し税証明書と公的認証にもとづいて支払われた戻し税は、二一五万六八〇〇ポンドであった。助成金と戻し税を合わせると、二三二万四六〇〇ポンドに達した。このような控除をおこなった結果、関税収入は総額二七四万三四〇〇ポンドでしかなく、そこから、給与その他の事柄に対する管理費として二八万七九〇〇ポンドを控除すると、当年の関税純収入は二四五万五五〇〇ポンドという額になる。管理費用は、このような仕方で、税関の総収入に対して五パーセントから六パーセントに達し、助成金と戻し税として支払ったものを控除した後、その収入の残部に対して一〇パーセントをわずかに上回る額に達していた。

29 輸入される財貨のほとんどに重税が課せられていたため、我が国の輸入商人はできるだけ多く密輸し、通関手続きを可能なかぎり少なくする。これとは逆に、我が国の輸出商人は、時には虚栄心から、関税がかからない財貨の大取引業者として扱われるために、また時には、助成金や戻し税を獲得するために、輸出する量を超える通関手続きを行った。我が国の輸出額は、このようなさまざまな詐欺の結果、税関の帳簿上では、我が国の輸入額を大幅に超過したように見え、貿易差額と呼んだものによって国の繁栄を判断する政治家を満足させることになった。

30 輸入された財貨は、特別に免除されており、しかも免除されるものの数がきわめて多くないかぎり、すべて税関で一定の関税を支払う義務がある。もし税率表に記載されていない財貨が輸入された場合、二〇シリングの価値について四シリング九ペンス二〇分の九で、輸入業者の宣誓にしたがって、すなわち、おおよそ五つの特別徴収税ないし五つのポンド税で、課税される。税率表は途轍もなく包括的であり、きわめて多様な商品を枚挙しており、そのうちの多くの部分はほとんど利用されることがなく、それゆえ、よく知られていない。この理由のために、商品がどの特定の種類の財貨に分類されるべきかはしばしば不明確だし、結果的に、どの賦課金を支払うべきであるかも不明確なのである。これにかかわる間違いが時々税関の職員を傷つけ、しばしば輸入業者に、はなはだしい不便、犠牲および困惑を生じさせる。わかりやすさ、正確さ、および明瞭さという点では、したがって、関税という賦課金は消費税のそれより著しく劣るのである。

31　いかなる社会であれ、その構成員の大部分が、それぞれの支出に比例して公収入に寄与するようにならせるためには、支出が行われる個々の商品ごとに、課税される必要があるとは思われない。消費税という賦課金によって課される収入は、関税という賦課金によって課されるそれのように、納税者によって平等に負担されると想定されているが、消費税という賦課金は、もっとも一般的に使用され、消費される商品にだけ賦課される。多くの人々の意見は、関税という賦課金も同様に、適切に管理されれば、公的収入をすこしも減らすことなく、外国貿易にとっておおいに有利になるように、ごく少数の商品だけに限定できるだろうというものである。

32　グレートブリテンでもっとも一般的に使用され、消費されている外国産の商品は、現在のところ、主として外国産のワインとブランディ、アメリカと西インド諸島産の砂糖、ラム酒、タバコ、ココナッツなどいくつかの生産物、および、東インド産の紅茶、コーヒー、陶磁器、あらゆる種類の香辛料、数種類の反物など、いくつかの生産物から成り立っている。

多分、このようなさまざまな商品が、現在では、関税という賦課金から引き出される収入の大部分を提供している。外国産の製品で現在維持されているそのような税金は、以前指摘した列挙商品に含まれるごく少数の物に対する税金を除けば、その大部分は、収入目的ではなく独占目的で、つまり、国内市場で我が国の商人に利益を与えるために課されてきたものである。すべての禁止を取り除き、すべての外国製品に対して、経験からそれぞれの商品が国に対して最大の収益をもたらすとわかるような適度の税金を課すことによって、我が国の労働者は、国内市場でなお相当な優位性を保持できるだろうし、多くの商品――そのうちの一部はいまのところ政府に対して何の収入ももたらしていないし、きわめて取るに足りない収入しかもたらしていない他の商品もある――が、きわめて大きな収入をもたらすようになる可能性がある。

33 高い関税は、時には課税商品の消費を減少させることによって、さらにまた、時には密輸を助長することによって、政府にもたらされる収入を、よりいっそう穏便な関税から引き出されるものよりも、もっと少なくすることが多い。

34 その収入の減少が消費減少の結果である場合には、ひとつの救済策、すなわち税金の引き下げしかありえない。

35 政府収入の減少が密輸に対して与えられた奨励の結果である場合、それは、おそらく二つの方法――密輸しようという誘惑を減少させること、あるいは、密輸の困難を高めること――によって、改善できるであろう。密輸の誘惑は、関税を引き下げることでしか減らすことはできないし、密輸の困難は、それを防止するためにもっとも適した管理体制の創設以外の方法で高めることなど、不可能である。

36 消費税の法律は、経験からして、関税の法律よりもはるかに効果的に密輸人の取引を妨害し、狼狽させると私は信じている。さまざまに異なる賦課金の種類が許容するように、消費税のそれによく似た管理体制を税関のなかに導入することによって、密輸の難しさが著しく引き上げられる可能性がある。このような変更は、多くの人々によって想像されてきたから、きわめて容易に成し遂げることができるだろう。

37 何らかの関税という課徴金を免れ得ない商品の輸入業者は、自らの選択により、商品を自分の私的な倉庫か、あるいは、自分自身の費用または国の費用で提供される倉庫にそれを保管すること――この場合、関税職員に鍵を掛けられ、彼の立会なくして開けることはできない――が許されてもよい、と言われてきた。商人がそのような商品を自分自身の私的な倉庫に運んだ場合、課徴金は即刻支払われ、それ以後払い戻されることはけっしてなく、しかもその倉庫は、そこに収納されている量のどれだけが課徴金支払い済みに相当するかを確認するために、つねに税関の職員による訪問と検査を受けなければならない。商品が公設の倉庫に運ばれた場合、国内消費のために運び出されるまで、関税を支払う必要はなかった。輸出するためにもち出す場合、商品がそのように輸出される予定だという正規の保証がつねに与えられていれば、免税になるはずである。

卸売業であれ小売業であれ、このような特定商品の取扱業者は、いつでも税関職員の訪問と検査を受けなければならず、さらに、彼らの店や保管庫に保存している全量に対する関税支払い済みの正規の保証書によって、正当性を示す必要がある。輸入されたラム酒に対する消費税賦課金《エクサイズ・デューティ》と呼ばれるものは、現在ではこのような方法で課されているが、同じ管理方式は、このような関税が、消費税という賦課金同様に、もっとも一般的に用いられ、わずかな種類の消費される財貨に限定されるならば、おそらく輸入財貨に対するすべての関税に拡張できるだろう。もしそれが、現在のように、ほとんどすべての種類の財貨に拡張されるとすれば、十分な広さの公設倉庫を容易に提供できず、きわめて壊れやすい性質の財貨とか、保存に多大な世話や注意が欠かせない財貨は、自分自身の保管庫以外のいかなる保管庫であろうと、商人が安全に預けることは不可能であろう。

38 もしそのような管理方式によって、かなりの高率関税であっても、密輸が相当な程度まで阻止できるとすれば、さらに、すべての課徴金が、いずれかの方法によって、国家に最大の収入をもたらし得るように、時々引き上げられたり引き下げられたりするとすれば、課税はつねに独占の道具としてではなく、歳入の道具として用いられるのだから、関税収入は、もっとも一般的に用いられ、消費されるわずかな種類の財貨の輸入に限った関税から、少なくとも現在の関税の純収入に等しい程度の収入を引き出しうること、さらに、税関の課徴金はこのような方法によって、消費税の場合と同じ程度の平明さ、確実さ、および正確さでもたらされうること、これは実現不可能なことではないように思われる。後にふたたび陸揚げされ、国内で消費される外国製財貨の再輸出に対する戻し税によって現在失われているものは、この方式のもとであれば、完全に節約できるだろう。それだけでも相当な大きさだが、もしこの節約に、国内生産物の輸出に対するすべての助成金——すべての場合において、このような助成金は、実際にはあらかじめ前納された消費税という課徴金の戻し税ではない

――の廃止が加われば、この種の変更の後、関税の純収入が従来の実績と完全に等しくなる可能性があること、これに疑いを差し挟むことはできないだろう。

39 もしこのような制度変更によって国の収入に何の損失も招かないのであれば、我が国の貿易や製造業は、間違いなくきわめて大きな利益を獲得することになろう。桁違いに数が多い非課税商品の貿易が完全に自由になり、世界のあらゆる所と、双方向にきわめて有利に遂行されるだろう。このような商品のなかには、あらゆる生活必需品、さらに製造業のあらゆる原材料が含まれているだろう。生活必需品の自由な輸入が国内市場における平均貨幣価格を引き下げるかぎり、それは労働の貨幣価格を低下させるだろうが、しかし、いかなる点でもその実質的な報酬を低下させることはない。貨幣の価値は、それが購入する生活必需品の量に比例する。生活必需品の価値は、生活必需品と引き換えに入手しうる貨幣の量とはまったく無関係である。

労働の貨幣価格における低下は、必然的に国内製造品すべての貨幣価格における比例的な低下を伴うであろうが、国内製造品は、それによってすべての外国市場でいくらか利益を獲得することになろう。原材料の自由な輸入によって、いくつかの製造品の価格はより大きな比率で低下するであろう。もし生糸が中国やインドスタンから関税無しで輸入できたら、イングランドの絹織物業者は、フランスやイタリアで製品を安値でおおいに売り負かすことができるだろう。外国産の絹織物やビロードの輸入を禁止する必要はないだろう。イングランドの絹織物業者の商品の安価さは、我が国の職人に、国内市場の保持だけでなく、外国市場におけるきわめて大きな支配力も保証するだろう。課税商品の貿易さえ、現在よりもずっと大きな利益を伴って遂行されるであろう。もしこのような商品が海外輸出のために公設倉庫から運び出される——この場合には、すべての税金が免除される——とすれば、その貿易は完全に自由になるだろう。あらゆる種類の財貨の中継貿易は、この制度の下で可能なかぎり利益を享受するだろう。もしこのような商品が国内消費用に運び出されれば、自分の財貨を取扱業者や消費者に売却する機会を見つけるまで、彼は税金を前払いする必要がないから、輸入業者は、輸入した時点でそれを前払いする必要がある場合よりも、つねにいっそう安価に販売することができるだろう。同じ税金のもとなら、課税商品の場合でさえ、消費用の外国貿易は、このような方法で現在よりもずっと有利に遂行できるだろう。

40 サー・ロバート・ウォルポール〔Sir Robert Walpole, 1676-1745. 英国の政治家・首相〕の有名な消費税計画の目的は、ワインとタバコについて、ここで提案されているものとあまり違わない制度の設立にあった。だが、当時議会にもち込まれた法案は、この二つの商品だけしか含んでいなかったが、一般にそれは、同じ種類のもっと包括的な方式の提唱であると理解された。密輸商人の利害と結びついた党派抗争——その法律に反対する怒号は、きわめて不公平であったとはいえ——がきわめて猛烈なものになったため、首相はそれを撤回するほうが適切だと考えたし、そして、同じ種類の怒号を呼び起こすことを恐れたため、彼の後継者は誰も、その計画をあえて再開しようとはしなかった。

41 国内で消費する外国産贅沢品に対する課徴金は、時には貧者の負担になるとはいえ、主として中流ないし中流以上の富をもつ人々の負担になる。たとえば、外国産ワイン、コーヒー、チョコレート、紅茶、砂糖などに対する関税がそうである。

42　国内で消費される安価な自国産の贅沢品に対する課税は、個人の支出額に比例して、すべての住民に等しくかかる。貧乏な人々は、モルト、ホップ、ビールやエールにたいする税をそれぞれの消費量に応じて支払うし、豊かな人々は、自分自身の消費と使用人のそれに対して支払うことになる。

43　下層階級、つまり中流階級よりも下の階級に属する人々の総消費は、どの国でも、中流階級やそれ以上の階級の人々のそれを、量においても価格においても大きく上回っているということが、注意されなければならない。低い身分の人々の総支出は、上流階級のそれを大きく上回っている。第一に、あらゆる国のほとんどすべての資本は、生産的労働の賃金として、年々下層階級に属する国民に配分されている。第二に、土地の地代と元本の利潤の両方から生じる収入の大部分は、同じ階層の間で、奉公している使用人や他の不生産的労働者の賃金と維持のために分配されている。第三に、元本の利潤の一部は、彼らが所有する少額の資本の利用から生じる所得として、同じ階層のものになる。小規模の店主、商人、およびあらゆる種類の小売商によって年々達成される利潤の総額は、どこでもきわめて大きなものであり、年々の生産物のきわめて大きな部分を形成している。第四に、そして最後に、土地の地代の一部でさえ同じ階層に属しており、相当部分がある程度低い地位の中流階層に、そして小さな部分でさえもっとも低い階層に属しており、時には、普通の労働者が土地の一エーカーや二エーカーを財産として保有している。

それゆえ、このような下層階級に属する国民の支出は、個人単位で見るときわめて小さいとはいえ、しかし、彼らを全体として捉えると、その全量はつねに社会の総支出のはるかに大きな部分を占める額であって、残りのもの、つまり国の土地と労働の年々の生産物のうち、もっとも高い身分に属する人々の消費用に残る部分は、量だけでなく価値においても、つねにずっと少ないのである。それゆえ、もっぱら高い身分の人々の消費に、つまり年々の生産物のより小さな部分に主として賦課される支出に対する税金は、すべての階層の人々に対して無差別に負担される税金や、下層階級の人々の支出にもっぱら賦課される税金よりも、つまり、すべての生産物に対して無差別に負担される税金や、そのより大きな部分にもっぱら賦課される税金に較べ、著しく貧弱なものになる傾向がある。国産の発酵酒や蒸留酒の製品や原料に対する消費税は、したがって、支出に対するすべてのさまざまな税のなかで飛びぬけて潤沢であって、この分野の消費税の大部分は、おそらく一般大衆の支出がほとんど負担している。一七七五年七月五日に終わる年度中に、この分野の総生産物の消費税は、三三四万一八三七ポンド九シリング九ペンスであった。

44 しかしながら、つねに覚えておく必要があるのは、およそ課税されるべき対象は、下層階級の人々の不可避な支出ではなく、贅沢な支出であるということである。このような人々の不可欠な支出に対するすべての税の最終的な支払いは、ことごとく地位の高い階級の人々に、つまり年々の生産物のうちのより大きな部分に対してではなく、より小さな部分に対して割り当てられるだろう。そのような税は、すべての場合に労働の賃金を高めるか、それに対する需要を減少させるはずである。それは、地位の高い階層の人々に税金の最終的な支払いをさせることなく、労働の賃金を高められるはずがない。それは、そこからすべて税が最終的に支払われなければならない財源である国の土地と労働の年々の生産物を減少させることなく、労働に対する需要を減少させられるはずがない。この種の税が労働に対する需要を減少させる状態がどのようなものであれ、そのような税は、それ以外の場合なら実現しそうな賃金を引き上げるはずであるから、この賃金上昇分の最終的な支払いは、あらゆる場合に高い地位の人々の負担になるはずである。

45 販売用ではなく、自家消費用の醸造酒や蒸留されたアルコール飲料は、グレートブリテンでは消費税を課されない。この免除――その目的は、個々の家計を徴税人の気障りな訪問と検査から救うことにある――は、このような税の負担が、貧乏人よりも金持ちに対してずっと軽く割り当てられるようにする。実際、私的に用いるための醸造はきわめて一般的なこととは言えないが、時々そうされることがある。だが地方では、多くの中流やほとんどすべての豊かで地位が高い家族が、自分自身でビールを醸造している。それゆえ、彼らの強いビール《ストロング・ビール》は、税だけでなく、前貸しするすべての他の経費に対して、自分の利益を確保する必要がある一般的な醸造業者よりも、一樽当たり八シリングだけ費用が安くなる。それゆえ、そのような家族は、自分たちのビールをすくなくとも一樽当たり九から一〇シリングだけ、どこであれ自分たちのビールを少しずつ醸造業者や居酒屋から購入することが好都合な普通の人々が飲むことができる同じ質のすべての酒類よりも、安く飲んでいるはずである。個々の家族で利用するために作られる麦芽は、徴税人の訪問や検査を受ける必要はないが、この場合には、家族は一人当たり七シリング六ペンスを税と棒引きしなければならない。七シリング六ペンスは、麦芽一〇ブッシェル――節制している家族であれば、男性、女性、および子供というさまざまな家族全員が平均的に消費しがちな量にほとんど等しい量――に対する消費税と同一である。だが、田舎風の歓迎が盛んに実行されている豊かで地位が高い家族では、家族の構成員によって消費される麦芽酒は、家全体の消費のごく一部を占めるにすぎない。しかしながら、このような税の棒引きのせいなのか、それとも別の理由からか、私的に用いるために麦芽酒を作ることは、醸造することにくらべてあまり一般的ではない。私的に用いるために醸造したり蒸留したりする人々が、同じ種類の税の棒引きをしがちにならないのか、正当な理由を想像することは難しい。

46 公収入を騙し取る機会は、麦芽製造所《モルト・ハウス》よりも醸造所のほうがずっと大きいし、私的に用いるために醸造する人々は、私的に用いるために蒸留する人々には適用されないすべての課税や棒引きから除外されているから、麦芽に対する税金をずっと軽くしても、麦芽、ビールやエールに対して現在課されている重税から引き出されている歳入を超えるものが調達できるだろう、としばしば言われてきた。

47 ロンドンのポーターの醸造所では、一クォーターの麦芽は通常二バレル半以上に、時には三バレルのポーターに醸造される。麦芽に対するさまざまな税金は一クォーター当たり六シリングに達し、強いビールやエールに対する税金は、一樽当たり八シリングに達する。それゆえ、ポーターの醸造所では、麦芽、ビール及びエールに対するさまざまな税金は、一クォーターの麦芽の産物に対して二六～三〇シリングの間の額になる。普通地方販売に従事する地方の醸造所では、一クォーターの麦芽が、二樽の強いビールと一樽の弱いビール《スモール・ビール》以下に醸造されることはほとんどなく、しばしば二樽半の強いビールに醸造される。弱いビールに対するさまざまな税金は、一樽当たり一シリングと四ペンスになる。それゆえ、地方の醸造所では、麦芽、ビール及びエールに対するさまざまな税金が、一クォーターの麦芽の産物に対して二三シリング四ペンス以下になることは滅多になく、二六シリングに達することが多い。それゆえ、王国全体の平均でみると、麦芽、ビール、およびエールに対する税金の総額は、一クォーターの麦芽の産物に対して二四から二五シリングを下回ると推定することは不可能である。だが、ビールとエールに対するさまざまな課徴金のすべてを廃止して、麦芽税を三倍にすることにより、すなわち、課徴金を麦芽一クォーター当たり六シリングから一八シリングへと引き上げることにより、このようなすべての重税から現在引き出されているものよりも大きな歳入が、この単一税によって調達できるだろう、と言われている。

	ポンド	シリング	ペンス
一七七二年に生じた旧麦芽税	七二万二〇二三	一一	一一
付加税	三五万六七七六	七	九と四分の三
一七七三年に生じた旧麦芽税	五六万一六二七	三	七と二分の一
付加税	二七万八六五〇	一五	三と四分の三
一七七四年に生じた旧麦芽税	六二万一六一四	一七	五と四分の三
付加税	三一万七四五	二	八と二分の一
一七七五年に生じた旧麦芽税	六五万七三五七		八と四分の一
付加税	三二万三七八五	一二	六と四分の一

四年合計	三八三万五五八〇	一二	四分の三
以上四年の平均	九五万八八九五	三	一六分の一
一七七二年に生じた地方消費税	一二四万三一二八	五	三
ロンドンの醸造所	四〇万八二六〇	七	二と四分の三
一七七三年に生じた地方消費税	一二四万五八〇八	三	三
ロンドンの醸造所	四〇万五四〇六	一七	一〇と二分の一
一七七四年に生じた地方消費税	一二四万六三七三	一四	五と二分の一
ロンドンの醸造所	三二万六〇一	一八	四分の一
一七七五年に生じた地方消費税	一二一万四五八三	六	一
ロンドンの醸造所	四六万三六七〇	七	四分の一
四年合計	六五四万七八三二	一九	二と四分の一
以上四年の平均	一六三万六九五八	四	九と二分の一
それに加えるべき平均の麦芽税	九五万八八九五	三	一六分の三
以上さまざまな税金の総額	二五九万五八五三	七	九と一六分の一一

だが、麦芽税を三倍にするか、それを麦芽一クォーター当たり六シリングから一八シリングにする、という単一税がもたらす税額　二八七万六六八五　九　一六分の九

前出の額を超える増収額　二八万八三二　一　二と一六分の一四

48　実際、旧麦芽税には、リンゴ酒の大樽《ホグズヘッド》に対し四シリングの税金、それと別にマム〔濃くて強いビールの名称〕に対する一樽当たり一〇シリングの税が含まれている。リンゴ酒に対する税収は、一七七四年に、わずか三〇八三ポンド六シリング八ペンスであった。それはおそらく通常の額には達しておらず、その年は、リンゴ酒に対するさまざまの税収が例年よりも少なかった。マムに対する税金はずっと重かったとはいえ、その酒の消費が少量であったため、税収はもっと少なかった。だが、このようなものの通常の額がどれだけのものであろうと、二つの税金を釣り合わせるために、「地方消費税《ザ・カントリー・エクサイズ》」と呼ばれるもののなかに、第一に、リンゴ酒大樽に対する六シリング八ペンスの旧消費税、第二に、リンゴ果汁《ヴァージュース》大樽当たり六シリング八ペンスの類似の税金、第三に、リンゴ酢《ヴィネガー》大樽当たり八シリング九ペンスの別税、そして最後に、ミードやメセグリン〔両方とも蜂蜜酒の名称〕一ガロン当たり一一ペンスの四番目の税金が含まれていた。このようなさまざまな税金の成果は、おそらく「リンゴ酒とマムに対する年々の麦芽税」と呼ばれるものによって賦課された税収を、補ってなお余るほどであっただろう。

49　麦芽は、ビールやエールの醸造所だけでなく、ローワイン〔蒸留器から最初に取り出されるもので、アルコール度約二〇パーセント〕や酒精《スピリッツ》〔蒸留してえられるエタノールのこと〕の製造所でも消費される。もし麦芽税が一クォーター当たり一八シリングに引き上げられたりしたら、麦芽が原料の一部になるこのような特別な種類のローワインや酒精に対して賦課されるさまざまな消費税の間で減額が実施される必要があろう。麦芽酒精《モルト・スピリッツ》と呼ばれるものには、麦芽は普通原料の三分の一を占めるだけで、残りの三分の二は麦芽にしていない大麦であったり、三分の一が大麦で三分の一が小麦であるものが含まれる。麦芽酒精の蒸留所では、密造の機会と誘惑——商品の体積が小さいわりに価値が大きいという理由にもとづく誘惑と、酒精一ガロン当たり三シリング一〇ペンス三分の二に達する税金*が、飛びぬけて高いという理由にもとづく誘惑——が、麦芽製造所や醸造所よりもはるかに大きい。麦芽に対する税金を引き上げたり蒸留所に対する税金を引き下げたりすることにより、密造の機会と誘惑は減少するであろうし、これが歳入のいっそうの増加を引き起こすことになろう。

*プルーフスピリッツ〔標準強度五七・一パーセントのアルコールを含むアルコール飲料のこと〕に対して直接賦課される税金は、わずか二シリング六ペンスにしかならないとはいえ、それから蒸留されるローワインに対する税金を足すと、三シリング一〇ペンス三分の二の額に達する。ローワインもプルーフスピリッツもともに、詐欺を阻止するために、今は発酵液の状態で測定するものに従って課税されている〔本注は第三版で追加された〕。

50 過去ある程度の期間、グレートブリテンの政策は普通の国民の健康を損ない、道徳を堕落させる傾向をもつという想定にもとづいて、蒸留酒の消費を抑制することであった。この政策に従って、蒸留所に対する課税の軽減は、いかなる点でもこのような種類の価格を引き下げるほど大きなものであってはならなかったのである。蒸留酒は従来と同様に高価格に留まるが、しかし同時に、健康に良くて爽快になるビールやエールという飲料は、その価格が著しく低下する可能性があった。それゆえ国民は、彼らが現在もっとも不平を言い立てている重い負担のひとつから解放される可能性があったが、とはいえ同時に、歳入が著しく増大する可能性もあったのである。

51 消費税という現在の制度におけるこのような変更に対するダヴナント博士の反対は、根拠がないように思われる。このような反対とは以下のこと、つまりその税金は、現在のように、麦芽製造者の利潤、醸造者の利潤、および小売業者の利潤におのずときわめて平等に分かれる代わりに、税が利潤に影響を及ぼすかぎり、すべてが麦芽製造者の利潤の負担になるであろうし、麦芽製造者は、醸造業者や小売業者が自分たちの酒類について上昇した価格のなかで取り戻すようには、製造した麦芽の価格上昇によってその税額を容易に取り戻すことができないし、そしてまた、麦芽に対するそれほど重たい課税は、大麦を耕作する地域の地代と利潤を減少させるであろう、というものであった。

52 いかなる税も、かなり長期にわたって、何か特定の職業における利潤率を低下させることはできないのであって、利潤率はいつでも近隣地域にある他の職業と一定の水準を保つはずである。麦芽、ビールやエールに対する現在の税金は、自分たちの財貨の上昇した価格のなかに含まれる追加の利潤で税のすべてを取り戻す、このような商品の取引業者の利潤には影響を及ぼさない。実際に税というものは、賦課される財の消費を減少させるほど価格を高める可能性をもっている。だが、麦芽の消費は麦芽酒においてのことであって、麦芽一クォーターに対する一八シリングの税金が、現在二四か二五シリングに達するさまざまな税金が高めている以上に、このような酒類をさらに高価にできるはずはない。これとは逆に、このような酒類はおそらく安価になるだろうし、その消費は、減少するどころかむしろ増加する傾向が強いだろう。

53 麦芽製造業者が自分の麦芽の上昇した価格のなかで一八シリング取り戻すということが、醸造業者が二四か二五シリング、時には三〇シリングを自分の酒の上昇した価格のなかで取り戻すことよりも、なぜずっと難しいかを理解するのは、けっして易しいことではない。実際、麦芽製造業者は六シリングの税金ではなく、麦芽一クォーターにつき一八シリングの税金の前払いを余儀なくされるだろう。だが、醸造業者は現在のところ、自分が醸造する麦芽一クォーターについて二四か二五シリング、時には三〇シリングの税金の前払いを余儀なくされている。麦芽製造業者にとって、軽い税金を前払いすることは、現在醸造業者が重い税金を前払いすることに較べれば、それ以上に不都合であるはずはない。麦芽製造業者は、醸造業者がしばしば自分の地下室に保存するビールやエールの在庫に較べ、処理するには長くかかるような麦芽の在庫を自分の貯蔵庫に保有するとは限らない。それゆえ前者は、後者と同じほど早く、投下資金の利潤を確保する可能性がしばしばあるだろう。だが、麦芽製造業者にとって、より重い税金を前払いせざるをえないことからどのような不都合が生じる可能性があるにせよ、それは、現在醸造業者に対して一般的に与えられているよりもわずかな月数さらに長期の貸付が彼に認められれば、容易に改善できることだろう。

54 大麦に対する需要を減少させなかったものが、大麦耕作地の地代と利潤を減少させるはずはない。だが、ビールやエールに醸造される麦芽一クォーターに対する税金を、二四か二五シリングから一八シリングに引き下げるというような制度の変更は、それに対する需要を減少させるというよりも、むしろ増加させる傾向があろう。くわえて、大麦耕作地の地代と利潤は、他の等しく肥沃で同じようによく耕作された土地の地代や利潤とつねに等しいはずである。もし両方がすくなかった場合には、大麦耕作地の一部がまもなく他の目的に転換されるであろうし、そして多かった場合には、より多くの土地がまもなく大麦の栽培に転換されることになろう。土地の特定の生産物の通常価格が、独占価格と呼ばれるようなものである場合には、それに対する課税は、その栽培地の地代と利潤を必然的に減少させるだろう。ワインが有効需要に著しく足りていない、つまり、その価格が、つねに他のおなじくらい肥沃で、同じくらいよく耕作された土地の生産物の価格に対して自然に釣り合う価格よりも、つねに高い貴重なブドウ畑の産物に対する税は、必然的にこのようなブドウ畑の地代と利潤を減少させるだろう。ワインの価格は、つねに一般的に市場へ送られる量に対して確保しうる最高価格にすでに達しているため、その量を減少させないかぎり、さらに上昇することはありえないし、またその量も、該当する畑は、他のすべてとおなじくらい価値の高い生産物に転換することは不可能だから、もっと大きな損失を出さないかぎり、減少することなど起きるはずがない。それゆえ、税負担の全体は、地代と利潤に、つまり間違いなくブドウ畑の地代の負担になることになろう。

砂糖に対する新税が提案されていた時、我が国の砂糖農場主は、そのような税金の負担全体は、消費者にではなく生産者に対して降りかかるとしばしば苦情を申し立てたが、彼らは課税後、生産する砂糖の価格を以前より高く引き上げることは、けっしてできなかった。その価格は、課税以前に独占価格に達していたように思われるし、砂糖は課税対象として不適当なものであると証拠をもって示そうとした主張は、おそらく、それが適切な課税であったこと、つまり独占者の利益は、それが生じた時にはいつでもすべてもっとも適切な対象であることを証明していた。だが、大麦の通常価格は、けっして独占価格であったことはなく、さらに大麦耕作地の地代と利潤が、同様に肥沃で、同じくよく耕作されていた他の土地のそれとの自然な比率以上であったこともなかった。麦芽、ビールやエールに賦課されてきたさまざまな税金は、けっして大麦の価格を引き下げたことはなかったし、大麦耕作地の地代と利潤を引き下げたこともなかった。醸造業者に対する麦芽の価格は、それに対して賦課される税金と比例して絶え間なく上昇し、そしてこのような税金は、ビールやエールに対するさまざまな賦課金と一緒に、持続的にその価格を上昇させたり、つまり同じことになるが、消費者に対するこのような商品の質を低下させたりしてきた。このような税金の最終的な支払いは、生産者ではなく、絶えず消費者の負担になってきた。

55 ここで提起した制度の変更によって被害を受けそうな唯一の人々は、自分たちで個人的に利用するために醸造する人々である。だが、現在この上層階級に属する人々が享受している免除――貧乏な労働者や技術職人によって支払われているきわめて重い税金からの免除――

は間違いなくもっとも不当で不平等であり、このような変更がけっして生じないとしても、廃棄されるべきものである。しかしながら、歳入を増やし、国民を救うことにおそらく失敗するはずのない制度変更を今日まで妨げてきたのは、大抵この上層階級の人々の利害であった。

56　以上言及してきたような関税や消費税のような賦課金《デューティ》のほかに、財貨の価格にいっそう不平等かつ間接的に影響する他のいくつかの賦課金がある。この種のものに、フランス人が通行税《ペアジュ》と呼び、古いサクソンの時代には通行税《デューティ・オヴ・パシッジ》と呼ばれた賦課金があるが、これはもともと我が国のターンパイク通行料や、運河や航行可能な川の通行料と同じ目的——道路や航行の維持という目的——で、制定されたものであったと思われる。このような賦課金は、そのような目的から割り当てられた場合には、財貨の体積か重量にしたがって賦課されるのがもっとも適切である。もともとそれは、局地的かつ地域的な目的に適用可能な、局地的で地域的な賦課金であったから、その管理はほとんどの場合、課税場所である特定の町、教区あるいは君主に委託されていたし、そのような地域社会は、何らかの方法でその利用について責任をもっていると想定されていた。まったく責めを負わない統治者は、多くの国でこのような課徴金の管理を引き受け、ほとんどの場合その賦課金を大幅に引き上げはしたが、多くの所でそれ自体の目的は完全に無視した。

グレートブリテンのターンパイク通行料が政府の資金源のひとつになったりしたら、多くの他の国の事例によって、その結果がおおよそどのようなものであるか、学ぶことができるだろう。そのような通行料は最終的に消費者によって支払われることは間違いないが、しかし消費者は、自分の支払額、つまり価値に従ってではなく、消費するものの体積や重量にしたがって負担させられる。そのような賦課金が、重量に従ってではなく、価値に従って賦課される場合には、それはまさしく一種の内国関税または消費税になって、すべての商業部門のうちもっとも重要なもの、つまり国の国内商業をおおいに妨げるだろう。

57 いくつかの小国では、このような通行税によく似た税が、陸路であれ水路であれ、ある国から別の国へと領土を横切って運ぶ財貨に、賦課されている。これはいくつかの国では通過税《トランジット・デューティ》と呼ばれている。ポー川とそこに流入するいくつかの川に沿って位置するイタリアのいくつかの小国では、この種の賦課金からいくらかの歳入が引き出されているが、それは、すべて外国人によって支払われるうえ、いかなる点においても自国の産業や商業を妨げることなく、ひとつの国が他国の人々に賦課することができる、おそらく唯一の賦課金である。世界でもっとも重要な通過税は、サウンド海峡を通過するあらゆる商船に対して、デンマーク王によって賦課されるものである。

58 贅沢品に対する課税は、関税や消費税という課徴金の大部分のように、そのすべてが異なった種類のあらゆる収入に無差別に降りかかり、最終的には、何の懲罰もなく、課税されている商品を消費するすべての人によって支払われるとはいえ、しかしなお税金は、かならずしもあらゆる個人の収入に平等に負担されるわけでも、比例的に負担されるわけでもない。すべての人間の気分が自分の消費の程度を調整するのであるから、誰でも、自分の収入に比例してというよりもむしろ、自分の気分にしたがって税を支払《コントリビュート》っているのであって、それぞれに適切な割合と較べると、金遣いの荒い人間はより多く、節約的な人間はより少なく税を支払うことになる。大金持ちの人間でも、未成年期には、その保護のもとで自分の大きな収入を得ている国家を支援するために、消費することをつうじて税を支払うことは、一般的にほとんどないことである。別の国に居住する人は、その消費をつうじて、自分の収入源が存在している国の政府を支持するために、税を支払うことはまったくない。後者つまり非居住国において、地租が存在せず、動産及び不動産の譲渡に対するかなり高額の賦課金も存在しない場合、アイルランドがそうであるように、そのような不在地主は、支援のために自分では一シリングも寄与していない政府の保護から、巨額の収入を引き出す可能性がある。このような不平等は、政府が別の政府になんらかの点で依存したり従属していたりする国において、最大になりやすい。従属している国に巨大な財産を所有している人々は、この場合、支配している国に居住するように選択するのが一般的である。アイルランドはまさにこの状況にあり、したがって我々は、不在地主に課税するという提案が、その国内で溢れかえっているのに驚くわけにはいかない。

どのような種類、どの程度の不在が、不在地主として課税されるべき人間であることを免れないのか、あるいは、正確にどの時点で課税が始まったり終わったりするのかなどを確定するのは、おそらく、多少の困難があろう。しかしながら、このきわめて特殊な状況を除外すれば、そのような税から生じうる個々人の税の支払いにおける不平等は、不平等を生じさせる事情そのものによって、つまり、すべての人間の税支払いはまったく自発的なものであり、課税商品を消費するか消費しないかは、すべて自分自身の権限内にあるという事情によって、むしろかなり相殺されるだろう。それゆえ、そのような税が適切に税額評価されて、適切な商品に課せられるなら、それは他のどれよりも不平をこぼされずに支払われるだろう。税金が商人や製造業者によって前払いされる場合、最終的にそれを支払う消費者は、まもなくそれを商品の価格と誤って一緒にするようになり、こうして彼が税金を支払っていることさえ、ほとんど失念するだろう。

59 そのような税は完全に確実であったり、そうなったりする可能性、つまり、どれだけの額が支払われるべきか、支払いの量や時間について、どの時点で支払われるべきかなどに関して、疑問の余地を残さないように決定できる可能性がある。グレートブリテンの税関における関税においてであれ、他の国における同じ種類の他の賦課金においてであれ、それに時々含まれている不確定性がどのようなものであろうと、それがこのような賦課金の本質から生じることはありえず、それを賦課する法律のなかに表明されている不正確さや未熟な仕方から生じるのである。

60 贅沢品に対する課税は、納税者が行う課税財貨の購入に比例して、一般的にはつねにその都度支払われるし、支払われうるであろう。支払いの時期と方法の点で、それはすべての税のうちでもっとも便利なものであるし、そうなる可能性がある。全体としてみると、それゆえ、そのような税は、他のどれにも劣らず、おそらく課税にかんする四つの一般的な格言のうちの最初の三つ〔公平性、確実性、納税時期の適格性〕にかなっている。そのような税は、あらゆる点で四番目の格言〔徴収の経済性〕を犯している。

61 そのような税は、他のほとんどすべての税以上に、つねに国庫にもたらされる額に比例して国民のポケットから取り上げたり、使わずにしまっておいたりするものである。そのような税は、そうすることが可能な、異なった四つの方法のすべてで、これを実行しているように思われる。

62 第一に、これ以上ないほど慎重な方法で賦課した場合でも、そのような税金を課すことは、その給料や心づけ《パークイジット》が国民に対する実質的な税金であり、国庫には何ももたらさない膨大な数の税関職員や消費税局《エクサイズ》職員を必要とする。しかしながら、この経費は、他の大部分の国に較べると、グレートブリテンの場合は適度であること、これは承認されなければならない。一七七五年七月五日に閉じた年度で、さまざまな課徴金の総徴収額《グロス・プロデュース》は、イングランドの消費税局長官の管理のもとで、五・五パーセントをほとんど上回らない費用をかけて徴収された五五〇万七三〇八ポンド一八シリング八ペンス四分の一に達するものであった。しかしながら、この総額からは、消費税課税対象財の輸出に対する助成金や戻し税として支払われたものが控除されなければならず、それは純歳入額を五〇〇万ポンド以下に引き下げるだろう。*塩税――消費税のひとつではあるが、別に管理されている――は、比べものにならないほど経費がかかる。税関の純収入額は二五〇万ポンドには達しないが、その徴収には、職員の給料、および他の付帯的なことに、一〇パーセント以上の経費がかかっている。

だが、税関職員への心づけは、どこでも彼らの給料よりもずっと高く、いくつかの港では、彼らの給料の二倍とか三倍を超えている。それゆえ、かりに職員の給料や、あの心づけなどが関税の純収入の一〇パーセントを超える額に達したりしたら、その収入を徴収する全費用は、給料と心づけを一緒にして、二〇とか三〇パーセント以上に達することになろう。消費税庁の職員はほとんどあるいはまったく心づけを受け取らないし、もっと最近になって設立されたような歳入部門の管理は、一般的に古くからある税関――期間の長さがそこに数多くの乱用を導き入れ、公認してきた――に較べて、あまり腐敗していない。現在、麦芽や麦芽を用いた酒類に対するさまざまな賦課金によって課税されている歳入の全額を麦芽に賦課すれば、五万ポンド以上の節約が、年々の消費税徴収経費において達成できるだろう、と信じられている。税関での関税を少数の種類の財貨に限定し、さらに、このような賦課金を消費税法に従って課税すれば、税関の年間経費において、おそらくずっと大きな節約がなされる可能性があるだろう。

＊その年度の純徴収額は、すべての経費と引当金を控除した後で、四九七万五六五二ポンド一九シリング六ペンスに達した。

63　第二に、そのような税は、必然的に特定部門の産業に対する妨害や支障を引き起こす。それはつねに被課税商品の価格を高めるため、それに応じてその消費を、さらに結果的に、その生産まで思いとどまらせることになる。それが国内の産物や製造品からなる商品であった場合には、その栽培や生産に雇用される労働の量が減少するだろう。課税によってこのような仕方で価格を引き上げられるのが外国産商品である場合には、国内で生産される同種の商品は、実際にそれによって国内市場でいくらか利益を得るだろうし、それによってより多くの国内産業が、製品を提供するために振り向けられることになるだろう。だが、この外国商品価格の上昇は、ひとつの特定分野で国内産業を奨励する可能性をもつとはいえ、それは他のほとんどの部門における産業を邪魔する。バーミンガムの製造業者が外国産ワインを割高に購入すればするほど、必然的に彼は、生産する金属製品のうち、ワインの購入に充当する部分を、つまり同じことになるが、その代価をますます安く売却することになる。それゆえ、彼の金属製品のうちそれに相当する部分は、彼にとってもつ価値が低下するから、それをめざして働く誘因は弱くなる。

ひとつの国の消費者が、他の国の余剰生産物に対して高い価格を支払えば支払うほど、彼ら自身の生産物のうち販売しなければならない部分、つまり、同じことになるが、その購入に充当する部分の価格は、必然的にますます安くなる。彼ら自身の余剰生産物の当該部分は、彼らにとっての価値がいっそう小さくなり、結果的にその量を増加させるための刺激が小さくなる。それゆえ、消費財に対するすべての課税は、それがなされなかった場合に較べて、生産的労働の量を減少させる傾向があり、それが国内産商品である場合には、被課税商品を提供する労働が、それが外国産商品である場合には、外国産商品を購入するための商品を提供する生産的労働が、それぞれ減少することになる。またそのような課税はつねに、多少なりとも国の産業の自然な方向性を変更し、つねにそれとは違った活動分野――一般的に、それが自発的に向かうものに較べていっそう利益が少ない分野――に向かわせる。

64 第三に、密輸によってこのような税を免れたいという希望は、しばしば罰金その他の処罰を引き起こし、密輸業者を完全に破滅させるが、密輸業者とは、所属する国の法律を侵犯したことに対して大きな非難に値することは間違いないが、多くの場合、自然的正義という法の侵犯など実行することができず、自然ならけっして犯罪にはしないことを、彼が属する国の法律が犯罪に仕立て上げなかったなら、どこから見ても卓越した市民に該当する人物であっただろう。すくなくとも多くの不要な支出が存在するという一般的な疑念や、国家収入の巨額な乱用がなされている腐敗した統治においては、それを守る法律はほとんど敬意を払われない。密輸を行う容易で安全な機会を見つけることが可能な場合、偽証罪がなければ、密輸をためらう人々の数はけっして少なくない。密輸品を購入することを躊躇っているふりをすることは、歳入法の侵犯、およびほとんど何時もそれに付随する偽証罪に対する明確な奨励であるとはいえ、ほとんどの国で、衒学的な偽善のひとつ――誰かの信用を獲得する代わりに、それを実行するふりをする人物を、大部分の隣人よりもひどい無頼漢だと思わせることにしか役に立たない偽善――であるとみなされるであろう。

だが、このような国民の甘やかしのおかげで、密輸業者は、しばしばある意味で罪がないと考えている貿易をこのようにして継続するようにしばしば奨励され、歳入法の厳格さが自分に間違いなく降りかかるような場合には、自分の正当な財産であるとみなし慣れてきたものを、暴力を用いて守ろうとする気持ちになることが多い。彼は、最初のころにはおそらく罪を犯すというよりもむしろ軽率であったのだが、最後には、社会における法のもっとも向こう見ずで断固とした侵犯者の一人になり果てることが、あまりにも多い。密輸業者の破滅により、以前生産的な労働の維持のために用いられてきた彼の資本は、国家収入や歳入局の収入に吸収されて不生産的労働の維持に利用され、社会の一般的な資本や、状況が違っていれば維持した可能性がある有用な産業を、減少させることに費やされるのである。

65 第四に、そのような税は、すくなくとも被課税商品の取引業者に対し、徴税官の度重なる訪問と気に障る検査に従わせることにより、時にある程度の抑圧と、つねに相当な面倒や迷惑に晒すし、しかも、すでに指摘したように、迷惑は厳密にいえば出費ではないが、それは誰もがそれから解放されたいと欲するという点で、間違いなく出費に相当する。消費税にかんする法律は、制定された目的に対してはずっと効果的であるが、この点で、関税のそれよりもずっと迷惑なものである。商人が一定の関税をかけられている財貨を輸入する場合、彼がこのような関税を支払い、財貨を自分の倉庫に保管した場合には、彼はほとんどの場合税関職員からそれ以上の面倒や迷惑を受けることはない。消費税という賦課金を免れえない財貨の場合は、事情が異なる。取引業者は、消費税局の継続的な訪問や検査を猶予されることはない。消費税という賦課金は、この理由から、税関の賦課金に較べてひどく嫌われるし、徴税する職員も同様である。このような職員は、おそらく一般的に彼らの任務を税関職員と同様に遂行しているとはいえ、なお、そのような任務は、彼らの隣人の一部にしばしば多大な迷惑を掛けざるをえないようにするため、普通は他の人々が滅多にもつことのない無慈悲という一定の特徴を身に付ける、と言われている。しかしながら、このような観察は、自分たちの密輸が、職員の勤勉によって妨害されたり、探知されたりする不正直な取引業者のほのめかしにすぎない可能性がきわめて高い。

66　しかしながら、おそらくある程度まで消費向けの商品に対する課税から切り離せない不都合がグレートブリテンの国民の負担になる程度は、同じくらい経費がかかる政府をもつ他の国民と変わらない程度の軽いものである。我が国の状態は完全なものではないし、改善可能であろうが、ほとんどの隣国人のそれよりは優れているし、良い状態にある。

67 消費財に対する賦課金は商人の利潤に対する税であるという信念《ノーション》のために、いくつかの国では、以後その財貨が継続的に販売されるたびに、このような賦課金が繰り返されてきた。輸入商や製造業に従事する商人の利潤が課税されるというのであれば、彼らと消費者の間を仲介するすべての中間業者の利潤も同様に課税されるべきだと、平等性の観点が求めるだろう。スペインの有名なアルカバラ〔国王により、取引のたびに課される売上税で、一四世紀半ばに始まる。アルバ公がこれをオランダにもち込もうとして、独立戦争が始まった〕は、この原則にもとづいて創設されたように思われる。当初それは一〇パーセントの税であったが、後に一四パーセントに、そして現在ではわずか六パーセントであるが、動産であれ不動産であれ、あらゆる種類の財産の販売に対して、財産が販売されるたびに繰り返される。*この税を賦課するためには、たんに一地方から他の地方へだけでなく、ひとつの店舗から別の店舗への財の移動を見張るのに十分な、多数の歳入局職員が不可欠である。それは、いくつかの種類の財貨だけでなく、すべての種類の財貨の取引業者、つまりすべての農業者、すべての製造業者、すべての商人や店主を、税徴収人が継続的に訪問して調査することを必要とする。この種の税が制定されている国の大部分では、遠隔地販売用に生産可能なものは何も存在しない。国のどの地域の生産物であれ、その近隣における消費に釣り合っていなければならない。したがって、ウスタリス〔Gerónimo de Uztáriz, 1670-1732. スペインの政治家、経済学者〕がスペイン製造業の破滅の原因に帰したのは、アルカバラに対してである。それはたんに製造品に対してだけでなく、土地の原生産物に対しても賦課されていたから、彼は農業の衰退についても、同様にそれに帰すことができただろう。

＊ *Mémoires concernant les Droits, & c.* tome i. p.455.

68 ナポリ王国には、すべての契約の額面価値に対して、したがって結果的にすべての売り渡し契約の額面価値に対して三パーセントという似たような税が存在する。それはスペインの税金よりも高く、しかも、大部分の都市と教区は、その代わりに弁済金《コンポジション》の支払いを認められている。都市や教区はこの弁済金を好きな方法で、つまり一般的に当該地の国内通商を妨害しないような仕方で賦課している。それゆえ、ナポリ風の課税は、スペイン風のそれほど破壊的なものではないことになる。

69 大きな問題を引き起こすことがない少数の例外はあるが、連合王国グレートブリテンのさまざまな地域のすべてにおいて施行されている統一的な税体制は、我が国の国内商業、内陸交易や沿岸交易を、ほとんどすべて無税のまま放置している。内陸交易はほとんど完全に自由であり、財貨の大部分は王国の端から端まで、通行許可書を求められることなく、歳入局の職員からの質問や訪問、つまり調査を受けずに運ぶことができる。ごく少数の例外はあるが、それは我が国の国内商業の重要な部門には何の妨害も与えるはずがないものである。実際、海岸沿いに搬送される財貨は、証明書か税関が発行する搬送許可書《コースト・コケット》を求められる。しかしながら、石炭を除外すれば、残りはほとんどすべて免税品である。このような国内通商の自由、すなわち統一的な税制度の実施が、おそらくグレートブリテンの繁栄の主要な原因のひとつであって、あらゆる大国は、国内産業の大部分の生産物にとって、最良かつ最大の市場なのである。もし同じ自由を、同じ統一性の結果として、アイルランドや植民地に与えることができれば、国家の威風と帝国のすべての地域の繁栄は、おそらく現在よりもさらに偉大なものになるだろう。

70 フランスでは、さまざまな州で施行されているさまざまな歳入法が、一定の財貨の輸入を阻止したり、それに一定の賦課金を支払わせるようにしたりするため、たんに王国の国境地域だけでなく、ほとんどすべての個々の州境にいたるまで取り囲むための大量の歳入局の職員を必要としており、それが、その国の内国通商にとってけっして小さくない障害になっている。いくつかの州は、ガブルつまり塩税のために弁済金支払い《コンパウンド》が許されている。別の州では、それはまったく免除されている。いくつかの州はタバコの専売から除外されており、それは王国の多くの所で徴税請負人が享受している。

イングランドの消費税に相当する上納金《エイド》は、州が違えばそれぞれおおいに異なっている。いくつかの州はそれを免除されており、弁済金あるいはそれと等価値のものを支払っている。上納金が実行され、請け負われている州には、特定の都市や地区の外には及ばない多くの局地的な賦課金が存在する。我が国の関税に相当する通関税《トレット》は、王国を大きく三地域に分割している。その第一は、一六六四年の関税規則が適用される州のことで、つまり五大徴税請負州と呼ばれ、そこにはピカルディ、ノルマンディ、および王国の内陸州の大部分が含まれる。その第二は、一六六七年の関税規則が適用される州のことで、みなし外国と呼ばれる州であり、そこには国境に位置する州の大部分が含まれる。そして第三に、外国として取り扱われていると言われる州のことで、そこは、外国との自由な商取引が許されているがゆえに、フランスの他の州との交易においては、他の外国と同じ関税を余儀なくされる。これには、アルザス、メッツやトゥールおよびヴェルダンの三司教区、さらにダンケルク、バイヨンヌおよびマルセイユの三都市が含まれる。五大徴税請負州（そう呼ばれる理由は、関税という賦課金は、昔は五つの大部門に分けられており、もともとそれぞれが特定の徴税請負人の仕事の対象であったからであるが、今ではすべてがひとつに統合されている）においても、みなし外国と言われている州においても、特定の都市や地区の外には及ばない多くの局地的な賦課金がある。外国として扱われていると言われる州でさえ、とくにマルセイユの都市には、そのようなものが存在している。国の国内通商に対する抑制と、そのようなさまざまな課税制度のもとで、このようなさまざまな州や地域の国境を監視するために増やさなければならなかった歳入局員数とが、ともにどれほど大きなものであったかなど述べる必要はない。

71　この錯綜した歳入法の体系に由来する一般的な規制に加え、穀物に続いて多分フランスのもっとも重要な産物であるワインの取引は、大部分の州において、特定の州や地区のワイン用ブドウ畑に対し、他の場所以上に示されてきた寛大さに由来する特別な規制の下にある。産出するワインのゆえにもっとも有名な州は、その商品の取引が、この種の規制をほとんど受けていない所だと確認できるだろう、と私は信じている。そのような州が享受している広大な市場が、ワイン用ブドウ園の耕作と、それに続くワイン醸造作業において、ともに立派な経営を奨励するのである。

72　このような多様で複雑な歳入法は、フランスに特有なものではない。ミラノの小公国は六つの州に分割されているが、そのそれぞれに、いくつかの異なった種類の消費財について、異なった課税方式が存在している。もっと小規模なパルマ公国は、三つか四つの州に分割されていて、それぞれが、同様にそれぞれに特有な方式を採用している。そのような不合理な管理の下では、土地がもつ大きな多産性や恵まれた気候を除き、そのような国が最低の貧しさや未開状態へただちに逆戻りすることを妨げるものが、あろうはずがない。

73 消費財に対する税は、以下二つの方法のいずれかによって課税することができよう。つまり、政府によって指名され、即時に政府に報告義務を有する職員を擁する行政機関による課税であるが、この場合歳入は、税金の成果が時折変化するにしたがって、年々変わるはずである。あるいはまた、確定的な収入を得るために徴税請負に出すことも可能であって、徴税請負人《ファーマー》は、法律に定められた方法で税金を徴収しなければならないとはいえ、彼の直接の監視の下、彼に対して直接説明責任を有する自分の職員を指名することが許されている。最良かつもっとも費用のかからない徴税方法が、徴税請負であるはずはない。取り決められた収入、職員の給料、およびすべての管理費用を支払うために必要なものに加え、徴税請負人は、集めた税金から、すくなくとも彼が行う前納額、運営に伴うリスク、直面するもめごと、著しく込み入った事業を管理するために不可欠な知識と技量に応じた一定の利潤を、つねに確保しなければならない。政府は自ら直接の監視下に置く、徴税請負人が設立するものと同じ種類の行政機関を設立することによって、すくなくとも、ほとんどつねに法外な額になるこのような利潤を節約できるだろう。

国庫収入の相当大きな部門を請け負うためには、巨額の資本や信用が不可欠であり、この事情だけでも、そのような請負に対する競争をごく少数の人々に制限することになろう。このような資本や信用をもつ少人数のうち、必要な知識や経験をもつ人の数はもっと少ないということが、その競争をさらに制限するもうひとつの事情である。競争相手の立場に立つごく少数の人間は、一緒に協力すること、つまり競争相手ではなく仲間になり、徴税請負権が競売にかけられると、収益なしで実際の価値よりももっと低い額を申し出ることが、いっそう自分たちの利益になるということに気付くのである。国の収入が徴税請負に委ねられている国では、一般的に徴税請負人がもっとも豊かな国民である。彼らの富は、それだけで大衆の憤りを引き起こすであろうし、そのような成り上がり者の繁栄にほぼいつも付きまとっている虚栄心、つまり彼らが日常的にその富を誇示する見せびらかし《オステンティション》が、大衆の憤りをいっそう呼び起こすのである。

74　国庫収入の徴税請負人は、税金支払いを逃れようとする試みを処罰する法律が厳しすぎるとは、けっして認識していない。彼らは、自分たちの臣下ではない納税者に哀れみなど抱いておらず、徴税請負が終了した次の日にどこでも生じる納税者の破産が、請負人の利害関心に影響を及ぼすことはない。国家がこれ以上ないほどの緊急事態にあって、統治者の不安が必然的に自分の収入が正確に支払われるだろうかという懸念で最大になるような時には、実際に施行されている法律よりも厳格な法律がなければ、自分たちの通常の上納金の支払いでさえ不可能になるだろうと、徴税請負人はまず間違いなく苦情を申し立てる。このように窮乏している時に、国家が徴税請負人の要求に抵抗できるはずがない。それゆえ、歳入法は次第にますます厳しくなるのである。やたら死罪に科すことは、国庫収入の大部分が徴税請負に出されている国で、つねに目につくものである。もっとも厳しくないものは、統治者の直接的な監視のもとに賦課されている国においてである。ひどい統治者でさえ、彼の収入の徴税請負人からおよそ期待できないほどの哀れみを、自分の国民に対して感じるのである。統治者は、自分の家族の永続的な威風は、国民の繁栄に依存していると理解しているから、彼は自分自身の一時的な利益のために、その繁栄を意識的に破壊することなどけっして行わない。彼の収入の徴税請負人の場合は異なっていて、彼の威風はしばしば国民の繁栄の結果ではなく、破滅の結果である可能性がある。

75 税というものは、時には確定した上納金のために徴税請負に出されるだけでなく、さらに、徴税請負人に被課税商品の独占権をもたらす。フランスでは、タバコと塩に対する賦課金がこの方法で取り立てられている。この場合、徴税請負人は、一つではなく二つの途方もない利潤――徴税請負人の利潤、および独占者としてのさらにはるかに途方もない利潤――を、国民に対して賦課する。タバコは贅沢品であるから、誰でもそれを購入するか購入しないかを、自分自身で選択することが許されている。だが、塩は必需品であるから、かりに誰かが徴税請負人からこの数量を購入しなければ、密輸業者からそれを購入すると推定されるため、誰でもその一定量を徴税請負人から購入せざるをえなくなっている。二つの商品に課される税金は途方もなく大きい。結果的に密輸への誘惑が、多くの人々には抵抗し難いものになるが、それと同時に、その法律の厳格さと徴税請負人の監視の目が、その誘惑に抵抗できなかった人々に、ほぼ間違いなく破滅をもたらす。塩とタバコの密輸は毎年数百人の人々を監獄に送るし、さらに、絞首台に送る数も相当なものである。

このような方法で賦課される税金は、きわめて大きな収入を政府にもたらしている。一七六七年に、タバコの徴税請負人は、一年当たり二二五四万一二七八リーヴルで請け負った。塩のそれは、三六四九万二四〇四リーヴルであった。いずれの場合も、徴税請負は一七六八年に始まり、六年継続することになっていた。国民の血は、君主の収入と較べれば何でもないと考える人々は、おそらくこのような徴税方法を是認するだろう。塩とタバコに類似した税金と独占は、他の多くの国で、とくにオーストリアやプロシャの領土内、およびイタリアの大部分の国で、確立されている。

76　フランスでは、国王の実際の収入の大部分は異なった八つの源泉、すなわち、タイユ、人頭税、二つのヴァンティエム〔二十分の一税のこと。V. ii. g. 13. を参照〕、塩税、上納金《エイド》、通関税、王領地、タバコの徴税請負から引き出されている。最後の五つは、大部分の州で、徴税請負に出されている。最初の三つは、政府の直接の監査と管理のもとでどこでも行政機関によって課税されており、この三つの税は、国民のポケットから抜き取るもののわりには、他の五つの税――その管理は、はるかにひどく浪費的で経費がかかる――よりも、君主の金庫により多くもたらす、ということが一般的に認められている。

77　フランスの財政には、現状では、三つのきわめて明白な改革の余地があると思われる。第一に、タイユと人頭税を廃止し、この二税の総額に等しい追加の収入をもたらすように、ヴァンティエムの数を増やせば、徴税費用がおおいに削減できるだろうから、国王の収入を維持することが可能になるだろう。タイユや人頭税が引き起こす下層身分の人々の迷惑が全面的に阻止されるようになるだろうし、さらに、地位の高い人々の大部分が現在担っているよりも重い負担を課されることもないだろう。ヴァンティエムは、すでに指摘したように、イングランドでは地租と呼ばれているものとほぼ同じ種類の税である。よく知られているように、タイユの重い負担は最終的に土地所有者の負担になるし、また人頭税の大部分は、タイユを課せられている人々に対して、タイユ一ポンド当たりいくらと税額が評価されるため、大部分の人頭税の最終的な支払いは、同様に同じ階層の人々の負担になる。それゆえ、ヴァンティエムの数がこの二つの税額に等しい追加の収入をもたらすように増やされたとしても、地位の高い人々は、現在担っている以上の重荷を課せられることはないだろう。多くの個人にとっては、タイユが、一般にさまざまな人々の所領や借地人に対して税額評価される際のはなはだしい不平等のため、間違いなくいっそうの重税になるだろう。そのように恩恵を受けてきた臣民の利益と反発が、同種のあれこれの改革をもっとも妨げやすい障害なのである。

第二に、塩税、上納金、通関税、タバコ税といったさまざまな関税や消費税のすべてを王国のさまざまな地域のすべてにおいて統一すれば、このような税は、はるかに少ない経費で賦課できるであろうし、さらに、王国の国内商業は、イングランドのそれと同じほど自由なものになるであろう。

第三に、そして最後に、このような税をすべて政府の直接の監視と指導に服する行政機構に委ねることにより、徴税請負人全体の法外な利潤を、国家の収入に追加できることになろう。個々人の私的利益から生じる反発は、最初に言及した改革計画と同じほど、最後の二つの計画を効果的に阻止するものになる傾向がある。

78　フランスの税制度は、あらゆる点で、イギリスよりも劣っているように思われる。グレートブリテンでは正貨一〇〇〇万ポンドが、どれか特定の階層に重くのしかかったりしていない状態で、八〇〇万人足らずの国民に年々課税されている。エクスピイイ師〔Jean-Joseph Expilly, 1719-1793. フランスの神父、歴史家〕の収集物と、『穀物に関する法律と商業取引をめぐる小論』の著者〔ネケールのこと。Jacques Necker, 1732-1804. フランスの銀行家、財政長官〕による観察からおそらくわかることは、ロレーヌ州とバル州を含め、フランスは約二三〇〇万ないし二四〇〇万の人口を擁しており、これは、多分グレートブリテンの人口の三倍である。フランスの土壌と気候はグレートブリテンのそれよりも良い。その国は、長期間にわたって改良と耕作の状態にあったし、その理由からして、たとえば大都市、および町や地方の両方にある便利で立派に建築された家屋という、作り上げたり積み上げたりするのに長期間を要するすべてのものが、立派に蓄えられている。このような利点があるため、グレートブリテンで一〇〇〇万ポンドの収入をもたらすごくわずかな迷惑をかけさえすれば、フランスでは、三〇〇〇万ポンドの収入が国を支えるために徴税できるであろう。一七六五年と一七六六年に、フランスの国庫に支払われた総収入は、最良の勘定——とはいえ、それについて入手しうるものがきわめて不完全であることは十分承知している勘定——によれば、通例三億八〇〇万と三億二五〇〇万リーヴルの間に達していた。すなわち、それは総額で正貨一五〇〇万ポンドには達しておらず、フランスの国民が、グレートブリテンの国民と同じ比率ですべて納税するとした場合に期待できる額の半分にも達していなかった。しかしながら、一般的に認められているように、フランスの国民は、グレートブリテンの国民よりも、税によってはるかにひどく苦しめられている。とはいえフランスが、ヨーロッパではグレートブリテンに次いで、もっとも温和で寛大な統治を享受している大帝国であることは間違いない。

79 オランダでは、生活必需品に対する重税がその主要な製造業を没落させたし、その漁業や造船業でさえ、次第に阻害されそうになっている、と言われている。生活必需品に対する税は、グレートブリテンではわずかなものであって、今日までそれによって没落させられた製造業は存在しない。製造品にもっとも重くかかるイギリスの税金は、原材料の輸入、とくに生糸のそれに対するいくつかの賦課金である。しかしながら、オランダ議会とさまざまな都市の収入は、正貨で五二五万ポンドに達すると言われており、しかも、連合州の住民がグレートブリテンの住民の三分の一以上に達していると想定するのは不可能であるから、オランダ国民は、その数のわりには、はるかに重い税金を課されているはずである。

80 税の適切な対象をすべて利用しつくした後、国家の緊急事態がさらに新しい税を求め続けた場合には、それは不適切な対象に課されざるをえない。それゆえ、生活必需品に対する課税は、自身の独立性を獲得して維持するためにおおいに節約したとしても、巨額の債務契約を余儀なくさせられる莫大な経費を要する戦争に巻き込まれてきた共和国の知者たちにとって、不名誉にはならない可能性がある。くわえて、オランダやジーランド〔デンマークのこと。現在は中心のシェラン島をさす〕という特異な国は、土地の存在を保全するため、つまり海に飲み込まれないように守るためでさえ、かなりの出費が必要であり、それはこの二つの地域で、税金の重荷を相当増やす原因になっているにちがいない。共和主義的な統治体制が、現在のオランダの威風の主要な支えであるように思われる。

巨大な資本の所有者つまり大商人の一族が、一般的にその政府の管理を直接分担したり、間接的に影響を及ぼしたりしている。このような状況から彼らが引き出す敬意や権威のため、自分自身で資本を用いる場合には少ない利潤をもたらし、他人にそれを貸せば、低い利子をもたらすような国で、つまり、資本から引き出しうるきわめてありきたりの収入が、ヨーロッパのどこよりも少量の生活の必需品と便宜品を購入するような国で、喜んで生活するのである。あらゆる不利益にもかかわらず、そのような富裕な人々の居住が、必然的に、国内で一定程度の産業の活性化を維持するのである。共和制的な統治体制を破壊し、管理機構のすべてを貴族階級や軍人に掌握させて、このような豊かな商人の重要な地位を消滅させるような国民的な惨事は、彼らがあまり尊敬されそうにない国に居住することを、まもなく耐え難いことにするだろう。彼らは、住居と資本をどこか別の国に移すだろうし、こうしてオランダの産業と商業は、まもなくそれを維持していた資本の後について行くことになろう。

第三章　公債について

1 商業の拡大と製造業の改善に先立つ社会の未開状態においては、商業と製造業だけしか導入することができない高価な贅沢品はまったく知られておらず、莫大な収入を有する人物は、本書の第三編で説明を試みたように、その収入を、維持しうるかぎり多数の人々を養うこと以外の方法で消費したり、楽しんだりすることは不可能である。大きな収入というものは、いつの時代でも大量の生活必需品の支配力であると言うことができよう。事物の未開状態においては、収入は、大量のこのような必需品、つまり平凡な食料や仕立ての粗い衣服、穀物や家畜、羊毛や生皮で払い込まれる。所有者が自分自身の消費分を超えるこのような物資の大部分と交換できるような何かを商業や製造業が提供できなければ、彼はその剰余分を、それが食べさせたり着せたりする人々を、できるだけ多数食べさせたり着せたりするのに用いる他に、何もしようがない。

事物のこのような状態の下では、贅沢など何も含まれないもてなし、および見栄をはらない気前の良さが、金持ちと偉大な人物の主な出費の原因である。だがこれは、私が同様に本書で説明しようと努めたように、人々が頻繁にそれで身代をつぶしてしまうような出費ではない。つまらない利己的な快楽でありながら、その追求が分別のある人物さえ破滅させたことがないものなど、おそらく存在しないだろう。闘鶏熱は多くの人々を破滅させてきた。だが、豪奢なもてなしや気前の良さの見せびらかしで多くの人が破滅したとはいえ、この種のもてなしや気前の良さによって破滅してきた人の数はけっして大きなものではない、と私は信じている。

封建時代の我々の祖先の間では、自分たちの所得で生活する人々の一般的な気風は、所領が同じ家系で、立派につづいた期間の長さの中によく表れている。大地主によって絶えず行われた田舎風のもてなしは、現在の我々にとっては、我々が優れた家の切盛り《グッド・エコノミー》と不可分に結びついていると考えがちな慣習と両立するように見えない可能性がありはするが、しかしなお我々は、彼らは普通すくなくとも彼らの総所得を費やしてしまわない程度にはつつましかった、と認めなければならないことは間違いない。一般的に彼らは、羊毛と生皮の一部を貨幣と交換に販売する機会をもっていた。おそらく彼らは、この貨幣の一部を、当時の境遇が彼らに提供できた数少ない虚栄心や贅沢の対象物の購入に費やしただろうが、通常、その一部を保蔵したように思われる。実際に彼らは、節約した貨幣ならいくらでも保蔵する以外に、うまく対処することができなかった。商取引は紳士にとっては不名誉なことであり、利子付きで貨幣を貸すことは、当時は高利貸とみなされて法律で禁止されていたことであって、なおさら不名誉なことであっただろう。

くわえて、暴力と無秩序が支配していたこの時代には、手許で貨幣を保蔵することが好都合であって、自分の居宅から追い出されるようなことがあれば、どこか安全な場所まで、価値が知られている何かを持って行くことができただろう。同じ暴力は、保蔵を好都合なものにするが、同様に、保蔵物の隠匿を好都合なものにする。頻繁な埋蔵物《トレジャー・トロウヴ》の発見、つまり所有者不詳で発見された財宝は、このような時代における保蔵や保蔵物の隠匿が頻繁であったことを、如実に示している。埋蔵物の発見は、その当時、統治者の重要な収入部門とみなされていた。現代では、王国におけるすべての埋蔵物の発見が、立派な所領をもつ私的な紳士の重要な収入分野になることなど、おそらく滅多にあるまい。

2 節約して保蔵するという同じ気質は、統治者だけでなく、その臣下のあいだにも広まっていた。商業や製造業がほとんど知られていない国民の間では、蓄積にとって不可欠な、倹約する気持ちに自然にならせるような状況に統治者が置かれていること、これは第四編ですでに説明しておいたことである。そのような状況においては、統治者の支出でさえ、宮廷の派手で美しい装いを楽しむような虚栄心に委ねられるわけにはいかない。その当時の限られた知識では、そのような美しさを含むごく少数の小さな装身具しか供給できない。当時は常備軍の必要性がなかったから、統治者の支出でさえ、他の大領主のそれと同様に、小作人への気前の良い贈与や友人に対するもてなし以外には、滅多に用いることができない。だが、気前の良い贈り物やもてなしが乱費に行きつくことはきわめてまれであるが、虚栄心は何時でもそうなる。したがって、昔のヨーロッパの統治者はすべて、すでに考察したように、財宝を持っていた。現代でも、タタールの族長はそれを持っていると言われている。

3 あらゆる種類の高価な贅沢品が溢れている商業国では、統治者は、自分の領土内のすべての大土地所有者とほとんど同じ方法で、自分の収入の大部分をこのような贅沢品の購入に自然に費やす。彼自身の国や隣国が、すばらしい出来栄えではあるが、王宮の壮麗さには無意味な、あらゆる高価な小間物を彼に豊富に提供する。同じ種類の壮麗さという点では劣るものために、貴族は、使用人を解雇し、自分たちの小作人を独立させ、次第に自分自身が国内の大部分の豊かな市民と同程度の重要さしかもたない存在になっていく。彼らの振る舞いに影響する同じような軽薄な熱情は、統治者自身に影響を及ぼす。いったいどうすれば、統治者が、領内におけるただ一人のこの種の喜びに鈍感な金持ちのはずだ、などと想像できようか？　もし彼が、国家の防衛力を大幅に衰弱させるほど、収入のきわめて大きな部分をこのような快楽に費やして――そうするように見える――しまわないとしても、その防衛力を維持するために必要なものを上回る収入の大部分を、そのようなものに費やすことはないなどと期待できるわけがない。彼の通常の経費は、彼の通常の収入と等しいものに近づくが、もしそれがしばしば収入を超過したりしなければ、立派なことであろう。財宝の蓄積はもはや期待できないし、並々ならぬ緊急事態が並外れた支出を求める場合には、必然的に統治者は臣下に臨時の援助を頼まなければならない。

プロシャの先代および現代の国王は、フランスのアンリ四世が一六一〇年に死亡して以降、かなり莫大な財宝を蓄積したと推定されるヨーロッパ唯一の君主である。蓄積するように仕向ける倹約は、共和制政府においても君主制政府におけると同様に、ほとんど見かけることがなくなってきた。イタリアの共和国、オランダの連合州は、ことごとく借金している。ベルン州は、相当量の財宝を蓄えてきたヨーロッパでは唯一の共和国である。スイスの他の州は、蓄えていない。一種の華やかさ、つまり壮麗な建築物、さらに、すくなくとも他の公共的な装飾に対する好みは、偉大な国王が道楽にふけった宮廷と同様に、小さな共和国の際立って厳粛な上院議事堂のなかに、広く行きわたっていることが多い。

4 平和時に不足する節約は、戦時には債務の契約を不可避にする。戦争になった時、平時編制軍隊の通常支出を遂行するために必要なものを除き、国庫にはまったく貨幣が存在しない。戦時には、その経費が三倍とか四倍の戦時編制軍隊が国家を防衛するために、したがって結果的に、平和時の収入よりも三倍か四倍大きな収入が必要になる。統治者は、支出の増加に比例して自分の収入をすぐに増加させる手段を持っておくべき——持っていたことなどほとんどない——だと仮定しても、しかしなお、このような収入の増加をもたらすはずの課税の成果は、課税後おそらく一〇ヵ月とか一二ヵ月経たなければ、国庫に入り始めないだろう。だが、戦争が始まる時点、あるいはむしろ、始まりそうに見える時点で、軍隊が増強され、艦隊が準備され、守備隊駐屯都市が防衛の準備を整えなければならず、しかも、軍隊、艦隊および守備隊駐屯都市には、武器、弾薬および食料が提供されなければならないのである。その危険は、危険が差し迫った時点で、即座かつ多大な出費を招くはずであって、漸次的でゆっくりとした新税の回収を待ってはくれないだろう。この緊急事態において、政府は借り入れ以外の、他の収入などもちうるはずがないのである。

5 このように政府に借り入れの必要性をもたらしたほかならぬ社会の商業的状態が、道徳原因《モラル・コージズ》の作用によって、臣民のあいだに貸付能力と貸し付けようとする気持ちの両方を、生み出すのである。もしそれが、一般的に借り入れの必要性を同時にもたらす場合には、同様にそれは、それと一緒に政府借り入れを行う便宜を生み出すことになるだろう。

6 商人や製造業者で溢れている国は、必然的に、自分自身の資本だけでなく、商人や製造業者に貨幣を貸し付けたり、彼らに財貨を掛け売りしたりするすべての人々の資本が、取引も事業もせず、自分の所得で生活し、その手許を通過する私人の収入と同じくらい頻繁に、あるいはずっと頻繁に、彼らの手許を通過する一群の人々で溢れている。取引も事業もしない人々の収入が彼の手許を定期的に通過するのは、一年に一度だけである。だが、回収がきわめて頻繁な取引に従事する商人の資本と信用の総額は、時には一年に二度、三度あるいは四度と彼の手許を通過する。商人と製造業者で溢れている国は、それゆえ必然的に、政府に対して巨額の貨幣を意のままに貸し付ける――かりに彼らがそのように選択すれば――ことができる貨幣をつねに保持している一群の人々で溢れていることになる。かくして、商業国家の臣民には貸付能力があるわけである。

7　どのような国であろうと、司法《ジャスティス》の正常な管理を長期にわたって享受できないような国、つまり国民が自分の財産所有が保障されていると感じることができず、契約の忠実な履行が法律によって裏付けられておらず、したがって、支払い能力があるすべての人々からの債務の弁済を強制するために、国の権力を規則通りに用いることができると信じられていない国の場合には、商業や製造業が栄えることなどまず不可能である。通常の場合、大商人や製造業者が、自分の財産を特定の政府の保護のもとに信頼して委ねる気持ちになる際に抱く同じ確信が、異常事態に直面した時、自分の財産の利用にかんして、その政府を信頼する気持ちにならせるのである。

政府に金を貸し付けたからといって、一瞬たりとも、彼らが自分自身の取引や製造業を遂行する能力を低下させることはない。逆であって、彼らは事業を増大させるのが通例である。国家の緊急の必要性は、ほとんどの場合、貸し手にとってきわめて有利な条件で借り入れるように政府に促す。当初の債権者に与えられた証書は、他のいかなる貸し手に対しても譲渡可能だとされており、したがって、その国家の正義《ジャスティス》に対する普遍的な信頼から、最初に払い込まれた分を上回る価格で市場売却されるのが一般的である。商人と金持ちは政府に金を貸して金儲けするのであって、取引用の資本を減少させるのではなく、むしろ増やすことになる。それゆえ金持ちは、新規借り入れの初回応募に彼らが参加することを行政府が認めた場合、一般的には、それを政府の好意であると理解する。かくして、商業国家の国民のなかに貸し付けようとする傾向と意欲が存在するわけである。

8 そのような国の政府は、特別な事態に際して、国民が彼らの貨幣を政府に貸し付ける能力と意志によって、おおいに元気づけられる傾向がある。政府は借り入れる便宜を予見するし、それゆえ、自らの貯蓄義務を省くことになる。

9 未開状態の社会には、大きな商業資本や製造業資本は存在しない。節約できる貨幣なら、そのすべてを保蔵する人々、つまり自分がもつ保蔵物を秘匿する人々は、統治における正義《ジャスティス・オヴ・ガヴァンメント》に対する不信から、つまり、もし彼らが保蔵物を所有していることを知られ、保蔵の場所が発見されれば、ただちに強奪されるだろうという不安から、そのように振る舞うわけである。そのような事物の状態にあれば、ほとんどの人は、特別な危機に際して、自分の貨幣を政府に貸すことはできないし、誰だって、貸し付けようとはしないだろう。統治者は、借り入れが絶対的に不可能な事態を予見するから、そのような緊急事態に対して貯蓄の備えをする必要があると自覚する。この予見が、節約するという彼がもつ生まれつきの気質を、さらにいっそう増強するのである。

10 現在重くのしかかっており、長期的にはおそらくヨーロッパのすべての大国を破滅させるであろう莫大な債務の増加は、きわめて画一的なものであった。私人と同様に、国家は、何か特定の基金をその債務支払い用に割り当てたり、担保に入れたりすることなく、人的な信用と呼ばれるようなものにもとづいて借り入れを始めるのが一般的であるが、この方策が国家の役に立たなかった時には、特定基金の割り当てまたは担保にもとづいて借り続けなければならなかった。

11 グレートブリテンの一時借入金《アンファンデッド・デット》と呼ばれているものは、この二つの方法のうち前者によって契約される。それは一部、利子が付かないか、付かないと想定されている債務から構成されており、私人が自分の勘定にもとづいて契約する場合の債務に似たものだが、さらにまた一部は、私人が自分の為替手形や約束手形にもとづいて契約する場合の債務に類似しており、利子付きの債務から構成されている。特別な軍務《サーヴィス》、つまりまだ提供されておらず、遂行時には未払いに留まっていた軍務とか、陸軍、海軍や軍備品の特別手当、外国の君主に対する未処理の助成金、船員の賃金の未払い金など、通例これが債務の第一の種類のものを構成する。海軍手形や大蔵省証券《イクスチェッカー・ビル》――大蔵省証券は発行された日から利子がつき、海軍手形は発行後六ヵ月で利子がつく――は、そのような債務の一部の支払いや、時には別の目的のために発行されるもので、これが二番目の種類の債務を形づくる。イングランド銀行は、このような手形をその市場価格で自発的に割り引いたり、大蔵省証券を流通させたりすること、すなわち、それを額面で受け取り、それに対する利払いの必要が出てきたものには支払うことを一定の報酬付きで合意することにより、大蔵省証券の価値を高め、その流通を促進し、こうすることによって、政府が頻繁にこの種の巨額な債務を契約できるようにした。フランスでは、そこに銀行は存在しないのだが、国の債務証書《ステイト・ビル》（billets d'état）が、時々六〇パーセントとか七〇パーセントの割引で販売されていた。ウィリアム王の時代に大改鋳が行われている間、イングランド銀行がその通常取引を停止したほうが適切だと考えていた時、大蔵省証券や割符《タリ》〔政府が発行する納税証明書で、市中で売買された〕は、二五パーセントから六〇パーセントの割引で売られていた、と言われている。こうなる理由の一部は、間違いなく、革命によって成立した新政府の不安定が予想されたことであるが、しかしまた一部は、イングランド銀行の支援がなかったことにある。

* *Examen des Reflexions politiques sur les finances* を見よ〔著者はJ・P・デュヴェルネイ〕。

12　この方策が尽きて、貨幣を調達するためには、ある特定部門の国庫収入を債務支払い用に割り当てるか担保に入れる必要が出てくると、政府は、さまざまな機会に二つの異なった方法でこれを実行した。このような割り当てや担保は、時には短期間のものだけに、たとえば一年とかごく短い年数にされたが、時には恒久的なものもあった。前者の場合には、基金は、限られた期間内に、借り入れた貨幣の元金と利子の両方を支払うために十分に存在すると想定されていた。後者の場合、基金は利子、つまり利子相当額だけなら無期年金型公債《パーペチュアル・アニュイティ》に十分支払えると想定されており、政府はいつでも借り入れた元金額を払い戻すことにより、この年金型公債を自由に償還できた。前者の方法で貨幣が調達された場合、それは前払い《アンティシペーション》と呼ばれ、後者の場合には、無期国債の発行《パーペチュアル・ファンディング》、あるいは短く国債発行《ファンディング》と呼ばれた。

13 グレートブリテンでは、年々の地租と麦芽税は、税を賦課する法律のなかにいつも挿入される借入条項にもとづいて、毎年決まって前払いされる。イングランド銀行は、一般的に利子付きで――利率は、革命以降八パーセントから三パーセントに変わった――そのような租税が容認する金額を貸し付け、税収入が漸次入ってくるにつれ、返済を受けることになる。不足が生じた――いつも生じる――場合には、次年の国費のなかで手配されることになるだろう。歳入のうちまだ担保に入れられずに留まっているかなり大きな唯一の部門は、このように、入ってくる前に定期的に支出される。軽率な浪費家――差し迫った必要のゆえに、自分の収入の定期的支払いを待てない人物――と同様に、国家は、自身の代理人や代行業者から絶えず借り入れているし、自分自身の貨幣を利用するために利子を支払うという操作を、絶え間なく続けているのである。

14 ウィリアム王の統治下およびアン女王の統治のほとんどの時期にかけて、我々が無期国債の発行に今ほど慣れ親しみ始める前まで、新しい税の大部分は短期間（四年、五年、六年か七年に限って）しか賦課されなかったし、毎年の交付金《グラント》の大部分は、このような税収入の前払いにもとづく貸付金から成り立っていた。税収は、限定された期間内に借り入れた貨幣の元金と利子を支払うには不足することがしばしばあり、赤字が発生すれば、それを埋め合わせるために期間の延長が不可欠になった。

15 一六九七年、ウィリアム三世治世八年法律第二〇号によって、いくつかの税の不足分は、その当時最初の全般的抵当権《ゼネラル・モーゲッジ》とか公債《ファンド》と呼ばれたものに借方記入されたが、それは、短期間で終わる予定であったいくつかの異なった税の期限が一七〇六年八月一日まで延長されたものと、その成果がひとつの一般的な基金に積み立てられたものから構成されていた。この期間延長にもとづいて借方記入された不足分は、五一六万四五九ポンド一四シリング九ペンス四分の一に達した。

16　一七〇一年に、このような債務《デューティ》は、他のものと一緒に、同じような目的のために一七一〇年八月一日までさらに延長され、それは第二次全般的抵当権あるいは公債と呼ばれた。それによって満たされた不足分は、総額二〇五万五九九九ポンド七シリング一一ペンス二分の一に達した。

17　一七〇七年、新規の貸付金のための基金として、このような債務は一七一二年八月一日まで延長され、第三次的全般抵当権あるいは公債と呼ばれた。それにもとづいて借り入れられた総額は、九八万三二五四ポンド一一シリング九ペンス四分の一であった。

18　一七〇八年、このような債務はすべて（半分だけがこの基金の一部にされたトン税とポンド税からなる旧助成金、および、合邦の条項によって除外されていたスコットランド産リネンの輸入に対する関税を別として）、新規貸付金のための基金として、さらに一七一四年八月一日まで延長され、第四次全般的抵当権あるいは公債と呼ばれた。それにもとづく借入の総計は九二万五一七六ポンド九シリング二ペンス四分の一であった。

19　一七〇九年に、このような債務はすべて（トン税とポンド税の旧助成金――それは今ではこの基金から完全に除外されている――を除いて）、同じ目的のために、一七一六年八月一日までさらに延長され、第五次全般的抵当権あるいは公債と呼ばれた。それにもとづいて借り入れられた総額は、九二万二〇二九ポンド六シリング丁度であった。

20　一七二〇年に、このような債務は一七二〇年八月一日まで再度延長されて、第六次全般的抵当権あるいは公債と呼ばれた。それにもとづいて借り入れられた額は一二九万六五五二ポンド九シリング一一ペンス四分の三であった。

21　一七一一年に、同じ債務（この当時、上に述べたように四つの異なった前払い《アンティシペーション》を余儀なくされていた）は他のいくつかの債務と一緒にずっと継続していており、南海会社の資本の利子を支払うための基金になったが、その会社は、その年政府に、債務の支払いと収入不足を補うために、九一七万七九六七ポンド一五シリング四ペンス――当時なされたものとしては最大の貸付金――を貸し付けていた。

22　この時期以前、私が観察しえたかぎりでは、債務の利子を支払うために永久に賦課された唯一の主要な税金は、イングランド銀行と東インド会社によって政府に貸し付けられた――計画中の土地銀行によって貸し付けられると期待された部分は、実際には貸し付けられなかった〔土地銀行の設立は議会で承認されたが、開業するには至らなかった〕――貨幣の利子を支払うためのものであった。イングランド銀行基金はこの時期に三三七万五〇二七ポンド一七シリング一〇ペンス二分の一であり、それに対して二〇万六五〇一ポンド一三シリング五ペンスの年金ないし利子が支払われていた。東インド会社基金は、三二〇万ポンドの額に達しており、それに対して一六万ポンドの年金ないし利子が支払われていたから、利子は、銀行基金で六パーセント、東インド会社基金で五パーセントだったことになる。

23　一七一五年に、ジョージ一世治世一年法律第一二号によって、銀行の年金型公債を支払うために担保に入れられていたさまざまな税が、この立法によって同様に永続的なものにされた他のいくつかのものと一緒に、総合基金《アグリゲイト・ファンド》と呼ばれたひとつの共通基金に集められ、それには、銀行の年金型公債の元利払だけでなく、さまざまな種類のいくつかの他の年金型公債や債務も詰め込まれた。この基金は、後にジョージ一世治世三年法律第八号とジョージ一世治世五年法律第三号によって増額され、そのころそれに追加されたさまざまな税金も、同様に永続的なものにされた。

24　一七一七年に、ジョージ一世治世三年法律第七号によって、一定の年金型公債を支払うために、他のいくつかの税が永続的なものにされて、一般基金《ジェネラル・ファンド》と呼ばれた別の共通基金に集められ、その総額は七二万四八四九ポンド六シリング一〇ペンス二分の一に達した。

25　このようなさまざまな立法の結果、以前は数年という短期間に限って先取りされてきた税金の大部分は、それにもとづいてさまざまな継続的な前借によって借り入れられた貨幣のうち、元金ではなく利子だけを支払うための基金として、永続的なものにされた。

26　前払い以外の方法で貨幣を調達することがなければ、わずか数年もたてば、国家収入《リベレイト・ザ・パブリック・レヴェニュー》を借金から解放することになろうが、その場合政府は、限られた期間内に支払える以上の債務をそれに担わせて基金に負担をかけすぎること、および、最初の前払いが終了する以前に行う二度目の前払いに注意すること、これ以外に何もしなくて済むだろう。だが、大部分のヨーロッパの政府は、このような気配りをすることができなかった。政府は最初の前払いにおいてさえ、その基金に負担をかけすぎることが多く、これがたまたま生じなかった時には、最初の前払いが期限を迎える前に二度目や三度目の前払いを行って、基金に負担をかけすぎるのを予防するのが一般的であった。その資金は、このようにして、それにもとづいて借り入れた貨幣の元本も利子も一緒に支払うにはまったく不足しはじめ、利子、あるいは、利子に等しい永続的な年金型公債に限ってそれに負担させることが不可欠になり、こうしてそのような先見の明を欠いた前払いは、必然的にもっと破滅的な無期国債《パーペチュアル・ファンディング》発行という慣行を生み出すことになった。だが、この慣行は、必然的に国家収入の借金からの解放を、確定済みの時期から、とうてい到来するとは思われないきわめて不確定な時期へ延期するものであったとはいえ、しかしなお、あらゆる場合に、前払いという昔の慣行よりも、この新しい慣行によってはるかに大きな額が調達可能であったから、後者は、一旦人々がそれに慣れてくると、国家の緊急事態においては、どこでも前者より好まれた。当面の緊急事態を緩和することは、つねに公的な業務の管理に直接関与している人々がもっぱら関心を抱く主題である。将来における国家収入の借金からの解放は、彼らによって、後世の人々の務めに委ねられたのである。

27 アン女王が統治している時期に、市場利子率は六パーセントから五パーセントに低下したが、彼女の治世一二年に、五パーセントが私的な担保にもとづいて合法的に借り入れることができる貨幣の最高利子率である、と宣言された。グレートブリテンの臨時税の大部分が永続化され、総合基金、南海会社基金および一般基金に割り当てられてまもなく、国庫の債権者が、私的な個人の債権者のように、彼らが貸し付けた貨幣の利子として五パーセントを受け入れる気にさせられ、それが、このように無期国債に借り換えられた大部分の債務の元金について一パーセントの節約を、つまり、上に言及した三つの大きな基金から支払われる大部分の年金型公債について、六分の一の節約をもたらした。この節約分は、このような基金に集められてきたさまざまな税の成果における大きな剰余――今ではそこにゆだねられている年金型公債を支払うために必要な分を超える剰余――を残したが、その後、それが減債基金《シンキング・ファンド》と呼ばれてきたものの基礎を築くことになった。一七一七年に、それは三二万三四三四ポンド七シリング七ペンス二分の一に達した。一七二七年には、国の負債の大部分の利子が、さらにもっと低下して四パーセントになったし、一七五三年と一七五七年には、三・五パーセントおよび三パーセントに低下し、このような減少分が、減債基金をさらに一段と増加させることになった。

28 減債基金は、旧来の債務を支払うために設けられるものだが、新規債務の契約を著しく容易にする。それは、他のすべての先行き不明な基金を援助するため担保にされる常時手許にある補助的基金であって、それを基礎にして、国家のあらゆる緊急時に貨幣の調達が計画されるものである。グレートブリテンの減債基金が利用されたのはこの二つの目的のうちのどちらが多かったかは、やがて十分明確になるだろう。

29 税の前払いと無期国債発行という二つの借り入れ方法に加え、両者の中間に位置する他の二つの方法がある。すなわち、年数を限った年金型公債にもとづく借り入れと、終身年金型公債《アニュイティ・フォー・ライヴズ》にもとづく借り入れとである。

30 ウィリアム王とアン女王が統治している間、年数を限った年金型公債にもとづいて巨額の借り入れが頻繁に行われたが、年数は時には長く、時には短いものであった。一六九三年に、一四パーセントの年金型公債にもとづいて、すなわち、一六年間で一年当たり一四万ポンドという年金型公債にもとづいて、一〇〇万ポンドを借り入れるという法律が承認された。一六九一年には、終身年金型公債にもとづいて、現在ならきわめて有利に思われるような条件で一〇〇万ポンド借り入れるための法律が承認された。だが、応募は満額に達しなかった。次の年、不足分は一四パーセント、つまり年購買数にして七年をわずかに上回る終身年金型公債にもとづく借り入れによって、埋め合わされた。一六九五年に、このような年金型公債を購入した人々は、一〇〇ポンドにつき六三ポンドを財務府に支払えば、それを九六年間の別の年金型公債と交換することを許された。すなわち、終身の年金型公債の一四パーセントと九六年間の一四パーセントとの間の違いが、六三ポンドで、つまり年購買数四年半で売却されたわけである。これほど政府が不安定であると信じられていたため、このような条件をもってしても、ほとんど購入者を確保できなかった。

アン女王の統治期に、貨幣はさまざまな機会に終身年金型公債や、三二年、八九年、九八年および九九年といった有期の年金型公債によって借り入れられた。一七一九年に、三二年の年金型公債の所有者は、その代わりに、年金型公債の年購買数一一年半に達する南海会社の株式を、偶然その時期に満期を迎えることになっていた未払い分に等しい額の株式と一緒に、引き受けるように仕向けられた。一七二〇年には、年限が長かったり短かったりする他の年金型公債の大部分が、同じ基金に繰り入れられた。その当時長期の年金型公債は、年に六六万六八二一ポンド八シリング三ペンス二分の一に達していた。一七七五年一月五日に、その残部つまり当時まだ繰り入れられていなかった年金型公債は、わずか一三万六四五三ポンド一二シリング八ペンスにしか達していなかった。

31 一七三九年と一七五五年に始まった二つの戦争の間、有期あるいは終身年金型公債ではごくわずかな貨幣しか借り入れられなかった。しかしながら、九八年とか九九年の年金型公債は、無期の年金型公債とほとんど同じ貨幣価値を持っており、それゆえ、おおよそ同じ額を借り入れるための基金になるはずだ、と考えても良いだろう。だが、家族継承財産設定《ファミリー・セトルメント》を行うために、さらには遠い将来に備えておくために、市場取引《パブリック・ストックス》される株式や利付債券〔ストックは、一七世紀末以降、株式だけでなく確定利付債券という意味でも用いられていた〕を大量に購入する人々は、その価値が持続的に低下する有価証券の購入に頓着しないのであって、株式の所有者や購入者のきわめて大きな部分を形づくるのは、そのような人々である。それゆえ、長期の期間をもつ年金型公債は、その内在的価値が終身年金型公債のそれとほとんど限りなく同一でありうるとはいえ、ほぼ同数購入者を獲得することはないだろう。新規貸付の応募者は、一般的に自分の応募分を可能なかぎり早期に売却しようと思っているが、まったく支払額が一定のまま長期間償還不可能な年金型公債よりも、議会の決議で償還可能になる無期年金型公債を、はるかに好むものである。後者の価値は、つねに同一、あるいはきわめて同一に近いと想像できるだろうから、したがってそれは、前者よりもずっと手頃に譲渡できる株式や利付証券になるわけである。

32 最近の二度の戦争の間、有期のものであれ終身のものであれ、年金型公債は、貸付がなされると想定されていた信用にもとづいて、償還可能な年金型公債や利子を上回る新規借り入れの応募者に対するプレミアムとして以外には、滅多に与えられなかった。年金型公債は、それにもとづいて貨幣が借り入れられた適切な基金としてではなく、貸主に対する追加的な誘因として与えられたのである。

33 終身年金型公債は、時々二つの異なった方法で許可されてきた。つまり、それぞれの寿命にもとづくものと、寿命の集団にもとづくものであって、後者は、フランスでは、その発明者〔Lorenzo de Tonti, c.1602-c.1684. トンティはナポリの金融家〕の名前からトンティンと呼ばれている。個々の人命にもとづいて年金型公債が付与される場合、個々の年金受取人の死亡はすべて、当人の年金型公債によって影響される範囲まで、国庫収入の負担を軽くする。年金型公債がトンティン方式にもとづいて与えられる場合には、国庫収入の負担軽減はひとつの集団に含まれるとみなされるすべての年金受取人が死亡するまで始まらない。というのは、その集団は、時には二〇人とか三〇人で構成され、そのうち生き残った人間が、それ以前に死亡した構成員全員の年金型公債を継承し、最後まで生き残った人間が、集団全体の年金型公債を継承するからである。

同じ収入であれば、個人別方式の年金型公債よりもトンティン方式によるほうが、いつでもより多くの貨幣を調達できる。生き残った人間の権利が付いている年金型公債は、個人別方式による等額の年金型公債よりも、実際にはより大きな価値をもつ。つまり、誰でも自然に自分自身の運に確信を抱いている――あらゆる宝くじが栄える基礎になる原動力――ため、そのような年金型公債は、一般的にそれ自身の価値よりも幾分高く購入されるわけである。政府が年金型公債を付与するという手段で貨幣を調達することが日常化している国では、この理由から、トンティン方式のほうが、個人別方式の年金型公債よりも一般的に好まれている。もっとも多くの貨幣を集めるという便宜は、国庫収入の借金負担からの解放をもっとも早く実現しがちな方式よりも、いつでも好まれているのである。

34　フランスでは、イングランド以上に、国家債務のほとんど大部分が終身年金型公債から成り立っている。一七六四年にボルドーの高等法院によって国王に提出された覚書によれば、フランスの債務総額は二四億リーヴルであり、それに対して終身年金型公債が付与されてきた元金は、三億リーヴル、つまり国家債務総額の八分の一であると推定されている。年金型公債自体は、年に三〇〇〇万リーヴル、総負債額の推定利子一億二〇〇〇万リーヴルの四分の一に達すると計算されている。このような推定が正確でないことは、十分に理解しているが、しかし、おおいに尊敬に値する団体によって真実に近いものとして提出されたものであるから、そのようなものであると理解して差し支えない、と私は了解している。それぞれの借り入れ方式におけるこの違いを引き起こしているのは、フランスとイングランドの二つの政府における、国家収入の借金からの解放に対する配慮の程度における違いではない。それは、ほとんど貸主がもつ異なった見解や利害関係から生じるのである。

35　イングランドでは、政府の所在地が世界最大の商業都市にあり、一般的に商人が政府に貨幣を貸し付ける人々である。貨幣を貸し付けることにより、商人は自分たちの資本を減少させるのではなく、逆に増加させるつもりであって、新規の融資に応募する場合、自分たちの割り当て分をいくらかの利潤とともに売却するという期待がなければ、けっして応募しようとはしないだろう。だが、貨幣を貸し付けることにより、彼らが無期年金型公債の代わりに、自分たち自身のものであれ他の人々のものであれ、終身年金型公債だけを購入させられるようになる場合には、彼らはかならずしもそれを売却して利潤を確保できそうにはならないだろう。一人一人の寿命にもとづく終身年金型公債を売却する場合、誰も、他人の寿命――年齢も健康状態も、彼自身のそれとおおよそ同じ――にもとづく年金型公債を与えようとはしないから、つまり、自分自身の寿命にもとづく年金型公債のために与える場合と同じ価格を与えようとしないから、彼らはかならず損を出す。第三者の寿命にもとづく年金型公債というものは、実際、買い手にとっての価値と売り手にとっての価値が等しいことは間違いないのだが、しかし、その実質的な価値は、それが譲渡された時から減少し始め、残存し続けるかぎり、ますます低下し続ける。それゆえ、それは、実質的な価値がつねに同一であるか、あるいはほとんど同一に留まる無期年金型公債ほどまで、譲渡移転可能な確定利付証券《ストック》として好都合なものになりえないのである。

36　フランスでは、政府の所在地は大商業都市にはないし、商人が、政府に貨幣を貸し付ける人々の大部分を構成しているわけでもない。財政にかかわる人々は、徴税請負人、請負に出されていない税金の収納官、宮廷銀行家などであり、彼らが、自分の貨幣をあらゆる政府の緊急事態に融資する大部分の人々であった。このような人々は生まれが卑しいことが普通であるが、しかし莫大な富を保有しており、多くの場合、きわめて高い自尊心の持ち主である。彼らは同じ地位の人々と結婚するには自尊心が高すぎるし、良家の女性は、彼らとの婚姻を価値がないと考えている。それゆえ、彼らはしばしば独身として生きる決心をし、自分自身の家庭をもたないだけでなく、彼らが必ずしも承認したがらない自分自身の親戚の世話もせず、ひたすら自分の生涯を豪奢に過ごそうと欲し、彼らの繁栄が彼ら自身で終焉することを、気にも留めないのである。くわえて、結婚することを嫌ったり、自身の境遇が結婚することを不適切あるいは不便なものにしたりするような豊かな人々の数は、フランスのほうがイングランドよりもずっと多い。後世のことなどほとんどまったく考えないような人々にとって、自分の資本を、そうあって欲しいと欲するだけ続き、それ以上長くつづかない収入と交換すること以上に、好都合なことはありえないのである。

37 平和時における大部分の現代政府の通常の支出は、その通常の収入と等しいかほぼ等しいため、いざ戦争となった場合、支出の増加分に応じて収入を増やそうとすることも、増やすこともできない。政府がそうしないのは、国民の機嫌を損ねることを恐れているためであり、国民は、それほど巨額でしかも突然の税の増加によって、まもなく戦争に愛想をつかすだろうからだし、さらに政府が増税できないのは、どのような税なら必要とされた収入を生み出すのに十分であるかをよく知らないからである。借り入れの便宜は、借りられない場合に、このような心配と無能力が引き起こしかねない窮迫から政府を救済する。借り入れという手段によって、政府はごくありきたりな増税によって、年々戦争を継続するために十分な貨幣を調達するし、無期債の発行という慣行をつうじて、可能なかぎり最小限の増税でもって、年々最大限の貨幣額を調達できる。大帝国では、首都や、戦場から遠く離れた地方で生活する人々のうちの多くは、戦争からほとんど不便を感じることなく、むしろ気の向くままに、自国の艦隊や軍隊の武勇を新聞で読む楽しみを享受する。彼らにとって、この楽しみが、戦争のために支払う税金と、平和時に支払いなれてきた税金との間の小さな違いを埋め合わせてくれるのである。普通彼らは平和の回復には不満であって、それは、戦争がいっそう長く継続することにもとづく彼らの楽しみ、および、征服と国民的栄光という非常にたくさんの空想的な望みを、終わらせてしまうからである。

38 実際のところ、平和の回復が、戦争中に賦課された税の大部分からの解放をもたらすことはほとんどない。このような税金は、戦争を遂行するために契約された借入利子のために抵当に入れられる。古くからの税収が、新税と合わせて、この債務の利払いや政府の通常の経費の支払いを上回る歳入の剰余をいくらかもたらせば、おそらくそれは、債務を完済するための減債基金に繰り込まれる可能性がある。だが、第一に、この減債基金は、それが他の目的に用いられるはずがないと前提したとしても、その平和が続くという期待が合理的なものであり得る期間が推移するうちに、戦時に契約された債務の全体を支払うためには、一般的にまったく不十分なものになるし、そして第二に、この基金はほとんどつねに他の目的に用いられるからである。

39 新税は、それにもとづいて借り入れた貨幣の利子を支払うという目的のためだけに賦課された。もしそれが、その目的を超える税収をもたらしたとしても、それは、一般的に意図されたことでも、期待されたことでもないし、したがって巨額なものになることもほとんどない。一般的に減債基金が増加したのは、もともとそれにもとづいて賦課された利子や年金を支払うために必要とされたものを超える税金の超過分からというよりも、むしろ、その後の利子の低下からであった。一六六五年のオランダの減債基金、および一六八五年の教皇領における それも、ともにこのような仕方で形成されたものであった。したがって、通常そのような基金は不十分になるわけである。

40 もっとも完全な平和が続く間、並外れた支出を要するさまざまな出来事が生じるため、政府は、新税の賦課によってよりもむしろ、減債基金を使い込むことよってこの支出を支払うことが、いつでもはるかに簡便なことだと理解する。すべての新税は、国民によって多少なりともただちに感じ取られる。それはいつでもちょっとした不平を引き起こし、何らかの抵抗に出くわす。税の数が増やされれば増やされるほど、すべてのさまざまな課税対象に対する税が引き上げられれば引き上げられるほど、あらゆる新税に対する国民の不満がますます大きくなり、新しい課税対象を探し出すことも、すでに課されている旧税を大幅に引き上げることも、ますます難しくなるのである。

債務支払いの一時的な停止がすぐに国民に感じ取られることはないし、不平や苦情も引き起こすことはない。減債基金からの借り入れは、つねに当面の困難から脱出するための明瞭で容易な便法である。国家の債務がますます積み上がって行けば行くほど、それを減少させようとする配慮が必要になるし、減債基金のどれか一部でも使い込むことが、ますます危険でいっそう破滅的なことになるし、国家債務を相当程度まで減少させる可能性が低下すればするほど、それだけますます平和時に発生したすべての特別な支出を支払うために減債基金が使い込まれやすくなるし、確実にそうなるだろう。国民がすでに税金で加重負担になっている時に、国民に新しい税金を耐え忍んで受け入れる気にさせることができるのは、新しい戦争の不可避性、国民的な復讐という憎悪、つまり国民的な安全に対する不安だけである。こういうわけで、いつも減債基金の使い込みが行われるわけである。

41 グレートブリテンでは、無期国債発行という破滅的な便法に初めて頼った時期以降、平和時における国家債務の削減は、戦時におけるその累増とまったく釣り合いなど保ってこなかった。グレートブリテンの現在の膨大な債務の基礎が最初に据えられたのは、一六八八年に始まり、一六九七年にライスワイク〔ハーグ郊外の町〕条約によって終わった戦争の間のことである。

42　一六九七年一二月三一日に、グレートブリテンの国家債務は、公債発行によるものとそうでないものを含めて、二一五一万五七四二ポンド一三シリング八ペンス二分の一に達した。このような債務の大部分は、短期の前払いにもとづいて、また一部は終身の年金型公債にもとづいて契約されたものであったから、四年も経過しないうちに、つまり一七〇一年一二月三一日以前に、一部に完済されたものがあり、また一部に国に戻されたものがあったため、合計五一二万一〇四一ポンド一二シリング四分の三ペンスになったが、これは、それ以降これほど短期間で実現されたことがない国家債務の大きな削減であった。それゆえ、債務残高はわずか一六三九万四七〇一ポンド一シリング七ペンス四分の一になった。

43　一七〇二年に始まり、ユトレヒト条約の締結で終わった戦争のなかで、国家債務はさらに大きく積み上がった。一七一四年一二月三一日に、それは五三六八万一〇七六ポンド五シリング六ペンス一二分の一に達した。短期と長期の年金型公債から構成される南海会社基金への応募が国家債務の元金を増加させたため、一七二二年一二月三一日には、それは五五二八万二九七八ポンド一シリング三ペンス六分の五に達した。債務の減少は一七二三年に始まり、きわめてゆっくりと続けられたため、完全に平和であった一七年の間に完済された総額は、一七三九年一二月三一日に八三二万八三五四ポンド一七シリング一一ペンス一二分の三にすぎず、その当時の国庫債務における元金は、四六九五万四六二三ポンド三シリング四ペンス一二分の七に達していた。

44 一七三九年に始まったスペイン戦争と、すぐそれに続いたフランス戦争は、債務のさらなる増加を引き起こし、エクス・ラ・シャペル条約で終結した戦争の後、一七四八年一二月三一日には、七八二九万三三一三ポンド一シリング一〇ペンス四分の三に達した。一七年間継続したもっとも完全な平和は、それからわずか八三三万八三五四ポンド一七シリング一一ペンス一二分の三を取り除いたにすぎなかった。九年間に満たない戦争が、それに三一三三万八六八九ポンド一八シリング六ペンス六分の一付け加えたのである。*

＊ジェイムズ・ポストルスウェイトの『公収入の歴史』を見よ。

45 ペラム氏が政権を握っていた時期、国家債務の利子が四パーセントから三パーセントへ引き下げられたり、すくなくともそれを引き下げるための措置がなされたりした。つまり、減債基金が積み上げられたり、国家債務の一部が完済されたりした。一七五五年、最近の戦争勃発以前に、グレートブリテンの長期負債《ファンデッド・デット》は七二二八万九六七三ポンドに達していた。一七六三年一月五日、平和が締結された時に、長期負債は一億二二六〇万三三三六ポンド八シリング二ペンス四分の一に達していた。短期負債は一三九二万七五八九ポンド二シリング二ペンスあったと言われていた。だが、その戦争によって引き起こされた出費は平和の締結とともに終わりはしなかったから、一七六四年一月五日に、長期負債は（一部は新規借り入れによって、また一部は短期負債の一部の長期化によって）一億二九五八万六七八九ポンド一〇シリング一ペンス四分の三にまで増えたとはいえ、それでもなお、（『グレートブリテンの貿易と財政に関する考察』のきわめて博識な著者によれば）その年あるいは次の年に収支計算された短期債務が、九九七万五〇一七ポンド一二シリング二ペンス四四分の一五残っていた。それゆえ、この著者によれば、長期と短期を合計したグレートブリテンの公的債務は、一七六四年には一億三九五一万六八〇七ポンド二シリング四ペンスに達したという。また、一七五七年の新規借り入れに対する応募者へのプレミアムとして交付され、一四年の年購買数をもつと評価された終身年金型公債は、四七万二五〇〇ポンドの価値があると査定されていたし、一七六一年と一七六二年に、同様にプレミアムとして交付され、二七年六ヵ月の年購買数をもつと評価されていた長期間の年金型公債は、六八三万六八七五ポンドの価値をもつと評価されていた。おおよそ七年間続いた平和の時期に、ペラム氏の慎重で真に愛国的な政権は、六〇〇万ポンドの旧債務を完済することができなかった。ほぼ同じ期間続いた戦争の間に、七五〇〇万ポンドを超える新規の債務が契約された。

46　一七七五年一月五日、グレートブリテンの長期債務は一億二四九九万六〇八六ポンド一シリング六ペンス四分の一に達した。短期債務は、巨額の年間王室費を別として、四一五万二三六ポンド三シリング一一ペンス八分の七であった。両方を合わせると、一億二九一四万六三二二ポンド五シリング六ペンスになる。この収支決算によれば、一一年つづいた完全に平和な期間中に完済された総額は、わずか一〇四一万五四七四ポンド一六シリング九ペンス八分の七にしかならなかった。しかしながら、このわずかな債務の削減でさえ、通常の国家収入からの節約によって、すべてが遂行されたわけではなかった。通常の収入から完全に独立した、いくつかの異質な金額がそれに寄与していた。このようなものの中に我々が含めうるのは、三年間にわたってなされた一ポンド当たり一シリングの地租の追徴、会社の領土的獲得に対する補償金として東インド会社から受け取った二〇〇万ポンド、および、設立特許状の更新のためにイングランド銀行から受け取った一一万ポンドである。これには、最近の戦争から発生したように、おそらく、その経費から差し引かれるものと考えられなければならない、他のいくつかの金額が加えられる必要がある。元金は以下の通り。

	ポンド	シリング	ペンス
フランスの拿捕艦隊の成果	六九万四四四九	一八	九
フランス人捕虜に対する示談金	六七万	〇	〇
譲渡された島の売却によって得たもの	九万五五〇〇	〇	〇
合計	一四五万五九四九	一八	九

かりにこの金額に、チャタム伯とカルクラフト氏〔John Calcraft, the elder. 1726-1772. イギリスの政治家。軍の兵站副総監などを務めた〕の勘定の残高、および同じ種類の他の軍隊の節約に、イングランド銀行、東インド会社から受け取ったもの、および地租ポンド当たり一シリングの追徴分と一緒にして加えるなら、全体は五〇〇万ポンドをかなり上回るはずであ

る。それゆえ、平和になって以来、国家の通常の収入からの節約分から完済された債務は、平均でみて、一年当たり五〇万ポンドには達していなかったのである。減債基金は、完済された債務、償還可能な四パーセントを三パーセントへ転換すること、満期になった終身の年金型公債などによって、平和になってから相当増加したことは間違いなかったし、もし平和が続いていたら、おそらく今も債務の返済に向けて一〇〇万ポンドがそこから年々節約されていた可能性がある。したがって、別の一〇〇万ポンドが昨年途中に支払われたが、しかし同時に、巨額の年間王室費が未払いのまま残されているし、さらに我々は現在新しい戦争——進展次第では、以前のあらゆる戦争と同じほど経費がかかる可能性がある*——に巻き込まれている。次の軍事行動が終わる前におそらく契約される新規債務は、国家の通常の収入からの節約分で返済されてきた旧債務のすべてに等しい額に近づく可能性があろう。それゆえ、国家債務が、現在のように通常の収入から遂行されることが多いあらゆる節約によって、いつか完全に返済されるはずだと期待することは、まったく非現実的であろう。

*それは、我が国の従来のどの戦争よりも経費が掛かることを立証しており、さらに、一億ポンドを超える追加の借金に、我が国を巻き込んできた。一一年間の完全な平和の時期に、一〇〇〇万ポンドをわずかに超える債務が返済されたが、七年間の戦争の間に、一億ポンドを上回る債務が契約された。

47 債務を有するさまざまなヨーロッパ諸国の政府基金《パブリック・ファンド》、特にイングランドのそれは、国の他の資本《キャピタル》の上にさらに付け加えられた巨額な資本の蓄積であって、その手段が用いられることにより、それ以外の資本だけを用いた場合に可能であったものを大きく超えて国の貿易が拡大され、製造業者の数が増加し、その土地が耕作されて改良されてきたと、ある著作家によって記述されてきた。彼の考察で欠けている点は、国民のなかで最初の債権者が政府に貸し付けた資本は、貸し付けた瞬間から、資本として役立つことから収入として役立つことに転換された年々の生産物の一部であるということ、つまり、生産的労働者を維持することから、不生産的労働者を維持することに、要するに、一般的には年度の間に将来まったく再生産される望みすらないまま消費され、浪費される年々の生産物の一部になる、ということである。彼らが融資した資本の報酬として、実際ほとんどの場合、彼らは政府基金のなかにある年金型公債を、それに見合った価値以上に獲得した。この年金型公債は、間違いなく彼らに資本を取り戻させ、そして彼らの貿易や事業を同規模か、あるいは前よりもいっそう大規模に遂行できるようにした。すなわち、彼らはこの年金型公債の信用にもとづいて他の人々から新しい資本を借りるとか、それを売却することにより、他の人々から彼ら自身の新しい資本――彼らが政府に貸し付けた資本に等しいか、もっと多くの資本――を入手するなど、これができるようになった。

しかしながら、彼らがこのような方法で他人から購入したり、借り入れたりしたこの新しい資本は、以前からその国に存在していたはずであるし、すべての資本と同様に、生産的労働の維持に利用されていたはずである。もしそれが、自分の貨幣を政府に貸し付けていた人々の手に入ってきたとすれば、ある意味でそれは、彼らにとって新しい資本であるとはいえ、国にとってはそうではなく、特定の営業から別の営業へと変更されるために回収された資本にすぎない。それは、彼らが政府に貸し付けていたものが返済されたものであるとはいえ、国に対してそれを元通りにしたわけではない。彼らがこの資本を政府に貸し付けていなかったとすれば、国内には二つの資本が、つまり生産的労働の維持に用いられた年々の生産物は、一人前ではなく、二人前あったことになろう。

48 政府支出を支払うために、同じ年度内に、拘束されたり抵当に入れられたりしていない税収の成果によって歳入を増加させる場合には、私的個人の収入の一部が、ある種の不生産的労働の維持から、別の種類の労働の維持へと方向を変えられるだけである。私的な個人がこのような税に支払うものの一部が資本に蓄えられ、結果的に、生産的労働の維持に用いられた可能性があったことは間違いないが、おそらくその大部分は浪費され、結果的に不生産的労働の維持に用いられたことだろう。しかしながら、国の支出は、このような仕方で賄われた場合、それ以上の新資本の蓄積を多少ではあれ間違いなく阻害するが、しかし、それは、かならずしも現に存在する資本の破壊を引き起こすわけではない。

49 国家支出が長期公債への借り換えによって賄われた場合、それは、以前国内に存在していた資本のどれかを年々破壊することによって、つまり、以前なら生産的労働を維持するために振り向けられていた年々の生産物のある部分が、不生産的労働を維持するために間違って利用されることによって支払われることになる。しかしながらこの場合には、同じ支出を賄うために十分な歳入がその年度内に調達される場合よりも税金が軽くて済むから、個々人の私的な収入は必然的に負担が軽くなり、結果的に、その収入の一定部分を節約して資本を蓄積する能力も、ほとんど損なわれることがない。かりに長期公債への借り換えという方法が多くの旧資本を破壊するとしても、それは同時に、その年度に集められる歳入によって国家支出を支払うことよりも、新資本の蓄積や獲得を妨げることは少ないだろう。長期公債への借り換えという方式に従えば、私的な人々の倹約と勤勉が、政府の浪費と無節制が社会の総資本のなかに時々作りだす可能性がある裂け目を、ずっと容易に修復できるのである。

50 しかしながら、長期公債への借り換え制度が他の制度以上にこのような利点をもつのは、戦争が続く間だけである。つねに戦争の経費がその年度内に集められた歳入によって賄われるべきであるとすれば、その並外れた歳入の源泉である税が、戦争よりも長続きすることはあるまい。私的な人々が蓄積する能力は、戦争のあいだは低下するが、長期公債への借り換え制度の下でよりも、平和な期間のほうがずっと向上するだろう。戦争はかならずしも旧資本の破壊を引き起こすわけではないが、平和は、多くの新資本の蓄積を引き起こしてくるだろう。戦争は一般的により迅速に終結されるだろうし、気ままに引き起こされることも減少することだろう。戦争が続く間、文字通り税金の重荷を感じていた国民は、まもなくそれに対する不満を高めるし、そして政府は、国民の機嫌を取るために、もはやその必要がある期間を超えて税金を維持する必要性に迫られることはないだろう。戦争による重くて不可避の負担見通しは、戦争するための真実ないし確実な利益が存在しない時には、それを求める根拠のない呼びかけに、国民が応えないように妨害するだろう。私的な人々の蓄積する能力が幾分弱められる時期は滅多に生じないし、続いたにしてもその期間は短いだろう。これとは逆に、私的な人々の蓄積能力がもっとも活発になる期間は、長期公債への借り換え制度の下で可能になるものよりも、ずっと長くなるだろう。

51　くわえて、長期公債への借り換えがある程度増加すると、それとともにもたらされる税金の増加が、戦争時に他の制度が減らしていたように、平和時でさえ、私的な人々の蓄積する能力をかなり損なうことが時々生じる。グレートブリテンの平和時の歳入は、現時点で一年に一〇〇〇万ポンド以上の額に達している。拘束されたり抵当に入れられたりしていなければ、それは、適切な管理の下で、新債務を一シリングたりとも契約することなく、もっとも強力な戦争を遂行するのに十分足りる可能性がある。グレートブリテンの住民の私的な収入は、現時点では平和時に相当負担させられているが、長期公債の借り換えという破滅的な方式が採用されなかったとすれば、彼らの蓄積能力は、もっとも経費が掛かる戦争の時代なら起きるであろうほど、はなはだしく毀損されたことだろう。

52　国家債務の利子支払いにかんして、左手に支払うのは右手である、と言われてきた。貨幣が国外に出て行くことはない。それは一組の住民の収入の一部が、別の一組の住民に移転されるだけであるから、国はびた一文貧しくなるわけではない。この弁明は、まったく重商主義体系の詭弁を使って述べられており、私がすでにその体制について与えた徹底的な考察を考慮すれば、おそらく、それについてさらに何か言う必要はないだろう。くわえてその弁明は、国家債務の全体はその国の住民に借りたものだと想定しているが、それは生憎そうではなく、オランダ人は、他のいくつかの外国人と同様に、我が国の長期公債《パブリック・ファンド》のきわめて大きな割合を負担している。だが、たとえ債務の全額がその国の住民に借りたものであったとしても、それを理由に、有害の程度が低下することにはならないだろう。

53　土地と資本元本《キャピタル・ストック》は、すべての私的な収入と公的な収入の両方にとって、二つの本源的な源泉である。資本元本は、農業であれ、製造業や商業であれ、そこで利用されている生産的労働者の賃金を支払う。この二種類の収入の本源的な源泉の管理は、異なった二組の人々、つまり土地の所有者と資本元本の所有者または利用者が担っている。

54 土地所有者は、自分自身の収入のために、その小作人の家を建てたり修理したり、必要な排水や囲い込み、さらには、実現して維持することが地主独自の役割である他のすべての経費がかかる改良を、実行したり維持したりすることによって、自分の地所を可能なかぎり良い状態に保つことに関心を持っている。だが、さまざまな地租によって、地主の収入は大幅に引き下げられており、しかも、生活必需品と便宜品に対するさまざまな税金《デューティ》によって減少した収入は、その分だけ実質的価値を引き下げられる可能性があるから、このような多額の費用を要する改良を実施したり維持したりすることなど、彼は、ほとんどできなくなる可能性がある。しかしながら、地主がその役割を果たさなくなったりすると、小作人が彼の仕事を続けることなどまったく不可能になろう。地主の苦難が増大するかぎり、国の農業は必然的に衰退するはずである。

55 生活必需品と便宜品に対するさまざまな税金によって、資本元本の所有者や利用者がそれからいかなる収入を引き出していようと、ある特定の国では、等しい額の収入が、他のほとんどすべての国で購入できる必需品と便宜品の等量を購入できないということを理解したら、彼らは、どこか別の国に移動しようという気分にさせられるだろう。さらに、このような税金を集めるために、すべてあるいは大部分の商人や製造業者、すなわち、大資本の利用者のすべてあるいは大部分が、屈辱的で腹立たしい徴税人の訪問に絶えず晒されるようになると、この移転しようという気持ちは、まもなく実際の移転に改められるだろう。その国の産業は、それが支えていた資本の移動とともに必然的に落ち込み、貿易と製造業の破滅が、農業の衰退につづくだろう。

56 二つの大きな収入源である土地と資本元本の所有者から、つまり、土地のあらゆる特定部分が良い状態にあること、および資本元本のあらゆる特定部分の立派な管理に直接関心をもつ人物から、もう一組の人々（そのような特定の関心をもたない国民の債権者《クレディター・オヴ・ザ・パブリック》）へと、そのどちらかから発生する収入の大部分を移転することは、長期的にみると、土地の放置とか、資本元本の浪費や移転を引き起こすにちがいない。国家の債権者が、国の農業、製造業および商業の繁栄について、それゆえ結果的に、国土の立派な状態やその資本元本の立派な経営について、一般的な関心をもっていることは間違いない。このような事柄において何か一般的な失敗や堕落があれば、さまざまな税の成果は、彼に対して支払われるべき年金型公債や利子を、もはや彼に支払うほど十分なものではない可能性があろう。だが、国家の債権者は、それ自体としてだけ考えるなら、土地の特定部分のどれが立派な状態にあるかとか、資本元本のどの特定部分が立派に経営されているかとかには、関心をもたない。国家の債権者としてみれば、彼は、そのような個別的な部分のどれかによく通じているわけではない。彼がそれを点検することはない。彼は、それについて何の世話もすることもできない。その破滅は、場合によっては〔初版では、「たいていの場合」であった〕彼の耳に届かないから、直接彼に影響を与えるはずがないのである。

57 国債発行という慣行は、それを採用したすべての国を次第に衰弱させた。イタリアの共和国がそうなり始めたと思われる。ジェノヴァとヴェネツィアは、独立した存在だと装える二つの国であるが、両国ともそれによって衰弱させられてきた。スペインはイタリアの共和国からその慣行を学んだように思われるし、さらに（その税金は、おそらくイタリアの税金よりも思慮分別に欠けていたから）それは、その自然の体力に応じて、さらにいっそう衰弱してきた。スペインの債務は、きわめて古くから続いたもので構成されている。それは、一六世紀の終わり――イングランドが一シリングも借金していなかった時より約一〇〇年前――までに、大きな債務を抱えていた。フランスは、あれだけ多くの自然資源にもかかわらず、同じ種類の圧政的な負担の下で活気を失っている。州連合共和国はジェノヴァやヴェネツィアのように、その債務によってひどく弱らせられている。あらゆる他の国を衰弱と荒廃のいずれかに至らせた慣行が、グレートブリテンでだけ、まったく無害であると証明するはずだということが、あり得るだろうか？

58 このようなさまざまな国で確立された課税制度はイングランドのそれよりも劣っている、と言える可能性はある。私はそうだと信じている。だが、もっとも思慮深い政府でも、すべての適切な課税対象を使い尽くしてしまえば、緊急に必要となった場合には、不適切な税に頼るほかになくなる。賢明なオランダ共和国は、時には、スペインの大部分の税と同じように、時宜を得ない税への依存を余儀なくされてきた。国家収入が大幅に債務の重荷からの解放《リベレイション》を達成する以前に、最近の戦争のように経費がかかるものへと肥大化していく別の戦争が始まれば、それは、抗し難い必要性のゆえに、イギリスの課税制度をオランダの、あるいはスペインのそれにさえ類似した、抑圧的なものになるだろう。

事実、我々の現在の課税制度にとっては名誉なことだが、それは今日に至るまで、産業にとってほとんど困惑の種とはなっていないため、もっとも支出が多かった戦争の間でさえ、国民の倹約と立派な振る舞いのおかげで、政府の浪費と乱費が、国内の資本全体のなかに引き起こしたすべての裂け目を、貯蓄と蓄積によって回復することができたように思われる。先の戦争――グレートブリテンが行ったうちでもっとも費用がかかった――が終結した時、以前と比べてまったく劣らないほど我が国の農業は栄え、製造業は多数の労働者を十分雇用し、商業もまた拡大していた。それゆえ、このように異なったすべての産業部門を維持していた資本は、以前存在していたものと等しかったはずである。平和が到来してのち、農業はさらにいっそう改善されており、家の賃貸料があらゆる町や郊外の村で上昇したということは、国民の富と収入が増加している証である。さらに、以前からある大部分の税――とくに、内国消費税と関税の主要部門――の年額が継続的に増加してきたことも、消費が増加しつつあることを同様に明瞭に証拠付けているし、結果的に、その消費を十分に支えられる生産物が増加しつつあることの明瞭な証拠となっている。

グレートブリテンは、半世紀前には支えられると信じる人間などいなかった負担を、やすやすと支えているように見える。しかしながら、我々は、この理由にもとづいて、グレートブリテンはいかなる負担にも耐える能力があると性急に結論を出さないように、さらに、我が国は、大きな困難もなしに、今までに我が国に課されてきたものより少々重い負担に耐えることが可能だ、と確信しすぎないようにしよう。

59　国の債務がいったん一定程度まで累積されてしまうと、それが正当かつ完全に支払われたという事例はきわめてまれである、と私は信じている。国庫収入の借金からの解放は、一度ならず実現されたことがあるにしても、それはいつも破産によって、すなわち、時には公然とした破産によってであるが、いつもは実質的な破産――しばしば見せかけの支払いによるとはいえ――によって実現されてきた。

60　鋳貨の呼称を引き上げることは、見せかけの返済という外観の下に実質的な国家破産《パブリック・バンクラプシー》が偽装される際に、もっともよく用いられる方便である。たとえば、議会の立法や国王の布告によって、六ペンスが一シリングという呼称に、六ペンス貨二〇個が正貨一ポンドという呼称に引き上げられたとすると、旧呼称の下で二〇シリング、つまりほぼ四オンスの銀を借り入れた人物は、新呼称の下では、六ペンス貨二〇個、つまり銀二オンスをわずかに下回るもので返済することになろう。約一億二八〇〇万ポンドの国家債務、つまりグレートブリテンの長期債務と短期債務の元金に近いものは、このような方法で、現在の貨幣なら約六四〇〇万ポンドで返済できる可能性がある。実際のところ、それは単なる見せかけの支払いであろうし、国の債権者は、彼らに当然支払われるべき一ポンドについて一〇シリングを、実質的に騙し取られたことになろう。また災難は、国家の債権者に対するものよりもはるかに拡大し、すべての私的個人の災難は、同じ比率の損失をこうむるだろうが、これは、国家の債権者にとって何ら利益をもたらすものではなく、ほとんどの場合、大きな追加の損失しかもたらさないだろう。

もし国家の債権者が、実際にほかの人々に大きな債務を負っていたとしても、彼らは、国が彼らに支払ったのと同じ鋳貨を自分の債権者に支払うことによって、ある程度まで自分たちの損を埋め合わせることができるだろう。だが、ほとんどの国で、国家の債権者はその大部分が豊かな人々であり、残りの同胞市民に対する債務者としての関係よりも、債権者としての関係にある人々である。それゆえ、この種の見せかけの返済は、ほとんどの場合国家の債権者の損失を軽減するどころか、増大するのであって、国民《パブリック》に何ら強みを与えることなく、きわめて多数の他の罪のない人々に災禍を広げることになる。それは私人の富の一般的かつもっとも致命的な転覆を引き起こし、ほとんどの場合、勤勉でつましい債権者を犠牲にして、怠惰で金遣いの荒い債務者を豊かにし、国民の資本の大きな部分を、それを増やしたり改善したりしがちな人々から、霧散させたり破壊したりすることが多い人々へと移すのである。国家が自らの破産を宣言する必要が出てきた場合には、個人がそのようにする必要性が出て来た場合と同じ仕方で、つまり、公正で、公開されたなかで公然と破産することが、つねに債務者にとっても不名誉がもっとも小さく、債権者にとっても被害がもっとも少ない方法である。国家の名誉が間違いなくみじめなほどわずかしか配慮されないのは、実質的な破産の恥辱を覆い隠すために、国家が、この種のきわめて破滅的で、きわめて容易に見透かされるようなごまかし技に頼った時のことである。

61　しかしながら、古代だけでなく現代にいたるまで、ほとんどすべての国は、必要に迫られた場合には、時々このようなひどいごまかし技に頼ってきた。ローマ人は、第一次ポエニ戦争の終結に際し、一アス――ローマ人が自分たちの他のすべての鋳貨の価値を計算する際の基準に用いられた鋳貨ないし呼称――は、一二オンスの銅を含むものから、わずか二オンスに引き下げられた。すなわち、彼らは二オンスの銅を、以前ならいつも一二オンスの銅を表していたものの呼称に引き上げたのである。このような方法で、共和国は実際に保有していたものの六分の一で、以前契約していた巨額の債務を返済することが可能になった。それほど突然でしかも巨額な破産は、きわめて猛烈な大衆の騒ぎを引き起こしたにちがいないと、現在の我々なら想像してしまうことだろう。そのようなことが発生したとは、まったく思われない。それを規定した法律は、鋳貨にかんする他のすべての法律と同様に、護民官によって人民集会を通じて導入され、承認されたものであり、しかも、おそらくおおいに大衆受けするものであった。ローマでは、他のすべての古代共和国におけると同様に、貧乏な大衆は、いつも金持ちで身分の高い人々に借金しており、金持ちで身分が高い人々は、毎年の選挙で貧民の投票を確保するために、途方もない利子で彼らに貸し付けることが普通に行われており、それは、けっして返済されなかったから、急速に膨れ上がり、債務者が返済しようにも、彼のために誰か別の人間が返済するにしても、大きすぎて不可能な額になっていった。債務者は、きわめて過酷な強制執行に対する恐怖から、それ以上の心づけをもらわなくても、債権者が推薦する人物に投票せざるをえなかったのである。

賄賂や汚職を禁じるあらゆる法律にもかかわらず、候補者からの贈与物は、時折なされる穀物の分配——これは元老院によって命令された——と合わせて、ローマ共和国後期に、貧しい市民が自分たちの食料などの生活物資を引き出した主要な財源であった。このような自分たちの債権者への服従からの解放を成し遂げるために、貧しい市民は絶えず債務の完全な撤廃、あるいは彼らが新表法《ニュー・テーブル》〔紀元前五世紀に制定された最初の体系的な法律である一二表法にちなんで、このように呼ばれた〕と呼んだもの——すなわち、彼らの累積債務の一定部分を支払うだけで、彼らに完全な債務消滅の権利を与えるようになる法律——のどちらかを要求していた。あらゆる呼称の鋳貨をその以前の価値の六分の一に減少させた法律は、実際に債務が負っていたものの六分の一の部分でその債務を返済することを可能にしたから、もっとも有利な新表法と同等のものであった。金持ちや地位の高い人々は、大衆を満足させるために、さまざまないくつかの場合には、債務を棒引きにし、新表法を導入するための法律に同意することを余儀なくされたが、おそらく彼らは、一部は同じ理由から、また一部は国家収入を借金から解放することによって、自分たち自身が主要な管理職を握っていた政府に活力を復活させるために、この法律の導入に同意する気持ちにさせられたのである。

このような操作は、一億二八〇〇万ポンドの債務をただちに二一三三万三三三三ポンド六シリング八ペンスに減少させるだろう。第二次ポエニ戦争の間に、アスはさらにもっと価値が低下し、まず二オンスの銅が一オンスの銅に、後には一オンスの銅から半オンスの銅に、つまり、その元来の価値の二四分の一に引き下げられた。三つのローマ人の操作をひとつにまとめることにより、我々の現在の価値で一億二八〇〇万ポンドの債務は、このような方法で、即時に五三三万三三三三ポンド六シリング八ペンスに引き下げることができよう。グレートブリテンの莫大な債務でさえ、このような方法でわけなく返済できるだろう。

62　そのような便法を用いて、あらゆる国の鋳貨は、その本来の価値以下にますます低下してきたのであって、同じ名目額が、次第にますます少ない量の銀を含むようにされてきた、と私は信じている。

63　国は時々、何らかの目的から、自国の鋳貨の規定純度を落とす、つまり、その中により多くの卑金属を混ぜ合わせてきた。たとえば、もし我々の銀貨の重量一ポンドのなかに、現在の規定純度である一八ペニーウェイト〔二〇分の一オンスに相当する重量〕ではなく、合金として八オンスの卑金属が含まれているとすると、正貨一ポンドつまりそのような鋳貨での二〇シリングは、我々の現在の貨幣で六シリング八ペンスをわずかに超える価値になるだろう。我々の現在の貨幣六シリング八ペンスの中に含まれている銀の量は、こうして正貨一ポンドという呼称に限りなく近いものに引き上げられるだろう。規定純度の引き下げは、フランス人が引き上げ《オグマンタシオン》と呼ぶもの、つまり鋳貨の呼称を直接高めることと、正確に同じ効果をもっている。

64 引き上げ、つまり鋳貨の呼称を直接高めることは、いつでも、しかもその性質からしてそうあるべきだが、公開かつ公然の操作である。それによって、重量と体積がより小さい個体が、より大きな重量と体積をもつ個体に以前付与されていた同一の名称で呼ばれるのである。これとは逆に、規定純度の引き下げは、一般的に秘密裏の操作である。それによって、鋳貨片は造幣所から同一の呼称、および、可能なかぎり工夫を重ねて、ずっと大きな価値で以前流通していた一枚の鋳貨片と同じ重量、体積および外観で発行される。フランスのジャン王〔Jean II, 1319-1364. ジャン二世善良王のこと。ポワティエの戦いで捕虜になり、ロンドンへ送られるが、息子を人質に差し出して帰国。息子の逃亡後、身代金未払いのため、自ら再度捕虜になった〕が、* 自分の債務を支払うために自国鋳貨の純度を引き下げた時、彼の造幣所にいるすべての職員は秘密の保持を宣誓した。この操作は両方とも不正である。単純な引き上げは公然たる改竄《ヴァイオレンス》という点で不正であるが、他方、規定純度の引き下げは不誠実なごまかしという点で不正である。それゆえ、この後者の操作は、きわめて長期間隠し通せるはずがなく、発見され次第いつでも、前者よりもずっと大きな憤りを引き起こしてきた。ある程度大きな引き上げの後、鋳貨が以前の重量に戻されることはほとんどないが、これ以上ないほどの粗悪化の後では、ほとんどすべての場合に、それ以前の純度に引き戻されてきた。国民の怒りや憤りがそれ以外の形で鎮められることなど、まず生じたことがない。

＊デュ・カンジュ著『中世および近代ラテン語著作家の用語注解』「女神ユノーのことば」を見よ〔スミスは Du Cange Glossary, voce Moneta; the Benedictine edition と表記しているが、正確な書名は、Du Cange, Charles Du Fresne, *Glossarium ad Scriptores mediæ et infimæ Latinitaris*, 1678 である。スミスが挙げたヴェネディクト教団版は一七三三〜三六年の出版〕。

65 ヘンリー八世の統治が終わりに近づき、エドワード六世の統治が始まるころ、イギリスの鋳貨は、たんにその呼称が引き上げられていただけでなく、その規定純度も引き下げられていた。同様のごまかしは、ジェイムズ六世が未成年であった時期のスコットランドでも実施された。それは、他のほとんどの国で、しばしば実施されてきたことである。

66 グレートブリテンの国家収入の超過分、つまり、平和で安定した状態での年々の支出を支払った後に残るものがそれほどわずかなものに留まるかぎり、この国の財政収入が債務の重荷から完全に解放されることなどあるはずがないとか、あるいは、そのような債務の重荷からの解放《リベレイション》に向けて、相当な進歩が絶えずなされうるとか、そのように期待することはまったく無駄だと思われる。明らかなことは、そのような債務の重荷からの解放は、財政収入のかなり大規模な増加か、または、同じ程度に大規模な財政支出の削減なしに実現できるはずがない、ということである。

67 より平等な地租、より平等な家屋地代に対する税、および先立つ章で言及したような関税や消費税といった現在の体制における変更は、おそらく、大部分の国民の負担を増やすことなく、その負担を全体に対してより平等に配分するだけで、歳入の大幅な増加を生み出すことができるだろう。しかしながら、もっとも楽天的な企画屋《プロジェクター》でも、この種の増加が、次の戦争でいっそう進む国家債務の累積を予防したり補ったりするのと同じほど、国庫収入の債務からの全面的な解放や、平和時におけるその解放に向けて発展を遂げる点について、正当な希望を与えられる類いのものなのだ、と自惚れることなどまず不可能であろう。

68 イギリスの課税制度を、イギリスやヨーロッパに出自をもつ人々が居住している帝国内のすべてのさまざまな地域に広げれば、はるかに巨額の歳入増加が期待できるだろう。しかしながら、これがイギリスの国制を形づくる原理と一致する形で実現することは、すべてのさまざまな地域からの公正で平等な代表を、イギリスの議会、すなわち、お望みとあればイギリス帝国の上・下院に、グレートブリテンの代表がグレートブリテンに対して課された税額に対して保っているのとおなじ比率で、それぞれの地域の納税総額に応じて受け入れるように承認しないかぎり、ほとんど実現不可能であろう。多くの有力な人々の私的な利害、大部分の人々が抱いている強固な偏見は、事実、今のところそのような大きな変化――それは乗り越えることがきわめて困難であり、おそらくまったく不可能であろう――に反対するように思われる。

しかしながら、そのような統合が実行可能であるかどうかは明らかだなどとあえて主張せず、イギリスの課税体制は、帝国のさまざまな地域のすべてに対してどの程度まで適用可能であるかとか、適用した場合に、どのような収入がそれから期待しうるかとか、この種の全般的な統合は、そこに含まれると考えられるさまざまな地域の幸福と繁栄にどのような影響を及ぼすかなどについて考えることは、この種の理論的な著作のなかなら、おそらく不適切なことではなかろう。このような考察は、最悪でもたんなる新手のユートピア――以前のそれと比べれば、確かにそれほど面白くはないが、有用性がはるかに劣るわけでも、非現実的なわけでもない――とみなすことができよう。

69 地租、印紙税、さまざまな関税や消費税がイギリスの税の四大部門を形成している。

70 アイルランドが地租を支払えること、さらに我が国のアメリカや西インドの農園はグレートブリテン以上にもっと地租の支払い能力があること、これは間違いないことである。地主が十分の一税や救貧税を免れている所では、このような別の負担を免れられない所に較べ、そのような税を支払う地主の能力がいっそう高いことは確かである。十分の一税は、十分の一税に代わる上納金《モウダス》〔modus decimandi のこと〕が存在せず、実物で課税されている所では、実際には一ポンド当たり五シリングに達する地租よりも、事情が違えば地主の地代になっていたようなものを、より多く減少させるだろう。そのような十分の一税は、ほとんどの場合、地主の実際の地代の四分の一以上、つまり、農業者の資本を、その適正な利潤とともに完全に回収した後に残るものを上回っていることが、わかるだろう。もしすべての十分の一税に代わる上納金とすべての聖職禄俗人保有《インプロプリエーション》がなくなったとしても、グレートブリテンとアイルランドのすべての教会十分の一税が、六〇〇万ないし七〇〇万ポンドに満たないと推定されるわけにはいかないだろう。もしグレートブリテンとアイルランドに十分の一税が存在しなければ、地主は、現在彼らの大部分が担っている以上に負担することなく、六〇〇万ないし七〇〇万ポンドに達する追加分の地租を支払えるようになるだろう。アメリカは十分の一税を支払っておらず、それゆえ地租をかなりよく支払うことができる。アメリカと西インドの土地は、実際に、農民に対して、一般に小作にも賃貸しにも出されていない。それゆえ、彼らが地代帳に従って課税評価されることはありえない。だが、グレートブリテンの土地も、ウィリアムとメアリーの治世四年には、地代帳に従って課税評価されたものではなく、きわめていい加減で不正確な見積もりに従って評価された。アメリカの土地は、同じ仕方か、あるいは最近ミラノ、オーストリア、プロシャやサルディーニャの領土で実施されたように、正確な調査の結果としての公平な評価にしたがって、課税評価されることが可能であろう。

71 明らかなことは、印紙税は、法律手続きの形式や不動産と動産両方の所有権が、同一かほぼ同一の証書によって移転されるすべての国で、何ら区別なく課税可能だということである。

72 グレートブリテンの税関法規《カスタムハウス・ローズ》のアイルランドや植民地への拡大は、公平という点ではそうでなければならないのだが、貿易の自由の拡大を伴っていたら、両者にとってこれ以上ないほど大きな利益になったことであろう。現在アイルランドの貿易を抑圧しているあらゆる差別的な抑制策、つまりアメリカの列挙商品と非列挙商品との区別は、完全に終了していたであろう。フィニステレ岬よりも北に位置する国は、その岬よりも南に位置する国が現在その生産物の一部についてそうなっているように、アメリカの産物のすべての部分について開放されていたであろう。ブリテン帝国のすべての異なった地域間の貿易は、このような税関法規における統一性の結果、グレートブリテンの沿岸貿易が現在そうであるのと同程度に自由になるだろう。イギリス帝国は、帝国のさまざまなすべての地域のあらゆる生産物のための巨大な内部市場を、このように帝国自体のなかにもたらすことになろう。これほど大きな市場の拡大は、アイルランドと植民地の両方に対して、関税負担の増加からこうむりうるすべてのものを、すぐに埋め合わせることになろう。

73 消費税は、イギリスの課税制度のなかで、帝国のさまざまな地域のどこに適応されるかに応じて変更される必要がある唯一の部門である。それは、アイルランドについては、その王国の生産と消費がグレートブリテンのそれと完全に同性質のものであるため、修正することなく適用できるだろう。生産と消費がグレートブリテンのそれと大幅に異なっているアメリカと西インド諸島への適用については、イングランドのリンゴ酒やビールの産地に適用する場合と同じ方法で、何らかの修正が必要であろう。

74 たとえば、ビールと呼ばれはするが、糖蜜〔砂糖精製過程で生じる黒いシロップの残液のこと〕から作られるため、我が国のビールとはほとんど共通点をもたない発泡酒は、アメリカでは、大衆の日常的な飲み物のかなりの部分を占めている。この酒は、ごく短日しか保存できないから、我が国のビールのように、大醸造業者が販売用に製造して保管することはできないが、どの私人の家庭でも、食料を調理するのと同じ仕方で、自家消費用にそれを醸造するはずである。だが、我々が居酒屋や小売りする醸造業経営者に受けさせるのと同じ方法で、すべての私的な家族に徴税人のいやな訪問と調査を受けさせることは、自由《リバティ》とはまったく一致しないだろう。もし平等のためにこのような酒に対して税を賦課することが必要だと考えられるのであれば、それを作る原料に対して、製造の現場か、あるいは貿易の事情がそのような消費税を不適切なものにする場合には、消費予定地である植民地への輸入時に税を賦課することによって、課税することができるだろう。くわえて、一ガロン当たり一ペニーという賦課金がイギリス議会によって糖蜜のアメリカへの輸入に対して賦課されているし、他の植民地に属する船舶でマサチューセッツ湾へ輸入されたこの種のものには、大樽当たり八ペンスという植民地税《プロヴィンシャル・タックス》があるし、北部植民地からサウスカロライナへの輸入については、別に一ガロン当たり五ペンスの植民地税がある。

すなわち、もしこのような方法が不都合だと分かった場合、イングランドで民間の家族が麦芽税のために弁済金を支払っているのと同じように、家族を構成する人数に従って、あるいは、オランダでさまざまないくつかの税が賦課されているのと同じ方法で、このような人々のさまざまな年齢と性別に従って、このような酒を消費するためにすべての家族が弁済金を支払うことが可能であろうし、さらにまた、サー・マシュウ・デッカーがイングランドで賦課するすべての消費財に対して提案している方法〔年払い方式のことだが、詳しくはV. ii. k. 18. を参照のこと〕に近いやり方も可能であろう。この課税方式は、すでに考察したことだが、迅速に消費される対象物に適用する場合には、あまり好都合なものではない。しかしながら、より良い方法がない場合には、採用できるかもしれない。

75 砂糖、ラム酒およびタバコは、どこでも生活必需品ではないが、ほとんどどこでも消費対象として認められており、それゆえ課税対象としてきわめて適切なものである。もし植民地との合邦が行われるとすれば、このような商品は、製造業者や栽培業者の手から離れる前に課税されることが可能であろうし、あるいは、このような課税方式がそのような人々の事情に適合していない場合には、製造業者が位置する所、またはそのような商品が後に運送される帝国内のさまざまなすべての港にある公設の倉庫に預けられて、商品の所有者と歳入局の職員の共同の保護観察下に置かれ、消費者向けにか、国内消費用の小売商人向けにか、あるいはまた輸出商人向けに運び出されるまでそこに留め置かれ、税金は、そのような搬出後まで前納されない、ということも可能であろう。輸出用に運び出される時には、財貨は実際に帝国の外に輸出されることになっているという適切な証明書の引き渡しにもとづいて、免税扱いされる。このような商品は、おそらく植民地との合邦が、現在のイギリスの課税制度におけるかなり大きな変更を要請する対象になり得る主要なものであろう。

76 帝国のあらゆるさまざまな地域にまで拡張されたこのような課税制度が生み出すことができる収入の総額がどれだけであるか、これを許容できるほどの正確さで確認するのはほとんど不可能である。この制度によって、グレートブリテンの中では、八〇〇万人に満たない人々に対して一〇〇〇万ポンドを上回る歳入が年々賦課されている。アイルランドは二〇〇万人を上回る人口を抱えているし、議会に提出された説明によれば、アメリカの一二の連合植民地は三〇〇万人以上を抱えている。しかしながら、この種類の説明は、おそらく地域の人々を元気づけたり、この国の人々を威圧するために誇張されたりしている可能性があるから、したがって我々は、北アメリカと西インド諸島の我が国の植民地を一緒にしても三〇〇万人には満たないこと、つまり、ヨーロッパとアメリカを合わせたイギリス帝国全体の人口は、一三〇〇万人を超えるほどではないと推定すべきであろう。

もし八〇〇万人に満たない住民に対して、この課税制度が正貨一〇〇〇万ポンドを上回る歳入を調達するとすれば、一三〇〇万の住民に対してであれば、正貨一六二五万ポンド以上の歳入を調達するはずである。この歳入——この方式がもたらしうると前提した上で——から、アイルランドと植民地で、それぞれの行政府の経費を支払うために通常集められている収入が差し引かれる必要がある。アイルランドの行政および軍事機構の経費は、国家債務の利子を一緒に加えると、一七七五年三月に終わった二年間の平均は、一年につき七五万ポンドをわずかに下回る額であった。アメリカと西インドの主要な植民地の歳入にかんする正確な報告書によれば、現在の動乱の開始以前、一四万一八〇〇ポンドに達していた。しかしながら、この報告書の中では、メリーランド、ノースカロライナ、およびアメリカの大陸と諸島の両方における最近獲得した領土の歳入が省略されており、おそらくそれは、三万か四万ポンドの違いとして現れている可能性がある。それゆえ、端数を省くために、アイルランドと植民地の行政府を維持するために必要な歳入が、一〇〇万ポンドだと仮定しよう。結果的に、一五二五万ポンドの歳入が、帝国の一般的な経費の支払いと、国家債務の支払いとに充当できるものとして残るだろう。だが、もしグレートブリテンの現在の収入から、一〇〇万ポンドが平和時に国家債務の返済用に余らせておけるとすれば、六二五万ポンドをこの改善された歳入から残しておけるのは確実だろう。

この巨額な減債基金はまた、前年に返済された債務の利子によって毎年増やされる可能性があるし、数年あれば、このようにして十分に債務の全体を返済し、したがって、現在衰弱し、色あせつつある帝国の活力を完全に回復させるほど、きわめて急速に増やされる可能性があるだろう。とかくするうちに、国民はいくつかのもっとも重い税から、つまり、生活必需品や製造業の原材料に賦課されているような税から、解放される可能性がある。労働貧民は、こうして生活がよくなり、労働が楽になり、彼らの製品をより安価に市場にもたらすことができるだろう。彼らの製品が安価であることは、それに対する需要を増加させ、結果的に、それを生産する人々の労働に対する需要を増加させるだろう。労働需要におけるこのような増加は、労働貧民の数を増加させるとともに、その境遇を改善するだろう。彼らの消費が増大し、それとともに、課税の継続が認められるこのような財の消費から生じる歳入も、増加するだろう。

77 しかしながら、この課税制度から生じる歳入は、それに従うことになる人々の数に比例して、ただちに増加するわけではないだろう。それまでまったく習慣になっていなかった重荷をこのように負担させられる帝国のこのような地域には、ある程度の間、大規模な支払い猶予が当たり前になるだろうし、同じ税が、あらゆる所で可能な限り正確に課されるようになったとしても、どこでもそれが住民の数に応じた歳入をもたらすわけではないだろう。貧しい国では、関税や消費税が課されるような主要な商品の消費はきわめて少なく、人口密度が小さな国では、密輸の機会がきわめて大きい。麦芽酒の消費は、スコットランドの下層階級の人々の間ではきわめて少なく、麦芽、ビールおよびエールに対する消費税の歳入は、住民の数や税率――麦芽については、想定された品質の違いに応じて異なっている――のわりには、イングランドよりも少ない。私の理解では、このような消費税の特定分野では、ある国のほうが他の国におけるよりも密輸がひどく多い、ということにはならない。蒸留酒製造所に対する賦課金、さらには大部分の関税は、課税される商品の消費量が少ないという理由だけでなく、密輸の容易さがはるかに大きいという理由から、それぞれの国の住民の数のわりには、イングランドよりもスコットランドのほうが歳入が小さくなる。アイルランドでは、下層階級の人々はスコットランドよりもさらに貧しく、その国の多くの部分は、住民の数もほとんどまばらである。それゆえ、アイルランドでは、課税商品の消費は、人口数との割合でみると、スコットランドよりもさらに小さくなる可能性があるが、密輸のやりやすさにはほとんど違いがないだろう。

アメリカと西インドでは、白人は、最下層の人々でもイングランドにおける同じ階層の人々よりもずっと良い境遇にあるから、彼らが日常的に楽しんでいる類いのすべての贅沢品の消費は、おそらくずっと多いだろう。実際、大陸の南部植民地と西インド諸島両方の住民の大部分を形成する黒人は奴隷状態にあるわけだから、疑問の余地なく、スコットランドやアイルランドにいるもっとも貧しい人々よりも悲惨な状態にある。しかしながら、それを理由に、我々は、彼らの食事が劣悪で、穏やかな税を課される可能性がある財貨の消費は、イングランドの下層階層の人々の水準よりずっと劣る、と想像してはならない。彼らが十分に働けるように、彼らに十分食べさせて元気に保つことが彼らの主人の利益なのであって、保有する労役家畜がそうであることが彼の利益であるのと同じことである。したがって、黒人はほとんどどこでもラム酒、糖蜜およびスプルースビール〔モミの枝葉に糖蜜を加えて発酵させた飲料〕を、白人の使用人と同様に支給されるし、このような物品は穏やかな税を課されるはずではあるが、おそらくこの支給分が取り消されることはないだろう。それゆえ、被課税商品の消費は、住民数のわりには、アメリカや西インドでは、おそらくイギリス帝国のどの部分にも劣らず大きいだろう。

実際アメリカは、国の広さのわりには、スコットランドやアイルランドのどちらよりもはるかに人口密度が低いから、密輸の機会はずっと大きいであろう。しかしながら、麦芽や麦芽酒に対するさまざまな賦課金で現在工面されている歳入が、麦芽に対する単一課税によって工面されるとすれば、密輸の機会は、消費税のもっとも重要な分野でほとんどすべて取り除かれてしまうだろう。だから、もし輸入されるさまざまな物品のほとんどすべてに関税が課される代わりに、少数のもっとも一般的に用いられ消費されるものに限定されるとすれば、さらに、このような税金の賦課が消費税法に従うようになるとすれば、密輸の機会は、完全に除去されるとまではいかなくても、著しく減少させられるだろう。見るからに単純で簡便なこの二つの変更の結果、関税と消費税は、現在もっとも人口稠密な地域の消費に比例して集めている歳入と同様に、もっとも人口希薄な地域の消費に比例して、大きな歳入をもたらすことがおそらく可能であろう。

78　アメリカ人は、その国の内国商業が紙幣によって遂行されており、彼らの手許に時々入ってくる金や銀は、彼らが我が国から受け取る商品の代わりにグレートブリテンにすべて送られるため、金や銀の貨幣をもっていない、と実際に言われてきた。まったく金や銀がなければ、税を支払う可能性もない、と言い添えられるわけである。我々はすでに彼らがもっている金や銀をことごとく獲得してしまった。彼らが持ちもしないものを、どのようにして彼らから引き出せるのであろうか？

79 現在のアメリカにおける金や銀の貨幣不足は、その国の貧しさとか、人々がそこでそのような金属を購入する能力をもたないことの結果ではない。イングランドよりも、労働の賃金があれほど高く、食料の価格がずっと低い国では、大部分の人々は、もし彼らにとって必要だったり便利だったりしたら、間違いなくより多くの量を購入するための手段を持っているにちがいない。それゆえ、このような金属の不足は、選択の結果であって、強制の結果ではないはずである。

80 金貨幣や銀貨幣のどちらかが必要になったり、好都合であったりするのは、国内取引や外国取引を遂行するためである。

81 あらゆる国の国内取引は、すでに本研究の第二編で明らかにしておいたように、少なくとも平和時においては、金貨幣や銀貨幣とほぼ同程度の便宜をもつ紙の通貨《ペーパー・カレンシー》で取り引きできることだろう。容易に獲得できるものを上回る多くの元本を、利潤をあげながら自分の土地の改良にいつでも利用できるアメリカ人にとっては、金や銀のように、きわめて高くつく商業の道具の経費を可能なかぎり多く節約し、このような金属を購入するために欠かせない余剰生産物の一部を、仕事道具、衣服の原料、家庭用家具の一部、さらには彼らの定住地や農場を建設したり、拡大したりするための鉄製品の購入に利用すること、つまり、不活発な元本《デッド・ストック》ではなく、活動的で生産的な元本を購入することのほうが、むしろ好都合なのである。植民地政府は、その住民に彼らの内国事業を取り引きするために十分な量を一般的に超える以上の紙幣《ペーパー・マネー》量を供給することが、自分たちの利益だと考えている。このようないくつかの植民地政府、特にペンシルヴェニアの政府は、入植者にこの紙幣を数パーセントの利子で貸し付けて、収入を得ている。他の植民地政府は、マサチューセッツ湾のそれのように、特別な緊急事態に陥ると、政府経費を支払うためにこの種の紙幣を貸し付け、後に、植民地の便宜にとって好都合な時に、ゆっくりと低下していく減価した価値で、それを買い戻したりする。マサチューセッツ湾の植民地は、一七四七年に、*このような仕方でその手形《ビル》が譲渡された時の貨幣の一〇分の一でもって、その公的債務の大部分を返済した。

それは、植民者が彼らの内国取引において金貨や銀貨を用いる経費を節約するという便宜をかなえていたし、いくつかのきわめて大きな不利益を伴っていたとはいえ、行政費用を節約することができる手段を提供した点で、植民地政府の便宜にもかなっていた。紙幣の過剰は、スコットランドで大部分の国内取引からこのような金属を追い払ったのと同じ理由から、必然的に植民地の国内取引から金や銀を追い払ったが、二つの国でこの紙幣の過剰を引き起こしたのは、貧しさではなく、事業を起こし企画しようという精神、つまり、入手できるすべての元本を活動的で生産的な元本として利用しようとする、住民の希望である。

＊Hutchinson's Hist. of Massachusett's Bay, Vol. II. 四三六頁およびそれ以降を見よ〔Thomas Hutchinson, 1711-1780. ハチンソンは、ボストンの豊かな商人でロイヤリストに属する政治家、歴史家。正確な書名は

History of the Colony and Province of Massachusets Bay, 3 vols. 1760, 1768, 1828〕。

82　さまざまな植民地がグレートブリテンとの間で遂行している外国商業では、金と銀は、大なり小なりそれが求められるのに正確に比例して、大なり小なり用いられる。このような金属が求められない所では、それはほとんど現れない。必要とされているところでは、それはたいてい見つけられるのである。

83　グレートブリテンとタバコ植民地との間の商取引では、イギリスの財貨が一般的にかなり長期の信用で貸し付けられ、後に一定の価格で評価されたタバコで支払われるようになっている。植民地人にとっては、金や銀で支払うよりも、タバコで支払うほうがずっと好都合である。どのような商人にとっても、彼の取引相手が、たまたま彼が取り引きする可能性がある何か他の種類の商品で支払うほうが、貨幣で支払うよりもずっと好都合であろう。そのような商人は、自分の元本のいかなる部分も利用しないまま、また臨時の請求に応じるために、手許現金の形で保持しておく理由などないだろう。彼は、いつでも、自分の店や倉庫に大量の財貨を保持しておくことができるし、より大規模に取り引きすることもできる。

だが、商人のすべての取引相手にとって、彼らがその商人に売却する商品に対する支払いを、彼が偶然取り引きする何か別の種類の財貨で受け取ることが、自分にとって好都合であるなどということは滅多に生じない。ヴァージニアやメリーランドと取り引きするイギリス商人は、彼らがこのような植民地人に対して販売した財貨の支払いを、金や銀でよりも、タバコで受け取るほうがたまたまずっと好都合な、特別な種類の取引相手なのである。彼らは、タバコを販売することによって利潤を上げようと期待する。彼らが、金や銀の販売によって儲けられるはずがない。それゆえ、金や銀がグレートブリテンとタバコ植民地の間の通商に現れることは、きわめてまれである。メリーランドとヴァージニアは、国内商業におけると同様に、外国通商においてもこのような金属に対する誘因をほとんどもたない。したがって、両植民地はアメリカにおけるどの他の植民地よりもわずかしか金や銀をもっていない、と言われるのである。しかしながら、両植民地は繁栄しており、結果的に、近隣のあらゆる植民地と同じほど豊かだと考えられている。

84　北部の植民地、ペンシルヴェニア、ニューヨーク、ニュージャージー、ニューイングランドの四つの行政府など、そのような植民地がグレートブリテンに輸出するそれぞれの生産物の価値は、植民地が自分たちで用いるために、さらには、運搬人の役割を担って他の植民地で用いるために輸入する製造業の生産物の価値と等しくない。それゆえ、不足額《バランス》が金や銀で母国に支払われなければならないが、この不足額を、植民地はたいてい調達するのである。

85　砂糖植民地では、グレートブリテンに年々輸出される生産物の価値は、そこから輸入されるすべての財貨の価値よりもずっと大きい。もし母国に年々送られる砂糖とラム酒がこのような植民地で支払われていたとすれば、グレートブリテンは、毎年きわめて大きな差額を貨幣で送ることを余儀なくされただろうし、さらに西インドとの貿易は、一定の種類の政治家によって、きわめて不利なものだとみなされたことだろう。だが、砂糖農園の主だった所有者の多くは、たまたまグレートブリテンに居住している。彼らの地代は、自分たちの農園の生産物である砂糖やラム酒で、彼ら宛に送付される。西インドの商人がこのような植民地で自分自身のために購入する砂糖とラム酒は、彼らが年々そこで販売する財貨とは、価値が等しくない。それゆえ、差額はかならず金や銀で彼らに支払われる必要があり、この差額もまたたいてい調達される。

86 グレートブリテンに対するさまざまな植民地からの支払いの難しさや不規則性は、それぞれ支払われるべき差額の大小とは、まったく釣り合いがとれていなかった。支払いは、一般的に北部植民地からのほうが、タバコ植民地からよりも規則的であったが、とはいえ、一般に前者は、かなり大きな差額を貨幣で支払ったのに対し、後者は、まったく差額を支払わなかったり、払ってもずっと小さな額しか支払わなかったりした。我が国のさまざまな砂糖植民地から支払いを受け取ることの難しさが増大したり縮小したりするのは、それぞれの植民地に支払われるべき差額の大きさよりも、むしろそれぞれの植民地に含まれる未耕地の面積、すなわち、入植者が自分たちの資本の大きさにふさわしい広さを超える荒れ地の定住と農園化に、熱を上げすぎたり冷めすぎたりする衝動が、膨らんだり萎んだりするのに比例している。ジャマイカの大きな島――ここにはまだ広大な未耕作地が存在する――から得られる利潤は、この理由からして、バルバドス島、アンティグア島およびセントクリスファー島というより小さな島――長期間十分に耕作され、その理由から、入植者の投機の場所にされることが少なかった――から得られる利潤よりも、一般的にもっと不規則で、不確実であった。新しく獲得したグレナダ島、トバゴ島、セントヴィンセント島、およびドミニカ島は、この種の投機に新領域を開放したが、このような島から得られる利潤は、ジャマイカの大きな島からのそれと同様に、最近、不規則で不確実なものになっている。

87　それゆえ、大部分の植民地で、現在の金貨幣や銀貨幣の不足を引き起こしているのは、植民地の貧しさではない。彼らの活動的で生産的な元本に対する大きな需要が、不活発な元本を可能な限り少なくもつほうが彼らの利益になるようにするのであり、金や銀よりも使いやすさの点で劣る商業の道具であるとはいえ、その理由から、より安価なもので満足する気持ちにさせるのである。彼らはそれによって、金や銀がもつ価値を貿易の道具、つまり衣服の原材料、家具、さらには定住地や農園を建設し拡張するために欠かせない鉄製品と、引き換えることができる。金貨や銀貨なしでは取り引きすることができないこのような事業部門では、彼らは、このような金属の必要量をいつでも調達できるように思われるが、彼らが頻繁にそれを調達できないとすれば、彼らの失敗の原因は、一般的に、避け難い彼らの貧しさの結果ではなく、彼らが行う不必要で行きすぎた事業の結果にある。彼らの支払いが不規則で不確実なのは、彼らが貧乏であるからではなく、途方もない金持ちになりたいという熱望が強すぎるからである。

植民地の租税が生み出したもののうち、当地の行政および軍事機構を維持する費用を賄うために必要なものを超える部分はすべて、グレートブリテンへ金や銀で送金されなければならなかったとはいえ、植民地は、このような金属の必要量を購入するための手段を豊富にもっている。送金の必要があった場合、実際植民地は、いまそれでもって植民地が活動的で生産的な元本を購入している剰余生産物の一部を、不活発な元本と引き換えに手放さざるをえなかっただろう。それぞれの国内事業を処理していく中で、植民地は安価な通商の道具の代わりに、費用のかかる道具を採用せざるをえないだろうが、この高価な道具を購入する費用は、土地改良における植民地の行きすぎた事業の活発さと熱意を、幾分引き下げる可能性があろう。しかしながら、アメリカの歳入のいかなる部分も、金や銀で送金される必要はないだろう。それは、グレートブリテンにいる特定の商人や会社——アメリカの余剰生産物の一部が委託されてきた商人や会社で、彼らは、その価値を財貨で受け取った後、アメリカの歳入を国庫に貨幣で支払う——によって振り出され、引き受けられた為替手形で、送金することができるだろうから、取引の全体は、アメリカから一オンスの金や銀の輸出をしなくても、頻繁に行われるであろう。

88 アイルランドとアメリカの両者が、グレートブリテンの国家債務を償還するために貢献すべきであるということ、これは正義に反することではない。その債務は、名誉革命によって樹立された政府を支持するなかで契約されたものであって、アイルランドのプロテスタントは、たんに自分たちが母国で現在享受している権能のすべてだけでなく、彼らの自由、財産および宗教をめぐって確保している安全性も、すべてをその政府に負っているし、さらにその政府のおかげで、いくつかのアメリカ植民地が現在の設立特許状、つまり結果的に現在の国制を手に入れたことになるし、アメリカのすべての植民地は、今まで自由、安全及び財産を享受してきたわけである。その国家債務は、たんにグレートブリテンだけでなく、帝国のさまざまな地域のすべてを防衛するために契約されてきたものであって、特に最近の戦争で契約された巨額の債務、および、それ以前の戦争中に契約された債務の大部分は、ともにアメリカ防衛のために固有に契約されたものなのである。

89 グレートブリテンとの合邦によって、ふたたびアイルランドは、貿易の自由に加え、よりいっそう重要な他の利益を手に入れるだろうし、それは、合邦に伴う可能性があるすべての税の増加を埋め合わせるものを大きく超えるだろう。スコットランドの中流および下層階級の人々は、イングランドとの合邦によって、それまでずっと彼らを抑圧してきた貴族階級の権力からの完全な解放を獲得した。アイルランドのすべての階層に属する大部分の住民は、グレートブリテンとの合邦をつうじて、著しく圧政的な貴族制度からの完全な解放を同様に手に入れるだろうが、貴族制度というものは、スコットランドのそれと同様に、生まれや富という自然で尊敬に値する区別にではなく、あらゆる区別のなかでもっとも忌むべき宗教的で政治的な偏見にもとづいているし、区別というものは、他の何にもまして、抑圧者の傲慢さと、抑圧されている人間の憎悪や怒りの両方を駆り立てるものであるうえ、さらに、一般的に、同じ国の住民を違う国の住民のあいだ以上に、たがいに敵対的なものにするものなのである。グレートブリテンと合邦しなければ、アイルランドの住民が彼ら自身をひとつの国民であると考えることなど、長期にわたってありそうにない。

90 植民地には、抑圧的な貴族制度などまったく普及していなかった。しかしながら、植民地でさえ、幸福と心の平和という点では、グレートブリテンとの合邦によってかなり大きなものを獲得するだろう。すくなくとも合邦は、小規模な民主主義《デモクラシー》につきものの悪意にみちた致命的な党派心――形式としてはほとんど民主主義的なところで、きわめて頻繁に植民地の人々の愛着を引き裂き、彼らの統治の平安を攪乱してきた党派心――から、植民地を解放するだろう。グレートブリテンから完全に分離した場合、この種の合邦によって阻止されなければ、以前よりも一〇倍も敵意に満ちた党派心が生じやすくなると思われる。現在の混乱

〔アメリカ独立戦争のこと〕が開始される以前なら、このような党派心が、著しく侮辱的な言動や野蛮行為になってしまうことがないように、母国の強制力がいつでも抑制することができた。このような強制力が完全に取り除かれた場合、おそらく遠からず、それは公然たる暴力と流血に陥ることであろう。

ひとつの統一的な政府のもとに統合されているあらゆる大国では、党派の精神は、一般的に帝国の中心地よりも遠隔にある地方のほうが、幅を利かせる機会が少ない。このように首都から、つまり、党派心と野心が大混乱した状態にある中心地から遠く離れていることが、そのような地域を、張り合う党派のどれかひとつの見解に溶け込み難くし、振る舞いの全体に対して偏見をもたない公平な観察者に、仕立て上げやすくするのである。党派心は、イングランドよりもスコットランドのほうがはびこっていない。合邦した場合、多分それは、スコットランドよりもアイルランドのほうがもっと広がらないだろうし、植民地は、現在イギリス帝国のどの部分でも知られていない程度の和合と合意を、多分まもなく享受するようになろう。実際、アイルランドと植民地は、彼らが現在支払っているいかなる税金よりも重い税を賦課されるようになるだろう。しかしながら、国家収入を国家債務返済のために勤勉かつ誠実に努力するせいで、このような税の大部分は長期間続くものではなくなるだろうし、こうしてグレートブリテンの国庫収入は、穏やかに平和が樹立された状態を保つために必要なものに、ほどなく引き下げられる可能性がある。

91　まぎれもなく国王——すなわち、グレートブリテンの人々と国家——の権利である東インド会社が獲得した領土は、おそらく、すでに言及したすべてのものを上回るさらに豊かな歳入の別の源泉にさせられる可能性がある。獲得された地域は、より多産で、ずっと広大であると言われており、その面積のわりには、グレートブリテンよりもずっと豊かでもっと人口稠密である。そのような地域から大きな歳入を引き出すためには、すでに十分に、しかも十分すぎるほど課税されている地域に新しい税制度を導入する必要は、おそらく無いだろう。おそらく、このような不運に見舞われた地域の重荷を加重するよりも、むしろ軽くするほうがずっと適切であろうし、そのような地域から歳入を引き出すにしても、新しい税を賦課することによってではなく、そのような地域がすでに支払っている大部分の税の着服や不正使用を防ぐことによってのことであろう。

92　グレートブリテンにとって、上に言及した財源のどれからも相当の歳入の増加を引き出すことが不可能だと分ってくるとすれば、残されうる唯一の方策は、国の支出の削減である。国家収入を集める方式においても、それを支出する方式においても、なおその両方で改善の余地があるとはいえ、グレートブリテンは、すくなくともすべての近隣諸国に劣らぬほど倹約的であるように見える。平和時に自国を防衛するために維持する軍事施設は、自国の富と権力の点で、たがいに競い合っていると断言できるあらゆるヨーロッパの国のものと比べて、ずっと穏やかなものである。それゆえ、このようなもののどれも、支出を相当削減する余地などないように思われる。植民地の平和を確立するための支出は、現在の混乱が始まる前からきわめて大きなものであって、そこからまったく歳入を引き出せないとなれば、間違いなく完全に節約されるべき支出なのである。平和時におけるこの恒常的な支出は、きわめて大きなものであるとはいえ、戦時期に植民地の防衛が我が国に費やさせてきたものに較べれば、微々たるものである。

もっぱら植民地のために遂行された先の戦争は、グレートブリテンには九〇〇〇万ポンド以上の費用がかかっている。一七三九年のスペイン戦争は、主として植民地の利益のために遂行されたし、その戦争でも、その結果としてのフランス戦争においても、グレートブリテンは四〇〇〇万ポンド以上を費やしたが、その大部分は、まさに植民地に対して賦課されるべきものであった。この二度の戦争によって、グレートブリテンの国家債務は最初の戦争が開始される以前の額の倍以上に膨れ上がった。その戦争がなかったとすれば、国債は、おそらくこの時期までに完全に償還することができたであろうし、この戦争が植民地のためのものでなかったとすれば、この二つの戦争のうちの前者は起きなかった可能性があり、後者は間違いなく企てられなかっただろう。その支出が注ぎ込まれたのは、植民地がイギリス帝国の属領《プロヴィンス》であると信じられていたからである。

だが、その帝国の維持に向けた歳入にも軍事力にも貢献しないような地域を、属領とみなしうるはずがない。おそらくそれは、帝国の豪華でこれ見よがしの一そろいの装身具に似た、添え物のようなものとみなすことができよう。だが、もしその帝国が、もはやこの一そろいの装身具を保有する費用を賄い続けることができないとすれば、間違いなくそれは放棄されなければならないし、その歳入を、その支出に見合うほど引き上げられないのなら、少なくとも、その支出をその歳入に順応させなければならない。その植民地が、イギリスの租税を受け入れることを拒否する一方で、なおイギリス帝国の属領であるとみなされるなら、将来の戦争におけるそのような地域の防衛は、以前のあらゆる戦争にも劣らない巨額の支出をグレートブリテンに負担させるだろう。

グレートブリテンの統治者は、一世紀以上の間、大西洋の西側に一大帝国を保有していると想像させ、国民を楽しませてきた。それは今日に至るまで、帝国ではなく、帝国のプロジェクトであったのであり、金鉱山ではなく、金鉱山のプロジェクトであったわけで、このプロジェクトたるや、費用が高かったばかりか今後も費用がかかり続けるし、しかも、今までと同様に追い求め続けたら、およそ利益などまったくもたらしそうにない巨額の支出を伴うように思われる。というのは、植民地貿易の独占がもたらす効果は、すでに示してきたように、国民の大部分にとっては、利益どころか損失にすぎないからである。今や我々の統治者が、彼ら自身が――そしておそらく国民もまた――自ら耽ってきたこの黄金の夢をはっきりと理解すべき時であるし、また、それから目覚め、国民を目覚めさすように努力すべき時を迎えていることは、間違いない。もしそのプロジェクトが実現不可能であるのなら、それは断念されるべきである。イギリス帝国に属するどの地域であろうと、帝国全体を維持するために貢献できるようにならないのであれば、グレートブリテンは、戦時にこのような地域を防衛するための費用の支出、およびどの地域であれ、平和時にそれぞれの行政施設や軍事施設を維持するための費用の支出から解放されるべきであって、我が国の将来にかんする展望と構想を、自分自身の実際の平凡な境遇に適応させるように努力すべき時を、今まさに迎えているのである。

完

訳者解説

一

アダム・スミスは、一七二三年にスコットランド東部の港町カーコーディー（フォース湾を挟んでエディンバラ対岸の町）で税関吏の子供に生まれた。町の学校と私設のグラマースクールでラテン語などを習得後、一七三七年にグラスゴー大学第三学年に入学し、スネル奨学金を得て、一七四〇年にオックスフォード大学ベリオル・カレッジに入学する。後に『国富論』第五編第一章第三節で「大学教授は教えるふりさえしない」と痛烈な批判を放ったが、体調を壊すほど過度の勉学に打ち込み、一七四六年に帰郷した。エディンバラで数回開催した公開講座で好評を得たこともあり、一七五一年にグラスゴー大学の論理学教授、次の年に道徳哲学教授になった。『道徳感情論』（一七五九年）は、講義用の草稿を元に執筆されたものだが、スミスは法学も担当していて、学生の聴講ノート『法学講義　一七六二〜一七六三』が知られている（名古屋大学出版会刊の邦訳あり）。スコットランドの大貴族バックルー公の大陸旅行（グランド・ツアーとして知られる貴族階級の子弟などの数年にわたる遊学）の個人教師を要請されて受諾し、一七六四年に大学を辞した。

二年間のフランス滞在をへて一七六六年一一月に帰国したあと、故郷で執筆し一七七六年に出版された『国富論』は、『道徳感情論』を上回る反響と名声をもたらした。一七七八年一月にスコットランド関税委員に任命され、ロンドン行きのために二度ほど休暇を取った以外、一七九〇年七月に死去するまでエディンバラのキャノンゲートの自宅で書物に囲まれて過ごした。バックルー公からの年金や、精勤した関税委員の報酬という安定した収入もあり、金銭的には恵まれていた。ギリシャ・ローマの古典、哲学や自然史（博物学・生物学）などの分野を網羅した「アダム・スミス文庫」（一部が東京大学で所蔵されている）として知られるコレクションの収集や、エディンバラ音楽協会の会員（一七七八〜一七九〇年）として、毎金曜日に開催されたコンサートでヘンデル、コレッリやジェミニアーニなどの室内楽や協奏曲を聴くことが、スミスの大きな「楽しみ」であった。

しかし、関税委員としての激務に耐えながら、著書の改訂作業は継続された。一七八四年には『国富論』第三版で大増補がなされ、一七九〇年逝去の直前に刊行された『道徳感情論』第六版では、さらに大掛かりな増補・改訂が実行された。しかもスミスは、この最終版の「お知らせ」の中で、「かなりの高齢に達した」ため、もう実現できないだろうが、三〇年まえに構想した「法学の理論」を執筆するという「大仕事がまだ残っている」と、研究者としてのせつない胸の内を明かしている。

彼は生涯独身であったし、突如もの思いにふける癖があったと伝えられるが、非社交的であったわけではない。「幸福」にとって最も重要なことは、「愛されているという意識の充足」であると『道徳感情論』のなかで断言したほどだから、友人との親しい交わりを、日常の楽しみにしていたことは間違いない。多くの政治家・哲学者との交流をつづけており、とくに哲学者デイヴィッド・ヒュームとの親交や、スミスが遺稿管理人に指名した化学者・医者のジョゼフ・ブラック、火成説で知られる地質学者ジェイムズ・ハットンとの交友などを楽しんだことは、良く知られている。ヒュームは著名な無神論者であったし、ハットンは、学説の非正統性にもかかわらず厚い信仰心の持主であったから、スミス自身の宗教心については「よく分からない」というのが本当のところだろうが、『国富論』第五編第一章第三節第三項で展開されたローマ・カトリックやイングランド国教会制度に対する厳しい批判を目の当たりにすると、多分ヒュームに近かったと考えてよいだろう。

二

『道徳感情論』は、「利他心」つまり「他人への思いやりと愛」の体系で、『国富論』は「自己愛」や「利己心」の体系であるという類の伝統的な説明・理解は、もちろん完全な誤りというわけではない。前者は倫理学に、後者は経済学に属するからである。だが、この二つの領域がどのように関連付けられ、統一的な思想・理論体系を形づくっているかという点になると、百家争鳴とまではいかないにしても、まだ説得力のある説明は提供されていない。

『国富論』に対する評価は、歴史的に見ても、必ずしも一定していなかった。一九世紀になって、いわゆる古典派経済学が確立・展開し始めたとき、すべての経済学者が何らかの形でスミスの『国富論』を意識し、賛否の程度は別として、それぞれ考察の出発点・基礎に据えたことは間違いないし、大なり小なり、これは今もって続いているのだが、しかし評価のポイントが少しずつ違ってきたのである。

そもそも一八世紀末に高く評価された最大の理由は、重商主義的な経済政策――関税や助成金の交付という手段を用いて自国の産業を育成し、国民・国を豊かにしようと試みた伝統的な保護主義政策――に対する根本的な批判にあった。これに対して、農業保護政策が放棄されて以降の一九世紀は、イギリスが「自由貿易」の旗印の下、世界の工場として世界市場を席巻していった時代であり、基本的に「自由放任」「自由競争」の時代であった。だから、自由競争こそが、もっとも効率的で急速な経済発展を可能にするという主張は、手軽で便利なスローガンにぴったりだった。こうなると、もう『国富論』はお役御免になり、注目されることもなくなったのである。

だが、一九世紀末から二〇世紀初頭に、慢性的な低賃金と周期的に襲う不況がもたらす失業の苦難に直面した労働大衆を中心に、労働組合運動や社会主義運動が高まってくると、このような圧力を回避・批判する理論的支柱として、『国富論』が引き出されるようになった。二〇世紀半ばには、「市場の効率性」を強調する産業組織論として解釈され始める。

しかも、このような評価は、やがて市場万能主義の主張に利用されるようになる。大量失業の発生に対処するための有効需要創出政策をはじめとする政府による完全雇用政策は、インフレーションを引き起こすだけでなく、労働者に与えた既得権の擁護に役立つだけだという批判が、人気を呼び始める。効率性の観点から「規制緩和」、つまり自由競争の復権を唱えるネオ・リベラリズムが台頭する。この政治思想の大きな潮流の中で、スミスの思想は、市場経済は自由競争にしておきさえすれば、神の「見えざる手」に導かれておのずと最大かつ効率的な生産を実現するから、みんなハッピーになる、という解釈を施される。これまた、まったくの嘘というわけではない。だが、ことはそれほど単純ではない。

三

人間は、自分自身の境遇を改善し向上させようとする性向を生まれつき持っている、とスミスは捉えていた。そうでなければ、子孫を残し増え続けること、種の存続が不可能になるというわけである。言い換えると、生活必需品の生産を増やすことが種の存続にとっての必要条件であり、そのために生産効率を上げる必要があるということになる。そして、生産性の向上は「分業の発展」、つまり、熟練の向上、労働者の移動時間の短縮による無駄の削減、機械の発明をつうじて、工場内だけでなく、社会的に実現されると強調した。分業の発展がなければ、人間は生活必需品をすべて自分自身で作るほかにないが、必需品が分業によって生産され、供給されるようになれば、生産量はより多くの人間＝労働者の需要にこたえて増やせるようになる。結果的に、より多くの人間が養われるようになり、経済成長が実現されるわけである。

だが、分業の拡大が社会全体を覆いつくすためには、すべての生産者＝労働者が自分の生産物を作り過ぎないこと、つまり、自分が欲する生産物が、他の生産者によって必要な量だけ作られる必要がある。これを成立させるのが、市場で成立する「自然価格」のメカニズムであり、そのためには、労働の成果は労働者に属するということ（労働所有権）と、労働者は何処で、どのような職業にでも自分の自由意思に基づいて就くことができること（職業選択の自由）、この二つの前提が満たされていなければならないわけだが、当然のことながら、スミスはそのような私有財産制度を前提していた。要するに、自然価格は次のように作用し、成立するというのである。

生産は、労働、資本、土地という三種類の生産要素を利用して行われるが、資本の投下がなされて初めて労働が雇用され、土地が利用される。資本（実物として見れば元本）の所有者＝資本家は、利潤を手に入れるために投資し、生産する。労働者は、資本家に雇用されることにより、賃金＝食料などの生活物資を入手し、地主は、資本家に土地を貸して地代を入手する。分業社会の起動力は資本家による資本の投下にあり、利潤獲得の見通し＝予想収益力の大きさに従って、いつどこに投資するかが決定される。

資本の所有者は、すべて自分の利潤が最大になるような財＝商品を生産するために投資する。結果的に、資本投下の自由があれば、より高い利潤をめざす資本家が互いに競争する結果、いかなる商品の生産に特化しても、利潤率は同一になるだろう。利潤率が低い産業＝生産物の価格が低い産業から、利潤率が高い産業＝生産物の価格が高い産業へと資本家が資本を移動させる結果、すべての産業で、同じ利潤率が達成されるようになるはずである。労働者もまた同様に、できるだけ高い賃金を求めて、自由に職業を変える結果、どの職業であっても、同一の賃金になるはずである。すべての資本の利潤が等しくなり、すべての労働の賃金が等しくなれば、資本家も労働者も、もうこれ以上有利な分野を見つけることはできない、という意味での「均衡」つまり「自然価格」が達成されることになる。

もっとも、土地の地代だけは別である。地主は、借主である資本家が「支払えるだけ」の地代を受け取る。資本家は、別の土地の資本家と同じ利潤しか達成できないから、特別に有利な土地がもたらす特別に高い利潤は、すべて地主のものになる。それゆえ、資本の量が増加し、土地に対する需要が増加すればするほど、地主の所得は「自動的に・結果的に増加」することになる。

まさに単純明快な「自然価格」体系の説明である。それゆえその後の経済学は、すべてこの素朴で単純な「自然価格」の体系を、より精緻化し厳密に組み立てる作業に没入することになった。

だが、より複雑で大規模な機械が発明され、あらゆる分野で大量生産が実現される時代になると、資本家がもつ元本としての資本はとても自由には移動できないこと、また労働者も同様に、いつでも有利な職業に転職できるほど「多様な能力の持ち主」であり続けるのは不可能であることが、誰の目にも明らかになる。スミスの時代であれば、資本というものは、簡単に「分野を変える」ことができるほど柔らかく可変的なモノであるとか、労働者の能力は、技術進歩＝機械の発展に合わせて自在に変更し、高度化できるはずだとかいう主張も、大いに説得力があっただろう。だから、本質的・抽象的な議論のレベルでは、このスミスの自然価格論が経済学の基礎理論であり続けられるわけである。

しかし、大きな疑問がわいてくるだろう。『国富論』のエッセンスをこのように理解するなら、『国富論』は、そもそも第一編の第一～九章まで、第二編第五章、および、第四編だけで十分だったことになるからである。第一編の第一〇章と第一一章、第二編の大部分、第三編の歴史分析、さらに第五編の全体は、本質的ではないと切り捨ててもよいことになる。そもそもスミス自身が、重農主義や重商主義の政策を特徴づける「抑制と保護」が「完全に除去されれば、自然的自由という明瞭で単純な体系がおのずと出来上がる」。「正義の法を侵犯しない」かぎりで自分の利益を追求すること、「自分の労働と資本の両方」を、他の人々のそれと「競争させること」は、まったく「個人の自由に委ねられる」〔IV. ix. 51〕などと主張していたからでもある。

四

だが、そのような理解は、『国富論』の理論的エッセンスの単純な抽出にすぎない。私有財産制度、市場経済体制を支える他のさまざまな制度、司法・法律制度、多様な市場の成立と展開がもつ特徴に関するスミス独自の分析を、まったく見逃してしまうことになる。人類史を狩猟・採集の未開段階、牧畜段階、農業段階、商業段階に大別し、それぞれの社会における人間行動の特徴を、制度の発展や展開のプロセスと関連付けながら、スミスの考察は進められている。彼の時代の社会を特徴づける制度や人間の振る舞いの叙述であり、分析であったという事実だけでなく、事実のもつ意味＝歴史的な意義をスッポリ見逃してしまうことになるが、それでよいのだろうか。『国富論』は、理念的な「自然的自由の体系」の解明に当てられているだけでなく、その「制度的枠組み」の本質的特徴を、歴史的に解明すること、つまり成立のプロセスの中で理解し、分析したものであることを忘れてよいはずがない。「自然的自由の体系」とは、法と制度の累積的な発展のプロセスに関する綿密な事例研究にもとづいて導き出された「理念型」として、理解されなければならないものなのである。

五

従来のいささか片寄った理解の致命的ともいえる欠点を明らかに示すため、ここでは、とりあえず『国富論』第五編におけるスミスの分析の特徴を、少しだけ指摘しておこう。

第五編のタイトルは、「統治者または国家の収入について」である。第一章「統治者または国家の経費について」、第二章「社会の一般的または公共的な収入の源泉について」、第三章「公債について」というタイトルが並ぶことから分かるように、第五編はアダム・スミスの「財政学」であると理解されてきた。また、「自然的自由の体系」が成立した後に残る統治者の義務は、「国防」「司法の管理」「公共事業」の三つであるというスミス自身の指摘があるため、「国家論」であると位置づけられてきた。これもまた、まったくの的外れとはいえないまでも、スミス独自の執筆の意図を理解しているとはいえそうにない。

第五編の分析のうち、固有に「財政学」分野に含まれるのは、課税対象について詳細に吟味した第二章だけだといっても過言ではないだろう。第一章第一節における「国防」、第三節の「公共事業と公共の制度」の大部分を占める、株式会社制度の法制化をめぐる議論や教育論、さらに、教会制度などに関する詳細な考察、および、第三章で展開された国債市場の成立やアメリカ植民地の独立問題に関する議論から分かることは、第五編の課題は、「公共の利益」をいかに確保するべきかという問題、つまり、「公共」というものの制度設計をめぐる議論で埋め尽くされている、ということである。ここでは、スミスは「政治」の在り方について分析する経済学者であって、「公共の制度」を、その歴史的発展のプロセスに即して再構成する「制度」の経済学者なのである。現代でもなお、いや現代だからこそ、注目すべき「公共の利益」の促進に関する論点と考察を、六点に絞って紹介しておきたい。

一．国防の道具である武器、とくに銃や大砲などの重火器類は、産業技術の発展＝科学的知識の蓄積とともに進展するから、「自然的自由の体系」の産物であることは間違いないが、発展した製造業や商業のなかには、「武人」としての訓練どころか、その精神を涵養するシステムが含まれていない。「国防」という「公共の利益」は、「自然的自由の体系」とは異なった「体系」の中で構想し、対処されなければならない。

二．「法人」、つまり、法の上でのみ「人格」を付与され「契約主体」になって所有権を保持しうる「株式会社」は、もともと国王による「勅許」によって設立が認められていたが、名誉革命後、これは「議会」の「個別立法《プライベート・アクト》」に依拠することになった。つまり、それは「一般法」に含まれることになったのだが、では、「株式会社法」に適用すべき立法の原理・原則はどのようなものでなければならないのか。

三．青少年の教育はどのようにすべきか。教育施設の運営や、教育者＝教師の身分（俸給）と教育能力の向上をどのように関連付けるべきかという、スミスの教育改革論。

四．国教会に完全に委ねられてきた成人・大衆教育は、教会の勢力争いや宗派間の対立の影響を受けるだけでなく、聖職禄をめぐる既得権の体系として、深く政治のプロセスに組み込まれてきた。製造業や商業の発展は、従来の地域的な教会組織からはみだし、農村から産業都市へ流れ込み、貧困のゆえに孤立を余儀なくされる労働大衆を生み出す。彼らは厳格な教義をもつ新興の宗派に走って急進化したり、暴徒化したりしやすい。だから、彼らに必要なことは、娯楽の機会を与えること、自分自身の頭で社会の仕組みを理解し、自分の職業に役立つように科学の成果を教え、広めることである。これは公共の仕事である。

五．植民地経営は、インドについていえば、商人による統治を許したため、東インド会社の利益の追求だけが目的になり、インドの発展はまったく考慮されなかった。これと違って、アメリカ植民地は、統治には基本的にイギリスの方式を持ち込み、植民者はひたすら自己利益の追求に明け暮れ、可能な限り多くの資本を投下し続けたため、労働の賃金は著しく高く、最も早く経済発展を遂げている。しかも、国防費さえまったく負担せず、母国イギリスにすべて依存している。分業の発展は、その生産物に対する市場＝需要が大きければ大きいほど急速に進むから、富裕の進展が最高度になるのは、グレートブリテンとアメリカ植民地との合邦＝統一が達成された場合であることは明白だが、一つの国になれば当然、人口に比例して議会に代表を送り、税金もまた同様に負担しなければならなくなる。だが、アメリカ植民地は独立を求め、反乱を起こしている。

六、このような事態になった根本原因は、そもそも植民地を求め、軍隊を送り、返済できないほどの国債発行により膨大な戦費を調達して、浪費し続けてきたグレートブリテンの政治、つまり、黄金を求めて国民の富を浪費させ続けてきた統治者＝政治家、および彼らにそのような政策を進めさせてきた一部の商人や製造業者による重商主義政策にある。国債の返済に必要な重税を回避しながら、より一層の経済発展を続けるためには、このような「黄金の夢」を放棄するほかにないのである。

六

しばしばアメリカやイギリスの友人に、「あなたの大学の学生は『国富論』を読んで理解できる？」と尋ねてきたが、返事はすべて「全部はとても無理」であった。こうなる原因は、『国富論』はそもそも理解が難しいということもあるが、英語で書かれているとはいえ、言葉のもつ意味は時代とともに変化するし、社会制度はもっと大規模な上に、急速に変化するから、一層理解が難しくなるという事実に由来していると思われる。「読むことはできても、理解すること」は難しいのである。もちろん断片的には、十分に理解できるところも少なくないだろうが、全体を理解すること、つまり、スミスが主張したこと全体の意味内容を正確に「理解する」ことは、英米の大学生にとっても難しいことなのである。

加えて、日本の大学生の場合には、もう一つ別の事情がある。英語は「外国語」である。英語で書かれたものの「意味」の理解を、母国語のそれと同じレベルにすることは、ほとんど不可能である（スミス自身、抽象的な事柄ならラテン語や外国語で言い表せるが、具体的なことは不可能だと述べていた）が、しかし、「近づける」ことなら、確かに努力次第でできるようにはなろう。とはいえスミスが用いた言葉は、あくまでも当時の「概念」である。その内容を確かめるためには、多くの辞書や辞典、さらには研究の成果を参照することが不可欠になる。そして何よりも、日本語そのものも、急速な科学技術の進展とともに変化し続

訳」が必要になるということである。

要するに、世界史上の古典、人間と文化と社会を知るために不可欠な「世界の大思想」と呼ばれてきたものは、それが外国語で書かれたものである限り、世代を重ねるたびに、「新訳」が必要になるということである。

さらにスミスの場合、その時代に使用され、流行った言葉や言い回しを巧みに用いたことにも留意する必要がある。一例だけあげるなら、in order to purchase there the pay and provisions of an army〔IV. i. 29.〕という場合の the pay は、アメリカ独立戦争時にイギリスで使われた独特の表現であって、ＯＥＤによれば、「俸給用の財貨」という意味をもっていたということである。これは丹念に辞書を読めば分かってくる事例だが、下巻で頻繁に登場する annuity の場合、まず辞書では「年金」ということくらいしか分からない。しかし、「年金」は通例 pension に充てられる。annuity もまた、新しい、この当時使い始められた特殊な意味をもっており、本訳書では基本的に「年金型公債」と訳しておいたが、内容的には「長期の国家債務または国債」のことである。とはいえ、annuity は、グレートブリテンでは名誉革命後に利用が始まり、一九世紀にはほぼ使われなくなる（すべてが public debt つまり国債に統一される）ものであって、一七七一年に刊行された Encyclopædia Britannica 初版では、その価値の計算例まで含め六頁にわたって詳しく解説されているのに対し、pension にはわずか五行の説明しか与えられていない。もちろんスミス自身は、『国富論』では正しく内容を説明している（V. iii. 34.）のだが、しかし一七八〇年一〇月のホルト（A.Holt）あての手紙のなかで、フランス旅行における付き添い教師としての謝礼にバックルー公から受け取っている「年金」をannuityと表記しているから、両者の区別は、日常生活レベルではそれほど厳密になされていたわけではなかったようである。

いずれにしても、翻訳とは、とどのつまりは訳者の解釈なのであるが、しかし、作業中に思わぬ見落としや入力ミスが発生し、まだまだ不適切な個所が残っている可能性がある。もしそのような疑問を抱かれた場合には、ぜひお知らせ願いたい。訳者にとっては、たんなる「翻訳」ではなく、「スミス研究」つまり経済学研究の一環でもあるからである。

最後になったが、編集部の園部雅一氏には、表記から組版に至るまで本当にお世話になった。妻真紀子には、原稿のチェックから面倒な校正作業まで、いつものように手伝ってもらった。イングランド法制史研究者である娘の友希子は、訳者がたびたび抱いた疑問にたいして、率直な意見を聞かせてくれた。記して感謝の意を表しておきたい。もちろん、まだ残っているに違いない誤りは、訳者一人の責任であって、読者からの指摘をいただきながら、今後修正してゆくことにしたい。今はただ、本書がこのような厚意にいくらかでも応えられることを、願うだけである。

二〇一九年一二月二〇日

高　哲男

ま行

ら行

さ行

た行

人名索引（法律名の一部である人名は割愛した）

ま行

や行

ら行

な行

は行

た行

さ行

主要事項索引 （ローマ数字は編・章を、アルファベットは節を示す。）

本書は、新訳です。

アダム・スミス（Adam Smith）

1723-1790。英国の経済学者・道徳哲学者。著書に『道徳感情論』がある。

高　哲男（たか　てつお）

1947年生まれ。九州大学名誉教授。博士（経済学）。著書に『ヴェブレン研究』，『現代アメリカ経済思想の起源』，『アダム・スミス　競争と共感、そして自由な社会へ』，訳書に『道徳感情論』（スミス），『有閑階級の理論』（ヴェブレン）などがある。

講談社学術文庫

定価はカバーに表示してあります。

国富論《こくふろん》（下《げ》）

アダム・スミス／高《たか》 哲男《てつお》 訳

2020年5月12日　第1刷発行

発行者　渡瀬昌彦
発行所　株式会社講談社
東京都文京区音羽 2-12-21 〒112-8001
電話　編集（03）5395-3512
販売（03）5395-4415
業務（03）5395-3615
装　幀　蟹江征治
印　刷　豊国印刷株式会社
製　本　株式会社若林製本工場
本文データ制作　講談社デジタル製作

ISBN978-4-06-519093-7

「講談社学術文庫」の刊行に当たって

これは、学術をポケットに入れることをモットーとして生まれた文庫である。学術は少年の心を養い、成年の心を満たす。その学術がポケットにはいる形で、万人のものになることは、生涯教育をうたう現代の理想である。

こうした考え方は、学術を巨大な城のように見る世間の常識に反するかもしれない。また、一部の人たちからは、学術の権威をおとすものと非難されるかもしれない。しかし、それはいずれも学術の新しい在り方を解しないものといわざるをえない。

学術は、まず魔術への挑戦から始まった。やがて、いわゆる常識をつぎつぎに改めていった。学術の権威は、幾百年、幾千年にわたる、苦しい戦いの成果である。こうしてきずきあげられた城が、一見して近づきがたいものにうつるのは、そのためである。しかし、学術の権威を、その形の上だけで判断してはならない。その生成のあとをかえりみれば、その根は常に人々の生活の中にあった。学術が大きな力たりうるのはそのためであって、生活をはなれた学術は、どこにもない。

開かれた社会といわれる現代にとって、これはまったく自明である。生活と学術との間に、もし距離があるとすれば、何をおいてもこれを埋めねばならない。もしこの距離が形の上の迷信からきているとすれば、その迷信をうち破らねばならぬ。

学術文庫は、内外の迷信を打破し、学術のために新しい天地をひらく意図をもって生まれた。文庫という小さい形と、学術という壮大な城とが、完全に両立するためには、なおいくらかの時を必要とするであろう。しかし、学術をポケットにした社会が、人間の生活にとってより豊かな社会であることは、たしかである。そうした社会の実現のために、文庫の世界に新しいジャンルを加えることができれば幸いである。

一九七六年六月

野間省一